COMMENTAIRE

THÉORIQUE ET PRATIQUE

DU CODE CIVIL.

Corbeil, impr. de Crété.

COMMENTAIRE

THÉORIQUE ET PRATIQUE

DU CODE CIVIL

PAR

A.-M. DU CAURROY,

PROFESSEUR A LA FACULTÉ DE DROIT DE PARIS;

AVEC LA COLLABORATION

DE

E. BONNIER, professeur, et J.-B.-P. ROUSTAIN, professeur suppléant

A LA MÊME FACULTÉ.

TOME PREMIER

CONTENANT LE PREMIER LIVRE DU CODE

PARIS,

G. THOREL, LIBRAIRE,   JOUBERT, LIBRAIRE,
PLACE DU PANTHÉON, 4.   RUE DES GRÈS, 14.

1848

PRÉFACE.

Le Code civil a été et est encore l'objet de nombreux travaux. Indépendamment des explications orales qui se donnent dans les cours publics, des écrits, dont le nombre s'accroît tous les jours, tendent à mieux faire connaître la science de notre droit civil. Les traités, les commentaires sur l'ensemble du Code ne manquent pas plus que les monographies, et nous concevons qu'au premier aperçu, on puisse se demander si un livre nouveau était bien nécessaire. Mais, lors même que nous nous serions proposé un travail très-développé, cette considération ne nous eût point arrêté; car nous sommes bien convaincu qu'il n'est aucune partie du droit sur laquelle des investigations consciencieuses ne puissent jeter une nouvelle lumière.

A plus forte raison ne devions-nous pas hésiter, lorsqu'il s'agissait de publier un de ces livres, souvent trop dédaignés de nos jours, où l'on s'efforce de renfermer dans un cadre restreint les notions les plus essentielles de la science. On sait assez que les bons ouvrages élémentaires ne sont pas communs.

Ce seul mot, ouvrage élémentaire, explique toute notre pensée. Il fait suffisamment comprendre que notre but est moins de discuter de nombreuses questions que d'exposer des principes, tout en nous renfermant dans le cadre du Code civil.

Ce Code n'est, comme on l'a dit avant nous, qu'une transaction nécessaire entre le droit écrit et les coutumes, entre l'ancienne jurisprudence et les nouvelles doctrines qu'avait fait prévaloir la Révolution. Pour que cette transaction puisse être bien comprise, il faut faire connaître l'état de choses que le Code a remplacé. C'est dans ce but que nous avons indiqué, autant que possible, l'origine de chaque institution, en nous reportant à l'ancienne jurisprudence et au droit intermédiaire.

Quant au Code en lui-même, ce n'est pas seulement son texte que nous avons étudié. La science des lois suppose une vérification exacte de tous les faits qui peuvent expliquer ou indiquer l'intention du législateur. Ces faits se trouvent en grande partie dans les documents connus sous le nom de Travaux Préparatoires, principalement dans les discussions du Conseil d'État, et dans les changements de rédaction adoptés sur les observations du Tribunat. Ces documents ont été pour nous l'objet d'une scrupuleuse investigation, et quand nous avons ainsi reconnu le véritable esprit du législateur, nous n'avons point hésité à le faire prévaloir sur une rédaction inexacte. Nous sommes arrivé de cette manière à plusieurs explications, qui, bien que nouvelles, nous ont paru tirer de leur source même, un caractère de certitude incontestable.

Depuis la promulgation du Code, d'importants travaux ont répandu des doctrines, des opinions dont nous avons nécessairement tenu compte, et cependant nous avons cru ne devoir nommer aucun auteur vivant. S'il est permis d'invoquer des autorités, en citant des noms propres, c'est dans les ouvrages où de nombreuses questions sont discutées sous leurs différentes faces et dans tous leurs détails. Nous concevons alors que, pour mieux préciser les systèmes, on désigne chacun d'eux par le nom de son auteur; mais, dans un ouvrage élémentaire, la citation des noms propres, citation dont notre position nous fait peut-être un devoir de nous abstenir, ne saurait être sans inconvénients. Il ne s'agit pas, en effet, dans un ouvrage de cette nature, de savoir ce que pense tel ou tel auteur ; il faut aller directement au but, et s'attacher aux doctrines sans se préoccuper des personnes.

COMMENTAIRE

THÉORIQUE ET PRATIQUE

DU CODE CIVIL.

TITRE PRÉLIMINAIRE.

DE LA PUBLICATION, DES EFFETS ET DE L'APPLICATION DES LOIS EN GÉNÉRAL.

Décrété le 14 ventôse an XI (5 mars 1803). Promulgué le 24 ventôse (15 du même mois).

INTRODUCTION.

SOMMAIRE.

1. Le droit, dans son acception la plus générale, peut être considéré comme un ensemble de règles, de préceptes qui servent à distinguer le juste et l'injuste, c'est-à-dire, ce qui est conforme ou contraire à la constitution morale de l'homme (¹).

Les règles dont se compose le droit, se nomment lois. Les unes sont

---

(¹) C'est du latin *dirigere, directum,* qu'on a fait dériver en français le mot DROIT.

1

une conséquence nécessaire de la nature de l'homme ; les autres naissent des rapports variables qui s'établissent entre les membres des diverses associations humaines. De là vient qu'on distingue des lois naturelles et des lois positives ou, en d'autres termes, un droit naturel et un droit positif.

2. Le droit naturel n'est rien autre chose que cette portion de la morale qui règle les rapports de l'homme avec ses semblables. Quant au droit positif, il se divise en droit public et droit privé. Le premier règle les intérêts d'une nation, soit à l'égard des particuliers qui la composent, soit à l'égard des autres nations. Le droit privé, au contraire, règle les intérêts respectifs des particuliers. Le droit public se subdivise en deux branches, dont l'une se nomme droit public extérieur, droit international, *jus inter gentes,* parce qu'elle s'occupe des intérêts respectifs des nations, soit en temps de guerre, soit pendant la paix ; tandis qu'on appelle droit public intérieur, l'autre branche qui régit dans chaque nation les rapports du corps social avec les particuliers, ceux des gouvernants avec les gouvernés.

3. Comme le droit public, le droit privé a des règles communes à tous les hommes sans distinction, et des règles propres aux membres de chaque nation en particulier. Les unes, comprises dans les Institutes de Justinien sous le nom de *jus gentium,* composent le droit des gens privé ; les autres, au contraire, constituent pour chaque peuple un droit spécial, que les Romains appelaient droit civil, *proprium jus civitatis.*

Le mot *droit civil* se prend souvent dans une acception plus étendue, et comprend alors toutes les règles de droit privé qui sont observées par telle ou telle nation, lors même qu'on ne les applique pas exclusivement aux particuliers qui la composent. C'est en ce sens que nous parlerons du Code civil, recueil de lois dont les dispositions sont souvent applicables aux étrangers.

4. Dans chaque cité, la loi est une règle commune qui tire sa force coercitive de la volonté générale, *commune præceptum.... communis reipublicæ sponsio* (¹).

Cette volonté se manifeste, soit tacitement par la coutume, c'est-à-dire, par des usages qui sont généralement observés, soit expressément par une déclaration explicite. De là une distinction nouvelle entre le droit coutumier ou non écrit, qui s'établit par l'usage, et le droit écrit qui résulte des lois proprement dites. Pour établir ces dernières, il serait difficile, pour ne pas dire impossible, de consulter individuellement tous les membres du corps social, et surtout de les réunir en

---

(¹) *Papin. fr.* 1, *D. de legib.*

assemblée délibérante. Aussi chez les nations modernes qui ont un gouvernement libre, le pouvoir législatif ne s'exerce-t-il que par une délégation, qui transmet à plusieurs le droit de délibérer et de statuer au nom de tous.

Avant 1789, le droit civil français ne se composait pour ainsi dire que de coutumes ; car le droit romain, ou plutôt celui de Justinien, observé sous le nom de droit écrit dans plusieurs provinces du midi, n'était en réalité qu'un droit coutumier, puisqu'il s'était établi tacitement, par la seule autorité de l'usage. A proprement parler, le droit écrit se réduisait à un petit nombre de lois publiées, sous le titre d'ordonnances ou édits, par les rois de France, qui avaient concentré dans leur main la plénitude du pouvoir législatif.

Ces différents actes du pouvoir royal étaient même les seuls qui constituassent un droit commun pour la totalité du royaume ; en effet les différentes provinces successivement réunies à la France proprement dite par la conquête ou par les traités, avaient conservé leurs lois et leurs usages particuliers, en sorte que chacune d'elles formait, quant au droit privé, une cité distincte. Aussi, dans l'ancien régime, de bons esprits (¹) avaient-ils déjà réclamé l'établissement d'un droit civil commun à tout le royaume ; mais pour arriver à l'uniformité, il fallait amortir ou briser, au profit de l'unité française, les nationalités provinciales.

5. C'est ce que fit l'Assemblée constituante. Elle établit une nouvelle division du territoire en départements, proclama l'unité et l'indivisibilité du royaume, et promit un Code de lois communes à toute la France (²). En même temps cette assemblée soumit le droit politique aux plus importantes réformes : elle distingua le pouvoir législatif, qui fait la loi, le pouvoir judiciaire, qui l'applique en décidant les procès ou en prononçant les condamnations pénales, et enfin le pouvoir exécutif, auquel appartient le commandement des armées de terre et de mer, l'administration publique, et par suite l'exécution des lois et des jugements (³). Dans le pouvoir législatif lui-même, elle reconnut plusieurs attributions, dont une partie resta au roi pour être jointe dans sa main au pouvoir exécutif, tandis que l'autre fut réservée à une assemblée délibérante, au Corps législatif proprement dit.

La Constituante, en séparant ainsi le pouvoir législatif et le pouvoir exécutif, et en leur assignant des limites précises, croyait assurer leur

---

(¹) Le président de Lamoignon avait fait, dans ce but, un travail spécial qui a été publié sous le titre d'*arrêtés*.

(²) Lois des 3 nov. 1790, art. 10 ; — 8 janvier et 4 mars 1790, — 24 août 1790, art. 19 ; Const. de 1791, tit. 2 *in fin.*, tit. 3, art. 1.

(³) Const. de 1791, tit. 3, chap. 1, 2, 3, 4 et 5.

indépendance et leur équilibre. Les faits ont démenti cette espérance et démontré la difficulté du problème, qu'on a cherché depuis à résoudre par différentes combinaisons. Tantôt on a restreint le pouvoir exécutif, en le dépouillant de toute participation au pouvoir législatif; tantôt, au contraire, on l'a étendu en lui réservant une partie essentielle de ce pouvoir, l'initiative, c'est-à-dire le droit de rédiger et de proposer la loi. Le corps législatif lui-même a été composé tantôt d'une seule assemblée, tantôt de deux assemblées délibérant séparément sous le nom de conseils ou de chambres. De là plusieurs constitutions successives auxquelles nous emprunterons quelques notions préliminaires. Nous nous attacherons surtout à la constitution du 22 frimaire an VIII [1]; car c'est en 1804 seulement, et sous l'empire de cette constitution, que le Code civil, promis par l'Assemblée constituante, a été donné à la France par le gouvernement consulaire.

6. Depuis la révolution du 18 brumaire, l'autorité investie du pouvoir exécutif a cessé d'être privée de toute participation au pouvoir législatif. Consul, Empereur ou Roi, le chef du gouvernement a toujours eu l'initiative, et l'a exercée en soumettant à une ou à deux assemblées politiques un projet que celles-ci étaient libres d'adopter ou de rejeter.

7. La constitution de l'an VIII avait placé, près des Consuls et sous leur autorité, un conseil d'État chargé de rédiger les projets de lois. Son opinion ne liait pas les Consuls, qui toutefois devaient la connaître avant d'exercer leur initiative; aussi ne présentaient-ils que des projets discutés dans le conseil d'État.

Ces projets, rédigés en articles et présentés au Corps législatif, étaient communiqués par cette assemblée au Tribunat, c'est-à-dire à une autre assemblée qui, après avoir discuté publiquement la proposition, exprimait pour son adoption ou pour son rejet, non pas un vote décisif, mais un simple vœu [2] dont l'appréciation était réservée au Corps législatif. En effet, au jour fixé dès le moment même de la présentation, le projet et le vœu du Tribunat étaient débattus par des orateurs envoyés de part et d'autre devant le Corps législatif, qui statuait en rejetant le projet ou en l'adoptant tel qu'il avait été présenté, sans modification, sans amendement possible [3].

8. Une fois adopté, le projet du gouvernement formait un *décret du Corps législatif*, et n'avait pas besoin d'être sanctionné, c'est-à-dire approuvé par le chef du gouvernement. Cependant ce décret n'était

---

[1] Const. de 1791; const. du 5 fructidor an III; const. du 22 frimaire an VIII; Charte de 1814; Charte de 1830. Quant à la constitution du 24 juin 1793, elle est restée sans exécution.

[2] Const. de l'an VIII, art. 25, 26, 28, 29 et 35.

[3] Const. de l'an VIII, art. 34.

pas encore loi; car il pouvait être déféré comme inconstitutionnel au *Sénat conservateur*, par le Tribunat ou par le gouvernement lui-même (¹). Il fallait donc attendre que la constitutionnalité du décret fût, en quelque sorte, jugée par l'acquiescement tacite des autorités qui pouvaient recourir au Sénat. Aussi n'était-ce que le dixième jour après la décision du Corps législatif, et à défaut de recours exercé dans ce délai, que le premier Consul promulguait la loi, en proclamant son existence et en ordonnant de la mettre à exécution (²).

9. Dans le cours de l'année 1804, le gouvernement consulaire se transforma en gouvernement impérial, et cependant le sénatus-consulte du 20 floréal an XII, qui établit cette nouvelle organisation, maintint la constitution de l'an VIII et les pouvoirs qu'elle avait créés. Le Tribunat lui-même, quoique réduit de cent à cinquante membres, subsista (³) jusqu'en 1807. C'est à l'époque de la Restauration seulement et par la Charte de 1814, que la constitution politique fut établie sur des bases nouvelles.

10. Le pouvoir législatif appartient au Roi et à deux assemblées délibérantes : la Chambre des pairs et la Chambre des députés. La loi formée par leur consentement n'est plus sujette à aucun recours, même pour cause d'inconstitutionnalité (⁴). Le Roi participe à la formation des lois par l'initiative et par la sanction qu'il donne ou refuse librement (⁵).

L'initiative, qui avant 1830 n'appartenait qu'au Roi, peut être exercée aujourd'hui par le Roi ou par l'une des deux chambres (⁶). Du reste l'initiative royale, lors même qu'elle était exclusive, n'a jamais eu le caractère absolu qu'avait l'initiative des Consuls ou de l'Empereur; les chambres, à la différence du Corps législatif, ont toujours eu le droit de discuter librement la proposition royale (⁷), et l'ont souvent modifiée par leurs amendements. Aussi, et lors même qu'il a été présenté par le Roi, le projet adopté par les deux chambres n'est-il pas encore loi. Comme ce projet ne subsiste pas toujours dans sa forme primitive, et que d'ailleurs, pendant les délais de la discussion publique, il peut survenir des circonstances qui le rendent inopportun, quelquefois même dangereux, le Roi est appelé à se prononcer de nouveau en donnant ou en refusant sa sanction, qui consiste dans

---

(¹) Const. de l'an VIII, art. 21, 28 et 37.
(²) *Ibid.*, art. 37.
(³) V. Sc. du 19 août 1807.
(⁴) Arrêt de rejet du 11 mai 1833.
(⁵) Charte de 1814, art. 16 et 22 ; Charte de 1830, art. 15 et 18.
(⁶) Charte de 1814, art. 16 ; Charte de 1830, art. 15.
(⁷) Charte de 1814, art. 18.

l'approbation pure et simple du projet, tel qu'il a été adopté par les deux chambres.

11. La sanction royale forme le complément de la loi, qui prend dès cet instant son existence et sa date (¹). Dans l'usage actuellement observé, la sanction et la promulgation ont lieu simultanément ; mais ces deux actes n'en sont pas moins essentiellement distincts : car ils émanent, le premier du pouvoir législatif, le second du pouvoir exécutif.

La promulgation a lieu au moyen d'une formule solennelle divisée en deux parties. La première, qui commence par le nom du souverain, certifie l'existence de la loi, dont le texte est ensuite reproduit ; la seconde mande aux agents et aux dépositaires de la force publique de prêter main-forte à l'exécution (²). En vertu de cette promulgation, la loi devient *exécutoire dans tout le territoire français* (³), par opposition aux anciennes ordonnances qui n'avaient force dans chaque province qu'après avoir été enregistrées au parlement. C'est de la même manière et par suite des mêmes principes que les actes notariés et les jugements deviennent exécutoires dans tout le royaume (⁴), lorsqu'ils ont été grossoyés, c'est-à-dire transcrits en gros caractères entre les deux parties d'une formule semblable à celle de la promulgation (⁵). Toutefois la grosse n'est pas signée par le roi, mais au nom du roi par le notaire ou par le greffier, agissant dans ce cas en vertu d'une délégation du pouvoir exécutif.

La sanction royale, dans l'usage actuel, n'est connue du public que par une mention insérée dans la formule officielle de la promulgation. C'est, en effet, dans cette formule même que le Roi, en prescrivant l'exécution d'une loi, annonce qu'elle a été *sanctionnée cejourd'hui*. Rien dans ce système ne donne aux esprits le temps de se préparer à l'exécution des lois. Le public devrait connaître leur existence et, par

---

(¹) Avis du C. d'État du 5 pluviôse an VIII.

(²) V. const. de 1791, chap. 4, sect. 1, art. 1 et 3 ; Sc. du 28 floréal an XII, article 140 ; Ord. du 16 août 1830.

(³) C. civ., art. 1. L'ordonnance du 27 novembre 1816 a pris le mot promulgation dans un autre sens, comme nous l'expliquerons plus loin.

(⁴) Sans *visa* ni *pareatis* (C. de pr., art. 547). C'est-à-dire que pour exécuter les jugements ou les actes hors du ressort dans lequel ils ont été rendus ou passés, on n'a plus besoin de remplir les mêmes formalités qu'autrefois. Dans l'ancien régime il fallait, ou présenter requête au juge de la localité, ou obtenir, soit à la chancellerie de cette même localité un *pareatis* du petit sceau exécutoire dans son ressort, soit à la chancellerie de France un *pareatis* du grand sceau exécutoire dans tout le royaume (V. Merlin, Répert., v° *Exécution parée*, § 2).

(⁵) C. de pr., art. 545. V. const. de 1791, chap. 5, art. 24 ; loi du 25 ventôse an XI, art. 1 et 25 ; Sc. du 28 floréal an XII, art. 141.

conséquent, savoir que le projet adopté par les chambres a été sanctionné par le Roi, avant d'avoir à se préoccuper de l'exécution. Il faudrait donc, selon nous, que le fait de la sanction ou du refus de sanction lui-même fut notifié aux chambres en séance publique (¹). La promulgation aurait lieu ensuite à jour fixe, comme sous la constitution de l'an VIII.

12. Après ces notions préliminaires sur la confection des lois en général, occupons-nous spécialement de celles qui composent notre Code civil, et dont le travail préparatoire remonte au 24 thermidor an VIII. A cette date un arrêté des Consuls désigna quatre commissaires, Tronchet, Bigot-Préameneu, Portalis et Malleville, et leur donna mission de préparer, à l'aide des travaux antérieurs (²), un projet de Code civil. Leur travail fut imprimé et communiqué par le gouvernement au tribunal de cassation ainsi qu'aux tribunaux d'appel, qui présentèrent leurs observations. Le projet primitif, qui comprenait l'ensemble du droit civil, a été divisé par le conseil d'État en plusieurs projets particuliers qui, présentés séparément au Corps législatif, ont formé d'abord autant de lois distinctes, et plus tard autant de titres du Code où ils ont été réunis (³). Toutefois la codification ne marcha point sans obstacle. Le Tribunat exprima d'abord un vœu contraire aux projets présentés ; le premier fut même repoussé par le Corps législatif, le 24 frimaire an X. Le gouvernement prévint le rejet des autres en les retirant, et avant de les reproduire, il voulut avoir avec le Tribunat des rapports que la constitution n'avait pas établis. Depuis ce temps en effet, les tribuns reçurent deux communications : l'une officielle, qui continua de leur être faite par le Corps législatif, après que celui-ci avait reçu la proposition définitive du gouvernement, l'autre officieuse et préalable. Celle-ci donna aux conseillers d'État la possibilité de conférer avec les Tribuns (⁴), d'apprécier leurs observations, et d'en profiter pour la rédaction définitive des projets. Dès lors le gouvernement ne rencontra plus d'opposants ; la discussion du Code

---

(¹) Le règlement du 28 juin 1814, concernant les relations des Chambres avec le Roi ou entre elles contient, pour le cas où le Roi refuse sa sanction, un article ainsi conçu (tit. 4, art. 2) : « Cette délibération de la volonté du Roi est notifiée à la Chambre des pairs par le Chancelier, et à la Chambre des députés par une lettre des ministres adressée au président. » Il suffirait donc de généraliser cette disposition pour la rendre applicable au cas où le Roi sanctionne la loi.

(²) C'est-à-dire des trois projets présentés par Cambacérès, le 9 août 1793, le 23 fructidor an II, et le 24 prairial an IV, et d'un quatrième projet présenté par Jacqueminot, au nom de la section de législation de l'une des commissions législatives créées après le 18 brumaire (V. *Loi du 19 brumaire an VIII, art. 8 et 14*).

(³) Loi du 30 ventôse an XII, art. 1, 4 et 6.

(⁴) Arrêté du 18 germinal an X.

civil fut reprise et marcha sans obstacle. Une dernière loi ([1]) ordonna de réunir en un seul corps, et sous une même série d'articles, les lois antérieurement rendues pour composer le *Code civil des Français*, chacune d'elles conservant néanmoins sa force exécutoire d'après la date de sa promulgation particulière. En conséquence, à compter du jour où chacune des nouvelles lois est devenue exécutoire, et dans les matières qu'elle avait pour objet, « les lois romaines, les ordonnances, « les statuts et les règlements antérieurs ont cessé d'avoir force de « loi générale ou particulière ([2]). »

13. Ainsi s'achevait en 1804, quelques mois avant l'établissement du gouvernement impérial, le Code civil des Français. Il avait à peine trois ans d'existence, lorsqu'il fut décrété et promulgué de nouveau, sous le nom de *Code Napoléon*, dans la loi du 3 septembre 1807, qui substitua aux dénominations républicaines les nouvelles dénominations du régime impérial ([3]), et opéra quelques autres changements, que nous expliquerons sous les articles 17, 427, 539, 896 et 2261.

En 1814, sous la Restauration, le Code Napoléon a repris le nom de *Code civil*, qu'il a conservé depuis. Maintenu sous ce titre dans tout ce qui n'est pas contraire à la Charte ([4]), il a été promulgué pour la troisième fois, le 30 août 1816, avec les changements de dénominations nécessités par le nouvel ordre de choses. La substance et la rédaction des articles demeurèrent du reste les mêmes ([5]); car les dispositions du Code qui se trouvaient modifiées ou abrogées par des lois récentes, et notamment le titre *du Divorce* ([6]), n'en ont pas moins été textuellement conservées dans l'édition officielle. On a procédé d'une autre manière depuis 1830; on a fait entrer dans le texte même du Code les modifications introduites par la législation postérieure (V. l'art. 164 modifié par la loi du 16 avril 1832).

———o0o———

ART. 1er. — Les lois sont exécutoires dans tout le territoire français, en vertu de la promulgation qui en est faite par le Roi.

Elles seront exécutées dans chaque partie du royaume, du moment où la promulgation en pourra être connue.

([1]) Du 30 ventôse an XII.

([2]) Même loi, art. 1, 5, 6 et 7.

([3]) C'est ainsi, par exemple, que le tribunal de cassation prit le nom de Cour de cassation, et les tribunaux d'appel le nom de Cour d'appel, remplacé plus tard par celui de Cour impériale (*Loi du 20 avril* 1810, *art.* 1).

([4]) Charte de 1814, art. 68 ; Charte de 1830, art. 59.

([5]) Ordonn. du 17 juillet 1816, art. 1, 3 et 4.

([6]) V. Loi du 8 mai 1816.

La promulgation faite par le Roi sera réputée connue dans le département de la résidence royale, un jour après celui de la promulgation ; et dans chacun des autres départements, après l'expiration du même délai, augmenté d'autant de jours qu'il y aura de fois dix myriamètres (environ vingt lieues anciennes) entre la ville où la promulgation en aura été faite, et le chef-lieu de chaque département.

SOMMAIRE.

14. Présomption d'après laquelle la promulgation est réputée connue.
15. Modification résultant de l'ordonnance du 27 novembre 1816.
16. Comment se calculent les délais.
17. Ce calcul n'a jamais été appliqué aux décrets impériaux.
18. Il s'applique aux ordonnances.

14. La promulgation peut n'être pas immédiatement et universellement connue. Aussi les lois qu'elle rend exécutoires dans tout le royaume ne doivent-elles être exécutées que successivement *dans chaque partie*, c'est-à-dire dans chaque département, et cela non pas précisément lorsque la promulgation y sera connue, mais lorsqu'elle pourra l'être ; car, au fait d'une connaissance acquise à tous, on substitue la présomption qu'après un certain laps de temps la promulgation sera *réputée connue*.

Cette présomption se justifiait sous la constitution de l'an VIII par la publicité des débats législatifs et surtout par la détermination précise du délai de la promulgation. Aujourd'hui, les discussions législatives reçoivent, par la voie de la presse, une immense publicité, et cependant la même présomption n'est plus justifiée, parce que le public ignore l'époque de la sanction (11).

15. D'un autre côté, dans les premières années de la Restauration, des difficultés se sont élevées sur le point de départ des délais à l'expiration desquels la loi devait être exécutoire. Pour lever tous les doutes, une ordonnance du 27 novembre 1816 a décidé qu'à l'avenir, la promulgation des lois résultera *de leur insertion au bulletin officiel*, ce qui, en réalité, confond la promulgation, qui est le fait personnel du Roi, avec la publication, qui s'opère par des moyens extérieurs, notamment par l'impression et la distribution du *bulletin*. Par suite de cette confusion, les délais fixés par le Code ont cessé de courir, comme ils couraient primitivement, à compter du jour de la promulgation même ; en effet, l'ordonnance les fait partir du jour où le *bulletin officiel* sera reçu, de l'imprimerie royale, par le ministre de la justice (¹).

(¹) Ordonn. du 27 novembre 1816, art. 1 et 2. Dans l'usage, le jour où chaque

16. Ainsi, dans le département de la résidence royale, la loi doit être exécutée le surlendemain; car le lendemain tout entier se trouve compris dans le délai qui est d'un jour plein (¹). Pour les autres départements, le même délai « sera augmenté d'autant de jours qu'il y a « de fois dix myriamètres entre la ville où la promulgation aura été « faite et le chef-lieu de chaque département », suivant le tableau des distances inséré dans un arrêté des Consuls du 25 thermidor an XI. Dix myriamètres forment donc l'unité de distance en raison de laquelle se calcule la prolongation du délai.

Suivant nous, cette unité est indivisible, et ses fractions ne donnent ni un jour ni une heure de plus. C'est ainsi que l'ont implicitement décidé un sénatus-consulte du 25 brumaire an XIII, relatif à la validité d'une élection, et une ordonnance du 18 juillet 1824, qui rectifie, pour la Corse, l'arrêté du 25 thermidor an XI. Cette ordonnance fixe la distance à 145 myriamètres 5 kilomètres, et le délai nécessaire pour que la promulgation soit réputée connue, à quinze jours. Or ce délai total se compose d'un délai fixe qui est d'un jour, et d'un délai proportionné à la distance; si on retranche du délai total le délai fixe, le délai proportionnel se réduit à quatorze jours pour 140 myriamètres, sans égard à la fraction de 5 myriamètres 5 kilomètres. Cette interprétation officielle nous paraît décisive en faveur de notre opinion, qui a d'ailleurs l'avantage de la simplicité.

Parmi ceux qui tiennent compte des fractions, il existe deux opinions, dont l'une accorde un jour pour la fraction, quelque faible qu'elle soit, tandis que l'autre admet une distinction entre une fraction de 5 myr. ou au-dessus et une fraction inférieure. Dans ce système mitoyen, on compte la première pour dix myriamètres, et on néglige complétement la seconde. Cette distinction est tout à fait arbitraire, et se trouve même en opposition avec l'ordonnance de 1824, qui statue sur une distance de 145 myriamètres, 5 kilomètres, sans tenir aucun compte de la fraction de 5 myr. 5 kil.

17. La promulgation dont s'occupe ici le Code civil, s'applique aux lois proprement dites; mais il existe en outre des règlements nombreux que le chef du gouvernement établit, soit en vertu de son pou-

---

bulletin a été reçu à la chancellerie, se trouve imprimé sur le bulletin même, sans doute parce que l'on calcule d'avance le temps que prendra l'impression. Quoi qu'il en soit, lorsqu'on cite une loi par sa véritable date, qui est celle de la sanction, on mentionne souvent une autre date, en sorte que la loi paraît avoir deux dates différentes. En réalité elle n'en a qu'une; mais le second chiffre indique le jour de la réception du bulletin à la chancellerie, pour faire connaître le point de départ du délai dont l'expiration rend la loi exécutoire.

(¹) Avis du c. d'État du 24 février 1824.

voir exécutif pour l'administration du royaume et en général pour l'exécution des lois ([1]), soit même en vertu d'une délégation du pouvoir législatif. C'est ainsi que les Consuls ont rendu des *arrêtés*, et l'Empereur des *décrets impériaux ;* c'est ainsi qu'aujourd'hui le Roi rend des ordonnances. Comme ces règlements divers sont, par leur nature même, préparés dans le silence du cabinet, la présomption établie par le Code civil pour la promulgation des lois n'a pas été étendue aux décrets impériaux. En réalité ils n'étaient pas promulgués, et lors même qu'ils étaient insérés au *bulletin des lois*, ils ne devenaient obligatoires, dans chaque département, que par la distribution du *bulletin* au chef-lieu ([2]).

18. Il en est des ordonnances royales comme des décrets impériaux. À proprement parler, on ne les promulgue pas ; mais on les publie souvent dans le *bulletin des lois*, et les rédacteurs de l'ordonnance de 1816, qui ont considéré cette publication comme une promulgation, l'ont appliquée aux ordonnances comme aux lois, avec toutes les conséquences prévues par le Code civil ([3]).

Telle est du moins la règle générale ; toutefois lorsque le gouvernement croit devoir hâter l'exécution des ordonnances ou même des lois, en les envoyant dans les départements par un courrier extraordinaire, ce qui les rend exécutoires, c'est la publicité que le préfet leur donne par la voie de l'impression et des affiches ([4]).

2. — La loi ne dispose que pour l'avenir ; elle n'a point d'effet rétroactif.

SOMMAIRE.

19. Nature et portée du principe de non-rétroactivité des lois.
20. Règles générales sur son application aux successions et aux contrats.
21. — sur son application à l'état des personnes et à leur capacité.
22. — sur son application aux juridictions et aux différents genres de preuves.
23. Effet rétroactif en matière de lois pénales.

([1]) Charte de 1830, art. 13.
([2]) Avis du c. d'État du 25 prairial an XIII ; Décret du 6 sept. 1811. D'après l'avis du conseil d'État du 25 prairial an XIII, les décrets impériaux qui ne sont point insérés au *bulletin*, ou qui n'y sont indiqués que par leur titre, sont obligatoires du jour qu'il en est donné connaissance aux personnes qu'ils concernent, par publication, affiche, notification, signification ou envoi faits ou ordonnés par les fonctionnaires publics chargés de l'exécution. Cette disposition est évidemment relative aux décrets qui n'avaient trait qu'à des intérêts privés. Quant à ceux qui touchent à des points d'intérêt général, la jurisprudence qui en maintient l'application, veut qu'ils aient été insérés au *bulletin*.
([3]) Ordonn. du 27 nov. 1816, art. 1, 2 et 3.
([4]) Même ordonn., art. 4 ; Ordonn. du 18 janvier 1817, art. 2.

19. Si la loi régissait le passé, les personnes n'auraient aucune sécurité à l'égard de leurs droits les plus précieux, puisque les garanties données par la législation existante pourraient toujours être enlevées par une législation postérieure. Aussi a-t-on reconnu de tout temps que les lois statuent seulement pour l'avenir [1].

La sagesse de ce principe est tellement évidente, qu'on aurait à peine besoin de l'exprimer si la Convention ne l'avait pas scandaleusement violé par des lois fameuses [2], qui ont profondément troublé la paix des familles. C'est pour prévenir le retour d'un abus si déplorable, que la constitution de l'an III a proclamé, dans sa Déclaration des droits de l'homme (art. 14), que « aucune loi ne peut avoir d'effet rétroactif. » Cette disposition n'a été reproduite dans aucune autre constitution ; seulement, le Code civil, qui ne commande pas aux législateurs, mais aux juges, avertit ces derniers qu'ils ne doivent pas interpréter les lois dans un sens rétroactif, parce que tel n'est pas, en général, leur esprit. Une loi rétroactive ne serait donc pas inconstitutionnelle, et s'il arrivait que le législateur voulût faire rétroagir sa disposition, il faudrait sans doute obéir ; mais cette volonté ne se présume pas, et lors même qu'elle serait exprimée, la rétroactivité ne s'appliquerait point aux affaires terminées par transaction ou par jugement [3].

20. On donne aux lois un effet rétroactif, lorsque, sans égard à l'époque de leur promulgation, on les applique, comme si elles étaient plus anciennes, au préjudice des droits qu'on appelle communément *droits acquis*.

Ainsi, par exemple, une loi qui changerait l'ordre des successions ne régirait pas, comme l'a fait la loi du 17 nivôse an XI, les successions antérieurement ouvertes.

Les contrats, les acquisitions ou aliénations conformes au droit existant conserveraient leur validité, malgré la loi qui exigerait d'autres formes, et en général d'autres conditions.

21. On dit communément que « l'état des personnes étant subordonné « à l'intérêt public, il est au pouvoir du législateur de le changer ou de « le modifier selon les besoins de la société [4] ; » mais il faut prendre

---

[1] Leges et constitutiones futuris certum est dare formam negotiis, non ad acta præterita revocari, nisi nominatim et de præterito et adhuc pendentibus negotiis autum sit *(Theod. et Val., L. 7, C. de legib. et constit.).*

[2] Loi du 5 brumaire an II, art. 3, 4, 6, 9, 12, 13 et 15 ; loi du 12 brumaire an II, art. 1, 7, 14, 15, 16 et 17 ; loi du 17 nivôse an II, art. 1, 2, 3, 4, 8, 9, 14, 23, 24, 25, 26, 27 et 61.

[3] *Justin. L. 22, C. de sacros. eccl. ; Nov. 89, pr.*

[4] Arrêt de cassation du 12 juin 1815.

garde de confondre ici la capacité des personnes avec leur état proprement dit. Ainsi la qualité d'époux, celle d'enfant légitime, etc., sont une sorte de propriété, et par conséquent un droit acquis, auquel une loi nouvelle ne porterait aucune atteinte; mais la loi nouvelle qui se bornerait à modifier la capacité d'une certaine classe de personnes, serait immédiatement applicable à toutes les personnes comprises dans cette classe. C'est ce qu'a fait le Code civil en modifiant la capacité des femmes mariées qui, d'après la jurisprudence des pays de droit écrit, pouvaient contracter sans autorisation (1). De même, une loi nouvelle qui reculerait l'époque de la majorité, remettrait en tutelle un certain nombre de personnes majeures, parce qu'elle ne changerait ainsi que leur capacité; mais elle ne modifierait en rien les actes faits par ces personnes pendant leur majorité temporaire, parce que ces actes ont constitué des droits acquis.

22. La suppression d'un genre de preuves, par exemple, de la preuve testimoniale dans les cas où elle est admise, n'empêcherait pas de prouver par témoins les obligations antérieurement contractées : car ce serait, par le fait, annihiler le contrat que d'enlever au créancier une preuve sur laquelle il a dû compter, et la seule peut-être qui reste à sa disposition.

Toutefois, si le droit de prouver par témoins subsiste, il ne sera exercé que dans les formes prescrites et devant la juridiction établie au moment même de l'enquête, parce que l'organisation judiciaire et ses formes sont, comme la capacité des personnes, subordonnées à l'intérêt public. Nul ne pourra donc réclamer comme un droit acquis une juridiction ou une procédure supprimée.

23. Les peines établies par la loi ne s'appliquent point aux faits antérieurs (C. pén., art. 4), si ce n'est lorsque le législateur supprime ou adoucit la pénalité (2). La loi produit alors un effet vraiment rétroactif, qu'on doit admettre pour ne pas révolter la conscience publique par l'application d'une peine que le législateur a jugée excessive.

3 — Les lois de police et de sûreté obligent tous ceux qui habitent le territoire.

Les immeubles, même ceux possédés par des étrangers, sont régis par la loi française.

---

(1) Arrêts de cassation des 3 janvier et 19 novembre 1832. On a jugé, par application du même principe, que la promulgation du Code civil attribue aux prodigues interdits la même capacité qu'aux personnes pourvues d'un conseil judiciaire (Arrêt de cassation du 20 mars 1806; arrêt de rejet du 6 juin 1810.

(2) Décret du 23 juillet 1810, art. 6.

Les lois concernant l'état et la capacité des personnes régissent les Français, même résidant en pays étranger.

SOMMAIRE.

24. La loi, qui n'agit pas sur tous les temps, ne s'applique pas non plus en tous lieux et à toutes personnes.

On distingue à cet égard deux sortes de lois ou, suivant l'expression reçue, deux statuts, l'un réel, l'autre personnel. Le premier régit les biens, soit pour les classer, par exemple, en meubles et immeubles (V. art. 516), soit pour les transmettre par succession ou autrement, soit pour déterminer les modifications et les charges de la propriété, comme les droits de servitude, d'usufruit, d'hypothèque, etc. Le statut personnel, au contraire, régit l'état et la capacité des personnes, en autorisant ou prohibant les actes de la vie civile. Telles sont notamment les lois sur le mariage, sur la minorité, l'émancipation, l'interdiction, et les lois qui déclarent certaines classes de personnes incapables, soit de contracter, soit de disposer des choses qui leur appartiennent.

25. En règle générale, les biens sont régis par le statut réel du pays où ils se trouvent, lors même qu'ils appartiennent à des étrangers, et réciproquement, les personnes restent soumises au statut personnel de leur pays, lors même qu'elles se trouvent en pays étranger. Examinons séparément ces deux règles.

Le Code, qui admet la première pour les immeubles, c'est-à-dire pour le sol même de la France, ne parle point des meubles. Cependant lorsqu'il s'agit de tel ou tel meuble considéré comme objet particulier, on reconnaît généralement qu'il faut appliquer en France les règles du droit français, par exemple, celles de la saisie-exécution, celles qui concernent les divers priviléges, et la maxime *en fait de meubles la possession vaut titre* (art. 2279). S'il y a dissidence ce n'est guère qu'autant qu'il s'agit de meubles considérés comme dépendant de l'universalité des droits d'un étranger, c'est-à-dire de sa succession. Dans ce cas, plusieurs auteurs admettent une fiction qui, sans égard à la position actuelle de tels ou tels meubles, les suppose tous réunis au domicile, et par conséquent dans la patrie du défunt; mais cette fiction est-elle bien justifiée ?

Lorsque chaque province formait en France un État particulier, la distinction des statuts réel et personnel était d'une application très-fréquente, parce que la même personne avait souvent son domicile dans une partie du royaume et sa résidence ou des propriétés dans une autre partie, et alors le statut réel ne régissait que les immeubles. Les meubles n'ayant pas d'assiette fixe n'étaient d'aucun pays ou plutôt ils étaient toujours du même pays que leur propriétaire, et la succession aux meubles était déférée conformément au droit de la province où ce dernier avait son domicile.

La même fiction, si on l'admettait aujourd'hui, aurait des conséquences, beaucoup plus graves, quoique moins fréquentes. En effet on l'appliquait autrefois de province à province et aux regnicoles seulement : les étrangers, comme le prouve suffisamment l'existence du droit d'aubaine (¹), n'en profitaient pas ; mais si on ressuscitait aujourd'hui cette ancienne fiction, ce serait pour les étrangers et pour eux seuls. On ne peut invoquer dans ce sens que la décision du Code sur les immeubles et le silence qu'il garde sur les meubles ; or l'argument *à contrario*, qui n'est jamais bien fort, le serait d'autant moins ici que les conséquences dépasseraient de beaucoup celles que le législateur a pu prévoir ; car les fortunes mobilières prennent chaque jour plus d'importance, et l'on comprendrait difficilement qu'une masse de capitaux placés, comme il arrive souvent, en rentes sur l'État, fut régie par une législation étrangère, et par suite soumise à des règles incompatibles avec les principes du droit français.

26. Le statut personnel suit la personne en tout pays. Ainsi lorsqu'on appréciera en France les actes faits par un Français en pays étranger, on déterminera sa capacité d'après la loi française. Cette loi règlera seule l'âge et les autres conditions qui rendent le mariage possible ou impossible ; mais quant à la célébration même, sa validité dépendra de l'observation des formes exigées dans le pays où le mariage sera contracté (art. 170). En effet, lorsque certains actes exigent le concours d'un officier public, celui-ci ne peut remplir son ministère que conformément aux lois de son pays, et par conséquent avec la solennité qu'elles prescrivent. De là vient, pour la forme extérieure des actes, l'adage *locus regit actum*. Toutefois cette maxime reste sans application pour les formes dont l'observation dépend des parties qui font l'acte, plutôt que de l'officier qui le reçoit. Ainsi, par exemple, l'acte de donation passé entre Français dans un pays où l'acceptation ne serait pas exigée, ne pourra valoir en France, s'il ne contient pas une acceptation en termes exprès (V. art. 932). On décidera de même à plus forte raison pour les actes que chacun fait soi-même sans recou-

---

(¹) V. l'art. 11 et son explication.

rir au ministère d'un officier public. On ne pourra donc se prévaloir en France des actes sous seing privé faits en pays étranger, s'ils n'étaient pas conformes à la loi française (V. art. 1325 et 1326).

27. Il existe, en dehors du droit privé, des lois nombreuses dont les dispositions préventives ou répressives, étrangères aux biens et à leur transmission, ne constituent pas à proprement parler des statuts réels. Cependant comme ces lois intéressent la sûreté générale, comme elles protégent indistinctement les personnes qui se trouvent en France, il est juste d'y soumettre *tous ceux qui habitent le territoire,* quelle que soit d'ailleurs la brièveté de leur séjour. Parmi ces lois, que le Code appelle lois de police et de sûreté, sont notamment les lois pénales, qui s'appliquent aux crimes ou délits commis en France même par des étrangers. En général, ces lois ne punissent pas les crimes commis hors de France ; mais cette règle souffre exception, 1° pour les crimes qui compromettent la sûreté de l'État ou la fortune publique ; 2° pour les crimes dont un Français se serait rendu coupable envers un autre Français, si ce dernier porte plainte (C. d'instr. cr., art. 5, 6 et 7).

4. — Le juge qui refusera de juger, sous prétexte du silence, de l'obscurité ou de l'insuffisance de la loi, pourra être poursuivi comme coupable de déni de justice.

SOMMAIRE.

28. Les juges qui refusent ou qui négligent de rendre la justice, commettent un délit qu'on appelle *déni de justice,* et par suite on peut les prendre à partie sans distinguer, comme autrefois (1), si leur juridiction est en premier ou en dernier ressort (V. C. de pr., art. 505 et 506, 509 ; C. pén., art. 185). Aucun juge ne peut donc s'abstenir de statuer, quelque difficile que soit une question de fait ou de droit.

Sur les questions de fait, le juge, indépendamment des expertises et autres voies d'instruction qu'il peut ordonner, aura toujours, à défau

---

(1) V. ordonn. de 1667, tit. 25.

de preuves ou, dans l'insuffisance des preuves, une règle certaine. Il repoussera toute prétention qui ne serait pas justifiée, conformément au principe : *actore non probante reus absolvitur*.

29. La solution des questions de droit offrira quelquefois plus de difficulté, et cependant le législateur n'admet point d'excuse. Le silence, l'obscurité, l'insuffisance de la loi, ne sont à ses yeux que des prétextes.

Le silence d'une loi s'explique souvent par les circonstances qui ont précédé ou accompagné sa formation, et spécialement par les lois précédentes, dont l'imperfection a presque toujours été le motif de la loi nouvelle. D'un autre côté, comme le législateur ne peut pas tout prévoir, ce qu'il décide sur un cas doit fournir pour les cas analogues une règle qui s'applique par extension, du moins lorsqu'elle est conforme au système général de la législation ; car, loin de généraliser une décision anormale, il faudrait en restreindre l'application au cas particulier pour lequel elle a été rendue. Du reste, ce n'est pas à tel ou tel article, considéré isolément, qu'il faut s'attacher, mais à la volonté législative résultant des dispositions de la loi appréciées dans leur ensemble.

L'obscurité des lois s'explique souvent par les mêmes moyens, c'est-à-dire, par la comparaison du texte obscur ou ambigu avec les textes analogues s'il en existe dans la même loi, avec ceux qui ont précédé dans l'ordre chronologique, avec ceux qui précèdent ou qui suivent dans l'ordre de rédaction, parce que cet ordre indique la filiation des idées qui se sont succédé dans l'esprit du rédacteur. Dans tous les cas, on cherchera, non pas précisément ce qu'il a dit, mais ce qu'il a voulu dire, et dans ce but on consultera avec fruit les procès-verbaux de rédaction.

En cas d'insuffisance de la loi, ou en l'absence même de toute loi positive, on s'attachera aux usages universellement observés, comme à une règle que le législateur semble, sinon admettre, du moins tolérer. A défaut de lois positives, le droit naturel conservera toute sa force, et pour en déduire les conséquences, le juge éclairé trouvera d'utiles secours dans cette ancienne législation qui, en préparant la civilisation moderne, a mérité le nom de raison écrite. Enfin, soit qu'il s'agisse de remonter aux principes du droit naturel ou d'éclaircir les difficultés du droit positif, le juge consultera les ouvrages dont l'autorité est pareillement fondée sur l'empire de la raison, ainsi que les décisions judiciaires dont les motifs lui permettront d'apprécier la sagesse.

30. En statuant sur les questions de droit, le juge applique la loi dans un sens qui exclut, pour la cause actuelle, toute autre application. De là résulte l'interprétation judiciaire, qu'il faut bien distinguer soit

de l'interprétation de pure doctrine, soit de l'interprétation législatiive. L'interprétation doctrinale, fruit de l'étude et de l'intelligence du commentateur, n'est obligatoire pour personne ; elle n'a d'autre autorité que celle de la raison, qui peut seulement démontrer et persuader, sans jamais commander ; tandis que l'interprétation législative commande avec une autorité absolue, parce qu'elle résulte d'une loi dans laquelle le législateur explique lui-même le sens d'une loi antérieure. L'interprétation judiciaire est obligatoire comme l'interprétation législatiive, mais seulement dans l'affaire qu'il s'agissait de décider et pour les parties qui se trouvaient en cause. Dans toute autre affaire ou entre d'autres parties, l'autorité de la chose jugée n'est imposée à personne; elle ne lie pas même le juge qui a prononcé. Il peut, si la même question se représente, la décider dans un autre sens, et s'il continue de suivre la même interprétation, ce n'est point parce qu'elle lui est imposée, mais parce qu'il l'adopte de nouveau. L'interprétation judiciaire offre donc un caractère mixte. Dans la même affaire et pour les parties entre lesquelles le jugement a été rendu, la chose jugée a la même autorité que la loi ; pour toute autre cause et pour toute autre personne, le jugement ne contient qu'une doctrine exposée par le juge.

31. L'interprétation législative peut avoir lieu de deux manières différentes. Tantôt le législateur, prévoyant des difficultés qui ne sont pas encore nées, les prévient par une loi nouvelle qui explique le sens d'une loi antérieure. Tantôt il intervient dans un débat judiciaire, pour le décider en faisant connaître au juge le sens de la loi qu'il s'agit d'appliquer. Dans le premier cas, l'interprétation est purement législative : elle n'est pas rendue en vue d'une espèce particulière, mais dans un but d'utilité générale. Dans le second cas, au contraire, le législateur exerce un pouvoir plutôt judiciaire que législatif, puisqu'il intervient dans une instance pendante, en dictant aux juges la décision qu'ils devront rendre.

Cette intervention du législateur ne souffre aucune difficulté, lorsque le pouvoir judiciaire est réuni, dans ses mains, au pouvoir législatif. C'est alors, à proprement parler, qu'on peut dire dans un sens absolu, comme on le disait en droit romain [1] et même dans notre ancienne jurisprudence [2], *ejus est interpretari cujus est legem condere* [3]; mais il n'en est plus de même lorsque les pouvoirs publics sont séparés, comme ils le sont aujourd'hui en France.

[1] *L. 9, C. de legib.*
[2] Ordonn. de 1667, tit. 1, art. 7.
[3] Cette règle ne se trouve pas textuellement dans les lois romaines. C'est un brocard tiré, selon toute apparence, de la *L. 9, C. de legib.*

32. Le principe de cette séparation, posé en 1790, est toujours resté en vigueur depuis cette époque (¹), et cependant, en cas de conflit entre la Cour de cassation et les tribunaux jugeant en dernier ressort, la décision des questions les plus importantes a longtemps appartenu au législateur. En effet, lorsque la Cour de cassation annule un jugement en dernier ressort, elle renvoie la cause à un autre tribunal, et le second jugement, lorsqu'il est conforme au premier, peut être cassé par les mêmes motifs ; mais il faut nécessairement s'arrêter dans cette voie, à peine de tomber dans un cercle vicieux. On a donc décidé, suivant les époques, que l'autorité judiciaire serait dessaisie après une seconde (²) ou même après une première cassation (³). Conséquemment, la cour régulatrice saisie d'un nouveau pourvoi, reproduisant pour la seconde ou pour la troisième fois les mêmes moyens, devait surseoir et en référer au gouvernement afin d'obtenir une interprétation officielle. Cette interprétation dut être donnée primitivement sous forme de loi (⁴), et depuis 1807, sous forme de règlement d'administration publique (⁵), c'est-à-dire par une décision que le chef du gouvernement, premier auteur des lois dont il avait l'initiative, prenait en conseil d'État.

33. L'interprétation ainsi donnée par le gouvernement impérial avait incontestablement l'autorité d'une loi générale : sous la Restauration, au contraire, des doutes sérieux se sont élevés sur l'exécution de la loi de 1807. On a prétendu que le conseil d'État ne pouvait plus revendiquer le droit d'en faire l'application, puisqu'il était devenu étranger au pouvoir législatif, et il a été reconnu que l'interprétation qu'il donnerait sur une instance pendante devait être limitée au cas particulier pour lequel elle aurait été demandée, que dès lors elle ne devait pas devenir, comme la loi, la règle des cas analogues (⁶).

34. Un nouveau système a prévalu en 1828. Il a été décidé, d'une part, que l'interprétation purement législative ne peut être donnée que par une loi proprement dite (⁷), et d'autre part, que le législateur ne

---

(¹) Loi du 24 août 1790, titre 2, art. 1 ; Constit. de 1791, titre 3, chap. 5, art. 1 ; Charte, art. 48.

(²) Loi du 1ᵉʳ décembre 1790, art. 21 ; Constit. de 1791, tit. 3, chap. 5, art. 21 ; Loi du 16 septembre 1811, art. 1.

(³) Constit. de l'an III, art. 256 ; loi du 16 septembre 1807, art. 3.

(⁴) Loi du 1ᵉʳ décembre 1790, art. 21 ; Constit. de 1791, tit. 3, chap. 5, art. 21 ; Constit. de l'an III, art. 256.

(⁵) Loi du 16 sept. 1807, art. 3.

(⁶) Avis du c. d'État du 17 décembre 1823.

(⁷) Loi du 30 juillet 1828, art. 2.

doit jamais intervenir dans la décision des questions pendantes devrant les tribunaux. En conséquence, il a été admis qu'après une secornde cassation, et lors même que le jugement cassé émanerait d'un tribunmal inférieur, l'affaire serait renvoyée à une cour royale pour y être jugée souverainement, en ce sens qu'un troisième pourvoi en cassation foindé sur les mêmes moyens ne serait pas admissible ([1]).

Ainsi, entre l'interprétation adoptée deux fois par la Cour de casssation et une interprétation adoptée trois fois par les autres tribunaux, la loi de 1828 faisait prévaloir cette dernière; mais ce système était contraire aux règles fondamentales de notre organisation judiciaire, puisque la décision d'un tribunal inférieur devenait prépondérantee, et d'un autre côté, il pouvait nuire à l'uniformité de la jurisprudemce. Aussi une loi nouvelle fait-elle prévaloir l'interprétation que la Cour de cassation adopte pour la seconde fois. Dans ce cas, la Cour de ccassation fixe le point de droit, et, pour en faire l'application, renvoie la cause à une troisième cour royale ou à un troisième tribunal ([2]).

55. L'interprétation nécessaire que le gouvernement devait donner à la Cour de cassation, en vertu de la loi de 1807, et qui n'existe plus aujourd'hui, n'a rien de commun avec l'interprétation purement législative que le législateur donne, lorsqu'il le juge convenable, pour aplanir d'avance les difficultés qu'il prévoit ([3]). Si l'on a décidé en 1828 qu'il n'interviendrait plus dans la solution des questions actuellement soumises aux tribunaux, il n'a pas renoncé au droit qui lui appartient essentiellement d'obvier aux difficultés qu'il prévoit. C'est ainsi qu'en 1843, une loi véritablement interprétative a prévenu, par un motif d'intérêt général, des procès qui auraient pu entraîner l'annulation d'une multitude d'actes notariés ([4]).

5. Il est défendu aux juges de prononcer, par voie de disposition générale et réglementaire, sur les causes qui leur sont soumises.

SOMMAIRE.

36. Pourquoi le pouvoir réglementaire n'appartient pas aux tribunaux.

56. Le législateur ne devant pas intervenir dans l'exercice du pou-

---

([1]) Même loi, art. 3.
([2]) Loi du 1er avril 1837, art. 1.
([3]) Les gouvernements consulaire et impérial ont exercé ce droit d'interprétation, non-seulement en matière administrative, comme la constitution de l'an VIII (art. 52), semblait le leur permettre, mais en toute matière (*arrêté du 5 niv. an* VIII, *art.* 11). Ces interprétations données par le conseil d'État, sous le nom d'avis, et approuvées par l'Empereur ont obtenu force de loi dans la pratique.
([4]) Loi du 21 juin 1843, art. 1.

voir judiciaire, les tribunaux de leur côté ne doivent s'arroger aucune attribution législative : ils sont institués pour juger séparément chaque affaire, à mesure qu'elle leur est soumise, sans s'occuper de l'avenir, et par conséquent sans décider par avance les affaires ou les questions qui pourraient se présenter plus tard. Poser une règle générale, ce n'est plus juger, ce n'est plus appliquer la loi existante; c'est en réalité faire une loi nouvelle. Aussi le pouvoir réglementaire n'appartient-il qu'au législateur ou au gouvernement, lorsque ce dernier, en vertu d'une délégation de la puissance législative, prend les mesures nécessaires pour l'administration publique, et en général pour l'exécution des lois proprement dites. Par suite, il est défendu aux juges de prononcer « par voie de disposition générale ou réglementaire sur « les causes qui leur sont soumises » (¹). Le Code le leur défend expressément pour prévenir le retour d'anciens abus : en effet, les parlements cumulaient avec le pouvoir judiciaire une sorte de pouvoir législatif qu'ils exerçaient sous le bon plaisir du roi, et en attendant qu'il en eût autrement ordonné. C'est ainsi qu'ils ont rendu, sur différentes matières, des arrêts de règlement, qui étaient observés comme loi.

6. — On ne peut déroger, par des conventions particulières, aux lois qui intéressent l'ordre public et les bonnes mœurs.

SOMMAIRE.

37. Jusqu'à quel point les conventions dérogent-elles aux lois ?

57. En général chacun est libre de renoncer aux droits qui sont établis en sa faveur, et par conséquent de déroger, en ce qui le concerne, à la loi générale; mais cette liberté n'existe plus, dès que les droits des particuliers se trouvent liés à l'intérêt public; car, bien que les conventions tiennent lieu de loi à ceux qui les ont faites (art. 1134), cette espèce de loi privée ne peut avoir la force de déroger ni à l'ordre public ni aux bonnes mœurs (²).

(¹) V. loi du 24 août 1790, tit. 2, art. 10 et 12; Const. de l'an III, art. 203.
(²) V. *Ulp.*, *L.* 45, § 1, *D. de reg. jur.*

LIVRE PREMIER.

DES PERSONNES.

—◦—

TITRE PREMIER.

DE LA JOUISSANCE ET DE LA PRIVATION DES DROITS CIVILS.

(Décrété le 17 ventôse an XI (8 mars 1803). Promulgué le 27 ventôse (18 du même mois).

———

INTRODUCTION.

SOMMAIRE.

38. Le droit politique détermine à quelles conditions les particuliers prennent part aux affaires publiques, en remplissant diverses fonctions ou en votant dans les assemblées électorales, et généralement en exerçant les droits attachés à la qualité de citoyen. Cette qualité, qui se conserve et se perd conformément aux lois constitutionnelles (art. 7), n'appartient ni aux étrangers, ni même à tous les Français. Les femmes ne l'ont jamais, et les hommes ne peuvent l'obtenir qu'après avoir atteint leur majorité [1] ; tandis que la jouissance des droits civils, c'est-à-dire ici des droits privés, indépendante de la qualité de citoyen, appartient à tous les Français (art. 8), de l'un ou de l'autre sexe, majeurs ou mineurs. Toutefois les Français n'ont pas tous l'exercice des droits civils dont ils ont

———

[1] Const. de l'an VIII, art. 2.

la jouissance. Il en est un certain nombre, qui ne les exerce que par l'intermédiaire d'un représentant. En dehors des droits civils, les particuliers jouissent en France de plusieurs droits, tels que la liberté individuelle, la liberté de conscience, le droit de publier et de faire imprimer leurs opinions. Ces droits qui, suivant la Charte, constituent le *droit public des Français,* appartiennent aux femmes comme aux hommes, lors même qu'ils n'auraient aucun droit politique. Le droit public ainsi entendu est donc essentiellement distinct du droit politique, puisque chacun en jouit librement sans aucune condition d'aptitude.

39. Après avoir parlé des droits civils en général, la loi donne aux mêmes expressions un sens restreint, lorsqu'elle réserve aux Français la jouissance des droits civils. Ceci nous conduit à examiner comment on acquiert la qualité de Français.

Antérieurement au Code civil, il suffisait d'être né en France, de parents français ou étrangers, pour être par cela même Français. Ce principe prévalut d'abord dans le conseil d'État, mais les observations du Tribunat firent décider que l'enfant, quel que soit le lieu de sa naissance, suivra la condition de ses parents (art. 10).

Les étrangers peuvent devenir Français et même citoyens, lorsqu'ils réunissent les conditions suivantes : il faut qu'ils aient l'âge de vingt et un ans accomplis ; ils doivent déclarer qu'ils ont l'intention de se fixer en France, et y résider pendant dix ans ([1]). La constitution de l'an VIII n'exigeant rien de plus, on peut supposer que ces conditions suffisaient sans aucune intervention de l'autorité publique ; mais un décret impérial du 7 mars 1809 décide que, dans le cas prévu par la constitution, la naturalisation des étrangers sera prononcée sur leur demande par le gouvernement, ce qui signifie, dans le style du temps, que le gouvernement se réserve le droit de ne point la prononcer. Il paraît même qu'avant de se fixer en France, l'étranger doit obtenir l'autorisation dont parle l'article 13 du Code civil ([2]).

D'après les sénatus-consultes du 26 vendémiaire an XI et du 19 février 1808, une seule année de domicile suffit pour que le Roi puisse accorder le droit de citoyen à des étrangers dont la France doit récompenser les grands services, ou qu'il importe d'attirer dans son sein en considération, soit des talents, d'une invention, ou d'une industrie utiles qu'ils y apporteront, soit des établissements qu'ils y formeront.

La qualité de citoyen français, acquise dans les cas ci-dessus, donnait primitivement une pleine et entière jouissance des droits politi-

---

([1]) Const. de l'an VIII, art. 3.
([2]) Avis du conseil d'État du 18 prairial an XI, cité par Locré, *Esprit du Code civil* art. 13.

ques; mais depuis 1814, le droit de siéger dans l'une des deux Chambres n'appartient qu'aux citoyens nés Français ou aux étrangers naturalisés par des lettres patentes vérifiées dans les deux Chambres (¹).

40. Le Code civil, sans exiger aucun stage préalable, accorde la qualité de Français aux étrangers qui se trouvent dans un des trois cas suivants :

1º La femme étrangère qui épouse un Français, suit la condition de son mari (art. 12).

2º L'enfant né en France d'un étranger devient Français, lorsqu'il réclame cette qualité dans l'année de sa majorité, pourvu qu'il déclare, dans le cas où il résiderait en France, que son intention est d'y fixer son domicile. S'il n'y réside pas, il doit s'engager à y établir son domicile et l'établir en effet dans l'année (art. 9).

3º L'enfant d'une personne qui a perdu la qualité de Français doit remplir les mêmes conditions, mais sans qu'on lui assigne aucun délai. Il peut toujours, c'est-à-dire, à tout âge, réclamer la qualité de Français (art. 10).

41. La qualité de Français se perd, soit par la naturalisation définitivement acquise en pays étranger (art. 17), soit indépendamment de toute naturalisation.

Sont dans ce dernier cas les Français qui, sans avoir obtenu l'autorisation du gouvernement, se dévouent aux intérêts d'une autre nation, soit directement en acceptant chez elle des fonctions publiques (art. 17, 2º) ou un service militaire, soit indirectement en s'affiliant à une corporation militaire étrangère (art. 21). Ceux qui s'établissent en pays étranger sans esprit de retour, perdent aussi la qualité de Français (art. 17). La même décision s'applique à la femme française qui épouse un étranger (art. 18), sans doute parce que le mariage est un établissement définitif, et le plus important de tous pour les femmes. Un établissement de commerce, au contraire, ne peut par lui-même être considéré comme fait sans esprit de retour (art. 17).

Ces décisions supposent que nul ne peut avoir deux patries en même temps et que chacun est libre d'adopter celle qu'il préfère ; mais s'il en est ainsi, du moins d'après le Code civil, il n'en résulte pas qu'après avoir changé de patrie, l'homme soit libéré de tout engagement envers le pays qu'il a quitté; car un Français ne doit jamais porter les armes contre la France (art. 21).

42. Ceux qui ont perdu la qualité de Français peuvent toujours, c'est-à-dire à tout âge, la recouvrer avec l'autorisation du gouvernement, à la seule condition de rentrer en France, s'ils n'y résident pas,

_____

(¹) Ordonnance du 4 juin 1814.

et de déclarer qu'ils veulent s'y fixer (art. 18). C'est ainsi, par exemple, qu'après avoir suivi la condition d'un étranger en l'épousant, une femme veuve redevient Française (art. 19). Toutefois la loi traite plus sévèrement ceux qui ont pris du service militaire chez l'étranger ou qui se sont affiliés à une corporation militaire étrangère. Ils ne peuvent rentrer en France sans en avoir obtenu la permission, et dans ce cas même, ils ne recouvrent la qualité de Français qu'après dix ans de résidence, comme les étrangers proprement dits (art. 21).

La qualité de Français, acquise ou recouvrée dans les cas ci-dessus, n'a point d'effet rétroactif. Elle ne profite que pour les droits ouverts après l'accomplissement des conditions requises pour l'acquérir ou la recouvrer (art. 20).

43. Tout Français, comme on l'a déjà dit, jouit des droits civils (art. 8). Quant aux étrangers, il faut faire une distinction. Ceux qui sont domiciliés en France avec l'autorisation du gouvernement, jouissent de tous les droits civils tant qu'ils continuent d'y résider (art. 13). Les autres n'en jouissent que par réciprocité, en ce sens que, lorsqu'une nation étrangère accordera aux Français certains droits civils, les membres de cette nation jouiront des mêmes droits, pourvu que la réciprocité soit convenue par un traité ; car on n'admet pas qu'un peuple étranger puisse, en accordant aux Français des droits quelconques, obtenir malgré nous aucune réciprocité.

Lorsqu'on distingue ainsi les Français des étrangers, en reconnaissant aux premiers des droits que l'on ne concède pas toujours aux seconds, on n'entend pas refuser à ces derniers la faculté de se marier ou de contracter avec les Français, ni celle d'acquérir en France des propriétés mobilières ou immobilières (V. art. 3, 12, 14 et 15). Les droits civils dont il s'agit ici, ne comprennent donc pas tous les droits privés, mais cette partie seulement qui, chez tous les peuples civilisés, reste propre à chacun d'eux et constitue leur droit civil dans le sens spécial qu'avait à Rome le mot *jus civile* ([1]). Les droits civils pris dans ce sens sont beaucoup moins nombreux qu'autrefois, et chaque jour en efface quelqu'un. Les plus importants de tous, celui de succéder et celui de recevoir par donation entre-vifs ou testamentaire (art. 726 et 912), sont devenus communs à tous les étrangers ([2]). Il serait assez difficile de préciser les droits proprement dits dont ils ne jouissent pas ; mais la loi française soumet encore les étrangers à des rigueurs exceptionnelles, qui s'expliquent en général par la grande facilité qu'ils ont d'éviter,

([1]) Inst § 1, *de jur. nat. gent. et civ.*
([2]) Loi du 14 juillet 1819.

soit en restant chez eux, soit en quittant la France, l'exécution forcée des condamnations prononcées contre eux par les tribunaux français.

44. Ainsi l'étranger, qui ne réside pas en France, ne se prévaudra pas de la règle, *actor sequitur forum rei*. Les créanciers français, au lieu de suivre leur débiteur devant le tribunal de son domicile, pourront, quel que soit le lieu du contrat, l'appeler devant un tribunal français (art. 14), et obtenir ainsi un jugement exécutoire sur les biens qu'il aurait en France.

Les étrangers peuvent aussi se porter demandeurs devant les tribunaux français; mais alors ils doivent, si le défendeur le requiert, donner caution pour le montant des condamnations qu'ils peuvent encourir à titre de frais ou de dommages-intérêts (art. 16; C. pr., art. 166, 167).

Toute condamnation prononcée contre les étrangers, au profit d'un Français, entraîne la contrainte par corps; et même avant la condamnation, le débiteur étranger, qui se trouve en France sans y avoir son domicile, peut être arrêté provisoirement sur la demande du créancier français, à moins qu'il ne fournisse caution ([1]).

45. Nous avons raisonné jusqu'ici d'après les principes du droit commun, en dehors duquel restent pour nous les célèbres décrets des 6 avril 1809 et 26 août 1811. Sans examiner leur constitutionnalité, mais en considérant les circonstances qui ont précédé et suivi leur publication, nous les concevons comme pouvant se justifier, à l'époque où ils ont été rendus, par une nécessité temporaire résultant d'une guerre générale. C'est ainsi que nous paraissent s'expliquer, suivant le temps et les circonstances:

La diversité de système entre des dispositions, qui d'abord rappellent tous les Français établis en pays étranger ([2]), et ensuite repoussent ou excluent quelques-uns d'eux du territoire français ([3]); de même que les émigrés, après avoir été rappelés en France ([4]), en ont ensuite été bannis à perpétuité ([5]);

La rétroactivité de plusieurs dispositions ([6]);

La distinction établie entre les Français naturalisés en pays étranger avec ou sans autorisation; les avantages accordés aux premiers et les peines infligées aux seconds ([7]);

([1]) Loi du 10 sept. 1807; loi du 17 avril 1832, tit. 3. V. le Code civil et son explication, art. 2059 et suivants.

([2]) Décret du 6 avril 1809, art. 6, 23, 27 et 29.

([3]) Décret du 26 août 1811, art. 11 et 21.

([4]) Loi du 1 août 1791.

([5]) Loi du 23 octobre 1792.

([6]) Décret de 1811, art. 14, 15 et 16.

([7]) *Ibid.*, art. 1 à 13.

Les amnisties et prolongations de délais ([1]) ;

L'interprétation qui plus tard a restreint l'application de ces décrets aux personnes du sexe masculin ([2]).

Nous expliquons de la même manière comment les condamnations prononcées pendant la guerre ont été déclarées non avenues après la conclusion de la paix ([3]), et comment au contraire, à l'approche d'une guerre, le Roi a cru pouvoir faire revivre en partie ces mêmes décrets ([4]).

Nous aurions plus de peine à nous expliquer les effets du relief par lequel ceux qui ont encouru les déchéances ou les peines établies par ces décrets, sont relevés des premières et affranchis des secondes ([5]), s'il était bien certain que ce relief s'applique rétroactivement à la jouissance des droits civils, et spécialement au droit de succéder. Cette anomalie, parmi tant d'autres, ne se conçoit tout au plus que comme une compensation extralégale à des rigueurs excessives.

46. Au surplus, et même pour le cas de guerre, les décrets de 1809 et de 1811 paraissent manquer aujourd'hui de sanction, soit parce que le premier a été déclaré inconstitutionnel, du moins quant à la peine de mort ([6]), ce qui semble pouvoir s'entendre non-seulement de la mort naturelle, mais aussi de la mort civile décrétée comme pénalité principale ([7]), soit parce que la confiscation des biens et les juridictions extraordinaires ont été supprimées ([8]). De toutes les peines accumulées dans ces décrets, il ne resterait donc que l'interdiction du territoire français et la privation du droit de succéder, privation qui concorde mal avec les idées actuelles. Il serait donc urgent de réviser cette législation en grande partie abrogée et dans tous les cas exorbitante ; c'est pendant la paix qu'il faut prévoir avec calme et fermeté les conséquences de la guerre.

CHAPITRE PREMIER.

DE LA JOUISSANCE DES DROITS CIVILS.

7. — L'exercice des droits civils est indépendant de la qualité de

---

([1]) Décrets des 24 avril 1810, 9 décembre 1810, 15 juillet 1811.
([2]) Avis du c. d'État du 12 mai 1822.
([3]) Arrêts du Conseil du 19 juin 1814.
([4]) Ord. du 10 avril 1823.
([5]) Décret de 1811, art. 12.
([6]) Sénatus-consulte du 3 avril 1814.
([7]) Décret de 1811, art. 2, 19, 22, 23 et 26.
([8]) Charte de 1814, art. 62, 63 et 66 ; Charte de 1830, art. 53, 54 et 57.

citoyen, laquelle ne s'acquiert et ne se conserve que conformément à la loi constitutionnelle.

47. Les citoyens, dans l'acception primitive du mot, sont les membres de la cité. Dans ce sens, concitoyen est synonyme de compatriote, et c'est ainsi que, sous l'ancien régime, les Français étaient tous citoyens français. La constitution de l'an VIII ayant pris ces derniers mots dans une acception purement politique, il importait, pour éviter toute confusion, que la jouissance des droits civils fût déclarée indépendante de la qualité de citoyen. Tel est le but de l'art. 7.

48. On a vu précédemment (39) comment les étrangers acquièrent la qualité de citoyen. Quant aux Français, la constitution de l'an VIII exigeait qu'après avoir accompli l'âge de vingt et un ans, chacun d'eux se fût fait inscrire sur le registre civique de son arrondissement, et eût ensuite résidé en France pendant un an. Ainsi nul ne devenait réellement citoyen qu'à vingt-deux ans accomplis.

Les registres civiques sont promptement tombés en désuétude. Nul ne pouvant plus se faire inscrire, chacun fut réputé inscrit à compter du moment où il aurait pu l'être, c'est-à-dire, à vingt et un ans ; mais l'année de résidence est une condition qu'on devait d'autant moins abandonner que, d'une part, elle suffisait seule pour conférer les droits électoraux et que, d'autre part, elle fixait le domicile politique [1]. Aussi l'âge de vingt-deux ans au moins était-il exigé pour les fonctions publiques [2]. Depuis 1814, au contraire, la capacité électorale est soumise à d'autres conditions ; des lois spéciales ont rendu le domicile politique indépendant de toute résidence [3]. Il en résulte que tout Français du sexe masculin devient citoyen français à l'âge de vingt et un ans accomplis [4]. Il peut donc en cette qualité figurer comme témoin dans les actes notariés [5], à moins qu'il n'ait perdu ses droits de citoyen ou que l'exercice n'en soit suspendu [6].

---

[1] Const. de l'an VIII, art. 6. V. cependant avis du C. d'État des 29 vend. et 2 frim. an XI.

[2] Par exemple, pour les fonctions de substitut dans un tribunal de première instance (*Loi du 16 vent. an* XI), pour celles de conseiller auditeur dans une cour royale (*Décret du 16 mars 1808, art.* 4).

[3] Lois des 5 février 1817, 25 mars 1818, 29 juin 1820 et 19 avril 1821.

[4] V. Ordonnance du 11 juillet 1815, art. 8 ; loi du 21 mars 1831, art. 1.

[5] Loi du 25 ventôse an XI, art. 9.

[6] V. Const. de l'an VIII, art. 4 et 5.

8. — Tout Français jouira des droits civils.

JOUIRA, ETC. On jouit d'une chose lorsqu'on en tire les services et les fruits. C'est ainsi qu'un possesseur ou un usufruitier jouissent de la chose d'autrui. Dans ce sens, la jouissance s'entend du fait même par lequel une personne exerce un droit qui peut ne pas lui appartenir (V. art. 2229). Ici, au contraire, et relativement aux droits civils, jouir signifie avoir; chacun en jouit par cela seul qu'ils lui appartiennent, lors même qu'il ne les exerce pas.

SOMMAIRE.

49. Double acception des mots droits civils.
50. L'acception primitive reparaît ici et dans les articles suivants.

49. Les jurisconsultes romains, comme nous l'avons dit, distinguaient dans le droit privé, pris par opposition au droit public, un *jus gentium* commun à tous les hommes sans distinction, et un *jus civile* que chaque peuple établit pour lui-même et qui lui reste propre. Cependant l'expression de *jus civile* a été employée dans un autre sens au seizième siècle, pour désigner l'ensemble du droit de Justinien par opposition au droit canonique, qui était alors une des sources les plus importantes de la législation; mais comme, dans l'étude des lois romaines, on s'attachait principalement au droit privé, on s'est habitué depuis longtemps à prendre l'expression générale *jus civile* comme synonyme de droit privé. C'est en ce sens que l'Assemblée constituante l'entendait, lorsqu'elle a décidé qu'il serait fait « un Code de lois civiles « communes à tout le royaume » ([1]). C'est dans le même sens encore que l'article 7 du Code civil oppose les droits civils aux droits politiques, en décidant que la jouissance des premiers est indépendante de la qualité de citoyen.

50. Ici, au contraire, le mot droit civil reprend sa signification primitive: en effet, la loi sépare les Français des étrangers et accorde aux premiers des droits particuliers qu'on appelle encore droits civils, quoiqu'ils ne comprennent plus qu'une partie du droit privé, celle qui est propre aux Français. Aussi la loi déclare-t-elle que la jouissance de ces droits civils appartient à tout Français en cette seule qualité, par opposition aux étrangers, qui n'en jouissent pas, du moins en règle générale (V. art. 11 et 13).

9. — Tout individu né en France d'un étranger pourra, dans l'année qui suivra l'époque de sa majorité, réclamer la qualité de

([1]) Constit. de 1791, tit. 2. Cambacérès a rédigé successivement trois projets, dans lesquels il oppose le droit public, tantôt aux droits civils, tantôt au droit privé, en donnant à ces deux dernières expressions la même signification, comme on peut s'en convaincre en comparant les articles 1 et 2 du premier projet avec les articles correspondants des second et troisième projets.

Français: pourvu que, dans le cas où il résiderait en France, il déclare que son intention est d'y fixer son domicile, et que, dans le cas où il résiderait en pays étranger, il fasse sa soumission de fixer en France son domicile, et qu'il l'y établisse dans l'année, à compter de l'acte de soumission.

SOMMAIRE.

51. Quelle est sous le Code civil la position d'un enfant né en France d'un étranger ?
52. Quelle majorité la loi a-t-elle en vue ?

51. Cet article, dans sa rédaction primitive, reconnaissait comme Français, conformément au droit antérieur, quiconque naît en France. Le Tribunat objecta que nul ne doit être Français par hasard ou malgré soi; qu'au lieu d'imposer cette qualité aux enfants qui naîtraient en France d'un étranger, il suffit de la leur offrir. Modifié en ce sens, l'article est devenu équivoque: il n'indique pas clairement si, en réclamant la qualité de Français, les enfants dont il s'agit, revendiqueront un droit préexistant, ou s'ils demanderont pour l'avenir seulement une qualité qu'on ne pourra pas leur refuser. Nous adoptons ce dernier sens; et en effet, on admettait si peu la rétroactivité que, pour n'en pas faire naître l'idée, on a écarté une rédaction, d'après laquelle l'enfant né en France d'un étranger aurait été considéré comme Français, tant qu'il ne manifesterait pas une intention contraire. D'ailleurs la question est formellement décidée par l'article 20.

52. En offrant la qualité de Français aux étrangers nés en France, la loi veut faire cesser le plus tôt possible l'incertitude de leur position. Aussi ne leur accorde-t-elle pour accepter qu'une seule année à partir de leur majorité, c'est-à-dire, puisqu'ils sont étrangers, la majorité fixée par les lois de leur patrie. On a d'autant plus raison de le décider ainsi que jusqu'à cette majorité, qui généralement dépasse les vingt et un ans de la majorité française, les étrangers, traités comme mineurs, pourraient n'avoir pas assez de liberté pour venir en France ou pour y faire leur réclamation. Le délai qu'on ferait courir de vingt et un à vingt-deux ans pourrait donc ne pas leur profiter. Si l'article 2 de la constitution de l'an VIII parle de vingt et un ans accomplis, il ne faut pas croire qu'il entende fixer à cet âge le droit de devenir Français pour les personnes nées en France; car, à cette époque, quiconque était né en France était par cela même Français. Il s'agissait uniquement, dans cette constitution, de faire acquérir la qualité de citoyen à un majeur qui était déjà Français; point absolument étranger à la disposition de l'article 9 du Code civil.

10.—Tout enfant né d'un Français en pays étranger est Français.

Tout enfant né, en pays étranger, d'un Français qui aurait perdu la qualité de Français, pourra toujours recouvrer cette qualité, en remplissant les formalités prescrites par l'article 9.

NÉ EN PAYS ÉTRANGER, etc. Une disposition comprise dans la rédaction primitive de ce titre reconnaissait comme Français quiconque serait né en France. On a changé cette disposition sans modifier l'article 10. Voilà pourquoi ce dernier parle toujours des enfants nés *en pays étranger*.

SOMMAIRE.

53. Quelle est la position de l'enfant d'une personne qui a perdu la qualité de Français ?

53. Le nouveau principe adopté sur les observations du Tribunat accorde plus à l'origine et au sang qu'au lieu de la naissance. Ainsi les enfants d'un étranger, quoique nés en France, ne sont pas Français (art. 9); mais l'enfant né d'un Français, même en pays étranger, est toujours Français. Il en est autrement sans doute lorsque le père a perdu la qualité de Français : toutefois, dans ce cas même, les enfants ne sont pas complétement assimilés aux étrangers. On leur permet de réclamer à tout âge la qualité que leur père avait perdue. La loi dit même qu'ils pourront la recouvrer, ce qui dans la rédaction primitive n'était pas dit sans intention. Français d'origine, ils devaient recouvrer la jouissance des droits civils, même pour le passé, du moins suivant Tronchet (¹), qui les opposait sous ce rapport aux enfants nés en France d'un étranger. Mais ce système de rétroactivité a été repoussé par une disposition formelle (art. 20), même pour le cas le plus favorable.

Cette règle, que l'enfant doit suivre la condition des parents dont il est né, s'applique aux enfants légitimes, en ce sens qu'ils suivront toujours la condition de leur père, même dans le cas assez rare où leur mère, épouse d'un étranger, serait Française. Les enfants naturels, au contraire, suivent la condition de leur mère, du moins lorsque la paternité reste incertaine.

Si le père et la mère sont inconnus, ou si leur nationalité est incertaine, évidemment les enfants ne peuvent invoquer leur origine, ni pour se dire Français, ni pour repousser cette qualité. Dans le doute, le fait même de leur naissance sur le territoire les fait considérer comme Français jusqu'à preuve contraire.

11. — L'étranger jouira en France des mêmes droits civils que ceux qui sont ou seront accordés aux Français par les traités de la nation à laquelle cet étranger appartiendra.

_____

(¹) Discussion au c. d'État, séance du 14 thermidor an IX.

54. Les traditions barbares de l'ancienne Germanie ([1]) s'étaient perpétuées sous le régime féodal, qui considérait les étrangers comme serfs du seigneur dans le domaine duquel ils s'établissaient. Ils n'échappaient à cette condition et ne conservaient leur franchise qu'en se plaçant sous la protection ou l'avouerie du roi qui, depuis le quatorzième siècle du moins, ne reconnaissait pas de serfs dans son domaine direct. Toutefois les étrangers en France n'étaient pas tout à fait régis par le droit commun ; il était resté de leur servage primitif plusieurs incapacités, dont la plus importante a donné lieu au droit d'aubaine. En effet, les étrangers étaient incapables de transmission héréditaire. Les enfants mêmes ne succédaient à un père étranger que lorsqu'ils étaient régnicoles, c'est-à-dire nés et domiciliés en France. Dans tout autre cas les biens d'un étranger décédé étaient acquis au roi, qui les recueillait au nom de l'État, non par droit de déshérence, puisqu'il excluait les ascendants et les collatéraux, mais en vertu du droit spécial qu'on appelait droit d'aubaine, parce que les étrangers se nommaient aubains, mot qui probablement dérive du latin *alibi natus.*

L'Assemblée constituante, pensant que « la France doit ouvrir son « sein à tous les peuples de la terre, » supprima d'abord le droit d'aubaine ([2]). Elle décida ensuite que tous les étrangers sans distinction succéderaient à leurs parents français ou étrangers, et pourraient même recevoir à titre gratuit ([3]).

55. Cet exemple ne fut pas imité comme on l'avait espéré, et la France, craignant d'être dupe de sa générosité, a cessé, lors de la promulgation du Code civil, d'accorder aux étrangers de chaque nation les droits que cette nation n'accorde pas elle-même aux Français. Le Code se réfère, à cet égard, aux traités qui ont été conclus ou qui le seront à l'avenir.

Le principe de réciprocité ainsi posé comme règle générale pour tous les droits civils (art. 11), spécialement pour le droit de succéder (art. 726) et de recevoir à titre gratuit (art. 912), ne concerne pas la suc-

---

([1]) L'étranger, dans les usages des Saxons, devait trouver un patron ou être vendu comme esclave : *peregrinum qui patronum non habebat, vendebant Saxones* (*Méginhart, in translat. sancti Viti, cap.* 13).

([2]) Loi du 18 août 1790.

([3]) Loi du 15 avril 1791, art. 3. V. Const. de 1791, tit. 6.

cession que le décès d'un étranger défère à ses parents français, ni les donations testamentaires ou entre-vifs qu'il ferait à une personne jouissant en France des droits civils; car l'incapacité qui empêche l'étranger de recueillir une succession ou une disposition à titre gratuit, ne l'empêche ni de transmettre ni de disposer. Ainsi le Code civil ne rétablit point le droit d'aubaine supprimé en 1790; il ne modifie que la concession faite aux étrangers en 1791.

D'après la loi du 14 juillet 1819, et sauf une disposition importante que nous expliquerons plus tard (art. 726), les étrangers sont tous capables de succéder et de recevoir à titre gratuit. Par là se trouvent supprimées les conséquences les plus importantes du principe de réciprocité consacré par l'art. 11; mais ce principe n'en existe pas moins comme règle générale pour tous les cas qui ne sont pas formellement exceptés.

56. L'Assemblée constituante a supprimé en même temps que le droit d'aubaine, le droit de détraction, dont la nature est essentiellement différente.

Ce droit est un impôt qui, dans certains pays, attribue au fisc une portion modique, ordinairement le dixième, des valeurs qui sont exportées dans un autre territoire. Aussi l'appelle-t-on souvent *census migrationis* ([1]). La détraction s'exerce le plus ordinairement sur les valeurs provenant de successions ou de legs recueillis par des étrangers, parce que ces derniers ont généralement intérêt à les exporter. De là vient qu'on a trop souvent considéré le droit de détraction comme un prélèvement spécial, exercé par le fisc, sur les successions déférées à des étrangers; mais cette idée n'est rien moins qu'exacte, puisque ce droit ne s'exerce pas à l'occasion de la transmission héréditaire, mais à l'occasion de l'exportation, qu'elle arrive par le fait d'un étranger qui retourne dans sa patrie, ou par le fait d'un citoyen qui émigre ([2]).

Le droit de détraction, qui est d'origine germanique ([3]), paraît n'avoir été admis en France que sous le règne de Louis XIV, et par voie de rétorsion seulement, c'est-à-dire, par réciprocité envers les États qui l'exerçaient contre les Français. Ce droit, supprimé, comme nous l'avons dit, par l'Assemblée constituante, n'a pas été rétabli par le Code civil, ainsi qu'on l'a trop souvent affirmé. A la vérité, les étrangers, en vertu du principe de réciprocité établi par le Code civil, ont été, jusqu'en 1819, incapables de succéder en France, si ce n'est en vertu des traités (art. 726), ou lorsqu'ils ont obtenu la jouissance des droits civils (art. 13); mais l'État

---

([1]) Gæschon, *Code diplomatique des aubains*, Discours prélimin., chap. 14, Vattel, *Droit des gens*, liv. 2, chap. 8, § 113; Kluber, *Droit des gens moderne*, § 83.
([2]) Vattel, Kluber, *loc. cit.*
([3]) Gæschon, *loc. cit.*

1.   3

n'a jamais rien retenu sur les valeurs exportées, quelle qu'en fût l'origine. C'est donc bien mal à propos que la loi du 14 juillet 1819 a été intitulée : *Loi relative à l'abolition des droits d'aubaine et de détraction.*

12. — L'étrangère qui aura épousé un Français, suivra la condition de son mari.

13. — L'étranger qui aura été admis par l'autorisation du Roi à établir son domicile en France, y jouira de tous les droits civils, tant qu'il continuera d'y résider.

57. Le stage de dix ans, imposé par la constitution de l'an VIII aux étrangers qui veulent devenir Français, serait une condition trop dure, si pendant ce noviciat politique ils n'obtenaient pas au moins la jouissance des droits civils. Ils l'obtiennent, en effet, s'ils établissent leur domicile en France avec l'autorisation du gouvernement, autorisation qui d'ailleurs est toujours révocable (1).

Ainsi l'article 13 facilite aux étrangers l'accomplissement des conditions requises par la constitution. Il explique même cette dernière en ce sens que les étrangers, lorsqu'ils voudront devenir citoyens, ne devront s'établir en France qu'avec l'autorisation du gouvernement. Autrement le stage décennal ne commencera même pas (2).

L'article 12 sera expliqué en même temps que l'article 19.

14. — L'étranger, même non résidant en France, pourra être cité devant les tribunaux français, pour l'exécution des obligations par lui contractées en France avec un Français ; il pourra être traduit devant les tribunaux de France, pour les obligations par lui contractées en pays étranger envers des Français.

15. — Un Français pourra être traduit devant un tribunal de France, pour des obligations par lui contractées en pays étranger, même avec un étranger.

CITÉ..... TRADUIT, etc. (art. 14). Primitivement on avait rédigé deux articles : le premier s'appliquait aux obligations contractées en France, et permettait de *citer* le débiteur devant les tribunaux français, quelle que fût sa résidence. Le second article, applicable aux obligations contractées en pays étranger, ne permettait pas de *citer* le débiteur, mais seulement de le *traduire* devant les tribunaux

(1) Cour royale de Paris, 23 mars 1834.
(2) Cette interprétation résulte d'un avis du C. d'État du 18 prairial an XI, dont Locré cite un extrait dans son *Esprit du Code civil.*

français, lorsqu'il se trouvait en France. Cette distinction a été supprimée et les deux articles réunis en un seul. De là une rédaction qui pourrait être plus claire.

CONTRACTÉES EN FRANCE..... CONTRACTÉES EN PAYS ÉTRANGER, etc. (art. 15). Les engagements qui se forment sans convention (Code civil, livre III, tit. 4) sont compris dans l'application de cet article, quoiqu'à proprement parler, ils ne soient pas contractés (Arrêt de rejet du 13 décembre 1842). Le Code parle des engagements contractés, parce que les obligations se forment le plus souvent par un contrat.

<h2 style="text-align:center">SOMMAIRE.</h2>

58. Dérogation et retour au droit commun en matière de compétence.
59. Devant quel tribunal doit être cité l'étranger qui ne réside pas en France.

58. La compétence des tribunaux est fixée en matière réelle par la situation de l'objet litigieux. Le défendeur français ou étranger devra donc, quel que soit son domicile, être appelé devant le juge que désigne cette situation. Ce n'est là qu'une application de la règle générale (art. 3; C. de pr., art. 59 et 64); mais le Code civil va plus loin. Il veut qu'un Français puisse appeler les étrangers à plaider en France pour l'exécution de leurs obligations, et par conséquent en matière personnelle, quel que soit d'ailleurs le domicile du défendeur et le lieu du contrat. Le Code déroge ainsi à la maxime *actor sequitur forum rei*, comme à d'autres règles secondaires qui fixent quelquefois la compétence par le lieu où les parties ont contracté. Nous avons indiqué plus haut le motif de cette dérogation; mais nous devons remarquer ici qu'elle est sans compensation : car la réciprocité qu'on a cru apercevoir dans l'article 15 n'est qu'un retour au droit commun. Pour accorder aux étrangers une réciprocité réelle, il faudrait leur permettre de traduire le débiteur français devant les tribunaux de leur pays ; mais à cet égard le Code reste muet.

59. Un étranger qui n'a en France ni domicile ni résidence, pourra donc être cité devant un tribunal français; mais devant lequel ? Si la règle *actor sequitur forum rei* s'attache, pour déterminer la compétence, au domicile du défendeur, c'est surtout par opposition au domicile du demandeur, et parce qu'il fallait opter entre les deux. On a préféré le domicile du défendeur pour éviter à ce dernier la nécessité de se déplacer. Cette considération principale une fois écartée, comme elle l'est dans l'art. 14, il reste encore un domicile et par suite un tribunal compétent, celui du demandeur. Tout autre système aurait l'inconvénient grave de déplacer arbitrairement deux personnes au lieu d'une, et cela sans intérêt réel pour le demandeur, même dans le cas où on voudrait lui laisser le choix.

16. —En toutes matières, autres que celles de commerce, l'étranger qui sera demandeur, sera tenu de donner caution pour le payement des frais et dommages-intérêts résultant du procès, à moins qu'il ne possède en France des immeubles d'une valeur suffisante pour assurer ce payement.

60. La caution que doit fournir l'étranger demandeur a été introduite en France pour assurer l'exécution des condamnations prononcées contre les étrangers, précisément parce qu'elles ne sont pas exécutoires dans le pays de ces derniers ([1]). On n'y soumet pas le défendeur, parce que ce n'est pas lui qui engage le procès. Le demandeur, au contraire, intente librement son action et doit en subir toutes les conséquences.

Cette caution est-elle due au défendeur étranger comme au défendeur français ? L'ancienne jurisprudence avait admis l'affirmative, par ce motif que l'impossibilité d'exécuter le jugement hors de France existe pour un étranger comme pour un Français ([2]). Néanmoins l'usage s'était modifié, puisque, du temps de Pothier, le défendeur étranger ne pouvait exiger caution qu'en offrant de son côté une caution semblable ([3]).

Si le Code avait voulu accorder à l'étranger défendeur le droit d'exiger caution, il n'aurait fait aucune distinction. Il aurait donc été plus loin que Pothier, ce qui est difficile à supposer. Le silence du Code s'expliquerait mieux dans le sens d'un refus pur et simple. Pourquoi, en effet, n'en serait-il pas de cette caution comme de la contrainte par corps, qui n'est établie contre le débiteur étranger qu'en faveur du créancier français ? Les lois sur la contrainte par corps le disent formellement, parce qu'elles sont en dehors du Code. L'article 16, au contraire, n'avait pas besoin de statuer expressément sur la nationalité du défendeur : la place que cet article occupe indique assez qu'il s'agit ici d'un de ces droits civils dont les étrangers ne jouissent que par exception ([4]).

([1]) Cette caution est mal à propos appelée *judicatum solvi*, puisqu'elle n'a aucun rapport avec la caution *judicatum solvi* du droit romain (Inst., *pr. et* § 4, *de sotisdat.*)

([2]) Arrêt du Parlement de Paris du 23 août 1571; Merlin, *Rép.*, v° CAUTION *judicatum solvi.*

([3]) *Traité des personnes*, part. 1, tit. 2, sect. 2; V. Inst., *pr.*, *de satisdat. tut.*

([4]) La distinction que nous faisons entre le défendeur étranger et le défendeur français, a été repoussée par la cour de Paris (28 mars 1832, 30 juillet 1834), et admise par la cour d'Orléans (26 juin 1828), par la cour de Pau (3 décembre 1836) et enfin par la Cour de cassation (15 avril 1842).

61. Pour ne pas gêner les entreprises commerciales qu'il importe d'étendre entre tous les peuples, l'étranger demandeur n'est pas tenu de donner caution en matière de commerce.

En toute autre matière, la caution doit être fournie pour une valeur que le tribunal détermine. On dispense de caution le demandeur qui consigne la somme ainsi déterminée, ou qui possède en France des immeubles de valeur suffisante (art. 16 ; C. de pr., art. 166, 167). On a prétendu subsidiairement que le jugement qui déclare les immeubles suffisants, emporte hypothèque judiciaire sur tous les biens du demandeur ; mais cette opinion est contraire aux véritables principes sur l'hypothèque judiciaire, comme nous le démontrerons en expliquant l'art. 2123. Il doit être bien entendu qu'en appréciant la valeur des immeubles on déduira le montant des hypothèques existantes ; mais celles qui frapperaient les biens postérieurement au jugement pourraient rendre illusoires les sûretés existantes. Faut-il en conclure que le juge puisse exiger du demandeur une hypothèque spéciale ? Dans le silence de la loi, il nous est impossible de l'admettre.

CHAPITRE II.

DE LA PRIVATION DES DROITS CIVILS.

SECTION PREMIÈRE.

DE LA PRIVATION DES DROITS CIVILS PAR LA PERTE DE LA QUALITÉ DE FRANÇAIS.

17. — La qualité de Français se perdra, 1° par la naturalisation acquise en pays étranger ; 2° par l'acceptation non autorisée par le Roi, de fonctions publiques conférées par un gouvernement étranger ; 3° enfin par tout établissement fait en pays étranger, sans esprit de retour.

Les établissements de commerce ne pourront jamais être considérés comme ayant été faits sans esprit de retour.

3° Enfin, etc. Le Code civil énumérait quatre cas, dont un a été retranché du Code Napoléon. (*Voy.* à cet égard la note de l'art. 18).

SOMMAIRE.

62. Effet de la naturalisation acquise en pays étranger. *Quid* de la dénization?
63. Différence entre la naturalisation et l'acceptation de fonctions publiques.
64. Établissement sans esprit de retour.

62. La qualité de Français se perd « 1° par la naturalisation acquise « en pays étranger. »

La naturalisation demandée n'est qu'un projet jusqu'au moment où elle est acquise, c'est-à-dire accordée. Celui qui l'obtient cesse d'être Français, parce que nul ne peut appartenir à deux nations en même temps.

La question de savoir dans quelles formes et à quel moment la naturalisation est acquise, dépend des règles établies sur ce point dans chaque pays. Cependant nos tribunaux se sont plusieurs fois occupés des Français naturalisés en Angleterre, où l'on distingue la naturalisation proprement dite, qui se donne par acte du parlement, et la *dénization*, qui est accordée par le Roi. Cette dernière commence, dit-on, la naturalisation sans l'accomplir, et en conséquence un arrêt de la cour de Rouen qui attribuait à la dénization les effets d'une naturalisation acquise, a été cassé ([1]). Cependant la dénization pourrait avoir le caractère et les effets d'une véritable naturalisation, sans en avoir le nom : à cet égard, c'est aux Anglais eux-mêmes qu'il faut s'en rapporter ; mais jusqu'à présent les documents connus ne tranchent pas nettement la difficulté. Blackstone ([2]) assure, d'une part, que les lettres patentes accordées par le Roi à un étranger « font de lui un sujet anglais, » et d'autre part, qu'il peut recevoir des legs, mais ne peut pas hériter ; enfin, qu'il n'est pas exempt de certaines charges imposées aux étrangers relativement au commerce.

63. La qualité de Français se perd « 2° par l'acceptation non autorisée de fonctions publiques conférées par un gouvernement « étranger. »

En vouant ses services à une autre nation, un Français ne renonce pas directement à sa nationalité ; mais il peut nuire aux intérêts politiques de son pays, intérêts dont le gouvernement est le seul juge. La loi veut donc qu'il obtienne l'autorisation du gouvernement français. Ceux qui agissent autrement, préfèrent aux intérêts de la France les intérêts d'un autre peuple, et par cela même cessent d'être Français ([3]).

La naturalisation en pays étranger n'est point soumise à la même autorisation, parce que le Code civil la considère comme un acte libre ; et l'on n'a jamais pensé que l'on pût, ou l'empêcher, ou en modifier les effets ([4]), jusqu'au décret du 26 août 1811 (45 et 46).

([1]) Arrêt du 19 janvier 1819.

([2]) Tit. *du Peuple*. V. dans Merlin, *Répert.*, v° DÉNIZATION, l'arrêt de rejet du 22 août 1822, et la pièce produite comme acte de notoriété devant la section des requêtes. V. aussi *Thémis*, t. 4, p. 327, ou Sirey, t. 22, 2, 233.

([3]) Cette disposition du Code civil sur les fonctions publiques ne s'applique point aux fonctions purement ecclésiastiques (Arrêt de rejet du 17 nov. 1818).

([4]) D'après ce décret, les Français naturalisés en pays étranger avec l'autorisation du gouvernement, conservaient en France plusieurs droits civils dont ne jouissaient pas alors les étrangers. Dans le cas contraire, ils étaient soumis à une pénalité spéciale.

64. La qualité de Français se perd « 5° par tout établissement fait « en pays étranger, sans esprit de retour. »

La nationalité suppose une relation permanente entre la personne et le territoire où elle fixe son domicile, c'est-à-dire son principal établissement. On peut sans doute s'établir en pays étranger, comme dans une station temporaire qu'on laissera un jour pour rentrer dans sa patrie, et alors la qualité de Français se conserve par l'esprit de retour. Dans tout autre cas, celui qui s'établit à perpétuelle demeure dans un autre pays, renonce à la France et n'est plus Français.

La disposition finale de l'article ne doit pas être prise à la lettre ; car si un établissement commercial n'implique pas la perte de l'esprit de retour, un établissement civil ne l'implique pas non plus nécessairement. La faveur que la loi accorde ici au commerce doit s'entendre en ce sens, que l'absence de tout esprit de retour ne résultera jamais du fait même de l'établissement commercial. Il faudra donc la prouver par d'autres circonstances.

18. — Le Français qui aura perdu sa qualité de Français, pourra toujours la recouvrer en rentrant en France avec l'autorisation du Roi, et en déclarant qu'il veut s'y fixer, et qu'il renonce à toute distinction contraire à la loi française.

QU'IL RENONCE A TOUTE DISTINCTION CONTRAIRE A LA LOI FRANÇAISE. Cette phrase conservée par oubli se référait à une disposition de l'article 17, qui n'a pas été admise dans le Code Napoléon. Elle portait que la qualité de Français se perd *par l'affiliation à toute corporation étrangère qui exige des distinctions de naissance.*

SOMMAIRE.

65. Ceux qui ont perdu la qualité de Français, ont plus de facilité pour la recouvrer que les étrangers pour l'acquérir.

65. Celui qui a perdu la qualité de Français la recouvre plus facilement que ne l'acquièrent les étrangers proprement dits, mais moins facilement que ses propres enfants. Il a besoin d'une autorisation qui n'est pas exigée pour ces derniers (art. 10. Voyez cependant l'art 21).

19. — Une femme française qui épousera un étranger, suivra la condition de son mari.

Si elle devient veuve, elle recouvrera la qualité de Française, pourvu qu'elle réside en France, ou qu'elle y rentre avec l'autorisation du Roi, et en déclarant qu'elle veut s'y fixer.

SOMMAIRE.

66. Différence entre une étrangère qui épouse un Français et une Française qui épouse un étranger; —entre une Française qui épouse un étranger et celle dont le mari perd la qualité de Français.

66. L'étrangère qui épouse un Français suit réellement la condition de son mari (art. 12), parce que la loi française donne à qui bon lui semble la qualité de Français ; mais, en sens inverse, cette même loi ne peut pas faire qu'une personne quelconque devienne Espagnole ou Belge, etc. En fait, l'épouse d'un Anglais ne devient pas Anglaise. S'il est vrai, comme on le dit ici, qu'une Française épousant un étranger suit la condition de son mari, c'est en ce sens que, pour l'application des lois françaises, notamment pour celle de l'article 11, elle sera considérée comme appartenant à la même nation que son mari.

Tant que dure son mariage, la femme française qui a épousé un étranger ne jouit d'aucun privilège ; mais en cas de veuvage, elle recouvre sa qualité primitive comme la recouvrerait tout autre Français, et plus facilement même, puisque, aux termes de l'article 19, l'autorisation du gouvernement est inutile à la veuve qui, au décès de son mari, demeurait déjà en France (¹).

Nous parlons de la femme qui épouse un étranger, et qui par cela même consent à n'être plus Française. On n'en peut pas dire autant d'une femme mariée avec un Français qui s'expatrie. En suivant ce dernier, elle remplit un devoir (V. art. 212) dont l'accomplissement ne doit lui faire perdre aucun de ses droits (²).

20. — Les individus qui recouvreront la qualité de Français, dans les cas prévus par les articles 10, 18 et 19, ne pourront s'en prévaloir qu'après avoir rempli les conditions qui leur sont imposées par ces articles, et seulement pour l'exercice des droits ouverts à leur profit depuis cette époque.

SOMMAIRE.

67. Vices de l'énumération faite par la loi.

67. Cet article a été rédigé pour exclure toute rétroactivité quant aux droits civils qui sont recouvrés avec la qualité de Français (³).

L'article 10 se trouve compris mal à propos dans l'énumération, puisqu'il s'applique à un enfant qui n'a jamais été Français. Si on a cru devoir s'expliquer sur ce point, c'est pour exclure, comme nous l'avons dit précédemment (53), la rétroactivité que Tronchet voulait faire consacrer et dont le mot *recouvrer* est encore un vestige dans l'article 10.

(¹) Arrêt de rejet du 19 mai 1830.
(²) Discussion au C. d'État, séance du 6 thermidor an IX.
(³) Discussion au C. d'État, séance du 14 therm. an IX.

21. — Le Français qui, sans autorisation du Roi, prendrait du service militaire chez l'étranger, ou s'affilierait à une corporation militaire étrangère, perdra sa qualité de Français.

Il ne pourra rentrer en France qu'avec la permission du Roi, et recouvrer la qualité de Français qu'en remplissant les conditions imposées à l'étranger pour devenir citoyen ; le tout sans préjudice des peines prononcées par la loi criminelle contre les Français qui ont porté ou porteront les armes contre leur patrie.

SOMMAIRE.

68. Graves conséquences du service militaire pris, sans autorisation, chez une puissance étrangère?

68. Ce qu'on a dit précédemment sur les fonctions publiques conférées par un gouvernement étranger (art. 17, 2°), s'applique à plus forte raison au service militaire. Avant de s'engager dans les armées d'une autre puissance, et même avant de s'affilier à une corporation militaire étrangère, il faudra donc obtenir l'autorisation du gouvernement. Ceux qui négligent cette précaution perdent la qualité de Français et sont traités, lorsqu'ils veulent la recouvrer, comme les étrangers proprement dits. De plus, ils ne pourront rentrer en France qu'avec la permission du gouvernement, permission qu'il ne faut pas confondre avec l'autorisation des articles 18 et 19 ; car le territoire de la France n'est interdit ni aux étrangers, ni à ceux qui ont perdu la qualité de Français dans les cas prévus par les articles précédents. S'ils ont besoin d'autorisation, ce n'est pas pour rentrer en France, mais pour recouvrer en y rentrant leur qualité primitive.

Les Français, lors même qu'ils ont perdu cette qualité, ne portent point les armes contre la France sans commettre un crime qui est puni de mort (¹).

SECTION II.

DE LA PRIVATION DES DROITS CIVILS PAR SUITE DE CONDAMNATIONS JUDICIAIRES.

INTRODUCTION.

SOMMAIRE.

69. D'où est venue l'idée de la mort civile.
70. Deux sortes de mort civile, reconnues par l'ancienne jurisprudence, et supprimées par le droit intermédiaire. Le Code n'en admet qu'une seule.
71. Par suite de quelles condamnations et à compter de quel moment est-elle encourue?

(¹) Code pénal de 1791, part. 2, tit. 1, sect. 1, art. 3; Code pénal de 1810, art. 75.

69. Les jurisconsultes romains distinguaient, dans le droit privé, un droit des gens commun à tous les hommes, et un droit civil que chaque peuple établit pour soi seul. Un citoyen sortant de la cité romaine et devenant *peregrinus* conservait donc la jouissance du droit des gens en perdant celle du droit civil romain. C'est ainsi par exemple que la puissance paternelle était dissoute par la déportation du père de famille, comme elle l'aurait été par sa mort, *quasi eo mortuo* (¹). De là est venue l'idée d'une mort fictive, que plus tard on a opposée, sous le nom de mort civile, à la mort naturelle, de même que la parenté fictive résultant de l'adoption s'appelle quelquefois parenté civile, pour se distinguer de la parenté véritable ou naturelle que forme le lien du sang.

L'expression de mort civile, une fois admise dans la langue du droit, a eu ses conséquences. Les personnes atteintes par cette fiction ont été considérées, dans notre ancienne jurisprudence, comme retranchées de la société ; et cependant, comme la mort civile peut avoir lieu indépendamment de la mort naturelle, on ne pouvait faire subir aux morts civilement une privation absolue de tous les droits.

70. On distinguait autrefois deux classes de personnes mortes civilement, les unes parce qu'elles avaient encouru certaines condamnations, les autres parce qu'elles renonçaient au monde en faisant profession dans un ordre religieux. Cependant, comme l'expression de mort civile emporte une sorte de flétrissure, on avait cessé de l'appliquer aux personnes qui embrassaient la vie religieuse (²). La mort civile a subsisté pour les autres, non comme une peine expressément infligée, mais comme un état dans lequel les personnes condamnées à une peine perpétuelle, tombaient par une conséquence tacite et nécessaire de la peine subie ou même de la condamnation prononcée ; car on s'accordait peu, même en cas de condamnation contradictoire, sur l'époque où devait commencer la mort civile. Le point de départ se trouvait, suivant les uns, dans la condamnation même (³) ; suivant d'autres, dans

---

(¹) Inst. § 1, *Quib. mod. solv. jus patr. pot.*
(²) Pothier, *Des personnes*, part. 1, tit. 3 ; V. Ord. de 1747, tit. 1, art. 24.
(³) Pothier, *ibid.*, sect. 2.

la notification qu'on en faisait au condamné ([1]); et suivant d'autres enfin, dans l'exécution de la sentence ([2]). Cette dernière opinion paraît avoir prévalu, par ce motif que la société quand elle perd un de ses membres, ne doit pas l'ignorer, et qu'elle ne pouvait l'apprendre que par la publicité de l'exécution, puisque le jugement se rendait en secret ([3]).

- La fiction de la mort civile, introduite dans l'ancienne jurisprudence par l'usage, supprimée par prétérition dans la législation intermédiaire ([4]), ayant été rétablie par le Code, nous examinerons à quelles peines elle est attachée, à quel moment elle commence et quels en sont les effets.

71. La condamnation à la mort naturelle est la seule qui, d'après le Code, emporte mort civile (art. 23); toutefois le législateur admettait que la même conséquence pourrait aussi résulter des autres peines afflictives et perpétuelles, mais seulement en vertu d'une loi expresse (art. 24). Cette prévision a été réalisée par le Code pénal (art. 18), qui attache la mort civile à la déportation et aux travaux forcés à perpétuité.

Pour savoir à quelle époque le condamné meurt civilement, la loi

---

[1] Merlin, *Répertoire*, v° CONDAMNÉ.

[2] Richer, part. 2, liv. 2, chap. 2, sect. 2 et 3.

[3] Richer, *ibid.;* Denizart, v° MORT CIVILE.

[4] Les lois de 1791 à 1803 parlent de la mort civile dans la matière exceptionnelle de l'émigration; mais quant au droit commun, cette fiction ne se trouve énoncée, même pour le cas de condamnation contradictoire, ni dans la loi du 16 septembre 1791, ni dans le Code des délits et des peines du 13 brumaire an IV. *Il n'y a là*, dit le tribun Thiessé (Rapport du 27 frim. an X) *ni mort civile, ni mutation de biens.* En cas de condamnation par contumace, la succession du condamné n'était ouverte qu'autant que son décès était prouvé, ou lorsqu'il était légalement présumé, c'est-à-dire cinquante ans après la condamnation. Toutefois, vingt ans après cette même condamnation, les héritiers présomptifs pouvaient, en donnant caution, obtenir un envoi provisoire en possession (*Loi du 16 sept.* 1791, *tit.* 9, *art.* 9, 10, 15 *et* 16; *C. des délits et des peines du* 3 *brumaire an* IV, *art.* 476, 478, 481 *et* 482). Ces dispositions sont inconciliables avec toute idée de mort civile; car, si la mort civile avait été encourue, la succession du condamné aurait été ouverte longtemps avant l'accomplissement de la prescription de vingt ans, et les héritiers saisis de cette succession n'auraient eu aucun envoi en possession à demander. D'un autre côté, la mort naturelle d'un homme frappé de mort civile n'aurait pu leur transmettre son hérédité. Cependant, la cour d'Agen, confondant la perte des droits de *citoyen* avec la perte des droits civils, a jugé, le 22 janvier 1824, que la mort civile n'a pas cessé dans le droit intermédiaire. La Cour de cassation, sans se préoccuper en aucune manière des lois de 1791 et de l'an IV, a aussi décidé, par un arrêt de rejet du 2 avril 1844, et conformément aux principes de l'ancienne jurisprudence, que le contumace a été frappé de mort civile à l'instant même de l'exécution par effigie. Nous ne pouvons admettre cette doctrine; nous pensons, avec Boitard (sur l'art. 18 du Code pénal), que la mort civile n'existait pas dans la législation intermédiaire.

distingue entre les condamnations contradictoires prononcées contre un accusé présent, et les condamnations prononcées par contumace, c'est-à-dire, contre un accusé absent qui, à raison même de sa contumace, n'a pu être entendu ni défendu. Dans le premier cas, la mort civile existe à compter de l'exécution, qui a lieu réellement sur la personne du condamné, ou par effigie, c'est-à-dire, par l'affiche d'un extrait de l'arrêt, lorsque le condamné s'est évadé avant l'exécution (art. 26 ; C. d'instr. cr., art. 472).

72. La condamnation par contumace ne s'exécute que par effigie, et dans ce cas la mort civile n'arrive que cinq ans après cette exécution (art. 27). Pendant ce premier délai, l'accusé conserve la jouissance de ses droits, mais l'exercice en est suspendu ; ses biens sont administrés et ses droits exercés comme ceux d'un absent, c'est-à-dire, d'après le Code civil (art. 28), par les héritiers présomptifs du contumax, envoyés en possession provisoire (V. art. 125 et 127). Le Code des délits et des peines du 3 brumaire an IV, au contraire, plaçait sous le séquestre les biens de tout accusé contumax. En attachant la mort civile aux condamnations les plus graves, et en assimilant celles qui sont prononcées par contumace à un jugement déclaratif d'absence, le Code civil obligeait donc la régie à remettre aux envoyés en possession les biens séquestrés ([1]). De là une différence importante entre les condamnations qui emportent et celles qui n'emportent pas mort civile. Dans le premier cas, les envoyés en possession rendaient au contumax, s'il se présentait dans les cinq ans, une partie des fruits (art. 127); dans le second cas, le séquestre subsistait pendant tout le temps de la contumace, et la régie retenait la totalité des revenus ([2]). Ainsi la condition du contumax devenait d'autant moins dure que l'accusation était plus grave. Cette anomalie disparaît dans le Code d'instruction criminelle qui, dans tous les cas, maintient le séquestre tant que durent la contumace et la vie civile, en chargeant la régie de rendre compte. En effet, les biens sont administrés par elle comme biens d'absent (C. d'inst. cr., art. 471), c'est-à-dire avec la même étendue de pouvoir qui appartiendrait à des envoyés en possession (V. art. 125), mais sans obtenir les mêmes avantages, puisqu'aujourd'hui la régie restitue la totalité des fruits ([3]).

73. Si le contumax est arrêté ou s'il se représente volontairement dans les cinq ans, la condamnation est anéantie de plein droit ; il rentre en possession de ses biens (art. 29), reprend l'exercice de tous ses

---

([1]) Avis du C. d'État du 19 août 1809.
([2]) Code des délits et des peines, art. 475.
([3]) Cour de Paris, 27 décembre 1834.

droits (art. 28) et doit être jugé de nouveau, en sorte que la mort civile ne pourra exister que par suite d'une nouvelle condamnation, et à compter de son exécution, soit réelle, soit par effigie (art. 29 et 26).

En cas de mort dans les cinq ans, le contumax décède dans l'intégrité de ses droits. La condamnation est pareillement anéantie de plein droit ; mais comme le défunt ne peut plus être condamné, la poursuite criminelle est éteinte (C. d'instr. cr., art. 2). Le crime dont il est accusé ne donne lieu désormais qu'à une action en dommages-intérêts qui subsiste contre ses héritiers, mais ne peut plus être soumise qu'aux tribunaux civils (art. 31) ; tandis qu'auparavant elle pouvait être jugée par la cour d'assises en même temps que la poursuite criminelle exercée contre l'accusé vivant (C. d'instr. cr., art. 3).

74. Après les cinq ans et tant que dure la contumace, c'est-à-dire pendant vingt ans à compter de la condamnation, le contumax qu'on arrête ou qui se présente de lui-même, doit être jugé contradictoirement. Toutefois la mort civile a été encourue depuis l'expiration des cinq ans, et les effets qu'elle a produits jusqu'à la comparution de l'accusé subsistent, même dans le cas où il recouvrerait la vie civile. Il la recouvre en effet, et pour l'avenir seulement, lorsque le nouveau jugement l'absout ou le condamne à une peine qui n'emporte pas mort civile (art. 30 ; C. d'instr. cr., art. 476). Dans le cas contraire, la mort civile encourue depuis l'expiration des cinq ans continue sans interruption.

Lorsque la peine est prescrite, on ne peut plus juger l'accusé, ni exécuter la condamnation, même contradictoire ; toutefois la mort civile, qui ne se prescrit pas, subsiste pour l'avenir comme pour le passé (art. 32).

75. La mort naturelle dissout le mariage, défère la succession du défunt et ouvre à ses héritiers, ainsi qu'à son conjoint, des droits nouveaux. Les mêmes effets résulteront de la mort civile, si ce n'est que, dans ce dernier cas, le testament du condamné reste non avenu (art. 25).

La mort civile ne résultant pas seulement d'une condamnation à mort, il arrive le plus souvent que le condamné, en perdant la vie civile, conserve la vie naturelle. Dans ce cas il ne peut plus ni contracter mariage ni recevoir la tutelle d'un mineur, ni concourir aux actes qu'elle nécessite, par exemple, à la formation du conseil de famille. S'il a besoin de procéder devant les tribunaux, il ne peut se porter demandeur ou défendeur que sous le nom et par le ministère d'un curateur spécial, nommé dans chaque affaire, par le tribunal qui doit en connaître. Enfin, il n'est pas admis à figurer comme témoin instrumentaire dans un acte authentique. La loi ajoute qu'il ne portera pas même témoignage en justice, non que les tribunaux soient absolument privés des lumières que le mort civilement pourrait fournir, mais parce que sa déclaration ne sera pas reçue sous la foi du serment comme un témoignage proprement dit. C'est ce qu'on exprime en disant qu'il donne de *simples renseignements* (C. d'instr. cr., art. 79, 269 et 315 ; C. pén., art. 34 et 42).

La mort civile n'empêche pas d'acquérir et d'aliéner à titre onéreux, mais seulement à titre gratuit, c'est-à-dire, par donation entre-vifs ou par testament. Le mort civilement ne dispose de rien et ne reçoit que des aliments ; enfin, il ne recueille et ne transmet aucune hérédité (art. 25). Sa mort naturelle n'ouvre donc point une succession nouvelle. Les biens qu'il laisse, appartiennent à l'État. Néanmoins le Roi peut en disposer au profit de la veuve, des enfants ou des autres parents du condamné, lorsque l'humanité le lui suggère (art. 33).

76. En détaillant ainsi les droits qu'enlève la mort civile, le Code semble priver le condamné de tous les droits qui ne sont pas indispensables à son existence. Nous examinerons plus tard jusqu'à quel point l'énumération de l'art. 25 est limitative ; mais nous devons faire remarquer ici qu'elle comprend des droits qui appartiennent aux étrangers comme aux Français, que par conséquent les droits dont on est privé par la mort civile diffèrent essentiellement de ceux que l'on perd ou que l'on acquiert en perdant ou en acquérant la qualité de Français. Gardons-nous donc d'assimiler aux étrangers les Français qui sont morts civilement. En effet, les étrangers jouissent de la vie civile puisqu'ils peuvent se marier et procéder en justice. D'un autre côté, en perdant la vie civile, on ne perd pas la qualité de Français, ni par conséquent la jouissance des droits qui en dépendent. Un Français mort civilement n'est point assujetti à la caution que doivent fournir les demandeurs étrangers, et s'il est soumis à la contrainte par corps, ce n'est que dans les cas ordinaires et comme il aurait pu l'être avant sa condamnation.

77. Nous parlerons, au titre *de la Majorité et de l'Interdiction,* des peines temporaires qui font perdre, au condamné, la jouissance ou l'exercice de certains droits civils.

22. — Les condamnations à des peines dont l'effet est de priver celui qui est condamné, de toute participation aux droits civils ci-après exprimés, emporteront la mort civile.

SOMMAIRE.

78. Suivant les anciens auteurs, «la mort civile n'est point une peine

« par elle-même ; elle est seulement l'accessoire et la suite d'une peine,
« ou pour mieux dire, l'état d'un homme condamné soit à la mort na-
« turelle, soit à une peine dont il doit porter le joug toute sa vie » ([1]).
La controverse qu'on élève aujourd'hui sur ce point dépend tout entière du sens général ou spécial qu'on attache au mot peine. La solution n'aurait du reste qu'une seule conséquence pratique : on pourrait
soutenir, comme on l'a fait autrefois pour les lettres de commutation, que la grâce accordée par le Roi, après la mort civile encourue,
remet la peine proprement dite, sans changer l'état du condamné ([2]) et
par conséquent sans lui rendre la vie civile. Cependant on admettait ja-
dis la décision contraire ([3]). Il est difficile de croire que la grâce ou la
commutation ait aujourd'hui moins d'effet ; mais on demande si le Roi
pourrait, sans remettre ou sans commuer la peine principale, faire grâce
de la mort civile en la considérant comme peine accessoire. Nous ne le
pensons point : car ce serait étendre à tous les cas de mort civile, ce
qui n'est permis que dans le seul cas de déportation (C. pén., art. 22).

23. — La condamnation à la mort naturelle emportera la mort civile.

24. — Les autres peines afflictives perpétuelles n'emporteront la
mort civile qu'autant que la loi y aurait attaché cet effet.

SOMMAIRE.

79. Les peines perpétuelles sont les seules qui produisent la mort civile.
80. Peines auxquelles le Code pénal de 1810 attache la mort civile. Questions spé-
    ciales relatives à la déportation.

79. Suivant l'ancienne jurisprudence la mort civile devait être l'i-
mage de la mort naturelle, et par suite elle ne devait avoir lieu que dans
le cas de condamnation à la peine capitale ou à une peine afflictive et
perpétuelle.

Les rédacteurs du Code semblent suivre la même idée ; car, après
avoir décidé que la condamnation à la mort naturelle emportera mort
civile (art. 23), ils laissent supposer que le même effet ne pourra s'attacher plus tard à d'autres peines qu'autant qu'elles seront afflictives et
perpétuelles (art. 24).

([1]) Richer, part. 2, liv. 2, chap. 2, sect. 1. V. Pothier, *Traité des personnes*, part. 1,
tit. 3, sect. 2.

([2]) Richer, part. 2, liv. 1, chap. 2, sect. 7, liv. 4, chap. 2 ; Pothier, *loc. cit.*

([3]) Pothier, *ibid.* Richer a soutenu l'opinion contraire, d'après un arrêt dont l'interprétation est justement contestée ; V. Merlin, v° MORT CIVILE, § 1, art. 1, n° 5.

Cette expression, « peine afflictive, » se prenait autrefois dans le sens de peine corporelle, par opposition aux peines pécuniaires (¹); mais à l'époque de la rédaction du Code, la même expression avait déjà la signification légale qu'elle a aujourd'hui. Les peines, en matière criminelle, étaient ou simplement infamantes, ou afflictives et par cela même infamantes. Il existait deux peines infamantes : la dégradation civique, et le carcan ; et six peines afflictives, savoir : la mort, la déportation, les fers, la réclusion, la gêne, la détention (²). Les quatre dernières étaient essentiellement temporaires (³). Il n'existait donc avec la peine de mort, qu'une peine afflictive perpétuelle, la déportation. Elle n'existait même qu'en principe ; car l'application en avait été suspendue par la loi du 23 floréal an X, art. 7.

80. Si le Code, après s'être expliqué sur les conséquences de la peine de mort, laisse apercevoir que « les autres peines afflictives perpétuelles » emporteront plus tard la mort civile, c'est par une sorte de prévision qui s'est réalisée en 1810. En effet, outre la peine capitale, il existe aujourd'hui deux peines afflictives perpétuelles, qui toutes deux emportent mort civile. Ces peines sont les travaux forcés à perpétuité et la déportation (C. pén., art. 18).

Le Code pénal de 1810 avait réservé au gouvernement la faculté d'accorder au déporté la jouissance des droits civils ou de quelques-uns de ces droits, mais seulement dans le lieu même de la déportation. D'après la nouvelle rédaction du Code pénal, en 1852, les condamnés à la déportation subissent à perpétuité la peine de la détention, et néanmoins le gouvernement conserve la faculté de leur accorder l'exercice des droits civils. Il n'existe donc plus aucun motif pour restreindre à certains lieux le bénéfice de cette concession. Aussi la loi actuelle ne contient-elle plus de restriction (C. de pr., art. 17 et 18).

25. — Par la mort civile, le condamné perd la propriété de tous les biens qu'il possédait : sa succession est ouverte au profit de ses héritiers, auxquels ses biens sont dévolus, de la même manière que s'il était mort naturellement et sans testament.

(¹) Richer, part. 2, liv. 1, chap. 2.

(²) Code des délits et des peines du 3 brum. an IV, art. 602, 603 et 604. Sous le Code pénal de 1810, les peines simplement afflictives étaient le carcan, le bannissement et la dégradation civique ; les peines afflictives étaient la mort, les travaux forcés à perpétuité, la déportation, les travaux forcés à temps et la réclusion. Le Code pénal actuel a supprimé le carcan, et a rétabli la détention, dont il a fait une peine intermédiaire entre les travaux forcés à temps et la réclusion (C. pén., art. 7 et 8).

(³) Code pénal de 1791, tit. 1, art. 8, 13, 19 et 26.

Il ne peut plus ni recueillir aucune succession, ni transmettre, à ce titre, les biens qu'il a acquis par la suite.

Il ne peut ni disposer de ses biens, en tout ou en partie, soit par donation entre-vifs, soit par testament, ni recevoir à ce titre, si ce n'est pour cause d'aliments.

Il ne peut être nommé tuteur, ni concourir aux opérations relatives à la tutelle.

Il ne peut être témoin dans un acte solennel ou authentique, ni être admis à porter témoignage en justice.

Il ne peut procéder en justice, ni en défendant, ni en demandant, que sous le nom et par le ministère d'un curateur spécial, qui lui est nommé par le tribunal où l'action est portée.

Il est incapable de contracter un mariage qui produise aucun effet civil.

Le mariage qu'il avait contracté précédemment est dissous, quant à tous ses effets civils.

Son époux et ses héritiers peuvent exercer respectivement les droits et les actions auxquels sa mort naturelle donnerait ouverture.

SOMMAIRE.

81. Transmission des biens aux héritiers légitimes.
82. Le mort civilement peut acquérir à titre onéreux. Pourquoi il ne peut pas acquérir à titre gratuit.
83. Il perd les droits de famille et les droits politiques.
84. Quelle foi peuvent obtenir les renseignements qu'il donne en justice ?
85. Le mort civilement est représenté en justice par un curateur.
86. Il ne peut contracter mariage.
87. Dissolution du mariage antérieurement contracté. Iniquité de ce résultat.
88. Conséquences de la dissolution du mariage.

81. Dans l'ancienne jurisprudence, les biens du mort civilement étaient toujours confisqués. Le Code, n'admettant pas cette confiscation, attribue aux parents du condamné les biens dont celui-ci est dépouillé. Le législateur ne veut pas faire résulter de la mort civile une incapacité qui punirait la famille du condamné plutôt que le condamné lui-même. La succession de ce dernier est donc ouverte au profit de ses héritiers légitimes, comme s'il était mort naturellement, mais sans testament. Ainsi les dispositions testamentaires qu'il aurait faites à une époque quelconque resteront toujours sans effet, non parce que la mort civile produit à cet égard une incapacité spéciale (car la profession religieuse n'empêchait pas d'exécuter le testament antérieurement fait par le profès);

mais parce que le droit de transmettre par testament est une prérogative dont le condamné mort civilement est devenu indigne.

La mort civile n'éteint pas la rente viagère. Les arrérages en seront
donc payés jusqu'à la mort naturelle du créancier (art. 1982) ; mais
puisque la succession est ouverte, c'est à ses héritiers que les arrérages
sont dus [1]. Cependant on s'accorde à laisser au mort civilement les
arrérages de la rente viagère constituée à titre d'aliments.

82. La mort civile, qui dépouille le condamné de tous ses biens, ne
l'empêche pas d'en acquérir de nouveaux, et de les aliéner, pourvu que
ce soit à titre onéreux ; car on ne l'admet point à recueillir l'hérédité
d'autrui, et son propre décès n'ouvrira point de succession. Il ne peut
faire aucune donation entre-vifs ou testamentaire, ni en recevoir aucune, si ce n'est à titre d'aliments. Ces dernières prohibitions s'expliquent, suivant quelques auteurs, par cette circonstance que, chez nous,
les actes de donation et les testaments sont soumis à des solennités spéciales, et se rattachent sous ce rapport au droit civil proprement dit,
tandis qu'en l'absence des formes exigées par la loi française, les contrats tels que la vente et l'échange ne cessent pas d'appartenir au droit
naturel [2]. En partant de cette base pour distinguer les droits que la
mort civile enlève au condamné et ceux qu'elle lui conserve, on arrive
à cette conclusion que les donations manuelles, faites sans dresser aucun acte, seraient valables, quelle qu'en fût la valeur [3]. Ainsi, en donnant de la main à la main un capital quelconque, on pourrait mettre un
donataire, mort civilement, en état d'acheter et de payer un immeuble
qu'on ne pourrait pas lui donner par acte notarié. Le but de la loi nous
paraît plus sérieux. Les droits civils reprennent ici le sens de droits privés, et comme la loi ne veut pas les enlever tous, elle retranche ceux
qu'elle ne croit pas indispensables à l'existence du condamné, comme
l'indique suffisamment l'exception admise pour les aliments.

83. Les fonctions de tuteur supposent la jouissance d'une classe particulière de droits civils qu'on appelle droits de famille (C. pén., art. 42); et
quelque peu disposé que l'on soit à étendre les incapacités résultant de
la mort civile, la décision du Code sur les fonctions de tuteur et sur
les opérations relatives à la tutelle, doit nécessairement s'appliquer aux
autres droits de famille qui se perdent par la dégradation civique, et
même par des condamnations correctionnelles. Ainsi le mort civilement
ne sera ni subrogé tuteur, ni curateur, ni conseil judiciaire (C. pén., art. 34

---

[1] Pothier, *Constit. de rente*, n° 256.
[2] Proudhon, *De l'état des personnes*, chap. 10, sect. 3.
[3] Toullier, tome 1, n° 222.

et 42), même de ses propres enfants, car la prohibition du Code civil est absolue.

Le mort civilement, qui perd la jouissance des droits civils, et spécialement celle des droits de famille, perd à plus forte raison celle des droits politiques dont parle le Code pénal (art. 54 et 42).

84. Les témoins qu'on appelle aux actes authentiques pour assurer leur validité (V. art. 37, 970, 980), se nomment témoins instrumentaires; ceux qui viennent déposer en justice sur les faits dont ils ont connaissance, ne sont pas choisis comme les précédents, et leur ministère peut être indispensable. Si donc le mort civilement ne peut être témoin instrumentaire, il n'y avait pas même motif pour établir une incapacité absolue à l'égard du témoignage en justice. Aussi le mort civilement est-il admis à donner de simples renseignements, c'est-à-dire, ainsi que nous l'avons vu (75), à déposer sans prêter serment; mais comme le système des preuves légales n'existe plus chez nous, sa déposition pourra, aussi bien que celle de toute autre personne, déterminer la conviction du juge.

85. La loi qui refuse au mort civilement l'honneur de rendre un témoignage proprement dit, le déclare indigne de figurer, en son nom, dans une procédure comme demandeur, ou même comme défendeur.

Il plaidera donc sous le nom d'un curateur, nommé, non par lui-même, comme on l'avait d'abord proposé, mais par le tribunal. Toutefois, comme dans la procédure ordinaire les parties sont toujours représentées par un avoué, il faut convenir que cette disposition de la loi n'a pas un but bien sérieux.

86. La mort civile, qui rompt les liens de famille, ne permet pas au condamné de se créer une famille nouvelle. Aussi a-t-il été de tout temps dans l'impossibilité de contracter mariage; mais l'ancienne jurisprudence a varié sur les effets d'un mariage contracté de bonne foi par une personne qui ne connaissait pas l'incapacité de son conjoint. On a fini par admettre qu'en pareil cas, le mariage produit, à l'égard du conjoint de bonne foi et des enfants, tous les effets d'un mariage valable [1]. Il existe aujourd'hui une disposition spéciale du Code civil qui le décide ainsi, tant pour le conjoint qui aurait été de bonne foi, que pour les enfants issus de son mariage (art. 202).

87. La mort civile qui rend le célibat ou le veuvage perpétuel en mettant obstacle au mariage, n'atteint qu'une seule personne; mais lorsqu'elle dissout le mariage antérieurement contracté, la loi frappe deux conjoints pour la faute d'un seul, et c'est pour se conformer aux règles de la logique, en s'attachant rigoureusement aux conséquences d'une

---

[1] Pothier, *Contrat de mariage*, nos 439 et 440.

fiction devenue inflexible, que le législateur arrive, malgré lui, pour ainsi dire (¹), à une décision que l'ancienne jurisprudence et le droit romain lui-même n'avaient point admise (²).

Le Code ajoute, pour ne blesser aucune conscience, que le mariage est dissous *quant à tous ses effets civils.* Ainsi le lien naturel et religieux subsiste. La loi civile ne pouvant pas le rompre, il était inutile d'en parler, si l'on ne voulait avoir aucun égard à la position des époux pour le cas même où ils continuent de rester unis ; mais, au contraire, les époux qui restent unis sont aux yeux de la loi des concubins, et leurs enfants des bâtards. Tronchet l'a déclaré dans le conseil d'État (³), et malheureusement aucun article du Code ne vient le démentir. Vainement a-t-on essayé d'invoquer, pour échapper à ces conséquences, la loi de 1816 qui abolit le divorce. Autre chose est la dissolution du mariage par la volonté des parties, autre chose est la dissolution opérée par l'effet direct de la loi.

88. La dissolution du mariage par la mort naturelle établit, entre le survivant des époux et les héritiers du prédécédé, des droits respectifs, dont l'exercice, en cas de mort civile, n'a pas été admis sans difficulté. En effet, il arrive souvent que les conventions matrimoniales donnent au survivant des avantages, ou suivant l'expression reçue, des gains de survie subordonnés à une condition qui, d'après l'intention des parties, ne s'accomplit réellement qu'à la mort naturelle ; et néanmoins le Code, contrairement à l'ancienne jurisprudence, déclare cette même condition accomplie, au profit de l'un des époux, par la mort civile de l'autre (V. art. 1452 et 1517).

26. — Les condamnations contradictoires n'emportent la mort civile qu'à compter du jour de leur exécution, soit réelle, soit par effigie.

SOMMAIRE.

89. En cas de condamnation contradictoire, la mort civile est encourue au moment même de l'exécution.
90. Exécution par effigie. Inexactitude de l'expression.

(¹) *Voy.* l'opinion du premier Consul dans la discussion au conseil d'État du 16 thermidor an IX.

(²) Le mariage était dissous, lorsque l'un des conjoints devenait esclave de la peine (*Constant.*, L. 24, *C. de donat. inter vir. et uxor.*; V. *Ulp.*, L. 5 *D. de bon. damnat.*). Mais il n'en était pas de même en cas de déportation ; le condamné ne perdait que la qualité de citoyen et conservait la liberté (*Constant.*, L. 24 ; *Ulp.*, L. 13 *D. de donat. inter vir. et uxor.*; L 5, §1, *de bon. damnat.*; *Alex.*, L. 1 *C. de repud.*). Ainsi le Code reproduit en matière de mort civile les conséquences de l'ancien esclavage, conséquences supprimées par Justinien (*Nov.* 22, *cap.* 8).

(³) Séances des 16 et 26 therm. an IX.

91. A quel moment la mort civile est-elle encourue en cas de condamnation aux travaux forcés à perpétuité? Peut-elle être encourue en cas de condamnation à la déportation, et à quel moment?

89. Quoique la publicité des débats existe aujourd'hui en matière criminelle, les condamnations, même contradictoires, n'emportent mort civile qu'à compter *du jour* de leur exécution. En s'exprimant ainsi le Code a fait naître quelque doute sur le moment précis où cessera la vie civile, et par conséquent sur la question de savoir à qui appartiennent la succession du condamné et les successions ouvertes en sa faveur le jour même de l'exécution ; car il est certain que, pour lui succéder, il faut exister au moment où commence la mort civile, et qu'à ce moment même il transmet à ses propres héritiers toutes les successions antérieurement ouvertes en sa faveur.

En argumentant de la lettre du Code, quelques auteurs ont soutenu que la mort civile commence *à compter du jour de l'exécution*, c'est-à-dire en même temps que ce jour, au milieu de la nuit qui le sépare du jour précédent ([1]), en sorte que l'effet de l'exécution rétroagirait de plusieurs heures ; mais on reconnaît généralement, avec Delvincourt, que la mort civile étant le résultat d'une condamnation exécutée, arrive au moment même de l'exécution ([2]), lorsqu'il s'agit de condamnations contradictoires.

90. Ces condamnations s'exécutent réellement ou par effigie. L'effigie s'entendait primitivement d'une peinture appliquée sur un tableau exposé en place publique pour représenter le condamné subissant sa peine en vertu du jugement que l'on inscrivait au bas du tableau ([3]). L'ordonnance de 1770 restreignit ce mode d'exécution au seul cas de condamnation à mort, en ordonnant que, pour tous les autres cas d'exécution en place publique, la condamnation serait seulement écrite dans le tableau « sans aucune effigie » ([4]). Depuis 1791, et pour toute condamnation criminelle, on se contente d'afficher, sur un poteau dressé en place publique, la condamnation ou un extrait de la condamtion ([5]). C'est donc très-improprement que le Code parle d'exécution par effigie.

([1]) Proudhon, *De l'état des personnes,* chap. 9, sect. 2 ; Toullier, tome 1, n° 279.

([2]) On a cité dans ce sens une loi du 20 prairial an IV, que nous n'invoquons point, parce que la mort civile n'existait pas dans la législation intermédiaire, de 1791 à 1803.

([3]) Richer, part. 2, liv. 2, chap. 3, sect. 1.

([4]) Ordon. de 1770, tit. 17, art. 16.

([5]) Loi du 23 sept. 1791, tit. 9, art. 8 ; Code pénal de 1791, tit. 3, art. 1 ; Code des délits et des peines, art. 472 ; Code d'instr. crim., art. 472.

91. Cette exécution fictive étant la même pour toutes les peines, fixe toujours avec certitude la cessation de la vie civile. L'exécution réelle offre la même certitude, lorsqu'il s'agit de condamnation à mort ; mais il y a plus de difficulté pour les travaux forcés à perpétuité et pour la déportation. On reconnaît généralement que la mort civile frappe le condamné au moment même où commence l'exécution. Ce moment ne peut être celui de l'exposition, puisque le condamné qui doit être exposé, l'est toujours « avant de subir sa peine » (C. pén., art. 22). Quant aux affiches dont parle le Code pénal (art. 36), leur apposition n'est pas une peine. Nous croyons donc que les travaux forcés à perpétuité n'emportent mort civile qu'au moment où le condamné est écroué au bagne.

Quant à la déportation, c'est une peine d'une nature toute différente. Elle « consiste à être transporté et à demeurer à perpétuité dans un « lieu déterminé hors du territoire continental du Royaume » (C. pén., art. 17). Ce lieu n'est pas encore déterminé, et depuis longtemps les personnes condamnées à la déportation restent détenues en France. Cet usage a été légitimé en 1852 ; car le Code pénal réformé à cette époque, prévoyant les difficultés qui pourront empêcher ou du moins retarder la désignation d'un lieu de déportation, décide qu'en attendant, les condamnés subiront à perpétuité la peine de la détention. De là quelques auteurs concluent, en distinguant les temps, que jusqu'en 1852, la déportation n'a point emporté mort civile, parce que la condamnation n'a jamais eu d'exécution réelle (¹), tandis que depuis cette époque, la mort civile frappe le condamné dès qu'il est écroué dans la prison où il doit rester détenu. Cependant il faut reconnaître que la condamnation exécutée par effigie a toujours emporté mort civile, soit immédiatement, soit après les cinq ans accordés au contumax, et nous ne comprenons pas comment le condamné qui est resté sous la main de justice, se trouverait dans une position plus avantageuse. Selon nous, les personnes condamnées à la déportation ont toujours encouru la mort civile par l'exécution réelle de l'arrêt, lorsqu'en vertu de ce même arrêt, elles ont été écrouées dans la prison où elles devaient rester détenues.

27. — Les condamnations par contumace n'emporteront la mort civile qu'après les cinq années qui suivront l'exécution du jugement par effigie, et pendant lesquelles le condamné peut se représenter.

(¹) Cour royale de Nîmes, 21 août 1820.

92. Les condamnations par contumace ne s'exécutent que par effigie, et la mort civile n'est encourue que cinq ans après cette exécution, sans rétroagir comme elle rétroagissait sous l'ordonnance de 1770 (¹).

Ce délai constitue véritablement une prescription qui doit se calculer par jours, et non par heures. Ainsi le dernier jour de la cinquième année appartient encore au délai et lui appartient tout entier (art. 2260). Or, comme le jour de l'exécution ne compte pas (C. de pr., art. 1033), la vie civile ne finira qu'avec le cinquième anniversaire, à minuit, au commencement de la sixième année.

28. — Les condamnés par contumace seront, pendant les cinq ans, ou jusqu'à ce qu'ils se représentent ou qu'ils soient arrêtés pendant ce délai, privés de l'exercice des droits civils.

Leurs biens sont administrés et leurs droits exercés de même que ceux des absents.

93. D'après la rédaction primitivement adoptée au conseil d'État, l'exécution par effigie, en cas de condamnation par contumace, produisait une mort civile immédiate, mais résoluble pendant cinq ans par la mort ou par la représentation du condamné. En conséquence la succession était ouverte, sauf la caution que devaient fournir les héritiers. Les observations du Tribunat ont fait admettre que la mort civile ne commencerait qu'à l'expiration des cinq ans ; que dans l'intervalle, la succession n'étant pas ouverte, les biens seraient administrés comme biens d'absent ; enfin que le contumax ne perdrait pas ses droits, mais que *l'exercice en serait suspendu* (²).

Ainsi en différant la mort civile pendant cinq ans, et en retardant l'ouverture de la succession, on a voulu empêcher le condamné de frustrer ses héritiers. En effet, dans les cas ordinaires, la condamnation par

---

(¹) Tit. 17, art. 28 ; Pothier, *Traité des personnes*, part. 1, tit. 3, sect. 2 ; Richer, part. 2, liv. 2, chap. 3, sect. 3.

(²) « Le condamné par contumace sera privé des droits civils pendant les cinq ans « ou jusqu'à ce qu'il se représente pendant ce délai ; mais *leur exercice ne sera* « *que suspendu*, et il ne sera considéré comme les ayant perdus définitivement « qu'à l'expiration des cinq années. » V. Discussion au C. d'État (6 brumaire an XI).

contumace n'enlève pas au condamné l'exercice de ses droits civils;
s'il en est privé dans l'article 28, c'est en vue de la mort civile qui le
menace, et dans l'intérêt de ses héritiers présomptifs; car la régie des
domaines est complétement désintéressée.

94. Pour apprécier la disposition de l'article 28, il faut donc considérer son origine; car il est constant qu'on a voulu substituer au système d'une mort civile résoluble, un système suspensif([1]). Aussi dis-
tinguerons-nous si la contumace continue jusqu'à l'expiration des cinq
années, ou si elle finit auparavant, soit par le décès, soit par la représentation du condamné. Dans le premier cas, la disposition de l'article 28
équivaut, selon nous, à une interdiction légale, qui annule par avance
tous les actes du contumax; mais lorsque son décès ou sa comparution préviennent sa mort civile, nous le considérons comme n'ayant
pas cessé d'avoir l'exercice de ses droits, qui a été suspendu plutôt que
perdu. Remarquons, d'un autre côté, que la condamnation prononcée
par contumace est anéantie de plein droit, lorsque le condamné se représente ou lorsqu'il décède avant l'expiration des cinq ans (art. 29
et 31). C'est une nouvelle preuve de cette vérité qu'il a conservé l'exercice de ses droits civils, et conséquemment qu'il a pu agir valablement.

Pour soutenir le contraire, on objecte que la contumace ne résultait
pas de la condamnation anéantie, mais de l'ordonnance de prise de
corps qui a précédé l'arrêt et qui ne tombe pas avec lui. Quoique
vraie en elle-même, cette observation est indifférente ici; car
ce n'est pas la contumace qui fait perdre l'exercice des droits civils,
c'est l'exécution par effigie. En effet les droits civils ne se confondent
pas avec les droits de citoyen; ces derniers sont les seuls, sauf du
moins le droit d'agir en justice, que la loi suspende par le fait même de
la contumace (C. d'instr. cr., art. 465).

29. — Lorsque le condamné par contumace se présentera volontairement dans les cinq années, à compter du jour de l'exécution, ou
lorsqu'il aura été saisi et constitué prisonnier dans ce délai, le jugement sera anéanti de plein droit; l'accusé sera remis en possession
de ses biens: il sera jugé de nouveau; et si, par ce nouveau jugement,
il est condamné à la même peine ou à une peine différente, emportant également la mort civile, elle n'aura lieu qu'à compter du jour
de l'exécution du second jugement.

SOMMAIRE.

95. Effet de la comparution du contumax dans les cinq ans.

---

[1] Voyez la discussion ci-dessus indiquée.

95. Cette disposition est une conséquence du système que les obser-vations du Tribunat ont fait prévaloir. La mort civile n'est encourue qu'à l'expiration des cinq ans (art. 27); dès lors il suffit que le condamné se présente dans ce délai pour conserver tous ses droits; et en effet, il est remis en possession de ses biens, parce que sa comparution fait ces-ser la contumace. Par la même raison, la condamnation, qui était une suite de la contumace, est anéantie de plein droit. Si la mort civile est encourue, ce ne sera donc pas en vertu de cette première condam-nation, mais seulement, puisque l'accusé doit être jugé de nouveau, en vertu de la condamnation contradictoire qu'il pourra subir, et à compter de son exécution (V. art. 34).

30. — Lorsque le condamné par contumace, qui ne se sera re-présenté ou qui n'aura été constitué prisonnier qu'après les cinq ans, sera absous par le nouveau jugement, ou n'aura été condamné qu'à une peine qui n'emportera pas la mort civile, il rentrera dans la plé-nitude de ses droits civils, pour l'avenir, et à compter du jour où il aura reparu en justice; mais le premier jugement conservera, pour le passé, les effets que la mort civile avait produits dans l'intervalle écoulé depuis l'époque de l'expiration des cinq ans jusqu'au jour de sa comparution en justice.

Absous, etc. L'accusé déclaré coupable d'un fait qui n'est puni par aucune loi, doit être *absous* par la cour, tandis que l'accusé déclaré non coupable doit être *acquitté* par le président (C. d'instr. cr., art. 358, 364). Quelque précise que soit aujourd'hui cette distinction, les rédacteurs du Code civil ne la connaissaient pas, et n'ont pas dû s'y conformer par avance. Absolution et acquittement sont synonymes dans le Code civil, comme dans les lois pénales qui l'ont précédé (*Voy. Loi du 29 septembre 1791, tit. 8, art. 1, 7 et 17; Code des délits et des peines du 3 brumaire an IV, art. 424, 432, 442*).

SOMMAIRE.

96. Effet de la comparution après les cinq ans.
97. Le système du Code civil n'a point été modifié par l'article 471 du Code d'in-struction criminelle.
98. Ni même par l'article 476 du même Code.

96. A l'expiration du délai de cinq ans, la mort civile est encourue. A la vérité le contumax qui se présente dans les vingt ans à compter de la condamnation, doit être jugé de nouveau, et s'il n'est pas con-damné contradictoirement à une peine emportant mort civile, la vie civile lui est rendue, mais à compter de sa comparution et pour l'ave-nir seulement.

Le Code statue ainsi pour ne pas laisser en suspens l'état et les droits du contumax; mais en évitant l'incertitude et ses inconvénients, il devient d'une rigueur extrême envers l'accusé qui s'est justifié, et dont le seul tort, si toutefois c'en est un, serait d'avoir fui devant les premières poursuites. Il n'est donc pas étonnant qu'on ait cherché tous les moyens d'échapper aux conséquences de cette mort civile, limitée dans sa durée, définitive dans ses effets.

97. Le Code d'instruction criminelle, qui accorde vingt ans pour purger la contumace, décide (art. 471) qu'à l'expiration de ce délai le compte du séquestre sera rendu à qui de droit. On en a conclu que, nonobstant la mort civile encourue après les cinq ans, le séquestre continue, et que le compte en sera rendu, non aux héritiers du contumax, mais au contumax lui-même, en supposant bien entendu qu'il recouvre la vie civile ; mais il faut remarquer que le Code d'instruction criminelle (art. 471) statue sur les condamnations par contumace en général, sans s'occuper du cas particulier où elles emportent mort civile. Dans cette dernière hypothèse, le séquestre cesse à l'expiration des cinq ans, comme il cesserait à la mort naturelle, et puisque la succession du contumax est ouverte, c'est à ses héritiers que la régie doit rendre compte.

98. La mort civile encourue depuis l'expiration des cinq ans, ne cesse, par la représentation du contumax, que dans le cas où il n'encourt pas de nouveau une condamnation emportant mort civile. Dans le cas contraire, la fiction continue sans interruption. Nous ne croyons pas en effet que cette distinction ait été supprimée par le Code d'instruction criminelle (art. 476), qui, suivant nous, se réfère au Code civil pour confirmer et non pour modifier ses dispositions. Si le plus nouveau des deux Codes ne répète pas expressément la distinction du plus ancien, c'est parce qu'il suppose le cas le plus favorable, celui où la mort civile a dû cesser pour ne pas recommencer. Dans le cas contraire, c'est-à-dire, lorsque la première condamnation se trouve confirmée par la seconde, il serait assez bizarre d'établir un temps intermédiaire de capacité entre deux morts civiles.

31. — Si le condamné par contumace meurt dans le délai de grâce des cinq années sans s'être représenté, ou sans avoir été saisi ou arrêté, il sera réputé mort dans l'intégrité de ses droits. Le jugement de contumace sera anéanti de plein droit, sans préjudice néanmoins de l'action de la partie civile, laquelle ne pourra être intentée contre les héritiers du condamné que par la voie civile.

SOMMAIRE.

99. Cet article se réfère par sa rédaction au système de l'ancienne jurisprudence.
100. Distinction entre l'action publique et l'action civile.

99. La loi reproduit ici par sa rédaction le système de l'ancienne jurisprudence, dans laquelle la mort civile commençait immédiatement après l'exécution par effigie, et pouvait se résoudre par la comparution ou par la mort du contumax dans les cinq ans. Dans ce système, le laps de cinq ans pouvait être considéré comme un *délai de grâce*, puisqu'il permettait d'effacer après coup une mort civile réellement encourue. C'est aussi parce que le conseil d'État s'était d'abord conformé à l'ancienne jurisprudence, que la rédaction primitive, venant au secours du contumax décédé avant l'expiration des cinq années, voulait qu'il fût *réputé mort dans l'intégrité de ses droits*. Il fallait, en effet, les lui rendre au moyen d'une fiction, parce qu'en réalité il les avait perdus ; mais ce délai de grâce, cette fiction ne sont plus en harmonie avec le système qui a prévalu lorsqu'on a décidé, d'après les observations du Tribunat, que la mort civile ne doit commencer que cinq ans après l'exécution par effigie (art. 27). Dès lors les cinq années ne sont plus un délai de grâce, mais un délai légal qui empêche la mort civile d'être encourue et qui par conséquent conserve au contumax la jouissance des droits civils. Il aurait donc fallu, en adoptant la disposition de l'article 27, modifier la rédaction de l'art. 31, et dire positivement, sans recourir à aucune fiction, que le condamné meurt dans l'intégrité de ses droits. Malheureusement ce dernier article est resté tel qu'il avait été primitivement rédigé, en sorte qu'on y retrouve les vestiges d'un système contraire à celui qui a été définitivement adopté.

La seconde partie du même article s'exprime avec plus d'exactitude à l'égard du jugement de contumace, en décidant que la mort du condamné dans les cinq ans aura le même résultat que sa comparution (V. art. 29). En effet, dans l'un et l'autre cas, le jugement est anéanti de plein droit.

100. Les crimes, les délits et les contraventions produisent deux actions différentes, l'action publique, qui a pour but l'application des lois pénales et l'action civile, qui tend à obtenir, au moyen d'une indemnité pécuniaire, la réparation du dommage causé par un fait illicite. L'action publique n'appartient qu'aux fonctionnaires à qui elle est confiée par la loi, c'est-à-dire aux procureurs du Roi près les tribunaux de première instance, et aux procureurs généraux près les cours royales, et elle s'éteint par le décès du prévenu. L'action civile, au contraire, peut être intentée contre lui ou contre ses héritiers, par tous ceux à qui le crime, le délit ou la contravention a causé un dommage (C. d'instr. cr., art. 1 et 2) ; ils peuvent l'exercer, soit principalement devant le tribunal de première instance, soit accessoirement à l'action publique, en se portant partie civile devant le tribunal compétent pour appliquer la peine.

C'est ainsi que les rédacteurs du Code supposent une partie civile

dont l'action a été portée, en même temps que l'action publique, devant la cour d'assises qui a prononcé la condamnation par contumace.
La mort du condamné produit, quant à l'application de la loi pénale,
le double effet d'anéantir l'arrêt de contumace et de rendre impossible
à l'avenir l'exercice de l'action publique. Il n'en est pas de même quant
aux droits civils de la partie lésée. Les condamnations civiles prononcées
par contumace se trouvent anéanties, mais l'action peut être intentée de
nouveau contre les héritiers du défunt : seulement elle ne peut l'être
que devant le tribunal de première instance, puisqu'il est impossible de
la porter accessoirement devant la cour d'assises, à raison de l'extinction de l'action publique (V. art. 200).

Il en est autrement dans le cas de l'article 29, parce que le contumax
étant vivant, l'action publique existe encore. L'accusé sera donc jugé
de nouveau, et alors l'action civile pourra être exercée devant la cour
d'assises en même temps que l'action publique.

32. — En aucun cas la prescription de la peine ne réintégrera
le condamné dans ses droits civils pour l'avenir.

SOMMAIRE.

101. Aucune prescription ne fait cesser la mort civile.

101. En cas de condamnation contradictoire ou par contumace, la
peine se prescrit par vingt ans à compter de l'arrêt. Ainsi la peine ne
peut plus être appliquée, et par suite, le contumax, ne pouvant plus
être condamné, n'est plus admis à se justifier ; mais malheureusement la
prescription de la peine ne prouve pas toujours l'amélioration morale
du condamné. Aussi eût-il été dangereux de lui rendre la plénitude
de ses droits. En décidant que la mort civile subsiste, même lorsque
la peine est prescrite, le Code civil est en harmonie avec le Code d'instruction criminelle (art. 635), qui permet au gouvernement d'assigner
au condamné un domicile déterminé ([1]).

33. — Les biens acquis par le condamné, depuis la mort civile
encourue, et dont il se trouvera en possession au jour de sa mort
naturelle, appartiendront à l'État par droit de déshérence.

Néanmoins il est loisible au Roi de faire, au profit de la veuve,
des enfants ou parents du condamné, telles dispositions que l'humanité lui suggérera.

([1]) Richer, part. 2, liv. 4, chap. 2, sect. 2, dist. 3, § 3, 4 et 5.

102. Les biens que le condamné laisse au jour de sa mort naturelle appartiennent à l'État. Nul doute sur ce point ; mais à quel titre sont-ils recueillis ? Est-ce, comme le dit le Code, par droit de déshérence ?

La déshérence est, à proprement parler, un droit de succession que l'État obtient à défaut d'héritiers légitimes, d'enfants naturels et de conjoint survivant (V. art. 767, 768) ; mais nous avons déjà vu que la mort civile empêche le condamné de transmettre, à titre de succession, les biens qu'il acquerrait dans la suite (art. 25). Il n'y a donc ni hérédité ni déshérence proprement dite. Les biens dont il s'agit n'appartiennent à personne ; c'est comme biens vacants que l'État les acquiert (art. 539), sans avoir besoin de se faire envoyer en possession (V. art. 770).

Les biens de l'État n'appartiennent pas au Roi. Il fallait donc une autorisation expresse pour que le gouvernement pût disposer des biens laissés par le mort civilement ; aussi l'autorisation n'existe-t-elle qu'en faveur des personnes désignées par la loi.

TITRE DEUXIÈME.

DES ACTES DE L'ÉTAT CIVIL.

(Décrété le 20 ventôse an XI (11 mars 1803). Promulgué le 50 ventôse (21 du même mois).

CHAPITRE PREMIER.

DISPOSITIONS GÉNÉRALES.

103. Le mot *acte* désigne dans le langage du droit un écrit rédigé pour constater un fait ; les actes de l'état civil sont donc les écrits qui constatent l'état civil des personnes, c'est-à-dire, la position que chacun occupe soit dans sa famille, soit dans la société, et par suite les droits civils résultant de cette position.

Ainsi dès l'instant de sa naissance un enfant se trouve Français ou étranger, fils naturel ou légitime de tels parents ou de tels autres. L'époque de sa naissance détermine son âge, et par suite sa minorité ou sa majorité ; le mariage, d'où sortira plus tard une famille nouvelle, crée pour les époux des devoirs et des droits nouveaux ; enfin la mort ouvre la succession du défunt. La naissance, le mariage et la mort, tels sont les principaux événements de la vie civile, et il importe de les constater avec autant de précision que de certitude. Aussi le législateur a-t-il pris, relativement aux actes de l'état civil, des précautions multipliées.

104. Notre système sur ces actes dérive de l'usage, anciennement observé par le clergé, d'inscrire sur des registres les baptêmes, mariages et enterrements, pour constater l'administration des sacrements et l'observation des cérémonies religieuses. L'autorité civile, trouvant cet usage établi, en profita pour faire prévaloir, en cette matière, la preuve écrite sur la preuve testimoniale. Dans ce but elle ordonna de mentionner, dans les actes d'inhumation, le temps du décès, et dans les actes de baptême, le temps et l'heure de la nativité ; mais en accordant pleine foi aux mentions ainsi faites, l'ordonnance de Villers-Côtterets ([1]) n'avait encore en vue que la collation des bénéfices. C'est l'ordonnance de Blois ([2]) qui, la première, dans un but d'utilité générale, décida que les registres de paroisse serviraient à écarter la preuve testimoniale touchant les naissances, morts et enterrements des personnes. L'ordonnance de 1667 (tit. 20) et plusieurs déclarations subséquentes, notamment celle du 9 avril 1736, régularisèrent ce principe ; toutefois aucun règlement ne s'appliquait encore aux personnes qui, ne professant pas le culte catholique, ne voudraient pas se présenter devant le curé ou le vicaire de leur paroisse. De là est résultée, sur l'état civil et notamment sur le mariage des dissidents, une incertitude qui a duré jusqu'au règne de Louis XVI. Ce prince attribua à certains officiers de justice, comme au curé ou au vicaire de la paroisse, le droit

---

([1]) Août 1539, art. 50 et 51.
([2]) 1579, art. 181.

de prononcer l'union des protestants en légitime mariage et celui de recevoir les déclarations relatives à la naissance de leurs enfants tant à leur décès qu'à leur naissance ([1]) ; mais bientôt la constitution de 1791 promit, et la loi du 20 septembre 1792 établit, pour tous les habitants sans distinction, un mode uniforme d'après lequel les naissances, mariages et décès durent être constatés, indépendamment de toute cérémonie religieuse, au moyen d'actes reçus et conservés par une autorité purement civile.

105. Ces actes sont reçus, c'est-à-dire rédigés dans chaque commune, en présence de témoins, par un officier de l'état civil (art. 37 et suiv.). Ces fonctions sont confiées au maire et à ses adjoints([2]). Elles se cumulent dans leurs mains avec les fonctions administratives, sans se confondre avec ces dernières. En effet, si les maires et adjoints sont, comme agents de l'autorité administrative, subordonnés au préfet du département, ils sont, comme officiers de l'état civil, soumis à l'autorité judiciaire, et spécialement à la surveillance du ministère public. Les officiers de l'état civil ne sont donc pas agents du gouvernement : aussi peuvent-ils être poursuivis, à raison de leurs fonctions, sans autorisation préalable du conseil d'État ([3]).

106. Les actes de l'état civil sont inscrits sur des registres spéciaux. Reçus par l'officier de l'état civil dans sa commune et avec les solennités requises, ils sont nécessairement authentiques (V. art. 1317). Ils ont de plus un caractère de publicité qui permet à toute personne d'obtenir un extrait des registres; et cet extrait, s'il est délivré conforme au registre, fait foi jusqu'à inscription de faux (art. 45). Aussi la loi cherche-t-elle tous les moyens d'assurer, d'un côté, la conservation des actes qui ont été réellement reçus, et d'empêcher, d'un autre côté, l'insertion sur les registres d'actes constatant des faits qui n'auraient jamais existé ou qui se seraient passés à une date différente.

C'est dans ce but que les actes de l'état civil sont inscrits de suite, sans aucun blanc et en double original, non sur des feuilles séparées, mais sur des registres disposés de manière à ce que l'intercalation ou la suppression d'un feuillet laisse toujours des traces manifestes (art. 41). C'est dans ce but aussi que, chaque année, les doubles registres sont clos et déposés séparément, l'un aux archives de la commune, l'autre au greffe du tribunal (art. 43), et enfin que tout dépositaire des registres devient responsable des altérations commises, même par le fait

[1] Édit du mois de novembre 1787, art. 8, 17, 18, 25 et 27. V. Merlin, *Rép.*, v° RELIGIONNAIRE, § 6.
[2] Loi du 28 pluviôse an VIII, art. 13 et 16.
[3] V. const. de l'an VIII, art. 75 ; avis du C. d'État du 30 nivôse an XII.

d'autrui (art. 51), indépendamment des amendes et autres peines qu'il encourrait par son propre fait (art. 50 et 52).

107. Le dépositaire des registres, chargé de veiller à ce qu'ils soient conservés intacts, doit s'abstenir d'y rien changer. La rectification des actes, quelque nécessaire qu'elle paraisse, ne peut être ordonnée que par les tribunaux (art. 99 et suiv.).

108. Les actes de l'état civil, soumis à la règle *locus regit actum*, doivent être rédigés en pays étranger suivant les formes usitées dans chaque localité, et dans ce cas on leur accorde foi en France, sans distinguer s'ils s'appliquent à des étrangers ou à des Français (art. 47) ; et cependant l'état civil de ces derniers peut aussi être constaté, en pays étranger, dans les formes françaises, lorsqu'ils se présentent à cet effet devant les agents diplomatiques ou devant les consuls de France (art. 48 et 170).

109. La preuve résultant des registres de l'état civil prévaut sur toute autre preuve ; les papiers domestiques et les témoins sont encore admis, mais subsidiairement, lorsqu'il n'a point existé de registres, ou lorsque les registres qui existaient, ont été perdus ou détruits (art. 46).

APPENDICE SUR L'ÉTAT CIVIL DE LA FAMILLE ROYALE.

110. Avant la révolution de 1789, l'état civil des membres de la famille royale était constaté, comme celui des simples particuliers, sur les registres paroissiaux. D'après la constitution de 1791, les actes constatant les naissances, mariages et décès des princes français, devaient être présentés au Corps législatif et déposés dans ses archives [1] ; mais cette disposition ne put recevoir aucune application.

En 1806, après l'établissement de l'Empire, les actes de l'état civil de la famille régnante furent reçus par l'archichancelier, sur des registres spéciaux ; ces registres tenus, en double exemplaire, par le secrétaire de la famille impériale, étaient clos et arrêtés par l'archichancelier ; l'un des doubles était ensuite déposé dans les archives du Sénat et l'autre dans les archives impériales [2].

Ces dispositions ont été reproduites, sous la Restauration, par l'ordonnance du 23 mars 1816 qui n'a fait pour ainsi dire, que changer les dénominations ; ainsi les fonctions d'officier de l'état civil sont remplies par le chancelier. Les deux exemplaires sont déposés aux archives de la Chambre des pairs jusqu'au moment où ils sont clos et ar-

---

[1] Const. de 1791, chap. 2, sect. 3, art. 7.
[2] Statuts du 30 mars 1806, art. 14-17.

rêtés par le chancelier. Après la clôture, l'un des doubles doit être déposé aux archives du Royaume; l'autre reste dans les archives de la Pairie.

34. — Les actes de l'état civil énonceront l'année, le jour et l'heure où ils seront reçus, les prénoms, noms, âge, profession et domicile de tous ceux qui y seront dénommés.

SOMMAIRE.

111. Mentions exigées dans les actes de l'état civil. Dans quel but l'indication de l'heure est-elle prescrite?

111. La date des actes authentiques indique l'année, le mois et le jour où ils ont été passés (¹). L'indication de l'heure, exigée pour la première fois par le Code, est particulière aux actes de l'état civil. C'est un moyen de vérification qui peut devenir utile dans le cas où l'acte serait attaqué comme faux.

Quant aux énonciations qui servent à désigner les personnes dénommées dans l'acte, on ne saurait y apporter trop d'exactitude, pour bien distinguer les parents, qui portent souvent le même nom et trop souvent le même prénom.

35. — Les officiers de l'état civil ne pourront rien insérer dans les actes qu'ils recevront, soit par note, soit par énonciation quelconque, que ce qui doit être déclaré par les comparants.

SOMMAIRE.

112. Caractère spécial des fonctions confiées à l'officier de l'état civil.

112. L'officier de l'état civil rédige les actes sur la déclaration faite par les comparants, sans la commenter, ni la contredire; car son ministère, entièrement passif, comme celui d'un greffier, n'est jamais celui d'un juge (²). Il devra sans doute demander aux comparants et aux témoins leurs nom, prénoms, âge, profession, domicile et autres renseignements semblables (V. art. 34); mais il ne se permettra aucune interpellation, aucune recherche inquisitoriale sur des faits qui ne doivent pas être consignés ou sur la vérité des faits déclarés.

En effet, loin d'ajouter à la déclaration qu'il reçoit, l'officier de l'état civil ne peut insérer que « ce qui doit être déclaré. » Il devra donc

---

(¹) Loi du 25 ventôse an XI, art. 12; V. Code de procédure, art. 61.
(²) Discussion au C. d'État, séance du 2 frimaire an X.

élaguer de la déclaration tout ce qui serait étranger à la substance de
l'acte, et à plus forte raison tout ce que la loi défend de mentionner,
par exemple, dans un acte de décès, cette circonstance que le défunt
est mort en prison ou sur l'échafaud (V. l'explication de l'art. 57).
C'est par application de ce principe qu'un officier de l'état civil a été
condamné à des dommages-intérêts pour avoir inséré dans l'acte de
naissance d'un enfant naturel, sur la déclaration de la mère, le nom
d'un prétendu père qui n'avait pas reconnu l'enfant (¹).

36. — Dans les cas où les parties intéressées ne seront point
obligées de comparaître en personne, elles pourront se faire représenter par un fondé de procuration spéciale et authentique.

SOMMAIRE.

113. Dans quel cas et de quelle manière les parties peuvent-elles se faire représenter par un mandataire.

113. Lorsque les parties ne comparaissent pas en personne, le
mandataire qui les représente, doit produire une procuration spéciale,
contenant explicitement tel ou tel pouvoir, et non pas un pouvoir général de faire pour le mandant tout ce que le mandataire jugera convenable; car on ne saurait tirer d'une semblable procuration que des inductions équivoques (V. art. 1988). Cette procuration est passée en
forme authentique, et pour faciliter les vérifications, elle reste annexée
au registre qui doit être déposé au greffe du tribunal (V. art. 44).

La faculté de se faire ainsi représenter par un mandataire, n'existe
pas toujours : les parties sont quelquefois obligées de comparaître en
personne, comme elles l'étaient avant la loi du 8 mai 1816 pour le divorce par consentement mutuel (art. 294), et comme elles le sont encore aujourd'hui pour le mariage, du moins si l'on n'admet pas que
les simples particuliers puissent se marier par procureur (V. au chapitre 2 du titre *du Mariage*, l'explication de l'art. 75).

37. — Les témoins produits aux actes de l'état civil, ne pourront
être que du sexe masculin, âgés de vingt-un ans au moins, parents
ou autres ; et ils seront choisis par les personnes intéressées.

SOMMAIRE.

114. Les parents sont admis sans restriction comme témoins instrumentaires aux
actes de l'état civil.

(¹) Cour royale de Besançon, 3 juin 1808.

114. On n'admet comme témoins instrumentaires dans un acte notarié que des citoyens français sachant signer, domiciliés dans l'arrondissement communal qui forme le ressort de la sous-préfecture, et l'on exclut les plus proches parents, soit du notaire, soit des contractants (¹). Aucune de ces conditions n'est exigée pour les actes de l'état civil. Non-seulement les plus proches parents sont admis comme témoins, mais ce sont les témoins que la loi semble indiquer de préférence (art. 78), et avec raison, puisque les actes de l'état civil constatent des événements de famille.

Loin d'exclure aucun parent, la loi donne pour le choix des témoins la plus grande latitude : pourvu qu'ils soient mâles et majeurs, elle n'examine pas s'ils savent ou ne savent pas signer (V. art. 39), à quelle nation ils appartiennent, ni dans quel arrondissement se trouve leur domicile.

Remarquons en outre que les témoins d'un acte notarié prêtent leur assistance au notaire ; tandis que, dans un acte de l'état civil, ils assistent surtout les comparants : aussi sont-ils choisis par les parties intéressées à l'acte, et non par le fonctionnaire qui le rédige.

38.—L'officier de l'état civil donnera lecture des actes aux parties comparantes, ou à leur fondé de procuration, et aux témoins.

Il y sera fait mention de l'accomplissement de cette formalité.

39.—Ces actes seront signés par l'officier de l'état civil, par les comparants et les témoins, ou mention sera faite de la cause qui empêchera les comparants et les témoins de signer.

SOMMAIRE.

115. Règles communes aux actes de l'état civil et aux actes notariés.

115. Les formalités prescrites par ces deux articles sont communes aux actes notariés (²).

40. —Les actes de l'état civil seront inscrits, dans chaque commune, sur un ou plusieurs registres tenus doubles.

SOMMAIRE.

116. Systèmes différents sur l'unité ou la spécialité des registres de l'état civil. Latitude que laisse le Code civil. Dans tous les cas, ils sont tenus doubles.

(¹) Loi du 25 vent. an XI, art. 8, 9 et 10; V. loi du 28 pluv. an VIII, art. 1 et 12.
(²) Loi du 25 vent. an XI, art. 13 et 14.

116. Chaque commune, et même chaque section de commune, lorsqu'il s'agit d'une ville très-populeuse (¹), a ses registres et son officier
de l'état civil. C'est pour donner aux habitants de Paris les moyens de
constater leur état civil avec plus de facilité, qu'on a divisé cette capitale en douze arrondissements (²).

On peut insérer les actes sur un registre commun, ou sur différents
registres contenant chacun une seule espèce d'actes. Le système du
registre commun avait été consacré par l'ordonnance de 1667 et par
la déclaration de 1736, celui des registres spéciaux par la loi de 1792 ;
mais la confusion qui est résultée de la multiplicité des registres, en a
fait sentir l'inconvénient, surtout dans les communes d'une faible po-
pulation. Aussi le Code a-t-il autorisé l'un et l'autre système, afin que
l'on puisse choisir celui qui convient le mieux à chaque commune suivant son importance.

Le registre ou les registres sont toujours tenus doubles. Cependant
les publications de mariage sont inscrites sur un registre simple et spécial (art. 63).

41. — Les registres seront cotés par première et dernière, et
paraphés sur chaque feuille, par le président du tribunal de première instance, ou par le juge qui le remplacera.

SOMMAIRE.

117. Comment et par quelle autorité sont cotés les registres. Importance de cette
précaution.

117. Pour coter les registres par première et dernière, on numérote
chaque feuille ou plutôt chaque feuillet, en exprimant sur le *folio* final
que son numéro est le dernier. Autrement la cote n'empêcherait pas
de retrancher, à la fin du registre, autant de feuilles que l'on voudrait.

La cote n'est qu'un numéro d'ordre, facile à écrire sur la feuille qu'on
substituerait à une autre. Aussi chaque feuille doit-elle être paraphée
par le président du tribunal ou par le juge qui le remplace.

La loi de 1792 avait donné à l'autorité administrative (³) la surveillance des actes de l'état civil, qui auparavant appartenait à l'autorité judiciaire (⁴). Le Code est revenu à l'ancien système (V. art. 43,
45, 49 et 55) ; mais comme les fonctions d'officier de l'état civil sont

---

(¹) Loi du 20 sept. 1792, tit. 2, art. 22 ; loi du 19 décembre 1792, sect. 2, art. 1.
(²) Loi du 3 vent. an III ; V. loi du 28 pluv. an VIII, art. 16.
(³) Loi du 20 sept. 1792, tit. 2, art. 2, 9, 10, 11, 12 et 14.
(⁴) Ordonn. de 1667, tit. 20, art. 8 et 11.

confiées au maire et à ses adjoints, la pratique n'a pas toujours assez tenu compte de ce changement d'attributions (¹).

42. — Les actes seront inscrits sur les registres, de suite, sans aucun blanc. Les ratures et les renvois seront approuvés et signés de la même manière que le corps de l'acte. Il n'y sera rien écrit par abréviation, et aucune date ne sera mise en chiffres.

SOMMAIRE.

118. Pourquoi on ne doit laisser aucun blanc, admettre aucune abréviation. Signature des renvois.

118. Dans les actes de l'état civil, comme dans les actes notariés, il faut rendre les intercalations impossibles, en ayant soin de ne laisser aucun blanc. La loi proscrit les abréviations, parce qu'elles sont équivoques, et les chiffres, parce qu'ils sont trop faciles à surcharger (²).

Le paraphe est une signature abrégée qui suffit pour les renvois d'un acte notarié (³); mais ici la loi exige, pour chaque renvoi comme pour le corps de l'acte, une signature entière qui sera moins facile à imiter (V. cependant art. 44).

43. — Les registres seront clos et arrêtés par l'officier de l'état civil, à la fin de chaque année; et dans le mois, l'un des doubles sera déposé aux archives de la commune, l'autre au greffe du tribunal de première instance.

SOMMAIRE.

119. Les registres sont annuels. Où ils sont déposés à la fin de l'année.

119. Les registres sont annuels. On les clora donc à la fin de chaque année pour empêcher l'inscription ultérieure d'actes appartenant à l'année suivante ou, à plus forte raison, celle d'un acte faux qui serait fabriqué après coup. Ainsi, en supposant qu'un registre ne con-

---

(¹) Avis du conseil d'État du 7 mars 1808. On cite, à la date du 3 mars 1810, une circulaire du ministre de l'intérieur, par laquelle le président serait autorisé à coter et parapher seulement la première et la dernière feuille du registre en ayant soin de mentionner le nombre total des feuilles dont il se compose. On ne saurait trop s'étonner d'une pareille circulaire; car le ministre de l'intérieur est incompétent dans cette matière, et d'ailleurs aucun ministre ne peut décharger les magistrats d'une obligation que la loi leur impose. Les actes de l'état civil perdraient ainsi une de leurs garanties les plus importantes. --

(²) Loi du 25 vent. an XI, art. 13.

(³) *Ibid.*, art. 15.

tienne aucun acte, il n'en doit pas moins être clos par un procès-verbal explicatif de l'état où il se trouve.

L'un des doubles doit être déposé aux archives de la commune, l'autre au greffe du tribunal, dans le mois de la clôture. Ce délai est accordé aux officiers de l'état civil pour la confection des tables annuelles qu'ils sont tenus de rédiger par ordre alphabétique, indépendamment des tables décennales que le greffier est tenu de rédiger ([1]).

Quelquefois le tribunal ordonne que les registres de l'année courante seront apportés au greffe. Dans ce cas l'officier de l'état civil doit se procurer de nouveaux registres, et clore, avant de s'en dessaisir et par conséquent sans attendre la fin de l'année, ceux dont le tribunal a ordonné l'apport ([2]).

44.—Les procurations et les autres pièces qui doivent demeurer annexées aux actes de l'état civil, seront déposées, après qu'elles auront été paraphées par la personne qui les aura produites, et par l'officier de l'état civil, au greffe du tribunal, avec le double des registres dont le dépôt doit avoir lieu audit greffe.

SOMMAIRE.

120. Pièces déposées et annexées au registre.

120. Quiconque déposera des pièces destinées à rester annexées aux actes de l'état civil, devra les parapher *ne varietur*, pour empêcher qu'on ne substitue à la pièce déposée une pièce différente, par exemple, une procuration.

45.—Toute personne pourra se faire délivrer, par les dépositaires des registres de l'état civil, des extraits de ces registres. Les extraits délivrés conformes aux registres, et légalisés par le président du tribunal de première instance, ou par le juge qui le remplacera, feront foi jusqu'à inscription de faux.

SOMMAIRE.

121. Publicité des registres de l'état civil, et ses conséquences.
122. Dans quel cas et à quelle condition les extraits font foi jusqu'à inscription de faux.
123. Étendue et application de ce principe.

121. A la différence des actes notariés dont on ne délivre copie

---

([1]) Décret du 20 juillet 1807.
([2]) Ordonn. du 18 août 1819.

qu'aux parties intéressées ([1]), les actes de l'état civil ont été rendus publics par la loi du 20 septembre 1792. Ainsi toute personne, en payant les frais de timbre et d'expédition fixés par les règlements ([2]), pourra se faire délivrer de chacun des actes, considérés isolément, une copie exacte et complète que le Code appelle *extrait des registres*, parce que la copie intégrale d'un acte n'est, relativement au registre, qu'une copie partielle (V. C. de pr., art. 853).

122. Bien qu'en général on n'accorde pas aux copies la même foi qu'à l'original (V. art. 1334 et 1335), une règle particulière aux actes de l'état civil attribue, aux extraits du registre, la même foi qu'au registre même. Ceux à qui on oppose un pareil extrait ne peuvent donc pas exiger, comme ils le pourraient dans tout autre cas (V. art. 1334), la représentation de l'acte original; mais un nouvel extrait, qu'ils ont toujours la faculté de lever, pourra servir de contrôle au précédent, et il appartiendra au tribunal d'ordonner une vérification sur les registres mêmes ([3]).

La foi ainsi accordée aux extraits suppose trois conditions, savoir :

1º Qu'ils seront délivrés par les dépositaires des registres, c'est-à-dire, pour les registres de l'année courante, par l'officier de l'état civil, et pour ceux des années précédentes, par ce même officier sur le double déposé aux archives de sa commune, ou par le greffier sur le double déposé au greffe ([4]); car, depuis la déclaration du 9 avril 1736, ce double n'est plus, comme sous l'ordonnance de 1667, la grosse et par conséquent la copie d'un registre original. Les registres tenus doubles sont tenus en double original.

2º Qu'ils seront *délivrés,* c'est-à-dire déclarés *conformes au registre,* par le dépositaire qui, après avoir expédié un extrait, ajoute avant de le signer « délivré conforme au registre », ou « pour copie conforme », etc.

3º Enfin, qu'ils auront été légalisés par le président du tribunal ou par le juge qui le remplace. La légalisation est un certificat donné au bas d'un extrait pour attester que la signature est véritable, et que le signataire est investi des fonctions qui lui donnent qualité pour délivrer cet extrait.

123. Les actes authentiques ne sont jamais irréfragables. Quelques-

---

([1]) Loi du 25 vent. an XI, art. 23.

([2]) Décret impérial du 12 juillet 1807 ; loi du 20 sept. 1792, tit. 2, art. 18 et 19. Remarquez, du reste, qu'il n'est rien dû pour la rédaction des actes mêmes, ni pour leur inscription sur les registres (même décret, art. 4.)

([3]) V. Ordon. du 18 août 1819.

([4]) Loi du 20 sept. 1792, tit. 2, art. 18 ; Avis du conseil d'État du 6 juin 1807 ; Merlin, *Rép.*, vº ÉTAT CIVIL, § 2.

uns, comme les procès-verbaux des gardes champêtres, font foi seulement jusqu'à preuve contraire (¹). D'autres, et parmi eux les actes de l'état civil, font foi jusqu'à inscription de faux, c'est-à-dire tant qu'ils ne sont pas attaqués comme faux, et même tant qu'une procédure civile ou criminelle ne fournit pas de présomptions assez graves pour que la loi ou le juge suspende expressément l'exécution de l'acte ainsi attaqué (V. art. 1319).

L'autorité ainsi accordée aux actes de l'état civil dérive de la confiance due au fonctionnaire qui les reçoit, et par suite à ce qu'il déclare en les rédigeant. Ainsi, lorsqu'un acte énonce que tel jour, à telle heure, telles personnes ont présenté un enfant de tel sexe et lui ont donné tel prénom, toutes ces circonstances sont établies jusqu'à inscription de faux, parce que chacune d'elles est attestée directement par l'officier de l'état civil. Il n'en est plus de même lorsque l'acte ajoute que les comparants ont déclaré le jour, l'heure et le lieu de la naissance, le nom de la mère, etc. Sans doute ici l'officier de l'état civil atteste le fait de la déclaration; mais il n'atteste pas les faits déclarés, parce qu'il n'est pas chargé de les vérifier. On pourra donc les contester sans contredire l'officier de l'état civil et par conséquent sans être obligé de s'inscrire en faux. Aussi une déclaration mensongère, faite par les comparants, ne constitue-t-elle pas un faux, mais seulement un faux témoignage (²). (Comparez les articles 147, 345 et 363 du Code pénal).

46. — Lorsqu'il n'aura pas existé de registres, ou qu'ils seront perdus, la preuve en sera reçue tant par titres que par témoins; et dans ces cas, les mariages, naissances et décès, pourront être prouvés tant par les registres et papiers émanés des pères et mères décédés, que par témoins.

SOMMAIRE.

124. Comment l'état civil des personnes peut-il être prouvé lorsqu'il n'existe pas de registre? Preuve préalable qui doit être fournie.
125. Preuve littérale des naissances, mariages et décès. De quels écrits peut-elle résulter? La preuve testimoniale de la naissance suffit-elle pour établir la filiation?

124. La preuve testimoniale, malgré le peu de faveur qu'elle mérite, est admissible toutes les fois qu'il n'a pas été possible de se procurer

---

(¹) Loi du 22 avril 1790, art. 10; loi du 28 sept. 1791, tit. 1, sect. 7, art. 6.
(²) « La simulation dans un acte est autre chose que le faux (*Arrêt de rejet du 12 juin* 1823). « Si les extraits font foi jusqu'à inscription de faux, cela ne doit s'entendre que des faits constatés par l'officier de l'état civil, et dont la réalité est at-

une preuve écrite (art. 1348), et spécialement en matière d'état civil, lorsqu'il n'a pas existé de registres ou lorsqu'ils sont perdus. Il faut donc établir avant tout qu'il n'existe pas de registres.

Cette preuve préalable se fait *tant par titres que par témoins,* c'est-à-dire soit par titres soit par témoins. Parmi les titres justificatifs seraient notamment les actes publics constatant que les registres ont été enlevés ou détruits par un événement de force majeure. Tel serait aussi un procès-verbal de recherche, attestant que les registres ne se trouvent ni dans les archives communales, ni au greffe (¹); et lors même qu'on les trouverait, il faudrait encore les considérer comme n'existant pas, s'il apparaissait évidemment qu'ils n'ont été remplis qu'après coup (²). L'absence d'un feuillet équivaut à l'absence du registre entier pour les actes inscrits sur ce feuillet; mais alors il appartient au juge d'apprécier, d'après les circonstances, et notamment en comparant les époques, si la perte de tel feuillet est de quelque intérêt dans la cause, et par conséquent si la preuve en doit être admise (³).

125. Après avoir établi qu'il n'existe pas de registres, il faut administrer la preuve positive des naissances, mariages ou décès; et à cet égard la loi admet encore deux genres de preuves susceptibles d'être employés concurremment ou séparément (⁴), savoir 1° la preuve écrite résultant « des registres et papiers des père et mère décédés. » Ici le Code semble s'occuper exclusivement des naissances, et il ne parle que des père et mère décédés, parce que les vivants ont trop de facilité pour créer ou supprimer à leur gré des écrits favorables ou contraires à la prétention du réclamant (⁵). Du reste le Code, en parlant « des registres et papiers émanés des père et mère, » ne se restreint pas, comme l'ordonnance de 1667, aux registres et papiers domestiques; mais l'expression de la loi est beaucoup moins générale que la rédaction proposée par le Tribunat, qui sans parler des père et mère et de leur décès, admettait « les registres et papiers domestiques ou autres écritu-
« res publiques ou privées. »

« testée par lui » (*Arrêt de rejet du* 16 *mars* 1841). Ces arrêts nous paraissent conformes aux vrais principes, et cependant ils n'ont pas fixé la jurisprudence. Un autre arrêt de rejet, du 30 avril 1841, semble faire une distinction entre les déclarations qui tiennent à la substance de l'acte et les déclarations qui ont moins d'importance. La cour de Grenoble a jugé, le 19 février 1841, que la déclaration d'une naissance supposée constitue le crime de faux.

(¹) Rodier, sur l'ordonn. de 1667, tit. 20, art. 14, quest. 1 et 5.

(²) Merlin, *Rép.,* v° ÉTAT CIVIL, § 2, notes sur l'art. 46. V. arrêts, d'Agen, 9 germinal an XIII et 19 juin 1821; de Riom, 30 janvier 1810; de Bordeaux, 29 août 1811 et 9 mars 1812.

(³) Arrêt de cassation, du 21 juin 1814; V. loi du 13 janvier 1817.

(⁴) Rodier, sur l'ordonn. de 1667, tit. 20, art. 14, quest. 5.

(⁵) Procès-verbal de l'ordonn. de 1667, tit. 17, art. 17.

2° La preuve testimoniale. Elle se fait par une enquête dans la forme indiquée au Code de procédure (art. 252 et suiv.). Observons toutefois que dans ce cas la parenté ne sera pas une cause de reproche ; car les parents sont les meilleurs et quelquefois même les seuls témoins que l'on puisse trouver. On peut argumenter dans ce sens d'une disposition du titre *du Divorce* qui est encore applicable en matière de séparation de corps (art. 251).

La preuve par témoins, admise relativement au fait de la naissance, suffira donc, à défaut de registres, pour constater l'âge d'une personne et par suite sa majorité, son aptitude à faire certains actes ou à remplir certaines fonctions [1] ; mais, lorsqu'au lieu d'établir le fait seul de sa naissance, un enfant voudra rechercher son origine, alors la preuve purement testimoniale sera-t-elle suffisante, comme elle l'est pour le mariage (V. art. 198) et à plus forte raison pour le décès? Ce n'est pas ici le lieu d'examiner cette question. Nous la traiterons en expliquant l'article 323.

47.—Tout acte de l'état civil des Français et des étrangers, fait en pays étranger, fera foi, s'il a été rédigé dans les formes usitées dans ledit pays.

SOMMAIRE.

126. La règle *locus regit actum* s'applique aux actes de l'état civil.

126. Les actes de l'état civil, rédigés en pays étranger suivant les formes usitées dans les localités, obtiendront foi en France par application de la règle *locus regit actum,* sans qu'on ait à distinguer s'ils concernent des Français ou des étrangers ; mais cette distinction, indifférente pour l'authenticité, devient importante pour la validité des actes considérés en eux-mêmes et abstraction faite de leur forme, par exemple, pour la validité des mariages contractés en pays étranger ; car les Français restent soumis en tout lieu aux conditions de capacité que la loi française leur impose (V. art. 3 et 170).

48.—Tout acte de l'état civil des Français en pays étranger sera valable, s'il a été reçu, conformément aux lois françaises, par les agents diplomatiques ou par les consuls.

SOMMAIRE.

127. Compétence des agents diplomatiques et des consuls relativement à l'état civil des Français.

---

[1] Ordonn. de 1667, tit. 20, art. 14.

127. Tant que les actes de l'état civil ont été confiés au clergé, les Français qui se trouvaient en pays non catholique, recouraient pour les baptêmes, mariages et enterrements, au chapelain de l'ambassadeur français ; mais depuis la loi du 20 septembre 1792, les actes de l'état civil des Français ont été reçus, en pays étranger, par les agents diplomatiques ou par les consuls de France, et le Code civil confirme cet usage, en attribuant à ces fonctionnaires, la compétence que les lois antérieures ne leur donnaient pas expressément ([1]).

Les agents diplomatiques et les consuls exercent donc les fonctions d'officiers de l'état civil « conformément aux lois françaises », c'est-à-dire, suivant les formes et les conditions que ces lois prescrivent, et à l'égard des Français seulement ; car les agents français n'ont aucune compétence relativement à l'état civil des étrangers. Ainsi deux Français peuvent se marier devant l'ambassadeur ou le consul de France ; mais lorsque l'un des contractants est étranger, l'agent français devient incompétent (V. art. 170). Le mariage en pareil cas, doit être contracté suivant l'usage du pays, conformément à l'article 47.

49.—Dans tous les cas où la mention d'un acte relatif à l'état civil devra avoir lieu en marge d'un autre acte déjà inscrit, elle sera faite à la requête des parties intéressées, par l'officier de l'état civil, sur les registres courans ou sur ceux qui auront été déposés aux archives de la commune, et par le greffier du tribunal de première instance, sur les registes déposés au greffe ; à l'effet de quoi l'officier de l'état civil en donnera avis, dans les trois jours, au procureur du Roi près ledit tribunal, qui veillera à ce que la mention soit faite d'une manière uniforme sur les deux registres.

SOMMAIRE.

128. Corrélation d'un acte inscrit sur les registres avec un acte antérieur. Mesures prescrites en pareil cas.

128. Il arrive souvent qu'un acte inscrit sur les registres de l'état civil, en se référant à un acte antérieur, explique ou rectifie celui-ci. Dans ce cas la relation qui existe entre les deux actes doit être indiquée, en marge du premier, par une note qui mentionne l'existence et l'objet du second. C'est ainsi qu'on mentionne, en marge d'un acte de naissance, la reconnaissance postérieure dont l'acte est inscrit à sa date sur le registre courant (art. 62 ; V. art. 101 ; C. de pr., art. 857). L'acte en marge duquel doit être faite une semblable mention, se

---

([1]) Avis du conseil d'État du 4 brum. an XI.

trouve, tantôt sur le registre courant dont l'officier de l'état civil a encore l'un et l'autre double, tantôt sur les registres d'une précédente année qui ont été déposés, l'un au greffe, l'autre aux archives de la commune. Dans le premier cas, la mention est faite sur les deux registres par l'officier de l'état civil. Dans le second cas, elle est faite par lui sur un des doubles, et par le greffier sur l'autre; mais alors, pour éviter deux rédactions différentes, le procureur du Roi, sur l'avis que lui donne l'officier de l'état civil, doit veiller à ce que la mention soit faite d'une manière uniforme sur les deux registres (¹). Pour remplir à cet égard le vœu de la loi, il conviendrait qu'en donnant avis de la mention qu'il a dû faire le premier, l'officier de l'état civil en donnât aussi une copie.

50. — Toute contravention aux articles précédents de la part des fonctionnaires y dénommés, sera poursuivie devant le tribunal de première instance, et punie d'une amende qui ne pourra excéder cent francs.

SOMMAIRE.

129. L'omission des formes prescrites n'entraîne pas la nullité des actes ; les infractions sont punies par une amende. A quels fonctionnaires cette peine est-elle applicable ?

129. Les précautions que la loi multiplie pour constater l'état civil n'atteindraient pas leur but, si l'omission des formes prescrites suffisait pour annuler un acte irrégulier. Aussi la loi, sans prononcer aucune nullité, se borne-t-elle à punir les fonctionnaires dénommés dans les articles précédents, toutes les fois qu'ils contreviennent aux règles ci-dessus, sans préjudice des dommages-intérêts qui pourraient être dus aux personnes lésées (V. C. de pr., art. 853, 1030 et 1031).

La peine consiste dans une amende, qui dans ce cas particulier, par égard pour les fonctionnaires dont il s'agit, sera poursuivie, non devant le tribunal de police correctionnelle, mais devant le tribunal de première instance.

Parmi les fonctionnaires dénommés dans les articles précédents se trouve le procureur du Roi ; mais quelque décisive que paraisse sur ce point la discussion au conseil d'État, il est bien difficile de comprendre, dans les infractions qu'il s'agit de punir, le défaut de la surveillance exigée par l'art. 49, lorsque le Code ne punit pas l'inobservation des autres devoirs qu'il impose au même magistrat (V. art. 52). Ajoutons, que si on appliquait l'art. 50 au procureur du Roi, il faudrait aussi

---

(¹) Avis du conseil d'État du 4 mars 1808.

l'appliquer au président, au cas où ce dernier négligerait de parapher les registres (art. 41) : or ce cas n'est point compris parmi ceux qui autorisent la prise à partie (C. de pr., art. 505) ; on ne peut donc appliquer l'article 50 au président, ni par conséquent au procureur du Roi.

51.—Tout dépositaire des registres sera civilement responsable des altérations qui y surviendront, sauf son recours, s'il y a lieu, contre les auteurs desdites altérations.

SOMMAIRE.

130. Responsabilité encourue par les dépositaires des registres pour le fait d'autrui.

130. Les registres confiés à l'officier de l'état civil ou au greffier, sont entre leurs mains l'objet d'un dépôt qu'on peut appeler nécessaire, parce que les parties intéressées à la conservation de ces registres ne peuvent choisir aucun autre gardien. Aussi le greffier ou l'officier de l'état civil, dépositaire des registres, est-il en cette qualité responsable des altérations qu'ils peuvent subir, même par le fait d'autrui. On présume, en effet, qu'ils n'auraient pas été altérés, si la surveillance du dépositaire n'avait pas été en défaut. Conséquemment, s'il ne démontre pas qu'il y a eu force majeure ou cas fortuit (V. art. 1448), il est tenu d'indemniser les parties intéressés, sauf son recours contre l'auteur même des altérations.

C'est en ce sens qu'on le déclare responsable *civilement*, c'est-à-dire, quant aux dommages-intérêts, par opposition aux condamnations pénales qu'il n'encourt point pour le fait d'autrui.

52.—Toute altération, tout faux dans les actes de l'état civil, toute inscription de ces actes faite sur une feuille volante et autrement que sur les registres à ce destinés, donneront lieu aux dommages-intérêts des parties, sans préjudice des peines portées au Code pénal.

Toute altération, tout faux, etc. Le Code pénal de 1791, auquel renvoie le Code des délits et des peines du 3 brumaire an IV, ne définissait pas le crime de faux en écritures publiques ou privées. Les altérations ne constituaient donc pas nécessairement un faux, comme elles le constituent aujourd'hui d'après le Code pénal de 1810 (art. 147).

SOMMAIRE.

131. Peines et responsabilité que les dépositaires encourent par leur propre fait.

131. Le Code s'occupe ici de la responsabilité que le dépositaire des

---

(¹) Loi du 20 sept. 1791, tit. 2, art. 2.

registres encourt par son propre fait. Outre les dommages-intérêts dont il est tenu, il peut être poursuivi criminellement; car en altérant les actes, il commet le crime de faux.

L'officier de l'état civil qui inscrirait un acte, soit sur une feuille volante, soit « autrement que sur les registres à ce destinés », c'est-à-dire sur les registres destinés à une autre espèce d'actes, encourrait dans l'un et l'autre cas l'amende prononcée par l'art. 50; en le soumettant de plus aux dommages-intérêts, le Code civil abroge, quant au premier cas, une disposition rigoureuse (¹), et comble, quant au second, une lacune de la loi antérieure. Il fallait prévoir, en effet, une cause de confusion qui, sans annuler un acte, peut le rendre introuvable et par là causer un grave préjudice.

L'inscription d'un acte de l'état civil sur une feuille volante est aujourd'hui un délit qui entraîne un emprisonnement d'un à trois mois et une amende de seize à deux cents francs (C. pén., art. 192). Quant à la foi que doit obtenir un pareil acte, nous l'examinerons plus loin sur les articles 194 et 319.

53.—Le procureur du Roi au tribunal de première instance sera tenu de vérifier l'état des registres lors du dépôt qui en sera fait au greffe; il dressera un procès-verbal sommaire de la vérification, dénoncera les contraventions ou délits commis par les officiers de l'état civil, et requerra contre eux la condamnation aux amendes.

54.—Dans tous les cas où un tribunal de première instance connaîtra des actes relatifs à l'état civil, les parties intéressées pourront se pourvoir contre le jugement.

CONTRAVENTIONS OU DÉLITS (art. 55). A l'époque où le Code civil a été promulgué, la loi pénale, c'est-à-dire le Code des délits et des peines du 5 brumaire an IV (art. 1, 4, 10 et 13), prenait le mot *délit* dans une acception générale qui comprenait les crimes. La distinction que l'on fait aujourd'hui entre les délits proprement dits et les crimes appartient au Code pénal de 1810.

SE POURVOIR (art. 54), c'est-à-dire appeler. Dans le sens ordinaire du mot, une partie *se pourvoit* par un recours en cassation.

SOMMAIRE.

132. Tout jugement en matière d'état civil est sujet à l'appel.

132. Il résulte de l'article 54 que les tribunaux de première instance ne connaîtront jamais des contestations relatives aux actes de l'état civil, qu'en premier ressort. Cette règle s'applique aux jugements de rectification et même aux condamnations prononcées en vertu de l'article 50; car, dans ce cas, le tribunal civil remplit l'office du tribunal correctionnel, qui statue toujours en premier ressort (²).

(¹) Loi du 20 sept. 1792, tit. 2, art. 5.
(²) Code des délits et des peines de l'an IV, art. 192; Code d'instr. crim., art. 199.

CHAPITRE II.

DES ACTES DE NAISSANCE.

55. Les déclarations de naissance seront faites dans les trois jours de l'accouchement, à l'officier de l'état civil du lieu : l'enfant lui sera présenté.

SOMMAIRE.

133. L'enfant doit être présenté à l'officier de l'état civil dans les trois jours de la naissance.

133. On a souvent dissimulé les naissances, tantôt par des motifs religieux ou politiques, tantôt pour soustraire les enfants mâles à la conscription militaire. De là, à différente époques, plusieurs dispositions législatives qui ont imposé à certaines personnes l'obligation de déclarer la naissance dans un délai fixe, en punissant le défaut de déclaration et même la déclaration tardive [1]. La peine établie en 1810 consiste dans un emprisonnement de six jours à six mois, et dans une amende de seize à trois cents francs (C. pén., art. 346).

Après les trois jours la déclaration ne doit plus être admise par l'officier public. C'est aux tribunaux seuls qu'il appartient de statuer sur la rectification des actes de l'état civil (art. 99) ; et c'est ce qu'ils doivent faire, non-seulement lorsqu'il s'agit d'une rectification proprement dite, mais encore lorsqu'il y a lieu de réparer une omission, et par conséquent d'autoriser l'inscription des déclarations tardives [2]. Si de pareilles déclarations étaient admises, il serait facile d'en abuser pour introduire des étrangers dans une famille, sous prétexte de réparer, longtemps après la naissance, une omission volontaire et peut-être calculée. Sans doute une déclaration tardive peut être sincère, mais ce n'est point aux officiers de l'état civil qu'il appartient de l'apprécier. Le tribunal seul est compétent pour l'admettre ou la rejeter.

Le nouveau-né sera présenté à l'officier de l'état civil, afin que ce dernier constate si l'enfant est vivant. S'il ne l'est pas, l'acte, inscrit sur le registre des décès, énoncera simplement que cet enfant a été présenté sans vie, et il n'en résultera aucun préjugé sur la question de savoir s'il a vécu [3].

---

[1] Déclaration du 14 mai 1724 ; loi du 20 sept. 1792, tit. 3, art. 1 et 5 ; loi du 19 décembre 1792, sect. 1, art. 1.

[2] Avis du conseil d'État du 12 brum. an XI. Cette décision, quoiqu'elle ait précédé de quelques jours la promulgation des premiers titres du Code civil, est postérieure à la rédaction définitive de ces mêmes titres dans le conseil d'État.

[3] Décret du 3 juillet 1806.

56.—La naissance de l'enfant sera déclarée par le père, ou, à défaut du père, par les docteurs en médecine ou en chirurgie, sages-femmes, officiers de santé ou autres personnes qui auront assisté à l'accouchement; et, lorsque la mère sera accouchée hors de son domicile, par la personne chez qui elle sera accouchée.

L'acte de naissance sera rédigé de suite, en présence de deux témoins.

SOMMAIRE.

134. Par qui doit être déclarée la naissance.

154. Les personnes par qui la naissance doit être déclarée dans les trois jours, sous les peines établies par le Code pénal (art. 346), sont:

1° Le père, lorsqu'il est présent et en état d'agir, quel que soit d'ailleurs le lieu où la femme accouche ([1]).

2° A défaut du père, c'est-à-dire lorsqu'il est absent ou dans l'impossibilité d'agir, les médecins, chirurgiens, officiers de santé, sages-femmes, ou à leur défaut, les autres personnes qui ont assisté à l'accouchement ([2]).

Lorsqu'une femme accouche hors de son domicile, la déclaration est faite, à défaut du père, par le maître [de la maison ou par le chef de l'établissement où la naissance a eu lieu ([3]); et dans ce cas les personnes qui ont assisté à l'accouchement sont déchargées de toute obligation. D'après la loi de 1792, l'obligation de déclarer la naissance n'était pas imposée, d'une manière générale, au père, mais seulement au mari. Le Code parle du père sans distinction, pour établir une règle commune au père légitime et au père naturel, dans le cas bien entendu où ce dernier reconnaîtrait la paternité (V. art. 340).

57.—L'acte de naissance énoncera le jour, l'heure et le lieu de la naissance, le sexe de l'enfant, et les prénoms qui lui seront donnés, les prénoms, noms, profession et domicile des père et mère, et ceux des témoins.

SOMMAIRE.

135. Énonciations exigées dans l'acte de naissance.
136. Les père et mère doivent-ils toujours être désignés?

135. L'acte doit énoncer:

1° Le jour de la naissance, afin d'établir l'âge de la personne à la-

---

([1]) Loi du 20 sept. 1792, tit. 3, art. 2.
([2]) Comparez le Code avec la loi de 1792, tit. 3, art. 3.
([3]) *Ibid.*, art. 4.

quelle il s'applique. Lorsque cette indication est omise, faut-il présumer que la naissance a eu lieu trois jours avant la déclaration, parce qu'elle peut avoir été différée jusqu'au dernier jour du délai ([1]), ou, au contraire, que la naissance et la déclaration ont eu lieu le même jour? Nous ne voyons aucun motif pour suppléer au silence de l'acte par une présomption plus ou moins arbitraire. Ce silence est une lacune qui ne peut être réparée que par un jugement de rectification. En attendant, l'acte incomplet prouvera l'existence de l'enfant au jour de la présentation, sans rien prouver pour ou contre son existence antérieure ([2]).

2° L'heure et le lieu de la naissance. Ces indications, sans être aussi importantes que la précédente, facilitent les vérifications.

3° Le sexe de l'enfant. L'officier de l'état civil peut et doit même vérifier le sexe. C'est dans ce but que l'enfant lui est présenté. Sans doute il faut bien s'en rapporter à l'affirmation des déclarants quant aux faits que l'officier public ne peut pas constater par lui-même ; mais il doit en être autrement pour ceux dont la vérification lui est facile. Lorsqu'il s'agit d'un enfant trouvé, l'acte de naissance est remplacé sur les registres par un procès-verbal, contenant, entre autres indications, celle du sexe (art. 58), qui est nécessairement vérifié par l'officier de l'état civil. Pourquoi n'en serait-il pas de même pour tous les enfants qu'on lui présente?

4° Les prénoms qui seront donnés à l'enfant. Le nom d'un enfant est celui du père, ou celui de la mère quand le père est inconnu. On n'a donc à choisir que les prénoms du nouveau-né : à cet égard, le choix est limité aux noms usités dans les différents calendriers ou connus dans l'histoire ancienne ([3]).

136. Ces différentes énonciations sont toutes personnelles à l'enfant. Si l'on désigne en outre ses père et mère, c'est pour établir sa filiation, c'est-à-dire les rapports qui existent entre lui et ceux qui l'ont procréé, et par suite entre lui et sa famille. Toutefois ces énonciations ne sont prescrites qu'autant que la filiation peut et doit être établie dans l'acte même. Il est vrai que la désignation des père et mère ne souffre aucune difficulté pour les enfants légitimes ; mais lorsqu'il s'agit d'enfants nés hors mariage, il y a d'autres règles à suivre. La recherche de la paternité est interdite (art. 340). Le père ne sera donc nommé que dans le cas de reconnaissance volontaire de sa part ; et, dans ce cas même, pour ne pas constater une filiation adultérine, on n'attri-

---

([1]) V. Rodier sur l'ordonn. de 1667, tit. 20, art. 9, quest. 1.
([2]) Arrêt de cassation du 19 prair. an XI.
([3]) Loi du 11 germ. an XI.

buera point aux enfants issus du mariage un autre père que le mari de la mère (¹).

Les mêmes raisons ne militent pas contre l'indication de la mère naturelle. Remarquons toutefois que la loi ne donne pas, pour la preuve de la filiation naturelle, même à l'égard de la mère, les facilités qu'elle donne pour la preuve de la filiation légitime. Si les enfants légitimes prouvent leur filiation par leur acte de naissance (art. 319), cet acte, considéré en lui-même, ne suffit pas pour établir la filiation des enfants nés hors mariage. Sans doute, la recherche de la maternité est admise ; mais il n'en résulte pas que le nom de la mère puisse, sans son aveu, être révélé à l'officier civil par ceux qui déclarent la naissance. On conçoit la différence qui existe entre la déclaration de la maternité légitime et l'imputation d'une maternité naturelle. L'officier civil doit donc s'abstenir de faire aucune mention de cette nature (V. art. 35), à moins que le déclarant ne soit autorisé par une procuration de la mère, à reconnaître l'enfant. Dans tout autre cas la mention de la maternité serait inutile et même dangereuse : il y aurait beaucoup moins d'infanticides si la mère d'un enfant naturel était bien certaine que son nom ne sera pas inscrit, sans son consentement, sur un registre public (²).

Nous verrons d'ailleurs, en traitant de la recherche de la maternité (art. 341), que l'enfant ne peut se prévaloir, pour cette recherche, de l'indication faite dans l'acte de naissance.

58. Toute personne qui aura trouvé un enfant nouveau-né, sera tenue de le remettre à l'officier de l'état civil, ainsi que les vêtements et autres effets trouvés avec l'enfant, et de déclarer toutes les circonstances du temps et du lieu où il aura été trouvé.

Il en sera dressé un procès-verbal détaillé, qui énoncera en outre l'âge apparent de l'enfant, son sexe, les noms qui lui seront donnés, l'autorité civile à laquelle il sera remis. Ce procès-verbal sera inscrit sur les registres.

SOMMAIRE.

137. Devoir imposé aux personnes qui trouvent un nouveau-né.

137. L'obligation imposée, par la première partie de cet article, à

(¹) Loi du 19 floréal an XI.

(²) C'est donc mal à propos que plusieurs cours royales (Dijon, 14 août 1840 ; Paris, 20 avril 1843) ont appliqué aux médecins accoucheurs qui refusent de faire connaître la mère, les peines établies par le Code pénal (art. 346) contre ceux qui ne déclarent pas la naissance. D'autres cours ont jugé que le Code pénal n'est pas applicable, et le pourvoi contre leur décision a été rejeté par les arrêts des 13 septembre 1843 et 10 juin 1844.

toute personne qui trouve un enfant nouveau-né, est sanctionnée par un emprisonnement de six jours à six mois et par une amende de seize à trois cents francs (C. pén., art. 346 et 347); toutefois ces peines ne sont pas applicables à la personne qui se charge volontairement de l'enfant qu'elle a trouvé, pourvu qu'elle ait déclaré son intention au maire de la commune (*ibid.*).

Un décret impérial pourvoit à la réception dans les hospices, à la nourriture et à l'éducation des enfants trouvés. On appelle ainsi les enfants qui, nés de père et mère inconnus, ont été exposés dans un lieu quelconque ou portés dans un hospice destiné à les recevoir ([1]).

59. — S'il naît un enfant pendant un voyage de mer, l'acte de naissance sera dressé dans les vingt-quatre heures, en présence du père, s'il est présent, et de deux témoins pris parmi les officiers du bâtiment, ou, à leur défaut, parmi les hommes de l'équipage. Cet acte sera rédigé, savoir, sur les bâtiments du Roi, par l'officier d'administration de la marine; et sur les bâtiments appartenant à un armateur ou négociant, par le capitaine, maître ou patron du navire. L'acte de naissance sera inscrit à la suite du rôle d'équipage.

60. — Au premier port où le bâtiment abordera, soit de relâche, soit pour toute autre cause que celle de son désarmement, les officiers de l'administration de la marine, capitaine, maître ou patron, seront tenus de déposer deux expéditions authentiques des actes de naissance qu'ils auront rédigés, savoir : dans un port français, au bureau du préposé à l'inscription maritime; et dans un port étranger, entre les mains du consul.

L'une de ces expéditions restera déposée au bureau de l'inscription maritime, ou à la chancellerie du consulat; l'autre sera envoyée au ministre de la marine, qui fera parvenir une copie, de lui certifiée, de chacun desdits actes, à l'officier de l'état civil du domicile du père de l'enfant, ou de la mère, si le père est inconnu : cette copie sera inscrite de suite sur les registres.

61. — A l'arrivée du bâtiment dans le port du désarmement, le rôle d'équipage sera déposé au bureau du préposé à l'inscription maritime, qui enverra une expédition de l'acte de naissance, de lui signée, à l'officier de l'état civil du domicile du père de l'enfant, ou de la mère, si le père est inconnu : cette expédition sera inscrite de suite sur les registres.

([1]) Décret du 17 janvier 1811, art. 1.

138. L'origine de ces dispositions se trouve dans l'ordonnance de 1681 sur la marine, liv. 2, tit. 3, art. 6.

Les mêmes règles s'appliquent aux actes de décès (V. art. 86 et 87.)

62. — L'acte de reconnaissance d'un enfant sera inscrit sur les registres, à sa date ; et il en sera fait mention en marge de l'acte de naissance, s'il en existe un.

139. Nous verrons plus loin que la filiation se prouve, à l'égard des enfants légitimes, par l'acte de naissance (art. 319), et à l'égard des enfants naturels par la reconnaissance du père ou de la mère faite dans un acte authentique (art. 334). Cet acte peut être reçu par un notaire ou, comme on le suppose ici, par l'officier de l'état civil.

Toutefois on s'est demandé s'il s'agit réellement d'un acte reçu par cet officier dans la forme ordinaire des actes de son ministère, ou si la loi ne doit pas s'entendre d'un acte notarié remis à l'officier de l'état civil, pour être par lui *inscrit* ou plutôt *transcrit* sur les registres, comme les jugements de rectification. Il est vrai qu'en parlant des jugements qui doivent être transcrits sur les registres, la loi dit simplement qu'ils seront inscrits (art. 101 et 198; C. de pr., art. 857) ; mais les mêmes expressions se prennent ici dans leur sens propre. En effet, l'art. 62 ne suppose pas un acte remis à l'officier civil ; il suppose, au contraire, un acte de reconnaissance *inscrit à sa date,* par conséquent reçu et rédigé par l'officier préposé à la tenue des registres. S'il pouvait exister quelque doute à cet égard, il suffirait, pour l'éclaircir, de se reporter aux procès-verbaux du conseil d'État. D'après la rédaction primitivement adoptée ([1]), l'acte de reconnaissance devait être inscrit en marge de l'acte de naissance ; mais le Tribunat proposa et fit adopter la rédaction actuelle ([2]) par le motif suivant : « il est à propos que tout acte quelcon- « que soit inscrit sur les registres *à sa date,* afin d'éviter des omissions, « des transpositions ou des faux, sauf ensuite la mention sur l'acte de « naissance, s'il y en a un » (V. art. 49).

La loi n'indique pas la commune sur les registres de laquelle doit

---

([1]) Séance du 2 frimaire an X.
([2]) Séance du 22 fructidor an X.

être inscrit l'acte de reconnaissance. Il faut en conclure que le choix est laissé aux parties.

CHAPITRE III.

DES ACTES DE MARIAGE.

63. — Avant la célébration du mariage, l'officier de l'état civil fera deux publications, à huit jours d'intervalle, un jour de dimanche, devant la porte de la maison commune. Ces publications et l'acte qui en sera dressé, énonceront les prénoms, noms, professions et domiciles des futurs époux, leur qualité de majeurs ou de mineurs, et les prénoms, noms, professions et domiciles de leurs pères et mères. Cet acte énoncera, en outre, les jours, lieux et heures où les publications auront été faites : il sera inscrit sur un seul registre, qui sera coté et paraphé comme il est dit en l'art. 41, et déposé, à la fin de chaque année, au greffe du tribunal de l'arrondissement.

64. — Un extrait de l'acte de publication sera et restera affiché à la porte de la maison commune, pendant les huit jours d'intervalle de l'une à l'autre publication. Le mariage ne pourra être célébré avant le troisième jour, depuis et non compris celui de la seconde publication.

65. — Si le mariage n'a pas été célébré dans l'année, à compter de l'expiration du délai des publications, il ne pourra plus être célébré qu'après que de nouvelles publications auront été faites dans la forme ci-dessus prescrite.

66. — Les actes d'opposition au mariage seront signés sur l'original et sur la copie par les opposants ou par leurs fondés de procuration spéciale et authentique; ils seront signifiés, avec la copie de la procuration, à la personne ou au domicile des parties, et à l'officier de l'état civil, qui mettra son *visa* sur l'original.

67. — L'officier de l'état civil fera, sans délai, une mention sommaire des oppositions sur le registre des publications : il fera aussi mention, en marge de l'inscription desdites oppositions, des jugements ou des actes de main-levée dont expédition lui aura été remise.

68. — En cas d'opposition, l'officier de l'état civil ne pourra célébrer le mariage avant qu'on lui en ait remis la main-levée, sous peine de trois cents francs d'amende et de tous dommages-intérêts.

69. — S'il n'y a point d'opposition, il en sera fait mention dans l'acte de mariage; et si les publications ont été faites dans plusieurs communes, les parties remettront un certificat délivré par l'officier de l'état civil de chaque commune, constatant qu'il n'existe point d'opposition.

70. — L'officier de l'état civil se fera remettre l'acte de naissance de chacun des futurs époux. Celui des époux qui serait dans l'impossibilité de se le procurer, pourra le suppléer, en rapportant un acte de notoriété, délivré par le juge de paix du lieu de sa naissance, ou par celui de son domicile.

71. — L'acte de notoriété contiendra la déclaration faite par sept témoins, de l'un ou de l'autre sexe, parents ou non parents, des prénoms, nom, profession et domicile du futur époux, et de ceux de ses père et mère, s'ils sont connus; le lieu, et autant que possible, l'époque de sa naissance, et les causes qui empêchent d'en rapporter l'acte. Les témoins signeront l'acte de notoriété avec le juge de paix; et s'il en est qui ne puissent ou ne sachent signer, il en sera fait mention.

72. — L'acte de notoriété sera présenté au tribunal de première instance du lieu où doit se célébrer le mariage. Le tribunal, après avoir entendu le procureur du Roi, donnera ou refusera son homologation, selon qu'il trouvera suffisantes ou insuffisantes les déclarations des témoins, et les causes qui empêchent de rapporter l'acte de naissance.

73. — L'acte authentique du consentement des père et mère ou aïeuls et aïeules, ou, à leur défaut, celui de la famille, contiendra les prénoms, noms, professions et domiciles du futur époux, et de tous ceux qui auront concouru à l'acte, ainsi que leur degré de parenté.

74. — Le mariage sera célébré dans la commune où l'un des deux époux aura son domicile. Ce domicile, quant au mariage, s'établira par six mois d'habitation continue dans la même commune.

75. — Le jour désigné par les parties après les délais des publications, l'officier de l'état civil, dans la maison commune, en présence de quatre témoins, parents ou non parents, fera lecture aux parties, des pièces ci-dessus mentionnées, relatives à leur état et aux formalités du mariage, et du chapitre VI du titre *du Mariage*, sur *les droits et les devoirs respectifs des époux*. Il recevra de chaque partie, l'une après l'autre, la déclaration qu'elles veulent se prendre pour mari et femme; il prononcera, au nom de la loi, qu'elles sont unies par le mariage, et il en dressera acte sur-le-champ.

76. — On énoncera dans l'acte de mariage.

1° Les prénoms, noms, professions, âge, lieux de naissance et domiciles des époux.

2° S'ils sont majeurs ou mineurs ;

3° Les prénoms, noms, professions et domiciles des pères et mères ;

4° Le consentement des pères et mères, aïeuls et aïeules, et celui de la famille, dans les cas où ils sont requis ;

5° Les actes respectueux, s'il en a été fait ;

6° Les publications dans les divers domiciles ;

7° Les oppositions, s'il y en a eu ; leur main-levée, ou la mention qu'il n'y a point eu d'opposition ;

8° La déclaration des contractants de se prendre pour époux, et le prononcé de leur union par l'officier public ;

9° Les prénoms, noms, âge, professions et domiciles des témoins, et leur déclaration s'ils sont parents ou alliés des parties, de quel côté et à quel degré.

SOMMAIRE.

140. Renvoi au titre du mariage.

140. Ces différents articles seront expliqués au titre du mariage, chapitres II et III, avec les art. 165 et suivants.

CHAPITRE IV.

DES ACTES DE DÉCÈS.

77. — Aucune inhumation ne sera faite sans une autorisation, sur papier libre et sans frais, de l'officier de l'état civil, qui ne pourra la délivrer qu'après s'être transporté auprès de la personne décédée, pour s'assurer du décès, et que vingt-quatre heures après le décès, hors les cas prévus par les réglements de police.

Sur PAPIER LIBRE ET SANS FRAIS. On oppose le papier libre ou papier ordinaire au papier timbré (V. art. 470) Les registres de l'état civil, au contraire, sont soumis au timbre.

SOMMAIRE.

141. Autorisation nécessaire pour l'inhumation.

141. Cet article, dont la disposition est sanctionnée par une amende de seize à cinquante francs et par un emprisonnement de six jours à

deux mois (C. pén., art. 358), remplit un double but. Il empêche la supposition de mort, et prévient les dangers d'une précipitation funeste.
(Voyez d'ailleurs, sur les inhumations, le décret du 28 prairial an XII.)

78. — L'acte de décès sera dressé par l'officier de l'état civil,
sur la déclaration de deux témoins. Ces témoins seront, s'il est possible, les deux plus proches parents ou voisins, ou, lorsqu'une personne sera décédée hors de son domicile, la personne chez laquelle
elle sera décédée, et un parent ou autre.

SOMMAIRE.

142. Les témoins de l'acte de décès doivent avoir la capacité requise par l'art. 37.

142. D'après la loi de 1792 (tit. 5, art. 1), la déclaration du décès devait être faite par les deux plus proches parents ou voisins, sans assistance de témoins; car la loi ne contenait aucune disposition sur la nécessité de cette assistance. Le Code, au contraire, exige pour tous les
actes de l'état civil plusieurs témoins mâles et majeurs (art. 37). Aussi,
en se bornant, comme la loi antérieure, au concours de deux personnes, le Code leur donne-t-il le titre de témoins, sans doute pour indiquer qu'elles doivent réunir les conditions exigées par l'art. 37; tandis que, pour les naissances, la déclaration est souvent faite par une
femme qui ne peut pas être témoin. Les formules officielles confirment
cette interprétation, et la pratique y est conforme.

Les conditions nécessaires aux témoins ne sont pas toujours réunies
dans la personne des deux plus proches parents ou voisins. Aussi le
Code est-il beaucoup moins absolu à cet égard que la loi de 1792. Il
veut aussi que le décès soit déclaré par les plus proches parents, mais
seulement *s'il est possible;* ce qui comprend la possibilité de fait, et la
possibilité légale, résultant des conditions exigées pour la capacité des
témoins (art. 37.)

79. — L'acte de décès contiendra les prénoms, nom, âge, profession et domicile de la personne décédée; les prénoms et nom de
l'autre époux, si la personne décédée était mariée ou veuve; les prénoms, noms, âge, professions et domiciles des déclarants; et, s'ils
sont parents, leur degré de parenté.

Le même acte contiendra de plus, autant qu'on pourra le savoir,
les prénoms, noms, profession et domicile des père et mère du décédé, et le lieu de sa naissance.

143. Les indications que doit contenir l'acte de décès tendent à faire connaître la personne décédée et, autant que possible, le lieu de sa naissance, ainsi que sa famille.

La loi ne parle pas de l'heure, ni même du jour où le décès a eu lieu, quoiqu'elle ordonne de mentionner l'heure de la naissance (art. 57), qui est beaucoup moins importante. En effet un seul moment de survie change l'ordre des successions, en différant leur ouverture; tandis qu'un enfant, né quelques heures plus tôt ou plus tard, n'en sera pas moins habile à succéder; car il succède avant de naître, par cela seul qu'il est conçu (art. 725). Le silence de la loi sur le jour et l'heure du décès ne nous paraît dans le Code civil, comme dans la loi de 1792, qu'une simple omission; car les deux législations, en fixant un délai de 24 heures (¹), se réfèrent tacitement à l'heure du décès. Aussi doit-elle être déclarée, d'après les formules officielles, comme elle l'était anciennement d'après l'ordonnance de Villers-Coterets (art. 50).

144. Cependant quelques auteurs pensent que le Code a gardé le silence à dessein, pour éviter que l'indication du jour et de l'heure, consignée dans l'acte, ne fît foi jusqu'à inscription de faux. Mais nous avons déjà vu que de semblables déclarations, lors même qu'elles sont expressément exigées, n'ont pas cette autorité. Si l'on applique ici les distinctions faites sur l'art. 45, on reconnaîtra que l'officier de l'état civil, ayant dû s'assurer par lui-même du décès (art. 77), l'acte qu'il rédige fait foi, jusqu'à inscription de faux, du fait par lui constaté, c'est-à-dire seulement d'un décès, sans que l'on doive accorder la même foi aux déclarations qu'il reçoit, mais ne vérifie pas. Ainsi nous ne pensons pas qu'il faille s'inscrire en faux pour démontrer que la personne désignée dans l'acte n'est pas celle dont le décès a été constaté. Sans doute, en désignant les personnes qui devront déclarer le décès et donner les indications requises, la loi choisit celles qui ont le mieux connu le défunt et sa famille; mais combien d'inexactitudes et d'erreurs ces personnes ne peuvent-elles pas commettre, même de bonne foi, surtout lorsque le défunt est mort loin de son domicile ou de son pays! Pour accorder à la déclaration faite devant l'officier de l'état civil toute la foi qui lui est due, il suffira donc de la considérer comme vraie jusqu'à preuve contraire, et non jusqu'à inscription de faux.

(¹) Loi du 20 septembre 1792, tit. 5, art. 1.

80. — En cas de décès dans les hôpitaux militaires, civils ou autres maisons publiques, les supérieurs, directeurs, administrateurs et maîtres de ces maisons, seront tenus d'en donner avis, dans les vingt-quatre heures, à l'officier de l'état civil, qui s'y transportera pour s'assurer du décès, et en dressera l'acte conformément à l'article précédent, sur les déclarations qui lui auront été faites, et sur les renseignements qu'il aura pris.

Il sera tenu en outre, dans lesdits hôpitaux et maisons, des registres destinés à inscrire ces déclarations et ces renseignements.

L'officier de l'état civil enverra l'acte de décès à celui du dernier domicile de la personne décédée, qui l'inscrira sur les registres.

SOMMAIRE.

145. Le décès, lors même qu'il arrivera dans une maison publique, doit être déclaré à l'officier de l'état civil.

145. Les directeurs des hôpitaux civils ou militaires, des autres maisons publiques, telles que séminaires, colléges, écoles, etc., ne sont pas officiers de l'état civil, et par conséquent les déclarations et renseignements qu'ils sont tenus d'inscrire sur les registres de la maison qu'ils dirigent, ne remplacent pas l'acte de décès. Cet acte n'en sera pas moins dressé par l'officier de l'état civil et inscrit sur les registres communaux, conformément aux règles générales. Il en est de même pour les prisons (art. 84); mais , quant aux lazarets, il existe une loi spéciale qui, en cas de naissance ou de décès dans leur enceinte, attribue les fonctions d'officier de l'état civil aux autorités sanitaires [1].

81. — Lorsqu'il y aura des signes ou indices de mort violente, ou d'autres circonstances qui donneront lieu de le soupçonner, on ne pourra faire l'inhumation qu'après qu'un officier de police, assisté d'un docteur en médecine ou en chirurgie, aura dressé procès-verbal de l'état du cadavre, et des circonstances y relatives, ainsi que des renseignements qu'il aura pu recueillir sur les prénoms, nom, âge, profession, lieu de naissance et domicile de la personne décédée.

82. — L'officier de police sera tenu de transmettre de suite à l'officier de l'état civil du lieu où la personne sera décédée, tous les renseignements énoncés dans son procès-verbal, d'après lesquels l'acte de décès sera rédigé.

---

[1] Loi du 3 mars 1822, art. 19.

L'officier de l'état civil en enverra une expédition à celui du domicile de la personne décédée, s'il est connu : cette expédition sera
inscrite sur les registres.

146. Ces deux articles supposent la présence du cadavre. Dans le
cas contraire, on a rarement la certitude de la mort, et par conséquent
la possibilité de rédiger un acte de décès. (Voyez cependant le décret du
3 janvier 1823 sur l'exploitation des mines, art. 19.)

83. — Les greffiers criminels seront tenus d'envoyer, dans les
vingt-quatre heures de l'exécution des jugements portant peine de
mort, à l'officier de l'état civil du lieu où le condamné aura été exécuté, tous les renseignements énoncés en l'art. 79, d'après lesquels
l'acte de décès sera rédigé.

84. — En cas de décès dans les prisons ou maisons de réclusion
et de détention, il en sera donné avis sur-le-champ, par les con-
cierges ou gardiens, à l'officier de l'état civil, qui s'y transportera
comme il est dit en l'art. 80, et rédigera l'acte de décès.

85. — Dans tous les cas de mort violente, ou dans les prisons
et maisons de réclusion, ou d'exécution à mort, il ne sera fait sur
les registres aucune mention de ces circonstances, et les actes de
décès seront simplement rédigés dans les formes prescrites par
l'art. 79.

147. Lorsqu'il y a mort violente, notamment par l'exécution d'une
condamnation, lorsqu'une personne décède dans une prison ou dans
une maison de réclusion, la loi défend expressément de mentionner ces
circonstances. Elle veut qu'on ne flétrisse pas inutilement la mémoire
du défunt (¹), et sous ce rapport l'usage est plus absolu que la loi. On
ne mentionne ni les maladies, ni aucune autre circonstance du décès.
L'acte de l'état civil constate le fait indépendamment de sa cause.

86. — En cas de décès pendant un voyage de mer, il en sera

(¹) V. Discussion au conseil d'État, 14 fruct. an IX ; loi du 21 janv. 1790, art. 4.

dressé acte dans les vingt-quatre heures, en présence de deux témoins pris parmi les officiers du bâtiment, ou, à leur défaut, parmi
les hommes de l'équipage. Cet acte sera rédigé, savoir, sur les bâtiments du Roi, par l'officier d'administration de la marine ; et sur
les bâtiments appartenant à un négociant ou armateur, par le capitaine, maître ou patron du navire. L'acte de décès sera inscrit à la
suite du rôle de l'équipage.

87. — Au premier port où le bâtiment abordera, soit de relâche, soit pour toute autre cause que celle de son désarmement, les
officiers de l'administration de la marine, capitaine, maître ou patron, qui auront rédigé des actes de décès, seront tenus d'en déposer deux expéditions, conformément à l'art. 60.

A l'arrivée du bâtiment dans le port du désarmement, le rôle d'é-
quipage sera déposé au bureau du préposé à l'inscription maritime ;
il enverra une expédition de l'acte de décès, de lui signée, à l'officier de l'état civil du domicile de la personne décédée : cette expédition sera inscrite de suite sur les registres.

SOMMAIRE.

148. Renvoi.

148. Ces articles ne font que reproduire les dispositions relatives aux
actes de naissance (V. art. 59, 60, 61).

CHAPITRE V.

DES ACTES DE L'ÉTAT CIVIL CONCERNANT LES MILITAIRES HORS DU
TERRITOIRE DU ROYAUME.

SOMMAIRE.

149. Là où est le drapeau, là est la France.

149. Le projet du Code civil, dans un article inséré au chapitre précédent, prévoyait le cas où des militaires mourraient dans les camps
ou dans les combats, hors de France, et se référait pour la constatation
du décès aux formes établies par les règlements militaires. Le premier Consul objecta l'insuffisance du projet, qui ne contenait aucune
disposition sur le mariage des militaires. On répondit en invoquant
les art. 47 et 48 ; mais il insista en déclarant qu'un soldat, tant qu'il
reste sous le drapeau, n'est point en pays étranger, que là où est le drapeau, là est la France [1], et il fut décidé que l'armée aurait, en pays
étranger, ses officiers de l'état civil.

---

[1] Discussion au conseil d'État, séance du 14 fruct. an IX.

88. — Les actes de l'état civil faits hors du territoire du royaume, concernant des militaires ou autres personnes employées à la suite des armées, seront rédigés dans les formes prescrites par les dispositions précédentes, sauf les exceptions contenues dans les articles suivants.

SOMMAIRE.

150. A quelles personnes s'appliquent les dispositions de ce chapitre.

150. Les actes rédigés à l'armée sont soumis aux règles générales, sauf les exceptions résultant des articles ci-après. Ces exceptions concernent les militaires, et même les « autres personnes employées à la « suite des armées : » ce qui comprend non-seulement les fonctionnaires administratifs, mais aussi les personnes qui suivent l'armée sans y être employées par l'État, comme les domestiques, les vivandières, enfin la femme et les enfants d'un militaire.

89. — Le quartier-maître dans chaque corps d'un ou plusieurs bataillons ou escadrons, et le capitaine commandant dans les autres corps, rempliront les fonctions d'officiers de l'état civil : ces mêmes fonctions seront remplies, pour les officiers sans troupes et pour les employés de l'armée, par l'inspecteur aux revues attaché à l'armée ou au corps d'armée.

Le QUARTIER MAITRE a été remplacé par le *major* (Circulaire du grand juge, du 1er vent. an XII). L'INSPECTEUR AUX REVUES se nomme aujourd'hui l'*intendant militaire* (Ord. du 29 juillet 1817).

SOMMAIRE.

151. Par qui sont tenus, à l'armée, les registres de l'état civil.

151. Cet article désigne les officiers par qui seront tenus, à l'armée, les registres de l'État civil. En résulte-t-il que les fonctionnaires du pays soient incompétents et que les actes reçus par eux suivant les formes usitées dans la localité ne puissent valoir, en un mot que l'article 47 ne soit plus applicable ? La jurisprudence décide que le Code, en accordant aux militaires la faculté de célébrer leur mariage devant un officier du corps dont ils font partie, ne leur défend pas de recourir aux formes usitées dans le pays (1). En effet les art. 88 et suivants, tout impératifs qu'ils sont, n'ont rien d'exclusif, et par conséquent n'empêchent pas l'application de l'art. 47.

___

(1) Cours royales de Paris, 8 juillet 1820 ; de Colmar, 25 janvier 1823 ; et arrêt de rejet du 23 août 1826. V. cependant un autre arrêt du 17 août 1815, et Merlin, *Répert.*, v° ÉTAT CIVIL, § 3.

90. — Il sera tenu, dans chaque corps de troupes, un registre pour les actes de l'état civil relatifs aux individus de ce corps, et un autre à l'état-major de l'armée ou d'un corps d'armée, pour les actes civils relatifs aux officiers sans troupes et aux employés : ces registres seront conservés de la même manière que les autres registres des corps et états-majors, et déposés aux archives de la guerre, à la rentrée des corps ou armées sur le territoire du royaume.

91. — Les registres seront cotés et paraphés, dans chaque corps, par l'officier qui le commande ; et à l'état-major, par le chef de l'état-major général.

SOMMAIRE.
152. Ces registres ne sont pas tenus doubles.

152. En ordonnant de tenir un registre, la loi n'ajoute pas qu'il sera tenu double, et d'ailleurs elle n'exige pas, comme pour les actes ordinaires, un double dépôt. Les registres dont il s'agit sont, comme les autres registres militaires, déposés aux archives de la guerre.

Du reste, pour remplir le but que s'est proposé le législateur dans l'art. 40, le Code prescrit l'envoi d'une expédition aux officiers ordinaires de l'état civil, qui l'inscriront sur leurs propres registres (articles 93, 95, 96, 97 et 98).

92. — Les déclarations de naissance à l'armée seront faites dans les dix jours qui suivront l'accouchement.

SOMMAIRE.
153. Prorogation du délai fixé pour les déclarations de naissance.

153. Le délai fixé pour la déclaration des naissances est porté de trois à dix jours, parce que souvent les événements de la guerre séparent inopinément les corps militaires, et retardent les communications.

93. — L'officier chargé de la tenue du registre de l'état civil devra, dans les dix jours qui suivront l'inscription d'un acte de naissance audit registre, en adresser un extrait à l'officier de l'état civil du dernier domicile du père de l'enfant, ou de la mère, si le père est inconnu.

SOMMAIRE.
154. Comment se transmettent les extraits dont il s'agit.

154. L'extrait qui doit être envoyé en France, à l'officier de l'état

civil du dernier domicile des père et mère, ne lui arrive pas directement. Il lui est transmis par l'intermédiaire du conseil d'administration, du ministre de la guerre, du ministre de la justice et du
préfet ([1]).

94. — Les publications de mariage des militaires et employés à
la suite des armées, seront faites au lieu de leur dernier domicile :
elles seront mises en outre, vingt-cinq jours avant la célébration
du mariage, à l'ordre du jour du corps, pour les individus qui tiennent à un corps ; et à celui de l'armée ou du corps d'armée, pour les
officiers sans troupes, et pour les employés qui en font partie.

95. — Immédiatement après l'inscription sur le registre, de
l'acte de célébration du mariage, l'officier chargé de la tenue du
registre en enverra une expédition à l'officier de l'état civil du
dernier domicile des époux.

SOMMAIRE.

155. Renvoi au titre du mariage.

155. Ces deux articles seront expliqués au titre *du Mariage*.

96. — Les actes de décès seront dressés, dans chaque corps,
par le quartier-maître ; et pour les officiers sans troupes et les employés, par l'inspecteur aux revues de l'armée, sur l'attestation de
trois témoins ; et l'extrait de ces registres sera envoyé, dans les dix
jours, à l'officier de l'état civil du dernier domicile du décédé.

97. — En cas de décès dans les hôpitaux militaires ambulants
ou sédentaires, l'acte en sera rédigé par le directeur desdits hôpitaux,
et envoyé au quartier-maître du corps, ou à l'inspecteur aux revues
de l'armée ou du corps d'armée dont le décédé faisait partie : ces
officiers en feront parvenir une expédition à l'officier de l'état civil
du dernier domicile du décédé.

SOMMAIRE.

156. Nécessité d'un troisième témoin.
157. Les règles précédentes sont-elles quelquefois applicables sur le territoire?

156. Par exception à l'art. 78, la loi exige trois témoins, sans doute
à cause de l'incertitude qui existe, sur l'identité des personnes décé-
dées, surtout lorsque les corps gisent confondus et même dépouillés

---

([1]) Instruction du ministre de la guerre, du 24 brumaire an XII.

sur un champ de bataille. La présence d'un troisième témoin semble d'ailleurs indiquer que l'officier de l'état civil n'est pas tenu de se conformer à l'art. 77, en s'assurant lui-même du décès.

157. Le Code s'occupe uniquement des actes reçus hors du territoire français. Cependant un corps d'armée qui n'a pas quitté la France, pourrait se trouver dans l'impossibilité de recourir aux règles ordinaires, et alors il faudrait appliquer les art. 89 et suivants. Voyez à cet égard une circulaire du ministre de la guerre du 24 brum. (an XII et la loi du 13 janvier 1817, art. 10.)

98. — L'officier de l'état civil du domicile des parties, auquel il aura été envoyé de l'armée expédition d'un acte de l'état civil, sera tenu de l'inscrire de suite sur les registres.

SOMMAIRE.

158. Comment doit procéder l'officier de l'état civil à qui est adressé un acte passé à l'armée.

158. Dans le cas prévu par cet article, l'officier de l'état civil devra transcrire sur les registres courants l'acte qu'il a reçu, et en faire mention en marge des actes antérieurement inscrits qui concernent la même personne, c'est-à-dire en marge de son acte de naissance, ou de son acte de mariage, si elle est née ou si elle a été mariée dans la commune (V. art. 49, 62 et 101).

CHAPITRE VI.

DE LA RECTIFICATION DES ACTES DE L'ÉTAT CIVIL.

SOMMAIRE.

159. La rectification des actes de l'état civil ne peut être ordonnée que par l'autorité judiciaire.

159. Avant la révolution, les registres tenus par le clergé étaient soumis à la surveillance de l'autorité judiciaire. La loi de 1792, au contraire, avait placé les actes de l'état civil dans les attributions de l'autorité administrative ([1]), et c'est à cette même autorité qu'a été confiée l'exécution des mesures prescrites en l'an III, pour remplacer les registres qui avaient été perdus ou détruits depuis le 14 juillet 1789 ([2]). Plus tard et sous le consulat même, les ministres de l'intérieur et de la justice demandèrent que le gouvernement prit un arrêté pour faire rectifier

---

([1]) V. Loi du 20 septembre 1792, tit. 2, art. 9, 10, 11, 12 et 14.
([2]) Loi du 2 floréal an III.

d'office un grand nombre d'actes de l'état civil, dans lesquels il avait été commis des erreurs, des omissions et des faux. Le conseil d'État, qui discutait alors les premiers titres du Code, avait déjà rédigé un projet de loi qui replaçait les actes de l'état civil sous la surveillance de l'autorité judiciaire : les tribunaux seuls devaient avoir le droit d'en ordonner la rectification , mais seulement lorsqu'elle serait demandée par les parties intéressées (V. art. 99). En conséquence le conseil d'État repoussa le système d'une rectification générale, opérée d'office par l'autorité administrative. Malgré le mauvais état des registres dans plusieurs départements, il pensa qu'il était « encore plus conforme à « l'intérêt public et aux intérêts des individus de laisser opérer, sui- « vant les cas, la rectification des actes de l'état civil par les tribu- « naux ([1]). »

99. — Lorsque la rectification d'un acte de l'état civil sera demandée, il y sera statué, sauf l'appel, par le tribunal compétent, et sur les conclusions du procureur du Roi. Les parties intéressées seront appelées, s'il y a lieu.

SOMMAIRE.

160. Autorité compétente pour ordonner la rectification des actes de l'état civil.
161. Par qui et devant quel tribunal la rectification peut-elle être demandée?

160. L'autorité judiciaire étant seule appelée aujourd'hui à statuer sur la rectification des actes de l'état civil, il était naturel de n'admettre cette rectification qu'autant qu'elle serait demandée; car les tribunaux ne recherchent pas, pour les corriger d'office, les erreurs dont personne ne se plaint ([2]). Remarquons aussi que dans ce cas, comme dans toutes les affaires qui concernent l'état des personnes (C. de pr., art. 83, 2° et 856), les tribunaux ne statuent qu'après avoir entendu les conclusions du ministère public.

La rectification peut être demandée par les personnes que l'acte intéresse, et par le procureur du Roi, lorsque la rectification intéresse l'ordre public ([3]), ou même lorsque les parties intéressées, étant dans l'indigence, ne pourraient supporter les frais de la demande ([4]).

161. « Les parties intéressées seront appelées, s'il y a lieu». Cela veut

---

([1]) Avis du 13 nivôse an X.
([2]) Discussion au conseil d'État, séance du 14 fructidor an XI.
([3]) Avis du conseil d'État du 8 brum. an XI; décret du 18 juin 1811, art. 122.
([4]) Décisions des ministres de la justice et des finances, du 6 brum. an XI; loi du 25 mars 1817, art. 75.

dire que lorsqu'une rectification intéresse des personnes qui ne la demandent pas, le tribunal peut, avant de statuer définitivement, ordonner qu'elles seront mises en cause. Pour comprendre cette disposition, il faut savoir que le demandeur en rectification n'assigne aucun adversaire à comparaître devant le tribunal. Il forme sa demande en adressant au président une requête, d'après laquelle le tribunal examine s'il importe d'appeler en cause d'autres personnes. On peut aussi ordonner la convocation d'un conseil de famille (C. de pr., art. 855), pour connaître l'opinion des parents.

La demande en rectification doit être soumise au tribunal compétent. On considère généralement comme tel le tribunal dans le ressort duquel l'acte a été rédigé, et dont le greffe a reçu ou recevra en dépôt l'un des registres contenant l'acte dont il s'agit. Cependant, si la demande en rectification survenait dans le cours d'un procès soumis à un autre tribunal, ce dernier pourrait, d'après les principes généraux de la procédure (V. art. 2159), se trouver compétent pour statuer sur l'incident comme sur le principal, et par conséquent sur la demande en rectification.

100. — Le jugement de rectification ne pourra, dans aucun temps, être opposé aux parties intéressées qui ne l'auraient point requis, ou qui n'y auraient pas été appelées.

SOMMAIRE.

162. Autorité purement relative de la chose jugée.

162. Les décisions judiciaires n'ont l'autorité de la chose jugée que d'une manière relative, c'est-à-dire entre les personnes qui ont été parties dans l'instance. Nous trouvons ici une des conséquences les plus remarquables du principe général établi dans l'art. 1351.

101. — Les jugements de rectification seront inscrits sur les registres, par l'officier de l'état civil, aussitôt qu'ils lui auront été remis; et mention en sera faite en marge de l'acte réformé.

SOMMAIRE.

163. Inscription du jugement sur les registres.

163. Comme le jugement de rectification est sans effet à l'égard des tiers, aucun changement ne doit avoir lieu sur le registre. On se contente d'inscrire le jugement sur le registre courant, et, conformément à l'art. 49, on le mentionne en marge de l'acte rectifié. C'est seulement

dans les copies ou extraits qui peuvent en être ultérieurement délivrés, qu'on opère les corrections prescrites par jugement (V. C.
de pr., art. 857).

TITRE TROISIÈME.

DU DOMICILE.

(Décrété le 25 ventôse an XI (14 mars 1803). Promulgué le 4 germinal (24 du même mois).

INTRODUCTION.

SOMMAIRE.

164. Définition du domicile. Dans quel lieu il existe. Comment il peut être déplacé.
165. Domicile légal du mineur, de la femme mariée et de certains fonctionnaires.
166. Importance du domicile pour l'exercice des droits politiques.
167.   —   pour l'exercice des droits civils.
168. Élection de domicile en matière civile.
169.   —   en matière électorale.

164. En règle générale, les actes de la vie civile peuvent être faits dans
un lieu quelconque : cependant il en est quelques-uns qui doivent être
faits dans le lieu auquel l'auteur de l'acte se rattache par ses relations habituelles, *ubi quis larem rerumque ac fortunarum suarum summam consti-
tuit* (¹). C'est en ce sens que le domicile est au lieu du principal
établissement (art. 102). Le domicile n'est donc autre chose que l'établissement légalement présumé d'une personne au lieu où se trouve
le siège de ses affaires.

Pour changer de domicile, il faut habiter un autre lieu avec intention
de s'y établir (art. 103). Cette intention se manifeste par une déclaration faite à la municipalité tant de l'ancien que du nouveau domicile
(art. 104), ou, à défaut de déclaration, par les circonstances (art. 105),
dont l'appréciation appartient aux tribunaux. Néanmoins la loi apprécie
elle-même l'intention, lorsqu'elle place le domicile des domestiques et des
ouvriers chez le maître qu'ils servent ou pour lequel ils travaillent, mais
seulement lorsqu'ils habitent avec lui dans la même maison (art. 105).

165. Quelquefois même le domicile est fixé, indépendamment de
l'habitation, par une conséquence légale et nécessaire, soit des circonstances qui placent une personne sous la dépendance d'autrui, soit des
fonctions qu'un citoyen accepte.

(¹) *Diocl. et Max., L. 7, C. de incolis.*

Ainsi les femmes mariées ont nécessairement le domicile de leur mari ; les mineurs non émancipés, celui de leurs père et mère, et après la mort du père ou de la mère, le domicile de leur tuteur. Les majeurs interdits sont également domiciliés chez leur tuteur (art. 108). Enfin, le domicile du citoyen qui accepte une fonction publique, est immédiatement transféré au siége de ses fonctions, lorsqu'elles sont perpétuelles et irrévocables (art. 107). Dans tout autre cas, le fonctionnaire n'a pas de domicile nécessaire ; il conserve donc son domicile actuel, tant qu'il ne manifeste pas l'intention de le changer (art. 106).

166. Lorsque chaque province formait, pour ainsi dire, une nation particulière, les personnes étaient soumises au statut personnel de la province où elles avaient leur domicile (¹). Aujourd'hui cette distinction n'existe plus ; mais il importe toujours sous d'autres rapports de savoir où chacun a son domicile.

En effet, le domicile d'un citoyen détermine en règle générale le lieu où il remplit ses devoirs et où il exerce ses droits politiques, et par conséquent la commune où il doit faire le service de la garde nationale (²), le département où il remplira les fonctions de juré (C. d'instr. cr., art. 382), et le collége électoral où il pourra voter, s'il n'a pas transféré ailleurs son domicile politique (169).

167. Quant aux droits civils, et sauf le cas de mariage (V. art. 74, 165, 167), chacun les exerce librement en tout lieu, du moins lorsqu'on n'a pas besoin de se présenter devant un juge ; car alors la compétence est déterminée par le domicile des parties intéressées. Ainsi pour les actes relatifs à la tutelle officieuse et pour la présidence d'un conseil de famille, le juge de paix compétent est celui du domicile du mineur (art. 363 et 406) ; en cas d'adoption, les parties doivent se présenter, pour passer acte de leur consentement, devant le juge de paix du domicile de l'adoptant (art. 353); enfin le juge de paix devant qui la conciliation doit être tentée, est, même en matière réelle, celui du domicile du défendeur (C. de pr., art. 50).

En matière contentieuse, le défendeur doit être appelé devant le tribunal de son domicile, lorsque l'affaire est personnelle, ou pour mieux dire, lorsque le législateur ne désigne pas une autre juridiction en dérogeant à la règle *actor sequitur forum rei* (V. art. 822; C. de pr., art. 59).

Un effet spécial du domicile est que les notifications sont valablement données, même en l'absence de la personne, au lieu de son domicile. Aussi dit-on que les exploits d'huissier doivent être signifiés à personne

(¹) Pothier, *Introduction aux Coutumes*, nos 7 et 8.
(²) Loi du 22 mars 1831, art. 9. V. pour le département de la Seine, la loi exceptionnelle du 14 juillet 1837, art. 1.

ou à domicile (C. de pr., art. 68), c'est-à-dire à la personne elle-même, quelque part qu'on la trouve, ou à son domicile, lors même qu'elle ne s'y trouve pas.

168. Remarquons toutefois qu'indépendamment du domicile réel, la loi admet un domicile spécial que chacun peut fixer ou élire dans un lieu quelconque. Cette élection de domicile se fait ordinairement dans l'acte qui constate un engagement et pour en faciliter l'exécution. Alors et pour tout ce qui concerne cette exécution, le domicile élu est considéré comme un second domicile de la personne qui a fait l'élection, en sorte qu'elle peut être appelée devant le tribunal dans le ressort duquel existe le domicile élu, et que l'exploit d'ajournement peut être fait à ce domicile, comme toutes autres significations et poursuites, sauf au demandeur à préférer, s'il le veut, le domicile réel (art. 111 ; C. de pr., art. 59, *in fin.*)

169. Un citoyen peut aussi, pour l'exercice du droit électoral dans les collèges qui nomment les députés, et par suite dans ceux qui nomment les conseillers de département ou d'arrondissement, choisir un autre lieu que celui du domicile réel, pourvu qu'il le choisisse dans l'un des arrondissements ou dans l'un des cantons où il paye une contribution directe. L'électeur constitue ainsi un domicile fictif qu'on appelle domicile politique [1], quoique la fiction ne s'étende pas à tous les droits et devoirs politiques, mais seulement à certains droits électoraux.

102. — Le domicile de tout Français, quant à l'exercice de ses droits civils, est au lieu où il a son principal établissement.

SOMMAIRE.

170. On ne peut avoir plusieurs domiciles. On peut n'en avoir aucun.
171. Domicile des étrangers en France.

170. En fixant le domicile au lieu où chacun a son principal établissement, le Code décide implicitement que nul ne peut avoir plusieurs domiciles en même temps ; car, bien qu'on ait quelquefois plusieurs établissements, on n'a jamais qu'un établissement principal.

On peut n'avoir aucun domicile ; car, indépendamment des vagabonds, les colporteurs et autres marchands forains qui par profession circulent de place en place, sans se fixer nulle part, n'ont pas d'établissement.

On objecte qu'ordinairement le domicile des père et mère constitue, pour les enfants, un domicile d'origine, qui subsiste tant qu'il n'a pas

---

[1] Loi du 19 avril 1831, art. 10 ; V. loi du 22 juin 1832, art. 29 et 33.

été changé par la réunion des conditions prescrites dans l'art. 103, en
sorte que la possibilité de n'avoir aucun domicile n'existerait que pour
ceux qui n'en ont jamais eu. Dans ce sens le domicile primitif pourrait
être changé, mais ne pourrait se perdre. Nous comprenons, en effet, qu'on
ne perde pas son domicile par cela seul que l'on quitte le lieu où il est
établi; mais si l'on suppose qu'un jeune homme est parti sans esprit
de retour, et n'a point acquis un nouveau domicile, validera-t-on, vingt
ans, cinquante ans plus tard, indéfiniment même, les significations
faites dans une commune où il n'a plus aucun parent, aucune propriété,
aucune relation, lorsque la maison de ses père et mère se trouve, en
supposant qu'elle existe encore, occupée par des étrangers? L'inadmis-
sibilité de cette conséquence prouve, selon nous, que, dans des circonstances rares, et dont l'appréciation appartient aux juges, un domicile
peut se perdre sans avoir été transféré.

171. Le Code ne parle que des Français. Cependant un étranger peut
avoir un domicile en France, lors même qu'il n'a pas obtenu l'autorisation nécessaire pour jouir des droits civils (V. art. 13). En effet, la fixation du principal établissement dans un lieu quelconque est un fait qui
doit avoir les mêmes conséquences à l'égard de toute personne. La loi
qui refuserait un domicile aux étrangers, serait sans avantage pour les
Français. Elle nuirait même à tous ceux avec qui l'étranger contracterait; car l'existence du domicile importe moins à la personne domiciliée
qu'à ses créanciers (¹).

103. — Le changement de domicile s'opérera par le fait d'une
habitation réelle dans un autre lieu, joint à l'intention d'y fixer son
principal établissement.

104. — La preuve de l'intention résultera d'une déclaration
expresse, faite tant à la municipalité du lieu qu'on quittera, qu'à
celle du lieu où on aura transféré son domicile.

105. — A défaut de déclaration expresse, la preuve de l'intention dépendra des circonstances.

172. Les principales circonstances qui, à défaut de déclaration expresse, peuvent indiquer qu'une personne a voulu transférer son principal établissement dans le lieu de sa nouvelle résidence, sont:

(¹) Ainsi jugé, par la Cour royale de Paris, le 15 mars 1831, et par la Cour de Riom,
le 7 avril 1835.

Qu'elle y est inscrite sur le contrôle de la garde nationale ;

Qu'elle y participe aux avantages communaux et par exemple à *l'af-fouage*, c'est-à-dire, au partage des coupes de bois communaux qui se distribuent en nature aux chefs de famille domiciliés dans la commune (C. for., art. 105);

Qu'elle y paye la contribution personnelle, qu'elle y remplit les fonctions de juré, et y exerce ses droits électoraux, sans avoir préalablement séparé son domicile politique de son domicile réel;

Qu'elle a reconnu, en matière personnelle, la compétence de la juridiction locale, ou qu'elle n'a jamais contesté la validité des significations qu'elle a reçues dans cette résidence;

Et surtout que, dans un acte quelconque, elle a déclaré y être domiciliée.

106. — Le citoyen appelé à une fonction publique temporaire ou révocable, conservera le domicile qu'il avait auparavant, s'il n'a pas manifesté d'intention contraire.

107. — L'acceptation de fonctions conférées à vie emportera translation immédiate du domicile du fonctionnaire dans le lieu où il doit exercer ces fonctions.

SOMMAIRE.

173. Quelles fonctions sont conférées à vie. Comment elles sont acceptées.

173. Les fonctions révocables sont celles qui peuvent toujours être retirées au citoyen qui les exerce. Telles sont les fonctions de préfet, de juge de paix, de procureur général, de procureur du Roi et de tous autres officiers du ministère public. Une fonction est temporaire, lorsqu'elle doit finir, même sans révocation, après un temps déterminé, comme les fonctions de juge dans un tribunal de commerce, celles de maire ou adjoint. Les fonctions conférées à vie, comme celles de notaire, de juge dans les tribunaux de première instance et de conseiller dans une Cour royale ou à la Cour de cassation, sont irrévocables en même temps que perpétuelles.

L'acceptation de ces dernières fonctions par la prestation du serment, qui rend la nomination irrévocable, emporte translation immédiate du domicile, avant même que le fonctionnaire soit arrivé au siége de ses fonctions (art. 107). Ici, comme dans les autres cas où la loi établit un domicile nécessaire, la translation s'opère, en vertu de la loi même, indépendamment de l'habitation (V. art. 108). Les conditions exigées par l'art. 103 ne concernent donc que le domicile volontaire.

108. — La femme mariée n'a point d'autre domicile que celui de son mari. Le mineur non émancipé aura son domicile chez ses père et mère ou tuteur : le majeur interdit aura le sien chez son tuteur.

LE MAJEUR INTERDIT... CHEZ SON TUTEUR. Cette rédaction, conforme au système qui a prévalu dans le titre XI (V. art. 505 et 509), est celle qui fut d'abord présentée au conseil d'État (séance du 16 fruct. an IX) ; mais dans une rédaction nouvelle, adoptée sans discussion le 12 frim. an X, au lieu de *tuteur* on lit *curateur*. Ce dernier mot a passé dans le texte du Code ; et c'est en 1816 seulement qu'on a rétabli le mot *tuteur*. La correction est bonne, mais nous ignorons à qui elle est due. Ce n'est certainement pas l'ordonnance du 50 août 1816 qui l'a autorisée (15).

SOMMAIRE.

174. Domicile de la femme mariée, du mineur et de l'interdit.

174. La femme n'a pas d'autre domicile que celui de son mari, parce qu'elle est obligée d'habiter avec lui et de le suivre partout où il juge à propos de résider (art. 214) ; mais cette obligation n'existe plus lorsque la séparation de corps a été prononcée. Aussi, quoique le Code ne fasse aucune distinction, admet-on aujourd'hui, comme dans l'ancienne jurisprudence, que la femme séparée de corps peut, en abandonnant le domicile marital, choisir un domicile particulier (¹). Les mineurs non émancipés et les interdits ont le même domicile que la personne qui les représente et qui exerce leurs droits, en d'autres termes, le domicile de leur tuteur (art. 450 et 509). Remarquons toutefois à l'égard des mineurs, qu'ils ne sont en tutelle que lorsqu'ils ont perdu leur père ou leur mère (art. 390). Auparavant leur domicile est celui de leur père, à raison de la puissance paternelle qui lui appartient (art. 373 et 389).

Nous parlons ici des enfants légitimes. Quant aux enfants naturels, le Code ne donne ni l'administration de leurs biens, ni l'exercice de leurs droits, au père ou à la mère qui les a reconnus (V. art. 385). Ils ne pourront donc avoir d'autre domicile légal que celui du tuteur qui leur sera donné.

109. — Les majeurs qui servent ou travaillent habituellement chez autrui, auront le même domicile que la personne qu'ils servent ou chez laquelle ils travaillent, lorsqu'ils demeureront avec elle dans la même maison.

(¹) V. Pothier, *Introduction aux Coutumes*, n° 10 ; Merlin, *Rép.*, v° DOMICILE, soutient l'opinion contraire.

175. Le domicile du maître n'est pas comme celui du mari un domicile nécessaire. En effet, tout dépend ici du fait de l'habitation ; les domestiques et les ouvriers dont s'occupe l'art. 109, restent donc libres de changer leur domicile en prenant un logement séparé ; mais lorsqu'ils habitent dans la maison du maître, la loi présume d'une manière absolue qu'ils entendent y fixer leur principal établissement.

Un mineur non émancipé peut servir ou travailler chez autrui, sans que cette circonstance influe en rien sur le domicile légal que la loi lui attribue et qui est toujours chez ses père et mère ou chez son tuteur (art. 108). Il en est de même à l'égard de la femme mariée qui sert ou qui travaille chez autrui ; car, lors même qu'elle est majeure, elle n'a pas d'autre domicile que le domicile marital (art. 108).

110. — Le lieu où la succession s'ouvrira, sera déterminé par le domicile.

176. Nous verrons, en expliquant l'art. 822, jusqu'où s'étend la compétence du tribunal dans le ressort duquel la succession est ouverte.

111. — Lorsqu'un acte contiendra, de la part des parties ou de l'une d'elles, élection de domicile pour l'exécution de ce même acte dans un autre lieu que celui du domicile réel, les significations, demandes et poursuites relatives à cet acte, pourront être faites au domicile convenu, et devant le juge de ce domicile.

177. La faculté que donne la loi d'agir au domicile réel, lorsqu'il existe un domicile élu, suppose une élection faite par l'une des parties dans l'intérêt exclusif de l'autre, et alors celle-ci peut renoncer à son droit ; mais une élection faite dans l'intérêt commun des parties donnerait à chacune d'elles un droit que l'autre ne pourrait pas détruire. Il ne serait donc permis d'agir qu'au domicile élu.

L'élection de domicile n'a pas toujours le même but. Le plus souvent elle est conventionnelle et irrévocable, comme le contrat même dont elle fait partie ; quelquefois, au contraire, elle résulte, indépendamment de toute convention, de la volonté d'une seule personne exprimée dans un acte quelconque, par exemple dans une sommation, et alors elle peut toujours être révoquée. Toutefois, lorsque la loi, pour la validité de certains actes, exige qu'un domicile soit élu dans une commune (art. 176) ou dans un arrondissement déterminé (art. 2148), on ne peut révoquer le domicile précédemment élu que par une autre élection faite dans la même commune ou dans le même arrondissement.

Ordinairement l'élection de domicile a, comme on le voit ici, le double effet d'attribuer juridiction au tribunal dans le ressort duquel est compris le domicile élu, et de valider les significations faites à ce dernier domicile ; mais ces deux effets ne sont pas toujours réunis. Le domicile élu par une personne dans l'arrondissement où elle demeure, mais dans une autre commune ou dans une autre maison que la sienne, serait indifférent pour la compétence, et n'aurait d'utilité que pour les significations ; au contraire, le domicile élu dans un arrondissement ou dans une commune, sans indiquer telle ou telle maison, attribuerait juridiction, mais serait inutile pour les significations.

TITRE QUATRIÈME.

DES ABSENTS.

(Décrété le 24 ventôse an XI (15 mars 1805). Promulgué le 4 germinal (25 mars).

INTRODUCTION.

SOMMAIRE.

178. Différentes acceptions des mots *absent* et *absence*. Diverses périodes de l'absence proprement dite.
179. Absence présumée. Mesures provisoires qui ne supposent pas encore le décès.
180. Dans quel cas et avec quelles précautions peut avoir lieu la déclaration d'absence.
181. Quelles en sont les conséquences.
182. Caractère de l'administration provisoire.
183. A qui elle appartient. Position spéciale du conjoint commun en biens.
184. Envoi en possession provisoire.
185. Envoi en possession définitif. Son caractère et ses effets.
186. Observation générale sur les chapitres 1 et 2.
187. Des droits éventuels et de leur transmissibilité.
188. L'absence ne dissout pas le mariage.

178. Une personne est absente, dans le sens le plus étendu de ce mot, par cela seul qu'elle n'est pas dans un lieu déterminé, et spécialement dans le lieu de son domicile (C. de pr., art. 909, 2° ; 910, al. 2 ; 911, 2°) ; mais ici on appelle absents ceux qui ont disparu et dont on n'a plus aucune nouvelle, en sorte que leur existence est incertaine. Dans cet état où la vie et la mort sont également douteuses, la loi ne dissout pas le mariage et n'ouvre point la succession ; mais elle prend les mesures nécessaires pour que les biens ne restent pas à l'abandon, en évitant, autant que possible, les inconvénients qu'entraîne toujours l'incertitude de la propriété ; et comme les doutes qui s'élèvent sur l'existence de l'absent, se fortifient à mesure qu'ils se prolongent, le Code distingue deux périodes : celle de l'absence présumée, et celle de l'absence déclarée ou absence proprement dite.

CHAPITRES I ET IV.

DE LA PRÉSOMPTION D'ABSENCE.

DE LA SURVEILLANCE DES ENFANTS MINEURS DU PÈRE QUI A DISPARU.

179. Malgré les doutes qui existent sur la vie d'une personne dont on n'a plus aucune nouvelle, le Code la suppose vivante. Ceux qui auraient des actions contre cette personne, devront l'assigner comme si elle était présente : observons toutefois que le ministère public est spécialement chargé de veiller aux intérêts des présumés absents, et en conséquence qu'il doit être entendu sur toute demande qui les concerne (art. 114). Du reste, on ne doit s'immiscer dans le secret de leurs affaires que le moins possible. S'il existe un mandataire, c'est à lui seul qu'il appartient d'agir pour le présumé absent. A défaut de procuration, le tribunal de première instance doit pourvoir à l'administration des biens, mais seulement lorsqu'il y a nécessité, et lorsque les parties intéressées le demandent (art. 112).

Les mesures à prendre en pareil cas dépendent presque toujours des circonstances. Aussi le Code s'en rapporte-t-il à la prudence des juges, sans rien leur prescrire, à moins que le présumé absent ne soit intéressé dans des inventaires, comptes, partages et liquidations ; car alors un notaire commis par le tribunal est appelé à le représenter (art. 113). Cette règle s'applique principalement au cas de succession, mais elle suppose que le droit s'est ouvert avant la disparition ou les dernières nouvelles ; car une succession ouverte postérieurement n'est pas recueillie par les personnes dont l'existence est contestée (art. 135 et 136).

Dans cette même période, les enfants mineurs du présumé absent ne sont pas encore en tutelle. Si la mère disparaît, le père conserve la puissance paternelle et tous les droits qui en résultent (art. 373 et 389); mais la disparition du père place les enfants mineurs sous la surveillance de la mère, en permettant à cette dernière d'exercer, pour leur éducation et pour l'administration de leurs biens, tous les droits du père (art. 141). Ce droit de surveillance n'appartient à aucune autre personne ; car dès que le père ou la mère sont décédés, il y a dissolution du mariage et tutelle proprement dite (art. 390; V. cependant art. 142 et 143).

CHAPITRE II.

DE LA DÉCLARATION D'ABSENCE.

180. L'absence proprement dite doit être déclarée par le tribunal de première instance, sur la demande des parties intéressées, lorsque la présomption d'absence résultant du défaut de nouvelles est fortifiée par un certain laps de temps. Cinq années suffisent, si le présumé absent n'a pas laissé de procuration (art. 115 et 119); mais on conçoit que, dans le cas inverse, il compte sur son mandataire et garde plus longtemps le silence ; aussi faut-il attendre dix ans, quand même la procuration viendrait à cesser auparavant (art. 121 et 122).

Pour constater l'absence, le tribunal vérifie les pièces et documents produits; il ordonne de faire dans l'arrondissement du domicile, et même dans celui de la résidence, s'ils sont distincts, une enquête qui a lieu contradictoirement avec le ministère public (art. 116).

Pour provoquer tous les renseignements possibles, la loi veut que l'on publie le jugement qui a ordonné l'enquête (art. 118). Du reste, le tribunal, en statuant sur la demande, doit avoir égard aux motifs de l'absence et aux causes qui ont pu empêcher d'avoir des nouvelles du présumé absent. S'il croit devoir déclarer l'absence, il doit s'écouler, entre le jugement qui ordonne l'enquête et le jugement définitif, un intervalle d'un an au moins (art. 119). Ainsi, pour obtenir la déclaration d'absence, après les délais précédemment fixés, il faut que la demande soit formée un an d'avance (art. 115). Du reste, le jugement définitif doit être publié comme le jugement préparatoire, et dans le même but (art. 118).

CHAPITRE III.

DES EFFETS DE L'ABSENCE.

SECTION PREMIÈRE.

DES EFFETS DE L'ABSENCE RELATIVEMENT AUX BIENS QUE L'ABSENT POSSÉDAIT AU JOUR DE SA DISPARITION.

181. Lorsque l'absence a été déclarée, la loi, sans présumer absolument la mort, ne présume plus, comme précédemment, l'existence de l'absent. En conséquence, elle confie l'exercice de ses droits, soit au conjoint commun en biens, soit aux personnes qui auraient succédé à l'absent, s'il était mort au jour de la disparition ou des dernières nouvelles. Dans l'un et l'autre cas, les créanciers, et, en général, ceux qui ont des actions à exercer contre l'absent, les poursuivront désormais contre le conjoint investi de l'administration légale, ou contre les héritiers présomptifs qui obtiennent l'envoi en possession provisoire ou définitif (art. 134).

§ I . — Administration provisoire.

182. Pour les personnes à qui est confiée l'administration provisoire, les biens de l'absent ne sont qu'un dépôt, dont il doit être rendu compte à l'absent lui-même, s'il reparaît, ou à ses représentants (art. 125). Aussi les envoyés en possession ne peuvent-ils, par leur seule volonté, aliéner ou hypothéquer les immeubles. Quant aux meubles, le tribunal peut en ordonner la vente en tout ou en partie. Dans ce cas, le prix est capitalisé, ainsi que les fruits ou revenus échus, et il en est fait emploi (art. 126).

Quant aux revenus à échoir, on n'en doit compte à l'absent qu'autant qu'il reparaît moins de trente ans après sa disparition, et, dans ce cas même, on ne lui en rend que le dixième s'il revient après quinze ans révolus, ou le cinquième s'il revient plus tôt (art. 127).

183. Pour savoir à qui appartient l'administration provisoire, il faut distinguer deux hypothèses.

Première hypothèse. — Si l'absent laisse un conjoint avec lequel il était marié en communauté de biens, leurs intérêts se trouvant liés par une société d'un genre spécial, la loi préfère l'administration de cet associé à celle de toute autre personne; on s'en rapporte même à son option, soit pour dissoudre provisoirement la communauté, comme si l'absent était mort, soit pour la laisser continuer comme s'il existait encore. Le conjoint qui opte pour la continuation, conserve ou prend l'administration des biens de l'absent (art. 184). En effet, le mari reste, comme précédemment, administrateur des biens de sa femme absente, tandis que l'administration des biens du mari absent constitue pour sa femme un droit nouveau. Remarquons d'ailleurs que cette dernière, en optant pour la continuation de la communauté, ne compromet aucun des droits qui s'ouvriront à son profit par la dissolution définitive ; elle conserve notamment la faculté d'accepter la communauté, ou d'y renoncer, même après s'être immiscée dans l'administration : ainsi, sa gestion ne sera pas considérée comme une acceptation anticipée (art. 124).

184. — Seconde hypothèse. — Si le conjoint commun en biens opte pour la dissolution provisoire, ou si les époux sont mariés sous un régime autre que celui de la communauté, la loi suppose la mort plutôt que la vie de l'absent. En conséquence, les personnes qui lui auraient succédé, s'il était décédé au jour de la disparition ou des dernières nouvelles, c'est-à-dire les parents héritiers présomptifs (art. 121) suivant leur ordre de successibilité, et, à leur défaut, le conjoint même non commun en biens (art. 140), peuvent se faire envoyer en possession provisoire, à la charge par eux de donner caution (art. 120). Par la même raison, le testament est ouvert, et les légataires peuvent aussi, en donnant caution, exercer provisoirement leur droit. La même règle s'applique à toute autre personne qui aurait des droits subordonnés au décès de l'absent, au conjoint commun en biens lui-même, lorsqu'il opte pour la dissolution (art. 124), et au nu propriétaire des choses dont l'absent serait usufruitier.

Cet exercice provisoire des droits subordonnés au décès de l'absent, n'a pas lieu dans l'hypothèse précédente (art. 124), parce que la continuation provisoire de la communauté suppose l'existence de l'absent.

§ II. — Envoi en possession définitif.

185. Lorsque l'administration provisoire du conjoint commun en biens, ou des héritiers présomptifs envoyés en possession, a duré trente ans, et même auparavant, s'il s'est écoulé cent ans depuis la naissance de l'absent, les cautions sont déchargées, et les ayants droit peuvent faire prononcer l'envoi en possession définitif. A compter de ce moment, ils peuvent partager les biens, les aliéner ou les hypothéquer, comme s'ils étaient propriétaires. Si l'absent reparaît, ou si son existence est prouvée, il recouvre les biens qui n'ont pas été aliénés, mais seulement dans l'état où ils se trouvent, c'est-à-dire avec les charges

dont on les aurait grevés. Il reprend aussi le prix de ses biens aliénés, ou les biens acquis en remploi (art. 132).

Ainsi, l'envoi en possession définitif, quoiqu'il autorise à disposer librement des biens de l'absent, n'est pas irrévocable. Ceux qui l'ont obtenu n'en restent pas moins comptables envers l'absent. Il en est de même à l'égard des héritiers qui prouveraient son décès : en effet, la mort, quelle que soit l'époque où elle arrive, ouvre un droit certain ; elle défère la succession aux personnes qui ont qualité pour la recueillir au moment de son ouverture (art. 130). Et, dans ce cas, les héritiers présomptifs qui auraient succédé, si la mort était arrivée au jour de la disparition ou des dernières nouvelles, et qui, dans le doute, ont été envoyés en possession, ne sont pas toujours les héritiers véritables. Lorsque le décès sera prouvé, les véritables héritiers pourront donc, malgré l'envoi en possession définitif, réclamer les biens, comme les réclamerait l'absent lui-même, sauf la prescription de trente ans qui, dans cette hypothèse, courra contre eux du jour où leur droit s'est ouvert, c'est-à-dire du jour du décès prouvé.

Cependant, s'il se présente des enfants ou descendants de l'absent, ils devront l'emporter sur les collatéraux ou concourir avec d'autres enfants précédemment envoyés en possession, lors même que le décès de l'absent ne serait pas prouvé. Mais, dans ce cas, les enfants ne se présentent pas comme héritiers proprement dits : ce n'est pas la succession, c'est l'envoi en possession qu'ils revendiquent; et, par un privilége qui ne s'étend ni aux ascendants, ni aux collatéraux, cette revendication est admise malgré l'envoi en possession définitif que d'autres parents ont obtenu, et pendant trente ans à compter du jour de cet envoi.

186. Les règles dont la loi s'occupe dans la suite de ce chapitre sont communes à l'absence présumée et à l'absence déclarée. Elles concernent : 1° Les droits éventuels qui peuvent compéter à l'absent ; 2° le mariage que contracterait son conjoint.

SECTION II.

DES EFFETS DE L'ABSENCE RELATIVEMENT AUX DROITS ÉVENTUELS QUI PEUVENT COMPÉTER A L'ABSENT.

187. Sous le titre de droits éventuels, on s'occupe ici des droits qu'une personne n'est appelée à recueillir qu'à la condition de survivre à une autre, comme le droit de succession. Pour transmettre de semblables droits, il faut exister au moment où ils s'ouvrent. Nul ne peut donc les réclamer du chef d'autrui, sans prouver l'existence à cette époque de l'héritier qui les aurait transmis (art. 135). Ainsi, lorsque

l'existence d'un héritier appelé à succéder n'est pas reconnue, la succession qui s'ouvre est exclusivement déférée aux parents qu'il aurait eus pour cohéritiers ou à ceux qui succéderaient à son défaut (art. 136), sans préjudice des actions, et notamment de la pétition d'hérédité, qui pourront être intentées pendant trente ans, soit par l'absent, soit par ses ayants cause, si ces derniers prouvent qu'il existait à l'époque où le droit s'est ouvert (art. 137). Mais, dans ce cas même, et conformément à la règle générale que nous expliquerons plus loin (art. 549 et 550), ceux qui ont succédé à défaut de l'absent, conservent les fruits par eux perçus de bonne foi (art. 138).

SECTION III.

DES EFFETS DE L'ABSENCE RELATIVEMENT AU MARIAGE.

188. L'incertitude qui existe sur la vie ou la mort de l'un des conjoints ne dissout pas le mariage, et, par conséquent, n'autorise pas l'autre conjoint à se remarier; mais, après qu'une nouvelle union a été contractée, la même incertitude empêche d'en prononcer la nullité. En effet, pour qu'un second mariage soit nul, il faut que le premier subsiste (art. 139 et 189). Personne ne peut donc attaquer le nouveau mariage sans prouver l'existence de l'absent ; mais il ne résulte pas de là que ce dernier soit le seul qui puisse attaquer le mariage de son conjoint. (Voyez sur ce point l'explication de l'article 189.)

112. — S'il y a nécessité de pourvoir à l'administration de tout ou partie des biens laissés par une personne présumée absente, et qui n'a point de procureur fondé, il y sera statué par le tribunal de première instance, sur la demande des parties intéressées.

SOMMAIRE.

189. Quel tribunal doit pourvoir à l'administration des biens du présumé absent.
190. Quelles sont ici les parties intéressées.

189. En chargeant les tribunaux de pourvoir à l'administration des biens, la loi n'explique pas à quel tribunal on devra s'adresser. Il faut donc reconnaître, d'après la règle générale, que le tribunal du domicile est seul compétent pour décider que telle personne est en état d'absence présumée, et par suite qu'il y a nécessité de s'immiscer dans l'administration de ses affaires. C'est à ce même tribunal qu'il appartient incontestablement de prendre les mesures générales qui s'appliquent à l'ensemble des biens ; mais lorsqu'il s'agit de telle propriété en par-

ticulier, le tribunal de la situation est mieux placé que tout autre pour apprécier jusqu'à quel point il est nécessaire de pourvoir à l'administration, et comment il faut y pourvoir. Nous pensons donc que les divers tribunaux devront statuer sur les mesures spéciales à prendre relativement aux biens compris dans leur ressort ; mais, en leur attribuant cette compétence, nous supposons que l'état de présomption d'absence a été préalablement reconnu par le tribunal du domicile. Autrement, tous les tribunaux de France pourraient, par cela seul que le propriétaire ne serait pas sur les lieux, s'immiscer dans l'administration et prendre à cet égard des mesures contradictoires (¹).

190. Les parties intéressées sur la demande desquelles le tribunal doit statuer, sont les créanciers, les copropriétaires de biens appartenant au présumé absent, et en général toute personne qui aurait un droit quelconque à exercer contre lui. Le conjoint et les héritiers présomptifs ne sont pas précisément dans cette catégorie ; mais, comme la déclaration d'absence leur permettra d'exercer des droits dont l'ouverture remontera au jour de la disparition ou des dernières nouvelles, on ne peut nier qu'ils n'aient dès à présent un intérêt conditionnel, qui suffit pour demander au tribunal l'emploi des mesures conservatoires dont il s'agit. Il en serait autrement des amis, ou même des parents qui n'auraient qu'un intérêt d'affection.

113. — Le tribunal, à la requête de la partie la plus diligente, commettra un notaire pour représenter les présumés absents, dans les inventaires, comptes, partages et liquidations dans lesquels ils seront intéressés.

SOMMAIRE.

191. Par quel tribunal peut être commis le notaire dont il s'agit.

191. Les présumés absents ne sont pas les seuls que la loi fasse représenter par un notaire dans les premières opérations nécessitées par l'ouverture d'une succession, c'est-à-dire dans la levée des scellés et dans l'inventaire. On commet également un notaire pour remplacer les intéressés qui ne sont pas présents, et ceux dont le domicile est éloigné de plus de cinq myriamètres (C. de pr., art. 928, 931, 942) ; mais alors les pouvoirs du représentant finissent avec l'inventaire ; tandis que dans le cas de présomption d'absence, ses pouvoirs embrassent les comptes, la liquidation et même le partage. Aussi le notaire qui remplacera le

---

(¹) C'est en ce sens que l'article a été entendu au C. d'État, d'après une observation de Regnier, admise même par ceux qui l'avaient d'abord combattue (*Séance du 4 frim. an* X).

présumé absent, ne sera-t-il pas commis, comme dans tout autre cas, par le président (C. de pr., art. 928, 942) , mais par le tribunal.

Ce tribunal est celui devant qui l'on procède au partage, et par conséquent, en matière de succession, le tribunal du domicile du défunt (art. 110, 822).

114. — Le ministère public est spécialement chargé de veiller aux intérêts des personnes présumées absentes; et il sera entendu sur toutes les demandes qui les concernent.

SOMMAIRE.

192. Rôle du ministère public comme partie jointe.

192. En décidant d'une manière formelle que le ministère public sera entendu sur toutes les demandes qui concernent le présumé absent, la loi se réfère évidemment aux conclusions que le procureur du Roi ou son substitut prend, dans les affaires civiles, comme *partie jointe,* d'une manière indépendante du demandeur et du défendeur, qui sont les parties principales. Ainsi, en règle générale, les magistrats attachés au parquet n'agissent point au nom du présumé absent, parce que en les chargeant de *veiller à ses intérêts* (art. 112), la loi ne les a pas constitués représentants de sa personne. Toutefois, il ne résulte pas de là que, dans le silence des parties intéressées ou à leur défaut, le ministère public soit sans qualité pour provoquer les mesures d'administration autorisées par les deux articles précédents (¹). On peut d'autant moins lui refuser ce droit dans l'intérêt des présumés absents, qu'on le voit un peu plus loin défendre contradictoirement à l'enquête qui doit être ordonnée en vertu de l'art. 110.

115. — Lorsqu'une personne aura cessé de paraître au lieu de son domicile ou de sa résidence, et que depuis quatre ans on n'en aura point eu de nouvelles, les parties intéressées pourront se pourvoir devant le tribunal de première instance, afin que l'absence soit déclarée.

SOMMAIRE.

193. Quelles sont ici les parties intéressées.
194. De quel jour court le délai de quatre ans.

193. Le tribunal compétent pour déclarer l'absence est, sans aucun doute, celui du domicile.

(¹) Arrêt de rejet du 8 avril 1812 ; Cour de Metz, 15 mars 1823.

Ce tribunal statue, comme dans le cas de l'art. 112, sur la demande des parties intéressées ; mais il ne s'agit plus ici d'administrer les biens de l'absent ou de conserver ses droits pour lui-même. Il s'agit d'exercer, du moins provisoirement, les droits subordonnés à la condition de son décès, et par conséquent d'ouvrir une sorte d'hérédité provisoire : aussi la déclaration d'absence ne peut-elle être demandée par les créanciers. Quant au ministère public, loin d'être appelé à former une semblable demande, il en serait plutôt constitué le contradicteur légitime. Les parties intéressées à demander la déclaration d'absence, sont celles qui ont des droits subordonnés à la condition du décès de l'absent, et spécialement ses héritiers présomptifs, quelquefois ses légataires, comme nous le verrons en expliquant l'article 123, enfin son conjoint, soit que marié sous le régime de la communauté, il ait à opter pour la continuation ou pour la dissolution provisoire, soit qu'indépendamment de toute communauté, il ait des reprises ou des gains de survie à exercer.

194. La demande est recevable quatre ans après qu'on a cessé d'avoir des nouvelles ; mais on s'est demandé si le délai court de la date des dernières nouvelles ou du jour de leur réception. Nous pensons qu'il doit courir à compter de leur date, parce que cette époque est la dernière où l'absent ait donné signe de vie. Il est vrai que la distance peut retarder l'arrivée de lettres plus récentes ; mais peu importe, puisqu'en statuant sur la demande, le tribunal doit avoir égard aux causes qui ont pu empêcher d'avoir des nouvelles. Il prendra donc en considération l'éloignement et la difficulté des communications. D'ailleurs les lettres qui seraient en route, arriveront presque toujours dans l'année qui doit s'écouler entre les deux jugements que suppose la demande (V. art. 119).

116. — Pour constater l'absence, le tribunal, d'après les pièces et documents produits, ordonnera qu'une enquête soit faite contradictoirement avec le procureur du Roi, dans l'arrondissement du domicile, et dans celui de la résidence, s'ils sont distincts l'un de l'autre.

SOMMAIRE.

195. En quel sens l'enquête a-t-elle lieu contradictoirement.

195. Une enquête est une audition de témoins, qui déposent sur des faits affirmés par l'une des parties et ordinairement contredits par l'autre. Dans l'affaire dont il s'agit, il n'existe qu'une partie, celle qui demande la déclaration d'absence, et cependant l'enquête a lieu contradictoirement avec le procureur du Roi (art. 116), ce qui veut dire

qu'à partir du moment où elle est ordonnée, et par application du principe de l'article 114, le ministère public devient défendeur à l'enquête.

L'enquête est ordonnée d'après les pièces et documents produits, et par conséquent sur les faits qu'ils ont fait connaître.

117. — Le tribunal, en statuant sur la demande, aura d'ailleurs égard aux motifs de l'absence, et aux causes qui ont pu empêcher d'avoir des nouvelles de l'individu présumé absent.

SOMMAIRE.

196. Dans quel cas la demande peut-elle être rejetée ou même admise sans enquête préalable?

196. Puisque le tribunal doit, en statuant sur la demande, avoir égard aux motifs de l'absence et aux causes qui ont pu empêcher de recevoir des nouvelles, il en résulte que les juges peuvent, suivant les circonstances, rejeter la demande, même sans ordonner l'enquête. Ils la rejetteront nécessairement après l'enquête, si les faits ne sont pas justifiés; mais dans aucun cas, sauf celui où l'absent aurait atteint l'âge de cent ans (art. 129), le tribunal ne peut déclarer l'absence sans enquête préalable (art. 119).

118. — Le procureur du Roi enverra, aussitôt qu'ils seront rendus, les jugements tant préparatoires que définitifs, au ministre de la justice, qui les rendra publics.

119. — Le jugement de déclaration d'absence ne sera rendu qu'un an après le jugement qui aura ordonné l'enquête.

SOMMAIRE.

197. Qu'entend-on ici par jugement préparatoire?

197. La distinction des jugements en préparatoires et interlocutoires n'avait pas, pour les rédacteurs du Code civil, le sens que lui a donné depuis le Code de procédure (art. 34 et 452). Les jugements prononcés dans le cours de l'instance entre la demande et le jugement définitif, étaient tous interlocutoires, et, dans cette classe générale de jugements non définitifs, on distinguait, sous le nom de préparatoires, ceux qui interviennent pour l'instruction de la cause, par exemple ceux qui ordonnent une enquête [1]. Aujourd'hui, la qualifi-

---

[1] Pigeau, procéd. civ. du Chatelet, liv. 2, part. 2, tit. 2, chap. 2.

cation d'interlocutoire est réservée à une classe particulière de jugements préparatoires, à ceux qui préjugent le fond du litige.

120. — Dans les cas où l'absent n'aurait point laissé de procuration pour l'administration de ses biens, ses héritiers présomptifs,
au jour de sa disparition ou de ses dernières nouvelles, pourront,
en vertu du jugement définitif qui aura déclaré l'absence, se faire
envoyer en possession provisoire des biens qui appartenaient à l'absent au jour de son départ ou de ses dernières nouvelles, à la charge
de donner caution pour la sûreté de leur administration.

121. — Si l'absent a laissé une procuration, ses héritiers présomptifs ne pourront poursuivre la déclaration d'absence et l'envoi
en possession provisoire, qu'après dix années révolues depuis sa
disparition ou depuis ses dernières nouvelles.

SOMMAIRE.

198. La déclaration d'absence et l'envoi en possession peuvent être prononcés par
le même jugement.
199. Retard apporté à la déclaration d'absence par l'existence d'une procuration.

198. Le premier de ces deux articles, pris à la lettre, semblerait indiquer qu'il faut deux jugements, l'un pour déclarer l'absence, l'autre pour
prononcer l'envoi en possession ; mais pour éviter les frais, l'usage est
de former les deux demandes en même temps, pour faire statuer sur le
tout par un même jugement (¹). Toutefois s'il existe un conjoint commun en biens, les héritiers présomptifs devront, pour procéder régulièrement, le mettre en cause et faire prononcer contradictoirement
avec lui l'envoi en possession, que l'option de ce conjoint pourrait empêcher (art. 124).

199. En comparant les art. 115 et 119, on reconnaît que, dans
les cas ordinaires, la demande en déclaration d'absence peut être formée après un délai de quatre ans, tandis que s'il existe une procuration, cette même déclaration ne peut être *poursuivie* qu'après dix
années révolues. On en conclut généralement que les dix ans de l'article 121 remplacent, dans ce cas, les quatre ans de l'art. 115, indépendamment de l'année exigée par l'art. 119, en sorte que le
délai total serait de cinq ans dans un cas, et de onze ans dans l'autre;
ce qui serait assez bizarre. Mais la discussion au conseil d'État démontre qu'on a voulu simplement doubler, pour l'absent qui laisse une

---

(¹) Arrêt de rejet du 17 nov. 1808.

procuration, le délai ordinaire de cinq ans. Il faut donc s'attacher à l'esprit de la loi, et autoriser la déclaration d'absence à l'expiration du délai fixé par l'art. 121. Or, comme cette déclaration suppose une demande formée un an à l'avance (art. 119), c'est en réalité au bout de neuf ans que les parties peuvent se pourvoir (¹).

122. — Il en sera de même si la procuration vient à cesser ; et, dans ce cas, il sera pourvu à l'administration des biens de l'absent, comme il est dit au chapitre Ier du présent titre.

SOMMAIRE.

200. Quoique donnée pour un temps limité, la procuration a toujours le même effet.

200. L'absent qui laisse une procuration pourvoit lui-même à l'administration de ses affaires ; et dans ce cas le Code, en doublant le délai qui doit s'écouler avant la déclaration d'absence, accorde au mandant un avantage considérable, puisque les fruits échus jusqu'à l'expiration des dix années seront capitalisés et placés en son nom (art. 126). Bien plus, pour mieux lui assurer le prix de sa prévoyance, la loi veut que le délai reste le même, quoique la procuration vienne à cesser.

Dans la discussion au conseil d'État, on s'est préoccupé du cas où la procuration cesse par un fait étranger au mandant, comme la mort ou la renonciation du mandataire. On aurait donc pu ne pas appliquer la même décision au cas où le mandant a lui-même limité la durée de sa procuration ; mais cette distinction n'a pas été faite, et le texte est trop précis pour qu'elle puisse être admise par interprétation.

123. — Lorsque les héritiers présomptifs auront obtenu l'envoi en possession provisoire, le testament, s'il en existe un, sera ouvert à la réquisition des parties intéressées, ou du procureur du Roi près le tribunal ; et les légataires, les donataires, ainsi que tous ceux qui avaient sur les biens de l'absent, des droits subordonnés à la condition de son décès, pourront les exercer provisoirement, à la charge de donner caution.

(¹) L'art. 121 appartient à la rédaction primitive, où ne se trouvait pas la disposition de l'art. 119. Dans cette rédaction, les art. 115 et 120 ne fixaient qu'un seul délai de cinq ans, après lequel la déclaration d'absence pouvait être demandée et immédiatement prononcée. Dans une seconde rédaction, le délai de l'art. 115 était restreint à quatre ans, et l'art. 120 exigeait une année d'intervalle entre la déclaration d'absence et l'envoi en possession ; mais une observation du premier Consul fit modifier cette combinaison et introduire l'art. 119, tandis que l'art. 121, oublié dans la discussion, a conservé sa rédaction primitive.

201. Pour donner aux légataires la faculté d'exercer provisoirement leurs droits, le testament de l'absent doit être ouvert, mais seulement après l'envoi en possession des héritiers présomptifs, et ce n'est même pas sans difficulté que cette décision a été adoptée. On ne pourrait donc, sans violer le texte de la loi et l'intention certaine du législateur, devancer l'époque fixée pour l'ouverture du testament, sous prétexte de constater l'intérêt d'un prétendu légataire. Toutefois les testaments ne sont pas toujours secrets. Il n'est pas sans exemple, qu'un testateur remette au légataire lui-même, l'original d'un testament olographe. En pareil cas, l'art. 123 ne peut pas être opposé à ce légataire qui ne demande pas l'ouverture d'un testament secret, mais qui, en justifiant de son intérêt, provoque la déclaration d'absence aux termes de l'article 115. Il ne doit pas dépendre des héritiers présomptifs de paralyser le droit des légataires en s'abstenant de demander l'envoi en possession (¹) ou même la déclaration d'absence, comme ils seront tentés de le faire, en apprenant l'existence d'un testament qui les dépouille.

202. L'ouverture d'un testament secret aura lieu, d'après le texte, à la réquisition du procureur du Roi ou des parties intéressées. Cette dernière expression comprend, sans aucun doute, les héritiers présomptifs et le conjoint qui ont toujours intérêt à sortir d'incertitude. Quant aux autres personnes que l'absent aurait avantagées, elles ont certainement un intérêt positif; mais comme on ne les connaîtra que par l'ouverture du testament, aucune d'elles ne peut requérir directement qu'il soit ouvert. Les légataires ou, pour mieux dire, ceux qui croient l'être, doivent donc s'adresser au procureur du Roi, pour que le testament soit ouvert à la réquisition de ce magistrat.

Les donataires que le texte semble placer ici sur la même ligne que les légataires, ne doivent pas tous leur être assimilés; car la donation entre-vifs produit immédiatement son effet, en conférant au donataire un droit indépendant de la vie ou de la mort du donateur; mais il existe des donations exceptionnelles, et notamment des donations de biens à venir, dont l'effet est, comme celui des legs, subordonné au prédécès du donateur (art. 1082). Le législateur suppose une donation de cette nature, lorsqu'il autorise le donataire à exercer provisoirement des droits subordonnés au décès de l'absent.

(¹) Cour d'Orléans, 15 juin 1835.

124. — L'époux commun en biens, s'il opte pour la continuation de la communauté, pourra empêcher l'envoi provisoire, et l'exercice provisoire de tous les droits subordonnés à la condition du décès de l'absent, et prendre ou conserver, par préférence, l'administration des biens de l'absent. Si l'époux demande la dissolution provisoire de la communauté, il exercera ses reprises et tous ses droits légaux et conventionnels, à la charge de donner caution pour les choses susceptibles de restitution.

La femme, en optant pour la continuation de la communauté, conservera le droit d'y renoncer ensuite.

SOMMAIRE.

203. La déclaration d'absence ne dissout pas nécessairement la communauté. Option laissée au conjoint.
204. La femme qui opte pour la continuation de la communauté, conserve le droit de faire une renonciation ultérieure.
205. Dans toute autre hypothèse, application des règles ordinaires pour l'envoi en possession.

203. La communauté de biens entre époux est une société d'une nature spéciale, que le mari administre seul. Elle lui reste même toute entière avec toutes ses charges, si la femme ou ses héritiers répudient les conséquences de la gestion maritale. En effet, ils ont le droit d'accepter la communauté ou d'y renoncer, lorsqu'elle est dissoute (art. 1453). Malgré la déclaration d'absence et l'incertitude qui existe sur la vie ou la mort de l'absent, la loi ne dissout pas nécessairement la communauté, parce qu'une dissolution, même provisoire, pourrait avoir des conséquences irréparables, et suffirait trop souvent pour ruiner les opérations les plus heureusement entamées. A cet égard, le Code s'en rapporte au conjoint commun en biens, parce que ses intérêts sont étroitement liés à ceux de l'absent ; et suivant le parti que prend le conjoint présent, la communauté continue comme si l'absent vivait encore, ou se dissout comme s'il était mort.

204. Dans la première hypothèse, l'envoi en possession et l'exercice provisoire de tous les droits subordonnés au décès de l'absent restent suspendus.

L'administration de ses biens appartient, à l'exclusion de toute autre personne, au conjoint présent ; mais comme cette administration comprend celle de la communauté, on a prévu que la femme présente pourrait craindre de s'immiscer dans une gestion qui, en principe, doit lui rester étrangère, et de compromettre ainsi le droit qu'elle a de renoncer à la communauté lorsqu'elle vient à se dissoudre. Aussi, pour qu'elle opte avec sécurité, le Code lui réserve-t-il expressément le droit de renoncer plus tard à la communauté dont elle aura pris l'administration.

Cette réserve qui concerne spécialement la renonciation de la femme à la communauté, n'était pas nécessaire pour lui permettre de déposer, quand elle le voudra, l'administration dont elle se charge. A cet égard la femme reste dans le droit commun, comme le mari lui-même; car la loi n'oblige ni le conjoint présent ni les héritiers présomptifs à conserver malgré eux l'administration légale ou la possession provisoire. Ils pourront donc toujours s'en décharger.

205. Si le conjoint commun en biens opte pour la dissolution, ou si les époux ne sont point mariés sous le régime de la communauté, la loi admet l'envoi en possession des héritiers présomptifs, et l'exercice provisoire de tous les droits subordonnés au décès de l'absent. Le conjoint présent exercera donc aussi ses reprises, en ce sens qu'il reprendra, pour en jouir seul, les biens qui lui sont propres et dont les fruits tombaient en communauté. Il exercera de même ses droits légaux ou conventionnels, c'est-à-dire, les droits que la loi ou les conventions matrimoniales lui attribuent, et entre autres les gains de survie.

Dans ce cas, la loi exige expressément qu'il fournisse caution, conformément à la règle générale posée dans l'art. 123 ; mais cette caution n'est point imposée au conjoint qui prend l'administration légale, et nous ne croyons pas que le silence du Code à cet égard puisse être considéré comme un oubli. Malgré quelques doutes qui se sont élevés sur ce point, et principalement en ce qui concerne la femme (¹), nous pensons qu'on ne peut, dans aucun cas, demander des garanties que la loi n'exige pas. (Voyez cependant l'art. 129 et son explication).

125.—La possession provisoire ne sera qu'un dépôt, qui donnera à ceux qui l'obtiendront, l'administration des biens de l'absent, et qui les rendra comptables envers lui, en cas qu'il reparaisse ou qu'on ait de ses nouvelles.

SOMMAIRE.

206. Les envoyés en possession provisoire sont des mandataires. En quel sens sont-ils considérés comme dépositaires ?

206. La possession provisoire, suivant l'expression du Code, est un dépôt qui donne le droit d'administrer et oblige à rendre compte. A proprement parler, le dépositaire reçoit une chose pour la garder et

---

(¹) Toullier, t. 1, n⁰ˢ 466 et 470 ; Cour de Paris, 9 janv. 1826.

non pour l'administrer : aussi n'est-il pas tenu de rendre compte, mais seulement de restituer (art. 1927 et 1932). Il existe donc ici un mandat plutôt qu'un dépôt. Si le Code a préféré cette dernière expression, c'est probablement pour indiquer que la possession provisoire est une possession précaire, en vertu de laquelle le détenteur ne prescrit jamais, du moins pour lui-même (art. 2229 et 2236).

Remarquons d'ailleurs que le dépôt dont il s'agit, n'est pas gratuit (V. art. 127), et que l'action en reddition de compte n'existe pas seulement en faveur de l'absent. Elle appartient incontestablement à tous ceux qui le représentent légalement, notamment à ses héritiers (art. 150).

126. — Ceux qui auront obtenu l'envoi provisoire, ou l'époux qui aura opté pour la continuation de la communauté, devront faire procéder à l'inventaire du mobilier et des titres de l'absent, en présence du procureur du Roi près le tribunal de première instance, ou d'un juge de paix requis par ledit procureur du Roi.

Le tribunal ordonnera, s'il y a lieu, de vendre tout ou partie du mobilier. Dans le cas de vente, il sera fait emploi du prix, ainsi que des fruits échus.

Ceux qui auront obtenu l'envoi provisoire, pourront requérir, pour leur sûreté, qu'il soit procédé, par un expert nommé par le tribunal, à la visite des immeubles, à l'effet d'en constater l'état. Son rapport sera homologué en présence du procureur du Roi ; les frais en seront pris sur les biens de l'absent.

SOMMAIRE.

207. L'administrateur légal et les envoyés en possession provisoire sont comptables. Conséquences qui en résultent.

207. Puisque l'administrateur légal et les envoyés en possession sont comptables, la loi doit prendre à leur égard des précautions semblables à celles qu'elle prend ordinairement à l'égard des tuteurs, et en général de ceux qui administrent les biens d'autrui (V. art. 451, 452, 600 et 603). Cependant elle n'exige pas que l'état des immeubles soit préalablement constaté. Elle se contente de permettre la vérification, lorsque les envoyés en possession la demandent pour leur sûreté, c'est-à-dire pour éviter les contestations qui pourraient s'élever plus tard.

On ne peut douter que le conjoint, administrateur légal, n'ait la même faculté, quoiqu'il ne soit plus question de lui dans la seconde partie de l'article.

127. — Ceux qui, par suite de l'envoi provisoire, ou de l'administration légale, auront joui des biens de l'absent, ne seront tenus de lui rendre que le cinquième des revenus, s'il reparaît avant quinze ans révolus depuis le jour de sa disparition ; et le dixième, s'il ne reparaît qu'après les quinze ans.

Après trente ans d'absence, la totalité des revenus leur appartiendra.

208. Il existe peu de personnes qui soient disposées à se charger gratuitement des affaires d'autrui : dans l'intérêt même de l'absent, on a dû attribuer aux envoyés en possession une portion considérable des fruits, portion qui s'accroît avec la durée de l'absence, jusqu'à l'époque où enfin la totalité des fruits appartient aux envoyés en possession. Les mêmes avantages sont attribués à l'administrateur légal ; mais, à son égard, nous aurons à examiner, au titre du contrat de mariage, si les fruits qu'on lui réserve tombent ou ne tombent pas en communauté. (Voyez l'explication de l'article 1401).

A un premier délai de quinze ans qui se comptent à partir de la disparition, la loi oppose ici un second délai qui s'accomplit après trente ans d'absence, c'est-à-dire, suivant quelques auteurs, trente ans après la déclaration d'absence, en sorte que les deux délais seraient sans corrélation entre eux, puisqu'ils partiraient de deux époques différentes. Il nous semble plus naturel de ne compter qu'un seul délai, qui est de trente ans et se divise en deux périodes, de quinze ans chacune, à partir de la disparition ou dès dernières nouvelles : car les personnes dont il s'agit dans cette disposition, perçoivent les fruits en vertu de l'envoi provisoire ou de l'administration légale, et pour leur appliquer, après trente ans d'absence déclarée, la disposition de l'art. 127, il faudrait supposer que les héritiers présomptifs ont négligé l'envoi en possession définitif. Or, il n'est pas vraisemblable que cette hypothèse soit celle du législateur. Les trente ans d'absence dont il parle, ne s'entendent donc pas de l'absence déclarée.

128. — Tous ceux qui ne jouiront qu'en vertu de l'envoi provisoire, ne pourront aliéner ni hypothéquer les immeubles de l'absent.

209. Les immeubles de l'absent ne peuvent être ni aliénés, ni hy-

pothéqués par ceux qui administrent en vertu de l'envoi provisoire ; mais cette prohibition concerne seulement les actes que l'administrateur consentirait sans nécessité, par sa propre détermination. L'aliénation et la constitution d'hypothèque peuvent devenir nécessaires, et alors on devra les autoriser, comme on les autorise pendant la minorité du propriétaire (art. 454). Les immeubles de l'absent pourront donc être hypothéqués pendant l'envoi en possession provisoire, en vertu d'un jugement (art. 2126), pour les causes et dans les circonstances que le tribunal appréciera.

Il s'agit ici de l'hypothèque conventionnelle. Quant à l'hypothèque judiciaire, elle résulte sans aucun doute des condamnations prononcées, pendant la présomption d'absence, contre l'absent ou, après que l'absence a été déclarée, contre ceux qui administrent les biens (V. art. 134).

Les mêmes règles s'appliquent à tous ceux qui jouissent en vertu de l'envoi provisoire, c'est-à-dire, à tous ceux qui exercent un droit subordonné au décès de l'absent, et même au conjoint administrateur légal, quoiqu'il ne soit pas précisément envoyé en possession.

Nous ne parlons que des immeubles qui sont propres au conjoint absent. Quant aux immeubles de la communauté dont le conjoint présent a conservé ou pris l'administration, l'application de l'art. 128 offre des doutes que nous expliquerons en traitant de la communauté.

129. — Si l'absence a continué pendant trente ans depuis l'envoi provisoire, ou depuis l'époque à laquelle l'époux commun aura pris l'administration des biens de l'absent, ou s'il s'est écoulé cent ans révolus depuis la naissance de l'absent, les cautions seront déchargées ; tous les ayants droit pourront demander le partage des biens de l'absent, et faire prononcer l'envoi en possession définitif par le tribunal de première instance.

SOMMAIRE.

210. Dans quel cas peut être prononcé l'envoi définitif.
211. Conséquences de cet envoi.

210. L'envoi en possession définitif peut être prononcé sur la demande des ayants droit dans deux cas :

1° Lorsqu'il s'est écoulé trente ans depuis que l'envoi provisoire a été prononcé, ou que l'administration légale a été prise par le conjoint commun en biens. Cette époque coïncide ordinairement avec celle de la déclaration d'absence ; et cependant, d'après les expressions du Code, cette déclaration ne suffit pas pour faire courir le délai. C'est une raison de plus pour que les héritiers présomptifs fassent prononcer la déclaration d'absence et l'envoi en possession par le même jugement.

2° Lorsqu'il s'est écoulé cent ans depuis la naissance de l'absent. Cet âge a été considéré, dans le droit romain et dans l'ancienne jurisprudence, comme le dernier terme de la vie humaine. Aussi l'envoi en possession définitif doit-il être prononcé, quelle que soit d'ailleurs la date de la déclaration d'absence. Il pourrait même arriver que l'absent devînt centenaire avant que le jugement fût rendu, et alors le tribunal, en même temps qu'il déclarerait l'absence, prononcerait l'envoi définitif.

211. Cet envoi ne donne pas un droit incommutable (art. 130, 132 et 133) ; mais il confère un mandat beaucoup plus étendu que le mandat primitif résultant de l'envoi provisoire. On peut même dire que c'est un mandat illimité, puisqu'il permet d'aliéner et d'hypothéquer sans jugement, en un mot, d'exercer tous les droits du propriétaire (art. 132). Le législateur évite ainsi, à l'égard des tiers, tous les inconvénients qu'entraîne avec elle l'incertitude de la propriété. C'est sous ce rapport que l'envoi en possession peut être appelé définitif.

En fixant les époques où cet envoi peut être accordé, le Code décide que les cautions seront déchargées, et leur libération est ainsi prononcée indépendamment de toute condition. Elle a donc lieu de plein droit, par cela seul que l'envoi en possession définitif peut être demandé.

Prise à la lettre, la disposition qui décharge les cautions comprendrait le cas d'administration légale, comme celui d'envoi provisoire ; mais il n'en faut pas conclure que le conjoint présent soit tenu de fournir caution ; car il ne s'agit pas de distinguer les personnes qui doivent ou ne doivent pas être cautionnées : la loi prononce purement et simplement la libération des cautions qui auront été données, dans le cas où elles ont dû l'être.

130. — La succession de l'absent sera ouverte du jour de son décès prouvé, au profit des héritiers les plus proches à cette époque ; et ceux qui auraient joui des biens de l'absent, seront tenus de les restituer, sous la réserve des fruits par eux acquis en vertu de l'article 127.

SOMMAIRE.

212. Cessation de l'envoi en possession par la preuve du décès. Ouverture de la succession.

213. L'article 130 s'applique même après l'envoi définitif.

212. Les dispositions précédentes supposent qu'il y a toujours in-

certitude sur la vie ou la mort de l'absent. D'autres règles deviendront applicables, dès que son décès ou son existence auront été prouvés.

215. Le décès ouvre la succession conformément au droit commun (art. 718), et appelle les héritiers véritables, c'est-à-dire les successibles qui se trouvent les plus proches au moment de la mort, tandis que pour l'envoi en possession provisoire ou même définitif, on appelle ceux qui étaient les plus proches au jour de la disparition ou des dernières nouvelles (art. 120). Or, il arrive souvent que ces héritiers présomptifs ne sont pas les héritiers véritables, à qui appartiendra plus tard la succession. Ainsi, par exemple, en supposant qu'au jour de la disparition il existe un cousin germain, et d'autres cousins plus éloignés, le cousin germain, ou ses héritiers s'il est mort postérieurement, obtiendront l'envoi en possession ; mais la succession de l'absent ouverte par son décès ne sera jamais déférée aux héritiers du cousin prédécédé (art. 742) ; elle ne peut l'être qu'aux parents qui ont survécu à l'absent.

Dans ce cas et autres semblables, les héritiers qui prouvent le décès, sont préférés à tous ceux qui jouissaient des biens en vertu d'une supposition qui se trouve démentie. Ces derniers ne conservent que les fruits dont l'art. 127 les dispense de rendre compte.

Cette décision s'applique sans difficulté pendant toute la durée de l'envoi provisoire ; mais l'application de l'art. 130 après l'envoi définitif a été contestée, bien que mal à propos selon nous, comme le démontrent les procès-verbaux du conseil d'État. En effet, dans le projet, l'envoi définitif conférait une *propriété incommutable,* sauf restitution à l'absent s'il reparaissait. A cette occasion, le premier Consul demanda ce qui arriverait si l'absent « décédait à une époque où il aurait d'autres héritiers. » Tronchet répondit que, « l'époque de « la mort étant certaine, elle règle l'ordre de vocation » (1). C'est à la suite de cette discussion qu'a été retranchée l'expression de *propriété incommutable,* et que la seconde rédaction de l'art. 130, qui supposait le décès prouvé *pendant l'envoi provisoire,* a été généralisée par la suppression de ces derniers mots.

131. — Si l'absent reparaît, ou si son existence est prouvée pendant l'envoi provisoire, les effets du jugement qui aura déclaré l'absence cesseront ; sans préjudice, s'il y a lieu, des mesures conservatoires prescrites au chapitre Ier du présent titre, pour l'administration de ses biens.

---

(1) Discussion au conseil d'Etat, 16 et 24 fruct. an IX, et 4 frim. an X.

132. — Si l'absent reparaît, ou si son existence est prouvée, même après l'envoi définitif, il recouvrera ses biens dans l'état où ils se trouveront, le prix de ceux qui auraient été aliénés, ou les biens provenant de l'emploi qui aurait été fait du prix de ses biens vendus.

SOMMAIRE.

214. Lorsque l'absent reparaît, ou lorsque son existence est prouvée à une époque quelconque, les effets du jugement qui a déclaré l'absence cessent de plein droit. A la vérité, l'art. 131 ne se réfère qu'à l'hypothèse de *l'envoi provisoire* ; mais l'article suivant généralise le principe, en l'appliquant *même après l'envoi définitif.*

Ceux dont l'existence a cessé d'être incertaine ne sont pas toujours en position de reprendre immédiatement la direction de leurs affaires, soit par eux-mêmes, soit par un fondé de pouvoirs. Il peut donc être urgent de pourvoir à l'administration de ses biens ; mais les envoyés en possession sont désormais sans qualité pour agir en son nom. C'est au tribunal qu'il appartient, en pareil cas, d'ordonner, *s'il y a lieu*, des mesures conservatoires. Il doit statuer à cet égard, sur la demande des parties intéressées, d'après les règles établies au chapitre premier.

215. Les envoyés en possession sont, comme nous l'avons déjà vu, des mandataires comptables. Toutefois le mandat qu'ils reçoivent de la loi est beaucoup moins étendu pendant l'envoi provisoire que pendant l'envoi définitif, et par suite les droits de l'absent varient, suivant qu'il se représente dans la première ou dans la seconde de ces deux périodes. En effet, les envoyés en possession provisoire n'ont pas le pouvoir d'aliéner ou d'hypothéquer les immeubles par leur seule volonté (art. 128). L'absent pourra donc revendiquer, contre les tiers détenteurs, les biens qu'on aurait ainsi aliénés. Après l'envoi définitif, au contraire, les héritiers présomptifs ont, sans restriction, le pouvoir d'aliéner et d'hypothéquer. Aussi l'absent n'a-t-il plus la revendication contre les tiers. La loi lui permet seulement de reprendre ses biens *dans l'état où ils se trouvent* (art. 132), c'est-à-dire, lorsqu'ils sont encore dans la main des envoyés en possession, et avec les hypothèques ou autres charges dont ils ont pu être grevés.

216. Quant aux répétitions qu'il peut exercer par suite de l'aliénation de ses biens, elles varient suivant que l'aliénation a été faite à titre onéreux, notamment par vente ou par échange, ou à titre gratuit.

En cas de vente, l'absent est créancier du prix. Cependant si le vendeur a racheté d'autres biens en déclarant expressément qu'ils doivent remplacer ceux qui ont été vendus, il y a remploi (V. art. 1434), et alors l'absent reprend les biens ainsi rachetés. Il doit également reprendre les biens qui se trouvent dans la main des envoyés en possession par suite d'un échange ; car ce contrat opère, par sa nature même et indépendamment de toute déclaration, une sorte de remploi (V. art. 1407 et 1559).

L'envoi définitif donne le pouvoir d'aliéner à titre gratuit comme à titre onéreux, et dès lors l'absent ou ses héritiers n'ont aucune action soit contre le donataire à qui la propriété a été légalement transférée, soit contre le donateur qui, n'ayant rien reçu, ne se trouve pas *locupletior*. Cependant il n'est pas vrai de dire que le donateur ne profite jamais en rien de la donation. Un père qui dote ses enfants, acquitte une obligation naturelle, et l'envoyé en possession qui a établi son fils ou sa fille les aurait dotés avec sa propre fortune, s'il n'avait pas eu à sa disposition les biens de l'absent. En les donnant de préférence, il évite de se dépouiller. Il s'enrichit *quatenus propriæ pecuniæ pepercit*. Il devra donc rendre, non pas précisément la valeur des biens donnés, mais la valeur de la dot qu'il aurait constituée sur ses propres biens, s'il ne s'était pas cru plus riche qu'il ne l'était réellement.

133. — Les enfants et descendants directs de l'absent pourront également, dans les trente ans, à compter de l'envoi définitif, demander la restitution de ses biens, comme il est dit en l'article précédent.

217. Par une faveur spéciale, les descendants de l'absent peuvent demander la restitution des biens, comme il la demanderait lui-même. Observons toutefois que leur action s'éteint trente ans après l'envoi définitif obtenu par d'autres parents.

Les descendants qui demandent cette restitution, ne sont pas obligés de prouver le décès de l'absent. S'ils prouvaient sa mort, ils agiraient comme héritiers, en vertu de l'art. 130, par une action en pétition d'hérédité, dont la prescription ne commence à courir qu'à l'ouverture de la succession. Ici, au contraire, les descendants ne se prétendent

pas héritiers et ne revendiquent pas la succession ; l'article 133 les admet en leur seule qualité de descendants, qualité qui, dans toute hypothèse, leur attribue les biens par préférence aux ascendants et aux
collatéraux.

218. Toutefois il faut faire une distinction. Lorsque les enfants qui
réclament les biens, n'existaient pas encore à l'époque de la disparition,
leur présence prouve qu'à cette même époque l'absent vivait encore,
et fait tomber la déclaration d'absence (art. 131 et 132).Leur naissance,
ou du moins leur conception, équivaut à la preuve de l'existence de
leur père. Ils doivent alors, en qualité d'héritiers présomptifs, demander
une autre déclaration d'absence et un autre envoi en possession.

Lorsque leur naissance, au contraire, a précédé la disparition, la déclaration d'absence subsiste ; il ne s'agit que de revenir sur l'envoi en
possession en l'attribuant aux enfants à qui appartient réellement la
qualité d'héritiers présomptifs. Tel est, selon nous, le cas prévu par
l'article 133.

219. Le droit d'agir ainsi, sans prouver le décès de l'absent, contre
les parents qui ont obtenu l'envoi définitif, n'étant accordé qu'aux enfants et descendants, se trouve par cela même refusé aux collatéraux
et aux ascendants. Ceux-ci, lorsqu'ils voudront agir comme héritiers
présomptifs, devront donc se présenter pendant l'envoi provisoire. On
conçoit en effet que la déclaration d'absence, sans donner ouverture au
droit de succession, fasse naître un droit analogue, susceptible d'être
revendiqué par les héritiers présomptifs, comme la succession même
par les héritiers proprement dits. Les premiers auront dans ce système
une sorte de pétition d'hérédité, prescriptible par trente ans à compter
de l'envoi définitif lorsqu'elle appartient à des descendants, et à compter de l'envoi provisoire lorsqu'elle appartient à d'autres parents.

La prescription contre ces derniers court même pendant l'administration légale qui empêche l'envoi provisoire. Il est vrai que cette administration paralyse l'exercice de leur droit jusqu'au moment où l'envoi définitif peut être demandé; mais ils sont libres, pour conserver
leur droit, d'intenter une action en justice tendant à faire reconnaître
leur qualité.

220. L'envoi définitif n'est pas toujours demandé à l'expiration des
trente ans qui suivent l'envoi provisoire ou l'option du conjoint commun en biens, et en sens inverse on l'accorde même avant les trente
ans, lorsqu'il s'est écoulé cent ans depuis la naissance de l'absent. Que
devient, dans l'un et l'autre cas, l'action des ascendants et des collatéraux? Doit-elle durer plus de trente ans, lorsqu'à l'expiration de ce délai, l'envoi définitif n'est pas encore prononcé? Doit-elle, au contraire,
survivre à l'envoi définitif prononcé avant l'expiration des trente ans?

La négative nous paraît certaine dans le premier cas, parce que la prescription qui court pendant l'envoi provisoire des parents, ou pendant l'administration légale du conjoint, ne peut jamais durer plus de trente ans (art. 2262), et dans le second, parce que l'article 133 n'admet, après l'envoi définitif, aucune autre action que celle des descendants.

Ainsi pour les ascendants et les collatéraux, le droit de revendiquer l'envoi en possession dure tout au plus jusqu'à l'envoi définitif, et s'il s'agit d'un centenaire, la déclaration d'absence et l'envoi en possession définitif pouvant être prononcés par le même jugement, ceux qui obtiendront ce jugement, n'auront besoin d'aucune prescription contre les collatéraux et les ascendants qui pourraient se présenter en qualité d'héritiers présomptifs ; car ces derniers n'ont aucune action.

134. — Après le jugement de déclaration d'absence, toute personne qui aurait des droits à exercer contre l'absent, ne pourra les poursuivre que contre ceux qui auront été envoyés en possession des biens, ou qui en auront l'administration légale.

SOMMAIRE.

221. L'absent est légalement représenté par son conjoint administrateur légal, ou par les envoyés en possession.

221. Cette décision sur les droits à exercer contre la personne dont l'absence a été déclarée, s'applique, en sens inverse, aux droits actifs de cette même personne. L'absent a désormais, dans son conjoint ou dans son héritier présomptif, un représentant légal ; c'est donc contre ce représentant ou par lui que doivent être exercées les poursuites.

Cependant, lorsque l'option du conjoint ou l'envoi en possession des héritiers présomptifs ne suivent pas immédiatement la déclaration d'absence, il existe un intervalle pendant lequel l'absent n'est pas encore représenté, et alors, l'article 134 ne pouvant recevoir son application, on doit continuer de suivre, même après la déclaration d'absence, les règles établies pour la période où l'absence est simplement présumée (V. art. 112 et suiv.).

SECTION II.
DES EFFETS DE L'ABSENCE, RELATIVEMENT AUX DROITS ÉVENTUELS QUI PEUVENT COMPÉTER A L'ABSENT.

135. — Quiconque réclamera un droit échu à un individu dont l'existence ne sera pas reconnue, devra prouver que ledit individu existait quand le droit a été ouvert : jusqu'à cette preuve, il sera déclaré non recevable dans sa demande.

136. — S'il s'ouvre une succession à laquelle soit appelé un individu dont l'existence n'est pas reconnue, elle sera dévolue exclusivement à ceux avec lesquels il aurait eu le droit de concourir, ou à ceux qui l'auraient recueillie à son défaut.

222. Dans notre législation, les droits qui s'ouvrent en faveur d'une personne, lui sont acquis par cela seul qu'elle existe, et deviennent immédiatement transmissibles. C'est ainsi qu'un héritier ou un légataire, en mourant, transmet l'hérédité ou le legs à ses propres successeurs, qui agiront de son chef (art. 781, 782 et 1014). Mais nul ne peut réclamer, du chef d'une personne défunte, des droits ouverts après son décès, parce qu'elle n'a pu rien acquérir, ni par conséquent rien transmettre après sa mort.

Supposons donc que *Secundus* revendique du chef de *Primus* un droit échu à ce dernier. Si les parties intéressées ne reconnaissent pas que *Primus* existait quand le droit s'est ouvert, ce fait devra être prouvé par *Secundus*. Tel est le principe général de l'article 135, principe dont l'article suivant déduit la conséquence relativement aux successions qui s'ouvrent en faveur d'une personne dont l'existence, à l'époque de l'ouverture, n'est point reconnue ou prouvée. Dans ce cas, la condition essentielle de la transmission n'étant point établie, nul n'est admis à revendiquer la succession du chef de ceux à qui elle peut n'avoir jamais appartenu (¹). On fait alors abstraction de la personne dont l'existence est incertaine, et la succession est dévolue aux cohéritiers qu'elle aurait eus dans le cas où elle n'eût pas été seule appelée, ou, dans le cas contraire, aux héritiers que sa présence aurait écartés.

Nous examinerons, au titre des Successions (art. 744), si la personne dont l'existence est incertaine peut être représentée par ses descendants.

137. — Les dispositions des deux articles précédents auront lieu sans préjudice des actions en pétition d'hérédité et d'autres droits, lesquels compéteront à l'absent ou à ses représentants ou ayant-

---

(¹) Ce principe général s'applique même avant la déclaration d'absence. Sur ce point les auteurs et les arrêts sont unanimes.

cause, et ne s'éteindront que par le laps de temps établi pour la prescription.

223. Ceux qui n'ont pas fourni de suite la preuve exigée par l'article 136 ne sont pas irrévocablement déchus de toute action, et réciproquement ceux qui profitent de la dévolution prononcée par ce même article, ne sont pas à l'abri de toute éviction. Ces derniers restent soumis, pendant le temps ordinaire de la prescription, qui est de trente ans (art. 137 et 2262), à la pétition d'hérédité, qui peut être intentée soit par l'absent lui-même, soit de son chef par ses représentants ou ayant-cause, c'est-à-dire par ses héritiers ou autres successeurs à titre universel ou particulier. La pétition d'hérédité est une action réelle par laquelle un demandeur qui se prétend héritier et que son adversaire ne reconnaît pas pour tel, revendique une succession ou des biens qui en dépendent.

Ce qu'on vient de dire sur le droit de succession s'applique à d'autres droits (art. 147), par exemple, aux legs (art. 1014).

138. — Tant que l'absent ne se représentera pas, ou que les actions ne seront point exercées de son chef, ceux qui auront recueilli la succession, gagneront les fruits par eux perçus de bonne foi.

224. Le possesseur contre qui on revendique l'hérédité ou tout autre droit, est de mauvaise foi, lorsqu'il détient sciemment ce qui appartient à autrui, et spécialement dans le cas de l'article 136, lorsqu'il a contesté l'existence d'une personne qu'il savait être vivante. Celui, au contraire, qui, croyant une personne défunte, se porte héritier à son défaut, possède de bonne foi. De là une différence relativement aux fruits, que le possesseur doit rendre avec les biens, lorsqu'il est de mauvaise foi, tandis qu'il conserve et par conséquent gagne les fruits, lorsqu'il les a perçus de bonne foi, c'est-à-dire pendant que son erreur durait encore; car la bonne foi du possesseur cesse dès qu'il a connaissance du droit d'autrui, et au plus tard lorsqu'on le lui fait connaître par une citation en justice [1].

_____

(1) *Diocl. et Max. L.* 22., *C. de rei vindicat.*

Cette distinction ne s'applique point aux héritiers présomptifs qui ont obtenu l'envoi provisoire ou définitif. Ils ne sont, à l'égard de l'absent, que de simples détenteurs. Ils administrent les biens qui lui appartenaient au jour de sa disparition, et les détiennent en vertu de la loi qui leur attribue, suivant les cas, tout ou partie des fruits. On ne distingue donc les possesseurs de bonne ou de mauvaise foi, en matière d'absence, que relativement aux biens qui n'appartenaient pas encore à l'absent lorsqu'il a disparu, et qui lui sont échus depuis en vertu d'un droit ouvert pendant que son existence était incertaine.

SECTION III.

DES EFFETS DE L'ABSENCE, RELATIVEMENT AU MARIAGE.

139. — L'époux absent dont le conjoint a contracté une nouvelle union, sera seul recevable à attaquer ce mariage par lui-même, ou par son fondé de pouvoir, muni de la preuve de son existence.

SOMMAIRE.

225. Renvoi au titre du mariage.

225. De la rédaction de cet article naît une difficulté que nous expliquerons au titre du mariage (art. 189).

140. — Si l'époux absent n'a point laissé de parents habiles à lui succéder, l'autre époux pourra demander l'envoi en possession provisoire des biens.

SOMMAIRE.

226. Droit de l'enfant naturel à l'envoi en possession.

226. A proprement parler, les enfants naturels ne sont pas *héritiers*. Cependant ils sont appelés comme successeurs irréguliers, même de préférence au conjoint survivant (art. 758, 767). Il faut donc les comprendre ici dans le nombre des « parents habiles à succéder. »

Ainsi entendue, la décision de l'article 140 n'est qu'une conséquence du principe consacré par les articles 120 et 121.

CHAPITRE IV.

DE LA SURVEILLANCE DES ENFANTS MINEURS DU PÈRE QUI A DISPARU.

SOMMAIRE.

227. Les dispositions de ce chapitre s'appliquent seulement pendant la présomption d'absence.

227. Il s'agit ici de la protection due aux enfants mineurs dans la période qui précède la déclaration d'absence. En effet, la loi ne parle pas du père absent, mais seulement du père qui a disparu; et plus loin, en statuant pour le cas où la mère est morte, l'article 142 la suppose décédée avant la disparition du père, ou du moins « avant que l'absence de celui-ci ait été déclarée. »

Ainsi le Code ne s'explique point sur le temps qui suit la déclaration d'absence, sans doute parce qu'alors tout se passe comme si l'absent était mort. On exerce provisoirement tous les droits auxquels son décès donnerait ouverture (art. 123); il est donc tout simple que ses enfants mineurs soient provisoirement en tutelle, comme ils y seraient définitivement en cas de mort du père ou de la mère (art. 390). Mais tant que l'absence n'est que présumée, la loi établit des règles spéciales : elle crée une surveillance qui n'est pas une tutelle proprement dite ; par conséquent, ceux à qui elle attribue cette surveillance ne sont pas tenus de faire nommer un subrogé tuteur (V. art. 420), et leurs immeubles ne sont pas grevés d'hypothèque légale (V. art. 2121).

141. — Si le père a disparu laissant des enfants mineurs issus d'un commun mariage, la mère en aura la surveillance, et elle exercera tous les droits du mari, quant à leur éducation et à l'administration de leurs biens.

SOMMAIRE.

228. Exercice, par la mère, des droits du père qui a disparu.

228. Le décès de la mère ouvrirait la tutelle en dissolvant le mariage , mais le simple fait de sa disparition ne modifie en rien les droits du père sur ses enfants ; tandis que la mère, après la disparition du père, a des droits et des devoirs nouveaux dont il fallait déterminer la nature et l'étendue. C'est ainsi qu'elle exerce, pour l'éducation de ses enfants mineurs et pour l'administration de leurs biens, « tous les droits *du mari* » ou, pour mieux dire, *du père;* car il s'agit ici des enfants « issus d'un commun mariage ». Le Code emploie à dessein cette expression pour écarter la surveillance de la belle-mère, qui est d'ailleurs exclue par l'article 143, et par les règles de la tutelle (art. 402).

142. — Six mois après la disparition du père, si la mère était décédée lors de cette disparition, ou si elle vient à décéder avant que l'absence du père ait été déclarée, la surveillance des enfants sera déférée, par le conseil de famille, aux ascendants les plus proches, et, à leur défaut, à un tuteur provisoire.

143. — Il en sera de même dans le cas où l'un des époux qui aura disparu, laissera des enfants mineurs issus d'un mariage précédent.

229. Lorsque la mère est décédée, le conseil de famille est chargé d'attribuer aux ascendants les plus proches, et à défaut d'ascendant, à un *tuteur provisoire,* une surveillance (art. 142) dont la nature et les conséquences ne sont rien moins que définies, surtout lorsqu'elle est déférée au tuteur provisoire. Heureusement la loi pose ailleurs des règles plus certaines. Remarquons en effet qu'on suppose ici le décès de la mère, et par conséquent la dissolution du mariage ; dès lors la tutelle proprement dite existe avec toutes les garanties qui l'entourent (V. art. 390, 420, 2121), et la surveillance de l'article 142 devient inutile.

Les mêmes observations s'appliquent après la disparition du père ou de la mère remariée (V. art. 143).

TITRE V.

DU MARIAGE.

(Décrété le 26 ventôse an XI (17 mars 1803). Promulgué le 6 germinal (27 du même mois).

INTRODUCTION.

230. Le mariage est l'union légitime de l'homme et de la femme qui s'associent pour vivre ensemble et fonder une famille nouvelle. Le mariage n'intéresse pas seulement ceux qui le contractent ; il influe sur l'avenir des enfants, sur la morale publique et sur l'organisation générale de la société. Aussi l'État et l'Église se sont-ils accordés pour voir, dans l'union conjugale, un contrat d'une nature particulière, que l'Église a élevé à la dignité de sacrement. Ce caractère à la fois civil et religieux du mariage a été reconnu par nos lois jusqu'en 1791 ; mais depuis cette époque, le législateur, faisant abstraction de toute consécration religieuse, n'a plus considéré dans le mariage, que le contrat civil [1]. Le Code maintient la même distinction sans l'exprimer.

---

[1] Constit. de 1791, tit. 2, art. 7.

CHAPITRE PREMIER.

DES QUALITÉS ET CONDITIONS REQUISES POUR POUVOIR CONTRACTER MARIAGE.

SOMMAIRE.

231. Une première condition consiste dans la vie civile, la mort civile, comme nous l'avons déjà vu, produisant, à l'égard du mariage, une incapacité absolue (art. 25).

Une seconde condition est le consentement (art. 146), qui est indispensable dans tous les contrats. Aussi le mariage est-il impossible pour les personnes qui n'ont pas l'usage de leur raison, comme les fous, les imbéciles, etc.

Les autres conditions concernent l'âge des contractants, le consentement des ascendants ou du conseil de famille, les empêchements résultant de la parenté, et lorsqu'il s'agit de secondes noces, ceux qu'un premier mariage produit pendant toute sa durée et même après sa dissolution.

§ Ier. — Age nécessaire pour le mariage.

232. Le Code ne se contente pas de ce commencement de puberté qui rend les deux sexes habiles à engendrer. Il veut que les contractants attendent le développement intellectuel et physique dont ils ont besoin, soit pour apprécier l'importance des engagements qu'ils vont prendre, soit pour donner le jour à une génération bien constituée. Dans ce double but, la loi fixe à dix-huit ans révolus pour le sexe masculin, et à quinze ans pour le sexe féminin, l'âge au-dessous duquel le mariage reste prohibé, du moins en règle générale ; car le Roi peut accorder des dispenses d'âge, mais seulement pour des causes graves (art. 144, 145).

§ II. — Consentement des ascendants ou de la famille, conseil à demander aux ascendants.

255. Le consentement des ascendants est requis, soit à raison du respect qui leur est dû, soit pour suppléer à l'inexpérience des contractants. C'est aussi dans ce dernier but qu'à défaut d'ascendants, la loi exige le consentement du conseil de famille, dont l'autorité toutefois n'a pas la même durée.

Les règles établies sur cette matière varient suivant l'âge et le sexe des contractants. Ainsi le consentement des ascendants est nécessaire aux hommes jusqu'à vingt-cinq, et aux femmes jusqu'à vingt et un ans accomplis (art. 148). Au delà de cet âge, le consentement des ascendants n'est plus indispensable : toutefois, à raison de l'honneur et du respect que les enfants doivent toujours à leurs père et mère (art. 371), et même à tous leurs ascendants, il faut, s'ils refusent leur consentement, demander leur conseil par un acte respectueux (art. 151). Cette demande doit être renouvelée deux fois, de mois en mois, par les femmes qui ont moins de vingt-cinq ans, et par les hommes qui ont moins de trente ans. Au delà de cet âge, un seul acte respectueux suffit ; mais dans tous les cas, le mariage ne peut être célébré qu'un mois après l'accomplissement de ces formalités (art. 152, 155).

234. Les ascendants dont on doit obtenir le consentement ou demander le conseil, sont le père et la mère, et à leur défaut, les aïeuls et aïeules. Observons, du reste, que le père, la mère ou tout autre ascendant, lorsqu'il est en état d'absence déclarée ou simplement présumée (art. 155), et en général lorsqu'il se trouve dans l'impossibilité de manifester sa volonté, ne compte pas plus qu'un ascendant défunt. Par conséquent, si l'un des père et mère se trouve dans l'impossibilité dont il s'agit, le consentement de l'autre suffit (art. 149). Dans tout autre cas, le père et la mère doivent être consultés, mais en cas de dissentiment, la volonté du père est prépondérante (art. 148).

Il en est de même lorsqu'il y a dissentiment entre l'aïeul et l'aïeule de la même ligne, c'est-à-dire, entre les père et mère du père ou de la mère, dont l'enfant veut se marier. Dans ce cas encore, la prérogative maritale l'emporte ; mais dans toute autre circonstance, le dissentiment des ascendants équivaut au consentement (art. 150).

A défaut d'ascendants, les mineurs de l'un ou de l'autre sexe ne peuvent se marier qu'avec le consentement du conseil de famille. Ici la minorité s'entend de la minorité ordinaire. Les majeurs de vingt et un ans n'ont aucun consentement à obtenir, aucun conseil à demander (art. 160).

Les devoirs imposés, comme on vient de le voir, aux enfants légitimes, relativement au consentement ou au conseil des ascendants, sont pareillement imposés à l'enfant naturel, mais seulement envers le père et envers la mère qui l'a reconnu (art. 158); car aux yeux de la loi, il n'a pas d'autre ascendant. Les enfants naturels qui n'ont pas été reconnus, et ceux qui, après l'avoir été, sont restés sans père ni mère, peuvent donc se marier à leur gré, à l'âge de vingt et un ans. Ceux qui sont encore mineurs doivent obtenir le consentement d'un tuteur AD HOC (art. 159).

§ III. — Empêchements résultant de la parenté ou de l'adoption.

235. La parenté est le lien du sang qui existe entre les descendants d'un même auteur. On distingue la parenté directe et la parenté collatérale. La première unit les enfants avec le père, la mère et les autres ascendants; la parenté collatérale, au contraire, résulte d'une origine commune entre des personnes qui ne descendent point l'une de l'autre, par exemple entre les frères et sœurs qui ont le même père ou la même mère.

Un sentiment de pudeur apprécié par tous les peuples civilisés a toujours fait prohiber, comme incestueux, le mariage entre ascendants et descendants à l'infini (art. 161). Le mariage entre frères et sœurs, permis, en certains cas seulement, par les lois d'Athènes et de Lacédémone, est resté l'objet d'une prohibition absolue dans les lois romaines, dans les lois ecclésiastiques, et par suite dans notre ancienne jurisprudence, dans la loi du 20 septembre 1792, et enfin dans le Code civil (art. 162). Entre l'oncle et la nièce, entre la tante et le neveu, la prohibition a été moins constante. Le Code civil la reproduit, mais seulement comme une règle générale, dont le Roi peut dispenser pour causes graves (art. 163 et 164). Entre cousins germains et autres collatéraux plus éloignés, le mariage reste libre, par cela seul que le Code ne rétablit pas les anciennes prohibitions.

L'adoption, telle qu'elle existe aujourd'hui en France, laisse l'adopté dans sa famille naturelle et par conséquent ne produit point de parenté civile. Cependant le mariage est prohibé, comme il le serait pour cause de parenté directe, entre l'adoptant et l'adopté ou ses descendants. Il est également prohibé, comme il le serait pour cause de parenté collatérale, entre les enfants adoptés par la même personne, et à plus forte raison entre l'adopté et les enfants qui surviendraient à l'adoptant (art. 348).

§ IV.— Alliance et autres empêchements résultant d'un premier mariage.

236. Le mariage, tant qu'il subsiste, met chacun des époux dans l'impossibilité de se remarier (art. 147). Après la dissolution du mariage, la liberté que recouvre le survivant n'est presque jamais entière ; car indépendamment des anciens empêchements qui subsistent entre lui et ses parents, le mariage a créé entre chacun des époux et les parents de l'autre une affinité ou alliance d'où peuvent résulter des empêchements nouveaux. En effet, l'alliance empêche le mariage du conjoint survivant avec tous les ascendants et tous les descendants du conjoint prédécédé (art. 161), et même avec ses frères et sœurs (art. 162); mais relativement à ces derniers, l'empêchement, lorsqu'il existe des causes graves, peut être levé par ordonnance du Roi (art. 164).

L'adoption, qui ne donne aucun parent à l'adopté, ne peut, par la même raison, lui donner aucun allié. Cependant le mariage est prohibé, comme s'il y avait affinité directe, entre l'adopté et le conjoint de l'adoptant, et réciproquement entre l'adoptant et le conjoint de l'adopté (art. 348).

Ajoutons, relativement aux secondes noces, que la veuve ne peut se remarier que dix mois révolus après la dissolution du précédent mariage (art. 228).

OBSERVATION GÉNÉRALE.

237. Les empêchements dont nous avons parlé sont tous prohibitifs, en ce sens qu'ils s'opposent tous à la célébration du mariage ; mais la violation d'une prohibition quelconque ne suffit pas toujours pour vicier le mariage contracté. Il faut éviter de confondre les empêchements purement prohibitifs avec ceux qu'on appelle dirimants parce qu'ils emportent nullité du mariage, comme nous l'expliquerons en traitant des *Demandes en nullité de mariage* (V. chap. IV).

APPENDICE

SUR LES EMPÊCHEMENTS RELATIFS AU MARIAGE DES HOMMES DE COULEUR, DES MILITAIRES, DES PRINCES ET DES ECCLÉSIASTIQUES.

§ I.

238. Les anciennes ordonnances défendaient aux blancs de l'un ou de l'autre sexe de contracter mariage avec les noirs (¹). De là résultait

(¹) Édit du mois de mars 1724, dit *Code noir* pour la Louisiane (art. 6).

un empêchement prohibitif ([1]), qui a cessé lorsque la Convention, supprimant l'esclavage dans les colonies françaises, déclara que tous les hommes y jouiraient des droits assurés par la constitution ([2]). Après le traité d'Amiens, le gouvernement consulaire rétablit l'esclavage conformément aux lois antérieures à 1789, sans s'expliquer sur les prohibitions de mariage quant aux hommes de couleur ([3]). Toutefois, il ne tarda point à déclarer par une simple circulaire ministérielle ([4]) l'intention où il était qu'aucun acte de mariage ne fût reçu entre les blancs et les négresses ou entre les nègres et les blanches. Plusieurs dispenses accordées par le gouvernement ont constaté jusqu'en 1812 le maintien de cet empêchement ([5]). Un peu plus tard, son abandon était reconnu à la Chambre des députés par le ministre de la justice ([6]). Dans tous les cas, il serait supprimé aujourd'hui par la loi du 24 avril 1833, qui accorde aux hommes de couleur libres la pleine et entière jouissance des droits civils.

D'après les anciennes ordonnances, l'esclavage n'était pas, comme la couleur, un empêchement de mariage, même entre les personnes de condition différente. Le mariage du maître avec son esclave suffisait pour libérer celle-ci, et pour conférer la légitimation, en même temps que la liberté, aux enfants qui seraient nés avant la célébration ([7]). Une ordonnance royale du 11 juin 1839 attribue au mariage des esclaves avec les personnes libres des effets plus étendus, sans distinguer si les contractants sont de même couleur ou de couleur différente : pour qu'un esclave de l'un ou de l'autre sexe soit affranchi, il suffit qu'il épouse, soit son maître ou sa maîtresse, soit, avec la permission de son maître, une autre personne libre.

§ II.

239. Des règlements anciens, confirmés par Louis XVI, défendaient aux officiers de se marier sans la permission de leurs supérieurs ([8]). Tombées en désuétude depuis 1789, et formellement supprimées par la Convention ([9]), ces défenses ont été renouvelées en 1808 par plusieurs

---

([1]) Arrêts de rejet des 27 juin et 10 décembre 1838. La prohibition est établie dans l'édit de 1724 « sous peine de punition et d'amende arbitraire. »

([2]) Lois du 16 pluv. et du 12 germ. an II.

([3]) Loi du 30 flor. an X.

([4]) Circulaire du grand juge, ministre de la justice, du 18 niv. an X.

([5]) Locré, *Législation de la France*, t. IV, pag. 615.

([6]) *Moniteur* du 18 février 1819.

([7]) Code noir, art. 6 et 10.

([8]) Ordonn. du 31 janvier 1785, du 13 septembre 1713 ; règlement du 1er juillet 1788.

([9]) Loi du 8 mars 1793.

décrets impériaux (¹). Il en résulte un empêchement prohibitif qui est
sanctionné, en cas de contravention, par la destitution du fonctionnaire qui a célébré le mariage et par celle des officiers qui se sont
mariés sans permission. Ces derniers perdent en outre leurs droits à
toute pension ou récompense militaire (²).

§ III.

240. La position sociale des princes est régie par le droit politique et
par la raison d'État, plutôt que par le droit civil. Leur mariage intéresse la nation tout entière et influe sur ses destinées. De là vient que,
d'après un usage constamment observé en France, les princes du sang,
quel que soit leur âge, ne se marient qu'avec le consentement du Roi.
Aussi le mariage que Gaston d'Orléans, frère de Louis XIII, avait contracté avec Marguerite de Lorraine, et qu'un arrêt du Parlement avait
annulé en 1634, a-t-il dû être célébré de nouveau, avec l'autorisation
royale, en 1647 (³).

Ce principe n'a point été reproduit dans la constitution de 1791;
mais en 1804, lorsque le premier Consul prit le titre d'Empereur, il fut
établi que « les princes français ne peuvent se marier sans l'autorisa-
« tion de l'Empereur (⁴)»; et suivant les statuts de 1806 « le mariage des
« princes et princesses de la maison impériale, à quelque âge qu'ils
« soient parvenus, sera nul et de nul effet, de plein droit, sans qu'il
« soit besoin de jugement, toutes les fois qu'il aura été contracté sans
« le consentement formel de l'Empereur... exprimé dans une lettre
« close contre-signée par l'archichancelier de l'Empire (⁵). » Cette lettre
devait même être transcrite en entier dans l'acte de mariage (⁶).

Depuis 1814, les membres de la famille royale se sont toujours mariés avec l'autorisation expresse du Roi, mais sans que les actes destinés à constater leur mariage se soient référés par aucune mention aux
statuts impériaux, et sans qu'il ait été question de lettre close. On a
continué, même après 1830, à observer les formes qui avaient été suivies, sous la Restauration, pour le mariage du duc de Berry. Il ne
paraît pas d'ailleurs que les statuts de la famille impériale aient été
considérés comme obligatoires, puisque la loi du 30 août 1842 sur la
régence n'a pas mentionné, même pour l'abroger, le sénatus-consulte

---

(¹) Décrets des 16 juin, 3 et 28 août 1808 ; avis du C. d'État du 22 nov. 1808.
(²) Décret du 16 juin 1808.
(³) Pothier, *Mariage*, n° 343.
(⁴) SC. du 28 flor. an XII, art. 12.
(⁵) Statuts du 30 mars 1806, art. 4.
(⁶) Mêmes statuts, art. 20.

qui avait réglé la régence impériale (¹). En fait, on a suivi, pour le mariage des princes, les usages de l'ancienne monarchie, sans tenir compte du droit intermédiaire.

§ IV.

241. La promotion aux ordres majeurs, qui sont la prêtrise, le diaconat et le sous-diaconat, constituait, dans la discipline ecclésiastique, un empêchement prohibitif que le concile de Latran et surtout le concile de Trente ont rendu dirimant. Les dispositions disciplinaires de ce dernier concile n'ont point été reçues en France ; mais la même règle étant établie par la jurisprudence des parlements, la prohibition exista en même temps dans la loi de l'Église et dans la loi de l'État. Aussi lorsque l'édit de Nantes laissait aux protestants le libre exercice de leur culte, le Parlement de Paris jugeait-il qu'après avoir abandonné la religion catholique pour embrasser le calvinisme, un prêtre restait incapable de contracter mariage, parce qu'il n'avait pas cessé d'être soumis aux lois de l'État (²).

Cette législation subsista en France jusqu'à la constitution de 1791. « La loi, dit cette constitution, ne considère le mariage que comme un « contrat civil (³). » Dès lors, les prêtres purent se marier, quoiqu'ils n'y fussent pas expressément autorisés, même par la loi du 20 septembre 1792 ; mais bientôt après, le mariage des prêtres fut encouragé (⁴) et même récompensé. Les ecclésiastiques mariés furent exemptés des peines portées contre ceux qui refusaient de prêter serment à la constitution civile du clergé (⁵).

242. Enfin arriva le gouvernement consulaire qui, après avoir conclu avec le Saint-Siége la convention du 26 thermidor an IX, connue sous le nom de Concordat, la promulgua avec les articles qu'on appelle organiques (⁶).

En vertu de cette convention, la religion catholique est reconnue comme la religion *de la grande majorité des Français;* elle est librement exercée et son culte est public. L'État assure aux évêques et aux curés un traitement (⁷), qui est insaisissable pour la totalité (⁸). Les ecclésias-

---

(¹) SC. du 5 février 1813.

(²) Pothier, *Contrat de mariage*, nᵒˢ 115, 116 et 117.

(³) Constit. de 1791, tit. 2, art. 7.

(⁴) V. deux lois du 19 juillet, et plusieurs lois des 12 août et 17 septembre 1793.

(⁵) Loi du 25 brum. an II ; V. lois du 26 août 1792 et du 24 avril 1793, loi du 22 flor. an II.

(⁶) Loi du 18 germ. an X.

(⁷) Même loi, art. 64, 65 et 66.

(⁸) Arrêté du 18 niv. an XI.

tiques sont tous exemptés du recrutement et ne font point partie de la garde nationale ([1]). La loi civile qui leur accorde certains priviléges, leur impose aussi plusieurs obligations ([2]).

L'état du prêtre catholique étant ainsi reconnu par la loi civile, ne peut être scindé; et comme les ecclésiastiques sont, en cette qualité, soumis à la discipline de l'Église, le sacerdoce et le mariage sont incompatibles ([3]).

243. En résulte-t-il qu'un prêtre ne puisse, en abandonnant son ministère, contracter mariage? Les tribunaux peuvent-ils décider aujourd'hui ce qu'ils décidaient, en 1640, à l'égard des prêtres catholiques qui se faisaient protestants?

Le principe de la liberté de conscience, pleinement consacré par la législation actuelle, ne laisse plus aucun doute sur la faculté de renoncer à la prêtrise. On ne conçoit pas comment un homme continuerait d'appartenir à l'Église et au clergé catholique, en abjurant le catholicisme, peut-être même le christianisme.

Voyons si, dans cette position, le mariage lui est interdit par la loi dont on a plusieurs fois argumenté, c'est-à-dire par la loi organique du Concordat.

L'article 6, le seul qu'on puisse invoquer, fait partie du titre premier qui traite *du Régime de l'Église dans ses rapports généraux avec les droits et la police de l'État*. Cet article, en se référant à l'esprit général du titre, décide qu'il y aura recours au conseil d'État DANS TOUS LES CAS D'ABUS, *de la part des supérieurs et autres personnes ecclésiastiques*. Viennent ensuite les cas d'abus, entre autres *l'infraction des règles consacrées* PAR LES CANONS REÇUS EN FRANCE. Évidemment il s'agit des infractions commises *par les supérieurs ou autres personnes ecclésiastiques* agissant en cette qualité. Quant aux droits civils, la loi organique n'en parle point, parce que leur exercice n'a rien de commun avec les rapports de l'État et de l'Église tels qu'ils sont réglés par le Concordat. Cette loi reste donc étrangère aux actes qu'un ecclésiastique ferait comme particulier, et à plus forte raison aux actes d'un homme qui ne serait plus une *personne ecclésiastique*.

244. Cependant on a jugé que la loi organique s'oppose au mariage des prêtres par cela seul que l'article 6 parle des CANONS REÇUS EN

([1]) Décret du 7 mars 1806; V. lois du 22 mars 1831, art. 12, et du 21 mars 1832, art. 14. *N. B.* Le Décret de 1806 n'est pas au Bulletin des lois. Il se trouve dans la *Législation militaire*, par Hugues Berriat.

([2]) Notamment celle de ne point donner la bénédiction nuptiale avant que le mariage ait été contracté devant l'officier de l'état civil (Loi du 18 germ. an X, art. 54; V. C. pén., art. 199 et 200).

([3]) V. un fragment du discours de Portalis, transcrit plus bas.

FRANCE, en supposant, sans le dire expressément, que parmi les canons reçus en France se trouvent ceux du concile de Trente (¹).

La vérité est que « le concile de Trente, comme le dit Pothier (²), n'a « pu être reçu en France malgré les efforts que firent la cour de Rome « et le clergé pour l'y faire recevoir. L'atteinte qu'il donne aux droits de « la puissance séculière fut et *sera toujours un obstacle insurmontable* à « sa réception » ; et c'est précisément parce que le concile n'était pas reçu, que quelques-unes de ses dispositions ont été spécialement adoptées par Henri III, dans l'ordonnance de Blois, et sont alors devenues lois de l'État (³).

En adoptant un autre canon du concile qui, par lui-même, ne pouvait avoir aucune autorité en France, la puissance séculière a pareillement prohibé le mariage des ecclésiastiques (⁴) ; mais ce qu'elle avait défendu dans un temps, cette même puissance l'a permis dans un autre. La loi seule pourrait donc établir une prohibition nouvelle : or, cette prohibition n'existe ni dans la loi organique ni dans le Code civil.

Sur ce point les interprétations officielles s'accordent toutes. Le principal négociateur du Concordat, Portalis, s'en est expliqué deux fois comme orateur du gouvernement, en présentant au Corps législatif, d'abord la loi organique (⁵) du 18 germinal an X, et ensuite la loi du 26 ventôse an XI sur le mariage (⁶).

Il est vrai que plus tard, le gouvernement impérial a défendu aux officiers de l'état civil de recevoir l'acte de mariage des prêtres(⁷), et que pour mieux empêcher le mariage de quelques-uns, l'Empereur les a fait enfermer ; mais en même temps il a reconnu que les instructions ministérielles ne lient pas les tribunaux, que pour prohiber le mariage des

---

(¹) Cour de Paris, 14 janvier 1832 ; Cour de cassation, section des requêtes, 21 février 1833. Il faut remarquer que la cour royale avait d'abord été partagée, que le tribunal de la Seine avait rejeté l'opposition fondée sur la prêtrise, comme l'ont rejetée les tribunaux de Sainte-Menehould (28 août 1827), de Nancy (23 avril 1828), de Cambrai (7 mai 1828) et d'Issoudun (27 septembre 1831). La Cour de cassation a confirmé sa jurisprudence par un second arrêt du 23 février 1847.

(²) *Contrat de mariage*, n° 349 ; Merlin, *Répert.* v° CONCILE ;

(³) Pothier, *Contrat de mariage*, n° 361.

(⁴) Pothier, *ibid.*, n° 117.

(⁵) « Pour les ministres que nous conservons et à qui *le célibat est ordonné par* « *les règlements ecclésiastiques*, la défense qui leur est faite du mariage par ces « règlements, ... *n'est point consacrée comme empêchement dirimant dans* « *l'ordre civil.* En se mariant, ils continueraient à jouir de leurs droits de famille et « de cité, mais ils seraient tenus de s'abstenir des fonctions du sacerdoce. »

(⁶) Discours prononcé devant le Corps législatif, le 16 vent. an XI.

(⁷) Lettres du ministre des cultes à l'archevêque de Bordeaux (14 janvier 1806), et au préfet de la Seine-Inférieure (30 janvier 1807).

prêtres, il fallait une loi ([1]) : or, cette loi n'a jamais existé qu'en projet. Il n'existe donc aucun empêchement légal au mariage des prêtres. Toutefois on s'est demandé si, à défaut d'un empêchement dirimant, on ne pouvait pas reconnaître ici un empêchement prohibitif. Pour le soutenir, on s'est fondé sur les paroles de Portalis précédemment citées, qui semblent exclure seulement l'existence d'un empêchement dirimant ; mais il résulte du discours de Portalis pris dans son ensemble, que l'orateur ne songeait nullement à établir une distinction entre les deux espèces d'empêchement. Après tout, l'établissement d'un empêchement prohibitif sur de simples inductions n'est pas plus justifiable que celui d'un empêchement dirimant.

Qu'on ne se méprenne pas d'ailleurs sur notre pensée. Nous sommes loin de méconnaître les graves inconvénients que présente, au point de vue moral, le mariage des prêtres, mais nous croyons qu'il n'appartient qu'au législateur de prendre en considération les besoins de la société pour apporter de nouvelles restrictions à la liberté des mariages.

144. — L'homme, avant dix-huit ans révolus, la femme, avant quinze ans révolus, ne peuvent contracter mariage.

145. — Néanmoins, il est loisible au Roi d'accorder des dispenses d'âge pour des motifs graves.

SOMMAIRE.

245. Législations successives sur l'âge nécessaire au mariage. Dispenses autorisées. par le Code.

245. L'ancienne jurisprudence, conforme aux lois romaines ([2]), permettait le mariage à quatorze ou à douze ans accomplis, suivant le sexe ; mais cette règle, primitivement adoptée pour la Grèce et pour l'Italie, ne convenait pas également à toute l'Europe. En 1792, l'Assemblée législative exigea, tant pour l'homme que pour la femme, un an de plus ([3]). Le Code, sur les observations de plusieurs tribunaux, a encore reculé cette limite (art. 144) ; mais en posant une règle conforme à l'intérêt général, le législateur a dû prendre en considération la diversité des tempéraments, aussi bien que celle des climats qui, même sur le territoire continental de la France, influe sur la puberté. De là les dispenses d'âge

---

([1]) Discussion au conseil d'État, séance du 20 déc. 1813. V. Sirey 1832, 2, p. 68.
([2]) *Pr., de nupt.; Pr., quib. mod. tut. fin.;* Pothier, *Contrat de mariage,* n° 94.
([3]) Loi du 20 septembre 1792, tit. 4, sect. 2, art. 1.

que le gouvernement peut accorder (art. 145) en connaissance de cause, sur le rapport que fait le ministre de la justice, après avoir pris l'avis du procureur du Roi [1].

146. — Il n'y a pas de mariage lorsqu'il n'y a point de consentement.

SOMMAIRE.

246. Nécessité du consentement des contractants.

246. La loi suppose ici qu'il n'existe pas de consentement. Nous éviterons donc de rattacher, comme on le fait communément, l'article 146 aux articles 180 et 181, qui supposent un consentement réel, quoique vicié par la violence ou l'erreur. Dans ce cas, le mariage n'est pas nul de droit, il est seulement susceptible d'être annulé sur la demande faite par certaines personnes, dans un certain délai (V. art. 180 et 181).

Ici, au contraire, le consentement n'existant pas, « il n'y a pas de mariage. » La nullité est radicale et absolue; elle pourra donc être invoquée en tout temps par tous ceux à qui l'on opposerait un prétendu mariage, qui n'est tout au plus qu'un mariage apparent. Tel serait, par exemple, le mariage d'une personne en état d'imbécillité ou de démence [2]. Un sourd-muet de naissance serait dans le même cas, s'il était resté dans une ignorance telle qu'il lui fût absolument impossible de communiquer ses idées.

147. — On ne peut contracter un second mariage avant la dissolution du premier.

SOMMAIRE.

247. Conséquences légales de la bigamie.

247. La bigamie est un crime, que l'ancienne jurisprudence a d'abord puni du dernier supplice. Plus tard, c'est-à-dire dans le dix-huitième siècle, on ne prononçait pas la peine de mort; le coupable était seulement condamné au carcan et à plusieurs années de galères, de bannissement ou de prison. En 1791, l'Assemblée constituante établit pour la première fois une pénalité fixe de douze années de fers [3], qui est remplacée, dans le Code pénal de 1810, par les travaux forcés à temps (C. pén., art. 340).

Du reste, pour appliquer la peine, ou même pour prononcer la nul-

---

[1] Arrêté du 20 prair. an X.
[2] Cour de Paris, 18 mai 1818.
[3] Code pénal du 6 octobre 1791, part. 2, tit. 2, sect. 1, art. 33.

lité du second mariage, il faut non-seulement qu'un précédent mariage ait été contracté, mais encore qu'il ne renferme aucune cause de nullité ([1]).

148. — Le fils qui n'a pas atteint l'âge de vingt-cinq ans accomplis, la fille qui n'a pas atteint l'âge de vingt-un ans accomplis, ne peuvent contracter mariage sans le consentement de leurs père et mère : en cas de dissentiment, le consentement du père suffit.

SOMMAIRE.

248. Jusqu'à quel âge est exigé le consentement des père et mère.

248. Les majeurs, c'est-à-dire les personnes âgées de vingt et un ans révolus, sont capables de tous les actes de la vie civile, excepté, pour le sexe masculin, le mariage (art. 488). Jusqu'à vingt-cinq ans accomplis, l'homme qui a des ascendants ne peut se marier sans leur consentement. Il reste donc à cet égard dans un état de minorité (art. 152), tandis qu'à vingt et un ans la majorité des femmes est absolue, parce qu'à cet âge leur établissement ne peut être retardé sans inconvénient. L'homme, au contraire, n'a rien à perdre en différant son mariage de quelques années.

Cette distinction n'existait pas avant le Code. La majorité ordinaire des deux sexes, fixée à vingt-cinq ans par l'ancienne jurisprudence, et à vingt et un ans par la loi de 1792, suffisait pour la validité du mariage, comme pour celle des autres actes de la vie civile ([2]).

En exigeant le consentement des père et mère, le Code demande deux consentements, celui du père et celui de la mère. Si le premier peut suffire, c'est *en cas de dissentiment*. Il faudra donc, si la mère ne consent pas, constater son dissentiment par un acte respectueux. Cette démarche n'est pas une simple formalité : il est très-possible que les observations de la mère ne soient pas sans influence sur sa fille ou même sur son fils.

149. — Si l'un des deux est mort, ou s'il est dans l'impossibilité de manifester sa volonté, le consentement de l'autre suffit.

SOMMAIRE.

249. Dans quels cas les père et mère sont-ils dans l'impossibilité de manifester leur volonté?

([1]) Merlin, *Répert.*, v° BIGAMIE. V. art. 189.
([2]) Pothier, *Contrat de mariage*, n°s 326, 337.

249. Sont dans l'impossibilité légale de manifester leur volonté, les personnes interdites pour cause d'imbécillité, démence où fureur (V. art. 489), ou placées, d'après la loi du 30 juin 1858, dans une maison d'aliénés; les condamnés qui subissent la peine des travaux forcés à temps, de la détention ou de la réclusion, parce qu'ils sont, pendant la durée de leur peine, en état d'interdiction légale (C. pén., art. 29); enfin, les morts civilement, ainsi que les condamnés par contumace privés de l'exercice de leurs droits civils dans le cas prévu par l'article 28. Les autres contumaces n'encourent pas la même incapacité; mais comme ils sont presque toujours cachés ou en fuite, on doit les considérer comme absents. Pour eux et pour les personnes en démence qui ne sont pas interdites ou placées dans une maison d'aliénés, il y a une impossibilité de fait qui les empêche de manifester leur volonté. Nous verrons, sur l'article 155, comment se prouve cette impossibilité.

150. — Si le père et la mère sont morts, ou s'ils sont dans l'impossibilité de manifester leur volonté, les aïeuls et aïeules les remplacent : s'il y a dissentiment entre l'aïeul et l'aïeule de la même ligne, il suffit du consentement de l'aïeul.

S'il y a dissentiment entre les deux lignes, ce partage emportera consentement.

SOMMAIRE.

250. Au nombre des aïeuls et aïeules qui remplacent les père et mère, sont compris les bisaïeuls et autres ascendants (art. 174).

Après la mort du père, c'est à la mère survivante, et non aux ascendants paternels, qu'appartient le droit de consentir au mariage. On pourrait donc croire par analogie qu'à défaut de la mère, le même droit appartient tout entier, et sans distinction de ligne, aux ascendants les plus proches; mais si la qualité de père ou de mère suffit pour exclure tout autre ascendant, la proximité de degré n'a plus la même importance lorsqu'il s'agit d'ascendants plus éloignés. Nous voyons d'ailleurs, au titre des Successions (art. 746), que si l'ascendant le plus proche exclut le plus éloigné, c'est seulement dans la même ligne. Il faudra donc consulter les ascendants les plus proches dans chacune des lignes paternelle et maternelle.

Le dissentiment entre les deux lignes équivaut au consentement, quel que soit le sexe ou le nombre des ascendants dans l'une ou dans l'autre ligne; la loi ne fait à cet égard aucune distinction (¹). Si le dis-

---

(¹) Cour de Poitiers, 8 juillet 1830.

sentiment se manifeste dans la même ligne, entre les ascendants du second degré, il suffit de dire avec la loi que la volonté de l'aïeul l'emporte sur la volonté contraire de l'aïeule relativement au mariage des enfants de leur fils ou de leur fille. Mais la question est plus compliquée pour les autres ascendants : car la même personne peut avoir dans la même ligne, deux bisaïeuls et deux bisaïeules, par exemple, les père et mère tant de son aïeul que de son aïeule du côté paternel. Dans ce cas, par une nouvelle application de la prérogative maritale, la volonté du bisaïeul l'emportera sur la volonté de la bisaïeule, quand il s'agira du mariage des petits-enfants de leur fils ; mais au contraire, lorsque le dissentiment s'élèvera entre le père ou la mère de l'aïeul et le père ou la mère de l'aïeule, il équivaudra au consentement, comme si les dissidents appartenaient à deux lignes différentes et par identité de motifs. L'aïeul paternel du père n'aura point dans ce cas la préférence qu'on lui accorde exceptionnellement pour la tutelle légitime, par suite de considérations que nous exposerons plus loin (V. art. 403 et 404).

151. — Les enfants de famille, ayant atteint la majorité fixée par l'article 148, sont tenus, avant de contracter mariage, de demander, par un acte respectueux et formel, le conseil de leur père et de leur mère, ou celui de leurs aïeuls et aïeules, lorsque leur père et leur mère sont décédés, ou dans l'impossibilité de manifester leur volonté.

SOMMAIRE.
251. Origine des actes respectueux.

251. Henri II, par un édit du mois de février 1556, défendit aux enfants, sous peine d'exhérédation, de contracter mariage, sans le consentement des père et mère, en exceptant toutefois le fils âgé de trente ans, et la fille âgée de vingt-cinq ans accomplis, « pourvu qu'ils se fussent mis en devoir de requérir l'avis et le conseil de leurs dits père et mère. » Telle est l'origine des actes respectueux, qui ont été supprimés dans le droit intermédiaire par la loi du 20 septembre 1792. En rétablissant l'obligation de demander conseil aux ascendants, le Code veut que la demande soit faite par un acte respectueux et *formel*. Ce dernier mot signifie sans doute que l'acte ne doit pas avoir d'autre objet.

152. — Depuis la majorité fixée par l'article 148 jusqu'à l'âge de trente ans accomplis pour les fils, et jusqu'à l'âge de vingt-cinq ans accomplis pour les filles, l'acte respectueux, prescrit par l'article précédent, et sur lequel il n'y aurait pas de consentement au mariage, sera renouvelé deux autres fois, de mois en mois; et un mois après le troisième acte, il pourra être passé outre à la célébration du mariage.

153. — Après l'âge de trente ans, il pourra être, à défaut de consentement sur un acte respectueux, passé outre, un mois après, à la célébration du mariage.

SOMMAIRE.

252. Réitération des actes respectueux. Comment se calculent les délais.

252. L'édit de 1556, en obligeant les enfants à requérir l'avis et le conseil de leurs père et mère, n'exigeait pas que la demande fût réitérée. La nécessité des trois actes respectueux a été introduite beaucoup plus tard par le Parlement de Toulouse, dans un arrêt de règlement du 26 juin 1723.

Pour renouveler l'acte respectueux *de mois en mois* (art. 152), il n'est pas nécessaire que l'intervalle soit d'un mois plein. La notification faite tel jour du mois sera valablement réitérée le jour correspondant du mois suivant, en calculant le délai de quantième à quantième (¹). Entre le dernier acte respectueux et la célébration du mariage, qui ne peut avoir lieu qu'*un mois après,* la loi semblerait exiger un mois plein. Cependant nous ne pensons pas que ces différentes expressions dans le même article tendent à établir une distinction que rien ne justifierait. Nous n'exigerons donc pas ici un mois plein, comme nous avons exigé un jour plein pour la promulgation des lois (art. 1).

La fille âgée de vingt-cinq ans n'est pas obligée de faire plusieurs actes respectueux (art. 152); l'article 153 ne s'applique donc qu'au fils. On doit s'étonner qu'il ait fallu rendre plusieurs arrêts (²) sur une question aussi peu douteuse.

154. — L'acte respectueux sera notifié à celui ou ceux des ascendants désignés en l'article 151, par deux notaires, ou par un notaire et deux témoins; et, dans le procès-verbal qui doit en être dressé, il sera fait mention de la réponse.

DEUX NOTAIRES OU UN NOTAIRE ET DEUX TÉMOINS, conformément à la règle générale sur les actes notariés (*Loi du 25 ventôse an XI, art.* 9).

SOMMAIRE.

253. Signification des actes respectueux par les notaires.

---

(1) Cour de Paris, 19 octobre 1809.

(²) Cours de Bordeaux, 22 mai 1806; — de Besançon, 24 mai 1808; — de Bourges, 2 janvier 1810, — et de Paris, 19 septembre 1815.

253. Le conseil des père et mère se demandait autrefois par une sommation qui était dite respectueuse, quoique signifiée par huissier, comme toute autre sommation. Cette pratique peu conforme aux convenances a été réformée, dans le ressort du Parlement de Paris, par un arrêt de règlement du 27 août 1692 qui préféra les notaires aux huissiers, et cependant l'acte notarié continua de s'appeler *sommation respectueuse*. Dans le Code civil, c'est un acte respectueux.

Si l'ascendant auquel cet acte est notifié fait une réponse, elle doit être mentionnée au procès-verbal, précisément parce que c'est un conseil que ses enfants lui demandent, ou plutôt lui font demander ; car ils ne sont pas tenus de se présenter avec le notaire. C'est un point reconnu aujourd'hui par les auteurs et par une jurisprudence constante [1].

155. — En cas d'absence de l'ascendant auquel eût dû être fait l'acte respectueux, il sera passé outre à la célébration du mariage ; en représentant le jugement qui aurait été rendu pour déclarer l'absence, ou, à défaut de ce jugement, celui qui aurait ordonné l'enquête, ou, s'il n'y a point encore eu de jugement, un acte de notoriété délivré par le juge de paix du lieu où l'ascendant a eu son dernier domicile connu. Cet acte contiendra la déclaration de quatre témoins appelés d'office par ce juge de paix.

SOMMAIRE.

254. Le simple fait de l'éloignement ne met point un ascendant dans l'impossibilité de manifester sa volonté. Quelle que soit la distance, il faut donc attendre son consentement ou demander son conseil, lorsque sa résidence est connue [2] ; mais il en est autrement pour les ascendants dont on n'a plus aucune nouvelle et dont l'existence est devenue incertaine. Aussi, dans l'ancienne jurisprudence, l'impossibilité d'obtenir leur consentement n'a-t-elle jamais empêché le mariage des mineurs. Pothier le décide formellement [3], et le Code civil, s'occupant aussi de l'absence des ascendants, permet de passer outre en produisant, l'une au défaut de l'autre, les pièces suivantes :

---

[1] Cour de Douai, 27 mai 1835 ; cour de Paris, 26 avril 1836 ; arrêt de rejet du 4 novembre 1807.

[2] Pothier, *Contrat de mariage*, n° 328.

[3] *Ibid.*, n° 329.

1° Le jugement qui a déclaré l'absence,

2° Le jugement qui a ordonné une enquête,

3° Un acte de notoriété contenant la déclaration de quatre témoins, qui ne sont pas choisis par les parties intéressées, mais désignés d'office par le juge de paix dans le ressort duquel l'ascendant absent a eu son dernier domicile.

255. Mais que décider, lorsque, par ignorance du dernier domicile, on ne pourra faire un pareil acte de notoriété? Le conseil d'État a donné, sur les difficultés qui se sont élevées à ce sujet, un avis dont les motifs établissent cette doctrine importante, qu'il faut distinguer en cette matière « les cas que la loi a voulu régler, de ceux qu'elle a laissés à la « disposition des principes généraux et du droit commun... que les « formalités prescrites, lorsqu'il s'agit de suppléer au titre constitutif « de l'état des personnes (c'est-à-dire à l'acte de naissance, art. 71), « ne peuvent être exigées en remplacement d'actes moins essentiels, » tels qu'un acte de décès ou les actes mentionnés dans l'article 155. En conséquence, le conseil d'État décide « que si les père, mère et aïeuls « *dont le consentement ou conseil est requis* sont décédés, et si l'on est « dans l'impossibilité de produire l'acte de décès ou la preuve de leur « absence, faute de connaître leur dernier domicile, il pourra être pro- « cédé à la célébration du mariage des *majeurs,* sur leur déclaration « à serment que le lieu du décès et celui du dernier domicile leur sont « inconnus, » déclaration que les quatre témoins devront certifier en prêtant de leur côté un serment semblable (¹).

256. L'article 155 parle de l'ascendant *auquel eût dû être fait l'acte respectueux,* c'est-à-dire de l'ascendant dont le consentement n'est plus indispensable. La décision précitée, au contraire, comprend tous les ascendants *dont le consentement ou conseil est requis.* Cette décision est donc plus explicite que le texte du Code ; mais d'un autre côté, elle ne parle que des *majeurs,* et de là vient que, relativement au mariage des mineurs, on doute encore qu'il soit permis de suppléer au consentement des ascendants, comme on supplée aux actes respectueux. A cet égard le conseil d'État, dans son exposé de motifs, dit nettement « que quant aux mineurs, *rien n'est à craindre,* puisqu'ils ne peuvent jamais se marier sans le consentement du conseil de famille ; » mais ces paroles, quelque décisives qu'elles paraissent, ne suffisent pas pour attribuer au conseil de famille une compétence que la loi ne lui donne pas. Pour que son consentement suffise, il faut que tous les ascendants soient morts ou dans l'impossibilité de manifester leur volonté (art. 160):

(¹) Avis du conseil d'État du 4 therm. an XIII.

il faudra donc, avant tout, faire reconnaître par le tribunal l'existence de cette impossibilité, et par cela même la compétence du conseil de famille.

En terminant sur l'article 155, nous ferons observer que, s'il parle uniquement de l'ascendant *auquel eût dû être fait l'acte respectueux*, on n'a jamais pu conclure de là que le consentement de l'ascendant ne saurait être suppléé par aucune des pièces mentionnées dans ce même article ; car le jugement qui a déclaré l'absence d'un ascendant est une preuve complète de l'impossibilité où il se trouve de manifester sa volonté. Démontrer par la rédaction de l'article 155 que ce jugement n'aurait pas toujours suffi pour que les enfants mineurs de l'absent pussent contracter mariage avec le consentement du conseil de famille, ce serait prouver trop, ce serait faire prévaloir la disposition toute réglementaire de l'article 155 sur le principe fondamental qui réside tout entier dans les articles 148, 149, 150 et 160.

156. — Les officiers de l'état civil qui auraient procédé à la célébration des mariages contractés par des fils n'ayant pas atteint l'âge de vingt-cinq ans accomplis, ou par des filles n'ayant pas atteint l'âge de vingt-un ans accomplis, sans que le consentement des pères et mères, celui des aïeuls et aïeules, et celui de la famille, dans le cas où ils sont requis, soient énoncés dans l'acte de mariage, seront, à la diligence des parties intéressées et du procureur du Roi près le tribunal de première instance du lieu où le mariage aura été célébré, condamnés à l'amende portée par l'article 192, et, en outre, à un emprisonnement dont la durée ne pourra être moindre de six mois.

157. — Lorsqu'il n'y aura pas eu d'actes respectueux, dans les cas où ils sont prescrits, l'officier de l'état civil qui aurait célébré le mariage, sera condamné à la même amende, et à un emprisonnement qui ne pourra être moindre d'un mois.

À LA DILIGENCE DES PARTIES INTÉRESSÉES, etc. (art. 156). L'action publique pour l'application des peines n'appartient qu'aux fonctionnaires à qui elle est confiée par la loi, entre autres au procureur du Roi. Les particuliers, n'étant jamais intéressés à l'application de la peine, ne peuvent avoir qu'une action en dommages-intérêts. Cette distinction, posée dès l'an IV dans le Code des délits et des peines (art. 5), n'aurait pas dû être négligée dans le Code civil.

SOMMAIRE.

257. L'article 156 ne s'applique pas à un simple défaut d'énonciation.

257. Ces deux articles se réfèrent, l'un au consentement, l'autre au

conseil des ascendants. Ils punissent l'officier de l'état civil qui célèbre un mariage « lorsqu'il n'y a pas eu d'actes respectueux dans les cas où « ils sont prescrits » (art. 157), et à plus forte raison lorsque le consentement des ascendants ou du conseil de famille, dans les cas où il est exigé, n'a pas été obtenu. Toutefois si tel est, dans ce dernier cas, le but de l'article 156, telle n'est pas sa décision textuelle. L'article parle du mariage célébré sans que le consentement *soit énoncé dans l'acte,* en sorte que la peine semblerait encourue pour un simple défaut d'énonciation, sans que l'on eût à examiner si le consentement existe, et lors même que son existence, constatée par des pièces annexées au registre, garantirait les parties contractantes des inconvénients que pourrait avoir le défaut de mention. Nous pensons que l'article 156 n'a pas voulu punir une simple omission, mais une faute beaucoup plus grave par elle-même et par ses conséquences, celle qui consiste à célébrer, sans le consentement des ascendants ou du conseil de famille, un mariage que la loi subordonne à ce consentement.

- Les doutes qu'a fait naître sur ce point la rédaction de l'article 156, auraient dû cesser depuis la promulgation du Code pénal. En effet, ce Code (art. 193), sans changer la nature des peines, fixe le *maximum* de l'emprisonnement et le *minimum* de l'amende, que le Code civil (article 156 et 192) n'avait pas déterminés, et la peine ainsi fixée s'applique précisément au cas où l'officier de l'état civil ne se serait point assuré de l'existence du consentement exigé pour la validité du mariage. Or, il est impossible que la même punition soit appliquée, par le Code civil, à une simple erreur de rédaction, et par le Code pénal, à la célébration d'un mariage irrégulier. L'article 193 de ce dernier Code ne peut donc être considéré que comme une interprétation complémentaire du Code civil. S'il en était autrement, toute proportion entre les peines serait renversée. Une omission dans l'acte inscrit sur les registres serait punie beaucoup plus sévèrement que l'inscription de ce même acte sur une feuille volante (V. C. pén., art. 192).

Quoi qu'il en soit, remarquons ici que le mariage contracté sans le consentement des ascendants ou du conseil de famille par ceux qui avaient besoin de ce consentement, peut être déclaré nul (art. 182), tandis que le défaut d'actes respectueux n'est jamais une cause de nullité.

158. — Les dispositions contenues aux articles 148 et 149, et les dispositions des articles 151, 152, 153, 154 et 155, relatives à l'acte respectueux qui doit être fait aux père et mère dans le cas prévu par ces articles, sont applicables aux enfants naturels légalement reconnus.

159. — L'enfant naturel qui n'a point été reconnu, et celui qui, après l'avoir été, a perdu ses père et mère, ou dont les père et mère ne peuvent manifester leur volonté, ne pourra, avant l'âge de vingt-un ans révolus, se marier qu'après avoir obtenu le consentement d'un tuteur *ad hoc* qui lui sera nommé.

SOMMAIRE.

258. L'enfant naturel n'a pas d'autre ascendant que ses père et mère. Il n'a pas de famille. Par qui sera nommé le tuteur *ad hoc.*

258. La disposition d'après laquelle les père et mère, décédés ou incapables de manifester leur volonté, sont remplacés par les aïeuls et aïeules, s'appliquait, dans la rédaction primitive de l'article 158, aux enfants naturels reconnus par leurs père et mère ; mais les observations du Tribunat ont fait prévaloir la rédaction actuelle, *parce qu'il ne peut être question ici des aïeuls et aïeules.* En effet, « comme les enfants na-« turels, dit Portalis (¹), n'appartiennent à aucune famille, on ne leur « a point appliqué la mesure par laquelle on appelle les aïeuls et aïeules, « *et ensuite les assemblées de famille,* après le décès des père et mère. « On eût placé en des mains peu sûres l'intérêt de ces enfants, en les « confiant à des familles dont ils sont plutôt la charge qu'ils n'en sont « une portion. Cependant, comme il fallait veiller pour eux, on leur « nomme dans les cas prévus (V. art. 159) un tuteur spécial. » Comprendrait-on, d'après ces motifs, que ce tuteur spécial ou tuteur *ad hoc* fût nommé par un conseil de famille ? Si l'on suppose que la loi a voulu se référer, pour la nomination de ce tuteur et pour la composition du conseil, aux règles générales (art. 405 et suiv.), pourquoi ne pas exiger directement le consentement du conseil, comment expliquer la nécessité où il serait de déléguer ses pouvoirs à un tuteur ? Nous pensons qu'ici tout est spécial, qu'on n'a songé aux conseils de famille, comme aux ascendants, que pour les exclure, et conséquemment que le tuteur *ad hoc* doit être nommé sur requête par le tribunal : cette procédure ne sera guère plus coûteuse que la délibération d'un conseil de famille.

160. — S'il n'y a ni père ni mère, ni aïeuls ni aïeules, ou s'ils se trouvent tous dans l'impossibilité de manifester leur volonté, les fils ou filles mineurs de vingt-un ans ne peuvent contracter mariage sans le consentement du conseil de famille.

(¹) Exposé des motifs, 16 vent. an XI.

259. Lorsqu'il n'existe plus aucun ascendant capable de manifester sa volonté, l'homme âgé de vingt et un ans accomplis peut, comme la femme, se marier à son gré. En effet, si la minorité se prolonge pour le mariage jusqu'à vingt-cinq ans, c'est à raison du respect que les enfants doivent à leurs ascendants, et à raison de l'affection que ces derniers portent à leurs descendants. Or, ces motifs n'existent pas à l'égard des collatéraux dont se compose le conseil de famille. Ils ont rarement la même affection que les ascendants, et n'ont jamais droit au même respect.

Le conseil de famille remplace, pour les mineurs de vingt et un ans, les ascendants décédés ou incapables de manifester leur volonté. Il semble donc que ce conseil devrait avoir, comme les ascendants, une autorité souveraine pour permettre ou empêcher le mariage. Cette autorité lui appartenait en effet d'après le Code civil; mais le Code de procédure (art. 883) a établi en règle générale que les délibérations du conseil de famille peuvent être attaquées devant le tribunal, toutes les fois qu'elles n'ont pas été prises à l'unanimité. On a douté que cette distinction fût applicable dans le cas prévu par l'article 160; mais précisément parce que le mariage est un acte d'une haute importance, il est nécessaire que la minorité du conseil de famille ne reste pas dépourvue de toute espèce de recours contre les erreurs de la majorité.

161. — En ligne directe, le mariage est prohibé entre tous les ascendants et descendants légitimes ou naturels, et les alliés dans la même ligne.

260. Cet article et le suivant reconnaissent trois causes d'empêchement, savoir : la parenté légitime, la parenté naturelle et l'alliance.

La parenté légitime existe entre les générations issues du mariage. Il n'y a qu'une parenté naturelle entre l'enfant né hors mariage ou ses descendants même légitimes, et ses ascendants ou ses collatéraux.

En ligne directe, et même entre frères et sœurs, la parenté naturelle ne produit pas un empêchement moins puissant que la parenté légitime; mais elle est souvent incertaine. De là la nécessité de la consta-

ter d'une manière précise (V. le titre de la Paternité et de la Filiation) ;
car le doute sur l'existence de la parenté naturelle ne suffirait plus aujourd'hui, comme il suffisait en droit romain ([1]), pour empêcher le
mariage.

261. L'alliance ou l'affinité se forme par le mariage entre l'un des
époux et les parents légitimes ou même naturels de l'autre.

Le but de la prohibition entre les alliés en ligne directe est qu'aucun
homme ne partage successivement son lit avec la mère et la fille, et
réciproquement qu'aucune femme n'entre successivement dans le lit
du père et dans celui du fils. Cette prohibition s'applique sans difficulté
à l'alliance proprement dite, que le mariage établit entre chacun des
époux et les parents légitimes ou naturels de l'autre. En est-il de même
lorsque le mariage a été annulé ? Une telle union peut, à raison de la
bonne foi des contractants, produire des effets civils (art. 201 et 202) :
alors il existe une véritable alliance, et par suite un empêchement légal. Dans le cas contraire, le mariage annulé ne produit pas d'effets
civils en faveur des parties qui ont été de mauvaise foi ; mais il n'en a
pas moins produit des rapports qui, en fait, ne diffèrent pas de ceux
qui existent entre époux, et si l'on décidait en droit qu'il n'en résulte
aucune alliance et par suite aucun empêchement, la mauvaise foi des
contractants leur assurerait un avantage dont se trouvent privés ceux
qui ont été de bonne foi. Nous ne pouvons admettre une pareille anomalie. Il nous semble qu'un mariage annulé, bien qu'il ne produise aucun effet civil *en faveur* des contractants, réalise toujours contre eux les
empêchements résultant de l'alliance.

Le droit canonique faisait résulter du concubinage une sorte d'alliance et par suite un empêchement dont le concile de Trente a restreint l'étendue. C'est aujourd'hui une question controversée de savoir
si, à raison de cette alliance, la prohibition établie par le Code s'applique entre l'un des concubins et les parents de l'autre. Remarquons
à cet égard que le droit canonique lui-même n'admettait l'empêchement qu'autant qu'il s'agissait d'un concubinage patent ([2]). On peut
donc en conclure que la prohibition était moins fondée sur une affinité
proprement dite que sur des considérations d'honnêteté publique. Sans
doute, le mariage contracté au mépris de ces considérations viole les
règles de la morale, mais il n'est pas contraire à la loi civile. Le Code
n'ayant pas déterminé les effets du concubinage, on ne peut pas dire
qu'il en résulte une véritable affinité ([3]).

([1]) *Paul. L.* 14, § 2, *D. de rit. nupt.*
([2]) Pothier, *Contrat de mariage*, nos 162-167.
([3]) L'opinion contraire s'appuie sur un arrêt de la cour de Nîmes (3 *déc.* 1811),

162. — En ligne collatérale, le mariage est prohibé entre le frère et la sœur légitimes ou naturels, et les alliés au même degré.

262. La règle qui prohibe le mariage, pour cause d'affinité collatérale, entre beaux-frères et belles-sœurs, tire son origine du Lévitique. Inconnue à Rome, elle a été introduite dans le Bas-Empire par les princes chrétiens ([1]), supprimée en France par l'Assemblée législative ([2]), rétablie par le Code civil, et modifiée par la loi de 1832 qui autorise les dispenses ([3]). Les auteurs du Code civil, qui admettaient le divorce, crurent devoir supprimer tout espoir de mariage entre beaux-frères et belles-sœurs, pour ne pas laisser subsister dans les familles une cause de troubles et de désordres trop fréquents ([4]). Le divorce n'existant plus aujourd'hui, le mariage entre beaux-frères et belles-sœurs offre moins d'inconvénients; il peut même avoir, pour les enfants du premier lit, des avantages que le gouvernement appréciera pour accorder ou refuser les dispenses autorisées par l'article 164.|

Du reste, il faut se garder de croire qu'en parlant de causes graves, le législateur ait entendu faire allusion à l'état de grossesse de la future épouse. Bien loin de là une circulaire du garde des sceaux ([5]) déclare expressément que cette circonstance ne sera pas prise en considération pour la concession des dispenses.

163. — Le mariage est encore prohibé entre l'oncle et la nièce, la tante et le neveu.

263. Ici la loi ne parle plus ni de parenté naturelle, ni d'alliance.

qui ne fournit qu'une simple induction. En effet, la cour a repoussé, faute de preuves, l'opposition formée au mariage, en considérant que « l'article 161 doit être entendu « d'une affinité déjà constante à l'époque où l'empêchement est opposé. » Tout ce qu'on peut induire de cette décision, c'est que l'opposition aurait été validée si le concubinage avait été légalement constaté. On cite également un arrêt de cassation (6 *nov.* 1809), qui est bien moins décisif encore; car il en résulte uniquement qu'un enfant naturel est allié du mari de sa mère, ce qui ne souffre aucun doute.

([1]) *Constant. et Const., L. 2, C. Th. de incest. nupt.; Honor. et Theod., L. 4, eod.*

([2]) Loi du 20 septembre 1792, tit. 4, sect. 1, art. 11.

([3]) Loi du 16 avril 1832.

([4]) V. Discussion au conseil d'État, 26 fruct. an IX.

([5]) Du 29 avril 1832.

Depuis 1792, la parenté, même légitime, avait cessé d'être un empêchement de mariage entre les oncles ou tantes et les neveux ou nièces ; et si le Code lui-même a rétabli l'ancienne prohibition, ce n'est qu'en la modifiant par des dispenses qu'il a toujours autorisées (art. 164).

Cette prohibition a été déclarée applicable entre le grand-oncle et la petite nièce (¹). Il doit en être de même entre la grand'tante et le petit-neveu.

164. — Néanmoins, il est loisible au Roi de lever, pour des causes graves, les prohibitions portées par l'article 162 aux mariages entre beaux-frères et belles-sœurs, et par l'article 163, aux mariages entre l'oncle et la nièce, la tante et le neveu.

SOMMAIRE.

264. Dispenses autorisées par la loi.

264. En rétablissant l'ancienne règle qui prohibait le mariage entre l'oncle et la nièce, et réciproquement entre la tante et le neveu, ou, pour parler plus exactement, entre deux collatéraux dont l'un serait au premier degré seulement de la souche commune, le Code permettait de lever *les prohibitions portées au précédent article,* c'est-à-dire à l'article 163 seulement : car la disposition de l'article 162 qui prohibe le mariage entre beaux-frères et belles-sœurs n'admettait aucune dispense ; mais la loi du 16 avril 1832, en autorisant la concession des dispenses entre beaux-frères et belles-sœurs, a modifié la rédaction de l'article 164.

CHAPITRES II et III.

DES FORMALITÉS RELATIVES A LA CÉLÉBRATION DU MARIAGE. — DES OPPOSITIONS AU MARIAGE.

INTRODUCTION.

SOMMAIRE.

265. Division de la matière.
266. But et formes des publications. Dans quelles communes elles doivent être faites.
267. Intervalle qui doit les séparer de la célébration. Sanction des règles précédentes. Comment se constate le fait de la publication.
268. But des oppositions. Quelles personnes peuvent s'opposer au mariage.
269. Formes des oppositions. A qui elles sont signifiées. Comment elles sont levées.

(¹) Décision prise par l'Empereur, le 7 mai 1808, contre un avis du C. d'État du 13 avril précédent.

En observant l'ordre dans lequel se succèdent les différentes formalités que nous avons à exposer, nous parlerons 1° des publications, 2° des oppositions, 3° des pièces à produire, 4° de la célébration, 5° enfin, de l'acte de mariage et des énonciations qu'il doit contenir.

§ Iᵉʳ. — Des publications.

265. Les précautions que la loi multiplie pour éviter toute incertitude sur l'état des personnes, ne sont jamais plus nécessaires qu'à l'égard du contrat qui perpétue les familles : aussi a-t-on voulu que le mariage fût célébré publiquement (art. 165). Pour mieux atteindre ce but, la loi décide qu'aucun Français ne se mariera, même en pays étranger (art. 170), sans avoir fait publier son futur mariage en France par l'officier de l'état civil (art. 63). La publication a lieu un jour de dimanche devant la porte de la mairie, et, sauf le cas de dispense obtenue par les parties (art. 169), elle doit être renouvelée le dimanche suivant (art. 63).

Les publications se font dans toutes les communes où sont domiciliés, soit les parties contractantes (art. 166), soit les ascendants dont le consentement est nécessaire (art. 168); et il faut observer à cet égard que six mois de résidence continue dans une commune suffisent aux parties pour y acquérir, relativement au mariage, un domicile spécial (art. 74) et indépendant du domicile ordinaire, qui se trouve toujours au lieu du principal établissement (art. 102). Le mariage pourra donc être célébré à l'un ou à l'autre domicile, au choix des parties; mais si l'on choisit le domicile spécial, les publications qu'on y fera devront être faites en outre au domicile ordinaire (art. 167).

266. Ainsi publié, le mariage peut être célébré le troisième jour après celui de la dernière publication (art. 64), c'est-à-dire le mercredi suivant; mais il doit l'être dans l'année. Après ce délai, les publications sont périmées : il faut donc les renouveler (art. 65). Une règle spéciale aux militaires et aux employés faisant partie d'un corps de troupes hors du territoire français, veut que les publications faites à leur domicile soient mises à l'ordre du jour de leur corps ou de l'armée, vingt-cinq jours avant la célébration (art. 94).

Si le mariage n'a pas été précédé des deux publications, ou, en cas de dispense, de la publication requise; si l'on n'a pas observé les délais prescrits, soit entre l'une et l'autre publication, soit entre la dernière publication et le mariage, les parties encourent une amende proportionnée à leur fortune, et l'officier de l'état civil, une amende de trois cents francs au plus (art. 192).

Le fait de la publication est constaté par un acte contenant toutes les énonciations requises pour les autres actes de l'état civil (V. art. 34). Cependant la loi n'exige pas qu'on indique exactement l'âge des contractants, mais seulement si chacun d'eux est majeur ou mineur. Cet acte, dont un extrait reste affiché à la porte de la mairie, dans l'intervalle de la première à la seconde publication, est inscrit sur un registre simple, qui est déposé, chaque année, au greffe du tribunal (art. 63 et 64).

§ II. — Des oppositions.

267. La loi accorde à certaines personnes le droit de s'opposer au mariage et d'empêcher ainsi la célébration, tant que la mainlevée n'a pas été consentie par l'opposant ou ordonnée par les tribunaux.

Les personnes à qui appartient le droit d'opposition se divisent en deux classes :

Dans la première sont les ascendants, c'est-à-dire, le père et, à son défaut, la mère ; à défaut des père et mère, les aïeuls ou aïeules et autres ascendants. Le droit d'opposition appartient aux ascendants, quel que soit l'âge des parties contractantes (art. 173); ils peuvent l'exercer sans énoncer leurs motifs (art. 176) et sans être jamais condamnés à des dommages-intérêts, lorsque l'opposition est rejetée (art. 179).

Dans la seconde classe sont d'autres personnes à qui le droit d'opposition n'est accordé que par un motif spécial, et qui peuvent être condamnées à des dommages-intérêts lorsqu'elles succombent (art. 179). Telle est la personne qui se prétendrait mariée avec l'un des contractants (art. 172). Tels sont, à défaut de tout ascendant, certains collatéraux, pourvu toutefois qu'ils soient majeurs, savoir, les frères et sœurs, les oncles et tantes, enfin les cousins germains. Leur opposition doit être fondée sur le défaut de consentement du conseil de famille, quand il s'agit du mariage d'un mineur, ou sur l'état de démence du futur époux ; mais, dans ce dernier cas, elle n'est reçue qu'à la charge de provoquer l'interdiction et d'y faire statuer dans un délai fixé par le tribunal (art. 174).

Tout ce qu'on vient de dire des collatéraux s'applique au tuteur ou curateur, mais il faut observer de plus que l'opposant doit obtenir l'autorisation du conseil de famille (art. 175).

268. L'opposition se forme par un acte d'huissier énonçant la qualité qui donne au requérant le droit de s'opposer au mariage, le domicile dont il a dû faire élection, et les motifs de l'opposition, lorsqu'elle est formée par tout autre qu'un ascendant. A défaut d'accomplissement

de toutes ces formalités, l'acte est nul, et l'officier ministériel qui l'a signifié, encourt l'interdiction (art. 176). Dans tous les cas, l'acte est signé,
tant sur l'original que sur la copie, par l'opposant ou par son mandataire muni d'une procuration spéciale et authentique. L'exploit est signifié à la partie contre qui l'opposition est formée et à l'officier de
l'état civil (art. 66). Ce dernier doit, sans délai, inscrire sur le registre
des publications une mention sommaire des oppositions qu'il reçoit,
ainsi que des actes ou des jugements de mainlevée dont l'expédition
lui est remise (art. 67) ; enfin, s'il célèbre le mariage avant d'avoir reçu
la mainlevée, il encourt une amende de trois cents francs, sans préjudice des dommages-intérêts (art. 68).

C'est à la partie contre qui est formée l'opposition, à en demander
la mainlevée, en assignant l'opposant au domicile par lui élu et devant le tribunal de ce domicile. Du reste, pour éviter une trop longue
incertitude, la loi fixe un délai de dix jours dans lequel il doit être statué sur la demande en mainlevée (art. 177 et 178).

§ III. — Des pièces à produire.

269. Pour que l'officier de l'état civil puisse procéder à la célébration
du mariage, les futurs époux doivent établir qu'ils réunissent les conditions requises. A cet effet, chacun d'eux remettra d'abord son acte de
naissance (art. 70), pour faire connaître non-seulement son âge, mais
aussi ses parents. On saura par là si le consentement des ascendants
est nécessaire, s'il suffit de demander leur conseil, et s'il existe entre les parties des empêchements fondés sur la parenté ou sur l'alliance.
L'acte de naissance a donc ici une grande importance. Aussi, lorsqu'il est
impossible de le présenter, l'acte de notoriété qui le remplace, doit-il
être dressé dans des formes et avec des précautions toutes spéciales
(art. 70, 71 et 72).

Les autres pièces à produire concernent :

1° Le consentement des ascendants.

En fait, ils assistent ordinairement à la célébration, et alors leur
consentement est constaté dans l'acte de mariage. Lorsqu'ils n'y assistent pas, ils peuvent se faire représenter par un fondé de procuration
spéciale et authentique, ou donner leur consentement par acte notarié (art. 36 et 73).

La mort des père et mère se prouve par les actes de décès, qui toutefois n'ont pas la même importance que les actes de naissance des
parties contractantes : aussi peuvent-ils être suppléés plus facilement.
Lorsqu'il existe des aïeuls, leur attestation suffit pour constater le décès
des père et mère. Si aucun des ascendants ne se présente, le décès

ou l'absence des père et mère et des autres ascendants sont suffisamment constatés par les jugements ou autres pièces tendant à établir l'absence (art. 155), ou par le serment que les parties majeures et les témoins sont admis à prêter devant l'officier de l'état civil [1].

2° Le consentement du conseil de famille.

On le constate par une expédition du procès-verbal dressé par le greffier de la justice de paix.

3° Le consentement des supérieurs militaires.

Il est toujours donné par écrit [2], dans la forme administrative.

Jusqu'à l'âge de trente ans, les Français pouvant encore être atteints par la loi du recrutement, doivent justifier qu'ils ont satisfait aux exigences de la loi, en produisant un certificat de libération.

4° Les publications.

Il faut remettre à l'officier civil qui doit célébrer le mariage, un extrait des actes rédigés dans les autres communes, avec un certificat constatant qu'il n'existe pas d'opposition. S'il en existe, il faut produire une expédition des actes ou des jugements de mainlevée (art. 67).

5° Enfin les dispenses.

On présente une ampliation de la décision qui les accorde.

§ IV. — De la célébration.

270. Le mariage doit être célébré publiquement, en présence de quatre témoins, et le jour désigné par les parties, dans la commune où l'une d'elles a son domicile, à la mairie et devant l'officier civil de cette commune (art. 74, 75 et 165).

Cet officier donne lecture : 1° des pièces produites, 2° des articles du Code civil relatifs aux droits et devoirs respectifs des époux (liv. 1, tit. 5, chap. 6, art. 212-226).

Il reçoit de chaque partie, l'une après l'autre, la déclaration qu'elles veulent se prendre pour mari et femme.

Il prononce, au nom de la loi, qu'elles sont unies par le mariage (art. 75).

La validité du mariage qu'un Français contracte en pays étranger est toujours subordonnée, quant aux conditions de capacité, aux règles établies par la loi française (art. 3 et 70), c'est-à-dire par le Code civil (liv. 1, tit. 5, chap. 1) ; mais on distingue, en ce qui concerne les formes, le mariage contracté par un Français avec un étranger, et le mariage contracté entre deux Français. Le premier doit être célébré suivant les

[1] Avis du C. d'État du 4 thermidor an XIII.
[2] Décret du 16 juin 1808, art. 1.

ormes usitées dans le pays; le second peut être célébré dans les mêmes formes (art. 47 et 170), mais il peut l'être aussi conformément aux
lois françaises, devant un agent diplomatique ou devant un consul
français (art. 48).

Les militaires et les employés faisant partie d'un corps de troupes
hors du territoire français, peuvent se marier devant l'officier qui
tient, à l'armée, les registres de l'état civil (art. 89).

§ V. — De l'acte de mariage et des énonciations qu'il doit contenir.

271. L'officier de l'état civil qui a célébré un mariage, doit en dresser
acte sur-le-champ (art. 75).

Indépendamment des énonciations communes à tous les actes de
l'état civil (V. art. 54), cet acte indique spécialement :

Relativement aux contractants, en quel lieu est né chacun d'eux ;
s'il est majeur ou mineur.

Relativement aux ascendants ou au conseil de famille, si leur consentement a été donné, s'il a été fait des actes respectueux.

Relativement aux publications, dans quelles communes elles ont été
faites, si elles ont ou n'ont pas été suivies d'opposition, et, dans le
premier cas, comment elles ont été levées.

Relativement à la célébration même, que les parties ont déclaré se
prendre pour mari et femme, que leur union a été proclamée par
l'officier de l'état civil ;

Et relativement aux témoins, s'ils sont parents ou alliés des contractants, de quel côté et à quel degré (art. 76).

Les Français mariés en pays étranger suivant les formes usitées
dans le pays, doivent, dans les trois mois de leur retour en France,
faire transcrire l'acte de célébration sur les registres de la commune
où ils sont domiciliés (art. 171). Enfin, lorsqu'un mariage a été célébré
dans un corps d'armée hors du royaume, l'officier chargé de la tenue
des registres doit envoyer une expédition de l'acte à l'officier de l'état
civil du dernier domicile des contractants (art. 95).

CHAPITRE II.

DES FORMALITÉS RELATIVES A LA CÉLÉBRATION DU MARIAGE.

165. — Le mariage sera célébré publiquement, devant l'officier
civil du domicile de l'une des deux parties.

74. — *Le mariage sera célébré dans la commune où l'un des
deux époux aura son domicile. Ce domicile, quant au mariage,
s'établira par six mois d'habitation continue dans la même commune.*

272. Le mariage doit être célébré publiquement (art. 165), dans la commune du domicile des contractants ou de l'un d'eux (art. 74), et devant l'officier civil de cette commune (art. 165). De là deux conditions distinctes : la publicité de la célébration et la compétence de l'officier civil.

La publicité résulte du concours de plusieurs circonstances qui, prises isolément, ne sont pas essentielles à la validité du mariage, mais qui doivent être appréciées dans leur ensemble, lorsqu'on examine si la célébration a eu lieu publiquement [1]. Ces circonstances sont les publications, qui préparent la publicité du mariage, la célébration dans la maison commune, l'intervention de l'officier de l'état civil, la présence d'un certain nombre de témoins, le libre accès qu'on laisse au public (V. art. 175 et 191).

273. En général, les officiers publics ne sont compétents que pour une certaine nature d'actes, et dans un territoire ou ressort déterminé (art. 1317). Les officiers compétents pour célébrer un mariage sont ceux que la loi nomme spécialement officiers de l'état civil, et chacun d'eux a, dans sa commune, une compétence incontestable. La conserve-t-il sur un autre territoire ?

La première idée qui se présente à l'esprit, c'est que l'officier de l'état civil est sans caractère public hors de sa commune. Merlin en convient, et cependant il décide que, relativement aux personnes domiciliées dans sa commune, cet officier conserve partout le même caractère [2]. On dit, pour appuyer cette opinion, que la compétence des officiers de l'état civil n'est pas précisément territoriale, qu'elle est plutôt personnelle en ce sens qu'elle suit les habitants de la commune en tous lieux. On argumente, à cet égard, de la compétence du *propre curé* [3], qui autrefois pouvait marier ses paroissiens même hors de sa paroisse. On ne craint même pas de comparer les officiers de l'état civil aux proconsuls romains qui, pour les actes de juridiction volontaire, tels que l'adoption, l'émancipation et l'affranchissement, exerçaient

---

[1] Cour de Lyon, 25 août 1831.
[2] Merlin, *Répert.*, v° MARIAGE, sect. 4, § 1, art. 1, 3ᵉ question.
[3] Expression consacrée depuis le concile de Trente (*a proprio contrahentium parocho*) pour désigner le curé de la paroisse.

leur autorité hors de leur province (¹). On reconnaît, il est vrai, que les notaires n'ont qu'une compétence territoriale, mais on repousse toute comparaison entre eux et les officiers de l'état civil, en faisant observer qu'il existe pour les premiers une décision formelle (²), tandis que la loi garde le silence sur les seconds.

Il est facile de répondre que le propre curé était, pour ses paroissiens, un pasteur, un père spirituel dont la compétence ne ressemble en rien à celle des officiers de l'état civil. Quant aux proconsuls, quelles qu'aient été les règles admises, en droit romain, sur leur autorité, rien ne prouve que les mêmes règles s'appliquassent aux magistrats municipaux (³). D'ailleurs la distinction qu'on voudrait faire entre la juridiction volontaire et la juridiction contentieuse, semble repoussée par la législation actuelle, qui ne l'admet point pour les actes les plus importants, c'est-à-dire pour les adoptions ou les émancipations (V. art. 353, 363). Les officiers de l'état civil ne pourraient donc avoir hors de leur commune qu'une compétence exceptionnelle, et pour la leur attribuer, il ne faudrait rien moins qu'une loi précise. Il est vrai qu'un mariage célébré par un officier de l'état civil hors de sa commune, a été déclaré valable par la cour de Bourges, et que le pourvoi formé contre cet arrêt a été rejeté ; mais la Cour de cassation, bien loin de reconnaître en principe que l'officier civil conserve sa compétence hors de sa commune, a qualifié de contravention le fait dont il s'agit. Si elle a rejeté le pourvoi, c'est en décidant qu'il appartient aux juges d'apprécier, d'après les circonstances, si cette contravention suffit pour entraîner la nullité du mariage (⁴). Nous examinerons plus loin si, en effet, les questions d'incompétence sont, comme les questions de publicité, abandonnées à l'appréciation des tribunaux (V. art. 191 et 193).

274. L'officier de l'état civil n'est compétent, même dans sa commune, qu'à raison du domicile des contractants ou de l'un d'eux (art. 165). A cet égard, il faut remarquer qu'un domicile spécial quant au mariage s'établit par six mois d'habitation continue (art. 74), indépendamment du principal établissement, et par conséquent du domicile réel que la même personne peut avoir dans une autre localité. Dans ce cas, le mariage est valablement contracté dans la commune du domicile spécial établi par six mois de résidence. Il est généralement admis que la célébration peut aussi avoir lieu dans la commune du domicile réel,

---

(¹) *Paul. L.* 36, *pr. et* § 1, *D. de adopt.; Marcian. fr.* 2 , *D. de offic. procons.*

(²) Loi du 25 vent. an XI, art. 68.

(³) *Arcad. et Honor. L.* 53, *C. de decurion.*

(⁴) Arrêt de rejet du 31 août 1824.

indépendamment du temps de résidence exigé par l'article 74 ([1]). Cependant la question est controversée.

On dit, pour soutenir la négative, qu'un édit du mois de mars 1697 défendait « à tous curés de conjoindre en mariage autres personnes « que leurs vrais paroissiens, demeurant actuellement et publiquement « dans leur paroisse au moins depuis six mois. » On invoque en outre le droit intermédiaire ([2]), dont le Code reproduit la disposition dans l'article 74. Enfin on cite un avis du conseil d'État ([3]), relatif au mariage des militaires en activité de service dans l'intérieur de la France : le conseil d'État décide qu'ils ne peuvent se marier que devant l'officier civil de la commune où l'un des époux aurait le temps de résidence fixé par l'article 74.

Ces arguments ne sont pas sans réplique. En effet, l'édit de 1697 ne s'occupait pas du lieu de la célébration. On pouvait donc se marier en tout lieu et devant un prêtre quelconque, pourvu qu'on obtînt le consentement de son propre curé ou de son évêque ([4]) : car le curé, comme nous l'avons déjà dit, était moins l'officier de l'état civil que le père spirituel de ses paroissiens. Aussi était-ce son consentement, plus encore que son ministère, qui était exigé pour la validité du mariage. Aucun rapport de cette nature n'existe aujourd'hui entre l'officier de l'état civil et les habitants de sa commune : ceux-ci ne pourraient pas se marier avec son consentement dans un lieu où ils n'auraient aucun domicile.

Quant au droit intermédiaire, un décret interprétatif de la loi de 1792 a formellement déclaré que l'esprit de cette loi ne saurait être d'empêcher la célébration du mariage au lieu du domicile réel, lors même qu'on n'y aurait pas encore résidé pendant six mois ([5]). Telle est la législation que le Code a trouvée en vigueur et qu'il a, selon nous, confirmée. Elle permet aux futurs époux d'opter entre deux localités, ce qui est déjà une restriction notable à la liberté illimitée que donnait l'ancien droit. Il y aurait de graves inconvénients à supprimer cette option, comme on le propose dans l'opinion contraire. Les parties seraient forcées de contracter mariage, loin de leur famille et de leurs amis, dans une commune où elles auraient été retenues par des affaires ou par des études.

Nous attachons peu d'importance aux inductions tirées de la décision relative au mariage des militaires, parce qu'il s'agissait de savoir si les militaires en activité de service dans l'intérieur de la France

---

([1]) Cour de Grenoble, 27 février 1817.
([2]) Loi du 20 sept. 1792, tit. 4, sect. 2, art. 2.
([3]) Du 4e jour complémentaire an XIII.
([4]) Pothier, *Contrat de mariage*, n° 359.
([5]) Décret du 22 germinal an II.

peuvent se marier à leur corps, ou s'ils doivent se marier à leur domicile conformément au droit commun, ce qui ne touchait pas directement à la question du domicile proprement dit, et du domicile spécial établi par six mois de résidence. Nous trouvons sur cette distinction un document plus décisif dans la discussion du Code civil ([1]) : en répondant au premier Consul, Tronchet dit positivement « on ne perd « pas le droit de célébrer son mariage dans le lieu de son domicile « pour avoir acquis le droit de le célébrer ailleurs. »

L'édit de 1697 ne s'appliquait pas aux mineurs ([2]) ; mais le Code civil ne fait aucune distinction, et la discussion au conseil d'État prouve qu'on ne voulait pas en faire. Le mariage des mineurs peut donc être célébré après six mois de résidence dans la commune où ils sont en apprentissage, dans la ville où ils font leurs études, et par conséquent loin de leur famille. Cette faculté pourrait entraîner d'assez graves inconvénients si les publications ne devaient pas être faites au domicile réel et en outre au domicile des ascendants (art. 167, 168).

63. — *Avant la célébration du mariage, l'officier de l'état civil fera deux publications, à huit jours d'intervalle, un jour de dimanche, devant la porte de la maison commune. Ces publications et l'acte qui en sera dressé, énonceront les prénoms, noms, professions et domiciles des futurs époux, leur qualité de majeurs ou de mineurs, et les prénoms, noms, professions et domiciles de leurs pères et mères. Cet acte énoncera, en outre, les jours, lieux et heures où les publications auront été faites : il sera inscrit sur un seul registre, qui sera coté et paraphé comme il est dit en l'article 41, et déposé, à la fin de chaque année, au greffe du tribunal de l'arrondissement.*

SOMMAIRE.

275. Origine des publications. Comment se calcule l'intervalle qui doit les séparer.
276. Par qui sont faites les publications. Marche à suivre en cas de refus par l'officier civil.

275. Les publications de mariage tirent leur origine d'un usage anciennement établi en France, adopté comme règle générale de l'Église, d'abord par le concile de Latran, ensuite par le concile de Trente, et converti en loi générale du Royaume par Henri III. Ce fut sous le règne de ce prince que l'ordonnance de Blois (art. 40) défendit de contracter mariage « sans proclamations précédentes de bans, faites par trois

---

([1]) Séance du 4 vend. an X.
([2]) Pothier, *Contrat de mariage*, n° 357.

« jours de fête avec intervalle compétent » (¹). Plus tard l'Assemblée législative se contente d'une seule publication faite le dimanche à midi (²).

Les termes du Code : « deux publications, à huit jours d'intervalle,
« un jour de dimanche », signifient que les publications auront lieu deux
jours de dimanche consécutifs, ce qui donne six jours d'intervalle.
Cette rédaction, quoique inexacte, ne laisse aucun doute sérieux sur la
pensée du législateur.

276. Les publications sont faites par l'officier de l'état civil. S'il s'y refuse, il appartient aux tribunaux d'ordonner que les publications, si elles
ne sont pas faites par l'officier civil, le seront par un adjoint ou même
par un membre du conseil municipal (³). Le tribunal peut même, en prévoyant le refus de ces derniers, ordonner que son jugement sera lu devant la porte de la maison commune par un huissier qui en affichera
un extrait. Nous n'admettons pas, en effet, que l'officier civil d'une commune voisine puisse être délégué, comme on déléguait autrefois le
curé d'une paroisse, pour faire dans une autre paroisse les publications
de mariage. Nous ne voyons rien de commun entre les fonctions des
officiers de l'état civil et celles que remplissaient autrefois les curés. Ces
derniers agissaient valablement hors de leur paroisse, lorsqu'ils y
étaient autorisés par l'évêque, premier pasteur de tout le diocèse (⁴) ;
mais aujourd'hui le pouvoir général de recevoir les actes de l'état civil
d'un canton, d'un arrondissement ou d'un département, n'appartient
point aux magistrats. Comment pourraient-ils, dans le silence de la loi,
déléguer un pouvoir qu'ils n'ont pas eux-mêmes ?

64. — *Un extrait de l'acte de publication sera et restera affiché
à la porte de la maison commune, pendant les huit jours d'intervalle de l'une à l'autre publication. Le mariage ne pourra être célébré avant le troisième jour, depuis et non compris celui de la seconde publication.*

94. — *Les publications de mariage des militaires et employés à
la suite des armées, seront faites au lieu de leur dernier domicile :
elles seront mises en outre, vingt-cinq jours avant la célébration du
mariage, à l'ordre du jour du corps, pour les individus qui tiennent
à un corps ; et à celui de l'armée ou du corps d'armée, pour les officiers sans troupes, et pour les employés qui en font partie.*

(¹) Merlin, *Répert.*, vᵒ Bans de mariage ; Pothier, *Contrat de mariage*, nᵒˢ 67-69.
(²) Loi du 20 sept. 1792, tit. 4, sect. 2, art. 3.
(³) Loi du 18 juillet 1837, art. 14 ; C. d'instr. cr., art. 167.
(⁴) Pothier, *Contrat de mariage*, nᵒ 358.

277. Le troisième jour, depuis et non compris celui de la seconde publication, est le mercredi suivant, quelle qu'ait été l'heure de la publication faite le dimanche, et quelle que soit l'heure de la célébration faite le mercredi : ici, comme en matière de prescription (V. art. 2260), la loi compte par jours et non par heures.

Lorsque les parties sont dispensées de la seconde publication (V. art. 169), le troisième jour se compte à partir de la publication unique ; et alors on admet généralement, pour que la publication ne soit pas illusoire, que l'affiche doit être maintenue jusqu'à la célébration du mariage.

Lorsqu'un mariage doit avoir lieu hors de France, mais dans un corps d'armée français, l'intervalle entre les publications et la célébration est porté à vingt-cinq jours. Ce délai a paru nécessaire pour obtenir une véritable publicité dans des circonstances et dans des localités où l'on est souvent préoccupé de toute autre chose que du mariage et de sa célébration.

65. — *Si le mariage n'a pas été célébré dans l'année, à compter de l'expiration du délai des publications, il ne pourra plus être célébré qu'après que de nouvelles publications auront été faites dans la forme ci-dessus prescrite.*

278. Les projets de mariage qui ne sont pas réalisés dans l'année, sont presque toujours abandonnés. Dans tous les cas, les publications de l'année précédente sont oubliées, et cet oubli explique la nécessité de nouvelles publications.

Le « délai des publications » signifie le délai pendant lequel le mariage ne peut pas encore être célébré. Le premier jour où la célébration devient possible n'est plus dans ce délai : il commence l'année pendant laquelle les publications conservent leur efficacité. Ainsi la seconde publication étant faite le dimanche 24 janvier 1847, la célébration peut avoir lieu le mercredi 27 et les jours suivants, jusqu'au 26 janvier 1848 inclusivement.

166. — Les deux publications ordonnées par l'article 63, au titre *des Actes de l'état civil,* seront faites à la municipalité du lieu où chacune des parties contractantes aura son domicile.

167. — Néanmoins, si le domicile actuel n'est établi que par six mois de résidence, les publications seront faites en outre à la municipalité du dernier domicile.

SOMMAIRE.

279. A quels domiciles doivent être faites les publications.

279. En combinant les articles 74 et 165, nous avons démontré que le mariage peut être célébré soit au domicile spécial acquis par six mois de résidence, soit au lieu du domicile réel. Le plus ordinairement la résidence et le principal établissement se trouvent réunis dans la même commune, en sorte que les deux domiciles se confondent. La loi (art. 166), paraissant s'attacher à cette hypothèse, décide que les publications seront faites au lieu où chacun des contractants est domicilié ; mais le domicile spécial qui résulte de la résidence est quelquefois séparé du domicile réel, et alors les publications faites dans le premier ne suffisent plus : il faut les renouveler dans le second (¹).

C'est en ce sens, suivant nous, que l'article 167, parlant du *domicile actuel,* prévoit seulement l'hypothèse où il *n'est établi que par six mois de résidence,* c'est-à-dire par une résidence d'au moins six mois, mais à laquelle n'a jamais été jointe l'intention requise pour la fixation du principal établissement, en sorte que le domicile réel, restant fixé dans une commune autre que celle de la résidence, est considéré, par opposition au domicile spécial et actuel, comme le *dernier domicile.*

En sens inverse, on peut avoir transféré son domicile réel dans une commune où l'on n'a pas encore six mois de résidence. Dans ce cas, le futur mariage doit être publié tant dans cette commune que dans celle du précédent domicile. La Convention a interprété dans ce sens la loi du 20 septembre 1792 (²), dont le texte était beaucoup plus absolu que celui du Code ; on doit à plus forte raison interpréter dans le même sens la loi actuelle.

De là nous croyons pouvoir conclure que, dans tous les cas où le do-

---

(¹) L'ordonnance du 23 octobre 1833, sur les consulats, veut (art. 15) que le mariage célébré en pays étranger, devant un agent français, en vertu du Code civil (art. 48), soit précédé de publications faites en France, mais seulement lorsque les contractants ne sont pas résidants et immatriculés depuis six mois dans le consulat. Cette ordonnance semble reproduire le système de l'édit de 1697, système qui, suivant plusieurs auteurs, est encore celui du Code civil ; mais cette interprétation ne paraît pas conciliable avec les termes de l'article 167.

(²) Loi du 22 germinal an II.

micile n'est pas complétement acquis et par la fixation du principal établissement, et par une résidence de six mois au moins dans une même commune (¹), les publications doivent être faites dans deux communes différentes. Distinguons à cet égard deux hypothèses.

1° Si le principal établissement a été transféré, sans qu'il y ait une résidence de six mois, alors les publications doivent se faire dans la commune où se trouve le domicile réel et dans celle où il se trouvait précédemment.

2° Si, au contraire, il n'y a pas eu translation du principal établissement, le mariage doit évidemment être publié au domicile réel, et de plus, en supposant un domicile spécial acquis par six mois de résidence, dans la commune de ce domicile. Quant aux personnes qui ont eu un domicile spécial, mais qui l'ont abandonné, nous ne voyons rien qui les oblige à faire des publications dans une localité où elles n'ont plus même de résidence.

168. — Si les parties contractantes, ou l'une d'elles, sont, relativement au mariage, sous la puissance d'autrui, les publications seront encore faites à la municipalité du domicile de ceux sous la puissance desquels elles se trouvent.

SOMMAIRE.

280. Publications au domicile des ascendants.

280. Cet article suppose qu'il existe des ascendants ; car le conseil de famille n'a pas de domicile, et d'ailleurs il s'assemble toujours au domicile du mineur (art. 406).

Tant que le consentement des ascendants est encore nécessaire, les publications faites au domicile des parties ne suffisent pas. Elles doivent se faire en outre au domicile des ascendants, soit parce que leurs enfants, même majeurs, y ont ordinairement des relations, soit dans l'intérêt même des ascendants, afin qu'ils puissent être plus sûrement avertis et qu'ils aient plus de facilité pour former opposition.

169. — Il est loisible au Roi ou aux officiers qu'il préposera à cet effet, de dispenser, pour des causes graves, de la seconde publication.

SOMMAIRE.

281. Dispense de la seconde publication.

(¹) Les expressions *domicile actuel* et *dernier domicile* se trouvent dans la loi de l'an II ; mais l'article 167 les applique à l'hypothèse inverse et par suite dans un sens opposé au sens primitif.

281. On dispense quelquefois les parties de la seconde publication, pour ne pas courir le risque de faire manquer leur mariage en le retardant, par exemple si l'un des contractants est dangereusement malade, si un service public ou des affaires urgentes rendent son départ nécessaire. En pareil cas, la prompte célébration du mariage importe soit aux contractants, soit aux enfants qu'ils auraient déjà et qu'ils voudraient légitimer par mariage subséquent (art. 331).

La dispense serait évidemment inutile, s'il fallait plus de temps pour l'obtenir que pour faire des publications régulières. Aussi peut-elle être accordée, non-seulement par le Gouvernement, mais aussi par les magistrats qu'il prépose à cet effet, c'est-à-dire par le procureur du Roi près le tribunal du lieu où le mariage doit être célébré (¹).

70. — *L'officier de l'état civil se fera remettre l'acte de naissance de chacun des futurs époux. Celui des époux qui serait dans l'impossibilité de se le procurer, pourra le suppléer, en rapportant un acte de notoriété délivré par le juge de paix du lieu de sa naissance, ou par celui de son domicile.*

71. — *L'acte de notoriété contiendra la déclaration faite par sept témoins, de l'un ou de l'autre sexe, parents ou non parents, des prénoms, nom, profession et domicile du futur époux, et de ceux de ses père et mère, s'ils sont connus; le lieu et, autant que possible, l'époque de sa naissance, et les causes qui empêchent d'en rapporter l'acte. Les témoins signeront l'acte de notoriété avec le juge de paix; et s'il en est qui ne puissent ou ne sachent signer, il en sera fait mention.*

72. — *L'acte de notoriété sera présenté au tribunal de première instance du lieu où doit se célébrer le mariage. Le tribunal, après avoir entendu le procureur du Roi, donnera ou refusera son homologation, selon qu'il trouvera suffisantes ou insuffisantes les déclarations des témoins, et les causes qui empêchent de rapporter l'acte de naissance.*

On appelle homologation l'approbation donnée par le tribunal. Homologuer, formé de ὁμῶς λέγειν, signifie littéralement *parler de même.*

SOMMAIRE.

282. Acte de notoriété admis, quant au mariage seulement, au défaut de l'acte de naissance.

_____

(¹) Arrêté du 20 prairial an XI, art. 3.

282. L'acte de naissance ne sert pas seulement à constater l'âge des contractants. Il prouve à quelle famille chacun d'eux appartient, et cette considération explique pourquoi la loi, en permettant de remplacer l'acte de naissance par un acte de notoriété, prend ici des précautions toutes spéciales (V. art. 155). En effet, le Code ne demande pas seulement un nombre de témoins inusité; il exige une homologation donnée en connaissance de cause. Aussi a-t-on dit avec raison que, si l'acte de naissance peut être remplacé par un acte de notoriété dressé et homologué comme le prescrivent les articles 71 et 72, ce dernier acte ne peut être remplacé par aucun autre.

Les différents actes qui constatent l'état civil d'une famille, ne reproduisent pas toujours le même nom avec la même orthographe. Quelquefois les prénoms qui sont dans un acte, ne se retrouvent pas tous dans un autre acte, ou s'y retrouvent dans un ordre différent, et alors une simple inexactitude peut faire naître des doutes sur l'identité des personnes. Dans ces différents cas, il n'est pas nécessaire que les actes soient rectifiés conformément aux articles 99 et suivants. Il suffit, pour la célébration du mariage, que l'erreur ou l'omission soit expliquée et l'identité certifiée, soit par les père, mère ou aïeuls, au moyen de la déclaration qu'ils feront eux-mêmes à l'officier de l'état civil s'ils assistent à la célébration, ou qu'ils feront consigner dans l'acte constatant leur consentement ; soit, à défaut d'ascendant, par le conseil de famille ou par le tuteur *ad hoc* qui consentent au mariage d'un mineur, soit enfin, lorsque les parties sont majeures, par les témoins qui assistent à la célébration ([1]).

73. — *L'acte authentique du consentement des père et mère ou aïeuls et aïeules, ou, à leur défaut, celui de la famille, contiendra les prénoms, nom, profession et domicile du futur époux, et de tous ceux qui auront concouru à l'acte, ainsi que leur degré de parenté.*

SOMMAIRE.

283. Acte constatant le consentement des ascendants. Énonciations qu'il doit contenir.

283. L'acte qui constate le consentement des ascendants ou celui du conseil de famille, doit indiquer les prénoms, nom, profession et domicile du futur époux, c'est-à-dire de la partie à qui le consentement est donné; quant à l'autre partie, le Code n'exige pas qu'on la désigne, et nous ne pensons pas qu'à cet égard on doive se montrer plus exigeant

---

([1]) Avis du C. d'État, 19 mars 1808.

que le texte de la loi. Il arrive fréquemment que des voyages prolon-
gés ou des entreprises lointaines séparent pour longtemps les membres
d'une famille : en pareil cas, si l'on ne veut pas retarder indéfiniment
le mariage, on ne pourra le plus souvent exiger qu'un consentement
indéterminé. L'opinion contraire s'appuie sur une loi romaine qui ne
parle point d'un consentement indéterminé, mais d'un mandat donné
par un père, qui charge une personne de trouver un mari pour sa fille.
Le mandataire n'est pas autorisé à conclure le mariage avec un homme
que le mandant ne connaît pas et n'a point agréé pour gendre. Papinien ([1]) le décide avec raison; mais sa décision ne préjuge rien sur
la validité du consentement par lequel un père de famille autoriserait
son fils à épouser qui bon lui semblerait ([2]).

75. — *Le jour désigné par les parties, après les délais des publications, l'officier de l'état civil, dans la maison commune, en présence de quatre témoins, parents ou non parents, fera lecture aux
parties des pièces ci-dessus mentionnées, relatives à leur état et aux
formalités du mariage, et du chapitre VI du titre du* Mariage, *sur
les droits et les devoirs respectifs des époux. Il recevra de chaque
partie, l'une après l'autre, la déclaration qu'elles veulent se prendre
pour mari et femme; il prononcera, au nom de la loi, qu'elles sont
unies par le mariage, et il en dressera acte sur-le-champ.*

SOMMAIRE.

284. Lieu, jour et heure de la célébration. En quelle forme est donné le consente-
    ment des époux.
285. Peut-on se marier par procureur ?
286. L'acte n'est exigé que pour la preuve.

284. D'après la loi de 1792, l'acte de mariage devait être reçu dans la
maison commune du domicile de l'une des parties, au jour par elles
indiqué, et à l'heure fixée par l'officier de l'état civil ([3]). Le Code rentre dans ce système, dont une loi postérieure s'était écartée en ordonnant que les mariages seraient tous célébrés le décadi, non dans la
commune du domicile, mais au chef-lieu de canton ([4]). Ainsi le Code ne

---

([1]) *L.* 34, *D. de rit. nupt.*
([2]) Cujas (sur Papinien, *lib.* 4 *resp.; L.* 34, *de rit. nupt.*) considère ce consentement
comme valable, en exceptant seulement les unions peu sortables que le père n'aurait probablement pas approuvées. Nous n'avons pas besoin d'ajouter que de semblables restrictions ne seraient pas admissibles dans la législation actuelle.
([3]) Loi du 20 sept. 1792, tit. 4, sect. 4, art. 1 et 2.
([4]) Loi du 13 fructidor an VI.

préfère point un jour à un autre, et n'en exclut aucun. Nul doute par conséquent sur la validité d'un mariage célébré le dimanche ou tout autre jour férié ([1]).

Le choix de l'heure n'est pas limité par la loi; mais, pour être publique, la célébration se fait ordinairement en plein jour. Pendant la nuit, la célébration pourrait n'avoir pas tous les éléments de publicité nécessaires.

Régulièrement, le mariage doit être célébré dans la maison commune ([2]). Toutefois, comme la loi ne prohibe plus les mariages *in extremis* ([3]), un malade doit avoir la possibilité de se marier dans sa chambre. A cet égard l'officier de l'état civil reste juge des causes qui empêchent les parties de se rendre à la maison commune; mais alors le local choisi pour la célébration doit rester ouvert au public ([4]).

Le consentement sans lequel il n'existe point de mariage, doit être manifesté, devant l'officier de l'état civil, par une déclaration que les parties font *l'une après l'autre,* pour éviter toute équivoque. Ordinairement l'officier public interroge les parties, et chacune d'elles fait une réponse dont la forme semble rappeler les stipulations romaines. Cependant il ne faut pas l'oublier, c'est le consentement des parties qui fait le mariage, indépendamment de la manière dont il est manifesté. Ainsi les sourds-muets de naissance pourront se marier lorsqu'ils auront un moyen de faire comprendre leurs intentions. Dans le cas contraire, il n'y aura point de leur part incapacité, mais seulement impossibilité actuelle de manifester leur volonté.

285. Peut-on se marier par procuration? L'article 36 suppose que les parties intéressées aux actes de l'état civil sont quelquefois obligées de comparaître en personne. Dans le droit actuel, cette supposition ne pourrait s'appliquer qu'aux actes de mariage; mais dans le Code civil, tel qu'il a été primitivement promulgué, elle recevait une application littérale dans le cas de divorce par consentement mutuel (art. 294).

L'article 36 ne se référait donc pas nécessairement aux actes de mariage, et comme l'ancienne jurisprudence admettait les mariages par procuration, on soutient encore aujourd'hui que le Code les admet par

---

([1]) *Theod. L. 2, C. de feriis.*

([2]) Le mariage n'est pas nul par cela seul qu'il a été célébré hors de la maison commune. Arrêts de rejet des 13 fructidor an X et 21 juin 1814; Cours de Grenoble, 25 février 1815, et de Toulouse, 26 mars 1824.

([3]) Discussion au C. d'État, séance du 24 brumaire an XI.

([4]) On a même recommandé aux officiers de l'état civil de prévenir le public, soit par un avis inséré dans les publications ordinaires, s'ils connaissent d'avance le lieu de la célébration, soit par une publication et par une affiche spéciale (lettre du procureur du Roi près le tribunal de la Seine, en date du 22 juillet 1819, citée par M. Coin-Delisle).

cela seul qu'il ne les prohibe pas expressément ([1]) : mais nous tirons de ce silence une autre conclusion.

A l'époque de la Révolution, les mariages par procureur étaient tombés en désuétude, excepté pour les princes, qui d'ailleurs ont toujours réitéré en personne le mariage célébré par ambassadeur. A la vérité, Pothier pose en principe que, dans ce cas,l e mariage tire sa perfection de la célébration primitive; mais il ne cite à l'appui de cette doctrine d'autre exemple que celui de Henri IV et de Marie de Médicis, dont le mariage fut consommé à Lyon, avant d'être réitéré à Paris ([2]). Sans discuter la valeur de ce précédent, nous pouvons nous borner à constater qu'il n'en existe point un second, du moins à notre connaissance ([3]).

L'Assemblée législative, abstraction faite des princes et des règles exceptionnelles qui les concernent, a consacré l'usage universel par une loi dont toutes les expressions supposent que les parties comparaîtront en personne ([4]). Le Code civil est évidemment rédigé dans le même esprit. Il a donc laissé la législation dans l'état où elle se trouvait ; et comme les mariages par procuration n'ont existé en France qu'en vertu d'un usage qui depuis est tombé en désuétude, il a suffi au Code de ne point les rétablir ([5]). Si on les faisait revivre aujourd'hui, il faudrait admettre, avec l'ancienne jurisprudence ([6]), que la révocation du mandat, fût-elle ignorée de tous, suffirait pour détruire les pouvoirs du mandataire, et alors l'existence du mariage dépendrait d'une circonstance inconnue au moment de la célébration. L'état des époux resterait douteux. On tomberait même dans une double incertitude, si les contractants avaient chacun leur mandataire. Remarquons surtout que leur liberté serait bien moins garantie par une procuration qui peut être extorquée ou surprise, que par leur présence devant l'officier civil.

([1]) Merlin, *Répert.*, vᵒ MARIAGE, sect. 4, § 1, art. 1, quest. 4.

([2]) Pothier, *Contrat de mariage*, nᵒ 367.

([3]) Le mariage de Napoléon avec Marie-Louise, célébré par ambassadeur, le 11 mars 1810, à Vienne, a été célébré par les parties en personne, le 1ᵉʳ avril suivant, à Saint-Cloud, et rien ne dénote qu'il s'agisse dans l'acte du 1ᵉʳ avril d'une réitération facultative. Le mariage par ambassadeur n'a donc été qu'une cérémonie d'étiquette, une sorte de fiançailles solennelles qui, par anticipation donnaient à la princesse le titre d'impératrice.

([4]) Loi du 2 sept. 1792, tit. 4, sect. 4, art. 3, 4, 5, 6 et 8.

([5]) Le premier Consul dit : « Que les principes qu'on invoque ont été imaginés « dans le temps où les mariages se faisaient par procuration. Ils sont devenus sans « objet depuis que le mariage n'a plus lieu qu'entre personnes présentes »(*Discussion au C. d'État*, 24 frim. an X). Nous citons ces paroles, non pour établir un point de droit, mais pour constater un fait.

([6]) Pothier, *Contrat de mariage*, nᵒ 367.

286. Les formalités énumérées dans l'article 75 sont une imitation évidente de celles qu'avait établies le concile de Trente. Aussi pour remplacer la formule, *ego vos in matrimonium conjungo*, l'officier de l'état civil doit-il prononcer, AU NOM DE LA LOI, que les parties sont unies par le mariage. C'est de ce moment, en effet, que leur consentement devient irrévocable ([1]). L'acte qui est immédiatement dressé n'a d'autre but que de constater ce qui s'est passé, *id quod actum est*. Il n'entre donc pas comme élément nécessaire dans les solennités de la célébration; il n'intervient que comme preuve de leur accomplissement. C'est ce que le Code civil a lui même reconnu, en admettant qu'un mariage peut être valablement contracté, quoiqu'il n'existe pas de registres (art. 46). Dès lors, le refus de signature de l'acte, lorsque le consentement a été régulièrement donné, ne saurait avoir aucune conséquence ([2]).

76. — *On énoncera dans l'acte de mariage,*

1° *Les prénoms, noms, professions, âge, lieux de naissance et domiciles des époux ;*

2° *S'ils sont majeurs ou mineurs ;*

3° *Les prénoms, noms, professions et domiciles des pères et mères;*

4° *Le consentement des pères et mères, aïeuls et aïeules, et celui de la famille, dans les cas où ils sont requis ;*

5° *Les actes respectueux, s'il en a été fait ;*

6° *Les publications dans les divers domiciles ;*

7° *Les oppositions, s'il y en a eu; leur mainlevée, ou la mention qu'il n'y a point eu d'opposition ;*

8° *La déclaration des contractants de se prendre pour époux, et le prononcé de leur union par l'officier public.*

9° *Les prénoms, noms, âge, professions et domiciles des témoins, et leur déclaration s'ils sont parents ou alliés des parties, de quel côté et à quel degré.*

SOMMAIRE.

287. Énonciations que doit contenir l'acte de mariage. Certificat nécessaire pour la bénédiction nuptiale.

287. Cet article énumère les énonciations requises dans les cas or-

---

([1]) « La déclaration des parties qui constate leur consentement libre et volontaire « et celle de l'officier de l'état civil, qui prononce *au nom de la loi* que l'union « conjugale est formée, sont des formalités substantielles, sans l'accomplissement « desquelles il ne saurait y avoir mariage »(Arrêt de cassation du 22 avril 1833).

([2]) Cour de Montpellier, 4 févr. 1840.

dinaires, indépendamment de celles que nécessitent quelquefois des circonstances particulières, par exemple, lorsque les actes de naissance ou de décès sont suppléés, soit par des actes de notoriété (art. 70 et 155), soit par les déclarations dont nous avons parlé précédemment ; ou lorsqu'un militaire se marie avec le consentement de ses supérieurs. Observons que les enfants naturels, s'il en existe, devront être reconnus au plus tard dans l'acte de célébration : autrement, ils ne seraient pas légitimés par le mariage de leurs père et mère (art. 331).

Si la bénédiction nuptiale précédait la célébration devant l'officier civil, beaucoup de personnes pourraient se croire mariées aux yeux de la loi sans l'être réellement, et négligeraient ensuite le mariage civil, dont elles n'apprécieraient pas toute l'importance. Pour prévenir une semblable erreur, la loi organique du Concordat (¹), plus prévoyante à cet égard que les lois antérieures (²), décide que la bénédiction nuptiale ne sera donnée qu'aux personnes qui justifieront avoir contracté mariage devant l'officier de l'état civil. Cette justification doit être donnée *en bonne et due forme ;* et cependant, malgré ces expressions, on n'a jamais pensé qu'il fallût produire l'acte de mariage : on se contente d'un certificat assez bref pour être immédiatement délivré, afin que la cérémonie religieuse puisse être célébrée sans aucun retard.

170. — Le mariage contracté en pays étranger, entre Français, et entre Français et étrangers, sera valable, s'il a été célébré dans les formes usitées dans le pays, pourvu qu'il ait été précédé des publications prescrites par l'article 63, au titre *des Actes de l'état civil,* et que le Français n'ait point contrevenu aux dispositions contenues au chapitre précédent.

SOMMAIRE.

288. Mariage des Français en pays étranger. Conditions de sa validité. Le défaut de publications en France n'emporte pas nullité.
289. Formes de la célébration.

288. La faculté de contracter mariage en pays étranger, qui avait été interdite aux Français par les anciennes ordonnances (³), est aujourd'hui à l'abri de toute contestation. Aussi le Code applique-t-il à la célébration du mariage, la règle générale qui subordonne au statut local la forme des actes passés en pays étranger, et spécialement celle des actes

---

(¹) Loi du 18 germinal an X, art. 54. Voyez, pour le culte israélite, un arrêté du conseil du 1ᵉʳ pluviôse an X.

(²) Loi du 20 sept. 1792, tit. 6, art. 8.

(³) Édit du mois d'août 1669 ; déclarations des 18 mai 1682, 31 mai et 19 juin 1685.

de l'état civil (art. 47); mais en même temps il rappelle cet autre principe, que la loi française régit en tout lieu la capacité des Français (art. 3). Ceux qui se marient hors de France restent donc soumis aux règles établies dans le chapitre précédent, lors même qu'ils épousent une personne étrangère qui, de son côté, est soumise, quant à sa capacité, aux lois de son pays.

Le Code exige en outre, que le mariage ait été publié en France conformément à l'article 63; mais comme les publications se font au domicile, soit des futurs époux (art. 166, 167), soit des ascendants dont le consentement est nécessaire (art. 68), cette obligation n'est imposée qu'aux personnes qui ont en France un domicile, ou qui ont besoin d'obtenir le consentement d'ascendants domiciliés en France.

Dans ce cas, les publications sembleraient même exigées à peine de nullité; car le Code s'exprime en ces termes : « Le mariage... sera vala- « ble, *pourvu qu*'il ait été précédé des publications prescrites par l'ar- « ticle 63 »; mais l'article 170 renvoie dans les mêmes termes « aux « dispositions contenues au chapitre précédent », dispositions qui ne sont pas toujours prescrites à peine de nullité, notamment celles qui concernent les actes respectueux. Les expressions *pourvu que* n'ont donc pas toute la force qu'on prétend leur attribuer : autrement, il faudrait aller jusqu'à dire que le défaut d'actes respectueux suffit pour annuler un mariage contracté à l'étranger [1]. Il ne peut évidemment en être ainsi; et comme les empêchements qui ne sont que prohibitifs dans un pays, ne deviennent pas dirimants dans un autre, il faut en conclure que le défaut de publication ne suffit pas ici pour entraîner la nullité du mariage [2]. Toutefois le défaut de publications ne sera pas sans importance aux yeux du juge qui doit apprécier les faits constitutifs de la publicité; car souvent les publications sont le seul moyen de faire connaître en France le projet de mariage, et leur absence pourrait devenir un indice de clandestinité [3].

289. Les Français peuvent se marier en pays étranger et devant les officiers du pays, soit avec des personnes de leur nation, soit avec

---

[1] Plusieurs cours n'ont pas craint d'admettre cette conséquence rigoureuse. V. cour de Montpellier (15 *janvier* 1839) et un arrêt de cassation (16 *mars* 1837).

[2] La jurisprudence n'est pas constante. La cour de Paris a prononcé la nullité du mariage (10 *décembre* 1827 et 30 *mai* 1829), ainsi que la cour de Montpellier (15 *janvier* 1839); mais la cour de Nancy (30 *mai* 1823) et la cour de Metz (16 *août* 1816) ont rejeté la demande en nullité.

[3] Jugé en ce sens par la cour de Rennes (6 *juillet* 1840), par la cour de Grenoble (30 *mars* 1844) et par un arrêt de rejet (9 *mars* 1831). Dans l'espèce de ce dernier arrêt, il s'agissait de deux Français qui n'avaient, ni résidence, ni domicile en pays étranger, et qui n'avaient quitté la France que pour se soustraire aux lois françaises.

des étrangers (art. 170). Il n'en est pas de même lorsque le mariage est contracté devant un agent français (art. 48); car nos consuls n'ont de juridiction que sur les Français, et dès qu'il s'agit de décider une contestation ou de recevoir un acte qui intéresse un habitant du pays, il faut recourir aux autorités locales (¹). Le Code applique cette distinction aux actes de l'état civil. En effet, tandis que l'article 47 se réfère aux formes usitées dans le pays tant pour les Français que pour les étrangers, l'article 48 qui valide les actes reçus conformément aux lois françaises, ne parle plus que des Français; et d'ailleurs l'article 170, en appliquant au mariage le principe de l'article 47, ne rappelle point la compétence des agents diplomatiques ou des consuls. Elle reste donc limitée, comme elle l'était déjà par l'article 48, au mariage entre Français : dans tout autre cas, il faut se conformer aux articles 47 et 170, en recourant aux officiers du pays (²).

171. — Dans les trois mois après le retour du Français sur le territoire du royaume, l'acte de célébration du mariage contracté en pays étranger sera transcrit sur le registre public des mariages du lieu de son domicile.

95. — *Immédiatement après l'inscription sur le registre, de l'acte de célébration du mariage, l'officier chargé de la tenue du registre en enverra une expédition à l'officier de l'état civil du dernier domicile des époux.*

SOMMAIRE.

290. Dans quel cas l'acte de célébration d'un mariage contracté en pays étranger doit-il être transcrit en France? Cette disposition est purement réglementaire.

290. L'officier qui tient les registres de l'état civil dans un corps d'armée hors du territoire français, doit envoyer en France et au dernier domicile des parties, une copie de chacun des actes par lui reçus; et à la rentrée des troupes en France, les registres sont déposés au ministère de la guerre (art. 90, 95 et 96).

Les agents français en pays étranger sont pareillement tenus d'envoyer en France une expédition de chacun des actes qu'ils ont reçus, et même, lorsque l'année est expirée, un des doubles registres (³). Alors la transcription de l'acte sur les registres ordinaires serait superflue, puis-

---

(¹) V. les traités entre la France et la Porte Ottomane, connus sous le nom de *Capitulations*, art. 15 et 26, l'édit du mois de juin 1778, art. 1, et la convention du 14 novembre 1788 entre la France et les États-Unis d'Amérique, art. 4 et 6.

(²) Arrêt de cassation du 10 août 1819.

(³) Ordon. du 3 mars 1781, art. 22; ordon. du 23 octobre 1833, art. 2 et 9.

que le registre même est envoyé en France ; mais la transcription est nécessaire dans le cas prévu par l'article 170, parce qu'alors, le mariage étant célébré suivant les formes usitées dans le pays, l'officier qui reçoit l'acte, n'a aucune relation avec les autorités françaises. C'est à ce cas que doit, suivant nous, se restreindre l'application de l'article 171.

En exigeant la transcription de l'acte de mariage, et en fixant un délai pour l'accomplissement de cette formalité, le Code n'indique pas les conséquences d'une transcription tardive ni même celles du défaut de transcription. On a dit au conseil d'État que l'exécution de l'article 171 est assurée par l'obligation de payer, en cas de contravention, un double droit d'enregistrement. Tronchet proposait même une amende indépendamment du double droit (¹). On ne songeait donc qu'à une sanction fiscale, ce qui suffit pour exclure l'idée de toute autre sanction. Du reste, c'est par erreur que le conseil d'État s'est référé aux lois fiscales ; car elles ne s'appliquent point aux actes de l'état civil. Il ne peut exister pour ces derniers ni droit ni double droit d'enregistrement (²).

L'article 171 est donc purement réglementaire. Ainsi, nous n'admettons pas les conséquences que plusieurs auteurs ont cru pouvoir tirer de cet article, en décidant que si l'acte n'a pas été transcrit, le mariage ne peut produire en France aucun effet civil. Nous ne dirons pas même, avec plusieurs cours royales, que l'hypothèque légale de la femme ne doit prendre rang qu'à compter de la transcription de l'acte ; car le plus souvent ce serait faire dépendre cette hypothèque de la volonté du mari. La Cour de cassation avait cependant maintenu cette jurisprudence par un arrêt de rejet ; mais elle est revenue depuis au système contraire par un arrêt délibéré en chambre du conseil et longuement motivé (³).

CHAPITRE III.

DES OPPOSITIONS AU MARIAGE.

SOMMAIRE.

291. Les oppositions qui suspendent la célébration d'un mariage et

---

(¹) Séance du 4 vend. an X.
(²) Loi du 22 frimaire an VII, art. 70, § 3, n° 8.
(³) V. Arrêts de rejet des 6 janvier 1824 et 23 nov. 1840.

appellent les tribunaux à statuer par avance sur sa légalité, ont dû être
admises, soit pour assurer l'observation des empêchements prohibitifs, soit parce qu'il vaut mieux prévenir le mal que d'avoir à le réparer.
L'usage des oppositions tire son origine des bans de mariage, que le
clergé proclamait en sommant les fidèles de déclarer les empêchements
dont ils auraient connaissance : aussi les oppositions furent-elles d'abord
reçues sans distinction de causes et de personnes. Pour corriger cet
abus, pour que les mariages ne devinssent pas une occasion de scandale dans les familles, il a fallu régler le droit d'opposition, en détermi-
nant par quelles personnes et pour quelles causes il serait exercé.
C'est ce qu'ont fait successivement le Parlement de Paris (¹), le droit intermédiaire (²) et enfin le Code civil, qui toutefois donne au droit
d'opposition plus de latitude que ne lui en avait laissé la loi antérieure
et même le Parlement de Paris.

Il est à remarquer que l'énumération du Code ne comprend pas le
ministère public, qui cependant a, dans plusieurs cas, l'action en nullité (art. 184, 190), et qui par la nature même de ses fonctions semble
spécialement chargé d'empêcher la célébration des mariages contraires aux mœurs et au bon ordre. Dans le système d'organisation judiciaire sous l'empire duquel le Code civil a été rédigé, le ministère public devait exercer ses fonctions, en matière civile, non par voie d'action,
mais seulement par voie de réquisition, dans les affaires que les parties
intéressées avaient soumises aux tribunaux (³). Le commissaire du Gouvernement, qu'on appelle aujourd'hui procureur du Roi, ne pouvait
donc agir d'office que dans les cas spécifiés par une loi formelle. C'est
ainsi que dans plusieurs cas le Code civil (art. 184, 190, 191) donne
au ministère public l'action en nullité, sans toutefois lui accorder
expressément le droit de former opposition. Ce droit semble donc lui être
refusé, comme le lui refusait auparavant la loi de 1792. Cependant
les auteurs ont généralement admis que, dans tous les cas où l'action
en nullité lui est ouverte, le procureur du Roi n'est pas obligé d'attendre que le scandale ait été consommé pour demander ensuite une
réparation incomplète, et par conséquent qu'il peut s'opposer à un
mariage qui n'est pas encore célébré.

292. Quelle qu'ait été à cet égard l'intention des rédacteurs du Code,
la même opinion se fonde aujourd'hui sur la loi du 20 avril 1810
(art. 46).

(¹) Arrêt de règlement du 28 avril 1778. V. Merlin, *Répert.*, v° OPPOSITION A UN
MARIAGE.
(²) Loi du 20 sept. 1792, tit. 4, sect. 3.
(³) Loi du 24 avril 1790, tit. 8, art. 2.

· Cette loi reproduit d'abord le principe posé en 1790, en décidant que le ministère public agit, en matière civile, *dans les cas spécifiés par la loi ;* elle ajoute qu'il « surveille l'exécution des lois, des arrêts et des jugements », et enfin qu'il poursuit d'office cette exécution « dans les dispositions qui intéressent l'ordre public. » Le procureur du Roi a donc qualité pour agir d'office, c'est-à-dire en vertu d'une autorité qui lui est propre. Ainsi, il a le droit de prendre les mesures nécessaires pour que les prohibitions légales ne soient pas violées par la célébration d'un mariage contraire à l'ordre public. Ce n'est pas à dire pour cela que le procureur du Roi doive ou même puisse former une opposition proprement dite dans les formes et sous les conditions déterminées par le Code ([1]). Son action doit être beaucoup plus libre ; car elle dérive du droit de surveillance qui lui appartient sur les officiers de l'état civil. On conçoit donc qu'il puisse non-seulement leur dénoncer, comme pourrait le faire toute autre personne, l'empêchement qui s'oppose au mariage, mais aussi leur défendre de procéder à la célébration, tant qu'il n'en sera pas autrement ordonné par justice. En pareil cas, l'officier public doit s'abstenir, et c'est alors aux parties à le citer devant le tribunal, où le ministère public exercera son droit de réquisition. C'est par suite de semblables défenses que la question de savoir si les prêtres peuvent contracter mariage, a été plusieurs fois soumise aux tribunaux.

172. — Le droit de former opposition à la célébration du mariage, appartient à la personne engagée par mariage avec l'une des deux parties contractantes.

SOMMAIRE.

293. Le droit de former opposition ne résulte pas des promesses de mariage.

293. En accordant le droit d'opposition à la personne engagée par mariage avec l'un des contractants, cet article exclut par cela même toute opposition fondée sur une promesse de mariage ([2]).

([1]) La cour de Paris (26 *avril* 1833) a jugé que ce droit n'appartient pas au ministère public. Cette décision est conforme à la jurisprudence de la Cour de cassation, qui a constamment décidé, même depuis la loi de 1810, que, hors des cas prévus par le Code civil, le ministère public est sans qualité pour appeler des jugements qui prononcent la nullité d'un mariage, lors même que cette nullité a été prononcée par suite d'une collusion évidente entre les époux. Cette jurisprudence est fortement combattue par Merlin (*Répert.*, vº Opposition a un mariage, nº 4, et surtout vº Mariage, *sect.* 6, *art.* 3, nº 3.).

([2]) La personne qui se prévaut d'une semblable promesse ne peut même pas intervenir dans la demande en mainlevée d'opposition formée par l'autre partie. (*Cour de Rennes*, 16 *mars* 1842.)

173. — Le père, et à défaut du père, la mère, et à défaut de père et mère, les aïeuls et aïeules, peuvent former opposition au mariage de leurs enfants et descendants, encore que ceux-ci aient vingt-cinq ans accomplis.

SOMMAIRE.

294. Opposition des ascendants. Utilité qu'elle présente lors même qu'elle ne peut pas empêcher la célébration.

294. Dans la législation intermédiaire, les parents dont le consentement était requis pour le mariage d'un mineur, pouvaient seuls s'y opposer ([1]). Le Code civil donne au droit des ascendants plus de latitude, puisqu'il admet leur opposition, lors même que les parties, ayant atteint l'âge de vingt-cinq ans, peuvent se marier à leur gré (art. 148). Dans ce cas, et en supposant que la mainlevée doive être prononcée par les tribunaux, les retards occasionnés par l'opposition sont, même après l'expiration du délai des actes respectueux, une dernière ressource laissée à l'influence des ascendants, mais seulement à leur influence morale; car s'ils peuvent ne pas exprimer les motifs de leur opposition (art. 176), celle-ci ne peut être maintenue par les tribunaux quand il n'existe pas d'empêchement légal, et les juges n'ont à cet égard aucun pouvoir discrétionnaire ([2]).

Remarquons aussi que les ascendants ne sont appelés à exercer le droit d'opposition que successivement et dans l'ordre suivant lequel chacun d'eux doit être consulté sur le mariage. Ainsi les aïeuls n'ont ce droit qu'à défaut des père et mère, et par la même raison l'aïeule maternelle ne doit l'avoir qu'à défaut de son mari (V. art. 150).

174. — A défaut d'aucun ascendant, le frère ou la sœur, l'oncle ou la tante, le cousin ou la cousine germains, majeurs, ne peuvent former aucune opposition que dans les deux cas suivants :

1° Lorsque le consentement du conseil de famille, requis par l'article 160, n'a pas été obtenu;

2° Lorsque l'opposition est fondée sur l'état de démence du futur époux : cette opposition, dont le tribunal pourra prononcer mainlevée pure et simple, ne sera jamais reçue qu'à la charge, par l'opposant, de provoquer l'interdiction, et d'y faire statuer dans le délai qui sera fixé par le jugement.

([1]) Loi du 20 sept. 1792, tit. 4, sect. 3, art. 1.

([2]) Arrêt de cassation (7 *novembre* 1814); cour de Caen (19 *mars* 1835) et cour de Montpellier (12 *août* 1839).

295. Lorsqu'il n'existe aucun ascendant, le droit d'opposition appartient aux collatéraux de l'un ou de l'autre sexe, jusques et y compris les cousins germains, pourvu qu'ils soient majeurs, et que la parenté même ne les oblige point à une certaine déférence vis-à-vis du parent dont ils veulent empêcher le mariage. Ainsi la loi, qui admet l'opposition des frères et sœurs et celle des cousins et cousines, admet également l'opposition des oncles et tantes ; mais sans autoriser par réciprocité celle des neveux et nièces, parce qu'en effet le respect que nous devons à nos ascendants est dû aussi à leurs frères et sœurs, *quia parentum loco habentur* (¹). On n'a donc pas plus le droit de s'opposer au mariage de son oncle qu'au mariage de son père.

Les collatéraux qui ont le droit d'opposition, ne peuvent l'exercer que dans deux cas, 1° lorsque le futur époux est un mineur dont le mariage n'est pas approuvé par le conseil de famille ; 2° lorsqu'il est en état de démence.

L'opposition peut être formée, pour cause de démence, avant même que la personne ait été interdite, et à plus forte raison lorsque l'interdiction est déjà prononcée. Dans la première hypothèse qui est celle de l'article 174, 2°, le tribunal doit donner mainlevée pure et simple de l'opposition s'il reconnaît que la démence n'existe pas, sauf, pour mieux s'en assurer, à interroger la personne contre qui l'opposition est dirigée (²). Si, au contraire, les juges ne croient pas devoir accorder cette mainlevée, l'opposition sera maintenue provisoirement, et alors l'opposant devra provoquer l'interdiction et faire les diligences nécessaires pour qu'elle soit prononcée dans un délai que les juges fixeront (³). Ce délai expiré, la mainlevée sera donnée si l'interdiction n'a pas été prononcée par le tribunal compétent, c'est-à-dire, par celui du domicile de la personne qu'il s'agit d'interdire, tribunal qui n'est pas toujours saisi de la demande en mainlevée (V. art. 176).

175. — Dans les deux cas prévus par le précédent article, le tuteur ou curateur ne pourra, pendant la durée de la tutelle ou cura-

---

(¹) *Inst.* § 5, *de nupt.*
(²) Discussion au C. d'État, séance du 4 vend. an X.
(³) Un tribunal est souvent obligé de surseoir, pour que l'une des parties puisse faire statuer par d'autres juges sur une question incidente ; mais alors il peut fixer un délai après lequel il fera droit sur la demande principale, lors même que la question incidente ne serait pas jugée (C. de pr., art. 357 ; C. for., art. 182).

telle, former opposition qu'autant qu'il y aura été autorisé par un conseil de famille, qu'il pourra convoquer.

Qu'il pourra convoquer. Le droit de convoquer le conseil de famille n'appartient qu'au juge de paix (art. 456). La loi signifie que le tuteur ou le curateur pourra requérir la convocation.

SOMMAIRE.

296. Opposition du tuteur.
297. Opposition du curateur. A quel cas elle s'applique.

296. Le Tribunat avait proposé de comprendre le tuteur et le curateur dans l'énumération de l'article 174, afin que le droit d'opposition leur appartînt comme aux collatéraux désignés par cet article, dans les mêmes circonstances et avec la même latitude ; mais le conseil d'État, en donnant ce droit au tuteur et au curateur, ne leur permit de l'exercer qu'avec l'autorisation du conseil de famille, ce qui amena la rédaction d'un article particulier.

Occupons-nous d'abord du tuteur. Son opposition au mariage du mineur non émancipé peut être fondée, ou sur le défaut de consentement du conseil de famille, ou sur la démence du mineur. Évidemment, la seconde cause ne sera invoquée qu'au défaut de la première, c'est-à-dire lorsque la famille aura déjà consenti ; mais dans ce cas même l'autorisation que le tuteur devra nécessairement obtenir, emportera révocation de tout consentement antérieur, et alors il sera beaucoup plus simple de motiver l'opposition sur le défaut de consentement. La démence du mineur sera donc rarement une cause d'opposition ; ce sera le plus souvent un motif que le conseil de famille appréciera pour maintenir ou pour révoquer son consentement. Toutefois on donnera un sens à la loi, si l'on suppose un état de démence survenu après que la famille a donné son consentement au mariage du mineur, et que l'acte se trouve déjà entre les mains de l'officier de l'état civil. Alors l'opposition deviendra nécessaire et elle devra être autorisée par le conseil de famille.

297. Le mot *curateur*, dans la pensée du Tribunat et du conseil d'État, s'entendait du curateur à l'interdiction, parce qu'on supposait, en discutant les premiers titres du Code, que les interdits seraient en curatelle comme dans l'ancien droit ; mais, conformément au projet primitif, ils ont été définitivement placés sous une tutelle semblable à celle des mineurs (art. 505 et 509). C'est donc encore un tuteur qui s'opposera, pour cause de démence, au mariage de l'interdit ; dans ce cas on peut s'étonner que l'autorisation du conseil de famille soit nécessaire puisqu'il suffit de justifier d'un fait matériel, c'est-à-dire de l'existence du jugement qui prononce l'interdiction.

Quoique les interdits n'aient pas de curateur, le droit d'opposition, attribué au *curateur pendant la durée de la curatelle,* n'est pas inutile. La disposition relative au curateur peut recevoir un sens, si on l'applique au curateur du mineur émancipé.

176. — Tout acte d'opposition énoncera la qualité qui donne à l'opposant le droit de la former ; il contiendra élection de domicile dans le lieu où le mariage devra être célébré ; il devra également, à moins qu'il ne soit fait à la requête d'un ascendant, contenir les motifs de l'opposition : le tout à peine de nullité, et de l'interdiction de l'officier ministériel qui aurait signé l'acte contenant opposition.

SOMMAIRE.

298. Énonciations de l'acte d'opposition. Élection de domicile. Son importance.

298. Tout acte d'opposition doit énoncer la qualité qui attribue au requérant le droit de s'opposer au mariage projeté, et, à moins qu'il ne soit un ascendant, les motifs de son opposition. La loi exige en outre que le même acte contienne une élection de domicile dans la commune *où le mariage doit être célébré.*

Cette élection est exigée dans l'intérêt de la partie contre qui l'opposition est dirigée, afin qu'elle puisse porter sa demande en mainlevée au tribunal du domicile élu, plutôt qu'au tribunal du domicile réel de l'opposant ; mais si cette partie doit se marier dans la commune de son futur conjoint, l'élection de domicile faite dans cette commune pourra ne point faciliter la demande en mainlevée. Pour atteindre complétement son but, cette élection devrait donc être faite au lieu du domicile réel de la personne contre qui l'opposition est dirigée, d'autant plus que l'on ne connaît pas toujours avec certitude la commune où doit être célébré le mariage. Malheureusement une proposition faite dans ce sens a été rejetée par le conseil d'État. Ce rejet, quoique mal motivé ('), suffit pour exclure le système qui vient d'être mentionné ; mais alors quel parti prendre ? Faut-il, comme le proposent quelques auteurs, faire élection de domicile dans toutes les communes où le mariage peut être célébré ? On n'y parviendrait pas toujours ; car l'une des parties peut avoir, à l'insu de l'opposant, un domicile spécial acquis par six mois de résidence. S'il y a doute sur le lieu où le mariage doit être célébré, nous croyons qu'il suffit d'une seule élection

('') On a répondu : 1° que les publications énoncent le lieu de la célébration, 2° que l'opposant, pour mieux assurer l'effet de son opposition, ne manquera pas de la signifier au domicile de l'une et de l'autre partie (*Séance du 4 vend. an* X) ; mais il est évident que la première réponse repose sur une erreur matérielle, et que la seconde ne s'applique point à la question.

de domicile, dans une des localités où la célébration est possible.

Remarquez d'ailleurs l'importance de cette élection, puisque les énonciations que doit contenir l'acte sont toutes exigées à peine de nullité, indépendamment de l'interdiction encourue par l'officier ministériel, c'est-à-dire, par l'huissier.

66. — *Les actes d'opposition au mariage seront signés sur l'original et sur la copie par les opposants ou par leurs fondés de procuration spéciale et authentique ; ils seront signifiés, avec la copie de la procuration, à la personne ou au domicile des parties, et à l'officier de l'état civil, qui mettra son visa sur l'original.*

299. Pour les oppositions, comme pour tout autre acte de leur ministère, les huissiers rédigent un exploit qu'ils signifient en remettant une copie, soit aux personnes mêmes à qui ils veulent en donner connaissance, soit à leur domicile, tandis qu'ils conservent l'original pour le remettre au requérant, c'est-à-dire, dans l'espèce, à l'opposant. L'acte d'opposition doit être signifié aux parties et à l'officier de l'état civil : aux parties, afin que chacune d'elles sache si elle doit persister dans son projet ou y renoncer ; à l'officier de l'état civil, pour l'avertir qu'il ne doit pas prêter son ministère au mariage projeté.

Si les publications ne doivent être faites que dans une seule commune, l'opposition signifiée à l'officier civil de cette commune suffit. Dans le cas contraire, l'opposition signifiée à l'un des officiers par qui ont été faites les publications, fût-il d'ailleurs incompétent pour célébrer le mariage (V. art. 168), suffit encore tant que cet officier n'a pas délivré le certificat constatant qu'il n'existe pas d'opposition (art. 69 et 76) ; mais après la délivrance des certificats négatifs, ou même dans le doute, il importe, pour assurer complétement l'effet de l'opposition, qu'elle soit signifiée à tout officier compétent pour recevoir l'acte de mariage.

300. Les actes d'opposition doivent être signés, tant sur la copie que sur l'original, non-seulement par l'huissier, mais aussi par les opposants ou par leur fondé de procuration spéciale et authentique. En signifiant l'exploit, l'huissier doit donner copie de la procuration, et enfin l'officier de l'état civil à qui est signifié ce même exploit doit apposer son *visa* sur l'original. La signature des opposants ou de leur mandataire et la copie de leur procuration sont exigées pour constater

d'une manière indubitable, que l'intention des opposants n'a point été outre-passée, soit par le mandataire, soit par l'huissier.

L'officier de l'état civil appose son *visa* sur l'original de l'exploit pour certifier par son propre aveu la signification qu'il a reçue. Autrement son témoignage pourrait se trouver en contradiction avec le témoignage de l'huissier sur un point dont la constatation rentre dans leurs attributions respectives : aussi tous les exploits signifiés à une personne publique à l'occasion de ses fonctions, doivent-ils être visés, sur l'original, par cette personne, ou, à son refus, par le procureur du Roi (C. de pr., art. 1039).

Les formes ainsi exigées ne sont pas moins importantes que celles de l'article 176. Nous pensons que l'omission des unes et des autres emporterait la nullité ('). Il est vrai qu'elle n'est pas prononcée ; mais il s'agit ici de formes substantielles dont l'absence empêche l'opposition d'avoir une existence légale.

67. — *L'officier de l'état civil fera, sans délai, une mention sommaire des oppositions sur le registre des publications ; il fera aussi mention, en marge de l'inscription des dites oppositions, des jugements ou des actes de mainlevée dont expédition lui aura été remise.*

SOMMAIRE.

301. Mentions à faire sur le registre des publications.

301. L'officier de l'état civil pourrait, surtout dans les communes rurales, égarer la copie d'un exploit, et même l'expédition d'un acte notarié ou d'un jugement, et par suite perdre de vue l'existence d'une opposition ou d'une mainlevée. Les mentions qu'il est tenu de faire sur le registre des publications et même dans l'acte de célébration (art. 69 et 76, 8°) préviennent ce danger.

La mainlevée des oppositions peut être prononcée par les tribunaux ou donnée par l'opposant. Dans l'un et l'autre cas, il faut remettre à l'officier de l'état civil une expédition, soit du jugement, soit de l'acte constatant la mainlevée volontaire : ceci prouve que cet acte doit être passé devant notaire et en minute ; car les huissiers ne gardent pas minute de leurs actes, et n'en délivrent pas expédition.

68. — *En cas d'opposition, l'officier de l'état civil ne pourra célébrer le mariage avant qu'on lui ait remis la mainlevée, sous peine de trois cents francs d'amende et de tous dommages-intérêts.*

(') Cour de Liége, 24 octobre 1812.

302. D'après le droit en vigueur à l'époque de la rédaction du Code civil, l'opposition devait être considérée comme non avenue lorsqu'elle était faite hors des cas prévus, dans des formes ou par des personnes que la loi n'avait pas déterminées ; mais dans l'hypothèse inverse, l'officier civil devait s'arrêter devant l'opposition, sous peine de destitution, d'amende et de tous dommages-intérêts ('). Le Code civil ne prononce plus la destitution ; mais, à cela près, il reproduit, *en cas d'opposition*, la défense qui, dans la loi antérieure, n'était portée que pour le cas d'opposition légalement formée. Quelques auteurs en concluent que le Code repousse la restriction établie par le droit intermédiaire ; ils ajoutent qu'en effet l'officier de l'état civil n'est pas juge, et qu'il n'appartient qu'aux tribunaux d'apprécier la légalité des oppositions. Dans l'opinion contraire, on répond que si le Code défend de célébrer le mariage *en cas d'opposition,* c'est parce qu'il suppose une opposition légalement formée ; car celle qu'on aurait signifiée verbalement ou par lettre missive ne produirait aucun effet. L'opposition dont parle l'article 68 suppose évidemment l'observation de certaines formes. Reconnaissons donc aussi qu'elle doit être faite par certaines personnes et pour certaines causes, et conséquemment que le Code, en adoptant sur les oppositions un système limitatif, en adopte nécessairement la conséquence, c'est-à-dire la distinction formulée par le droit intermédiaire.

Autrement le premier venu aurait, comme les ascendants, le pouvoir d'arrêter la célébration d'un mariage, ou du moins de faire prononcer une condamnation pécuniaire contre l'officier civil. Or, nous ne pouvons croire que l'amende et les dommages-intérêts dont parle la loi sanctionnent ici des oppositions irrégulièrement formées. Sans doute, l'officier de l'état civil n'est pas juge, et ce n'est pas lui qui doit apprécier le mérite de l'acte ; mais s'il doit s'arrêter devant une opposition, c'est, comme l'a dit Siméon (²), lorsqu'elle est *en forme régulière.*

69. — *S'il n'y a point d'opposition, il en sera fait mention dans l'acte de mariage ; et si les publications ont été faites dans plusieurs communes, les parties remettront un certificat délivré par l'officier de l'état civil de chaque commune, constatant qu'il n'existe point d'opposition.*

(¹) Loi du 20 sept. 1792, tit. 4, sect. 3, art. 9.
(²) Rapport au Tribunat, du 17 vent. an XI.

303. La nécessité du certificat négatif facilite, dans la pratique, l'exercice du droit d'opposition. En effet, l'opposition signifiée à l'un des officiers de l'état civil par qui ont été faites les publications, suffit, comme nous l'avons déjà dit, lorsque ce certificat n'est pas encore délivré.

177. — Le tribunal de première instance prononcera dans les dix jours sur la demande en mainlevée.

178. — S'il y a appel, il y sera statué dans les dix jours de la citation.

304. L'obligation imposée aux juges, tant en première instance qu'en appel, de statuer dans les dix jours, ne pourra pas toujours être exécutée à la lettre; mais au moins la demande en mainlevée sera considérée comme une de celles qui requièrent célérité. Par conséquent, elle sera instruite et jugée comme affaire sommaire (C. de pr., art. 404 et 405).

179. — Si l'opposition est rejetée, les opposants, autres néanmoins que les ascendants, pourront être condamnés à des dommages-intérêts.

305. Ceux dont l'opposition est rejetée peuvent être condamnés à des dommages-intérêts, en vertu de cette règle générale que chacun doit réparer le tort qu'il a causé par sa faute (art. 1382). C'est par une exception toute spéciale qu'on n'applique point cette règle à l'opposition des ascendants, parce qu'ils sont toujours présumés agir dans l'intérêt de leurs enfants.

CHAPITRE IV.

DES DEMANDES EN NULLITÉ DE MARIAGE.

INTRODUCTION.

306. Sous la rubrique *des Demandes en nullité de mariage,* le Code traite à la fois des nullités et de la preuve. Ces deux matières, quoique réunies dans un seul chapitre, sont essentiellement distinctes, et nous en traiterons séparément.

SECTION PREMIÈRE.

DES NULLITÉS.

307. L'absence des conditions requises pour la validité des conventions donne lieu, tantôt à une nullité de droit, tantôt à une action en nullité ou en rescision (art. 1117). La convention nulle de droit, quoiqu'elle ait une existence de fait, n'a point d'existence légale : tous les intéressés pourront l'attaquer sans être obligés d'agir dans un délai déterminé, et se comporter comme si elle n'était pas intervenue. Sans doute, si les faits sont déniés, il faudra recourir au juge pour faire constater la vérité ; mais ceux à qui on opposera un acte nul, seront toujours recevables à en contester la validité.

Il en est autrement, lorsque la loi accorde seulement une action en nullité ou en rescision. Cette action ne peut être exercée que par certaines personnes et dans un certain délai, à l'expiration duquel la convention vaut comme si elle n'avait jamais eu aucun vice, parce que sa nullité dépendait d'une condition qui ne peut plus s'accomplir.

Quelque importante que soit cette distinction, il ne faut pas en exagérer la portée, comme on le fait trop souvent par suite de l'idée fausse qu'on attache aux mots *de plein droit.* Cette expression, suivant plusieurs auteurs, signifie qu'une chose arrive spontanément, sans que personne agisse, sans que le juge doive intervenir ; et comme nul ne doit se faire justice à soi-même, ils en concluent que notre législation n'admet aucune nullité de droit. Tel n'est pas le véritable sens de ces mots. Dire d'un contrat qu'il est nul de droit, c'est dire qu'il n'est pas seulement sujet à une nullité conditionnelle que certaines personnes pourront invoquer pendant un certain temps, mais que sa validité peut être indéfiniment contestée par toute personne intéressée. Dans tous les cas, du reste, la nullité doit être invoquée et judiciairement établie.

Le mariage est un véritable contrat. Nous lui appliquerons donc les principes précédemment exposés, en distinguant les mariages qui sont frappés d'une nullité de droit ou nullité proprement dite, et les mariages qui sont simplement annulables.

§ Ier. — Des mariages nuls de droit.

308. Les principales causes qui entraînent la nullité de droit, sont : la mort civile (art. 25), le défaut absolu de consentement (art. 146), qu'il ne faut pas confondre avec le consentement vicieux donné par erreur ou par crainte (art. 180), la bigamie (art. 147), la violation des empêchements fondés sur la parenté ou l'alliance (art. 161-163), le défaut d'âge (art. 144), le défaut de publicité du mariage, et l'incompétence de l'officier qui procède à la célébration (art. 191).

Dans ces différents cas, la nullité peut être invoquée, en tout temps, par chacun des époux, et en général par toute personne intéressée, sauf les modifications suivantes :

La nullité résultant du défaut d'âge est couverte six mois après que les parties ont atteint l'âge compétent, et même plus tôt, si la grossesse de la femme qui n'avait pas cet âge, dément la présomption qui la supposait impubère (art. 185). Remarquons, au surplus, que les ascendants, lorsqu'ils ont consenti au mariage, ne sont jamais recevables à invoquer cette nullité (art. 186).

L'espoir de succéder à l'un des époux ne constitue qu'un intérêt éventuel, insuffisant pour autoriser ses héritiers présomptifs à contester la validité de son mariage. Les collatéraux, les enfants d'un premier lit ne peuvent donc invoquer la nullité, tant qu'ils n'ont pas un intérêt né et actuel, intérêt qui suppose, du moins en général, que la succession de leur parent est ouverte (art. 187); mais, en cas de bigamie, le fait d'un mariage antérieurement célébré donne au premier conjoint du bigame un intérêt qui lui permet de demander immédiatement la nullité (art. 188).

309. Lorsque le mariage a été contracté avant l'âge requis, lorsqu'il y a bigamie ou violation des empêchements fondés sur la parenté ou l'alliance, la nullité est d'ordre public : aussi le procureur du Roi doit-il agir du vivant des époux, afin qu'ils soient condamnés à se séparer (art. 190); mais le défaut de publicité et l'incompétence de l'officier civil, quoiqu'ils intéressent l'ordre public, n'offensent pas directement les bonnes mœurs : aussi dans ces deux cas, la loi permet-elle simple-

ment au procureur du Roi de demander la nullité, sans lui en faire un devoir (art. 191).

310. La publicité est un fait complexe, dont les éléments ne sont pas toujours réunis. Dès lors, il appartient au juge d'apprécier jusqu'à quel point une publicité incomplète peut n'être pas insuffisante pour la validité du mariage; et néanmoins toute contravention aux règles prescrites pour la publicité, lors même qu'elle n'est pas assez grave pour faire prononcer la nullité du mariage, entraîne, contre l'officier de l'état civil, une amende qui ne peut excéder 300 francs, et contre les parties, une amende proportionnée à leur fortune (art. 193).

Les mêmes amendes sont encourues, lorsque le mariage est célébré devant un officier incompétent (*ibid.*), bien que cette sanction soit ici moins nécessaire, les questions d'incompétence n'étant pas, selon nous du moins, abandonnées à l'appréciation du magistrat, comme celles qui concernent le défaut de publicité.

§ II. — Des mariages annulables.

311. Les vices qui permettent d'attaquer un mariage, sans le rendre nul de droit, se rattachent au consentement qui doit être donné tant par les époux que par les ascendants ou par la famille. En effet, les parties ont pu ne consentir que par crainte ou par suite d'erreur dans la personne (art. 180); elles peuvent n'avoir pas obtenu, des ascendants ou du conseil de famille, le consentement exigé par la loi (art. 182).

Si l'un des époux n'a consenti que par crainte ou par erreur, c'est à lui, et à lui seul, qu'appartient l'action en nullité; mais lorsqu'il a recouvré sa liberté ou reconnu son erreur, la cohabitation continuée pendant six mois suffit pour éteindre son action (art. 181).

Le mariage contracté sans le consentement des ascendants ou du conseil de famille peut être attaqué par ceux dont le consentement était requis, et par celui des époux qui avait besoin de ce consentement (art. 182); mais si les ascendants ou le conseil de famille approuvent expressément ou tacitement le mariage; si, après en avoir eu connaissance, ils laissent passer une année sans réclamer, l'action en nullité s'éteint pour tous ceux qui pouvaient l'intenter. Elle s'éteint spécialement pour celui des conjoints à qui elle appartient, lorsqu'une année s'écoule sans réclamation de sa part, après l'âge où il aurait pu consentir par lui-même (art. 183).

OBSERVATIONS GÉNÉRALES.

312. En principe, un mariage nul ne produit pas d'effets civils ; mais le Code, toujours favorable à la bonne foi, veut qu'elle suffise pour assurer aux deux époux, ou du moins à l'époux de bonne foi, et dans tous les cas aux enfants du mariage, tous les effets que ce mariage, en le supposant valable, produirait en leur faveur (art. 201 et 202).

313. Les nullités sont absolues ou relatives, suivant qu'elles peuvent être invoquées par toute personne intéressée, ou seulement par certaines personnes. Cette distinction cadre exactement avec celle que nous avons présentée (507); mais nous n'avons pas fondé notre division principale sur la différence qui existe entre les nullités absolues et les nullités relatives, parce que le conseil d'État, craignant l'abus de ces dénominations, a pris soin de les écarter (¹).

Précédemment nous avons distingué des empêchements prohibitifs et des empêchements dirimants (237). La violation de ces derniers entraîne la nullité du mariage; mais il n'est pas exact de dire, comme on le fait généralement, que toute nullité dérive d'un empêchement; car les empêchements proprement dits résultent des prohibitions qui restreignent la liberté des personnes : quoique le mariage ne puisse être célébré sans consentement, sans publicité, etc., le défaut de consentement ou de publicité ne constitue pas un véritable empêchement.

D'un autre côté, plusieurs prohibitions établies en dehors de ce titre (art. 25, 295, 298, 348) créent des empêchements qu'il est difficile de ne pas considérer comme dirimants. Nous ne suivrons donc pas le système fort répandu qui présente les nullités spécialement indiquées dans ce chapitre comme seules admises par le législateur : ainsi, par exemple, la nullité absolue d'un mariage contracté entre deux personnes du même sexe est indubitable, quoique le Code ne s'en soit pas expliqué, et nous assimilons à ce cas celui où le mari serait accidentellement privé des organes de son sexe.

SECTION II.

DE LA PREUVE.

314. Le mariage se prouve par la représentation d'un acte de célébration inscrit sur les registres de l'état civil. A défaut de cet acte, nul ne peut réclamer le titre d'époux et les effets civils du mariage (art. 194).

(¹) Séance du 6 brumaire an X.

Les personnes qui vivent publiquement comme mari et femme et sont généralement considérées comme tels, ont ce qu'on nomme communément la possession d'état ; mais elles n'en sont pas moins dans la nécessité de prouver leur mariage (art. 194). Toutefois la possession d'état ne leur est pas complétement inutile : elle suffit, lorsque la célébration est constatée par un acte, pour que chacun des conjoints soit non recevable à demander la nullité de cet acte (art. 196).

La légitimité des enfants est un effet civil du mariage. Elle ne peut donc être établie, en règle générale, que par un extrait des registres de l'état civil, constatant le mariage des père et mère. Cependant le seul défaut de représentation de cet acte ne permet pas de contester la légitimité des enfants, lorsqu'ils ont en leur faveur les circonstances suivantes : 1° que les père et mère ont vécu publiquement comme mari et femme ; 2° que l'un et l'autre sont décédés ; 3° que la légitimité des enfants est justifiée par une possession d'état non contredite par leur acte de naissance (art. 197). On présume alors que les père et mère ont contracté mariage dans une commune que les enfants ne connaissent pas.

315. Lorsque les registres de l'état civil n'ont pas été tenus ou lorsqu'ils sont perdus, la célébration du mariage peut être prouvée par les registres domestiques ou par d'autres papiers, émanés, non des époux eux-mêmes, mais de leurs père et mère décédés. Cette preuve peut, dans les mêmes cas, se faire aussi par témoins (art. 46 et 194).

La perte totale ou partielle des registres de l'état civil peut donner lieu à des poursuites criminelles ; et s'il en résulte la preuve qu'un mariage ait été légalement célébré, la transcription du jugement sur les registres courants suffit pour assurer aux époux et à leurs enfants tous les effets que ce mariage a dû produire depuis le jour de sa célébration (art. 198). La poursuite criminelle dont il s'agit sera exercée contre ceux à qui la perte des registres est imputable, par le ministère public, agissant, soit d'office, soit sur la plainte des époux vivants ou des personnes qui, après le décès du mari ou de la femme, auraient intérêt à faire constater la célébration (art. 199).

La poursuite criminelle devient impossible dans le cas où la fraude n'est découverte qu'après la mort du coupable. On ne peut exercer contre les héritiers qu'une action civile en dommages-intérêts, et cette action, en principe, n'appartient point au ministère public, mais seulement aux personnes lésées (C. d'instr. cr., art. 1). Toutefois, comme un jugement sur des intérêts privés peut être le résultat d'une collusion, le législateur craint qu'on ne se procure trop facilement, dans ce cas, la preuve judiciaire d'un mariage qui n'aurait jamais existé. Aussi, par une exception toute spéciale, l'action civile n'est-elle pas exercée alors par les parties intéressées ; elle est intentée, en leur présence et sur leur dénonciation, par le ministère public (art. 200).

180. — Le mariage qui a été contracté sans le consentement libre des deux époux, ou de l'un d'eux, ne peut être attaqué que par les époux, ou par celui des deux dont le consentement n'a pas été libre.

Lorsqu'il y a eu erreur dans la personne, le mariage ne peut être attaqué que par celui des deux époux qui a été induit en erreur.

316. Après avoir distingué les mariages qui sont nuls de droit et ceux qui donnent lieu à une action en nullité, nous avons dit qu'en l'absence de tout consentement de la part de l'un des époux il n'existe pas de mariage, tandis que si le consentement a été donné par crainte ou par erreur, le mariage est simplement annulable. Cette distinction se justifie par l'historique de l'article 146, qui contenait primitivement deux propositions : 1° *Il n'y a point de mariage lorsqu'il n'y a point de consentement ; 2° Il n'y a pas de consentement lorsqu'il y a violence ou erreur sur la personne.* Le premier Consul attaqua cette rédaction, qui détruisait une distinction précédemment admise entre « le cas où l'officier de l'é-
« tat civil supposerait un consentement qui n'aurait pas été donné,
« *même forcément,* et le cas où il y aurait eu un consentement non li-
« bre. On a dit que dans le premier cas il n'y a pas de mariage, que
« dans le second il y a un mariage, mais qu'il peut être déclaré nul. On
« a également distingué entre l'erreur sur l'individu physique et l'er-
« reur sur ses qualités civiles, et il a été reconnu qu'il n'y a pas de ma-
« riage lorsqu'un autre individu est substitué à celui que l'on a con-
« senti d'épouser ; mais qu'au contraire, il y a mariage, mais mariage
« susceptible d'être cassé, lorsque l'individu, étant d'ailleurs physique-
« ment celui sur lequel le consentement a porté, n'appartient cepen-
« dant pas à la famille dont il a pris le nom. » C'est à la suite de cette
discussion (¹), que la seconde partie de l'article 146 a été retranchée.

(¹) Séance du 24 frimaire an X.

On a voulu éviter par là une confusion dans laquelle retombent ceux qui expliquent cet article par l'article 180. Suivant nous, ces deux dispositions s'appliquent à deux hypothèses parfaitement distinctes : le défaut de consentement (art. 146) et un consentement vicieux (art. 180). Occupons-nous de ce dernier cas.

317. Les vices du consentement sont, en règle générale, la violence, l'erreur et le dol (art. 1109) ; mais le mariage est un contrat dont la stabilité intéresse l'ordre public, et le législateur n'admet pas qu'il puisse être annulé comme toute autre convention, et avec la même facilité. Aussi le dol, considéré en lui-même et indépendamment de l'erreur qu'il peut produire, n'est-il pas aujourd'hui ([1]) une cause de nullité du mariage. Le consentement, en cette matière, n'est donc vicié que par le défaut de liberté qui résultera, soit de la crainte, soit de l'erreur dans la personne.

En ce qui concerne la crainte, la liberté du consentement s'apprécie, pour le mariage, d'après les règles générales que nous développerons en parlant des Contrats. Ainsi la seule crainte de déplaire à un ascendant, ou crainte révérencielle, ne suffit pas pour annuler le mariage (art. 1114). Il faut, pour vicier le consentement, des voies de fait ou des menaces capables de faire impression sur une personne raisonnable, en lui faisant redouter un mal considérable pour le cas où elle ne consentirait pas. Du reste, l'application de cette règle exige, surtout en matière de mariage, qu'on ait égard à l'âge, au sexe, à la condition sociale et même à l'éducation des personnes (art. 1112).

318. L'erreur sur la personne avec qui l'on contracte, ne vicie le consentement que par exception, et dans certains contrats où la considération de la personne devient la cause principale de la convention (art. 1110 et 2053). Cette considération n'est jamais plus puissante que dans le mariage, précisément parce que chacun des futurs conjoints est tout à la fois partie contractante et objet du contrat. Aussi, dans l'ancienne jurisprudence, a-t-on toujours admis la nullité en cas d'erreur sur la personne même, c'est-à-dire lorsqu'une personne était substituée à une autre, comme Lia fut substituée à Rachel, tandis qu'on ne s'arrêtait pas à l'erreur qui portait sur la fortune ou même sur la noblesse ([2]). L'erreur sur l'état civil des personnes a fait naître plus de difficulté. L'ancienne jurisprudence annulait le mariage contracté par erreur avec un homme ou une femme esclave ; mais il n'en était pas de même en cas de mort civile de l'un des conjoints ([3]).

([1]) Voyez, pour l'ancienne jurisprudence, Pothier, *Contrat de mariage*, nᵒˢ 228 et 320.

([2]) Pothier, *Contrat de mariage*, nᵒ 310.

([3]) Pothier, *ibid.*, nᵒ 313.

Depuis longtemps, l'esclavage n'existe plus en France, et quant à la mort civile, elle rend le mariage impossible (art. 25); mais, dans toute autre hypothèse, on se demande ce qu'il faut entendre par *l'erreur dans la personne*.

319. En nous fondant sur les paroles du premier Consul précédemment rapportées, nous distinguerons l'erreur qui tombe sur l'identité de la personne physique, c'est-à-dire sur l'individu (¹), de celle qui porte sur son état civil, et spécialement sur sa filiation. Le premier cas rentre dans l'application de l'article 146; en effet, celui qui veut épouser Rachel ne veut pas épouser Lia. Dans le second cas, qui est celui de l'article 180, l'erreur sur la condition, c'est-à-dire sur l'état civil de la personne, ou, si l'on veut, sur la personne civile, n'empêche pas la formation du contrat, mais elle permet de le faire annuler. En effet, comme on l'a dit au conseil d'État : « Si l'on raisonnait d'un indi-
« vidu dans l'état de nature, dans l'ordre purement physique, on pour-
« rait prétendre qu'il n'y a point erreur de personne quand on épouse...
« identiquement la femme qu'on a voulu épouser ; mais il en est au-
« trement dans l'ordre social (²). On donne un consentement erroné,
« lorsqu'on épouse la fille d'un autre père que celui avec lequel on
« croyait s'allier (³). Les mariages forment des liens non-seulement
« entre les époux, mais aussi entre les familles (⁴).»

C'est en vertu de ces principes que la cour de Bourges a prononcé la nullité du mariage que le sieur Joseph Ferri était parvenu à contracter en s'attribuant, à l'aide d'un faux acte de naissance, une filiation qui ne lui appartenait pas (⁵).

320. Il faut observer à cet égard, que la nullité tient à l'erreur de

---

(¹) Nous ne parlons pas ici de l'erreur portant sur l'aptitude de l'une des parties à remplir les fins du mariage. Il faut distinguer, en effet, l'impuissance radicale qui rend le mariage impossible indépendamment de toute erreur, et celle qui n'a pour cause qu'une faiblesse organique plus ou moins douteuse. Dans le premier cas, « les « causes physiques et le défaut de conformation qui s'opposent au but du mariage, « sont des empêchements qui l'annullent de plein droit » (*Cour de Trèves*, 27 *janvier* 1808 ; voyez cependant un arrêt contraire, *cour de Riom*, 30 *juin* 1828). Dans le second cas, il n'existe qu'une impuissance dite naturelle, dont le Code (art. 313) repousse la preuve (*Cour de Gênes*, 7 *mars* 1811 ; *cour de Besançon*, 12 *août* 1840).

(²) Thibaudeau, séance du 4 vend. an X.

(³) Cambacérès, même séance.

(⁴) Regnier, même séance.

(⁵) Arrêt du 6 août 1827 ; V. Merlin, *Questions de droit*, v° MARIAGE, § 9. La cour de Colmar (6 *décembre* 1811) a prononcé, pour cause d'erreur, la nullité du mariage qu'une femme catholique avait contracté avec un religieux profès. Il n'avait existé aucune cohabitation, et l'action en nullité avait été intentée sans délai, quelques jours seulement après la célébration.

l'un des conjoints, non au dol pratiqué par l'autre, et conséquemment que la bonne foi de ce dernier n'empêcherait pas le mariage d'être annulé ; car le conseil d'État n'a point adopté l'opinion du premier Consul qui, en admettant la nullité pour cause d'erreur sur la personne civile, voulait la restreindre au cas où l'un des conjoints serait trompé par le fait de l'autre (¹).

Remarquons, en second lieu, qu'il n'y a pas d'erreur sur la personne civile, lorsqu'un homme ou une femme s'attribue la condition qui résulte de sa possession d'état à l'époque du mariage, et qu'un jugement lui reconnaît ensuite un état différent, par exemple, en déclarant qu'il est enfant naturel des parents dont on le croyait enfant légitime, ou qu'il a réellement un autre père ou une autre mère (²).

L'erreur sur les qualités morales de la personne qu'on épouse, ou sur la conduite qu'elle a tenue antérieurement au mariage, ne peut pas être une cause de nullité (³). Toutefois, le Code civil ayant admis que la condamnation de l'un des époux à une peine infamante est une cause de divorce (art. 232), plusieurs auteurs en ont conclu que si, antérieurement au mariage, l'un des époux avait subi une semblable condamnation, l'autre serait fondé à demander, pour cause d'erreur, la nullité du mariage; mais nous ne pouvons admettre ce système. Autre chose est la dissolution du mariage par suite d'un fait postérieur qui a changé la position respective des parties, autre chose est l'annulation d'un mariage pour une cause antérieure à sa célébration.

321. Le mariage contracté par crainte, peut être attaqué par celui des contractants dont le consentement n'a pas été libre, et par tous deux si tous deux ont consenti par crainte. La même distinction doit s'appliquer au cas d'erreur ; car, bien que la loi ne le suppose pas, l'erreur peut avoir été réciproque.

181. — Dans le cas de l'article précédent, la demande en nullité n'est plus recevable, toutes les fois qu'il y a eu cohabitation continuée pendant six mois, depuis que l'époux a acquis sa pleine liberté ou que l'erreur a été par lui reconnue.

SOMMAIRE.

322. Comment se couvre la nullité résultant de la crainte ou de l'erreur.

322. L'action en nullité cesse après six mois de cohabitation continuée librement et en connaissance de cause, depuis que la violence a

---

(¹) Discussion au C. d'État, séances des 4 vend. et 24 frim. an X.
(²) Discussion au C. d'État, séance du 24 frim. an X.
(³) Discussion au C. d'État, séance du 6 brumaire an X.

cessé ou depuis que l'erreur a été reconnue. On a voulu fixer un délai très-court, surtout dans l'intérêt des enfants.

En s'attachant à un certain temps de cohabitation pour en induire que le mariage est tacitement ratifié, le Code exclut toute autre ratification tacite, notamment celle qu'on voudrait faire résulter de la grossesse de la femme ([1]), parce que ce fait est insuffisant pour établir la volonté persévérante qui peut seule produire une ratification; mais nous ne pensons pas qu'on ait voulu exclure la ratification formelle de la partie qui, après avoir recouvré sa liberté ou reconnu son erreur, renoncerait à son action en nullité par un acte confirmatif en bonne forme (V. art. 1338).

182. — Le mariage contracté sans le consentement des père et mère, des ascendants, ou du conseil de famille, dans les cas où ce consentement était nécessaire, ne peut être attaqué que par ceux dont le consentement était requis, ou par celui des deux époux qui avait besoin de ce consentement.

SOMMAIRE.

323. Par qui peut être attaqué le mariage contracté sans le consentement des ascendants ou de la famille.
324. Action en nullité accordée à l'époux mineur lui-même.

323. Lorsque le mariage a été contracté sans le consentement des ascendants ou du conseil de famille, l'action en nullité appartient à ceux *dont le consentement était requis*. C'est dans un intérêt de famille qu'elle est confiée aux ascendants : par conséquent, si celui à qui l'action appartient décède avant qu'elle soit éteinte, elle doit passer aux ascendants plus éloignés, dans l'ordre où leur consentement aurait été nécessaire; et, après la mort de tous les ascendants, l'action en nullité doit passer au conseil de famille. L'opinion contraire se fonde sur le texte de la loi, qui n'accorde l'action qu'à ceux *dont le consentement était requis;* mais ces expressions ne doivent pas se prendre dans un sens limitatif. Elles signifient seulement qu'il ne s'agit pas ici d'une nullité absolue, susceptible d'être invoquée par toute personne intéressée (V. art. 184 et 186).

Quoi qu'il en soit, il n'est pas douteux que le mariage contracté par un mineur qui n'avait pas d'ascendant, peut être attaqué par le conseil de famille. Les membres du conseil ont à cet égard une action collective, que le tuteur ou le curateur exercera au nom de la famille. Ainsi

---

([1]) Pothier, *Contrat de mariage,* n° 310.

un collatéral qui aurait pu s'opposer au mariage du mineur ne sera pas individuellement admis à en demander la nullité.

Le tuteur *ad hoc* dont le consentement est requis pour le mariage des enfants naturels, doit pareillement avoir une action pour attaquer le mariage contracté sans son consentement.

324. La nullité fondée sur le défaut de consentement des ascendants ou du conseil de famille peut aussi être invoquée par celui des contractants qui avait besoin de ce consentement, c'est-à-dire, par le mari ou par la femme qui, n'ayant pas vingt et un ans accomplis, est encore incapable de contracter mariage. Par la même raison, nous ne doutons pas qu'un enfant naturel ne puisse demander la nullité de son propre mariage, lorsqu'il n'a pas obtenu le consentement d'un tuteur *ad hoc*.

Le majeur de vingt et un ans qui s'est marié avant l'âge de vingt-cinq ans révolus, n'a pas les mêmes motifs pour attaquer le mariage qu'il a contracté sans le consentement de ses ascendants ; car il aurait pu, si ces derniers n'avaient pas existé, se marier à son gré, sans consulter sa famille. L'action en nullité que la loi lui accorde par cela seul qu'il a des ascendants, ne paraît donc pas suffisamment justifiée.

183. — L'action en nullité ne peut plus être intentée ni par les époux, ni par les parents dont le consentement était requis, toutes les fois que le mariage a été approuvé expressément ou tacitement par ceux dont le consentement était nécessaire, ou lorsqu'il s'est écoulé une année sans réclamation de leur part, depuis qu'ils ont eu connaissance du mariage. Elle ne peut être intentée non plus par l'époux, lorsqu'il s'est écoulé une année sans réclamation de sa part, depuis qu'il a atteint l'âge compétent pour consentir par lui-même au mariage.

SOMMAIRE.

325. Ratification expresse ou tacite des ascendants ou de la famille.
326. Nécessité d'exercer l'action dans un certain délai.

325. Si les ascendants ou le conseil de famille approuvent, après la célébration, le mariage auquel ils n'avaient pas consenti, l'action en nullité n'existe plus, ni pour eux, ni pour celui des époux à qui elle appartenait. La loi présume, en effet, que l'approbation des ascendants ou de la famille est donnée en connaissance de cause et dans l'intérêt même du conjoint qui a pu être séduit ou lésé. Cependant, si ce dernier avait déjà demandé la nullité, son action ne serait pas éteinte, malgré lui, par l'approbation que les ascendants ou le

conseil de famille donneraient au mariage ; car le résultat d'une action soumise aux tribunaux doit en général rester indépendant de tout ce qui survient pendant l'instance.

L'approbation des ascendants n'est soumise à aucune forme ; elle peut même n'être que tacite, par exemple, lorsqu'ils reçoivent les époux comme tels, lorsqu'ils donnent à la femme le nom du mari, etc., etc. Le conseil de famille approuve expressément, lorsqu'il prend, à cet égard, une délibération spéciale ; il approuve tacitement, lorsqu'il re-connaît une des conséquences du mariage, par exemple, lorsqu'il sanctionne l'émancipation du mineur en lui nommant un curateur pour l'assister dans la reddition du compte de tutelle (art. 476 et 480).

326. A défaut de toute autre approbation, il suffit que les ascendants n'aient pas demandé la nullité dans l'année à compter du jour où ils ont eu connaissance du mariage. Ainsi le délai ne court pas contre eux, tant qu'ils ignorent la célébration, quelle que soit d'ailleurs l'époque à laquelle elle remonte. La même règle s'applique au conseil de famille ; car le mariage peut arriver à la connaissance de cette assemblée, sinon par cela seul que chacun de ses membres en aurait personnellement appris l'existence, du moins par la notification qui aurait été faite au conseil dans une de ses réunions, notification qui sans aucun doute ferait courir le délai. Dans tous les cas, l'action du conseil de famille finira avec la minorité même ; car ce conseil n'existe plus pour les majeurs.

Celui des époux qui avait besoin du consentement de ses ascendants ou du conseil de famille, ne peut donner aucune ratification valable tant qu'il n'a pas atteint l'âge compétent pour consentir par lui-même au mariage ; mais après cet âge, son silence suffit pour éteindre l'action en nullité qu'il n'aurait pas intentée dans l'année. Il est d'ailleurs évident que sa ratification expresse ou tacite ne saurait paralyser l'action des ascendants.

184. — Tout mariage contracté en contravention aux disposi-tions contenues aux articles 144, 147, 161, 162 et 163, peut être attaqué soit par les époux eux-mêmes, soit par tous ceux qui y ont intérêt, soit par le ministère public.

SOMMAIRE.

327. Par qui peut être attaqué un mariage nul de droit.

327. En statuant ici sur les mariages contractés avant l'âge requis (art. 144), avant la dissolution d'un précédent mariage (art. 147) ou au mépris des empêchements fondés sur la parenté ou l'alliance (art. 161-

165), le Code pose une règle générale, applicable dans tous les cas où il y a nullité de droit : le mariage peut être attaqué par toute personne intéressée (art. 191).

Ainsi, par exemple, dans un ordre ouvert entre des créanciers hypothécaires, chacun d'eux pourra, en invoquant la nullité du mariage contracté par le débiteur commun, soutenir que ses biens ne sont pas grevés d'hypothèque légale au profit de la femme (V. art. 2121, 2135). De même les créanciers de la femme pourront invoquer la nullité de son mariage pour en conclure qu'elle a pu s'obliger sans autorisation (V. art. 217).

Les époux eux-mêmes sont toujours intéressés, soit parce qu'il s'agit de leur état, soit parce qu'il leur importe de se dégager d'une union souvent scandaleuse et toujours précaire.

Quant au ministère public, il faut observer que, dans les différents cas prévus par l'article 184, la loi ne se borne pas à lui permettre d'attaquer le mariage ; elle le lui ordonne (art. 190).

185. — Néanmoins le mariage contracté par des époux qui n'avaient point encore l'âge requis, ou dont l'un des deux n'avait point atteint cet âge, ne peut plus être attaqué, 1° lorsqu'il s'est écoulé six mois depuis que cet époux ou les époux ont atteint l'âge compétent ; 2° lorsque la femme qui n'avait point cet âge, a conçu avant l'échéance de six mois.

SOMMAIRE.

328. Durée de l'action en nullité résultant du défaut d'âge.

328. Le principe que les nullités de droit peuvent être invoquées en tout temps, souffre exception en ce qui concerne le défaut d'âge. En effet, lorsque les parties ont atteint l'âge compétent ('), leur mariage ne peut plus être attaqué que pendant six mois, et alors la nullité ne tenant point au consentement, il n'y a point lieu à ratification.

Le mariage est encore validé, même avant l'expiration du délai ci-dessus, si la femme qui n'avait pas l'âge requis, devient enceinte (²) ; mais sa grossesse ne couvre pas la nullité fondée sur le défaut d'âge du mari. Il serait dangereux, en effet, de juger de la puberté de ce dernier d'a-

---

(1) C'est-à-dire l'âge fixé par l'article 144, dix-huit ans pour le mari et quinze ans pour la femme (Arrêt de rejet du 4 nov. 1822).

(2) Toullier (t. 1, n° 620) cherche comment on peut constater un commencement de grossesse. « Les juges, dit-il, ne pourraient pas ordonner que la femme sera visitée ; cette mesure répugnerait à la décence et à nos mœurs. » Ce scrupule nous semble exagéré ; de semblables visites sont souvent ordonnées sans que les mœurs en soient offensées.

près une circonstance qui peut lui être étrangère ; et vainement on invoquerait ici la présomption qui attribue au mari la paternité des enfants conçus pendant le mariage, puisque le mariage lui-même n'est pas valable.

La grossesse de la femme qui n'avait pas l'âge requis, couvre la nullité de son mariage, lorsque la conception a lieu *avant l'échéance de six mois*, ce qui semble se référer aux six premiers mois du mariage ; mais si la grossesse suffit, dès les premiers mois, pour constater une puberté douteuse, cette preuve arrivant un peu plus tard n'en sera pas moins efficace. Les six mois dont il s'agit ne sont donc pas ceux qui suivent immédiatement le mariage, mais ceux qui ont été fixés dans la première partie de l'article pour limiter la durée de l'action en nullité. Ainsi la seconde partie doit s'entendre comme si la loi disait : *avant l'échéance des six mois* (¹).

186. — Le père, la mère, les ascendants et la famille qui ont consenti au mariage contracté dans le cas de l'article précédent, ne sont point recevables à en demander la nullité.

SOMMAIRE.

329. Fin de non-recevoir opposée aux ascendants.

329. Les ascendants exercent, relativement au mariage de leurs descendants, une sorte de magistrature domestique. Avant la célébration, il faut obtenir leur consentement ou du moins demander leur conseil (art. 148, 150 et 151), et ils sont toujours recevables à former opposition (art. 173). Après la célébration, ils ont, du vivant même des époux, et indépendamment de tout intérêt pécuniaire, le droit d'invoquer les nullités que peut invoquer le ministère public (art. 191). Toutefois ce droit n'appartient, comme le droit de former opposition, qu'aux ascendants les plus proches, à ceux dont les contractants devaient demander le consentement ou le conseil. A leur défaut, le droit de faire prononcer la nullité passe aux ascendants plus éloignés, dans l'ordre où chacun d'eux aurait à donner son consentement ou son conseil.

Par exception au droit général des ascendants, la loi déclare qu'ils sont, comme le conseil de famille, non recevables à invoquer la nullité résultant du défaut d'âge, lorsqu'ils ont consenti au mariage ; mais évidemment cette exclusion ne concerne pas ceux qui n'auraient consenti que par suite d'une erreur, soit sur l'âge du mineur qui a obtenu leur consentement, soit, ce qui est plus facile à supposer, sur l'âge de l'autre partie.

(¹) Portalis, *Exposé des motifs.*

Ce cas d'erreur paraît être le seul où les ascendants puissent demander la nullité à raison du défaut d'âge ; car ceux qui n'ont pas consenti, ont par ce seul motif une action spéciale (art. 182) ; et lorsqu'ils ont perdu le droit de l'intenter en donnant au mariage une approbation expresse ou tacite, il serait bien extraordinaire qu'ils pussent revenir sur le consentement qui résulte de cette approbation.

187. — Dans tous les cas où, conformément à l'article 184, l'action en nullité peut être intentée par tous ceux qui y ont un intérêt, elle ne peut l'être par les parents collatéraux, ou par les enfants nés d'un autre mariage, du vivant des deux époux, mais seulement lorsqu'ils y ont un intérêt né et actuel.

SOMMAIRE.

330. Intérêt que peuvent avoir les enfants d'un premier lit et les collatéraux.

350. Au nombre des personnes intéressées à faire prononcer la nullité, sont notamment les collatéraux qui se trouveraient exclus de la succession du mari ou de la femme par les enfants du mariage. Les enfants d'un premier lit sont pareillement intéressés à demander la nullité du mariage, pour ne point partager la succession de leur père ou de leur mère avec les enfants du second lit. Mais l'espoir de succéder à une personne vivante n'attribue point à ses héritiers présomptifs un intérêt légal. C'est seulement à la mort de l'un ou de l'autre époux que ses collatéraux ou les enfants de son premier mariage auront, comme héritiers, un droit et par conséquent un intérêt qui, suivant l'expression du Code, sera *né et actuel* (¹), par opposition à l'intérêt futur et purement éventuel qu'ils avaient auparavant comme héritiers présomptifs.

Si nous disons, avec la loi, que l'intérêt né et actuel n'existe pas du vivant des deux époux, c'est en règle générale ; car lorsqu'il existe des enfants de l'un et de l'autre mariage, une succession peut s'ouvrir en leur faveur du vivant même de l'auteur commun, et alors les enfants

_____

(¹) Un arrêt de cassation (9 *janvier* 1821) et un arrêt de rejet (12 *novembre* 1844) décident que les collatéraux, lors même qu'ils ont un intérêt né et actuel, ne peuvent exercer l'action en nullité pour aucune autre cause que celles énumérées dans l'article 144. Nous concevons que les collatéraux et, en général, toutes personnes autres que les contractants eux-mêmes, soient mal fondés, ainsi que le décide l'article 180, à se prévaloir des vices du consentement donné par l'une des parties ; mais nous ne comprendrions pas comment ceux qui peuvent demander la nullité d'un mariage contracté avant l'âge compétent, seraient non recevables à invoquer la nullité résultant de la mort civile ou toute autre nullité de droit, par exemple celle d'un mariage contracté entre deux personnes du même sexe.

du premier lit ont intérêt à exclure les enfants du second en contestant la validité du mariage dont ces derniers sont issus. La succession qui donnerait naissance à cet intérêt serait, par exemple, celle d'un enfant du premier lit décédé sans postérité ; car alors l'hérédité appartiendrait aux frères et sœurs légitimes du défunt (art. 748).

Le même intérêt peut naître aussi en faveur des collatéraux dans une autre hypothèse, notamment lorsqu'une succession ouverte au profit de l'un des époux se trouve, par suite de sa renonciation, déférée conjointement à ses collatéraux et aux enfants issus de son mariage (art. 786). Du reste, il est bien entendu que les collatéraux eux-mêmes peuvent invoquer la nullité du vivant des époux, lorsqu'ils ont un intérêt pécuniaire indépendant de leur qualité d'héritiers présomptifs, par exemple, s'ils ont contracté avec la femme sans l'autorisation du mari. En effet, la loi qui exclut les collatéraux ne concerne que ceux qui se présentent en leur seule qualité de parents.

Le Code ne parle point ici des ascendants, sans doute parce que l'intérêt de famille dont ils sont dépositaires leur suffit pour agir en nullité du vivant même des époux (V. art. 191). En effet, lorsque le Code a voulu exclure leur action, il s'en est formellement expliqué (art. 186). On ne doit donc pas appliquer aux ascendants ce qui est dit ici des enfants et des collatéraux.

188. — L'époux au préjudice duquel a été contracté un second mariage, peut en demander la nullité, du vivant même de l'époux qui était engagé avec lui.

SOMMAIRE.

331. Droit du conjoint au préjudice duquel a été contracté un second mariage.

331. Lorsque l'un des époux est engagé dans les liens d'un mariage antérieurement contracté, son premier conjoint peut, indépendamment de tout intérêt pécuniaire, attaquer le nouveau mariage. La loi le décide formellement pour empêcher que l'on n'applique à ce conjoint les dispositions de l'article précédent.

189. — Si les nouveaux époux opposent la nullité du premier mariage, la validité ou la nullité de ce mariage doit être jugée préalablement.

SOMMAIRE.

332. Preuve à fournir par celui qui attaque un second mariage. Question préjudicielle.
333. Explication de l'article 139.

332. Quiconque invoque la nullité d'un second mariage, doit prouver qu'à l'époque où il a été célébré, l'un des contractants était lié par un mariage antérieur ; mais si le défendeur allègue, à son tour, la nullité du premier mariage, cette question, incidemment soulevée, deviendra préjudicielle, c'est-à-dire qu'on ne pourra statuer sur la validité du second mariage, tant qu'il n'aura pas été préalablement statué sur la nullité du premier (art. 189) ; car un mariage nul ne produit aucun empêchement.

Cette décision s'applique sans difficulté lorsqu'il existe, à l'égard du premier mariage, une nullité de droit ; mais il s'est élevé des doutes pour le cas où ce mariage est simplement annulable. On a prétendu que, dans ce cas, l'existence de fait du premier mariage dont la nullité n'a pas encore été prononcée, empêche la célébration d'un nouveau mariage, à peine de nullité, et même sous les peines de la bigamie (¹). Nous ne pouvons adopter cette doctrine, qui tend à confondre l'annulation du mariage avec sa dissolution. En effet, la dissolution suppose un mariage légalement existant, tandis que l'annulation suppose un mariage qui n'a jamais eu d'existence légale : aussi la nullité, une fois prononcée, remonte-t-elle toujours à l'époque de la célébration (²).

333. D'après les principes antérieurement exposés, la nullité du second mariage peut être invoquée par le conjoint au préjudice duquel il a été contracté (art. 188), par chacune des parties, par le ministère public, et en général par toute personne intéressée (art. 184 et 190). Cette règle ne souffre aucune difficulté dans les circonstances ordinaires ; mais lorsqu'un second mariage a été contracté par l'un des conjoints pendant l'absence de l'autre, l'application des règles générales est suspendue tant qu'il y a incertitude sur la vie ou la mort de l'absent. Cette incertitude, comme l'a dit l'avocat général Gilbert des Voisins, « ne « doit jamais suffire pour contracter un mariage nouveau, mais elle ne « doit jamais suffire aussi pour troubler un mariage contracté. » Deux articles du projet de Code civil, au titre *des Absents*, érigeaient cette maxime en loi. Dans la discussion au conseil d'État (³), la rédaction de ces articles ayant été critiquée, Cambacérès proposa de supprimer le premier et de conserver le second avec une modification, d'après laquelle l'article 139 aurait été conçu en ces termes : «Le nouveau mariage « contracté par le conjoint de l'absent ne pourra être annulé sous le « seul prétexte de l'incertitude de la vie ou de la mort de l'absent :

(¹) Cour de cassation, arrêts des 19 novembre 1807 et 26 août 1819 ; Bourguignon, *Jurispr. des Codes crim.*, t. 1, p. 38 ; Carnot, t. 1, p. 93.

(²) Merlin, *Répert.*, v⁰ BIGAMIE; Mangin, *Traité de l'action publique*, etc., t. 1, n° 196.

(³) Séance du 4 frimaire an X.

« néanmoins, si l'absent se représente, ce mariage sera déclaré nul. »
Le conseil adopta cette proposition, qui contenait deux parties bien
distinctes : la première statuait pour toute la durée de l'absence et de
l'incertitude qui en résulte ; la seconde, sur la cessation de cette incertitude. On ne peut pas supposer que le conseiller chargé de la rédaction définitive ait sciemment dénaturé la proposition adoptée ; mais
il a voulu abréger la rédaction : alors, au lieu de s'arrêter à cette idée
principale que, pendant toute la durée de l'absence, nul ne peut attaquer le mariage, il s'est préoccupé exclusivement de la personne absente ; et c'est à elle, en conséquence, qu'il a donné l'action en nullité.
C'est une confusion malheureuse ; car celui dont l'existence est prouvée
n'est déjà plus absent, et cependant c'est à *l'époux absent* que l'article 139 permet d'attaquer le mariage. Ainsi le mot absent a, dans
cet article, une double acception : il signifie tout à la fois celui dont
la vie ou la mort sont incertaines, et celui dont l'existence prouvée a
fait cesser l'absence. Ainsi, au lieu de nous attacher à un texte dont
l'inexactitude est suffisamment démontrée, nous prenons l'article 139
dans le sens de la proposition adoptée par le conseil d'État. Dès lors,
pendant toute la durée de l'absence, nous pensons que le mariage
ne peut être attaqué par personne ; mais si l'époux dont on n'a-
vait aucune nouvelle se présente, ou si son existence est prouvée, il
n'y a plus, selon nous, ni absence ni absent. On rentre alors sous
l'empire du droit commun, et les articles 184, 188, 189 et 190 deviennent applicables.

190. — Le procureur du Roi, dans tous les cas auxquels s'applique l'article 184, et sous les modifications portées en l'article 185,
peut et doit demander la nullité du mariage, du vivant des deux
époux, et les faire condamner à se séparer.

191. — Tout mariage qui n'a point été contracté publiquement, et qui n'a point été célébré devant l'officier public compétent,
peut être attaqué par les époux eux-mêmes, par les père et mère,
par les ascendants, et par tous ceux qui y ont un intérêt né et actuel, ainsi que par le ministère public.

PUBLIQUEMENT ÊT DEVANT L'OFFICIER PUBLIC COMPÉTENT. La conjonctive ET a été substituée, dans la
discussion, à la disjonctive ou ; mais le sens est resté disjonctif. Tronchet a nettement distingué
deux cas de nullité, si le mariage est célébré clandestinement par un officier compétent, ou s'il est
célébré, même publiquement, par un officier incompétent.

SOMMAIRE.

334. Action du ministère public, obligatoire dans certains cas, facultative dans les
autres.

334. Nous avons déjà remarqué (327) que dans tous les cas auxquels s'applique l'article 184, le ministère public doit nécessairement demander la nullité (art. 190) ; tandis que son action est facultative lorsque, sans violer au fond les prohibitions légales, les contractants ont négligé les conditions qui constituent la publicité de la célébration ou la compétence de l'officier public (art. 191).

192. — Si le mariage n'a point été précédé des deux publications requises, ou s'il n'a pas été obtenu des dispenses permises par la loi, ou si les intervalles prescrits dans les publications et célébrations n'ont point été observés, le procureur du Roi fera prononcer contre l'officier public une amende qui ne pourra excéder trois cents francs ; et contre les parties contractantes, ou ceux sous la puissance desquels elles ont agi, une amende proportionnée à leur fortune.

SOMMAIRE.

335. Les amendes établies contre les ascendants ne s'appliquent point aux membres du conseil de famille.

335. L'amende prononcée contre les parties contractantes ou contre les personnes sous la puissance de qui elles ont agi, est encourue par les époux eux-mêmes lorsqu'ils sont majeurs quant au mariage , et dans le cas contraire par leurs ascendants, parce que le plus ordinairement ce sont ces derniers qui dirigent, et qui, comme on le dit communément, marient leurs enfants. Il n'en est pas de même des parents ou amis qui, à défaut d'ascendants, sont réunis en conseil de famille pour consentir au mariage d'un mineur. Aucun d'eux n'engage individuellement sa responsabilité, et le conseil, pris collectivement, n'est qu'un être moral, qui ne peut encourir aucune responsabilité pécuniaire, ni par conséquent aucune amende. Les expressions du Code ne s'appliquent pas davantage au tuteur *ad hoc* des enfants naturels ; car on ne peut pas dire que ces derniers *agissent sous sa puissance*.

193. — Les peines prononcées par l'article précédent, seront encourues par les personnes qui y sont désignées, pour toute contravention aux règles prescrites par l'article 165, lors même que ces contraventions ne seraient pas jugées suffisantes pour faire prononcer la nullité du mariage.

SOMMAIRE.

336. Le défaut de publicité et l'incompétence ne doivent pas être mis sur la même ligne.

336. L'article 192 prévoit spécialement plusieurs contraventions aux règles concernant, soit le fait même des publications, soit l'intervalle prescrit pour chacune d'elles et pour la célébration, règles établies dans l'intérêt de la publicité. Aussi l'article 193 vient-il généraliser la disposition précédente, en prononçant les mêmes amendes contre les mêmes personnes « pour toutes contraventions aux règles prescrites par l'article 165 ». Cela comprend d'abord le cas où la célébration n'a pas eu lieu publiquement : dans ce cas, les amendes sont encourues indépendamment de la nullité du mariage, « et lors même que les contra-« ventions ne sont pas jugées suffisantes pour la faire prononcer. » En effet, nous avons déjà vu qu'une publicité incomplète peut quelquefois suffire à la validité du mariage.

En est-il de même pour cette autre disposition de l'article 165, qui veut que le mariage soit célébré devant l'officier civil de l'une des parties? Sans doute on ne contreviendra point à cette règle sans encourir les amendes établies par les articles 192 et 193; mais en les appliquant le juge ne pourra pas déclarer que la contravention ne suffit point pour entraîner la nullité du mariage. La compétence de l'officier public est une condition absolue, qui n'admet point d'accomplissement partiel, et qui par conséquent n'est pas abandonnée, comme le fait de la publicité, à l'appréciation du juge. On invoque, dans l'opinion contraire, les derniers mots de l'article 193, qui, parlant en général des *contraventions aux règles prescrites par l'article* 165, suppose que ces contraventions peuvent ne pas être *jugées suffisantes pour faire prononcer la nullité du mariage;* mais il ne suit pas nécessairement de cette dernière disposition que, dans toutes les hypothèses prévues par l'article 165, il faille s'en remettre à l'appréciation du juge. Pour donner un sens à cette disposition, il suffit de l'appliquer au défaut de publicité, qui rentre naturellement dans l'appréciation des tribunaux, sans l'appliquer également à l'incompétence qui n'admet pas de degré. C'est donc mal à propos, selon nous, que la Cour de cassation s'est fondée sur l'article 193, pour décider qu'il appartient aux tribunaux d'apprécier si telle ou telle contravention aux règles de la compétence suffit, ou ne suffit pas, pour entraîner la nullité du mariage [1].

194. — Nul ne peut réclamer le titre d'époux et les effets civils du mariage, s'il ne représente un acte de célébration inscrit sur le registre de l'état civil; sauf les cas prévus par l'article 46, au titre *des Actes de l'état civil.*

[1] Arrêt de rejet du 31 août 1824.

337. Avant toute autre preuve, la loi admet celle qui résulte d'un acte de célébration *inscrit sur le registre de l'état civil.* On en conclut généralement qu'un acte écrit sur une feuille détachée n'a aucune force probante, soit parce que la conservation d'un tel acte est beaucoup moins assurée, soit parce qu'il ne présente, surtout en ce qui concerne sa date, aucune des garanties qui résultent de l'inscription sur des registres cotés et paraphés. On invoque en ce sens une déclaration du 9 avril 1736 (art. 9), qui défendait d'écrire les actes de mariage sur feuilles volantes, sous peine d'amende « contre le curé ou autre « prêtre qui aurait fait lesdits actes, et à peine, contre les contractants, « de déchéance de tous les avantages et conventions portés par le con-« trat de mariage ou autres actes, *même de la privation d'effets civils,* « *s'il y échet.* » Le Code, lorsqu'il exige, pour la preuve du mariage, comme pour celle de la filiation légitime, *un acte inscrit sur les registres* (art. 319), reproduit, dit-on, la déclaration de 1736, en supprimant d'ailleurs les expressions, *s'il y échet,* qui laissaient au juge un pouvoir discrétionnaire.

On peut aussi argumenter du Code pénal (art. 195), qui, après avoir établi différentes peines pour le cas où l'officier de l'état civil contrevient aux dispositions de la loi, notamment à celle qui prohibe l'inscription des actes sur feuille volante (art. 192), ajoute que ces peines seront encourues, « lors même que la nullité des actes n'aurait pas « été demandée ou aurait été couverte. »

338. Mais une nullité aussi grave aurait besoin d'être formellement prononcée, et il est difficile de l'induire d'un argument *a contrario* puisé dans le texte des articles 194 et 319. Si ces articles s'attachent aux actes inscrits sur les registres, c'est parce que telle est la règle générale pour les actes de l'état civil; la loi statue *ex eo quod plerumque fit,* et en cela elle ne préjuge rien contre la validité des actes qui n'ont pas été régulièrement inscrits.

Quant à l'article 195 du Code pénal, il ne concerne pas uniquement les actes inscrits sur feuille volante (art. 192) ; il s'applique également au cas d'un mariage célébré sans le consentement des ascendants ou

de la famille, entre des personnes qui avaient besoin de ce consentement (art. 195), et cette hypothèse suffit pour expliquer comment l'article 195 a pu s'occuper d'une nullité qui *n'aurait pas été demandée ou
aurait été couverte.*

En ce qui touche la déclaration de 1736, la comparaison de la sanction qu'elle établit, avec les dispositions du Code, est loin d'être favorable à l'opinion qui prononce la nullité. Il faut d'abord tenir compte du
droit intermédiaire, qui, en renouvelant les anciennes prohibitions, a
supprimé toute pénalité contre les contractants (¹). Admettre aujour-
d'hui que l'acte inscrit sur une feuille détachée est par cela seul frappé
d'une nullité absolue, ce serait rétablir contre les époux la plus rigoureuse de toutes les sanctions, et cependant le Code ne l'a point prononcée. Ce n'est pas que le législateur n'ait songé à établir, dans le titre
du Mariage, une prohibition spéciale et une sanction plus sévère que
celle de l'article 52 ; mais, dans ce but même, les auteurs du Code civil
n'annulaient pas l'acte de célébration inscrit sur feuille volante. Ils se
contentaient de soumettre l'officier public, et les parties elles-mêmes,
en cas de complicité, à une *poursuite criminelle* (²).

Du reste, c'est seulement dans le Code pénal (art. 192) qu'une sanction spéciale a été définitivement établie pour cette infraction, qui n'entraîne d'ailleurs qu'une peine correctionnelle. Le législateur, ne faisant
ainsi revivre qu'en partie le système de la déclaration de 1736, nous
autorise à penser qu'il n'a pas entendu pousser plus loin la sévérité (³).

559. En posant la règle générale qui exige, pour la preuve du mariage, un acte de l'état civil, la loi excepte *les cas prévus par l'article 46,* c'est-à-dire ceux d'inexistence ou de perte des registres.
Cette exception s'applique sans difficulté, lors même qu'il existe des
registres, si le mauvais état dans lequel ils se trouvent, si les lacunes
qu'ils présentent démontrent qu'ils ont été tenus sans suite et sans
ordre ; mais dans le cas contraire, c'est-à-dire lorsque les registres
sont régulièrement tenus, les parties qui prétendent qu'un acte a été
omis, peuvent-elles, comme le soutiennent plusieurs auteurs, invoquer
la disposition de l'article 46, pour être admises à établir la célébration

---

(¹) Loi du 20 sept. 1792, tit. 2, art. 5.

(²) Article 17 de la rédaction présentée et discutée dans la séance du 6 brumaire
an X. Cet article, adopté par le conseil d'État, n'a pas été reproduit dans les rédactions suivantes.

(³) Si l'acte inscrit sur feuille volante prouve la célébration du mariage, il doit
faire preuve, à plus forte raison, lorsque l'acte n'exige pas l'intervention des parties
intéressées, par exemple pour les déclarations de naissance et de décès. Nous ne
sommes donc pas étonné qu'un acte sur feuille volante, portant reconnaissance
d'un enfant naturel, ait été déclaré valable (*Cour de Metz,* 19 août 1824).

du mariage par des preuves indirectes ou même par témoins? Nous ne le pensons pas. Ce serait renverser le système général qui, dans l'intérêt des familles, a fait prévaloir sur toute autre preuve celle qui résulte des actes de l'état civil; la preuve testimoniale reprendrait ainsi une autorité que la loi n'a voulu lui conserver que par exception, lorsque les registres n'ont pas été tenus ou qu'ils ont été perdus. Dans ces deux cas, la représentation d'un extrait devient absolument impossible, et l'on ne peut rien imputer aux parties intéressées. Il en est tout autrement lorsqu'on allègue l'omission d'un acte qui ne se trouve pas sur des registres d'ailleurs régulièrement tenus (¹). Ici l'omission ne tient pas uniquement à la négligence de l'officier civil; les contractants, lors même qu'ils ne signent pas, doivent entendre la lecture de l'acte (art. 58); ils ont donc le moyen de s'assurer qu'il a été inscrit sur les registres. S'ils ont négligé cette précaution, ils ne doivent s'en prendre qu'à eux-mêmes, et ils ne peuvent, à aucun titre, se placer dans un des cas d'impossibilité déterminés par l'article 46. En le décidant ainsi, nous n'entendons pas soutenir que le mariage soit un contrat littéral dont l'existence serait subordonnée à la rédaction de l'acte: sans doute, la célébration peut avoir lieu indépendamment de tout *instrumentum* (286); nous soutenons seulement qu'elle doit être constatée par un acte de l'état civil. Sinon, le contrat a bien pu se former, mais il est impossible d'en fournir la preuve.

340. Ce que nous disons ici du mariage et de l'acte qui en constate la célébration, c'est-à-dire, d'un contrat qui est le plus important de tous, et d'un acte dont les parties peuvent et doivent surveiller la ré-

---

(¹) Nous ne connaissons, relativement au mariage, qu'un seul arrêt qui ait statué sur cette question. C'est un arrêt de rejet du 22 décembre 1819, qui se réfère à un mariage contracté en 1793, longtemps avant le Code civil. A la vérité, l'arrêt commence par reconnaître que « ni l'ordonnance de 1667, sous l'empire de laquelle a eu « lieu le mariage, ni l'article 46 du Code civil qui a reproduit la disposition de « cette ordonnance, en spécifiant deux cas dans lesquels la preuve testimoniale « peut être ordonnée... ne sont, ni limitatifs, ni exclusifs d'autres cas où cette même « preuve pourrait être admise; » mais après avoir posé ce principe, l'arrêt ajoute que *dans l'espèce* la cour royale *a pu voir un commencement de preuve par écrit* dans plusieurs actes qui avaient précédé et suivi le jour où la célébration avait eu lieu, et enfin « que cette cour a pu prendre en considération *la possession d'état.* » Nous ferons remarquer qu'en rattachant l'admissibilité de la preuve testimoniale à l'existence d'un commencement de preuve par écrit, l'arrêt se place tout à fait en dehors de l'article 46, qui admet purement et simplement la preuve testimoniale. Il se peut, en effet, que sous l'ancienne jurisprudence, on dût prendre en considération la possession d'état et le commencement de preuve par écrit, car l'ordonnance de 1667 ne contenait aucune disposition semblable à celles des articles 194 et 195. Il n'y a donc rien à conclure de cet arrêt de rejet pour l'interprétation du Code civil.

daction, n'est pas également applicable aux actes de naissance et de décès ; car, bien qu'il n'existe dans l'article 46 qu'une règle commune à tous les actes de l'état civil, les faits qu'ils constatent sont essentiellement différents. On ne saurait donc, lorsqu'il s'agit de la filiation et du décès ('), considérer le silence des registres, même régulièrement tenus, comme une fin de non-recevoir contre la réclamation des parties intéressées. Nous aurons d'ailleurs occasion de revenir sur ce point en expliquant le titre *de la Paternité et de la Filiation.*

195. — La possession d'état ne pourra dispenser les prétendus époux qui l'invoqueront respectivement, de représenter l'acte de célébration du mariage devant l'officier de l'état civil.

SOMMAIRE.

341. Pourquoi la possession d'état ne fait point présumer le mariage.

341. La possession fait présumer, jusqu'à preuve contraire, la propriété du possesseur, et par suite du même principe, les personnes sont, en général, dispensées de prouver que l'état dont elles ont la possession, est véritablement celui qui leur appartient (V. art. 320) ; mais en matière de mariage la possession d'état n'a plus la même force. En effet, celui qui se prétend marié, peut toujours indiquer le lieu de la célébration, et les archives de l'état civil offriront alors un moyen de vérification facile. Si les registres n'existent pas, soit parce qu'ils n'ont pas été tenus, soit parce qu'ils ont été perdus, la preuve du mariage pourra se faire par titres ou par témoins (art. 46 et 194). D'ailleurs la possession d'état résulte du fait même des parties qui vivent publiquement comme mari et femme, et dès lors elle n'a jamais rien de concluant ; la présomption qu'on voudrait en tirer serait trop souvent contraire à la vérité, surtout dans les grandes villes ; elle assurerait au concubinage les effets d'un mariage légitime. C'est donc avec raison que le Code, tranchant à cet égard les incertitudes de l'ancienne jurisprudence, décide, du moins à l'égard des époux eux-mêmes, que, malgré la possession d'état, la célébration du mariage devra être prouvée par un acte de l'état civil, ou par les autres moyens indiqués dans les articles 46 et 194.

196. — Lorsqu'il y a possession d'état, et que l'acte de célébra-

(¹) Les arrêts qui se sont efforcés d'étendre les exceptions admises par l'article 46, sont presque tous relatifs à la preuve du décès. Nous citerons seulement trois arrêts de rejet des 12 mars 1807, 5 février 1809 et 1ᵉʳ juin 1830.

tion du mariage devant l'officier de l'état civil est représenté, les époux sont respectivement non recevables à demander la nullité de cet acte.

342. La fin de non-recevoir établie par la loi s'appliquerait sans difficulté aux nullités de forme, qui vicieraient l'acte de célébration ; mais comme le Code ne prononce aucune nullité de ce genre, il s'élève des controverses sur l'application de l'article 196, et les discussions du conseil d'État n'offrent à cet égard que peu de secours. Treilhard combattait la disposition de l'article 195, et demandait que « la possession « d'état fût une preuve suffisante du mariage de l'un des époux vis- « à-vis de l'autre ([1]). » Cette proposition, s'il fallait s'en rapporter au procès-verbal, aurait été admise, et cependant la rédaction définitive a maintenu l'article 195, en y ajoutant, comme une sorte de correctif, l'article 196.

Ainsi, lorsque l'acte de célébration est représenté, la possession d'état couvre la nullité de cet acte, c'est-à-dire, si l'on s'en tient au sens grammatical, la nullité de l'écrit qui constate la célébration. Mais on fait observer à cet égard que le mot acte ne s'entend pas uniquement de l'écrit dans lequel sont relatés des faits ; qu'il se prend aussi pour les faits mêmes, *id quod actum est ;* et de là on conclut que si la possession d'état couvre les nullités de l'*instrumentum* qui prouve la célébration, elle couvre aussi la nullité qui se rattacherait à la célébration même.

Ainsi entendu, l'article 196 semblerait devoir s'appliquer aux nullités qui résultent du défaut de publicité, ou même de l'incompétence de l'officier civil ; car ces nullités, bien qu'elles soient d'ordre public, n'intéressent pas directement les bonnes mœurs. Aussi dans ces deux cas le procureur du Roi n'est-il pas tenu d'agir comme il l'est en cas de bigamie, d'inceste, etc. (art. 184, 190 et 191). On pourrait donc concevoir que ces deux nullités fussent couvertes par la possession d'état, d'autant mieux que l'essence du mariage consiste principalement dans le consentement des parties, et qu'on doit accorder peu de faveur aux personnes qui, après avoir donné un consentement réel, et après

_____
([1]) Séance du 6 brumaire an XI.

l'avoir confirmé par une exécution volontaire en vivant plus ou moins longtemps comme mari et femme, s'attacheraient à un vice de forme pour faire prononcer la nullité de leur mariage.

343. Néanmoins nous n'admettons pas ce système en ce qui concerne l'incompétence, parce que, comme nous l'avons déjà dit (335), elle ne constitue pas un vice de la célébration. Il faut même remarquer que le rôle de l'officier civil n'est pas précisément le même que celui d'un notaire qui rédige purement et simplement la convention des parties. L'officier de l'état civil ne se borne pas à constater le consentement des parties ; il prononce, AU NOM DE LA LOI, qu'elles sont unies. Sa compétence a donc un caractère particulier, dont on ne peut méconnaître l'importance.

Quant au défaut de publicité, il se réfère évidemment au fait même de la célébration. On peut donc considérer le vice de forme qui en résulte comme susceptible d'être couvert par la possession d'état, qui donnera au mariage une publicité réelle, quoique tardive. On nous opposera peut-être qu'en distinguant ainsi l'incompétence, du défaut de publicité, nous séparons deux causes de nullité que la loi réunit, à dessein sans doute, dans un même article (art. 191) ; mais le législateur a pu, en ce qui concerne l'action en nullité, rapprocher le défaut de publicité et l'incompétence, sans qu'il faille en conclure que la possession d'état doit couvrir l'un et l'autre vice.

344. Les jurisconsultes qui s'en tiennent au sens grammatical de l'article 196, repoussent l'interprétation qui prend l'acte de célébration pour la célébration même, en faisant observer que cette interprétation donne au même mot, et dans le même article, deux acceptions différentes, quoique, d'après la structure de la phrase, l'acte dont la nullité est couverte par la possession d'état paraisse bien être l'acte qui est représenté comme prouvant la célébration, c'est-à-dire l'écrit qui la constate. Ils ajoutent que l'article 196, d'après la place qu'il occupe, traite uniquement une question de preuve. Mais à quelle nullité s'appliquera, dans ce système, l'article 196 ? On n'en peut trouver d'autre que celle qui tient à l'inscription de l'acte sur une feuille volante ; et encore ceux qui considèrent cet acte comme nul, n'admettent-ils pas tous que la nullité soit susceptible d'être couverte.

197. — Si néanmoins, dans le cas des articles 194 et 195, il existe des enfants issus de deux individus qui ont vécu publiquement comme mari et femme, et qui soient tous deux décédés, la légitimité des enfants ne peut être contestée sous le seul prétexte du défaut de représentation de l'acte de célébration, toutes les fois que cette légitimité est prouvée par une possession d'état qui n'est point contredite par l'acte de naissance.

345. La loi, ne pouvant exiger de personne une preuve impossible à fournir, admet en faveur des enfants, après le décès du père et de la mère, une exception nécessaire au principe général des articles 194 et 195. En effet, si les époux savent toujours où a été célébré leur mariage, il en est tout autrement de leurs enfants. Ces derniers ne connaissent jamais par eux-mêmes un fait qui a précédé leur naissance, et ils ne peuvent guère l'apprendre que par leur père ou leur mère. Aussi, lorsque l'un et l'autre sont décédés, les enfants ne sont-ils plus astreints, pour établir leur légitimité, à prouver le mariage par un extrait des registres de l'état civil. Dans ce cas, la possession d'état dont ils jouissent comme enfants légitimes, jointe à la possession des père et mère qui ont vécu publiquement comme mari et femme, suffit pour établir le mariage des parents et par suite la légitimité des enfants.

Au surplus, le concours des deux possessions d'état exigé par la lo n'établit qu'une simple présomption, qui perd sa force dès qu'elle est contredite par l'acte de naissance, notamment lorsque l'enfant qui se prétend légitime, a été présenté à l'officier de l'état civil comme enfant naturel. Il en serait autrement si le mariage était constaté par un acte de l'état civil : la légitimité des enfants résulterait invinciblement de cette preuve, bien qu'ils eussent été inscrits, dans leur acte de naissance, comme enfants naturels.

Lors même qu'elle n'est pas contredite par l'acte de naissance, la légitimité des enfants, dans l'hypothèse de l'article 197, n'est pas incontestable. A la vérité, elle « ne peut être contestée sous le seul prétexte « du défaut de représentation de l'acte de célébration » ; mais cette prohibition n'exclut aucun des autres moyens tendant à démontrer la non-existence ou l'impossibilité du mariage, par exemple, la preuve que le père ou la mère se trouvait engagé dans les liens d'un mariage antérieur. En pareil cas, la présomption céderait indubitablement à la preuve contraire.

La présomption de légitimité admise par l'article 197 n'existe, en faveur des enfants, qu'après le décès du père et de la mère. Cependant il se pourrait qu'à la mort de l'un d'eux, le survivant eût un intérêt contraire à l'intérêt de ses propres enfants, et contestât lui-même leur légitimité ; que, par exemple, pour se remarier plus avantageusement, il

prétendît n'avoir jamais contracté mariage. Alors il n'indiquerait certainement pas sur quel registre et à quelle date peut se trouver l'acte de
célébration. Toutefois ce n'est là qu'une hypothèse exceptionnelle et
trop contraire aux sentiments que l'on doit supposer chez les père et
mère, pour que le législateur ait dû s'y arrêter (¹).

198. — Lorsque la preuve d'une célébration légale du mariage
se trouve acquise par le résultat d'une procédure criminelle, l'inscription du jugement sur les registres de l'état civil assure au mariage, à compter du jour de sa célébration, tous les effets civils, tant
à l'égard des époux, qu'à l'égard des enfants issus de ce mariage

SOMMAIRE.
346. Preuve résultant d'une procédure criminelle ou civile.

346. La négligence de l'officier public, les suppressions ou altérations commises sur les registres peuvent rendre inutiles les actes dans
lesquels se trouve la preuve ordinaire du mariage ; mais à défaut de
cette preuve, le fait de la célébration pourra être judiciairement constaté, et dans ce cas le jugement ou l'arrêt devra être transcrit sur les
registres courants de la commune, pour remplacer l'acte primitif et
assurer au mariage tous ses effets civils, à compter du jour de la célébration, ou pour mieux dire, à compter de la date que lui assigne le
jugement ou l'arrêt.

Les effets civils du mariage sont ainsi assurés, d'après le texte, *tant à
l'égard des époux qu'à l'égard des enfants;* mais nous ne pensons pas
que ces expressions contiennent une énumération limitative. Nous
croyons plutôt, qu'ici comme dans l'article 199, où il a clairement
exprimé sa pensée, le législateur a voulu comprendre « tous ceux qui
« ont intérêt à faire déclarer le mariage valable. »

La constatation judiciaire du mariage peut résulter d'une poursuite
criminelle, comme le supposent les articles 198 et 199, ou d'une instance civile, comme nous le verrons dans l'article 200.

Les poursuites criminelles s'entendent ici, dans un sens général,
de toutes les poursuites tendant à l'application d'une peine, soit qu'il
s'agisse d'un crime proprement dit et d'une accusation portée devant
la cour d'assises, soit qu'il s'agisse d'un délit déféré au tribunal correctionnel ; car à l'époque de la rédaction du Code civil, les mots crime et
délit n'avaient pas encore les acceptions distinctes que l'on trouve

(¹) Cour de Paris, 20 mai 1808, et cour de Bourges, 24 juillet 1826.

dans le Code pénal de 1810. Ainsi le jugement d'un tribunal correctionnel et l'arrêt d'une cour d'assises peuvent servir également à constater la célébration d'un mariage.

L'inscription des actes de l'état civil sur feuille volante est une des fautes qui exposent l'officier public à une peine correctionnelle (C. pén., art. 192), et par conséquent à des poursuites d'où peut résulter la preuve de la célébration. Dans ce cas, la transcription du jugement sur les registres remplira certainement le but de l'article 198.

199. — Si les époux ou l'un d'eux sont décédés sans avoir découvert la fraude, l'action criminelle peut être intentée par tous ceux qui ont intérêt de faire déclarer le mariage valable, et par le procureur du Roi.

SOMMAIRE.

347. Quelles parties peuvent agir après la mort des époux.

347. Nous avons distingué précédemment (100) l'action publique ou criminelle, qui peut être exercée par les officiers du ministère public, contre l'auteur d'un crime ou d'un délit, pour faire appliquer la peine, et l'action civile qui, n'ayant d'autre but qu'un intérêt pécuniaire, peut être exercée par la partie lésée. Le Code s'exprime donc d'une manière inexacte, en disant que « l'action criminelle peut être intentée par tous « ceux qui ont intérêt de faire déclarer le mariage valable et par le « procureur du Roi. » Évidemment, les particuliers ne peuvent avoir qu'un intérêt privé et par suite qu'une action civile.

Cette action sera intentée par tous ceux qui auront intérêt à faire reconnaître la validité du mariage, pourvu que *les époux ou l'un d'eux* soient *décédés;* car, en général, les conjoints, tant que l'un et l'autre existent, ont seuls un intérêt né et actuel (art. 187). D'après la lettre du Code, il faudrait même qu'ils fussent décédés *sans avoir découvert la fraude :* ce qui s'explique dans la pensée des rédacteurs. Ils supposaient sans doute que les époux, dès qu'ils connaîtraient le fait qui compromet leur état, se hâteraient d'exercer leur action. Mais cette supposition peut fort bien ne pas se réaliser, et l'on s'accorde à reconnaître, que la découverte de la fraude par les époux n'est pas une condition absolue, dont l'absence empêche l'exercice de l'action civile après le décès des époux ou de l'un d'eux.

Le Code s'exprime encore d'une manière inexacte, en plaçant le procureur du Roi sur la même ligne que les parties intéressées, ce qui semblerait subordonner l'action publique au décès des époux ou de l'un d'eux. Le procureur du Roi peut et doit agir pour l'application de la peine, dès qu'il a connaissance des faits.

200. — Si l'officier public est décédé lors de la découverte de la fraude, l'action sera dirigée au civil contre ses héritiers, par le procureur du Roi, en présence des parties intéressées et sur leur dénonciation.

SOMMAIRE.

348. Par qui et comment peuvent être poursuivis les héritiers de l'officier civil décédé.

348. Lorsque l'action publique est éteinte par le décès du prévenu, il est bien évident que l'action civile, contre ses héritiers, ne pourra plus être portée que devant le tribunal civil; mais par qui sera-t-elle dirigée? par le procureur du Roi.

Cette décision déroge à la distinction précédemment établie entre l'action publique et l'action civile; car si la première est exclusivement réservée aux fonctionnaires déterminés par la loi, la seconde appartient aux particuliers qui ont intérêt à l'intenter, et n'appartient qu'à eux. Aussi le ministère public, exerçant ici l'action civile, ne l'exercera-t-il ni malgré eux ni sans eux. Il n'agira qu'*en leur présence et sur leur dénonciation.* Toutefois c'est lui qui agira, parce qu'une instance civile entre particuliers pourrait avoir des conséquences que la loi veut éviter. Il ne serait pas impossible, en effet, que les défendeurs se laissassent condamner par collusion, pour procurer aux demandeurs la preuve judiciaire d'un mariage qui n'aurait pas été célébré. Cette complaisance n'est pas à craindre, lorsque l'officier public est en cause, devant la juridiction criminelle ou même devant la juridiction civile, parce qu'il a toujours un puissant intérêt à se défendre, pour éviter soit la peine requise contre lui, soit des poursuites criminelles ultérieures. Ses héritiers, au contraire, ne sont exposés qu'à des condamnations pécuniaires, sur lesquelles ils pourraient s'entendre avec le demandeur. C'est donc pour prévenir une collusion possible, et par une exception toute spéciale, que le Code délègue au ministère public l'exercice d'une action privée, qui n'appartient réellement qu'aux parties intéressées.

Sous la dénomination d'officier public, la loi comprend ici l'officier de l'état civil et le greffier du tribunal en sa qualité de dépositaire des registres; mais ce n'est pas une raison pour limiter aux crimes ou délits commis par eux l'application de l'article 200. Elle s'étend nécessairement à toute autre personne qui aurait supprimé ou altéré les actes de l'état civil.

201. — Le mariage qui a été déclaré nul, produit néanmoins les effets civils, tant à l'égard des époux qu'à l'égard des enfants, lorsqu'il a été contracté de bonne foi.

202. — Si la bonne foi n'existe que de la part de l'un des deux époux, le mariage ne produit les effets civils qu'en faveur de cet époux et des enfants issus du mariage.

SOMMAIRE.

349. Effets du mariage putatif. D'où résulte la bonne foi.
350. *Quid* si l'un des contractants est frappé de mort civile ?

349. On appelle ordinairement mariage putatif, le mariage nul qui a été contracté de bonne foi par les époux ou par l'un d'eux. Le mariage putatif suppose donc 1° qu'il y a eu célébration, 2° que les contractants ou l'un d'eux étaient de bonne foi à l'époque même de la célébration. Ces deux circonstances suffisent pour assurer à l'union ainsi contractée tous les effets civils que produirait un mariage valable. Ainsi les conventions matrimoniales seront maintenues, et à défaut de conventions la communauté légale aura lieu [1] par cela seul qu'il y a eu bonne foi, sans qu'on doive distinguer si l'erreur qui constitue cette bonne foi a duré plus ou moins longtemps. Il faut examiner seulement si l'erreur a été commune aux deux parties, ou particulière à l'une d'elles ; car les effets civils qui, dans le premier cas, se produisent en faveur des deux contractants, n'ont pas lieu, dans le second, au profit du conjoint de mauvaise foi.

Cette distinction devient indifférente à l'égard des enfants. Dans l'un comme dans l'autre cas, le mariage putatif produit, en leur faveur, tous les effets d'un mariage valable. Il assure notamment leur légitimité, et par suite les rend habiles à succéder non-seulement à leurs père et mère, lors même que l'un des deux n'aurait pas été de bonne foi [2], mais aussi aux parents de chacun des époux, pourvu cependant que la bonne foi existât encore, au moins dans la personne du père ou de la mère, à l'époque de la conception : car les enfants en faveur desquels le Code statue, sont les enfants *issus du mariage*, c'est-à-dire du mariage putatif qui n'existe que par l'erreur, et qui finit avec elle, dès que la vérité est connue, et, dans tous les cas, au moment où la demande en nullité est intentée.

La bonne foi en cette matière consiste dans l'opinion erronée des

---

[1] Pothier, *Contrat de mariage*, nos 438 et 439 ; *Communauté*, n° 20.
[2] Pothier, *Contrat de mariage*, n° 439.

personnes qui ont ignoré les vices d'où résultait la nullité du mariage. Elle existe incontestablement lorsqu'il y a erreur de fait; quant à l'erreur de droit, elle n'exclut pas nécessairement la bonne foi, et tout dépend à cet égard des circonstances, qui sont abandonnées à l'appréciation du juge ([1]).

Hâtons-nous d'ajouter que la bonne foi se présume toujours (art. 2268). C'est donc au demandeur à prouver la mauvaise foi de son adversaire.

350. La légitimation des enfants naturels que les contractants ont eus avant la célébration, est un des principaux effets du mariage. Néanmoins c'est une question controversée que de savoir si cette légitimation résulte d'un mariage putatif : nous nous expliquerons à cet égard sur l'article 331.

Le mariage putatif peut avoir lieu avec un mort civilement. Dans ce cas on se demande comment l'article 202 doit s'appliquer en faveur des enfants. Seront-ils habiles à succéder à celui des père et mère qui est frappé de mort civile, et à ses parents ? La légitimité des enfants est incontestable, puisque l'un des époux au moins était de bonne foi : ils ont donc le droit de succéder à tous les parents, tant de leur père que de leur mère. Il est vrai que Pothier ([2]) les déclare incapables de succéder, non-seulement au mort civilement, mais même à ses parents, parce que, dans notre ancienne jurisprudence, la mort civile rompant tous les liens de parenté, les enfants du mort civilement n'avaient jamais, de son côté, aucun parent; mais cette conséquence, empruntée au droit romain ([3]), n'est pas énumérée parmi les effets actuels de la mort civile. Le lien de parenté subsiste donc entre les membres d'une même famille, lorsque l'un d'eux est frappé de mort civile, et ce lien peut, dans le cas d'un mariage putatif, s'étendre, par le mort civilement, aux enfants issus de ce mariage ([4]).

Si ces mêmes enfants ne recueillent pas, comme héritiers de leur père, les biens que celui-ci aurait acquis depuis la mort civile encourue, c'est que, bien qu'ils soient habiles à succéder comme enfants légiti-

---

([1]) Ainsi le mariage entre un beau-frère et une belle-sœur, permis par la loi de 1792 mais prohibé par le Code civil, a pu être contracté de bonne foi quelques jours seulement après la promulgation de la loi prohibitive (*Cour de Limoges*, 25 août 1841); mais on conçoit que les tribunaux se soient montrés plus sévères et aient refusé d'appliquer les articles 201 et 202 lorsqu'il s'agissait d'un beau-frère et d'une belle-sœur qui avaient contracté mariage à une époque plus éloignée de cette même promulgation (*Cour de Colmar*, 14 juin 1838).

([2]) *Contrat de mariage*, no 440.

([3]) *Inst.*, § 6, de capit demin.; *Ulp.*, L. 1, § 8, ad SC. Tertyll.

([4]) Arrêt de cassation du 15 janvier 1816.

mes, le défunt n'était pas capable de transmettre, en sorte que sa mort naturelle n'a pu donner ouverture à aucune succession (art. 25, 2ᵉ alin.; art. 55).

CHAPITRE V.

DES OBLIGATIONS QUI NAISSENT DU MARIAGE.

INTRODUCTION.

SOMMAIRE.

351. Entre quels parents ou alliés sont dus les aliments.
352. Étendue de cette obligation. Comment elle doit être acquittée.

351. Les père et mère doivent des aliments à leurs enfants, et réciproquement les enfants en doivent à leurs père et mère. Toutefois cette seconde obligation est moins étendue que la première ; car les enfants ne doivent à titre d'aliments que la nourriture et l'entretien (art. 210), tandis que les père et mère doivent nourrir leurs enfants, les entretenir et les *élever* (art. 203) : ce qui comprend l'éducation morale et une instruction proportionnée à leur position sociale. Du reste, notre législation n'accorde, ni au fils, ni même à la fille, aucune action pour obtenir un établissement par mariage ou autrement (art. 204).

Ce que nous avons dit des père et mère et des enfants, s'applique entre ascendants et descendants à l'infini (art. 205 et 207).

Les aliments, c'est-à-dire la nourriture et l'entretien, sont aussi l'objet d'obligations réciproques, à raison de l'alliance en ligne directe, entre le mari et les père et mère de sa femme, comme entre la femme et les père et mère de son mari ; mais toute obligation cesse à l'égard de la belle-mère, lorsqu'elle a convolé en secondes noces, et à l'égard de tous les alliés, lorsque le mariage qui produisait l'affinité se trouve dissous sans qu'il existe aucun enfant de ce mariage (art. 206 et 207).

352. Les aliments ne sont jamais dus qu'en proportion des besoins du créancier et des moyens du débiteur, et cette obligation cesse, en tout ou en partie, dès que ces besoins ou que ces moyens ne sont plus les mêmes (art. 209).

La dette d'aliments s'acquitte ordinairement par le payement d'une pension dite alimentaire. Cependant, lorsque le père ou la mère offre de recevoir et d'entretenir ses enfants dans sa demeure, le tribunal peut autoriser ce mode de prestation en nature, et par conséquent dispenser le père ou la mère de payer aucune pension (art. 211).

Cette faculté, qui tient à la supériorité morale des père et mère, n'existe pas en principe pour les autres débiteurs d'aliments. S'ils peuvent être autorisés à recevoir chez eux leur parent ou allié, ce n'est qu'autant qu'ils se trouvent hors d'état de lui payer une pension alimentaire (art. 218).

203. — Les époux contractent ensemble, par le fait seul du mariage, l'obligation de nourrir, entretenir et élever leurs enfants.

353. Les aliments sont dus par les père et mère, non-seulement aux enfants légitimes, mais même aux enfants incestueux et adultérins (art. 762), et à plus forte raison, malgré le silence du Code, aux enfants naturels proprement dits [1]. Ce n'est donc pas du mariage, mais de la paternité que dérivent les obligations imposées aux époux, c'est-à-dire aux père et mère légitimes. Toutefois ces obligations sont plus étendues à l'égard des enfants du mariage qu'à l'égard des autres enfants. Il est dans le vœu de la loi qu'un fils légitime reçoive une éducation supérieure à celle d'un fils naturel, et les tribunaux, lorsqu'ils auront à fixer la quotité des aliments, accorderont au premier une pension plus forte qu'au second.

Quant aux enfants adultérins ou incestueux, nous parlerons des aliments qui leur sont dus, en expliquant les articles 762 et suivants.

Si l'on s'attachait littéralement à l'article 203, les père et mère qui ont élevé leurs enfants sembleraient avoir rempli toutes leurs obligations, en sorte que l'enfant parvenu à sa majorité n'aurait plus rien à exiger à titre d'aliments. C'est dans ce sens, en effet, que l'article avait été rédigé ; mais lors de la discussion au conseil d'État il a été reconnu que, même après avoir élevé ses enfants, le père leur doit encore des aliments, lorsqu'ils sont dans le besoin [2].

204. — L'enfant n'a pas d'action contre ses père et mère pour un établissement par mariage ou autrement.

354. En droit romain, le père était forcé de doter sa fille [3]. Cette rè-

---

[1] Arrêt de rejet du 27 août 1811.
[2] Séance du 4 vend. an X.
[3] C'est mal à propos qu'on fait remonter cette obligation à la loi Julia, c'est-à-

gle, suivie dans les pays de droit écrit, était modifiée par un édit de Henri II, du mois de février 1556, qui défendait aux enfants de contracter mariage sans le consentement de leurs parents. Dès lors, si la fille pouvait exiger une dot, ce n'était qu'à l'âge où elle n'avait plus besoin de ce consentement, c'est-à-dire à vingt-cinq ans accomplis.

Le Code civil abroge complétement la règle du droit écrit, qui d'ailleurs n'était pas observée dans les pays coutumiers.

205. — Les enfants doivent des aliments à leurs père et mère et autres ascendants qui sont dans le besoin.

SOMMAIRE.

355. Les aliments sont dus par tout descendant à ses ascendants.

355. A l'égard des père et mère, cet article n'est qu'une application du principe de réciprocité posé dans l'article 207 ; mais la loi établit en outre à l'égard des autres ascendants une obligation qui doit avoir aussi sa réciprocité. Ainsi, les ascendants ont droit aux mêmes aliments que les père et mère, et de leur côté, ils doivent nourrir, entretenir et élever leurs petits-enfants ou arrière-petits-enfants à l'infini.

Nous ne nous occupons ici que de la descendance légitime ; car l'enfant naturel n'a aucun droit pécuniaire à exercer contre les parents de son père ou de sa mère (V. art. 756), et par conséquent point d'aliments à leur demander (¹).

206. — Les gendres et belles-filles doivent également, et dans les mêmes circonstances, des aliments à leurs beau-père et belle-mère ; mais cette obligation cesse, 1° lorsque la belle-mère a convolé en secondes noces, 2° lorsque celui des époux qui produisait l'affinité, et les enfants issus de son union avec l'autre époux, sont décédés.

SOMMAIRE.

356. Obligations du gendre et de la bru envers le beau-père et la belle-mère.
357. Dans quels cas ces obligations cessent.

356. Le mari est le gendre des père et mère de sa femme, et la femme

---

dire, au règne d'Auguste. D'après cette loi, les magistrats interposaient leur autorité lorsque le père abusait de sa puissance en s'opposant mal à propos au mariage de ses enfants ; mais l'obligation de doter les filles n'a été établie que par les Empereurs Sévère et Antonin Caracalla (*Marcian., L.* 19, *D. de rit. nupt.*).

(¹) Arrêt de cassation du 7 juillet 1817.

est la bru ou la belle-fille des père et mère de son mari. Les beau-père et belle-mère, d'une part, le gendre et la bru, d'autre part, sont respectivement *loco parentum et liberorum,* et l'alliance établissant ainsi entre eux une sorte de paternité et de filiation, ils sont réciproquement obligés de se fournir des aliments; mais cette obligation du gendre et de la bru envers leurs beau-père et belle-mère ne paraît pas devoir s'étendre aux père et mère de ces derniers. Ainsi les aliments ne sont pas dus, entre ces alliés, au delà du premier degré.

Il existe une autre espèce d'alliés, entre lesquels la dette d'aliments n'existe pas, même au premier degré. Ce sont les enfants d'un premier lit et le second mari de leur mère, ou la seconde femme de leur père. Ces alliés s'appellent aussi beau-père (*vitricus*), belle-fille (*privigna*), etc.; mais l'article 206 ne leur est pas applicable. On conçoit, en effet, que le mariage impose à chacun des époux, envers les père et mère de son conjoint, des obligations que le second mariage des père et mère, mariage peu favorable aux yeux de la loi, ne saurait imposer à leurs enfants.

D'après les principes que nous avons posés sur la dette d'aliments (307), les obligations qui existent entre le gendre ou la bru et ses beau-père et belle-mère, existent pareillement entre le conjoint d'un enfant naturel et les père et mère de ce dernier.

357. La veuve qui a convolé en secondes noces, n'a plus d'aliments à exiger de son gendre ou de sa bru; mais elle a toujours, vis-à-vis de son fils ou de sa fille, les droits accordés à la mère par l'article 205. Quant au beau-père remarié, il conserve tous ses droits, sans doute parce qu'il n'est pas dans la même position que la belle-mère, qui, en se remariant, change de nom, et passe pour ainsi dire dans une autre famille.

En droit romain, l'alliance se dissolvait en même temps que le mariage qui l'avait produite; mais, dans notre ancienne jurisprudence, la mort de celui des époux qui produisait l'affinité ne suffisait pas toujours pour rompre ce lien; il ne prenait fin que lorsqu'il n'existait plus d'enfants du mariage (¹). Dans cette même hypothèse, le Code décide que les aliments cessent d'être dus, parce qu'il considère l'alliance comme dissoute, quoiqu'elle suffise toujours pour produire certains empêchements (art. 161 et 162) et certaines incapacités (C. de pr., art. 268, 283 et 378, 2º).

207. — Les obligations résultant de ces dispositions sont réciproques.

---

(1) Rousseau de la Combe, vº Affinité; V. l'explication de l'article 407.

558. Les dispositions que la loi déclare réciproques, sont celles des articles 205 et 206. Ainsi la réciprocité s'applique, d'une manière générale, entre les alliés en ligne directe, comme entre ascendants et descendants.

Mais l'application absolue du principe de réciprocité conduirait à décider que l'obligation des beau-père et belle-mère cesse, comme celle des gendre et belle-fille, dans les deux cas prévus par cet article. Cette conclusion ne souffre aucune difficulté pour le second des deux cas, parce qu'alors il n'existe plus aucune affinité ; mais tant que l'affinité subsiste, nous ne croyons pas que la belle-mère puisse, en contractant un second mariage, se libérer de ses obligations par son propre fait. La réciprocité appliquée à cette hypothèse favoriserait les secondes noces et irait directement contre le but que s'est proposé le législateur.

208. — Les aliments ne sont accordés que dans la proportion du besoin de celui qui les réclame, et de la fortune de celui qui les doit.

209. — Lorsque celui qui fournit ou celui qui reçoit des aliments est replacé dans un état tel, que l'un ne puisse plus en donner, ou que l'autre n'en ait plus besoin en tout ou en partie, la décharge ou réduction peut en être demandée.

559. Ces dispositions, qui s'appliquent aisément lorsque les aliments sont dus par une seule personne, ne sont pas sans difficulté dans le cas contraire. En effet, les aliments sont accordés pour faire vivre celui qui en a besoin, et comme on ne vit point pour partie, la dette d'aliments constitue suivant quelques auteurs une obligation solidaire ([1]), et suivant d'autres une obligation indivisible.

([1]) Toullier (*T.* 2, *n°* 613) va même jusqu'à soutenir que le plus riche n'est pas obligé de contribuer plus que les autres à l'acquit de la dette commune. Pothier (*Contrat de mariage, n°* 391) admet la solidarité entre les enfants, mais seulement lorsqu'ils sont tous en état de payer la pension pour la totalité. Si l'un d'eux n'a pas le moyen de contribuer pour une portion égale à celle des autres, il ne doit être condamné que pour la somme à laquelle se bornent ses moyens ; si quelques-uns ne sont pas en état de contribuer, les autres doivent être seuls chargés de la pen-

Ces deux systèmes s'accordent en ce qu'ils supposent l'un et l'autre l'existence d'une dette unique, dont chaque débiteur est tenu pour la totalité, comme s'il était seul (art. 1200 et 1222) ; mais ils diffèrent en ce que le système de l'indivisibilité laisse à celui des débiteurs contre qui l'action est exercée pour le tout, la faculté de mettre ses codébiteurs en cause, pour que le juge, en fixant le taux de la pension alimentaire, divise la condamnation et détermine la portion que chaque débiteur devra payer (art. 1225). Le système de la solidarité, au contraire, n'admet point cette faculté d'appeler les autres débiteurs en cause : celui à qui les aliments seraient demandés devrait les fournir en totalité, sauf son recours contre ses codébiteurs pour la part de chacun d'eux (art. 1203 et 1214).

Une troisième opinion, qui nous paraît préférable, repousse ces deux systèmes. Et d'abord la solidarité, d'après le Code civil, n'a lieu, à défaut de stipulation expresse, qu'en vertu d'une disposition de la loi (art. 1202). Or, il n'existe, pour la dette d'aliments, aucune disposition semblable. Quant à l'indivisibilité, il ne faut pas oublier que la dette d'aliments est toujours proportionnée aux facultés pécuniaires du débiteur; et lorsqu'elle pèse sur plusieurs, chacun n'y contribue qu'en proportion de ses moyens. Ce qui a pu faire considérer la dette d'aliments comme indivisible, c'est qu'il est impossible au juge de déterminer ce qui doit être payé par l'un des débiteurs, sans prendre en considération la position de tous les autres; mais il n'y a là qu'une question de contribution, et lorsque la part de chacun est fixée, il n'est tenu à aucune avance pour la part des autres. Il n'existe donc ici qu'une dette ordinaire, soumise aux règles du droit commun sur la divisibilité des obligations (art. 1220).

210. — Si la personne qui doit fournir les aliments justifie qu'elle ne peut payer la pension alimentaire, le tribunal pourra, en connaissance de cause, ordonner qu'elle recevra dans sa demeure, qu'elle nourrira et entretiendra celui auquel elle devra des aliments.

---

sion. Il n'est pas inutile de faire observer que les auteurs ont souvent confondu, en parlant des aliments, les principes de la solidarité avec ceux de l'indivisibilité. Quant à la jurisprudence, elle n'est rien moins que fixée. Si plusieurs cours ont admis la solidarité (*Colmar*, 24 *juin* 1812; *Riom*, 15 *mars* 1830; *Grenoble*, 19 *avril* 1831 ; *Nancy*, 20 *avril* 1836); ou l'indivisibilité (*Metz*, 5 *juillet* 1823; *Caen*, 14 *juillet* 1827), d'autres ont reconnu qu'il n'existe ni solidarité ni indivisibilité (*Lyon*, 3 *janvier* 1832; *Rennes*, 30 *mars* 1833; *Toulouse*, 14 *décembre* 1833; *Pau*, 30 *mai* 1837). La Cour de cassation, saisie d'un pourvoi contre l'arrêt rendu par la cour de Nancy le 20 avril 1836, s'est prononcée pour le rejet (3 *août* 1837), attendu qu'en admettant la solidarité, cette cour *n'a pas prononcé purement en droit*.

211. — Le tribunal prononcera également si le père ou la mère qui offrira de recevoir, nourrir et entretenir dans sa demeure, l'enfant à qui il devra des aliments, devra dans ce cas être dispensé de payer la pension alimentaire.

560. En règle générale, les aliments sont fournis en argent, au moyen d'une pension que le débiteur paye au créancier pour le mettre en état de pourvoir lui-même à ses besoins. Toutefois il est certain que les frais de logement et de nourriture pour les personnes qui vivent en commun, sont beaucoup moindres qu'ils ne le seraient si chacune d'elles vivait séparément. Souvent même le débiteur qui pourrait fournir à une personne des aliments en nature, en la recevant dans sa maison et à sa table, n'aurait pas le moyen de payer une pension en argent. Dans ce cas, c'est-à-dire si le débiteur justifie de sa position, le tribunal peut, en connaissance de cause, ordonner qu'il fournira, chez lui et en nature, les aliments qu'il lui serait impossible de donner autrement.

Cette faculté de fournir les aliments en nature s'applique aux père et mère envers leurs enfants plus naturellement qu'à tous autres débiteurs. Aussi n'examine-t-on pas s'ils sont ou ne sont pas dans l'impossibilité de payer une pension; il suffit qu'ils offrent de recevoir le demandeur, pour que le tribunal puisse les dispenser de payer une pension; mais le tribunal ne pourrait pas les soumettre, malgré eux, à ce mode de prestation [1].

Le texte ne parlant que des père et mère, on s'est demandé si sa disposition peut être étendue aux autres ascendants. Il a été dit au conseil d'État [2] qu'on entendait reproduire l'ancienne jurisprudence. Or, il paraît constant qu'autrefois les ascendants n'étaient pas obligés d'acquitter en argent la dette d'aliments; il leur suffisait de recevoir chez eux leurs descendants [3]. Dès lors on peut d'autant moins refuser de leur appliquer l'article 211, que le tribunal est toujours maître d'apprécier avec une entière liberté les inconvénients ou les avantages de l'offre faite par les ascendants.

---

(1) Cour d'Amiens, 13 janvier 1838.
(2) Séance du 5 vend. an X.
(3) Nouveau Denizart, v° ALIMENTS, III, 18.

CHAPITRE VI.

DES DROITS ET DES DEVOIRS RESPECTIFS DES ÉPOUX.

INTRODUCTION.

SOMMAIRE.

361. Les époux se doivent mutuellement fidélité, secours et assistance (art. 212). Le mari doit protection à sa femme; il est obligé de la recevoir et de lui fournir, selon ses facultés et son état, tout ce qui est nécessaire aux besoins de la vie. La femme doit obéissance au mari; elle est obligée de le suivre partout où il juge à propos de résider (art. 213 et 214).

La puissance maritale n'est pas limitée aux rapports personnels des époux. La femme soumise à cette puissance se trouve dans un état d'incapacité, qui en principe l'empêche de faire les actes les plus importants de la vie civile, sans être autorisée par son mari, ou du moins par la justice.

362. Ainsi l'autorisation lui est indispensable pour ester en jugement (art. 215), sauf le cas où elle serait poursuivie en matière criminelle, correctionnelle ou de police (art. 216).

La femme mariée a également besoin d'autorisation pour contracter (art. 219, 221, 222, 224 et 1124): ce qui comprend toute aliénation ou acquisition à titre gratuit ou onéreux, et notamment la constitution d'hypothèque (art. 217, 905 et 934). Toutefois le défaut d'autorisation ne produit plus aujourd'hui qu'une incapacité relative, qui ne peut être invoquée par ceux qui ont traité avec la femme mariée ou plaidé contre elle, mais seulement par le mari, par la femme elle-même, ou par ses héritiers (art. 225 et 1125).

Cette incapacité de la femme pendant le mariage est indépendante des conventions qui déterminent, quant aux biens, le régime de l'association conjugale: aussi les règles précédentes s'appliquent-elles même au cas de séparation de biens (art. 217), sauf ce qui concerne les actes d'administration (art. 1449, 1536 et 1576). L'autorisation du mari et celle de la justice produisent du reste les mêmes effets, en ce qui concerne la capacité personnelle de la femme ; mais lorsqu'elle est commune en biens, les actes qu'elle fait avec l'autorisation du mari obligent la communauté, tandis que la femme autorisée par le juge n'oblige qu'elle seule, du moins en règle générale (art. 1426 et 1427).

363. Le mari autorise sa femme, soit en concourant aux actes de cette dernière, soit en donnant par écrit un consentement spécial (art. 217). Une autorisation générale ne peut jamais valoir que pour rendre la femme capable d'administrer ses biens ou de faire le commerce. Dans ce dernier cas, la femme peut contracter pour ce qui concerne son négoce (art. 220). Elle peut même aliéner ou hypothéquer ses immeubles, à moins que le régime dotal ne les rende inaliénables (C. de com., art. 7) ; mais une autorisation spéciale de son mari ou de la justice lui est toujours indispensable, comme à toute autre femme mariée, pour ester en jugement (art. 215).

L'autorisation du juge intervient pour suppléer, s'il y a lieu, à celle du mari, soit qu'il refuse son consentement (art. 218 et 219), soit qu'il se trouve dans l'impossibilité de le donner, c'est-à-dire, lorsqu'il est mineur, interdit, absent ou condamné, même par contumace, à une peine afflictive ou infamante (art. 221, 222 et 224).

364. C'est au juge du domicile commun que la femme doit s'adresser pour se faire autoriser, soit pour contracter, soit pour intenter une action. Quant à la femme défenderesse, l'autorisation dont elle a besoin en matière civile, lui est donnée par les juges saisis de la demande.

Le tribunal statue en la chambre du conseil. Le mari doit y être appelé pour déduire les causes de son refus (art. 219), sauf le cas où il serait dans l'impossibilité physique ou légale de donner son autorisation.

365. Les actes de dernière volonté n'ayant d'effet qu'après la mort du testateur et par conséquent après la dissolution du mariage, doivent rester indépendants de la puissance maritale. Aussi la femme qui veut faire son testament n'a-t-elle pas besoin d'être autorisée (art. 226), tandis que l'autorisation lui serait nécessaire pour faire une donation entre-vifs (art. 905).

212. — Les époux se doivent mutuellement fidélité, secours, assistance.

SOMMAIRE.
366. Sanction des devoirs réciproques entre époux.

366. La fidélité entre époux est un devoir qui résulte essentiellement du mariage, et ce devoir ne constitue pas seulement une obligation morale dépourvue de sanction. La loi punit correctionnellement l'adultère de la femme, et dans certains cas l'adultère du mari (C. pén., art. 336-

339). Les mêmes causes peuvent aussi justifier une demande en séparation de corps (art. 229, 230 et 306).

Chacun des époux doit à son conjoint secours et assistance : c'est-à-
dire qu'il doit l'aider de tous ses moyens dans le malheur, et lui donner ses soins personnels dans les maladies et les infirmités, parce que le
mariage associe les époux dans la mauvaise comme dans la bonne fortune. Toutefois l'assistance que se doivent réciproquement les époux,
n'est pas, comme le devoir de fidélité, susceptible d'être garantie par
une sanction pénale : seulement l'abandon de l'un des conjoints par
l'autre pourrait être considéré comme une injure grave, et par suite
comme une cause de séparation de corps.

213. — Le mari doit protection à sa femme, la femme obéissance à son mari.

214. — La femme est obligée d'habiter avec le mari, et de le suivre
partout où il juge à propos de résider : le mari est obligé de la recevoir, et de lui fournir tout ce qui est nécessaire pour les besoins
de la vie, selon ses facultés et son état.

SOMMAIRE.

367. Sanction de l'obligation où est la femme de suivre son mari en tous lieux.
368. — de l'obligation où est le mari de recevoir sa femme.

367. La société conjugale, comme toute autre société régulièrement
organisée, doit avoir un chef, et par la force des choses, ce chef ne peut
être que le mari. De là dérivent la protection qu'il doit à sa femme et
le devoir d'obéissance auquel celle-ci est soumise.

La femme est-elle obligée de suivre son mari en pays étranger?
Oui sans doute ; il résulte positivement de la discussion au conseil d'É-
tat (1) que le législateur n'a voulu faire aucune distinction. Nous n'exceptons pas même le cas où le mari voudrait s'expatrier ; mais alors, s'il
perd sa nationalité, la femme conservera la sienne ; car il serait bien
dur qu'elle perdît ses droits en accomplissant un devoir. Il ne faut
donc pas assimiler la femme qui suit son mari hors de France à celle
qui épouse un étranger (art. 19).

L'obligation imposée à la femme de suivre son mari en tous lieux,
n'a-t-elle aucune sanction qui en garantisse l'exécution forcée? Nous
pensons que l'obligation, par cela seul qu'elle est écrite dans la loi,
existe avec toutes les garanties d'exécution qui doivent s'attacher à un

(1) Séance du 4 vend. an X.

pouvoir légalement reconnu. Les tribunaux peuvent donc autoriser l'emploi de la force armée, ce qui n'est pas sans exemple dans la pratique (¹) ; et quand le mari veut y recourir, nous ne croyons pas que les juges puissent repousser sa demande. Toutefois ce moyen devient impraticable au delà des frontières ; dans l'intérieur même du royaume, la femme que les gendarmes auront ramenée de force au domicile conjugal, ne pourra pas y être enfermée ni gardée à vue. Elle n'y restera donc qu'autant qu'elle le voudra bien, et d'ailleurs l'emploi de la force publique entraîne toujours beaucoup de scandale. Néanmoins ce moyen n'est pas toujours dépourvu de toute efficacité : ainsi, par exemple, il suffira quelquefois de ramener la femme chez son mari, pour la soustraire à des influences dont elle n'aurait pas la force de s'affranchir par elle-même.

On a indiqué un autre moyen de contraindre la femme à revenir au domicile conjugal : c'est la saisie de ses revenus (²) ; mais, outre que la légalité de cette saisie peut être contestée, il est assez rare qu'une femme ait des biens dont la jouissance et l'administration n'appartiennent pas au mari, et d'ailleurs il serait dangereux de réduire une femme à l'indigence.

568. Si la femme est obligée d'habiter avec le mari, celui-ci est obligé de la recevoir, et cette obligation du mari, corrélative à celle de la femme, aura, en principe, la même sanction. Cependant, en fait, la femme répugnera le plus souvent à l'emploi des voies judiciaires, pour s'établir de force au domicile du mari (³).

215. — La femme ne peut ester en jugement sans l'autorisation de son mari, quand même elle serait marchande publique, ou non commune, ou séparée de biens.

SOMMAIRE.

369. Autorisation dont la femme a besoin pour ester en justice.

569. Le Code se réfère, dans cette disposition, à la Coutume de Pa-

---

(¹) Cour d'Aix, 29 mars 1831 ; de Dijon, 25 juillet 1840 ; arrêt de rejet du 9 août 1826. La contrainte *manu militari* a été refusée par la cour de Colmar (11 *juillet* 1833), admise en principe, mais refusée dans une circonstance particulière, par la cour d'Aix (23 *mars* 1840).

(²) La saisie des revenus a été admise par les arrêts qui ont repoussé la contrainte *manu militari*. On a demandé plusieurs fois que la femme fût condamnée à des dommages-intérêts : cette demande a été repoussée par la cour de Colmar (*Arrêts des 4 janvier* 1817 *et* 10 *juillet* 1833).

(³) La cour de Lyon (30 *novembre* 1811) a condamné un mari à payer une pension dont le chiffre a été fixé en proportion de sa fortune.

ris (art. 224), dont il généralise le principe en ne permettant plus, comme autrefois, aux femmes séparées de biens ou marchandes publiques d'ester en jugement sans autorisation [1].

Cette faculté n'appartenait pas aux femmes *non communes en biens,* c'est-à-dire mariées sous le régime d'exclusion de communauté (V. art. 1530); mais le Code les mentionne expressément, pour indiquer que la femme, sous tous les régimes, a besoin d'autorisation pour ester en justice. Aussi verrons-nous la même règle appliquée sous le régime dotal, à l'égard des biens dont la femme conserve l'administration, et qu'on appelle biens paraphernaux (art. 1576).

L'autorisation nécessaire pour ester en jugement n'a pas besoin d'être expresse. Il suffit que le mari assiste sa femme en se portant demandeur ou défendeur avec elle : ainsi lorsqu'elle intente une action, l'instance est régulièrement engagée par un exploit d'ajournement signifié à la requête des deux époux ; et réciproquement, pour agir contre une femme mariée, le demandeur doit signifier sa demande aux deux conjoints, afin que tous deux comparaissent, c'est-à-dire constituent avoué. En ce cas, la présence du mari dans l'instance valide la procédure [2].

216. — L'autorisation du mari n'est pas nécessaire lorsque la femme est poursuivie en matière criminelle ou de police.

SOMMAIRE.

370. Motif de l'exception admise en matière criminelle ou de police.

370. Les expressions du Code, *en matière criminelle ou de police,* embrassent tous les cas : le mot police comprend ici tant la simple police que la police correctionnelle. Ainsi la femme peut être poursuivie pour crime, délit ou contravention, sans qu'il soit nécessaire de faire intervenir son mari ; mais la même exception ne s'étend pas, comme elle s'étendait autrefois, en vertu de la Coutume d'Orléans, aux demandes que la femme voudrait porter, soit devant une cour d'assises, soit devant un tribunal correctionnel ou de simple police. En effet, lorsqu'elle forme une demande, elle agit dans un intérêt purement pécuniaire, et l'on conçoit alors la nécessité d'une autorisation [3]; mais lorsque la femme est poursuivie, il s'agit d'un intérêt public, et

---

[1] Pothier, *De la puissance du mari,* n° 55.

[2] La femme non commune n'a pas, comme la femme séparée de biens, l'administration et la jouissance de ses biens. C'est le mari qui en jouit et qui les administre (art. 1530 et 1531), comme dans le cas de communauté (art. 1428) ; mais la femme non commune n'a aucune part dans les bénéfices et les économies qui ont eu lieu pendant le mariage.

[3] Merlin, *Répert.,* v° AUTORIS. MARIT., sect. 6, § 1.

la loi ne doit laisser au prévenu aucun moyen d'empêcher ou même de retarder les poursuites dirigées contre lui.

217. — La femme, même non commune ou séparée de biens, ne peut donner, aliéner, hypothéquer, acquérir à titre gratuit ou onéreux, sans le concours du mari dans l'acte, ou son consentement par écrit.

SOMMAIRE.

371. Pour quels actes la femme doit-elle être autorisée ?
372. La femme, incapable de contracter, n'est pas incapable de s'obliger.
373. Formes de l'autorisation maritale.

371. Suivant la Coutume de Paris (art. 234), dont Pothier trouve avec raison les expressions trop absolues, « femme mariée ne se peut obli- « ger ». Le Code, pour mieux préciser les actes que la femme mariée est incapable de faire, a cru devoir les énumérer : il lui défend, soit d'aliéner, et spécialement de donner ou d'hypothéquer, soit d'acquérir même à titre gratuit, et par conséquent d'accepter une succession (art. 776) ou une donation (art. 934).

Ici, comme lorsqu'il s'agit d'ester en jugement (art. 215), les prohibitions de la loi sont expressément appliquées aux femmes *non commu-nes ou séparées de biens*. Cette dernière expression semble repousser l'exception admise par la Coutume de Paris, qui permettait à la femme séparée de biens de s'obliger sans autorisation, mais l'opposition n'est qu'apparente : l'exception admise par la Coutume ne s'appliquait, dans la pratique, qu'aux actes d'administration, et cette même exception se trouve formellement consacrée par le Code civil (art. 1449 et 1536); mais, à part ce qui concerne l'administration, les dispositions prohibitives de l'article 217 s'appliquent sans restriction, même sous le régime de séparation de biens.

372. Le Code ne dit plus, comme la Coutume, que la femme ne peut s'obliger; mais il dit, à plusieurs reprises, qu'elle ne peut contracter (art. 221, 222, 224 et 1124) : ce qui est plus exact. Autrement, la prohibition de la loi semblerait comprendre les obligations nombreuses qui se forment sans convention, et par conséquent sans contrat. Tels sont les engagements qui naissent soit de l'autorité seule de la loi, soit d'un quasi-contrat, d'un délit ou d'un quasi-délit (art. 1370).

Il est évident que la femme mariée est soumise, indépendamment de toute autorisation, aux engagements qui se forment par l'autorité seule de la loi, par exemple, entre propriétaires voisins (V. art. 1370). Il en est de même lorsqu'elle commet un délit ou un quasi-délit, c'est-à-dire un fait nuisible et illicite. Ce fait suffit pour obliger la femme mariée, comme il suffit pour obliger le mineur (art. 1310). En un mot, les actes illicites contre lesquels les tiers n'ont pu se prémunir, sont toujours imputables à leur auteur, sans qu'il y ait à distinguer s'il est capable ou incapable.

Quant aux quasi contrats, nous aurions à faire plusieurs distinctions qui ne peuvent se placer ici. Ce sera en parlant de l'acceptation des successions, de la gestion d'affaires et du payement de l'indu, que nous examinerons si la femme mariée non autorisée peut quelquefois se trouver obligée par un quasi-contrat.

Il arrive souvent que la femme contracte sans autorisation expresse de son mari, par exemple, lorsqu'elle achète les provisions nécessaires au ménage ; mais elle n'agit alors que comme mandataire de son mari, qui s'oblige ainsi par l'intermédiaire de sa femme, comme il s'obligerait par celui de tout autre mandataire ([1]).

373. Nous avons vu que la présence du mari dans l'instance suffisait, même avant le Code civil, pour autoriser la femme à ester en jugement. L'ancienne jurisprudence se contentait à cet égard d'un consentement tacite ; mais pour tous les autres actes, il fallait que le mari donnât une autorisation expresse, en employant une expression sacramentelle, le mot *autoriser* ([2]). Le Code supprime cette distinction, et se contente, soit du consentement exprès que le mari aurait donné antérieurement, pourvu qu'il l'ait donné *par écrit*, soit du consentement tacite qui résulterait de son concours dans l'acte, comme, s'il y intervenait pour cautionner sa femme ou pour s'obliger conjointement avec elle ([3]).

218. — Si le mari refuse d'autoriser sa femme à ester en jugement, le juge peut donner l'autorisation.

219. — Si le mari refuse d'autoriser sa femme à passer un acte, la femme peut faire citer son mari directement devant le tribunal de première instance de l'arrondissement du domicile commun, qui peut donner ou refuser son autorisation, après que le mari aura été entendu ou dûment appelé en la chambre du conseil.

Le JUGE (art. 218), c'est-à-dire le tribunal.

SOMMAIRE.

374. Marche à suivre pour obtenir du juge l'autorisation refusée par le mari.

([1]) Pothier, *De la puissance du mari,* n° 49. V. art. 1420.

([2]) Pothier, *ibid.,* nos 67-71.

([3]) L'approbation postérieure, donnée par le mari seul sans le consentement de la femme, ne valide point les engagements qu'elle a pris sans autorisation (*Arrêt de rejet du 12 février 1828, et arrêt de cassation du 26 juin 1839*).

574. Les Coutumes qui ont établi la puissance maritale, n'ont pas voulu que les intérêts de la femme fussent compromis par le mauvais vouloir ou par l'incapacité du mari. Aussi a-t-on toujours admis que, lorsqu'il refuse son autorisation et lorsqu'il est dans l'impossibilité légale ou physique de la donner, on pourrait y suppléer par l'autorisation du juge, soit qu'il s'agisse d'ester en jugement, soit qu'il s'agisse de contracter (V. art. 221, 222, 224, 776, 905 et 954).

La loi s'occupe d'abord de l'autorisation nécessaire pour ester en jugement, sans distinguer si la femme est demanderesse ou défenderesse, et cependant la marche à suivre dans les deux cas n'est pas la même. La femme défenderesse n'a point d'autorisation à solliciter; c'est le demandeur qui doit la faire autoriser pour la validité de la procédure, en assignant, comme on l'a déjà dit, la femme et le mari. La comparution de ce dernier est une autorisation suffisante. Si la femme comparaît seule, le jugement qui statue sur la demande, donne défaut contre le mari, et autorise la femme pour la validité de la procédure. L'autorisation du tribunal, en pareil cas, n'est donc le plus souvent qu'une forme judiciaire.

Dans le cas contraire, c'est-à-dire, lorsque la femme veut intenter une action, c'est à elle à se pourvoir devant le tribunal du domicile conjugal, pour obtenir l'autorisation que lui refuse son mari. Elle commencera donc par signifier à ce dernier une sommation, qui constatera son refus. La sommation sera suivie d'une requête présentée au président, et d'une ordonnance portant permission à la femme de citer son mari, pour qu'il vienne, à jour indiqué, expliquer les motifs de son refus, non pas à l'audience publique, mais dans la chambre du conseil, et par conséquent à huis clos. Le tribunal ne statue qu'après avoir entendu les conclusions du ministère public (C. de pr., art. 861 et 862).

Lorsqu'il ne s'agit pas d'intenter une action, mais de passer un acte, le mari qui refuse son autorisation doit être appelé, comme précédemment, dans la chambre du conseil. Si l'on s'en tenait aux termes du Code civil, la femme pourrait le faire citer directement, c'est-à-dire sans sommation et sans permission du président; cependant, comme il n'existe aucune raison pour ne pas suivre dans les deux cas une marche uniforme, on s'accorde à reconnaître que les dispositions du Code de procédure sur l'autorisation de la femme mariée s'appliquent à tous les cas d'autorisation. L'article 219 a donc été modifié par le Code de procédure (art. 861 et 862), bien que la lettre de ce dernier Code se réfère seulement au cas prévu par l'article 218.

220. — La femme, si elle est marchande publique, peut, sans

l'autorisation de son mari, s'obliger pour ce qui concerne son négoce; et, audit cas, elle oblige aussi son mari, s'il y a communauté
entre eux.

Elle n'est pas réputée marchande publique, si elle ne fait que détailler les marchandises du commerce de son mari, mais seulement
quand elle fait un commerce séparé.

MARCHANDE PUBLIQUE. Vieille locution empruntée à la Coutume de Paris (art. 234, 235 et 236) par
le Code civil, et reproduite par le Code de commerce (art. 4 et 5), quoiqu'il substitue en général la
dénomination de commerçant à celle de marchands (*ibid.*, art. 1, 5, 8, 66, 457 et 458).

SOMMAIRE.

375. Capacité de la femme commerçante.
376. Double autorisation dont la femme mineure a besoin pour faire le commerce.
    Qu'entend-on par femme commerçante ?

375. A raison de la multiplicité des affaires commerciales, et de la célérité qu'elles exigent, les femmes commerçantes peuvent s'obliger
pour ce qui concerne leur négoce. Le Code reproduit, sous ce rapport,
les dispositions de la Coutume de Paris (art. 234, 235 et 236) ; mais,
en même temps, il retire à la femme commerçante la faculté d'ester en
jugement sans autorisation spéciale (art. 215), parce que les procès
ont souvent des conséquences imprévues qui sont de nature à compromettre gravement la fortune de la femme. D'ailleurs, s'il faut recourir aux tribunaux, la lenteur avec laquelle s'expédient les affaires
judiciaires lui laissera toujours le temps nécessaire pour obtenir l'autorisation de son mari ou celle du juge.

Toutefois la femme ne devient pas commerçante par sa seule volonté (C. de com., art. 4). Il faut que le mari, s'il n'autorise pas formellement, consente au moins tacitement, par cela seul qu'il ne
s'oppose point aux opérations que sa femme entreprend sous ses
yeux ou à sa connaissance [1]. Néanmoins cette permission donne
à la femme commerçante une capacité exceptionnelle ; car non-seulement elle a le droit d'administrer ses biens, comme toute autre femme
mariée l'aurait en vertu d'une autorisation générale (art. 223 et 1988);
mais elle peut hypothéquer et même aliéner ses immeubles. A cet
égard, le Code de commerce (art. 7) déroge évidemment au Code civil.

376. Le mineur émancipé est réputé majeur pour les actes relatifs à

[1] La Cour de cassation a statué dans ce sens par plusieurs arrêts de rejet (14 *nov.*
1820, 27 *mars* 1832 *et* 27 *avril* 1841), fondés sur ce motif, que la femme n'a pas besoin,
pour faire le commerce, de l'autorisation de son mari, mais seulement de son consentement (C. de com., art. 4).

son commerce (art. 487), pourvu qu'il ait au moins dix-huit ans accomplis et qu'il ait été autorisé par son père, à défaut de son père, par sa mère, et à défaut de celle-ci, par une délibération du conseil de famille suivie de l'homologation du tribunal (C. de com., art. 2). Ces distinctions s'appliquent à tous les mineurs, de quelque manière qu'ait eu lieu leur émancipation. Ainsi, une femme mariée et par cela même émancipée avant l'âge de dix-huit ans, doit attendre cet âge pour faire le commerce; et alors elle a besoin d'obtenir, comme mineure, l'autorisation de ses parents, et comme femme mariée, le consentement de son mari.

Nous avons supposé jusqu'ici que la femme faisait le commerce pour son propre compte, et non pour le compte de son mari, au cas où le mari lui-même serait commerçant.

Lorsqu'au contraire la femme ne fait que détailler les marchandises de ce dernier, et en général lorsqu'elle se borne à l'aider dans ses opérations, elle n'est pas commerçante. Elle remplit les fonctions d'un commis, et d'après les principes ordinaires du mandat, elle oblige son mari, sans s'obliger elle-même.

Les engagements que prend la femme commerçante pour ce qui concerne son négoce, obligent le mari aussi bien que la femme, lorsqu'il y a entre eux communauté de biens; mais c'est au titre *du Contrat de mariage* (V. art. 1426) qu'il convient d'examiner quelle est précisément l'étendue des obligations dont le mari se trouve ainsi tenu par le fait de sa femme.

221. — Lorsque le mari est frappé d'une condamnation emportant peine afflictive ou infamante, encore qu'elle n'ait été prononcée que par contumace, la femme, même majeure, ne peut, pendant la durée de la peine, ester en jugement, ni contracter, qu'après s'être fait autoriser par le juge, qui peut, en ce cas, donner l'autorisation, sans que le mari ait été entendu ou appelé.

PEINE AFFLICTIVE. Les peines afflictives sont ou temporaires ou perpétuelles. Dans la législation actuelle, l'exécution de ces dernières emporte mort civile (art. 22; C. pén., art. 18), et par conséquent dissolution du mariage. Pour appliquer aujourd'hui l'article 221, il faut donc supposer une peine afflictive qui n'emporte pas mort civile, c'est-à-dire une peine afflictive temporaire. Si cette distinction n'est pas exprimée dans le texte, c'est parce que, dans la pensée des rédacteurs du Code, toute peine afflictive perpétuelle ne devait pas nécessairement emporter mort civile (V. art. 24).

SOMMAIRE.

377. Incapacité du mari condamné à une peine afflictive ou simplement infamante.
378. Durée de l'incapacité dans ce dernier cas. Controverse.

377. Lors de la rédaction du Code civil, les peines en matière cri-

minelle se divisaient déjà, comme nous l'avons vu précédemment
(79), en peines afflictives et infamantes, et en peines simplement infamantes. Les unes et les autres emportaient déchéance des droits de
citoyen actif ou droits politiques; mais en outre, les peines afflictives
plaçaient le condamné dans un état d'interdiction légale qui lui enle-
vait, pendant la durée de la peine, l'exercice des droits civils (¹), et
par conséquent de la puissance maritale. Il est évident que, dans cette
dernière hypothèse, le législateur devait permettre au tribunal d'autoriser la femme du condamné; mais le même motif ne s'appliquait pas
aux condamnations simplement infamantes, puisqu'elles laissaient au
condamné la jouissance et même l'exercice des droits civils. Aussi le Tribunat avait-il demandé, non sans quelque raison, qu'on supprimât,
dans l'article 221, les mots *ou infamante,* pour restreindre la disposition
de cet article aux peines afflictives; mais cette observation n'a pas été
admise.

378. Toutefois, s'il est certain qu'une peine infamante suffit pour
ôter au mari le pouvoir d'autoriser sa femme, il s'élève une difficulté
grave sur la durée de cette incapacité : on se demande comment doivent s'entendre ces mots, *pendant la durée de la peine.*

Si l'on examine quelles étaient les peines simplement infamantes à
l'époque où le Code civil a été promulgué, on ne trouve que le carcan,
dont la durée comme peine principale était limitée à deux heures, et
la dégradation civique, qui était perpétuelle (²); mais les expressions
de l'article 221 ne permettent guère de supposer que le législateur ait
eu en vue la dégradation civique. D'ailleurs, si on voulait appliquer
cet article à la dégradation civique considérée comme peine principale,
il faudrait nécessairement l'appliquer à cette même dégradation considérée comme peine accessoire de toutes les peines afflictives, et l'on
arriverait ainsi à rendre l'incapacité du mari perpétuelle dans tous les
cas. Pour échapper à un pareil résultat, il faut s'attacher uniquement
à la durée de la peine matérielle. Nous pensons en conséquence que,
lors de la rédaction du Code civil, ces mots, *pendant la durée de la
peine,* ne pouvaient s'appliquer qu'à l'exposition au carcan.

Aujourd'hui, quoique le carcan se trouve supprimé depuis la ré-
forme opérée, dans le droit pénal, par la loi de 1852, l'article 221 n'est
pas pour cela sans application; car dès le Code pénal de 1810, on a établi une nouvelle peine infamante, le bannissement dont la durée est de

(¹) Code pénal du 6 octobre 1791, tit. 4, art. 1 et 2.
(2) *Ibid.,* tit. 1, art. 31 et 33; Code des délits et des peines, du 3 brum. an IV,
art. 602.

cinq à dix ans. Pendant ce laps de temps, le mari sera donc incapable d'autoriser sa femme.

Jusqu'ici nous avons supposé une condamnation contradictoire. L'article 221 s'applique au mari contumax par d'autres motifs ; en effet, si la peine est afflictive et perpétuelle, le condamné est, à partir de l'exécution par effigie, privé de l'exercice des droits civils (art. 28). Dans tout autre cas, il ne perd que l'exercice des droits politiques (C. d'instr. cr., art. 465); mais par cela seul qu'il est contumax, on doit présumer qu'il ne se présentera pas devant le tribunal. Il est donc inutile de l'appeler.

222. — Si le mari est interdit ou absent, le juge peut, en connaissance de cause, autoriser la femme, soit pour ester en jugement, soit pour contracter.

SOMMAIRE.

379. Autorisation donnée par le juge à la femme d'un interdit ou d'un absent.

379. L'interdiction prononcée par les tribunaux civils pour cause d'imbécillité, démence ou fureur (art. 489), produit, en général, le même effet que l'interdiction légale résultant d'une condamnation à une peine afflictive (C. pén., art. 29). Dans l'un et l'autre cas, le tribunal peut autoriser la femme sans que le mari interdit ait été appelé (art. 221). L'autorisation du juge sera donc demandée, sans citation, par une requête à laquelle sera joint le jugement d'interdiction (C. de pr., art. 864). Cette règle, que le Code applique spécialement à l'interdiction judiciaire, peut aussi recevoir son application au cas d'interdiction légale, mais la production de l'arrêt de la cour d'assises ne sera nécessaire qu'autant que la condamnation du mari serait contestée.

On suit la même marche lorsque le mari est absent, c'est-à-dire ici, lorsqu'il est éloigné de son domicile, quoique son existence n'ait pas cessé d'être certaine. Cet éloignement suffit pour que le tribunal puisse, en cas d'urgence, autoriser la femme, sans que le mari ait été appelé. Toutefois pour prévenir l'abus de cette faculté, la loi veut que le juge statue *en connaissance de cause,* après avoir examiné l'affaire, et non sur simple requête, comme on le faisait autrefois (¹).

223. — Toute autorisation générale, même stipulée par contrat de mariage, n'est valable que quant à l'administration des biens de la femme.

(¹) Discussion au C. d'État, 4 vend. an X.

380. Effets de l'autorisation maritale donnée en termes généraux.

380. Le Code confirme ici la jurisprudence du Châtelet de Paris, qui n'admettait d'autorisation générale que pour les actes d'administration, et appliquait cette règle aux autorisations données même par contrat de mariage (¹), nonobstant la grande faveur attachée à ce contrat (V. art. 1082 et suiv.). Bien que la loi laisse une grande latitude pour les conventions matrimoniales, une clause d'autorisation générale pourrait devenir une clause de style : évidemment, ce serait là une dérogation aux droits résultant de la puissance maritale, droits auxquels on ne déroge point à l'avance, même par contrat de mariage (V. art. 1388).

224. — Si le mari est mineur, l'autorisation du juge est nécessaire à la femme, soit pour ester en jugement, soit pour contracter.

381. La femme d'un mineur ne peut être autorisée que par le tribunal, mais le mari doit être entendu.

381. Dans l'ancienne jurisprudence, le mineur exerçait la puissance maritale dans toute sa plénitude, et avait par conséquent le droit d'autoriser sa femme (²). Le Code lui enlève cette faculté sans faire aucune distinction. De ce que le mineur marié, et par cela même émancipé (art. 476), a pour les actes de simple administration la même capacité qu'un majeur (art. 481), doit-on conclure qu'il peut autoriser sa femme, lorsqu'elle ne veut faire qu'un acte d'administration ? Nous ne le pensons pas : en effet, si le mineur peut administrer ses propres biens, il n'en résulte nullement qu'il puisse intervenir en aucune manière dans la gestion des affaires d'autrui. Au surplus, la question ne se présentera pas ; car la femme n'a besoin d'être autorisée, ni par son mari, ni par le tribunal, lorsqu'elle a conservé l'administration de ses biens (art. 1536), et dans le cas contraire, c'est le mari lui-même qui les administre (art. 1448 et 1530).

Le mari mineur doit-il au moins être consulté lorsque sa femme demande l'autorisation du tribunal ? Il peut soumettre au juge des obser-

---

(¹) V. les actes de notoriété rapportés ou cités par Pothier, *De la puissance du mari*, nº 67.

(²) Pothier, *De la puissance du mari*, nº 29.

vations utiles. Il est donc convenable de le citer, en procédant, à son égard, comme on procède à l'égard du majeur qui refuse son autorisation (V. C. de pr., art. 862), sans toutefois recourir à une sommation préalable, qui serait inutile.

225. — La nullité fondée sur le défaut d'autorisation ne peut être opposée que par la femme, par le mari, ou par leurs héritiers.

SOMMAIRE.

382. Nullité résultant du défaut d'autorisation. Peut-elle être invoquée par les héritiers du mari ?

382. Avant le Code civil, les actes de la femme mariée étaient, à défaut d'autorisation, frappés d'une nullité absolue. Ils ne pouvaient être opposés à personne, et n'étaient pas susceptibles de ratification [1]. Aujourd'hui, au contraire, le défaut d'autorisation ne produit qu'une nullité relative, comme celle des actes faits par les mineurs. Aussi cette nullité ne peut-elle être invoquée par ceux qui ont traité avec la femme (art. 1124), mais seulement par la femme elle-même, et par son mari.

Le Code ajoute : « *ou par leurs héritiers.* »

Cette expression est trop générale ; car s'il est certain que la femme transmet à ses héritiers l'action en nullité qu'elle aurait pu exercer de son vivant, il n'en est pas de même du mari. Si ce dernier peut, pour faire respecter l'autorité maritale, demander la nullité en son nom personnel, ce droit ne passe point à ses héritiers. On ne transmet pas, en effet, les droits qui sont attachés à la personne, mais seulement ceux qui font partie des biens. Or, l'action en nullité pour défaut d'autorisation n'appartient pas à cette dernière classe de droits ; car les engagements pris par la femme n'imposent aucune obligation au mari, toutes les fois du moins que les intérêts des époux demeurent distincts. Pour décider autrement sous le régime de la communauté, il faudrait examiner dans quel cas et en quel sens les actes de la femme peuvent engager la communauté, et par suite le mari ou ses héritiers : notre système sur cette question ne pourra être exposé qu'au titre *du Contrat de mariage* (V. art. 1426 et 1427).

226. — La femme peut tester sans l'autorisation de son mari.

SOMMAIRE.

383. Pourquoi la femme peut tester sans autorisation.

383. Plusieurs Coutumes, notamment celles de Normandie et de Bourgogne, déclaraient la femme mariée incapable de tester sans autorisa-

---

[1] Pothier, *De la puissance du mari*, nos 5 et 78.

tion. Le Code adopte ici la règle contraire, qui était admise par le plus grand nombre des Coutumes (¹).

Ce que la loi décide ici du testament, acte essentiellement révocable, et qui ne doit produire son effet qu'à l'époque où la puissance maritale n'existera plus, ne doit pas s'étendre aux obligations que la femme contracterait en différant leur exécution jusqu'à sa mort, ni même aux donations de biens à venir qu'elle ferait par contrat de mariage. En effet, dans le premier cas, le terme fixé pour le payement n'empêche pas l'obligation d'exister dès le jour du contrat (²); et quant à la donation de biens à venir, elle dépouille le donateur de son vivant, du moins en ce sens qu'elle lui ôte le droit de disposer à titre gratuit (art. 1083).

CHAPITRES VII et VIII.
DE LA DISSOLUTION DU MARIAGE. — DES SECONDS MARIAGES.

INTRODUCTION.
SOMMAIRE.

384. Dissolution du mariage et ses conséquences. Délai pendant lequel la femme ne doit pas se remarier.

384. Le mariage ne se dissout plus aujourd'hui que par la mort naturelle ou civile de l'un des conjoints (art. 25 et 227). Dans un cas comme dans l'autre, l'époux survivant a le droit de contracter une nouvelle union (art. 147) : cependant la femme ne peut user de cette faculté qu'à l'expiration d'un délai de dix mois (art. 228). Outre les convenances qui justifient cette prohibition temporaire, elle a pour but d'éviter la confusion de part, en prévenant toute incertitude sur la paternité de l'enfant, dans le cas où la femme serait enceinte.

CHAPITRE VII.
DE LA DISSOLUTION DU MARIAGE.

227. — Le mariage se dissout,
1º Par la mort de l'un des époux ;
2º Par le divorce légalement prononcé ;
3º Par la condamnation devenue définitive de l'un des époux, à une peine emportant mort civile.

2º PAR LE DIVORCE LÉGALEMENT PRONONCÉ. Le divorce a été supprimé par la loi du 8 mai 1816.
3º PAR LA CONDAMNATION DEVENUE DÉFINITIVE, etc. La rédaction primitive portait : *condamnation*

(¹) Pothier, *De la puissance du mari*, n° 44.
(²) Pothier, *ibid.*, n° 48.

contradictoire ou devenue définitive. En abrégeant cette rédaction, lors de la discussion au C. d'État (14 vend. an X), on a voulu comprendre dans la même expression les deux cas de condamnation contradictoire et de condamnation par contumace.

SOMMAIRE.

385. A quelle époque se dissout le mariage, en cas de mort civile encourue à la suite d'une condamnation par contumace.

385. Une difficulté grave s'est élevée sur le dernier paragraphe de cet article : on s'est demandé à quel moment la condamnation prononcée par contumace opère la dissolution du mariage. Le contumax se trouve dans une position toute spéciale : il n'a pas moins de vingt ans pour se représenter (C. d'instr. cr., art. 476 et 635) ; il peut donc pendant tout ce laps de temps, et même après avoir encouru la mort civile par l'expiration du délai de cinq ans, recouvrer la vie civile pour l'avenir (art. 30) ; car la condamnation prononcée par contumace et exécutée par effigie ne devient définitive qu'au jour où, la prescription étant accomplie, le contumax, même lorsqu'il se représente volontairement, ne peut plus être soumis à un jugement contradictoire. Plusieurs auteurs en ont conclu que, malgré la mort civile encourue cinq ans après l'exécution par effigie, le mariage doit subsister jusqu'à l'expiration des vingt années ; ils s'appuient sur les termes mêmes de la loi : *condamnation* DEVENUE DÉFINITIVE *à une peine emportant mort civile*.

Cette opinion, que motive surtout la faveur du mariage, ne nous paraît pas admissible. Le législateur, selon nous, n'a pas voulu scinder les effets de la mort civile, et ces mots, *condamnation devenue définitive*, se réfèrent simplement aux cinq années à l'expiration desquelles le contumax meurt civilement (art. 27).

Il faut se rappeler, à cet égard, que deux systèmes opposés sur l'effet des condamnations par contumace ont successivement prévalu dans les discussions du conseil d'État. Tronchet, reproduisant le système adopté par les anciennes ordonnances, notamment par celle de 1770, voulait que la mort civile fût encourue à l'instant même de l'exécution par effigie, mais provisoirement et sauf résolution avec effet rétroactif, si le contumax se représentait dans les cinq années. La section de législation demandait, au contraire, que la mort civile ne commençât que cinq ans après l'exécution par effigie. Tronchet avait d'abord fait prévaloir le système des ordonnances (¹), qui ne fut abandonné que dans la séance du 16 brumaire an XI, et par suite des observations du Tribunat. Mais à cette époque, le titre *du Mariage,* tel qu'il existe dans le Code civil, avait déjà été discuté et adopté par le conseil d'État (²), et

(¹) Séance du 16 thermidor an IX.
(²) Séance du 14 vend. an X.

l'on ne pensa point à reviser l'article 227, quoique sa rédaction se ré-férât au système de Tronchet. Voyons donc comment ce jurisconsulte entendait lui-même les effets de la mort civile quant au mariage.

Le premier Consul ayant demandé si la femme du contumax pourrait se remarier *dans les cinq ans,* Tronchet répondit que le mariage n'est pas dissous pendant ce délai, « parce que l'importance de ce contrat « exclut toute provision, et que le nouveau mariage ne peut être con-« ditionnel. » Cette explication fut admise et consacrée par un article portant que l'époux du condamné « ne peut contracter un nouveau « mariage qu'après l'expiration des cinq ans (¹). » Cette rédaction, qui n'a été changée qu'après le 16 brumaire an XI, explique suffisamment l'article 227. Cet article signifie donc que le mariage se dissout, non par la mort civile provisoirement encourue, comme le voulait Tronchet, dès le jour de l'exécution par effigie, mais par la mort civile définiti-vement encourue à l'expiration du délai de cinq ans.

CHAPITRE VIII.

DES SECONDS MARIAGES.

228. — La femme ne peut contracter un nouveau mariage qu'a-près dix mois révolus depuis la dissolution du mariage précédent.

SOMMAIRE.

386. Le mariage contracté avant l'expiration des dix mois est-il valable ?
387. Motifs de la prohibition.

386. Les lois romaines, la jurisprudence des parlements et même les ordonnances royales se montraient fort sévères à l'égard des veuves qui convolaient trop promptement en secondes noces. Celles qui vou-laient contracter un nouveau mariage, devaient en différer la célébration jusqu'à l'expiration d'un délai qu'on appelait l'an de deuil : ce délai pri-mitivement fixé à dix mois fut ensuite porté à douze (²). Le Code civil le réduit à sa durée primitive, et défend à la femme de se remarier dans cet intervalle, sans s'expliquer sur la sanction que doit avoir cette prohibition.

On a prétendu, à cet égard, que la loi, en déclarant que la femme *ne peut* contracter un nouveau mariage, établit une impossibilité absolue, et par conséquent un empêchement dirimant (³). Cette opinion se fonde

---

(¹) V. les 5ᵉ et 6ᵉ rédactions du titre *de la Jouissance et de la Privation des Droits ci-vils* (art. 22), adoptées dans les séances du 4 fructidor an IX et du 28 brumaire an X.
(²) *Julian., L. 1; Ulp., L. 11, D. de his qui not. infam.; Gratian., Valent. et Theod., L. 1 et 2, C. de secund. nupt. ;* Merlin, *Répert.,* vᵒ DEUIL, § 2.
(³) Delvincourt, liv. 1, tit. 6, chap. 1, sect. 4, § 1.

sur le texte d'une loi romaine, et sur une ancienne règle d'interprétation formulée par Dumoulin (¹) ; mais c'est à l'intention du législateur que nous devons nous attacher, plutôt qu'aux expressions dont il s'est servi. Or, il est reconnu aujourd'hui que les rédacteurs du Code n'ont pas entendu établir ici un empêchement dirimant. En effet, il leur suffisait, pour prévenir la confusion de part, d'établir un empêchement prohibitif (²) ; le mariage une fois célébré, la nullité serait plus nuisible qu'utile, parce que le mal est incertain, et après tout irréparable. Remarquons d'ailleurs que la prohibition s'adresse principalement aux officiers de l'état civil, dont l'abstention est une garantie suffisante dans le cas prévu par l'article 228, comme elle le serait pour tout autre empêchement prohibitif.

Du reste, l'observation de cet article est assurée aujourd'hui par une autre garantie. Le Code pénal (art. 194) établit une amende de seize à trois cents francs contre l'officier civil qui n'aurait pas attendu l'expiration des dix mois.

387. En différant le nouveau mariage on a voulu prévenir la confusion de part, *propter turbationem sanguinis* (³) ; mais si ce motif est le principal, ce n'est pas le motif unique. Lors même que la confusion de part n'est plus à craindre, par exemple, lorsque la femme se trouve dans un état de grossesse notoire, ou lorsqu'elle accouche dans les dix mois, les convenances commandent toujours d'attendre l'expiration du délai fixé par la loi. Le Code, plus sévère que le droit romain, n'admet aucune exception (⁴).

Il n'existe, pour retarder le second mariage du mari survivant, qu'un motif de convenances. Cependant la section de législation avait proposé de fixer un délai de trois mois pendant lequel le mari ne pourrait contracter une nouvelle union ; mais la disposition qu'elle avait ajoutée, dans ce but, à l'article 228, a été supprimée par le conseil d'État (⁵). Il n'a pas voulu entraver les mariages par des considérations de pure bienséance.

(¹) Commentaire sur la Coutume de Paris, tit. *des Fiefs*, art. 1, glose 3 : *verbum* po-TEST..... *si ponitur negative, importat necessitatem, seu aptius loquendo, vim præcisam quæ omnino excludit potentiam juris et facti.* Cette doctrine paraît tirée d'une constitution de Théodose (*L.* 5, *C. de legib.*) ; mais la règle est beaucoup moins absolue qu'elle ne le paraît au premier aspect. Dumoulin lui-même admet plusieurs exceptions : *limitatur* 1° *quando apparet aliter esse dispositum.* N'est-ce pas dire en d'autres termes qu'il faut toujours rechercher l'intention du législateur ?

(²) Ainsi jugé par la cour de Dijon, le 3 juillet 1807, et par la Cour de cassation, arrêt de rejet du 29 octobre 1811.

(³) Ulp., *L.* 11, § 1 et 2, *D. de his qui not. infam.*

(⁴) Discussion au C. d'État, séance du 14 vendémiaire an IX.

(⁵) Même séance.

TITRE SIXIÈME.

DU DIVORCE.

(Décrété le 30 ventôse an XI (21 mars 1803). Promulgué le 10 germinal (31 du même mois).

INTRODUCTION.

SOMMAIRE.

388. Le divorce, dans l'acception primitive du mot (*divortium*), est la séparation de deux époux qui s'en vont, chacun de son côté, *in diversœ partes eunt* [1]. Le mariage se dissolvait à Rome avec la plus grande facilité, soit par le commun accord des parties qui se séparaient *bona gratia*, soit même par la seule volonté de l'une d'elles [2]; mais dans ce

---

[1] *Gaius, L. 2, D. de divort. et repud.*
[2] *Ulp., L. 32, § 10, de donat. inter vir. et uxor.; Novell. 22, cap. 4.* Le divorce *bona gratia*, prohibé par Justinien (*Nov. 117, cap. 10; Nov. 134, cap. 11*), a été permis de nouveau par Tibère II, son successeur.

Bas-Empire, les princes chrétiens n'autorisèrent cette seconde espèce de divorce que pour certaines causes déterminées. Dans tout autre cas, celui des époux qui divorçait malgré son conjoint, était soumis à des peines dont la sévérité augmenta successivement (¹). L'influence croissante du christianisme et les décisions de l'Église achevèrent ce que Théodose et Justinien avaient commencé, et firent prévaloir ce principe que le mariage ne peut se dissoudre, ni par la volonté d'une seule partie, ni même *bona gratia*.

Le divorce, inconnu dans notre ancienne jurisprudence, a été introduit en France par une loi du 20 septembre 1792 (²), lorsque l'Assemblée nationale commençait à entrer dans cette voie de réformes violentes, où la Convention a ensuite marché si rapidement. Les législateurs de cette époque ne voyaient dans l'indissolubilité du mariage qu'une atteinte à la liberté individuelle; et pour protéger cette liberté, ils voulurent que le divorce pût avoir lieu par le consentement mutuel des époux, ou même par la volonté de l'un d'eux, soit sur la simple allégation d'incompatibilité d'humeur et de caractère, soit pour certaines causes déterminées, parmi lesquelles la folie et l'absence figuraient sur la même ligne que l'inconduite notoire et les condamnations infamantes. Ainsi, le conjoint malheureux pouvait être abandonné, comme le conjoint criminel. Bien plus, non contente de permettre le divorce ou même de l'encourager, la loi voulut le rendre nécessaire en supprimant la séparation de corps (³). La constitution de 1791 (⁴) n'avait sidéré le mariage que comme un contrat civil, et la loi de 1792, exagérant la portée de ce principe, crut pouvoir traiter le mariage comme une société ordinaire, dont il est libre à chacun de se départir. Évidemment, le législateur méconnaissait l'esprit général de la nation, ou pour mieux dire, il voulait changer les mœurs en les corrompant. C'est ainsi qu'après avoir abandonné le principe de l'indissolubilité du mariage, il méconnut plus tard la légitimité elle-même, en accordant à tous les enfants les mêmes droits, qu'ils fussent ou non le fruit d'une union légitime (⁵).

389. Ces théories de désorganisation sociale n'ont pu prévaloir. Le divorce n'a été dès l'origine qu'un scandale réprouvé par l'opinion pu-

(¹) *Theod. et Valentin.*, L. 8, § 2 et 3, *C. de repud.*; *Justin.*, L. 11, § 2, *eod.*; *Nov.* 117, cap. 5, 8, 9, 13 et 14.
(²) Cette date du 20 septembre 1792 est commune à deux lois distinctes, l'une sur le divorce, l'autre sur les actes de l'état civil.
(³) Loi du 20 septembre 1792 sur le divorce, § 1, art. 1, 2, 3, 4 et 7.
(⁴) Tit. 2, art. 7.
(⁵) Loi du 12 brum. an II, art. 1 et 2.

blique (¹). Il a toujours nui à la considération du mari, et plus encore à celle de la femme, surtout lorsque l'un ou l'autre profitait de sa liberté pour contracter un nouveau mariage. Et telle était, à cet égard, la force de l'opinion générale, qu'elle ne changea point sensiblement, même lorsque le Code civil, en conservant le divorce, eut donné à cette institution un tout autre caractère.

Une réaction véritable se manifestait alors. La séparation de corps fut rétablie sur la demande des tribunaux, « parce qu'elle était dans le « vœu de la grande majorité du peuple français, et qu'elle lui était dic- « tée par le sentiment de sa religion qui a consacré l'indissolubilité du « mariage (²) ». Quant au divorce, plusieurs tribunaux en avaient demandé la suppression, et si l'institution même ne fut pas ouvertement combattue dans le conseil d'État, on n'en fit pas moins valoir, contre chaque cause de divorce en particulier, tous les arguments qui combattent le principe même (³). On proclama hautement la sainteté du mariage, la nécessité de lui donner une grande stabilité, parce qu'il intéresse non-seulement les époux, mais les familles, la société et surtout les enfants. « Un pareil engagement, disait Tronchet (⁴), ne peut « être légèrement dissous ; peut-être même devrait-il être indissolu- « ble... La loi civile, qui ne régit point les consciences, peut cependant « établir tout ce que réclame l'intérêt public, et sous ce rapport son « pouvoir va jusqu'à restreindre la liberté individuelle. » Tronchet concluait de là, non pas précisément qu'il fallait supprimer le divorce, mais que « la loi pouvait du moins le rendre difficile, et même qu'elle « le devait. »

Le divorce fut donc conservé, mais seulement pour un petit nombre de causes et sous des conditions qui le rendirent très-difficile, même pour ceux que les frais d'une longue procédure n'arrêtaient pas dès l'origine. En lisant les discussions du conseil d'État, on reconnaît que le divorce n'a été maintenu dans le Code civil que parce qu'on n'osait pas encore le supprimer. On voit même qu'il aurait été ouvertement com-

---

(¹) « Les Français sont légers, mais ils ont des vertus. C'est dans les campagnes « qu'il faut aller chercher les mœurs françaises. Là le scandale du divorce a été re- « jeté avec mépris ; là on n'a point usé du divorce, les tribunaux l'attestent. Voilà « le vœu de la nation. » Portalis, discussion au C. d'État, séance du 14 vend. an X.

(²) Boullay, même séance.

(³) « Ceux qui croient utile d'introduire dans la législation civile le dogme de « l'indissolubilité du mariage, en paraissant admettre le divorce, n'accordent que « le mot et refusent la chose par les difficultés, le scandale et le déshonneur dont « ils environnent l'exercice de ce droit. On prend les arguments contre le divorce « dans les abus du divorce pour incompatibilité. » Thibaudeau, *ibid.*, séance du 24 vend. an X.

(⁴) Séance du 16 vend. an X.

battu, si l'opinion du premier Consul avait paru douteuse; mais Bonaparte se prononça nettement pour le divorce en lui-même, et surtout pour le divorce par consentement mutuel, que Tronchet repoussa constamment. Cette opinion du premier Consul s'explique par l'intérêt de sa politique. Peut-être songeait-il déjà à dissoudre son propre mariage (¹); et ce qui est remarquable, c'est que bientôt lui-même interdit le divorce aux membres de sa famille (²).

390. Le progrès des mœurs et des idées religieuses fit prévaloir, sous la Restauration, le principe de l'indissolubilité du mariage. La suppression du divorce, demandée par la Chambre des députés, fut prononcée par la loi du 8 mai 1816, contre laquelle aucune voix ne protesta dans les Chambres. Le scrutin seul constata l'existence d'une faible minorité.

Depuis la révolution de 1830, le rétablissement du divorce a été, dans quatre sessions consécutives, l'objet d'une proposition adoptée par la Chambre des députés, et repoussée par la Chambre des pairs. Si l'indissolubilité du mariage n'était pas dans les mœurs de la nation, si le divorce, tel que l'avait admis le Code civil, était une nécessité sociale, les discussions se seraient prolongées, et auraient peut-être amené un changement dans la législation; mais dans la Chambre des députés même, la majorité a toujours été en s'affaiblissant. Depuis 1834, aucune proposition n'a rappelé le souvenir du divorce, et selon toute probabilité le législateur n'aura plus à s'en occuper.

391. Nous pourrions donc passer complétement sous silence les quatre premiers chapitres de ce titre, si le chapitre *de la Séparation de corps* ne formait pas un simple appendice dont les dispositions sont loin d'offrir un ensemble complet : ce qui oblige de recourir aux chapitres précédents, pour y emprunter quelques-unes des dispositions que la loi a spécialement consacrées en matière de divorce. Toutefois l'analogie qui autorise à faire ces emprunts, n'est pas toujours assez évidente pour qu'il ne s'élève pas à cet égard des controverses, dont la solution ne peut qu'être facilitée par un résumé succinct des principales dispositions du Code civil sur le divorce.

CHAPITRE PREMIER.

DES CAUSES DU DIVORCE.

392. Les causes du divorce étaient la condamnation de l'un des époux

---

(¹) Le mariage contracté entre Napoléon Bonaparte et Joséphine Tascher de la Pagerie, veuve Beauharnais, a été dissous par le sénatus-consulte du 16 décembre 1809.

(²) Statuts du 30 mars 1806, formant la loi de la famille Impériale, art. 7.

à une peine infamante (art. 232); les excès, sévices ou injures graves dont il se serait rendu coupable envers son conjoint (art. 231); l'adultère de la femme, et même l'adultère du mari, mais seulement lorsqu'il aurait tenu sa concubine dans la maison commune (art. 229 et 230). Enfin, le consentement mutuel et persévérant des époux, exprimé dans les formes prescrites, sous des conditions et après des épreuves nombreuses, était considéré comme une cause de divorce, ou plutôt comme une présomption légale de sa nécessité, en sorte que les époux n'avaient besoin d'alléguer aucun motif spécial pour établir que la vie commune leur était insupportable (art. 233).

Ainsi, le divorce pouvait avoir lieu pour cause déterminée ou par consentement mutuel. Dans tous les cas, il devait être autorisé par les tribunaux, et prononcé par l'officier de l'état civil (art. 258). La loi fixait, pour cette prononciation, un délai de rigueur, après lequel le jugement ou l'arrêt qui avait autorisé le divorce, était considéré comme non avenu (art. 264, 266 et 294).

CHAPITRE II.

DU DIVORCE POUR CAUSE DÉTERMINÉE.

SECTION PREMIÈRE.

DES FORMES DU DIVORCE POUR CAUSE DÉTERMINÉE.

393. La demande en divorce devait être formée devant le tribunal civil des époux (art. 234 et 281), lors même que les faits allégués pouvaient donner lieu à une action criminelle. Dans ce cas, conformément aux principes généraux (C. d'instr. cr., art. 3), l'instance était suspendue par le seul fait des poursuites que le ministère public exerçait, et elle ne reprenait son cours que lorsque la juridiction criminelle avait définitivement prononcé. Le jugement qui aurait renvoyé le défendeur des poursuites dirigées contre lui, ne pouvait lui fournir, dans l'instance civile, aucune fin de non-recevoir contre la demande en divorce (art. 235); mais, en sens inverse, la condamnation de l'époux défendeur fournissait au demandeur la preuve judiciaire des faits par lui articulés.

Pour obtenir le divorce contre l'époux condamné à une peine infamante, il suffisait de produire une expédition de l'arrêt, et un certificat de la cour qui l'avait rendu, constatant que la condamnation n'était plus susceptible d'être réformée par aucune voie légale (art. 261).

394. Dans les autres cas, la procédure était longue et compliquée.

Il fallait d'abord obtenir la permission de citer le défendeur. A cette fin, le demandeur devait se présenter en personne devant le président du tribunal, pour lui remettre sa demande et entendre les observations de ce magistrat (art. 236 et 237). Il fallait en outre que le président indiquât le jour et l'heure où les deux parties comparaîtraient en personne devant lui, afin qu'il essayât, par ses représentations, d'opérer un rapprochement (art. 238 et 239).

Dans les trois jours suivants, le tribunal, sur le rapport du président, accordait la permission de citer, ou la suspendait pendant vingt jours au plus (art. 240).

Après une première audience à huis clos, où les parties présentaient leurs dires respectifs, le tribunal renvoyait à l'audience publique, pour statuer sur l'admissibilité de la demande (art. 244-246).

La demande admise n'était pas encore jugée : à proprement parler, elle était déclarée admissible, plutôt qu'admise; car le tribunal avait encore à statuer sur le fond. Il devait le faire immédiatement, si la demande se trouvait en état de recevoir une décision définitive; sinon, un jugement interlocutoire autorisait le demandeur à faire la preuve des faits pertinents par lui allégués, et le défendeur à faire la preuve contraire (art. 247).

395. L'enquête et la contre-enquête une fois ordonnées, la liste des témoins présentés par les deux parties était lue en audience publique (art. 249), et les reproches contre chacun d'eux immédiatement proposés (art. 250). La parenté, en cette matière, n'était une cause de reproche que contre les enfants. Les autres parents et les domestiques même étaient entendus dans leur déposition, sauf le droit réservé au tribunal d'y avoir tel égard que de raison (art. 251).

Après qu'il avait été statué sur les reproches (art. 250), les enquêtes avaient lieu à huis clos devant le tribunal même (art. 253) ; mais le jugement ne pouvait être prononcé qu'en audience publique (art. 258).

Si les faits allégués par le demandeur étaient prouvés, le divorce devait être immédiatement admis, du moins en règle générale. Cependant, lorsqu'il était demandé pour cause d'excès, sévices ou injures graves, le tribunal pouvait encore soumettre les époux à une dernière épreuve, en prononçant, avant de faire droit, un jugement qui autorisait la femme à quitter son mari. Dans ce cas, le jugement définitif n'était rendu qu'à l'expiration de l'année, si toutefois les parties ne s'étaient pas réunies (art. 259 et 260).

Le tribunal ne statuait jamais qu'après avoir entendu, 1° le rapport d'un juge-commissaire, 2° les conclusions du ministère public, qui assistait à toutes les audiences et même aux enquêtes (art. 255 et 257). Après le rapport et avant les conclusions, les parties avaient le droit de proposer ou de faire proposer leurs moyens respectifs, et toutefois le demandeur devait nécessairement comparaître en personne, sauf à se faire assister par un conseil, tandis que le défendeur avait la faculté de se faire représenter (art. 242, 243, 248 et 257).

396. En cas d'appel, la cause devait être instruite et jugée comme affaire urgente (art. 262), et le pourvoi en cassation avait un effet suspensif (art. 263), ce qui n'a lieu ordinairement qu'en matière criminelle ([1]).

Le jugement définitif, lors même qu'il était en dernier ressort ou passé en force de chose jugée, n'opérait pas directement la dissolution du mariage. Il autorisait seulement le demandeur à faire prononcer le divorce par l'officier de l'état civil, dans un délai de deux mois, à l'expiration desquels le demandeur perdait le bénéfice du jugement par lui obtenu, comme s'il y avait eu réconciliation (art. 264 et 266).

Les deux mois ne commençaient à courir que du jour où le jugement définitif n'était plus susceptible d'opposition, d'appel ou même de recours en cassation (art. 265) : on ne voulait pas que le divorce fût prononcé, tant qu'il pouvait n'être que provisoire.

SECTION II.

DES MESURES PROVISOIRES AUXQUELLES PEUT DONNER LIEU LA DEMANDE EN DIVORCE
POUR CAUSE DÉTERMINÉE.

597. Pendant le cours du procès, le mari, demandeur ou défendeur, conservait sur les enfants tous les droits qui appartiennent au père. On ne dérogeait à cette règle que pour le plus grand avantage des enfants, et alors le tribunal statuait sur la demande, soit de la mère ou de la famille, soit du ministère public (art. 267).

Si la puissance paternelle restait entière, du moins en règle générale, l'autorité maritale était en quelque sorte suspendue par le procès même. Sans distinguer si le divorce était demandé par le mari ou contre lui, la loi autorisait la femme à quitter le domicile commun, et lorsqu'elle voulait user de cette faculté, le tribunal désignait la maison où elle serait tenue de résider, et la pension que le mari aurait à lui payer; à la charge par elle de justifier, toutes les fois qu'elle en serait requise, de sa résidence dans la maison désignée (art. 268 et 269).

La communauté continuait jusqu'à la prononciation du divorce; et cependant à partir du jour où le président, après avoir reçu la demande, avait ordonné la comparution des époux (V. art. 238), le mari était considéré, à l'égard de la femme commune en biens, moins comme un mandataire légal, que comme un débiteur. De là, la précaution toute spéciale que la femme était autorisée à prendre pour la conservation

---

([1]) Loi du 1er décembre 1790, art. 16.

de ses droits, en requérant l'apposition des scellés sur les effets mobiliers de la communauté. Le mari n'obtenait la levée des scellés ainsi apposés qu'en faisant dresser inventaire des meubles avec prisée, et à la charge par lui de les représenter, ou de répondre de leur valeur comme gardien judiciaire (art. 270).

Par une nouvelle conséquence du même principe, les obligations contractées et les aliénations d'immeubles consenties par le mari en fraude des droits de la femme, devaient être annulées sur la demande de cette dernière (art. 271), par application de la règle générale qui permet aux créanciers de faire révoquer les actes frauduleux de leur débiteur (art. 1167).

SECTION III.

DES FINS DE NON-RECEVOIR CONTRE L'ACTION EN DIVORCE POUR CAUSE DÉTERMINÉE.

398. On appelle fins de non-recevoir les causes qui autorisent le défendeur à faire repousser la demande, sans qu'il y ait à examiner si elle est bien ou mal fondée.

Il existait, contre l'action en divorce, deux fins de non-recevoir spéciales, savoir : 1° la réconciliation des époux, lorsqu'elle était postérieure à la cause du divorce (art. 272) ; 2° le défaut de justification, par la femme demanderesse, de sa résidence dans la maison désignée par le tribunal (art. 269).

La réconciliation effaçait les anciennes causes de divorce; mais il suffisait d'un grief nouveau pour les faire revivre (art. 273).

La réconciliation alléguée par le défendeur et niée par le demandeur, devait être prouvée par écrit ou par témoins. Dans ce dernier cas, les enquêtes avaient lieu dans la forme précédemment établie pour la preuve des faits allégués par le demandeur (art. 274).

CHAPITRE III.

DU DIVORCE PAR CONSENTEMENT MUTUEL.

399. Le divorce par consentement mutuel n'ayant rien de commun avec la séparation de corps (V. art. 307), nous nous abstiendrons de tout développement sur ce chapitre; par le même motif, nous ne traiterons, dans le chapitre suivant, que des dispositions relatives aux effets du divorce pour cause déterminée.

CHAPITRE IV.

DES EFFETS DU DIVORCE (POUR CAUSE DÉTERMINÉE).

400. La prononciation du divorce dissolvait le mariage, et par suite

rendait à chacun des époux la liberté de contracter une nouvelle union; mais les époux divorcés ne pouvaient, en aucun cas et dans aucun temps, se remarier ensemble (art. 295). Pour qu'on ne se jouât point du mariage, pour que le divorce lui-même fût une chose sérieuse, il fallait qu'il fût irrévocable.

Plusieurs déchéances étaient encourues par celui des époux contre qui le divorce avait été prononcé. Il n'avait plus aucun droit à l'usufruit que la loi attribue au père ou à la mère sur les biens de leurs enfants (art. 386). Il perdait les avantages que son conjoint lui avait faits, soit par contrat de mariage, soit depuis le mariage contracté (art. 299). Le demandeur, au contraire, conservait tous les siens, lors même que la réciprocité avait été stipulée (art. 300) ; et s'il se trouvait dans le besoin, il avait droit à une pension alimentaire, qui pouvait s'élever jusqu'au tiers des revenus du défendeur (art. 301).

Le divorce prononcé pour cause d'adultère produisait des effets spéciaux : le défendeur devenait incapable de jamais épouser son complice, et la femme défenderesse encourait un emprisonnement de trois mois à deux ans. Par une dérogation remarquable aux règles ordinaires de la compétence, c'était le tribunal civil qui, sur la réquisition du ministère public, et en prononçant le divorce, appliquait, par le même jugement, la peine de l'emprisonnement (art. 298).

401. Tous les droits que la loi ou le contrat de mariage des époux divorcés assuraient à leurs enfants, étaient conservés à ces derniers. Toutefois ces droits ne s'ouvraient qu'à l'époque où ils se seraient ouverts si le divorce n'avait pas eu lieu (art. 304), c'est-à-dire à la mort des époux ou de l'un d'eux.

Les enfants mineurs étaient confiés à celui des époux qui avait obtenu le divorce ; néanmoins, sur la demande de la famille ou du procureur du Roi, le tribunal pouvait ordonner, pour le plus grand avantage des enfants, que tous ou quelques-uns d'eux seraient confiés, soit à celui des époux contre qui le divorce avait été prononcé, soit à une tierce personne (art. 302) ; mais, dans tous les cas, le père et la mère conservaient, chacun de son côté, le droit de surveiller l'entretien et l'éducation de leurs enfants, et devaient y contribuer en raison de leurs facultés respectives (art. 303).

CHAPITRE PREMIER.

DES CAUSES DU DIVORCE.

229. —Le mari pourra demander le divorce pour cause d'adultère de sa femme.

230. —La femme pourra demander le divorce pour cause d'adultère de son mari, lorsqu'il aura tenu sa concubine dans la maison commune.

231. —Les époux pourront réciproquement demander le divorce pour excès, sévices ou injures graves, de l'un d'eux envers l'autre.

232. —La condamnation de l'un des époux à une peine infamante, sera pour l'autre époux une cause de divorce.

233. —Le consentement mutuel et persévérant des époux, exprimé de la manière prescrite par la loi, sous les conditions et après les épreuves qu'elle détermine, prouvera suffisamment que la vie commune leur est insupportable, et qu'il existe, par rapport à eux, une cause péremptoire de divorce.

CHAPITRE II.

DU DIVORCE POUR CAUSE DÉTERMINÉE.

SECTION PREMIÈRE.

DES FORMES DU DIVORCE POUR CAUSE DÉTERMINÉE.

234. — Quelle que soit la nature des faits ou des délits qui donneront lieu à la demande en divorce pour cause déterminée, cette demande ne pourra être formée qu'au tribunal de l'arrondissement dans lequel les époux auront leur domicile.

235. —Si quelques-uns des faits allégués par l'époux demandeur, donnent lieu à une poursuite criminelle de la part du ministère public, l'action en divorce restera suspendue jusqu'après l'arrêt de la cour d'assises; alors elle pourra être reprise, sans qu'il soit permis d'inférer de l'arrêt aucune fin de non-recevoir ou exception préjudicielle contre l'époux demandeur.

236. —Toute demande en divorce détaillera les faits : elle sera remise, avec les pièces à l'appui, s'il y en a, au président du tribunal ou au juge qui en fera les fonctions, par l'époux demandeur en personne, à moins qu'il n'en soit empêché par maladie; auquel cas, sur sa réquisition et le certificat de deux docteurs en médecine ou en chirurgie, ou de deux officiers de santé, le magistrat se transportera au domicile du demandeur, pour y recevoir sa demande.

237. —Le juge, après avoir entendu le demandeur, et lui avoir fait les observations qu'il croira convenables, paraphera la demande et les pièces, et dressera procès-verbal de la remise du tout en ses mains. Ce procès-verbal sera signé par le juge et par le demandeur, à moins que celui-ci ne sache ou ne puisse signer, auquel cas il en sera fait mention.

238. — Le juge ordonnera, au bas de son procès-verbal, que les parties comparaîtront en personne devant lui, au jour et à l'heure qu'il indiquera ; et qu'à cet effet, copie de son ordonnance sera par lui adressée à la partie contre laquelle le divorce est demandé.

239. — Au jour indiqué, le juge fera aux deux époux, s'ils se présentent, ou au demandeur, s'il est seul comparant, les représentations qu'il croira propres à opérer un rapprochement : s'il ne peut y parvenir, il en dressera procès-verbal, et ordonnera la communication de la demande et des pièces au ministère public, et le référé du tout au tribunal.

240. — Dans les trois jours qui suivront, le tribunal, sur le rapport du président ou du juge qui en aura fait les fonctions, et sur les conclusions du ministère public, accordera ou suspendra la permission de citer. La suspension ne pourra excéder le terme de vingt jours.

241. — Le demandeur, en vertu de la permission du tribunal, fera citer le défendeur, dans la forme ordinaire, à comparaître en personne à l'audience, à huis clos, dans le délai de la loi ; il fera donner copie, en tête de la citation, de la demande en divorce et des pièces produites à l'appui.

242. — A l'échéance du délai, soit que le défendeur comparaisse ou non, le demandeur en personne, assisté d'un conseil, s'il le juge à propos, exposera ou fera exposer les motifs de sa demande ; il représentera les pièces qui l'appuient, et nommera les témoins qu'il se propose de faire entendre.

243. — Si le défendeur comparaît en personne ou par un fondé de pouvoir, il pourra proposer ou faire proposer ses observations, tant sur les motifs de la demande que sur les pièces produites par le demandeur et sur les témoins par lui nommés. Le défendeur nommera, de son côté, les témoins qu'il se propose de faire entendre, et sur lesquels le demandeur fera réciproquement ses observations.

244. — Il sera dressé procès-verbal des comparutions, dires et observations des parties, ainsi que des aveux que l'une ou l'autre pourra faire. Lecture de ce procès-verbal sera donnée auxdites parties, qui seront requises de le signer ; et il sera fait mention expresse de leur signature, ou de leur déclaration de ne pouvoir ou ne vouloir signer.

245.—Le tribunal renverra les parties à l'audience publique, dont il fixera le jour et l'heure ; il ordonnera la communication de la procédure au ministère public, et commettra un rapporteur. Dans le cas où le défendeur n'aurait pas comparu, le demandeur sera tenu de lui faire signifier l'ordonnance du tribunal, dans le délai qu'elle aura déterminé.

246.—Au jour et à l'heure indiqués, sur le rapport du juge commis, le ministère public entendu, le tribunal statuera d'abord sur les fins de non-recevoir, s'il en a été proposé. En cas qu'elles soient trouvées concluantes, la demande en divorce sera rejetée : dans le cas contraire, ou s'il n'a pas été proposé de fins de non-recevoir, la demande en divorce sera admise.

247. — Immédiatement après l'admission de la demande en divorce, sur le rapport du juge commis, le ministère public entendu, le tribunal statuera au fond. Il fera droit à la demande, si elle lui paraît en état d'être jugée ; sinon, il admettra le demandeur à la preuve des faits pertinents par lui allégués, et le défendeur à la preuve contraire.

248. — A chaque acte de la cause, les parties pourront, après le rapport du juge, et avant que le ministère public ait pris la parole, proposer ou faire proposer leurs moyens respectifs, d'abord sur les fins de non-recevoir, et ensuite sur le fond ; mais en aucun cas le conseil du demandeur ne sera admis, si le demandeur n'est pas comparant en personne.

249.—Aussitôt après la prononciation du jugement qui ordonnera les enquêtes, le greffier du tribunal donnera lecture de la partie du procès-verbal qui contient la nomination déjà faite des témoins que les parties se proposent de faire entendre. Elles seront averties par le président, qu'elles peuvent encore en désigner d'autres, mais qu'après ce moment elles n'y seront plus reçues.

250. — Les parties proposeront de suite leurs reproches respectifs contre les témoins qu'elles voudront écarter. Le tribunal statuera sur ces reproches, après avoir entendu le ministère public.

251.— Les parents des parties, à l'exception de leurs enfants et descendants, ne sont pas reprochables du chef de la parenté, non plus que les domestiques des époux, en raison de cette qualité ; mais le tribunal aura tel égard que de raison aux dépositions des parents et des domestiques.

252. —Tout jugement qui admettra une preuve testimoniale, dénommera les témoins qui seront entendus, et déterminera le jour et l'heure auxquels les parties devront les présenter.

253.— Les dépositions des témoins seront reçues par le tribunal séant à huis clos, en présence du ministère public, des parties, et de leurs conseils ou amis, jusqu'au nombre de trois de chaque côté.

254. — Les parties, par elles ou par leurs conseils, pourront faire aux témoins telles observations et interpellations qu'elles jugeront à propos, sans pouvoir néanmoins les interrompre dans le cours de leurs dépositions.

255.—Chaque déposition sera rédigée par écrit, ainsi que les dires et observations auxquelles elle aura donné lieu. Le procès-verbal d'enquête sera lu tant aux témoins qu'aux parties : les uns et les autres seront requis de le signer ; et il sera fait mention de leur signature, ou de leur déclaration qu'ils ne peuvent ou ne veulent signer.

256. — Après la clôture des deux enquêtes ou de celle du demandeur, si le défendeur n'a pas produit de témoins, le tribunal renverra les parties à l'audience publique, dont il indiquera le jour et l'heure ; il ordonnera la communication de la procédure au ministère public, et commettra un rapporteur. Cette ordonnance sera signifiée au défendeur, à la requête du demandeur, dans le délai qu'elle aura déterminé.

257.—Au jour fixé pour le jugement définitif, le rapport sera fait par le juge commis : les parties pourront ensuite faire, par elles-mêmes ou par l'organe de leurs conseils, telles observations qu'elles jugeront utiles à leur cause ; après quoi le ministère public donnera ses conclusions.

258.— Le jugement définitif sera prononcé publiquement : lorsqu'il admettra le divorce, le demandeur sera autorisé à se retirer devant l'officier de l'état civil pour le faire prononcer.

259.—Lorsque la demande en divorce aura été formée pour cause d'excès, de sévices ou d'injures graves, encore qu'elle soit bien établie, les juges pourront ne pas admettre immédiatement le divorce.

Dans ce cas, avant de faire droit, ils autoriseront la femme à quitter la compagnie de son mari, sans être tenue de le recevoir, si elle ne le juge à propos ; et ils condamneront le mari à lui payer une pension alimentaire proportionnée à ses facultés, si la femme n'a pas elle-même des revenus suffisants pour fournir à ses besoins.

260. — Après une année d'épreuve, si les parties ne se sont pas réunies, l'époux demandeur pourra faire citer l'autre époux à comparaître au tribunal, dans les délais de la loi, pour y entendre prononcer le jugement définitif, qui pour lors admettra le divorce.

261. — Lorsque le divorce sera demandé par la raison qu'un des époux est condamné à une peine infamante, les seules formalités à observer consisteront à présenter au tribunal de première instance une expédition en bonne forme du jugement de condamnation, avec un certificat de la cour d'assises, portant que ce même jugement n'est plus susceptible d'être réformé par aucune voie légale.

262. — En cas d'appel du jugement d'admission ou du jugement définitif, rendu par le tribunal de première instance en matière de divorce, la cause sera instruite et jugée par la cour royale, comme affaire urgente.

263. — L'appel ne sera recevable qu'autant qu'il aura été interjeté dans les trois mois à compter du jour de la signification du jugement rendu contradictoirement ou par défaut. Le délai pour se pourvoir à la cour de cassation contre un jugement en dernier ressort, sera aussi de trois mois, à compter de la signification. Le pourvoi sera suspensif.

264. — En vertu de tout jugement rendu en dernier ressort ou passé en force de chose jugée, qui autorisera le divorce, l'époux qui l'aura obtenu, sera obligé de se présenter, dans le délai de deux mois, devant l'officier de l'état civil, l'autre partie dûment appelée, pour faire prononcer le divorce.

265. — Ces deux mois ne commenceront à courir, à l'égard des jugements de première instance, qu'après l'expiration du délai d'appel ; à l'égard des arrêts rendus par défaut en cause d'appel, qu'après l'expiration du délai d'opposition ; et à l'égard des jugements contradictoires en dernier ressort, qu'après l'expiration du délai du pourvoi en cassation.

266. — L'époux demandeur qui aura laissé passer le délai de deux mois ci-dessus déterminé, sans appeler l'autre époux devant l'officier de l'état civil, sera déchu du bénéfice du jugement qu'il avait obtenu, et ne pourra reprendre son action en divorce, sinon pour cause nouvelle ; auquel cas il pourra néanmoins faire valoir les anciennes causes.

SECTION II.

DES MESURES PROVISOIRES AUXQUELLES PEUT DONNER LIEU LA DEMANDE EN DIVORCE POUR CAUSE DÉTERMINÉE.

267. — L'administration provisoire des enfants restera au mari demandeur ou défendeur en divorce, à moins qu'il n'en soit autrement ordonné par le tribunal, sur la demande soit de la mère, soit de la famille, ou du ministère public, pour le plus grand avantage des enfants.

268. — La femme demanderesse ou défenderesse en divorce pourra quitter le domicile du mari pendant la poursuite, et demander une pension alimentaire proportionnée aux facultés du mari. Le tribunal indiquera la maison dans laquelle la femme sera tenue de résider, et fixera, s'il y a lieu, la provision alimentaire que le mari sera obligé de lui payer.

269. — La femme sera tenue de justifier de sa résidence dans la maison indiquée, toutes les fois qu'elle en sera requise : à défaut de cette justification, le mari pourra refuser la provision alimentaire, et, si la femme est demanderesse en divorce, la faire déclarer non recevable à continuer ses poursuites.

270. — La femme commune en biens, demanderesse ou défenderesse en divorce, pourra, en tout état de cause, à partir de la date de l'ordonnance dont il est fait mention en l'article 238, requérir, pour la conservation de ses droits, l'apposition des scellés sur les effets mobiliers de la communauté. Ces scellés ne seront levés qu'en faisant inventaire avec prisée, et à la charge par le mari de représenter les choses inventoriées, ou de répondre de leur valeur comme gardien judiciaire.

271. — Toute obligation contractée par le mari à la charge de la communauté, toute aliénation par lui faite des immeubles qui en dépendent, postérieurement à la date de l'ordonnance dont il est fait mention en l'article 238, sera déclarée nulle, s'il est prouvé d'ailleurs qu'elle ait été faite ou contractée en fraude des droits de la femme.

SECTION III.

DES FINS DE NON-RECEVOIR CONTRE L'ACTION EN DIVORCE POUR CAUSE
DÉTERMINÉE.

272. — L'action en divorce sera éteinte par la réconciliation des époux, survenue soit depuis les faits qui auraient pu autoriser cette action, soit depuis la demande en divorce.

273. — Dans l'un et l'autre cas, le demandeur sera déclaré non recevable dans son action ; il pourra néanmoins en intenter une nouvelle pour cause survenue depuis la réconciliation, et alors faire usage des anciennes causes pour appuyer sa nouvelle demande.

274. — Si le demandeur en divorce nie qu'il y ait eu réconciliation, le défendeur en fera preuve, soit par écrit, soit par témoins, dans la forme prescrite en la première section du présent chapitre.

CHAPITRE III.
DU DIVORCE PAR CONSENTEMENT MUTUEL.

275. — Le consentement mutuel des époux ne sera point admis, si le mari a moins de vingt-cinq ans, ou si la femme est mineure de vingt-un ans.

276. — Le consentement mutuel ne sera admis qu'après deux ans de mariage.

277. — Il ne pourra plus l'être après vingt ans de mariage, ni lorsque la femme aura quarante-cinq ans.

278. — Dans aucun cas le consentement mutuel des époux ne suffira, s'il n'est autorisé par leurs pères et mères, ou par leurs autres ascendants vivants, suivant les règles prescrites par l'article 150 au titre *du Mariage.*

279. — Les époux déterminés à opérer le divorce par consentement mutuel, seront tenus de faire préalablement inventaire et estimation de tous leurs biens meubles et immeubles, et de régler leurs droits respectifs, sur lesquels il leur sera néanmoins libre de transiger.

280. — Ils seront pareillement tenus de constater par écrit leur convention sur les trois points qui suivent :

1° A qui les enfants nés de leur union seront confiés, soit pendant le temps des épreuves, soit après le divorce prononcé ;

2° Dans quelle maison la femme devra se retirer et résider pendant le temps des épreuves ;

3° Quelle somme le mari devra payer à sa femme pendant le même temps, si elle n'a pas des revenus suffisants pour fournir à ses besoins.

281. — Les époux se présenteront ensemble, et en personne, devant le président du tribunal civil de leur arrondissement, ou devant le juge qui en fera les fonctions, et lui feront la déclaration de leur volonté, en présence de deux notaires amenés par eux.

282. — Le juge fera aux deux époux réunis, et à chacun d'eux en particulier, en présence des deux notaires, telles représentations et exhortations qu'il croira convenables ; il leur donnera lecture du chapitre IV du présent titre, qui règle les *effets du Divorce,* et leur développera toutes les conséquences de leur démarche.

283. — Si les époux persistent dans leur résolution, il leur sera donné acte, par le juge, de ce qu'ils demandent le divorce et y consentent mutuellement ; et ils seront tenus de produire et déposer à l'instant, entre les mains des notaires, outre les actes mentionnés aux articles 279 et 280 :

1° Les actes de leur naissance et celui de leur mariage ;

2° Les actes de naissance et de décès de tous les enfants nés de leur union ;

3° La déclaration authentique de leurs père et mère ou autres ascendants vivants, portant que, pour les causes à eux connues, ils autorisent tel *ou* telle, leur fils *ou* fille, petit-fils *ou* petite-fille, marié *ou* mariée à tel *ou* telle, à demander le divorce et à y consentir. Les pères, mères, aïeuls et aïeules des époux, seront présumés vivants jusqu'à la représentation des actes constatant leur décès.

284. — Les notaires dresseront procès-verbal détaillé de tout ce qui aura été dit et fait en exécution des articles précédents ; la minute en restera au plus âgé des deux notaires, ainsi que les pièces produites, qui demeureront annexées au procès-verbal, dans lequel il sera fait mention de l'avertissement qui sera donné à la femme de se retirer, dans les vingt-quatre heures, dans la maison convenue entre elle et son mari, et d'y résider jusqu'au divorce prononcé.

285. — La déclaration ainsi faite sera renouvelée dans la première quinzaine de chacun des quatrième, septième et dixième mois qui suivront, en observant les mêmes formalités. Les parties seront obligées à rapporter chaque fois la preuve, par acte public, que leurs pères, mères, ou autres ascendants vivants, persistent dans leur première détermination ; mais elles ne seront tenues à répéter la production d'aucun autre acte.

286. — Dans la quinzaine du jour où sera révolue l'année, à compter de la première déclaration, les époux, assistés chacun de deux amis, personnes notables dans l'arrondissement, âgés de cinquante ans au moins, se présenteront ensemble et en personne devant le président du tribunal ou le juge qui en fera les fonctions ; ils lui remettront les expéditions en bonne forme, des quatre procès-verbaux contenant leur consentement mutuel, et de tous les actes qui y auront été annexés, et requerront du magistrat, chacun séparément, en présence néanmoins l'un de l'autre et des quatre notables, l'admission du divorce.

287. — Après que le juge et les assistants auront fait leurs observations aux époux, s'ils persévèrent, il leur sera donné acte de leur réquisition et de la remise par eux faite des pièces à l'appui : le greffier du tribunal dressera procès-verbal, qui sera signé tant par les parties (à moins qu'elles ne déclarent ne savoir ou ne pouvoir signer, auquel cas il en sera fait mention), que par les quatre assistants, le juge et le greffier.

288. — Le juge mettra de suite, au bas de ce procès-verbal, son ordonnance, portant que, dans les trois jours, il sera par lui référé du tout au tribunal en la chambre du conseil, sur les conclusions par écrit du ministère public, auquel les pièces seront, à cet effet, communiquées par le greffier.

289. — Si le ministère public trouve dans les pièces la preuve que les deux époux étaient âgés, le mari de vingt-cinq ans, la femme de vingt-un ans, lorsqu'ils ont fait leur première déclaration ; qu'à cette époque ils étaient mariés depuis deux ans, que le mariage ne remontait pas à plus de vingt, que la femme avait moins de quarante-cinq ans, que le consentement mutuel a été exprimé quatre fois dans le cours de l'année, après les préalables ci-dessus prescrits et avec toutes les formalités requises par le présent chapitre, notamment avec l'autorisation des pères et mères des époux, ou avec celle de leurs autres ascendants vivants en cas de prédécès des pères et mères, il donnera ses conclusions en ces termes : *La loi permet;*

dans le cas contraire, ses conclusions seront en ces termes : *La loi empêche.*

290. — Le tribunal, sur le référé, ne pourra faire d'autres vérifications que celles indiquées par l'article précédent. S'il en résulte que, dans l'opinion du tribunal, les parties ont satisfait aux conditions et rempli les formalités déterminées par la loi, il admettra le divorce, et renverra les parties devant l'officier de l'état civil, pour le faire prononcer : dans le cas contraire, le tribunal déclarera qu'il n'y a pas lieu à admettre le divorce, et déduira les motifs de la décision.

291. — L'appel du jugement qui aurait déclaré ne pas y avoir lieu à admettre le divorce, ne sera recevable qu'autant qu'il sera interjeté par les deux parties, et néanmoins par actes séparés, dans les dix jours au plus tôt, et au plus tard dans les vingt jours de la date du jugement de première instance.

292. — Les actes d'appel seront réciproquement signifiés tant à l'autre époux qu'au ministère public près le tribunal de première instance.

293. — Dans les dix jours, à compter de la signification qui lui aura été faite du second acte d'appel, le ministère public près le tribunal de première instance fera passer au procureur général près la cour royale, l'expédition du jugement, et les pièces sur lesquelles il est intervenu. Le procureur général près la cour royale donnera ses conclusions par écrit, dans les dix jours qui suivront la réception des pièces : le président, ou le juge qui le suppléera, fera son rapport à la cour royale, en la chambre du conseil, et il sera statué définitivement dans les dix jours qui suivront la remise des conclusions du procureur général.

294. — En vertu de l'arrêt qui admettra le divorce, et dans les vingt jours de sa date, les parties se présenteront ensemble et en personne devant l'officier de l'état civil, pour faire prononcer le divorce. Ce délai passé, le jugement demeurera comme non avenu.

CHAPITRE IV.
DES EFFETS DU DIVORCE.

295. — Les époux qui divorceront pour quelque cause que ce soit, ne pourront plus se réunir.

296. — Dans le cas de divorce prononcé pour cause déterminée, la femme divorcée ne pourra se remarier que dix mois après le divorce prononcé.

297. — Dans le cas de divorce par consentement mutuel, aucun des deux époux ne pourra contracter un nouveau mariage que trois ans après la prononciation du divorce.

298. — Dans le cas de divorce admis en justice pour cause d'adultère, l'époux coupable ne pourra jamais se marier avec son complice. La femme adultère sera condamnée par le même jugement, et sur la réquisition du ministère public, à la réclusion dans une maison de correction, pour un temps déterminé, qui ne pourra être moindre de trois mois, ni excéder deux années.

299. — Pour quelque cause que le divorce ait lieu, hors le cas du consentement mutuel, l'époux contre lequel le divorce aura été admis, perdra tous les avantages que l'autre époux lui avait faits, soit par leur contrat de mariage, soit depuis le mariage contracté.

300. — L'époux qui aura obtenu le divorce, conservera les avantages à lui faits par l'autre époux, encore qu'ils aient été stipulés réciproques et que la réciprocité n'ait pas lieu.

301. — Si les époux ne s'étaient fait aucun avantage, ou si ceux stipulés ne paraissaient pas suffisants pour assurer la subsistance de l'époux qui a obtenu le divorce, le tribunal pourra lui accorder, sur les biens de l'autre époux, une pension alimentaire, qui ne pourra excéder le tiers des revenus de cet autre époux. Cette pension sera révocable dans le cas où elle cesserait d'être nécessaire.

302. — Les enfants seront confiés à l'époux qui a obtenu le divorce, à moins que le tribunal, sur la demande de la famille, ou du ministère public, n'ordonne, pour le plus grand avantage des enfants, que tous ou quelques-uns d'eux seront confiés aux soins soit de l'autre époux, soit d'une tierce personne.

303. — Quelle que soit la personne à laquelle les enfants seront confiés, les père et mère conserveront respectivement le droit de surveiller l'entretien et l'éducation de leurs enfants, et seront tenus d'y contribuer à proportion de leurs facultés.

304. — La dissolution du mariage par le divorce admis en justice, ne privera les enfants nés de ce mariage, d'aucun des avantages qui leur étaient assurés par les lois, ou par les conventions matrimoniales de leurs père et mère; mais il n'y aura d'ouverture aux

droits des enfants que de la même manière et dans les mêmes circonstances où ils se seraient ouverts s'il n'y avait pas eu de divorce.

305. — Dans le cas de divorce par consentement mutuel, la
propriété de la moitié des biens de chacun des deux époux sera acquise de plein droit, du jour de leur première déclaration, aux enfants nés de leur mariage : les père et mère conserveront néanmoins
la jouissance de cette moitié jusqu'à la majorité de leurs enfants, à
la charge de pourvoir à leur nourriture, entretien et éducation, conformément à leur fortune et à leur état ; le tout sans préjudice des
autres avantages qui pourraient avoir été assurés auxdits enfants par
les conventions matrimoniales de leurs père et mère.

CHAPITRE V.

DE LA SÉPARATION DE CORPS.

SOMMAIRE.

402. Origine de la séparation de corps, obligations dont elle affranchit les époux.
403. Elle peut être demandée pour les mêmes causes que le divorce, soit par le
    mari, soit par la femme.
404. Effets de la séparation de corps. Caractère transitoire que lui attribuait le Code
    civil.

402. D'après le système établi par le Code civil, le conjoint qui pouvait demander le divorce pour cause déterminée, était libre de demander seulement la séparation de corps, c'est-à-dire une sorte de divorce,
qui fait cesser la vie commune sans dissoudre le mariage.

En effet, lorsque les progrès du christianisme eurent fait admettre en
principe l'indissolubilité du mariage, on discuta longtemps sur le point
de savoir si le divorce aurait encore lieu, du moins pour certaines
causes. Les canonistes résolurent la difficulté par une distinction : ils
reconnurent deux sortes de divorce, l'un *quoad vinculum,* l'autre *quoad
thorum et habitationem.* Le premier, dissolvant le mariage et rendant à
chacun des époux sa liberté primitive, a été repoussé, tandis que le
second a été admis, parce qu'il faisait seulement cesser la cohabitation
et la vie commune, en maintenant le lien du mariage. L'ancienne jurisprudence avait admis ces principes, en reconnaissant le divorce *quoad
thorum et habitationem,* autrement dit la séparation de corps (¹).

Le jugement qui prononce cette séparation, dispense le mari de recevoir la femme dans sa maison, ou la femme d'habiter avec son mari.

(¹) Pothier, *Contrat de mariage,* nᵒˢ 462, 466.

C'est là un remède extrême auquel on a recours pour éviter un plus grand mal, lorsque la vie commune est devenue intolérable.

403. Dans l'ancienne jurisprudence, la séparation de corps était prononcée, sur la demande de la femme, pour diverses causes qui n'étaient déterminées par aucune loi. Quant au mari, il ne demandait pas la séparation de corps, mais sur sa plainte la femme adultère était enfermée dans un couvent pour toute sa vie, sauf le droit réservé au mari de la reprendre avant l'expiration de la seconde année. Ce délai expiré sans qu'elle eût obtenu son pardon, la femme adultère perdait sa dot, son douaire, et les avantages résultant des conventions matrimoniales.

D'après le Code civil, la séparation de corps peut être demandée, tant par le mari que par la femme, pour les seules causes que la loi a indiquées comme causes de divorce (art. 306); mais elle n'a jamais lieu par consentement mutuel, et la procédure à suivre pour l'obtenir n'a de commun avec la procédure du divorce, que l'essai de conciliation devant le président du tribunal (V. C. de pr., art. 875 et 878). Du reste la demande en séparation de corps doit être intentée, instruite et jugée comme toute autre affaire civile (art. 307; C. de pr., art. 879).

L'emprisonnement que la femme encourait, en cas de divorce prononcé contre elle pour cause d'adultère, est pareillement encouru en cas de séparation de corps; mais alors la loi réserve au mari la faculté d'arrêter l'effet de cette condamnation, en consentant à reprendre sa femme (art. 308 et 309).

404. La séparation de corps emporte toujours séparation de biens (art. 311), et dès lors la femme peut, sans autorisation, administrer ses biens et aliéner son mobilier; mais elle demeure incapable d'aliéner ou d'hypothéquer ses immeubles (art. 1449 et 1576), parce qu'une liberté aussi étendue se concilierait difficilement avec l'autorité maritale, qui subsiste tant que dure le mariage.

La présomption qui attribue au mari la paternité des enfants conçus pendant le mariage (art. 312), subsiste également après la séparation de corps, parce que le mariage n'est pas dissous (Voyez à cet égard le titre *de la Paternité et de la Filiation*).

En admettant la séparation de corps pour les mêmes causes que le divorce (art. 306), le Code civil respectait les scrupules d'un époux malheureux, à qui répugnait la dissolution du mariage; mais cette tolérance, proclamée en principe, ne fut pas observée dans les conséquences. La séparation de corps, prononcée pour toute autre cause que l'adultère de la femme, ne devait être qu'un état transitoire : lorsqu'elle avait duré trois ans, le défendeur originaire pouvait se porter demandeur et faire admettre le divorce par cela seul que son conjoint ne consentait pas immédiatement à faire cesser la séparation (art. 310).

308. — Dans le cas où il y a lieu à la demande en divorce pour cause déterminée, il sera libre aux époux de former demande en séparation de corps.

229. — *Le mari pourra demander le divorce pour cause d'adultère de sa femme.*

230. — *La femme pourra demander le divorce pour cause d'adultère de son mari, lorsqu'il aura tenu sa concubine dans la maison commune.*

SOMMAIRE.

405. Distinction entre l'adultère de la femme et celui du mari.

405. L'adultère de la femme a toujours été une cause de séparation ; mais l'ancienne jurisprudence n'admettait pas la femme à se plaindre de l'adultère du mari, non que la violation de la foi conjugale ne fût pas considérée comme étant toujours également répréhensible ; mais parce qu'elle n'a pas les mêmes conséquences de la part du mari. S'il a des enfants d'une autre femme, il ne les introduit pas dans la famille, et, sous ce rapport, l'adultère dont il se rend coupable est sans danger [1]. Toutefois, le Code civil admet, d'après une distinction introduite, à l'égard du divorce, par Justinien [2], que l'adultère du mari sera une cause de séparation, «lorsqu'il aura entretenu sa concubine « dans la maison commune». Du reste l'adultère du mari, même hors de la maison commune, pourrait, suivant les circonstances, prendre le caractère d'une injure grave [3].

Il faut entendre, par maison commune, toute maison où la femme doit être reçue par son mari. Cette dénomination comprend donc tout logement où se trouve établi le domicile conjugal, lors même que la femme ne l'habiterait pas actuellement [4]. Elle comprend aussi la maison où le mari aurait une résidence habituelle sans y avoir son domicile, puisque la femme est toujours autorisée à s'y présenter.

L'adultère que le mari commet, dans la maison commune, avec une femme qui s'y trouve accidentellement, n'est pas une cause de séparation. La concubine n'est tenue, à proprement parler, dans la maison

---

[1] Pothier, *Contrat de mariage*, n° 516 ; V. Sever. et Anton., L. 1, C. ad leg. Jul. de adulter.

[2] Nov. 117, cap. 9.

[3] Cour de Bordeaux, 19 mai 1828 ; cour de Limoges, 21 mai 1835 et arrêt de rejet, du 14 juin 1836.

[4] Arrêt de cassation, 21 décembre 1818, et arrêts de rejet, 27 janvier 1819 et 9 mai 1821.

commune que lorsqu'elle y demeure, ou du moins lorsqu'elle y travaille habituellement, comme une ouvrière dans une fabrique.

231. — *Les époux pourront réciproquement demander le divorce pour excès, sévices ou injures graves, de l'un d'eux envers l'autre.*

SOMMAIRE.

406. Explication des mots *sévices* et *injures graves.* Que peut signifier le mot *excès* ?

406. Le mot injure grave comprend toute démonstration par laquelle l'un des époux manifeste pour l'autre du mépris ou de la haine. L'injure est une blessure morale dont la gravité, toujours relative, varie suivant l'éducation, la position sociale, les habitudes respectives des époux, et même suivant leur âge, et la considération dont ils jouissent. Une personne peut être injuriée de tant de manières différentes, qu'il est impossible de les énumérer et même de les classer. C'est donc aux tribunaux qu'il appartient d'apprécier souverainement les actes, les propos, les écrits, et en général, les circonstances de fait qui constituent l'injure grave.

Les sévices, suivant le Dictionnaire de l'Académie, sont les mauvais traitements dont se rendent coupables les personnes qui abusent de leur autorité envers ceux qu'elles devraient protéger; comme le père ou la mère envers ses enfants, le mari envers sa femme. C'est dans ce sens que les rédacteurs du Code civil avaient d'abord pris le mot sévices; en effet, l'article 231, dans sa rédaction primitive, ne donnait qu'à la femme l'action en séparation de corps, pour cause de sévices ou injures graves, tandis que, d'après un autre article, les attentats à la vie devaient être une cause réciproque de séparation. Le Tribunat, au contraire, demanda qu'il ne fût point question d'attentats à la vie, mais seulement de sévices ou injures graves, et que l'action fondée sur l'une ou l'autre de ces causes fût commune au mari et à la femme. Il fit observer que, si l'un des époux attentait à la vie de l'autre, ce dernier ne pourrait demander la séparation sans paraître dénoncer son conjoint, quelquefois même sans courir le risque de le conduire à l'échafaud; « que cet inconvénient grave disparaîtrait ou au moins serait « considérablement affaibli si l'action pour sévices ou injures graves, « de la part de la femme, était accordée au mari. Sous ces expressions « et principalement sous celle de sévices, le mari pourra se plaindre « des plus grands excès de la part de sa femme, même d'un attentat ca- « ractérisé à sa vie... Ce qui préoccupe principalement, disait le Tribu- « nat, c'est l'intérêt de l'époux malheureux. On doit à sa position ou à « son malheur même la faveur de pouvoir envelopper sa plainte sous les

« expressions les plus douces, pour écarter de lui le rôle odieux de dé-
« nonciateur.» Ces observations ont prévalu. L'action pour sévices ou injures graves a été donnée au mari comme à la femme , et il n'a plus été
question des attentats , parce qu'ils sont compris dans les sévices. Cette
dernière expression doit donc se prendre dans le sens le plus large, dans
le sens du latin *sœvitia,* qui s'applique à toute espèce de rigueur et même
de cruauté.

La rédaction de l'article 231 avait été ainsi arrêtée dans le conseil
d'État, lorsqu'on l'a modifiée en y insérant le mot *excès* qui n'avait pas
été prononcé dans la discussion, et que rien n'explique. Pris dans un
sens absolu, ce mot signifie simplement outrage, violence. Il ne désigne donc pas une cause de séparation distincte des sévices. Pour lui
donner une signification spéciale , la plupart des auteurs l'entendent
des attentats qui mettent en danger la vie d'une personne, et alors ils
reproduisent en d'autres termes la disposition qu'on a voulu supprimer.
Nous croyons suivre , sinon la lettre , du moins l'esprit de la loi , en
disant qu'il n'existe réellement que deux causes de séparation , les sévices et les injures graves, parce que les outrages et les violences qu'on
appelle communément excès , rentrent dans la première de ces deux
causes.

232. — *La condamnation de l'un des époux à une peine infamante , sera pour l'autre époux une cause de divorce.*

SOMMAIRE.

407. A quelle époque les condamnations infamantes deviennent-elles une cause de
séparation ?

407. Cette cause de séparation de corps, qui n'était pas sans exemple
dans l'ancienne jurisprudence, a été admise dans le Code civil « parce
« que c'est un supplice pour un époux vertueux de vivre avec un être
« flétri par la justice » (¹). A l'époque de la promulgation du Code civil, les peines infamantes, lors même qu'elles n'étaient pas afflictives,
entraînaient pour le condamné l'exposition, et par conséquent une flétrissure judiciaire. Aujourd'hui le carcan est supprimé ; le bannissement
et la dégradation civique n'emportent plus l'exposition , et cependant
ces deux dernières peines ont conservé la dénomination de peines infamantes; mais elles n'ont plus dans l'opinion publique le même caractère, et comme elles s'appliquent surtout en matière politique, le condamné, malgré l'infamie qu'il encourt légalement, peut n'être pas

---

(¹) Discussion au C. d'État, 24 vend. an X.

considéré comme flétri. L'infamie s'attacherait à bien plus juste titre au voleur, dont le témoignage est repoussé par la loi (C. de pr., art. 283); et cependant la condamnation prononcée contre le voleur n'est pas une cause de séparation de corps, parce que l'infamie légale ne résulte jamais des peines correctionnelles (1). On pourrait donc sur ce point désirer plus d'harmonie dans les différentes parties de la législation.

Il s'agit ici d'une condamnation qui ne peut plus être réformée par aucune voie légale (art. 261). C'est ce qui a lieu, en cas de condamnation contradictoire, après le délai de trois jours accordé au condamné pour se pourvoir en cassation, ou après le rejet du pourvoi qu'il aurait formé; et, en cas de contumace, lorsque le condamné ne peut plus être jugé (2), c'est-à-dire, vingt ans après sa condamnation (C. d'instr. cr., art. 476 et 655). Nous supposons que la peine n'emporte pas mort civile : autrement le mariage serait dissous cinq ans après l'exécution par effigie (art. 27).

307. — Elle sera intentée, instruite et jugée de la même manière que toute autre action civile : elle ne pourra avoir lieu par le consentement mutuel des époux.

SOMMAIRE.

408. Comment est instruite et jugée la demande en séparation de corps. Tentative de conciliation devant le président. Autorisation qu'il donne à la femme. Forme de l'enquête.
409. Fins de non-recevoir opposables à la demande. Mesures provisoires qui peuvent être ordonnées pendant l'instance.

408. La demande en séparation de corps doit être intentée, instruite et jugée comme toute action civile qui intéresse l'état des personnes. Ainsi la demande doit être communiquée au ministère public, et n'est pas soumise au préliminaire de conciliation devant le juge de paix (C. de pr., art. 83, 2°; art. 878 et 879).

Toutefois, le Code de procédure exige pour la séparation de corps, comme le Code civil l'exigeait pour le divorce, qu'un rapprochement entre les époux soit tenté par le président du tribunal. Dans ce but, le demandeur présente une requête, sans être tenu de la remettre en personne (V. art. 236), et le président rend une ordonnance portant indication du jour où les époux comparaîtront devant lui. Ils doivent se

---

(1) Nous parlons ici, non des vols qualifiés, que la loi punit de différentes peines afflictives, et par conséquent infamantes (C. pén., art. 381 et suiv.), mais du vol simple, dont la peine est un emprisonnement de cinq ans au plus (C. pén., art. 9 et 401.)

(2) Arrêt de rejet du 17 juin 1813; cour de Paris, 6 août 1840.

présenter en personne et sans assistance d'aucun conseil (C. de pr., art. 875-878). Si le président ne parvient pas à les concilier, il rend une seconde ordonnance qui renvoie le demandeur à se pourvoir sans autre préliminaire, et, pour abréger autant que possible les formalités préalables, il accorde à la femme, demanderesse ou défenderesse, la double autorisation dont elle a besoin pour ester en jugement [1], et pour se retirer pendant le cours du procès dans une maison qu'il désigne d'office, si les parties ne s'accordent pas sur le choix. Enfin, il ordonne la remise à la femme des effets à son usage personnel. Jusqu'ici ce magistrat statue seul; mais lorsqu'il s'agit de fixer une provision, c'est-à-dire, une pension que le mari sera tenu de payer à la femme pendant la durée de l'instance, c'est le tribunal qui statue en audience publique (C. de pr., art. 878).

Les enquêtes ont lieu dans la forme ordinaire, et par conséquent les témoins ne déposent pas devant le tribunal (V. art. 255), mais devant un juge-commissaire (C. de pr., art. 255). Cependant nous n'appliquons pas ici la règle qui écarte le témoignage des parents et des serviteurs (C. de pr., art. 268 et 283). Les faits qui donnent lieu à la séparation de corps se passant presque toujours dans l'intérieur de la famille, la preuve en serait trop souvent impossible, si l'on s'en tenait à la règle générale. Il faut donc admettre ici le témoignage des parents et des domestiques, comme on l'admettait en matière de divorce [2], c'est-à-dire, en le subordonnant à l'appréciation du tribunal, qui doit y avoir tel égard que de raison (art. 251 ; V. C. de pr., art. 283). Remarquons en outre que cette exception qui admet le témoignage des parents, est limitée aux collatéraux et aux ascendants. Quant aux descendants, le respect qu'ils doivent à leurs père et mère, et en général à tous leurs ascendants, ne permet pas qu'ils puissent en aucun cas être appelés à déposer (art. 251 ; C. de pr., art. 268).

409. Le demandeur en séparation de corps doit être déclaré non recevable, lorsqu'il y a eu réconciliation (V. art. 272-274). Il en est de même, suivant nous, lorsque la femme demanderesse ne justifie pas de sa résidence dans la maison qu'elle doit habiter (V. art. 269). Quelque différence qu'il y ait d'ailleurs entre l'action en divorce et l'action en séparation de corps, la femme, tant que sa condition n'est pas modifiée par une décision judiciaire, est toujours tenue des mêmes obligations,

---

[1] En règle générale, l'autorisation de la justice doit être donnée par un jugement du tribunal (art. 219; C. de pr., art. 862). C'est par exception qu'une ordonnance du président suffit en matière de séparation de corps ou de biens (C. de pr., art. 865 et 878).

[2] Cour de Paris, 7 août et 12 décembre 1809; cour d'Amiens, 5 juillet 1821. Arrêt de rejet du 8 mai 1810.

et il n'y a pas de raison pour que ces obligations ne reçoivent pas, dans tous les cas, la même sanction (¹).

Pendant l'instance en séparation de corps, les enfants restent chez leur père, à moins qu'il n'en soit autrement ordonné par le tribunal, pour le plus grand avantage des enfants eux-mêmes (art. 267).

Une question plus douteuse est celle de savoir si, par application de l'article 470, la femme commune en biens peut requérir l'apposition des scellés. Les scellés, et l'inventaire qui en est la conséquence, arrêtent les opérations du mari, divulguent le secret de ses affaires, et peuvent ainsi causer à la communauté un préjudice irréparable. La faculté que l'article 270 accorde à la femme demanderesse en divorce, a donc un caractère rigoureux, qui ne permet pas d'étendre facilement cette disposition d'un cas à un autre; mais il faut remarquer que la séparation de corps, emportant séparation de biens (art. 311), donne lieu, comme le divorce, à la dissolution de la communauté. Il y a donc même motif, dans les deux cas, pour prendre les mesures conservatoires nécessitées par l'intérêt de la femme (²).

308. — La femme contre laquelle la séparation de corps sera prononcée pour cause d'adultère, sera condamnée, par le même jugement, et sur la réquisition du ministère public, à la réclusion dans une maison de correction pendant un temps déterminé, qui ne pourra être moindre de trois mois, ni excéder deux années.

309. — Le mari restera le maître d'arrêter l'effet de cette condamnation, en consentant à reprendre sa femme.

RÉCLUSION DANS UNE MAISON DE CORRECTION. La réclusion est une peine afflictive et infamante, que le condamné subit pendant cinq ans au moins dans une *maison de force* (C. des Délits et des Peines, du 3 brumaire an IV, art. 605; C. pén., art. 7 et 21). La femme condamnée comme adultère est incarcérée, pendant deux ans au plus, dans une *maison de correction*. La peine qu'elle subit, n'est donc pas une réclusion proprement dite, mais un emprisonnement correctionnel (C. pén., art. 29).

(¹) Cour d'Agen, 17 mars 1842. Plusieurs cours (*décembre* 26 décembre 1811 ; Bordeaux, 6 *janv.* 1835) ont décidé, au contraire, que cette fin de non-recevoir ne s'applique pas à la séparation de corps. Il existe même en ce sens un arrêt de rejet du 27 janvier 1819.

(²) Cour de Bruxelles, 11 août 1808 ; cour de Paris, 10 avril 1811 ; cour de Metz, 23 juin 1819, et cour de Rennes, 3 juillet 1841.

410. Les peines encourues par la femme adultère, et le droit accordé au mari d'arrêter l'effet de la condamnation , tirent leur origine d'une novelle (¹) dont les dispositions observées, du moins en partie, dans notre ancienne jurisprudence, ont été fort adoucies par le Code civil.

En appliquant les dispositions de la novelle, les tribunaux se référaient, non pas à la constitution même de Justinien, mais à un de ces extraits que les glossateurs ont publiés sous le nom d'*authentiques*. De là est venue l'expression *peines de l'authentique,* employée communément pour désigner la peine prononcée contre la femme adultère par l'authentique SED HODIE (²).

Dans le système du Code civil, la femme n'encourait la peine de l'adultère que par suite de la séparation de corps prononcée contre elle, et le mari qui avait entretenu sa concubine dans la maison commune, n'était soumis à aucune peine. C'est seulement en vertu du Code pénal, que la femme peut être condamnée à l'emprisonnement, et le mari à une amende, lors même que la séparation de corps n'est pas demandée (C. pén., art. 337 et 339).

Si, conformément aux règles ordinaires sur l'exercice de l'action publique, le procureur du Roi poursuivait d'office l'application des peines encourues pour cause d'adultère, il donnerait à ce délit une publicité fâcheuse. Pour ménager l'honneur du mari et la délicatesse de la femme, la loi veut que le ministère public n'agisse, contre l'un des époux, que sur la dénonciation de l'autre (C. pén., art. 336 et 339).

411. Remarquons, à cet égard, que le mari, lorsqu'il a tenu une concubine dans la maison commune, est non recevable à dénoncer l'adultère de sa femme (C. pén., art. 336). Cette espèce de compensation (³), admise en faveur de la femme, doit, à plus forte raison , profiter au mari dans le cas inverse ; mais si elle suffit pour empêcher l'action publique, il ne s'ensuit pas nécessairement qu'elle rende non recevable l'action civile en séparation de corps. Ce n'est pas à titre de réparation que cette séparation est prononcée pour cause d'adultère ; c'est parce que la conduite scandaleuse de l'un des époux a rendu la vie commune intolérable, et un double scandale ne la rendrait pas plus facile à supporter (⁴).

412. La condamnation prononcée pour cause d'adultère par le tribunal correctionnel, a entre les époux force de chose jugée, et son au-

---

(¹) *Nov.* 134, *cap.* 10.
(²) Les authentiques se trouvent dans le Code Justinien. Chacune d'elles est placée à la suite d'une constitution qu'elle abroge ou qu'elle modifie. L'authentique SED HODIE fait suite à la loi 3, *C. ad leg. Jul. de adulter.*
(³) V. *Papin. L.* 39, *D. solut. matrim.*
(⁴) Cour d'Orléans, 16 août 1820, et arrêt de rejet du 9 mai 1821.

torité suffit pour que la séparation de corps soit prononcée par le tribunal civil, sans que le demandeur ait à fournir aucune autre preuve. Cette décision, conforme à la jurisprudence, est d'autant moins contestable en matière d'adultère, que le ministère public, lorsqu'il poursuit l'un des époux, agit toujours sur la dénonciation de l'autre conjoint, en sorte que le demandeur au civil se trouve avoir été, jusqu'à un certain point, partie dans l'instance correctionnelle.

Lorsque la séparation de corps est demandée pour sévices ou injures graves, l'action publique demeure indépendante de la dénonciation du demandeur. Le procureur du Roi peut agir d'office, et alors, d'après les principes généraux de notre droit criminel (C. d'instr. cr., art. 3), l'instance civile demeure suspendue tant que le tribunal correctionnel ou la cour d'assises n'a pas statué sur l'application de la peine. Si le défendeur est acquitté, le jugement rendu en sa faveur ne préjugera rien contre la demande en séparation de corps (V. art. 235), parce qu'il a été jugé, non pas précisément que le prévenu ou l'accusé n'a commis ni sévices ni injures graves, mais seulement qu'il n'est coupable ni d'un crime ni d'un délit caractérisé. En sens inverse, sa condamnation suppose indubitablement l'existence des faits allégués; il est donc inutile de les prouver une seconde fois devant le tribunal civil, pour obtenir la séparation de corps. Le seul doute qu'on puisse élever à cet égard vient de ce que l'action publique et l'action civile, bien que dirigées contre le même défendeur, sont exercées, l'une par le procureur du Roi, l'autre par la personne lésée, en sorte que les deux instances n'ayant pas lieu entre les mêmes parties, la première semblerait ne devoir jamais préjuger la seconde (V. art. 1351); mais il faut remarquer que, lorsqu'une condamnation est prononcée, le ministère public qui l'a obtenue représente tous les intérêts, et que, par conséquent, ce qui est jugé avec lui est jugé avec tous les intéressés, lors même qu'ils ne se sont point portés partie civile : autrement il est clair qu'on ne retrouverait pas dans l'instance civile les mêmes parties qui ont figuré dans l'instance criminelle (V. l'explication de l'art. 1351).

310. — Lorsque la séparation de corps prononcée pour toute autre cause que l'adultère de la femme, aura duré trois ans, l'époux qui était originairement défendeur, pourra demander le divorce au tribunal, qui l'admettra, si le demandeur originaire, présent ou dûment appelé, ne consent pas immédiatement à faire cesser la séparation.

SOMMAIRE.

413. Iniquité de cette disposition toute favorable au divorce. Inconséquence du législateur.

413. Ici le législateur revenait à cette idée que la séparation des époux ne peut être définitive que par le divorce, idée qui, en 1792, avait fait supprimer la séparation de corps.

La faculté de demander le divorce en vertu de l'article 510, ne s'appliquait pas à la femme contre qui la séparation de corps avait été prononcée pour cause d'adultère. On lui refusait cette faculté dans la crainte de favoriser le crime [1], et cependant on n'avait pas la même crainte à l'égard de celui des époux contre qui la séparation avait été prononcée pour attentat à la vie de son conjoint !

Nous n'avons pas besoin de faire observer que, depuis la suppression du divorce, l'article 510 n'a plus aucune application.

311. — La séparation de corps emportera toujours séparation de biens.

414. La séparation de corps permet au mari de ne pas recevoir sa femme, et à celle-ci de ne pas habiter avec son mari ; mais il serait impossible que la femme eût une habitation séparée, si elle ne reprenait pas l'administration et la jouissance de ses biens personnels. La séparation de corps emporte donc la séparation de biens. Toutefois nous ne pensons pas que les effets du jugement, en ce qui concerne cette dernière séparation, remontent au jour de la demande. Il faut distinguer, à cet égard, entre la séparation de biens qui n'est que la conséquence d'une séparation de corps prononcée à raison de la conduite que l'un des époux a tenue envers l'autre, et la séparation de biens que la femme a demandée parce que sa dot était mise en péril (art. 1443). Dans ce dernier cas, le jugement remonte, quant à ses effets, au jour de la demande (art. 1445), parce qu'il faut éviter que le mari ne consomme, pendant l'instance, la ruine de la femme ; mais en cas de séparation de corps, la dissolution de la communauté n'a d'autre but que d'assurer à la femme, demanderesse ou défenderesse, la jouissance de ses revenus, et il suffit que le mari perde l'administration des biens de la femme à compter du jour où il est décidé que la vie commune ne doit pas continuer. On conçoit en effet que la conduite du mari ne permette point aux époux de vivre ensemble, et que cependant il ne se montre pas mau-

[1] Discussion au C. d'État, 22 fructidor an X.

vais administrateur : aussi le Code de procédure (art. 866-868) n'exige-t-il pas que la demande en séparation de corps soit rendue publique comme la demande en séparation de biens.

Si cependant la femme qui poursuit la séparation de corps a juste motif de craindre que sa dot ne soit mise en péril par la mauvaise administration du mari, elle peut, sans aucun doute, former une demande en séparation de biens, et alors le jugement remontera, quant aux effets de cette séparation, au jour de la demande. Du reste, si la femme, sans avoir à se plaindre de l'administration du mari, craint les dilapidations qu'il pourrait commettre par esprit d'animosité, elle peut, comme nous l'avons déjà dit (408), requérir l'apposition des scellés.

415. La femme mariée n'a pas d'autre domicile que le domicile du mari (art. 108) ; mais cette règle souffre exception, lorsqu'il y a séparation de corps [1], parce que toute relation cesse entre les époux. La conservation du domicile commun ne serait, dans ce cas, qu'une fiction préjudiciable aux intérêts de la femme ; car il faudrait admettre sans aucune nécessité, qu'elle doit plaider comme défenderesse devant le tribunal du mari, et même que les actes qui la concernent doivent être signifiés au domicile de ce dernier.

En ce qui concerne la personne des enfants mineurs, nous donnons à la séparation de corps, le même effet qu'au divorce [2]. Nous admettons qu'ils doivent être confiés à celui des époux qui a obtenu la séparation de corps, sauf le cas où le tribunal en ordonnerait autrement pour le plus grand avantage des enfants eux-mêmes (V. art. 302). Par suite du même principe le père et la mère devront contribuer, en raison de leurs facultés, à l'entretien de leurs enfants et conserveront respectivement leur droit de surveillance (art. 303).

Nous n'appliquons pas, en cas de séparation de corps, les peines que le Code civil infligeait à celui des époux contre qui le divorce avait été prononcé. Ainsi la faute commise par l'un des conjoints ne le privera pas des aliments qui lui sont dus par l'autre [3] ; il ne sera pas, en cas d'adultère, dans l'impossibilité de jamais épouser son complice (V. art. 298) ; enfin, quoiqu'il existe sur ce dernier point des difficultés que nous exposerons plus tard (V. art. 1452 et 1518), le mari ou la femme contre qui la séparation de corps a été prononcée, ne perdra pas, suivant nous, les avantages que son conjoint lui aurait faits par contrat de mariage (V. art. 299).

La séparation de corps cesse par la réconciliation des époux ; mais

---

[1] Pothier, *Contrat de mariage*, n° 522.
[2] Arrêts de rejet des 28 juin 1815, 24 mai 1821 et 23 juin 1841.
[3] Arrêts de rejet des 8 mai 1810 et 28 juin 1815.

dans ce cas la séparation de biens subsiste tant que les parties ne sont pas revenues, en observant les formes prescrites par le Code (V. art. 1451), au régime primitivement établi par leurs conventions matrimoniales.

TITRE VII.

DE LA PATERNITÉ ET DE LA FILIATION.

(Décrété le 2 germinal an XI (25 mars 1803). Promulgué le 12 germinal (2 avril).

INTRODUCTION.

SOMMAIRE.

416. Différentes acceptions du mot paternité. Distinction entre la paternité proprement dite et la maternité.
417. Présomption de paternité du mari. Désaveu qui peut la faire tomber.
418. Durée légale de la gestation.
419. Dans quel délai et de quelle manière doit être formé le désaveu.
420. Comment se prouve la filiation des enfants légitimes. Importance de la possession d'état.
421. Adminicules nécessaires pour l'admission de la preuve testimoniale.
422. Quelle est la force de la présomption de paternité, lorsque la maternité n'est prouvée que par témoins.
423. Imprescriptibilité de l'action en réclamation d'état. A quel tribunal elle doit être soumise.
424. Distinction des enfants naturels simples et des enfants adultérins ou incestueux.
425. Enfants qui peuvent être légitimés. Effets de la légitimation.
426. Reconnaissance volontaire de la paternité ou de la maternité.
427. Recherche judiciaire de la filiation naturelle. Peut-on rechercher la paternité ? Comment se prouve la maternité.

416. Paternité et filiation sont deux expressions corrélatives, qui indiquent les rapports établis par la nature et par la loi entre un enfant et ses père et mère. Dans la rubrique de ce titre, le mot paternité, pris *lato sensu*, comprend la maternité, quoique dans le sens propre il s'applique seulement au père.

La maternité se prouve directement, parce que la grossesse et l'accouchement sont des faits patents, que l'on peut constater d'une manière positive, tandis qu'on ne peut pas connaître d'une manière positive le véritable auteur de la conception. Aussi la paternité, lorsqu'elle n'est pas volontairement reconnue, est-elle simplement présumée. C'est en effet par suite d'une présomption résultant du mariage, que la paternité est attribuée au mari (art. 312).

De là une importante distinction, au point de vue de la paternité, entre les enfants dont la mère était mariée à l'époque de la conception, ou au moins à l'époque de la naissance, et ceux dont la mère n'était point mariée.

Même en ce qui concerne la maternité, les règles sur la filiation naturelle et sur la filiation légitime ne sont pas les mêmes. Lorsqu'il s'agit de la maternité d'une femme mariée, la loi a dû se montrer plus facile à en admettre la preuve.

CHAPITRE PREMIER.

DE LA FILIATION DES ENFANTS LÉGITIMES OU NÉS DANS LE MARIAGE.

417. Les enfants conçus ou nés dans le mariage sont présumés avoir pour père le mari (art. 312) ; et cette présomption de la loi, en tant du moins qu'elle n'est pas démentie par un désaveu, constitue leur légitimité.

Le désaveu est admis avec plus ou moins de facilité, suivant que l'enfant auquel il s'applique a été conçu avant ou depuis le mariage.

Un désaveu pur et simple suffit à l'égard des enfants qui ont été conçus avant le mariage. Toutefois ce désaveu devient inadmissible dans les trois hypothèses suivantes : 1° lorsque le mari a eu connaissance de la grossesse avant le mariage ; 2° lorsqu'il a assisté à l'acte de naissance et qu'il l'a signé ou qu'il a déclaré ne savoir signer ; 3° lorsque l'enfant n'est pas viable (art. 314).

Au contraire, lorsque la conception est postérieure au mariage, le désaveu n'est admissible que pour les causes déterminées par la loi, savoir : 1° lorsque toute cohabitation entre les époux a été physiquement impossible (art. 312) ; 2° lorsque la naissance a été cachée au mari (art. 313). Dans le premier cas, en prouvant l'impossibilité physique de cohabitation, le mari justifie complétement son désaveu ; mais dans le second cas, après avoir établi que la naissance lui a été cachée, il doit encore prouver qu'il n'est pas le père de l'enfant, et alors il peut faire valoir tous les faits propres à justifier cette assertion ; mais du reste, si la naissance ne lui a point été cachée, il ne peut alléguer ni son impuissance naturelle, ni l'adultère de sa femme (art. 313).

418. Pour appliquer ces principes, il faut rechercher l'époque de la conception, et pour cela calculer la durée de la grossesse, en remontant de l'époque de la naissance à l'époque où la gestation a commencé. Toutefois la durée de la grossesse n'est pas toujours la même. Aussi le législateur a-t-il supposé, d'après l'expérience, qu'elle est de 179 jours au moins, et de 299 au plus. Ainsi la conception se place nécessaire-

ment dans l'intervalle qui s'est écoulé depuis le trois centième jusqu'au cent quatre-vingtième jour avant la naissance.

De là il suit, 1° que l'enfant né avant le cent quatre-vingtième jour du mariage a été conçu avant la célébration ;

2° Que la légitimité de l'enfant sera incontestable toutes les fois que sa conception, en supposant qu'elle a eu lieu dans l'intervalle du trois centième au cent quatre-vingtième jour avant la naissance (art. 312), pourra se placer dans le mariage ;

3° Que l'enfant né trois cents jours après la dissolution n'a pas été conçu pendant le mariage. Aussi n'y a-t-il pas lieu de le désavouer, mais seulement de contester sa légitimité.

419. Le mari doit former son désaveu dans le délai d'un mois à partir de la naissance, lorsqu'il est présent, ou de son retour, lorsqu'il était absent. Lorsque la naissance lui a été cachée, il a un délai de deux mois, à compter de la découverte de la fraude (art. 316).

Si le mari vient à mourir dans les délais ci-dessus, les parents qui se sont portés héritiers ont deux mois pour former leur désaveu ; mais ce délai ne court contre eux que lorsque l'hérédité leur est contestée par l'enfant, soit qu'il se mette en possession des biens, soit qu'il les trouble dans cette possession (art. 317).

Le désaveu peut être formé par une demande judiciaire, ou par une protestation extrajudiciaire ; mais dans ce dernier cas, il est considéré comme non avenu, s'il n'est pas suivi, dans le mois, d'une action en justice. Cette action doit être exercée contre l'enfant désavoué, ou plutôt contre un tuteur *ad hoc* qui le représente, et contradictoirement avec la mère (art. 318).

CHAPITRE II.

DES PREUVES DE LA FILIATION DES ENFANTS LÉGITIMES.

420. La filiation des enfants légitimes se prouve par écrit ou par témoins.

La preuve littérale résulte spécialement de l'acte de naissance inscrit sur les registres de l'état civil (art. 319). Néanmoins cet acte ne forme une preuve suffisante pour l'enfant qui s'en prévaut, qu'autant qu'il est bien celui dont la naissance a été déclarée ; et l'identité, lorsqu'elle est contestée, doit être préalablement établie.

La preuve testimoniale est admise, à défaut d'acte de naissance, dans trois circonstances qu'il importe de bien distinguer, savoir : 1° Pour suppléer à l'absence des registres, lorsqu'ils n'ont pas été tenus ou lorsqu'ils ont été perdus ; 2° pour constater la notoriété qui constitue la possession d'état; 3° enfin lorsque l'enfant n'a point été inscrit sur les registres, ou n'y a été inscrit que sous de faux noms, ou comme né de père et mère inconnus. Nous avons parlé du premier cas en expliquant l'article 46; nous n'avons donc à nous occuper ici que du second et du troisième cas.

La possession d'état peut être prouvée directement par témoins, parce que les faits constitutifs de cette possession, tels qu'ils sont définis par le Code (art. 321), ont un caractère de publicité qui laisse peu de prise à l'erreur et à la fraude. On ne doit donc pas craindre, en pareille matière, les inconvénients ordinaires de la preuve testimoniale; et d'ailleurs ces mêmes faits ne sont guère susceptibles d'être constatés par écrit.

La possession d'état, en matière de filiation, est d'une très-grande importance. Non-seulement elle supplée au défaut d'acte de naissance, mais le titre et la possession d'état, lorsqu'ils sont conformes, se corroborent l'un par l'autre, et constituent par leur réunion une preuve irréfragable. Dans ce cas, l'état de l'enfant ne peut être contesté par aucune autre personne, et lui-même n'est pas admis à réclamer une filiation différente de celle que lui attribuent son acte de naissance et sa possession d'état (art. 322).

421. A défaut de titre et de possession d'état constante, l'enfant qui réclame une filiation légitime n'est admis à la prouver par témoins que lorsqu'il existe en faveur de sa prétention, soit un commencement de preuve par écrit, soit des présomptions ou indices graves (art. 323).

Le commencement de preuve par écrit résulte, en cette matière, des titres de famille, des registres et papiers domestiques; il résulte aussi d'actes publics ou privés, pourvu que les uns ou les autres émanent d'une personne engagée dans la contestation, ou d'une personne qui s'y trouverait intéressée si elle vivait encore (art. 324). Quant aux présomptions ou indices graves, qu'on admet comme équivalant au commencement de preuve par écrit, ils doivent résulter de faits dès lors constants (art. 323); car un fait qui aurait lui-même besoin d'être prouvé, ne peut en aucun cas servir de base à la preuve testimoniale.

422. L'enquête, lorsqu'elle est admise, tend à prouver directement la maternité, et par voie de conséquence la paternité. Ainsi la présomption qui attribue la paternité au mari subsiste, et rejette sur lui la preuve contraire; mais cette preuve ne porte pas exclusivement sur l'impossibilité physique de toute cohabitation entre les époux. Ce qu'on a dit précédemment du mari à qui la naissance a été cachée, et qui pour ce motif agit en désaveu (art. 313), doit se dire également du mari défendeur à l'action en réclamation d'état. L'un et l'autre seront donc admis à faire valoir tous les faits propres à démentir la présomp-

tion de paternité. Toutefois, comme, dans l'action en réclamation d'état, la maternité elle-même se trouve habituellement contestée, la preuve contraire réservée aux défendeurs aura un double objet : 1° d'établir que le demandeur n'est pas né de la femme qu'il prétend avoir pour mère ; 2° de prouver subsidiairement, que s'il est l'enfant de la femme, il n'est pas celui du mari (art. 325).

423. L'action en réclamation d'état est soumise, en ce qui concerne la compétence et la prescription, à des règles exceptionnelles.

Ainsi les tribunaux civils sont seuls compétents pour statuer en matière de filiation sur les questions d'état (art. 326), et tant que ces questions n'ont pas été définitivement jugées, le crime de suppression d'état ne peut pas être poursuivi par le ministère public (art. 327).

D'un autre côté, l'action en réclamation d'état est imprescriptible à l'égard de l'enfant (art. 328). S'il n'a point agi de son vivant, ses héritiers ne peuvent réclamer qu'autant qu'il est mort avant l'âge de vingt-six ans accomplis (art. 329) ; mais ils peuvent toujours suivre l'action que l'enfant a intentée de son vivant, à moins qu'il ne s'en soit expressément désisté, ou qu'il n'y ait tacitement renoncé en laissant passer trois années sans poursuites, à compter du dernier acte de la procédure (art. 330).

CHAPITRE III.

DES ENFANTS NATURELS.

424. Les enfants qui ne sont pas nés légitimes sont tous compris sous la dénomination d'enfants naturels. Communément cette qualification désigne les enfants naturels simples, c'est-à-dire ceux dont le père et la mère auraient pu, à l'époque de la conception, se marier sans obstacle légal. Les autres enfants naturels sont incestueux ou adultérins, suivant que l'empêchement au mariage des père et mère venait de la parenté ou de l'alliance, ou bien de l'existence d'un mariage précédemment contracté avec une autre personne.

Les enfants adultérins ou incestueux ne sont en aucun cas admis à établir leur filiation par une recherche judiciaire de la paternité, ni même de la maternité (art. 342), et d'un autre côté, on ne peut ni les reconnaître ni par conséquent les légitimer (art. 331 et 335).

Quant aux autres enfants naturels, ils sont admis à rechercher la maternité (art. 341) ; mais dans notre législation moderne, la recherche de la paternité leur est interdite en règle générale (art. 340). Ils peuvent être reconnus par leurs père et mère ou par l'un d'eux ; ils peuvent même être légitimés (art. 331 et 335). La reconnaissance ne leur donne pas, comme la légitimation, le titre d'héritier (art. 338) ; mais elle leur attribue une part dans la succession paternelle ou maternelle (art. 756).

Nous parlerons séparément 1° de la légitimation ; 2° de la reconnaissance, des enfants naturels.

SECTION PREMIÈRE.

DE LA LÉGITIMATION DES ENFANTS NATURELS.

425. Un enfant naturel peut être légitimé par mariage subséquent, c'est-à-dire, par le mariage que ses père et mère contractent ensemble postérieurement à sa naissance, sous la seule condition qu'il ait été reconnu par l'un et par l'autre avant le mariage, ou, au plus tard, dans l'acte de célébration (art. 331).

Un enfant naturel qui a laissé des enfants légitimes peut, dans l'intérêt de ces derniers, être légitimé après sa mort (art. 332).

Les enfants légitimés sont considérés comme nés du mariage qui a opéré la légitimation (art. 333).

SECTION II.

DE LA RECONNAISSANCE DES ENFANTS NATURELS.

426. La filiation naturelle se constate par la reconnaissance volontaire du père ou de la mère, ou judiciairement par suite d'une instance que le Code appelle recherche de la paternité ou de la maternité.

Un enfant naturel ne peut être reconnu que par une déclaration faite dans son acte de naissance ou dans un acte authentique postérieur (art. 334). La reconnaissance que l'un des parents fait seul, reste sans effet à l'égard de l'autre (art. 336).

Pour obtenir tout son effet, la reconnaissance doit être faite, par le père ou par la mère, lorsqu'ils sont encore libres : si l'un ou l'autre se marie, et reconnaît pendant le mariage un enfant naturel qu'il a eu auparavant de tout autre que de son conjoint, cette reconnaissance ne peut nuire ni à celui-ci, ni aux enfants du mariage. Elle ne produira son effet qu'après la dissolution de ce mariage, et dans le cas seulement où il n'en restera pas d'enfant (art. 337).

L'aveu de la personne qui se reconnaît comme le père ou la mère d'un enfant naturel, peut n'être que le résultat de l'erreur ou de la fraude. Aussi toute reconnaissance peut-elle être contestée par ceux à qui elle préjudicie (art. 339).

427. Il en est de même de la réclamation judiciaire formée par l'enfant naturel, qui recherche la paternité ou la maternité (art. 339).

La recherche de la paternité naturelle est admise dans le cas d'enlèvement, lorsque l'époque de cet enlèvement se rapporte à celle de la conception. Le ravisseur peut alors être déclaré père de l'enfant, sur la demande des parties intéressées (art. 340).

La recherche de la maternité est toujours admise, à la charge par l'enfant demandeur de prouver : 1° que la femme défenderesse a mis au monde un enfant, 2° que cet enfant n'est autre que le demandeur lui-même.

Cette double preuve peut être faite par témoins, mais seulement lorsqu'il existe un commencement de preuve par écrit (art. 341).

CHAPITRE PREMIER.

DE LA FILIATION DES ENFANTS LÉGITIMES OU NÉS DANS LE MARIAGE.

312. — L'enfant conçu pendant le mariage a pour père le mari.

Néanmoins celui-ci pourra désavouer l'enfant, s'il prouve que, pendant le temps qui a couru depuis le trois centième jusqu'au cent quatre-vingtième jour avant la naissance de cet enfant, il était, soit pour cause d'éloignement, soit par l'effet de quelque accident, dans l'impossibilité physique de cohabiter avec sa femme.

SOMMAIRE.

428. Origine et importance de la présomption qui attribue la paternité au mari.
429. Première cause de désaveu, l'impossibilité physique de cohabitation. Opinions diverses sur la durée de la gestation.
430. Durée présumée suivant le Code.
431. Exclusion du désaveu fondé sur de simples présomptions. *Quid* en cas de séparation de corps ?

428. En attribuant au mari la paternité des enfants conçus pendant le mariage, le Code consacre une ancienne jurisprudence fondée sur la maxime *is pater est quem justæ nuptiæ demonstrant.* Cependant il n'est pas exact de dire, comme on le dit communément, que cette règle avait, en droit romain, le même sens qu'elle a en droit français. Sans doute, la maxime se trouve au Digeste [1] ; mais elle a chez nous une portée qu'elle n'avait pas dans l'origine. A Rome, le mari était libre de reconnaître ou de ne pas reconnaître les enfants de sa femme [2], sauf l'action qui était réservée à ceux qui n'avaient pas été volontairement reconnus, pour établir leur filiation [3]. Chez nous, au contraire, la paternité du

---

[1] *Paul. L. 5, D. de in jus voc.*
[2] *Ulp. L. 6, D. de his qui sui vel alien. jur. ; L. 1, § 15, D. de agnosc. et al. lib.*
[3] *Ulp. L. 10, D. de his qui sui vel alien. jur.*

mari étant présumée, il importe beaucoup moins que l'enfant soit reconnu. A la vérité, il peut être désavoué dans plusieurs cas exceptionnels; mais dans ces cas mêmes, la présomption légale lui assure le rôle de défendeur, et rejette sur le mari le fardeau de la preuve contraire.

429. La première cause de désaveu est l'impossibilité physique de cohabitation entre les époux pendant l'intervalle de temps dans lequel se place nécessairement la conception, c'est-à-dire, entre les deux termes extrêmes au delà et en deçà desquels la gestation n'a pu commencer.

Les opinions sur la durée de la gestation ont beaucoup varié.

Ulpien, d'après le système d'Hippocrate, sanctionné par Antonin le Pieux, fixe à 182 jours la durée de la gestation la plus courte ([1]); et Paul, d'après la même autorité, reconnaît comme appartenant au mari l'enfant qui naît dans le septième mois du mariage ([2]), ce qui doit s'entendre des premiers jours de ce septième mois, en suivant comme Hippocrate le calendrier grec, où chaque mois se composait de trente jours.

La loi des Douze-Tables, si l'on en croit Aulu-Gelle ([3]), admettait le dixième mois comme dernière limite de la grossesse. Il est vrai que le même auteur cite une décision rendue en connaissance de cause par l'empereur Adrien, en faveur d'un enfant né dans le onzième mois du veuvage; mais au troisième siècle, on était revenu à la règle établie par la loi des Douze-Tables. En effet, Ulpien exclut formellement de l'hérédité du mari, l'enfant né *post decem menses* ([4]), et cette limite paraît avoir été constamment observée depuis ([5]). Néanmoins, la décision de l'empereur Adrien et l'interprétation forcée qu'on a donnée à une novelle de Justinien ([6]), ont jeté sur ce point beaucoup d'incertitudes. On cite dans notre ancienne jurisprudence quelques arrêts qui n'admettent point la possibilité des naissances tardives, entre autres un arrêt du parlement de Normandie, qui a déclaré bâtard un enfant né dix mois et quatre jours après la mort du mari; tandis que des arrêts plus nombreux ont jugé que la grossesse peut se prolonger jusqu'à onze, treize et même dix-neuf mois ([7]).

([1]) L. 3, § 12, *D. de suis et legit.*

([2]) L. 12, *D. de stat. homin.* Paul dit dans un autre texte (*Sent.*, lib. 4, tit. 9, § 5), SEPTIMO MENSE PLENO; mais alors il ne s'agit pas de savoir si l'enfant est légitime; on se demande s'il peut compter à sa mère comme enfant né à terme, pour la rendre habile à succéder en vertu du sénatus-consulte Tertullien.

([3]) *Noct. Attic.*, lib. 3, cap. 16.

([4]) L. 3, § 11, *D. de suis et legit.*

([5]) V. Scævola, L. 29, *D. de lib. et postum.; Justin.*, L. 4, *C. de postum. her.*

([6]) *Nov.* 39, cap. 2.

([7]) Merlin, *Répert.*, v° LÉGITIMITÉ, sect. 2, § 3.

I.   19

450. Il importait donc que le Code fît cesser toute incertitude. La section de législation avait admis d'abord que la durée de la gestation est de 186 jours au moins et de 286 au plus. A l'appui de ces idées, Fourcroy soumit au conseil d'État un précis où il résumait la doctrine des meilleurs auteurs de médecine légale : sa conclusion était que « l'opinion déjà présentée au Conseil sur la fixation de 186 jours pour les « naissances accélérées, et de 286 pour les naissances tardives... se « trouve parfaitement d'accord avec la portion la plus éclairée et la « plus sage des physiciens, des naturalistes et des jurisconsultes » (¹). Cependant le premier Consul fit admettre de préférence les nombres ronds de 180 et de 300 jours.

La durée légale de la grossesse étant ainsi fixée, comment doit-elle se calculer ? On s'accorde à reconnaître que, par analogie de ce que la loi décide en matière de prescription (art. 2260), il faut compter, non par heures, mais par jours. La durée de la gestation doit donc être d'un certain nombre de jours pleins : ce qui laisse en dehors du calcul le jour de la conception et celui de la naissance, ou, pour mieux dire, deux fractions de jour.

Cela posé, nous pensons que la gestation la plus longue n'est pas de 300 jours pleins, comme le soutiennent quelques auteurs, mais de 299 seulement. En effet, la loi autorise le désaveu par cela seul que la cohabitation a été impossible *depuis le trois centième jour avant la naissance :* la conception ne peut donc avoir précédé le trois-centième jour ; car autrement, le désaveu serait encore admissible. Or, si la conception doit se placer, au plus tard, dans ce trois-centième jour, il est évident que le temps de la gestation ne peut excéder 299 jours pleins.

Ce calcul est confirmé par l'article 315, d'après lequel la légitimité de l'enfant né 300 jours après la dissolution du mariage *peut être contestée.* L'enfant dont parle cet article, étant né, au plus tôt, le trois-cent-unième jour, ou, ce qui revient au même, 300 jours pleins après la dissolution du mariage, n'est pas considéré comme légitime : ce qui donne encore, pour le *maximum* de la gestation, 299 jours pleins.

Quant à la gestation la plus courte, sa durée est également indiquée par l'article 312, qui exige, pour la validité du désaveu, que l'impossibilité de cohabitation se soit prolongée *jusqu'au cent quatre-vingtième jour avant la naissance.* Il en résulte qu'il doit s'écouler un intervalle de 179 jours pleins, au moins, entre la conception et la naissance. Dès lors le mari qui revient dans le 179ᵉ jour, peut désavouer l'enfant.

L'article 314 conduit au même résultat, en permettant de désavouer

(¹) Séance du 14 brumaire an X.

l'enfant né *avant le cent quatre-vingtième jour du mariage,* ce qui doit s'entendre à partir du jour de la célébration. Cet enfant peut être désavoué, parce que la loi suppose que la conception remonte à une époque antérieure; tandis que l'enfant né le cent-quatre-vingtième jour est présumé avoir été conçu dans le mariage. Or, le cent-quatre-vingtième jour après celui de la célébration donne un intervalle de 179 jours pleins.

En résumé, l'impossibilité physique de cohabitation doit avoir existé depuis le trois centième jour inclusivement jusques et y compris le cent quatre-vingtième jour avant celui de la naissance, c'est-à-dire, durant 121 jours pleins. Ainsi, par exemple, si nous fixons la naissance au 31 décembre, la conception se placera, pour la grossesse la plus courte, dans la journée du 28 juillet, et pour la plus longue, dans la journée du 6 mars précédent.

431. En admettant comme cause de désaveu l'impossibilité physique de cohabitation, le Code a voulu poser une règle stricte et rigoureuse. Il exige une impossibilité absolue, matérielle, résultant soit de la distance qui sépare les époux, soit d'un accident, ce qui comprend l'impuissance accidentelle ('), en excluant les présomptions de fait qui rendent la paternité plus ou moins douteuse (²).

L'incarcération de l'un des époux n'est pas une cause de désaveu, parce qu'il n'est pas matériellement impossible de communiquer avec un prisonnier; il en serait autrement si le mari et la femme avaient été renfermés, chacun de son côté, dans deux prisons différentes, où leur présence aurait été régulièrement constatée.

Dans la première rédaction de cet article, la séparation de corps avait été admise comme seconde cause de désaveu; mais on objecta, d'une part, que cette séparation n'établit tout au plus qu'une impossibilité morale, et d'autre part, qu'avant de statuer sur une semblable cause de désaveu, il fallait savoir si l'on admettrait la séparation elle-même, et quels en seraient les effets. La question fut donc ajournée (³), et l'on ne songea pas à la reproduire, lorsqu'on discuta plus tard le titre *du Divorce* et spécialement le chapitre *de la Séparation de corps.*

En 1816, la Chambre des députés ayant demandé la suppression du divorce, demanda en même temps un projet de loi qui réglât « les ef-« fets de la séparation de corps, soit par rapport aux époux, soit par « rapport aux enfants. » Ce projet fut présenté dans la session suivante; mais le temps ne permit pas de le discuter dans les deux Chambres. Il

---

(¹) Discussion au C. d'État, séance du 14 brumaire an X.
(²) Arrêt de rejet, 2 juin 1840.
(³) Séance du 14 brumaire an X.

décidait formellement que la séparation de corps ferait cesser la présomption de paternité, sauf la preuve résultant, soit de la reconnaissance du mari, soit même de la possession d'état dont jouiraient les enfants.

La Chambre des pairs, saisie en 1834 d'une proposition analogue, crut devoir préférer, avec raison peut-être, un système qui modifiait la présomption de paternité sans la détruire entièrement. En admettant que les enfants conçus depuis la séparation de corps seraient toujours présumés appartenir au mari, la Chambre réservait à celui-ci le droit de désaveu péremptoire ; en un mot, elle assimilait les enfants conçus depuis la séparation aux enfants nés avant le cent quatre-vingtième jour du mariage (art. 314). Il est à regretter que cette résolution de la Chambre des pairs n'ait point été discutée par la Chambre des députés, et que, depuis, aucune des branches du pouvoir législatif ne se soit occupée de l'influence de la séparation de corps sur la présomption de paternité.

313. — Le mari ne pourra, en alléguant son impuissance naturelle, désavouer l'enfant : il ne pourra le désavouer même pour cause d'adultère, à moins que la naissance ne lui ait été cachée, auquel cas il sera admis à proposer tous les faits propres à justifier qu'il n'en est pas le père.

SOMMAIRE.

432. Pourquoi l'impuissance naturelle n'est pas une cause de désaveu.
433. Seconde cause de désaveu, le recel de la naissance.

432. L'impuissance naturelle ou organique du mari serait, par elle-même, une cause de désaveu péremptoire, s'il n'était pas très-difficile, pour ne pas dire impossible, d'en constater l'existence. L'expérience a démontré l'inutilité et le scandale des preuves et des présomptions qu'avaient admises les conciles et la jurisprudence des parlements ('). Le Code supprime toute recherche de ce genre, en prohibant le désaveu fondé sur l'impuissance naturelle. Il en est autrement de l'impuissance accidentelle, qui résulte, par exemple, d'une blessure ou d'une opération chirurgicale (²). Un accident de cette nature place le mari dans un des cas d'impossibilité physique dont s'occupe l'article 312.

433. L'adultère de la femme n'a jamais suffi pour autoriser le désaveu, parce qu'il n'en résulte pas nécessairement que l'enfant n'appar-

---

(¹) V. Merlin, *Répert.*, v° IMPUISSANCE.
(²) Discussion au C. d'État, séance du 14 brumaire an X.

tient pas au mari ([1]). Lorsqu'il n'y a pas eu impossibilité physique de cohabitation, le désaveu n'est admis qu'autant que la naissance a été cachée ([2]) ; mais ne faut-il pas alors fournir, au préalable, la preuve de l'adultère ?

Plusieurs jurisconsultes, s'attachant à l'interprétation littérale, ne voient dans le recel de la naissance qu'une condition exigée dans le désaveu *pour cause d'adultère ;* en sorte que, d'après leur système, le mari serait non recevable, s'il ne commençait point par prouver l'adultère de la femme. Suivant d'autres auteurs et suivant la jurisprudence, il suffit que le mari prouve le recel de la naissance ([3]).

Cette dernière opinion est, selon nous, conforme à l'esprit de la loi, comme le démontrent les discussions du conseil d'État.

L'article 1er du titre *de la Paternité et de la Filiation,* dans sa rédaction originaire, commençait, comme l'article 312, par attribuer au mari la paternité des enfants conçus pendant le mariage ; il repoussait ensuite les moyens de désaveu fondés sur l'impuissance du mari ou sur l'adultère de la femme. Ainsi l'adultère, considéré comme cause de désaveu, se trouvait repoussé purement et simplement, sans aucune réserve pour le cas où la naissance aurait été cachée au mari. Cette circonstance sur laquelle la section de législation gardait le silence, a préoccupé le conseil d'État ([4]) ; mais c'est en elle-même, et indépendamment de l'adultère commis par la femme, qu'elle a été appréciée. En effet, Tronchet considère « l'ignorance dans laquelle « le mari est demeuré par rapport à l'accouchement de sa femme, « comme une des plus fortes exceptions à la règle *is pater est.* » Le premier Consul, après avoir fait relire l'article où se trouvaient énumérées les causes de désaveu, «propose d'y ajouter l'exception résultant « de la grossesse cachée ». Cambacérès admet l'amendement pour le cas où le mari n'aura pas eu connaissance de l'accouchement. Enfin le Conseil admet, comme causes de désaveu, la circonstance du recel et l'impossibilité physique de cohabitation. Si donc on avait persisté à énumérer dans un seul article toutes les causes de désaveu que la loi admet, et dans un autre article les causes qu'elle n'admet pas, on aurait parlé du recel de la naissance dans le premier, et de l'adultère dans le second, en sorte que ces deux faits n'auraient entre eux aucune liaison, même apparente. Comment arrive-t-il, au contraire, que les

---

([1]) *Papin.,* L. 11, § 9, D. *ad leg. Jul. de adult.*

([2]) Cour de Nîmes, 13 juillet 1827 ; cour de Caen, 3 mars 1836, et cour de Rennes, 8 juin 1843.

([3]) Arrêts de rejet des 8 juillet 1812, 25 janvier 1831 et 9 mai 1838.

([4]) Séance du 16 brumaire an X.

causes de désaveu admises par le législateur figurent dans trois articles différents, et que l'une d'elles se trouve exprimée, dans l'article 313, sous la forme d'une exception à la règle qui exclut le désaveu pour cause d'adultère? Quand même ce rapprochement ne pourrait s'expliquer autrement que par un vice de rédaction, il ne modifierait en rien la volonté législative, clairement exprimée par la discussion du conseil d'État; mais, suivant nous, ce rapprochement s'explique par la disposition finale de l'article 313, qui, en autorisant le mari à prouver tous les faits propres à justifier de sa non-paternité, et par conséquent de l'inconduite de sa femme, entraîne virtuellement la preuve de l'adultère; tandis que, dans le désaveu fondé sur l'impossibilité physique de cohabitation, le débat porte uniquement sur la position personnelle du mari.

Cette justification de la non-paternité du mari par tous les moyens propres à l'établir se retrouve dans l'article 325, à l'égard de l'enfant dont la naissance n'a pas été déclarée, ou que l'on a fait inscrire, soit comme né de parents inconnus, soit, ce qui est plus grave encore, sous de faux noms (art. 325). La présomption de paternité s'affaiblit alors sensiblement. On conçoit effectivement que la légitimité de l'enfant paraisse douteuse, lorsqu'il n'a, ni titre, ni possession d'état, ou du moins lorsque le titre qu'il présente n'établit point la filiation qu'il revendique, ou même lui attribue une filiation différente. C'est ce qui explique pourquoi la position de l'enfant, dans ces différents cas, est la même que dans l'hypothèse du recel de la naissance.

Si nous rapprochons ainsi l'article 325 de l'article 313, c'est parce que ces deux dispositions dérivent d'un seul et même principe; et l'on ne sera pas étonné de ce rapprochement, lorsqu'on saura que le conseil d'État, après avoir reconnu l'intime liaison qui existe entre les dispositions des chapitres I et II, qui traitent séparément de la filiation légitime et des preuves de cette filiation, a interrompu la discussion du chapitre I pour s'occuper du chapitre II, ou plutôt pour discuter la matière dans son ensemble (¹). C'est de cette discussion générale qu'est sorti le principe qui, en cas de fraude, réserve au mari ou à ses héritiers toutes les preuves propres à combattre la présomption de paternité. Ce principe a été exprimé, dans la seconde rédaction, par deux dispositions nouvelles : l'une a été ajoutée à l'article 313, l'autre a formé seule l'article 325.

314. — L'enfant né avant le cent quatre-vingtième jour du ma-

---

(¹) Séance du 16 brumaire an X.

riage, ne pourra être désavoué par le mari, dans les cas suivants : 1° s'il a eu connaissance de la grossesse avant le mariage ; 2° s'il a assisté à l'acte de naissance, et si cet acte est signé de lui, ou contient sa déclaration qu'il ne sait signer ; 3° si l'enfant n'est pas déclaré viable.

SOMMAIRE.

434. La présomption de paternité s'applique aux enfants nés dans le mariage, mais conçus auparavant. Désaveu péremptoire autorisé à leur égard.
435. Leur légitimité ne remonte pas au delà du mariage.
436. Cas dans lesquels le désaveu n'est pas admissible.
437. Comment se prouvent les faits qui rendent le désaveu non recevable.
438. Comment se prouvent les faits qui rendent le désaveu non recevable.

434. Les deux articles précédents concernent les enfants conçus pendant le mariage ; celui-ci s'applique aux enfants qui naissent après la célébration, mais dans un délai trop rapproché pour n'avoir pas été conçus avant le mariage. Le projet présenté par la section de législation ne présumait plus ici la paternité du mari ; mais le conseil d'État crut devoir se montrer plus rigoureux. Ainsi, la présomption qui attribue la paternité au mari, existe pour les enfants simplement nés dans le mariage, comme pour ceux qui n'ont été conçus que depuis la célébration, sauf cette différence, que les premiers peuvent être désavoués sans que le mari fournisse aucune autre preuve que celle qui résulte de la date de la naissance comparée à la date du mariage.

435. Mais n'existe-t-il que cette différence entre les enfants conçus depuis le mariage et ceux qui ont été conçus auparavant? On pourrait le croire d'après les discussions du conseil d'État. Plusieurs membres voulaient que, sans s'occuper du fait obscur de la conception, on s'attachât au fait de la naissance. « C'est la naissance de l'enfant, « disait Regnault (de Saint-Jean d'Angely), et non pas sa conception qui fait son titre (1) » ; et l'article 314 n'est en réalité que l'application de ce système qui se retrouve aussi dans la rubrique du chapitre. Toutefois, il est facile de reconnaître que, dans cette discussion même, on ne distinguait pas nettement la paternité du mari d'avec la légitimité des enfants : sans doute, l'article 314 présume la paternité du mari par cela seul que les enfants sont nés dans le mariage ; sans doute aussi, et par un second effet du mariage, les enfants nés avant la célébration naissent légitimes ; mais leur légitimité ne peut pas remonter plus haut que le mariage d'où elle dérive, et de

---

(1) Séance du 14 brumaire an X.

là naît une seconde différence entre les enfants conçus depuis le mariage et les enfants conçus auparavant. Les premiers ont toujours été légitimes, tandis que les seconds, enfants naturels *ab initio*, deviennent légitimes *ex post facto*, comme s'ils avaient été légitimés, avant de naître, par le mariage de leurs père et mère (V. l'art. 331 et son explication).

Cette distinction entre la paternité du mari et la légitimité des enfants est d'une grande importance pour les successions qui viennent à s'ouvrir avant la célébration du mariage. L'enfant qui existe dans le sein de la future épouse, ne les recueillera pas, quoiqu'il suffise d'être déjà conçu pour succéder (V. art. 725); en effet, la légitimité ne lui appartient pas encore, et c'est seulement le mariage de ses père et mère qui la lui donnera [1].

436. Des trois exceptions qui empêchent le désaveu, les deux premières sont fondées sur des faits antérieurs qui impliquent, de la part du mari, reconnaissance de la paternité. En effet, l'homme qui épouse sciemment une femme enceinte, ne peut avoir qu'un seul but, celui de réparer une faute par lui commise. Il y a donc un aveu tacite de paternité dans le seul fait du mariage contracté en connaissance de cause.

Le second cas offre moins de doute encore. Le mari qui présente à l'officier de l'état civil l'enfant que sa femme a mis au monde, reconnaît également sa paternité; comment pourrait-il revenir contre sa propre déclaration, surtout lorsqu'elle a été faite dans l'acte qui doit constater l'état de l'enfant [2]?

Lorsque l'enfant n'est pas viable, le mari n'est pas admis à le désavouer, parce qu'il n'y a aucun intérêt. Cette question de viabilité ne s'élève qu'à l'égard des enfants dont la mort suit de près la naissance. On peut alors douter que le nouveau-né ait jamais été constitué de manière à supporter la vie extérieure ; car l'existence du fœtus dans le sein maternel diffère essentiellement de la vie proprement dite, qui commence pour l'homme au moment de la naissance. Dans la première, le fœtus ne vit que par sa mère; dans la seconde au contraire, l'enfant est appelé à vivre par lui-même, et les conditions de cette nouvelle existence peuvent lui manquer, soit par l'imperfection, soit par l'absence totale d'un organe essentiel. Dans ces différents

---

[1] Une veuve qui avait un fils de son premier mariage, se remaria étant enceinte, quelques jours après la mort de son premier enfant. Celui qui naquit après la célébration du second mariage, fut admis à la succession de son frère par la cour d'Orléans ; mais l'arrêt de cette cour fut cassé (11 *mars* 1811), et la cour de Paris, devant qui la cause fut renvoyée, jugea dans le même sens que la cour de cassation.

[2] Bigot Préameneu, *exposé des motifs*.

cas l'enfant est non viable (¹) ; et la loi, en le qualifiant ainsi, le considère comme n'ayant jamais existé. Il ne peut donc acquérir ni transmettre aucun droit (V. art. 725 et 906).

On voit par là que le mari n'a aucun intérêt à désavouer un enfant non viable. Ce désaveu pourrait même être mal fondé : la non-viabilité sera souvent la conséquence d'un accouchement précoce, et par conséquent la conception aura pu se trouver postérieure au mariage.

457. S'il y a contestation sur les faits que la femme oppose au désaveu, les preuves qu'elle est admise à fournir, varient suivant la nature de chaque fait. Ainsi l'assistance du mari à l'acte de naissance doit être constatée par l'acte même : la loi ne se contente pas d'une assistance passive ; elle veut une participation active du mari à l'acte de naissance, et elle exige en conséquence qu'il ait signé ou qu'il ait déclaré ne savoir signer ; car une semblable déclaration, consignée dans un acte authentique par l'officier public qui le reçoit, équivaut à la signature des parties, lorsqu'elles sont dans l'impossibilité de signer (²).

L'allégation que le mari a connu, avant le mariage, la grossesse de la femme, peut être prouvée par témoins ; car ce n'est pas là un fait qu'on soit obligé de constater par un acte (V. art. 1341 et 1348). Toutes les preuves sont donc admissibles, et par conséquent un commencement de preuve par écrit n'est pas nécessaire (V. art. 1347). On admettra même de simples présomptions (V. art. 1353), comme celles qui pourraient résulter des rapports intimes qui auraient existé entre les futurs époux.

458. Quant à la non-viabilité, on voulait d'abord qu'elle résultât de ce seul fait que l'enfant aurait vécu moins de dix jours ; mais ce système absolu a été abandonné sur les observations du Tribunat. La non-viabilité ne peut donc être appréciée que sur le rapport des hommes de l'art, c'est-à-dire des médecins ; et c'est après la mort surtout que la question pourra être examinée, car c'est presque toujours par l'autopsie que se découvrent les vices organiques, qui, malgré les apparences extérieures, rendent la vie impossible (³).

315. — La légitimité de l'enfant né trois cents jours après la dissolution du mariage pourra être contestée.

SOMMAIRE.

(¹) V. Dictionnaire des sciences médicales, vᵒ VIABILITÉ.

(²) Art. 39, 973, 977 ; loi du 25 ventôse an XI, art. 14.

(³) V. Dictionnaire des sciences médicales, vᵒ VIABILITÉ.

441. Effet de l'absence du mari sur la présomption de paternité.
442. *Quid* si la veuve s'est remariée moins de dix mois après la mort de son premier mari ?

439. Nous avons expliqué précédemment le calcul sur lequel est fondée la décision de cet article. Voyons maintenant quelle en est la portée.

D'après la première rédaction de l'article 314, l'enfant né à une époque trop rapprochée de la célébration n'était « plus présumé l'enfant du « mariage », et d'après l'article suivant, il *en était de même* de l'enfant né à une époque trop éloignée de la dissolution. Les modifications qu'avait subies le principe de l'article 314, obligèrent à changer la rédaction de l'article suivant, qui fut ensuite adopté sans discussion, tel qu'il se trouve dans le Code. Le Tribunat, lors de la communication officieuse, fit observer que cette disposition devait être rédigée « dans des termes plus précis et plus positifs, et qu'au lieu de laisser « la faculté de contester ou de ne pas contester, il fallait fixer l'époque « fatale d'une fin de non-recevoir insurmontable ». La section de législation accueillit cette observation et adopta la rédaction proposée par le Tribunat ; mais par une négligence inexplicable, il n'en fut pas même question au conseil d'État. L'article 315 resta donc tel qu'il avait été d'abord adopté.

Si cette disposition n'a pas été discutée au conseil d'État, elle a été assez longuement commentée par les orateurs officiels. Bigot Préameneu, dans l'exposé des motifs, dit que la naissance tardive fournit contre l'enfant une présomption ; mais que cette présomption ne sera décisive « qu'autant qu'elle ne sera pas affaiblie par d'autres circonstan- « ces ». Le rapport du tribun Lahary, qui donne à peu près la même interprétation, indique une des circonstances dont il s'agit. « Tel serait « le cas (dit-il) où l'enfant prouverait que son père divorcé s'est rap- « proché de sa mère, postérieurement à la dissolution du mariage ». Duveyrier, orateur du Tribunat, va encore plus loin ; il ne craint pas d'imposer au mari *divorcé* la nécessité de prouver sa non-paternité, comme si la règle qui attribue la paternité au mari, pouvait jamais s'appliquer aux enfants conçus après la dissolution du mariage. Quelque bizarres que soient de semblables idées, nous ne pouvons pas affirmer qu'elles aient été sans influence sur la seconde rédaction de l'article 315.

440. Sans nous occuper du divorce qui n'existe plus, nous pensons qu'un enfant né trois cents jours après la mort du mari ne peut pas être déclaré légitime. Comment pourrait-on faire remonter la conception au-delà du trois centième jour, lorsque l'impossibilité de cohabitation qui a existé depuis ce trois centième jour, suffit pour justifier le

désaveu formé du vivant du mari? Sa mort n'établit-elle pas une impossibilité absolue? Donne-t-elle plus de force à la présomption de paternité, ou plus de durée à la grossesse? Et si le trois centième jour n'est pas un terme fatal, quelle sera donc la dernière limite de la légitimité?

On a voulu établir une règle invariable, et la base adoptée par le législateur paraîtra bien assez large, surtout si l'on considère que le premier Consul, en la faisant admettre, tenait moins à l'exactitude physiologique, qu'à la rigueur mathématique d'une règle absolue ; ainsi, quel que soit le sens littéral de l'article 315, il est bien difficile de s'en tenir à une interprétation démentie, et par l'esprit général du Code, qui évite avec tant de soin l'arbitraire du juge, et par la règle clairement posée dans l'article 312 (¹).

L'orateur du Tribunat, en décidant, comme nous le faisons, que l'enfant né trois cents jours après la mort du mari « ne peut plus placer « dans le mariage, ni sa conception, ni par conséquent sa légitimité », s'est demandé pourquoi cet enfant, d'après la teneur de l'article 315, « n'est pas de droit illégitime, et mis au nombre des enfants naturels », et il a répondu : « Parce que tout intérêt particulier ne peut être com- « battu que par un intérêt contraire. La loi n'est point appelée à réfor- « mer ce qu'elle ignore, et si l'état de l'enfant n'est point attaqué, il « reste à l'abri du silence que personne n'est intéressé à rompre ». Si tel était réellement le motif des rédacteurs, il faudrait convenir qu'ils se sont attachés à un singulier scrupule. Sans doute, la loi n'est point appelée à réformer ce qu'elle ignore ; mais il ne faut pas confondre la question de preuve avec la question de principe, et de ce qu'un droit peut n'être pas exercé par les parties intéressées, il ne s'ensuit nullement que l'existence de ce droit soit douteuse.

Nous croyons que la légitimité de l'enfant peut être *contestée* en ce sens qu'on n'a pas besoin de le *désavouer* ; en d'autres termes, qu'il s'agit ici d'une action en *contestation d'état*, qui diffère essentiellement de l'action en désaveu, et conséquemment n'est pas soumise aux mêmes règles. Elle pourra donc être exercée, non pas seulement par les héritiers du mari (V. art. 317), mais par toute personne intéressée, même après l'expiration des délais fixés par les articles suivants (²). Et ici,

_____

(¹) Le délai fixé par l'article 315 a été considéré comme un terme fatal par la cour de Grenoble (12 *avril* 1809) et par la cour d'Aix (8 *janvier* 1812). La cour de Limoges a jugé, au contraire (8 *juin* 1840), que l'enfant né après l'expiration de ce délai peut, mais ne doit pas nécessairement être déclaré légitime.

(²) C'est donc mal à propos, selon nous, qu'une pareille action a été déclarée non recevable par la cour d'Agen (8 *mai* 1821), parce qu'elle n'avait pas été exercée dans le délai fixé par l'article 317, pour le désaveu des héritiers.

comme dans le cas du désaveu autorisé par l'article 314, il suffira au demandeur de comparer la date de la dissolution du mariage avec celle de la naissance.

441. En cas d'absence du mari, la présomption de légitimité subsiste pour l'enfant qui naît dans les trois cents jours de la disparition ; mais si l'accouchement n'arrive qu'après l'expiration de ce délai, la position de l'enfant devient plus douteuse. L'absence ne dissolvant pas le mariage, appliquera-t-on toujours la présomption qui attribue la paternité au mari ?

La cour de Toulouse [1] a décidé l'affirmative en s'attachant au principe que le mariage subsiste, pour réputer non avenus les jugements de déclaration d'absence et d'envoi en possession. Ainsi, dans ce système, la survenance d'un enfant, même depuis la déclaration d'absence, et par conséquent plusieurs années après la disparition du mari, suffirait pour établir l'existence de ce dernier à l'époque de la conception, comme s'il avait donné de ses nouvelles.

Nous ne pouvons admettre cette solution qui se fonde sur un cercle vicieux. La présomption de paternité n'existe qu'autant que le mariage subsiste, et par conséquent que le mari est vivant ; or, dans l'espèce, on ne sait pas s'il existe encore. Une seule chose est certaine, c'est que les envoyés en possession puisent, dans le jugement de déclaration d'absence, un droit qui, aux termes des articles 131 et 132, ne peut être ébranlé que par la preuve contraire. C'est donc à celui qui veut faire cesser les effets de ce jugement, à établir l'existence de l'absent par des preuves positives, et non par de simples présomptions. Jusque-là, les parents qui se trouvaient héritiers présomptifs au jour de la disparition, sont fondés à soutenir que l'enfant lui-même n'avait pas à cette époque la qualité d'héritier présomptif, puisqu'il n'était pas encore conçu (V. art. 275).

Mais, réplique-t-on dans le système adopté par la cour de Toulouse, l'état de l'enfant ne peut être attaqué que par une action en désaveu, et cette action est réservée au mari, s'il est vivant, ou à ses héritiers, s'il est décédé. Il est vrai que, dans le doute où nous sommes placés, nul n'a qualité pour désavouer l'enfant, en sorte qu'il est impossible de statuer d'une manière définitive sur sa légitimité ; mais il ne faut pas confondre le désaveu proprement dit avec la contestation de légitimité autorisée par l'article 315. Cette faculté de contester la légitimité n'appartient pas, comme l'action en désaveu, à certaines personnes déterminées : elle peut être exercée par toute personne intéressée. C'est ainsi que les héritiers présomptifs contesteront la légitimité de l'enfant,

---

[1] Arrêts des 14 juillet 1827 et 29 décembre 1828.

dans la limite de leur intérêt, pour obtenir ou pour conserver l'envoi en possession (¹).

Du reste, si le mari reparaît ensuite, il en sera du jugement rendu sur cette contestation, comme du jugement qui a déclaré l'absence. Ses effets cesseront, et le mari désavouera l'enfant, s'il le juge convenable, dans les délais fixés par l'article 316. Si le décès du mari vient à être prouvé, sa succession sera déférée aux parents les plus proches à l'époque de la mort, et c'est à eux qu'appartiendra l'action en désaveu, conformément aux dispositions de l'article 317.

442. Pendant les dix mois ou les trois cents jours qui suivent la dissolution du mariage, la femme ne doit pas se remarier (art. 228). Cependant il n'est pas impossible que, nonobstant cette prohibition, elle convole en secondes noces. Dans ce cas, si elle accouche moins de trois cents jours après la dissolution du premier mariage, il y a confusion de part, en ce sens que la paternité peut appartenir au premier comme au second mari, et la difficulté est de savoir auquel des deux on doit l'attribuer.

Nous distinguons à cet égard si la naissance arrive avant ou après le cent quatre-vingtième jour du second mariage.

Dans le premier cas, la conception a précédé la célébration, et alors nous attribuons la paternité au premier mari, parce que nous trouvons dans l'article 312 une présomption plus forte que celle qui existe dans l'article 314 : en effet, la première ne cède qu'à un désaveu appuyé sur des preuves positives, tandis que la seconde peut être détruite par un désaveu péremptoire, c'est-à-dire, qui n'a pas besoin d'être motivé. D'ailleurs, l'article 314 ne fait que présumer la paternité du mari à une époque où le mariage n'existait pas encore, en sorte que l'enfant est légitimé plutôt que légitime. Il faut donc, dans notre hypothèse, reconnaître pour père le premier mari, afin de ne pas ranger un enfant légitime dans la classe des enfants légitimés (²).

Nous supposons ici que le second mari n'use pas du droit de désaveu que lui accorde l'article 314; autrement son désaveu ferait cesser, à son égard, toute présomption de paternité. Nous supposons également que l'enfant n'est pas désavoué par les héritiers du défunt; car alors nous retomberions dans le cas prévu par l'article 314, et la paternité appartiendrait, sauf désaveu, au second mari.

(¹) Il existe, dans ce sens, un arrêt du 3 décembre 1834, par lequel la Cour de cassation a maintenu l'envoi en possession, *tous les droits des parties étant réservés sur la question de filiation*.

(²) On peut invoquer à l'appui de ce système un arrêt de cassation (23 *novembre* 1842) d'après lequel la disposition de l'article 314, établie dans l'intérêt de l'enfant, ne doit pas être invoquée contre lui.

Si la naissance arrive après le cent-quatre-vingtième jour du second mariage, la conception se place dans ce second mariage ou dans le précédent, suivant que la gestation a été plus ou moins courte. Dans le cas d'une naissance accélérée, l'enfant appartient au second mari; dans le cas, au contraire, d'une naissance tardive, il appartient au défunt; mais rien ne nous autorise à choisir entre ces deux hypothèses, et il est impossible d'appliquer ici les présomptions légales qui fixent le *maximum* et le *minimum* de durée que peut avoir la gestation. En adoptant des présomptions si favorables à l'enfant, la loi a voulu embrasser tous les cas possibles de légitimité. Il faut donc borner l'application de ces présomptions aux cas où il s'agit de décider si tel enfant est légitime ou naturel; mais quand la légitimité se trouve hors de question, lorsqu'on se demande seulement dans quel mariage l'enfant a été conçu, il faut, au lieu de recourir à des présomptions qui se combattent, décider, en fait, et d'après la conformation même de l'enfant, s'il est né à terme ou avant terme. On attribuera en connaissance de cause au premier mari l'enfant que sa mère a porté neuf mois environ, et au second mari l'enfant dont la conception remonte tout au plus à sept ou huit mois.

316. — Dans les divers cas où le mari est autorisé à réclamer, il devra le faire dans le mois, s'il se trouve sur les lieux de la naissance de l'enfant;

Dans les deux mois après son retour, si, à la même époque, il est absent;

Dans les deux mois après la découverte de la fraude, si on lui avait caché la naissance de l'enfant.

317. — Si le mari est mort avant d'avoir fait sa réclamation, mais étant encore dans le délai utile pour la faire, les héritiers auront deux mois pour contester la légitimité de l'enfant, à compter de l'époque où cet enfant se serait mis en possession des biens du mari, ou de l'époque où les héritiers seraient troublés par l'enfant dans cette possession.

SOMMAIRE.

443. Désaveu de la paternité du mari par ses héritiers. Ses inconvénients.
444. Délai dans lequel l'action doit être intentée.
445. Peut-elle appartenir aux héritiers renonçants?

443. C'est avec beaucoup de difficulté que l'action en désaveu a été accordée aux héritiers du mari. La section de législation la leur avait expressément déniée; aussi, après que le système contraire eut prévalu

dans le conseil d'État ([1]), accueillit-elle favorablement une observation du Tribunat qui proposait de n'admettre le désaveu des héritiers que pour une seule cause, à raison de l'impossibilité physique de cohabitation (art. 312). Le Tribunat et la section établissaient ainsi une distinction très-importante entre les différentes causes de désaveu. Ils accordaient aux héritiers le droit d'invoquer l'impossibilité matérielle de cohabitation, en réservant au mari, et à lui seul, l'appréciation des causes morales qui peuvent justifier le désaveu, lorsque la naissance a été cachée (art. 313), ou lorsque la conception a précédé le mariage (art. 314). Toutefois l'article rédigé en ce sens par la section de législation ne fut même pas soumis au conseil d'État : les héritiers peuvent donc agir en désaveu, non-seulement en vertu de l'article 312, mais aussi en vertu des articles 313 et 314.

L'action qu'ils sont autorisés à exercer en cas de recel de la naissance offre peu d'inconvénient, parce que, indépendamment du recel, ils devront prouver que la paternité n'appartient pas au mari (art. 313) ; mais en cas de naissance prématurée, cette preuve n'est pas nécessaire. L'appréciation du désaveu est entièrement abandonnée à la conscience du demandeur, et si le mari meurt avant la naissance ou avant d'avoir fait inscrire l'enfant sur les registres de l'état civil, la mère, en supposant l'enfant né viable, n'aura plus qu'un seul moyen de défense : elle sera réduite à prouver que le défunt, en se mariant, connaissait la grossesse (art. 314). Cette preuve même pourra être impossible, et alors le désaveu des héritiers aura un succès trop certain. Nous regrettons donc que l'article 314 ait été rédigé dans un sens qui semble n'admettre aucune distinction.

444. Les deux mois accordés aux héritiers du mari pour agir en désaveu, ne courent point, comme pour le mari lui-même, du jour où il a connu la naissance (V. art. 316) ; mais seulement du jour où l'enfant leur a contesté l'hérédité ([2]) en agissant comme héritier du défunt (art. 317). Ainsi, pour les personnes qui prétendent à l'hérédité du mari, le désaveu semble n'être qu'un moyen d'écarter un enfant qui, en cette qualité, viendrait en premier ordre à la succession. De là on a quelquefois conclu que l'action en désaveu n'existe, pour les héritiers, que dans un intérêt purement pécuniaire, et que par conséquent elle appartient aux héritiers proprement dits, aux successeurs irréguliers (V. art. 756 et suiv.), et même aux légataires.

([1]) Séance du 14 brumaire an X.

([2]) Le trouble dont parle l'article 317, « résulte de tout acte judiciaire ou extrajudi-
« ciaire par lequel l'enfant notifie ses prétentions à la légitimité. » Arrêt de cassation du 21 mai 1817.

Nous n'admettons point cette doctrine. Sans aucun doute, le mari a, en matière de désaveu, un intérêt qui n'appartient qu'à lui seul, et qu'il ne transmet pas à ses successeurs. Ceux-ci ne peuvent donc agir sans avoir un intérêt pécuniaire; mais nous ne pensons pas qu'un intérêt purement pécuniaire soit suffisant. Le désaveu intéresse principalement la famille, et les considérations nombreuses qui pourraient influer sur l'esprit des parents, seraient trop légèrement sacrifiées par des personnes étrangères. S'il est permis de dire que les héritiers institués ne sont, dans le Code civil, que des légataires (V. art. 1002), et par conséquent que les légataires, même universels, ne sont pas héritiers, c'est assurément en matière de désaveu. Nous pensons donc que la loi entend ici par héritiers les parents à qui la loi défère la succession, ceux qu'elle désigne comme héritiers légitimes (V. art. 723 et 724).

445. En sens inverse, ceux qui renoncent à la succession du mari sont réputés, conformément à la règle générale (V. art. 785), n'avoir jamais été héritiers; mais il peut s'ouvrir d'autres successions que les parents du mari recueilleraient à son défaut, et au défaut de l'enfant que la présomption de paternité introduit dans la famille; et comme le mari peut n'avoir laissé qu'une hérédité onéreuse, ses parents ont pu avoir de justes motifs pour la répudier. Il semble donc que leur renonciation ne devrait pas les dépouiller irrévocablement de l'action en désaveu, et qu'ils pourraient agir par suite de l'ouverture d'une autre succession. Nous ne pouvons admettre cette opinion, parce que le législateur a strictement limité les délais de l'action en désaveu, afin que toute incertitude cessât le plus promptement possible. On ne peut donc pas supposer qu'il ait voulu subordonner cette action à l'existence d'un intérêt qui n'était pas né à la mort du mari, et qui pourrait ne se réaliser qu'après un long intervalle.

318. — Tout acte extrajudiciaire contenant le désaveu de la part du mari ou de ses héritiers, sera comme non avenu, s'il n'est suivi, dans le délai d'un mois, d'une action en justice, dirigée contre un tuteur *ad hoc* donné à l'enfant, et en présence de sa mère.

SOMMAIRE.

446. Utilité du désaveu formé par acte extrajudiciaire.
447. Par qui doit être nommé le tuteur *ad hoc*.

446. Désavouer un enfant, ce n'est pas seulement protester contre sa légitimité. La présomption légale impose au mari qui veut en repousser les conséquences, la nécessité de prouver que la paternité ne lui appartient pas. Il devra donc jouer dans la procédure le rôle de de-

mandeur. Cependant le mari ou ses héritiers ne doivent pas nécessairement intenter leur action dans les délais ci-dessus fixés (art. 316 et 317). Le désaveu contenu dans un acte extrajudiciaire suffit, pourvu qu'il soit suivi dans le mois d'une action en justice. Ce désaveu extrajudiciaire ([1]) offre donc un moyen de prolonger les délais ordinaires.

C'est contre l'enfant désavoué que la demande est formée; mais la mère doit être présente ou dûment appelée.

L'enfant doit être représenté dans le procès par un tuteur. La loi suppose donc qu'il est encore mineur; en effet, d'après la brièveté des délais accordés pour le désaveu, l'action du mari ou de ses héritiers sera presque toujours éteinte avant la majorité de l'enfant. Ainsi notre législation, différant en cela du droit romain ([2]), ne laisse pas la question d'état en suspens jusqu'à l'âge où l'enfant peut lui-mêmes e porter défendeur.

Le Code parle d'un tuteur *ad hoc* donné à l'enfant. La nomination de ce tuteur spécial est nécessaire pendant le mariage, parce que l'enfant n'est pas en tutelle. C'est le mari, en sa qualité d'administrateur légal (art. 389), qui représente les enfants mineurs; mais dès qu'il se constitue leur adversaire, ils doivent être défendus par un autre représentant. Après la dissolution du mariage, l'enfant a nécessairement un tuteur (art. 390 et 420), qui le représente également dans tous les actes civils (art. 450), et qui par suite a qualité pour le défendre dans l'action en désaveu, comme dans toute autre action; il n'est donc pas nécessaire alors de nommer un tuteur *ad hoc,* à moins que la tutelle proprement dite n'appartienne au mari lui-même ou à l'un de ses parents. Dans ce cas, il semble que l'enfant doive être représenté, conformément à la règle générale (V. art. 420), par le subrogé tuteur: cependant, comme l'idée du désaveu ne se présente pas naturellement à l'esprit des parents composant le conseil de famille, qui nomment le subrogé tuteur à l'ouverture même de la tutelle, on doit supposer qu'ils n'ont pas dû prévoir une complication aussi grave : dès lors la nomination d'un tuteur *ad hoc* est une garantie spéciale, dont l'enfant désavoué ne doit pas être privé.

La mère, lorsqu'elle est tutrice, ne peut avoir qu'un intérêt conforme à celui du mineur. Elle pourrait donc, à la rigueur, figurer dans la procédure tant en son nom personnel que comme tutrice de son en-

---

([1]) La loi ne donne aucune règle sur les formes de l'acte qu'elle appelle extrajudiciaire. Il appartient donc aux tribunaux d'apprécier si tel ou tel acte contient ou ne contient pas un désaveu, comme il leur appartient de décider souverainement si le mari a connu ou n'a pas connu la naissance (Arrêt de rejet du 9 mai 1838).

([2]) *Ulp. L.* 1, *D. de Carbon. edict.*

fant ; mais précisément parce qu'elle doit toujours être appelée en
cause, il convient de ne pas la charger d'un double rôle, et d'ailleurs,
la réserve que les convenances imposent à une femme dans une affaire
de cette nature, pourrait quelquefois compromettre les intérêts de
l'enfant.

447. Mais par qui sera nommé le tuteur *ad hoc*? En règle générale,
les tuteurs sont nommés par un conseil de famille composé de six parents ou alliés, dont trois du côté paternel et trois du côté maternel ;
mais en cas de désaveu, les parents du mari sont les adversaires naturels de l'enfant, et de plus, leur présence dans le conseil préjugerait
la décision du litige ; car il s'agit précisément de savoir si l'enfant désavoué appartient ou non à la famille du mari. D'autre part, un conseil
composé uniquement de parents maternels ne serait qu'une assemblée
irrégulière. Cette assemblée pourrait d'ailleurs empêcher le désaveu, en
différant à dessein une nomination qui doit nécessairement précéder
l'action du mari : aussi n'est-ce pas à un conseil de famille que l'on
songeait dans la discussion, lorsqu'un membre fit observer qu'il « fal-
« lait fournir au mari et à ses héritiers un moyen de faire donner un
« tuteur à l'enfant », et lorsque Tronchet répondit que « cette faculté
« leur appartient de droit commun » ([1]). Évidemment, Tronchet voulait dire que le tuteur serait nommé par le tribunal sur la demande du
mari ou de ses héritiers.

Le tribunal compétent pour statuer sur le désaveu est le tribunal de
première instance dans le ressort duquel l'enfant défendeur a son domicile ; or, tant que la présomption de paternité n'est pas détruite, c'est
chez le mari que l'enfant est domicilié, du moins pendant sa minorité
(art. 108); mais après la majorité de l'enfant ou la mort du mari, le domicile du défendeur peut n'être plus celui du demandeur, et alors le
tribunal de ce dernier cesse d'être compétent.

CHAPITRE II.

DES PREUVES DE LA FILIATION DES ENFANTS LÉGITIMES.

SOMMAIRE.

448. La preuve de la filiation suppose la preuve préalable du mariage des père et
mère.

448. Celui qui veut prouver qu'il est enfant légitime, doit établir
deux choses qu'il importe de ne pas confondre, sa filiation et sa légitimité. Il établit sa filiation, en prouvant quelle est sa mère, quel est son

---

([1]) Séance du 29 fructidor an X.

père. Sa légitimité est une conséquence de sa filiation même, si les père et mère étaient mariés à l'époque de la conception, ou du moins à l'époque de la naissance. Il semble dès lors que l'enfant doit prouver d'abord sa filiation, pour en déduire sa légitimité par voie de conséquence ; mais on est obligé de suivre la marche inverse, lorsqu'on veut établir la filiation légitime, parce que cette filiation ne se prouvant pas de la même manière que la filiation naturelle, celui qui se dit enfant légitime doit d'abord établir qu'il serait légitime, en supposant qu'il fût né des parents qu'il réclame. Il doit donc prouver 1° que l'homme et la femme dont il se prétend issu ont été mariés, afin d'en conclure hypothétiquement que leurs enfants sont légitimes ; 2° qu'il est lui-même leur enfant. Nous avons vu précédemment (art. 194 et 197), comment se prouve le premier fait : la preuve dont il s'agit ici concerne exclusivement le second.

319. — La filiation des enfants légitimes se prouve par les actes de naissance inscrits sur le registre de l'état civil.

SOMMAIRE.

449. Nécessité, pour le demandeur, de prouver son identité avec l'enfant désigné dans l'acte.
450. La filiation est-elle prouvée par un acte qui ne contient pas toutes les énonciations requises ? Motifs pour la négative.
451. Réfutation de ces motifs.
452. *Quid* si l'acte dément la paternité du mari ?
453. *Quid* si la mère n'est point désignée par le nom de son mari ?

449. Celui qui veut établir sa filiation présente habituellement son acte de naissance ; mais comme les registres de l'état civil sont publics, c'est-à-dire que chacun peut s'en faire délivrer des extraits (art. 45), il est bien évident que la simple représentation d'un acte de naissance ne prouve en rien la filiation de la personne qui le produit. Si donc la filiation légitime se prouve par l'acte de naissance, c'est en supposant constante l'identité du réclamant avec l'enfant dénommé dans l'acte. Si au contraire cette identité était contestée, il faudrait, comme nous l'avons déjà vu, l'établir préalablement. Nous ferons observer en outre que le fait de l'identité n'étant guère susceptible d'être constaté par écrit, la preuve par témoins en est toujours admissible. Il ne faut pas dire, d'ailleurs, avec certains auteurs, que l'acte de naissance constitue lui-même un commencement de preuve par écrit de l'identité : c'est là une véritable pétition de principe, puisqu'il s'agit précisément de savoir si l'acte dont se prévaut le réclamant, lui est véritablement applicable.

Rappelons aussi que les actes de l'état civil ne font pas foi jusqu'à inscription de faux de toutes les énonciations qu'ils contiennent. Il faut donc appliquer ici la distinction importante que nous avons faite (123) sur l'article 45. Conséquemment, l'officier public n'attestant pas la filiation *propriis sensibus,* l'acte de naissance ne la constate que jusqu'à preuve contraire.

450. La preuve de la filiation légitime par l'acte de naissance ne souffre aucune difficulté, lorsque cet acte contient toutes les énonciations requises, c'est-à-dire les noms et prénoms tant du père que de la mère (V. art. 57). Ces énonciations se trouvent ordinairement dans l'acte, quand la naissance est déclarée par le mari, qui reconnaît ainsi sa paternité; mais quelquefois la déclaration est faite, à défaut du mari, par les personnes qui ont assisté à l'accouchement, ou même, lorsque la femme se trouve hors de son domicile, par la personne chez qui elle est accouchée (art. 56). C'est dans ce dernier cas surtout que la déclaration peut être incomplète ou inexacte.

Supposons d'abord qu'on a désigné la mère par son nom de femme mariée, mais sans attribuer la paternité au mari.

Une pareille omission semble sans importance, puisque le mari est implicitement désigné par le nom même que la mère tient de lui. Cependant cette solution n'est pas admise sans difficulté dans la doctrine.

Si l'acte de naissance prouve la filiation légitime, c'est seulement, dans l'opinion de certains auteurs, lorsque le mari et la femme y sont indiqués tous deux comme père et mère de l'enfant, parce qu'alors cet acte établit tout à la fois la paternité et la maternité. Si, au contraire, le mari n'est pas indiqué comme père, l'acte, dans la même opinion, est incomplet, et dès lors il ne suffit plus pour constater une filiation légitime.

451. Il est facile de répondre que la paternité, d'après le système du Code, ne se constate ni par les actes de l'état civil, ni par aucune preuve directe. Elle se présume par cela seul que l'enfant est né dans le mariage; et, il faut le remarquer, cette présomption s'applique, lors même que la maternité n'est prouvée que par témoins. Ainsi, l'enfant qui n'a point été inscrit sur les registres, et celui qui ne l'a été que sous de faux noms ou comme né de père et mère inconnus, doivent démontrer quelle est leur mère; mais ils n'ont point d'autre preuve à faire : la présomption légale rejette sur le mari la nécessité de prouver que la paternité ne lui appartient pas (art. 325). Pourquoi en serait-il autrement, lorsque l'enfant produit un acte de naissance qui désigne sa mère, sans attribuer la paternité au mari?

Un pareil acte, dit-on, ne remplit pas le vœu de la loi (art. 57), puisqu'il ne contient pas les noms et prénoms du père et de la mère. Mais les énonciations requises par l'article 57 sont loin d'avoir toutes une égale importance. La désignation des témoins par leurs noms, pré- noms, profession et domicile, ne peut pas être considérée comme sub- stantielle. Le père d'un enfant naturel non reconnu ne doit jamais être nommé dans l'acte de naissance, et, selon nous, la mère elle-même ne doit pas l'être sans son consentement. Cependant l'article 57, pris à la lettre, s'appliquerait sans distinction à tous les actes de naissance; cet article ne prouve donc rien, précisément parce qu'il prouverait trop. Les différentes mentions qu'il prescrit sont utiles, et cela suffit pour qu'il convienne de les insérer dans l'acte de naissance d'un enfant lé- gitime; mais elles ne sont pas absolument indispensables. Admettre que des énonciations incomplètes rendent un acte de naissance entière- ment inutile, ce serait créer une nullité, tandis que la loi n'attache cette sanction à aucune des formalités qu'elle prescrit dans les actes de l'é- tat civil; ce serait faire dépendre l'état de l'enfant d'une négligence facile à supposer de la part des personnes qui, à défaut du mari, doi- vent faire la déclaration.

Il faut convenir du reste que, dans cette première hypothèse, la dif- ficulté n'est pas bien sérieuse; et toutes les fois que l'acte n'aura d'au- tre vice que l'omission du nom du mari, la paternité ne sera guère douteuse. Aussi la question n'a-t-elle pas été soulevée dans la pratique.

452. Supposons maintenant que non-seulement l'acte n'établit pas explicitement la paternité du mari, mais qu'il la dément, soit en nom- mant un autre père, soit en déclarant que le père est inconnu. De semblables énonciations, s'il fallait s'y attacher, sembleraient indi- quer une filiation adultérine, plutôt qu'une filiation légitime; or, dit-on, c'est une règle constante qu'un acte ne doit pas être scindé. Il faut donc admettre l'acte de naissance tel qu'il est, ou le rejeter en to- talité; et comme le Code prohibe toute reconnaissance et même toute recherche d'une filiation adultérine (art. 335 et 342), on ne peut au- jourd'hui que rejeter entièrement l'acte de naissance, qui indique plus ou moins ouvertement un père autre que le mari.

Cet argument repose tout entier sur le principe de l'indivisibilité du titre, principe que nous ne pouvons admettre. Évidemment, quoi qu'on en dise, la paternité et la maternité n'ont ici rien de commun. La foi due à l'acte porte tout entière sur la maternité; et, comme le dit Mer- lin, « quand il existe un mariage, la déclaration de maternité fait toute « la substance de l'acte (de naissance), parce que le mariage démontre « le père, et la paternité se prouve par la maternité même » ([1]). Toutes les déclarations contraires à la paternité du mari sont repoussées à

---

[1] Merlin, *Répert.*, v° Légitimité, sect. 2, § 2, n° 7.

l'avance par la présomption de la loi, et il faut les considérer comme non écrites dans l'acte ([1]). C'est ainsi que la Convention elle-même, réprouvant la déclaration d'une femme mariée qui désignait un autre père que le mari, a décidé que cette déclaration ne serait pas écrite sur les registres de l'état civil, ou, si elle y était déjà écrite, qu'elle serait rayée ([2]). Mais si la mère elle-même ne peut pas disposer à son gré de l'état de ses enfants ([3]), comment admettre que leur avenir puisse dépendre du plus ou moins d'exactitude de la déclaration faite par un étranger?

Ceux qui ont assisté à l'accouchement n'ont point qualité pour trancher des questions de cette nature. Le seul fait qu'ils sont appelés à constater, c'est l'accouchement dont ils ont connaissance: il leur est interdit de remonter au delà, et lors même qu'ils connaîtraient des faits relatifs à la paternité, ils ne doivent pas les confier à l'officier public. En indiquant un autre père que le mari, ils excèdent leur pouvoir, ils empiètent, pour ainsi dire, sur l'action en désaveu, qui n'appartient qu'au mari ou à ses héritiers. Aussi la prétendue indivisibilité du titre, déjà repoussée dans l'ancienne jurisprudence ([4]), n'a-t-elle point prévalu dans la nouvelle.

453. Jusqu'ici nous avons supposé que la mère est désignée dans l'acte de naissance par son nom de femme mariée; mais la difficulté se complique, lorsque la mère est simplement désignée par son nom de famille. Il semble, au premier abord, que l'acte de naissance est celui d'un enfant naturel, et que par conséquent il ne prouve point la filiation, même à l'égard de la mère. D'un autre côté, en dissimulant sa qualité de femme mariée et le nom de son mari, la mère semble vouloir cacher la naissance, ce qui peut faire supposer une filiation adultérine. Mais ne faut-il pas reconnaître que celui qui se présente comme enfant légitime, a dû préalablement établir le mariage de sa prétendue mère, et que dès lors ce n'est pas une filiation naturelle qu'il entend prouver par son acte de naissance? Quant à la circonstance du recel, on ne peut rien en conclure, si ce n'est que le désaveu du mari en deviendra plus facile; la nécessité même d'une action en désaveu prouve que la présomption de paternité s'applique toujours au mari: aussi le Parlement de Paris avait-il reconnu comme enfant légitime du sieur de la Plissonnière et d'Élisabeth Rouillon son épouse, un enfant qui, suivant

---

([1]) V. Merlin, ibid.
([2]) Décret du 19 floréal an II.
([3]) Même décret. V. Scævola, L. 29, § 1, D. de probat.
([4]) Merlin, Répert., vᵒ LÉGITIMITÉ, sect. 2, § 2.
([5]) Cour de Paris, arrêt du 28 juin 1819.

l'acte de baptême, était né d'Élisabeth Rouillon et de Nicolas Dela-
cour (¹).

320. — À défaut de ce titre, la possession constante de l'état
d'enfant légitime suffit.

321. — La possession d'état s'établit par une réunion suffisante
de faits qui indiquent le rapport de filiation et de parenté entre un
individu et la famille à laquelle il prétend appartenir.

Les principaux de ces faits sont,

Que l'individu a toujours porté le nom du père auquel il prétend
appartenir ;

Que le père l'a traité comme son enfant, et a pourvu, en cette qualité, à son éducation, à son entretien et à son établissement ;

Qu'il a été reconnu constamment pour tel dans la société ;

Qu'il a été reconnu pour tel par la famille.

SOMMAIRE.

454. Utilité de la possession d'état, à défaut de titre.
455. Faits qui la constituent.
456. Ils doivent émaner des deux époux.

454. Il est bien difficile de supposer qu'une personne élève comme
son enfant l'enfant d'un étranger : aussi la preuve de la filiation légitime par la possession d'état a-t-elle été admise de tout temps. C'était
même le genre de preuve le plus fréquemment usité jusqu'à l'établissement des actes de l'état civil, dont l'origine ne remonte pas à une époque très-ancienne. C'est donc à tort que la disposition de l'article 320 a
été considérée comme la consécration d'une doctrine longtemps controversée, qui n'aurait été érigée en principe qu'au dix-huitième siècle
seulement, et malgré les efforts de Cochin dans l'affaire Belrieu de Vi-
rasel. Cochin qui, dans cette cause, plaidait contre l'enfant, niait en
fait qu'il y eût possession d'état ; mais il admettait en principe que cette
possession prouve la filiation. « Un père (dit Cochin), depuis la nais-
« sance de son fils, l'a toujours reconnu comme tel, l'a fait voir à ses
« proches, à ses amis, l'a élevé dans sa maison ou l'a placé dans une au-
« tre où il a été élevé de son autorité au vu et au su de tout le monde.

(¹) Merlin, *Répert.*, vᵒ LÉGITIMITÉ, sect. 2, § 2, nᵒ 7. Si l'application de cette doctrine a pu souffrir quelque doute depuis la promulgation du Code civil (*Cour de Paris,
15 juillet* 1808, *et arrêt de rejet, 22 janvier* 1811), elle a été consacrée par des arrêts
plus récents (*Cour de Paris, 28 juin* 1819 *et 6 janvier* 1834 ; *cour de Montpellier,
20 mars* 1838, *et arrêt de rejet, 9 mai* 1840).

« De cette suite de reconnaissances qui se succèdent journellement, se
« forme la possession d'état. A cette conduite, au caractère qu'elle im-
« prime en quelque sorte à l'enfant, toute la famille le reconnaît et le
« reçoit. » « La loi naturelle, dit Cochin dans une autre cause (¹), a
« établi la preuve qui naît de la possession publique; la loi civile a éta-
« bli la preuve qui naît des registres... Celle de la possession publique
« est la plus ancienne et la moins sujette à l'erreur; celle des registres
« est la plus nouvelle et la plus authentique. »

La possession d'état en matière de filiation est donc une reconnaissance tacite et spontanée, ou plutôt une suite de reconnaissances, résultant de la conduite habituelle que tiennent les père et mère envers
l'enfant, des devoirs qu'ils remplissent envers lui, des soins et de l'éducation qu'ils lui donnent, en se comportant à son égard comme on se
comporte habituellement à l'égard d'un enfant légitime.

Lorsque les époux demeurent ensemble, l'enfant qu'ils élèvent
au domicile conjugal, et sous les yeux de la famille, a une possession
d'état publique, notoire, et par cela même incontestable; mais les choses ne se passent pas toujours ainsi. Le mari et la femme vivent quelquefois séparés ; il peut même arriver que la mort des époux ou de l'un
d'eux rende la possession d'état moins certaine. Dans ces différents cas,
on en conteste souvent l'existence, et alors les faits qui la constituent
peuvent être établis par tous les genres de preuve, et spécialement
par témoins, lors même qu'il n'existe aucun commencement de preuve
par écrit; car cette dernière condition n'est imposée au réclamant
que lorsqu'il n'a en sa faveur ni titre, ni possession (art. 323).

455. Les faits constitutifs de la possession d'état sont trop nombreux
et trop variés pour se prêter à une énumération. Les anciens auteurs les
ont résumés par ces trois mots : NOMEN, TRACTATUS, FAMA, dont l'article 321 ne fait que développer le sens.

La loi veut une réunion de faits ; mais elle n'exige pas le concours de
tous les faits qu'elle a énumérés comme les principaux. Les circonstances caractéristiques de la possession d'état varient nécessairement suivant l'âge des enfants et la position sociale des parents. Il appartient
aux tribunaux d'apprécier souverainement la manière dont elles se sont
succédé, et quel est leur degré d'importance.

456. Mais de qui doivent émaner les faits constitutifs de la possession d'état? Si les enfants qui sont élevés par les soins des deux
époux, ont une possession d'état pleine et entière, il n'en est pas de
même pour les enfants élevés par l'un des conjoints sans le concours

---

(¹) Celle de M. et Mᵐᵉ de Boudeville contre Mᵐᵉ de Bruix, cause 102ᵉ.

ou même à l'insu de l'autre. Nous n'entendons point parler du cas où les soins donnés par l'un des époux seraient exclusifs de la paternité ou de la maternité de son conjoint. Tel serait, par exemple, le cas où le mari élèverait un enfant sans attribuer la maternité à sa femme, ou même en l'attribuant à une autre; car il n'existerait, dans la première hypothèse, qu'une possession équivoque, et dans la seconde, qu'une possession d'état d'enfant adultérin. Nous supposons un enfant élevé comme enfant du mariage, mais par l'un des époux seulement. Parlons d'abord du mari.

Il y a des auteurs qui, prenant l'article 321 à la lettre, prétendent que la possession d'état dépend uniquement du père, en sorte que l'enfant élevé par le mari, même à l'insu de la femme, aurait une possession d'état complète à l'égard des deux époux et de leurs parents (¹). Il est vrai que l'article 321 ne parle point de la mère; mais il mentionne la famille et même la société. Ce qu'il dit du mari ne doit donc pas s'entendre dans un sens exclusif. L'attention des rédacteurs s'est portée tout d'abord sur le père, parce qu'ils s'occupaient en premier lieu du nom porté par l'enfant, nom qui doit toujours être celui du mari; et s'ils ont continué à parler seulement du père, cela tient tout simplement à ce qu'ils ont suivi la même idée dans le reste de l'article, et peut-être aussi à ce qu'ils avaient sous les yeux le passage de Cochin ci-dessus rapporté, passage où il n'est question que du père, parce qu'en fait la mère était décédée.

Ainsi, la rédaction de l'article 321 ne peut fournir aucun argument sérieux, et les soins du mari, lorsqu'ils n'émanent que de lui seul, ne constituent, selon nous, qu'une possession d'état incomplète, en ce sens qu'elle établit la filiation légitime à son égard seulement, sans avoir aucun effet à l'égard de la femme.

Par la même raison, l'enfant que la femme seule aura élevé comme enfant du mariage, mais à l'insu et sans aucune participation du mari, aura, quant à la maternité, une possession d'état qui n'existera point quant à la paternité.

(¹) Merlin (*Répert.*, v° LÉGITIMITÉ, sect. 2, § 4, no 3) établit positivement que la possession d'état « se fonde sur la puissance du suffrage paternel..... que la recon- « naissance de la mère n'a pas la même force; et il est aisé, dit-il, d'aperce- « voir la raison de cette différence. » Nous craignons fort que cette distinction ne repose tout entière sur une fausse application du droit romain : *Grande præjudicium affert pro filio confessio patris*, dit Ulpien (L. 1, § 12, *de agnosc. et alend. lib.*). C'est évidemment de là qu'on est parti, pour décider que le suffrage de la mère n'a pas la même force que celui du père, et la conséquence est juste en droit romain, parce qu'il n'y avait pas d'enfants légitimes à l'égard de la mère; mais il en est tout autrement chez nous. On ne saurait donc se prévaloir en droit français de l'autorité d'Ulpien.

En effet, la possession d'état n'étant qu'une reconnaissance tacite, l'aveu fait par l'un des époux ne doit point préjudicier à son conjoint. Il en est de cette reconnaissance comme de l'autorité de la chose jugée : l'une n'est pas plus indivisible que l'autre, et de même que la chose jugée n'a d'effet qu'entre ceux qui ont été parties au procès, de même l'effet de la possession d'état n'existe que relativement au conjoint de qui elle émane.

Voici une espèce à laquelle peuvent s'appliquer ces principes.

La femme d'un militaire qui, depuis trois ans, n'avait donné aucune nouvelle, avait mis au monde un enfant et était morte peu de temps après. Les parents du mari, ayant contesté la légitimité de l'enfant, firent juger qu'il n'avait pas été conçu pendant le mariage. Les parents maternels, au contraire, reconnurent sa légitimité et l'admirent, par représentation, à la succession de l'aïeul maternel ; mais plus tard ils invoquèrent le jugement qu'avaient obtenu les parents du mari, en soutenant que la chose jugée doit profiter, non-seulement à ceux qui ont été parties dans l'instance, mais à tous les parents sans distinction : ils se fondaient, à cet égard, sur l'indivisibilité de l'état des personnes. La cour d'Angers (¹) les déclara non recevables, attendu 1° qu'il n'y avait pas chose jugée à leur égard, 2° « que les parents maternels, « ayant reconnu la légitimité de l'enfant, lui ayant servi de protecteurs « sur la demande formée par les parents paternels, et l'ayant depuis « admis à la succession de leur père commun, comme fils légitime de « leur sœur, et ne rapportant pas, alors qu'ils attaquaient son état, la « preuve légale de la dissolution du mariage avant la conception de « l'enfant, ne pouvaient y suppléer par des certificats, » etc.

Ainsi, la cour a pris en grande considération la possession d'état dont l'enfant jouissait à l'égard des parents maternels ; toutefois, comme elle s'est fondée en même temps sur la non-représentation d'une preuve légale de la dissolution du mariage, on ne peut pas dire qu'elle ait considéré la possession d'état comme une circonstance pleinement décisive, et nous le regrettons. On a prétendu, il est vrai, pour affaiblir dans l'espèce l'effet de la possession d'état, qu'elle ne peut pas émaner des parents paternels ou maternels, mais seulement du père ou de la mère. L'état des personnes, dit-on, ne peut pas être l'objet d'une transaction ; et dès lors il ne peut dépendre des actes de reconnaissance, quels qu'ils soient et de quelques personnes qu'ils émanent, quand la loi ne le dit pas expressément. On peut répondre que l'aveu d'un fait ou la reconnaissance d'un droit ne sont pas précisément des transactions, et que la possession d'état n'est rien autre chose qu'une reconnaissance tacite

____

(¹) Arrêt du 11 avril 1811.

de la filiation. D'ailleurs la loi s'explique suffisamment sur la validité d'une semblable reconnaissance, lorsqu'elle énumère, parmi les principaux faits qui constituent la possession d'état, ce fait que l'état d'un enfant a été *reconnu par la famille :* or, on concevrait difficilement que la reconnaissance de la famille n'eût pas, après la mort de l'un des époux, la même force qu'elle aurait eue de son vivant pour faire présumer la légitimité de l'enfant.

322. — Nul ne peut réclamer un état contraire à celui que lui donnent son titre de naissance et la possession conforme à ce titre ;

Et réciproquement, nul ne peut contester l'état de celui qui a une possession conforme à son titre de naissance.

SOMMAIRE.

457. Origine et conséquences de cette disposition.

457. La filiation établie par un acte de naissance sans possession d'état ou par la possession sans acte de naissance, peut être contestée ; mais l'état d'un enfant devient absolument inattaquable, « quand les titres et « la possession sont d'accord à son égard, soit que ces preuves se « réunissent pour confirmer l'état qu'on lui conteste, soit qu'elles se « réunissent pour l'exclure de l'état auquel il aspire. » C'est Cochin qui le premier formula ainsi (¹), et fit adopter par la jurisprudence le principe que l'article 522 a transformé en loi positive.

Remarquons toutefois que l'acte de naissance ne concourt réellement avec la possession d'état, qu'autant qu'il fait lui-même preuve de la filiation, c'est-à-dire, lorsque l'enfant auquel il s'applique est identiquement celui qui a été présenté à l'officier civil. Si l'identité même est contestée, l'acte de naissance, n'ayant plus dans l'espèce aucune force probante, n'ajoute rien à la preuve qui résulte de la possession, considérée isolément, et alors l'article 522 n'est plus applicable ; nul doute par conséquent que deux enfants qui auraient été, comme on le dit vulgairement, *changés en nourrice,* ne soient recevables à revendiquer, chacun de son côté, un état contraire à celui qu'ils possèdent. Nous supposons toutefois que la substitution a été opérée après la rédaction des actes de naissance ; car dans le cas contraire, le titre et la possession d'état concourraient à l'égard de la même personne, et la double fin de non-recevoir établie par la loi reprendrait toute sa force.

(¹) Dans sa 102ᵉ cause, celle de M. et Mᵐᵉ de Boudeville contre Mᵐᵉ de Bruix. V. Merlin, *Répert.,* vᵒ Légitimité, sect. 3, nᵒ 4.

A la vérité, le crime de suppression d'état existerait dans ce dernier cas comme dans le premier; mais dans le second, la poursuite criminelle deviendrait impossible, par cela seul que la question d'état ne pourrait pas être jugée par les tribunaux civils (V. art. 326).

323. — A défaut de titre et de possession constante, ou si l'enfant a été inscrit, soit sous de faux noms, soit comme né de père et mère inconnus, la preuve de filiation peut se faire par témoins.

Néanmoins cette preuve ne peut être admise que lorsqu'il y a commencement de preuve par écrit, ou lorsque les présomptions ou indices résultant de faits dès lors constants sont assez graves pour déterminer l'admission.

324. — Le commencement de preuve par écrit résulte des titres de famille, des registres et papiers domestiques du père ou de la mère, des actes publics et même privés, émanés d'une partie engagée dans la contestation, ou qui y aurait intérêt si elle était vivante.

SOMMAIRE.

458. Cas dans lesquels la filiation peut être prouvée par témoins.
459. Adminicules qui rendent cette preuve admissible.
460. Ils ne sont pas nécessaires dans le cas de l'article 46.
461. Comment se prouvent, en cas d'omission sur les registres, les naissances et les décès.

458. Ces deux articles, qu'il est impossible de séparer dans l'explication, s'occupent de la preuve testimoniale; ils obligent le demandeur à justifier préalablement d'un commencement de preuve qui rende la filiation vraisemblable, et ils déterminent le caractère des écrits ou des faits qui constituent ce commencement de preuve.

La filiation légitime, qui se prouve ordinairement par l'acte de naissance ou par la possession d'état, se prouve aussi par témoins, lorsque l'enfant n'a pas été inscrit sur les registres, ou, ce qui revient au même, quant à la preuve de la filiation, lorsqu'il a été inscrit comme né de père et mère inconnus. S'il existe un acte qui dénomme les père et mère, ou, suivant nous, la mère seulement, cet acte suffit pour établir la filiation; mais lorsque cette preuve n'est pas corroborée par une possession d'état conforme, rien n'empêche l'enfant de revendiquer une filiation différente, en prouvant quelle est sa véritable mère, et en démontrant par cela même la fausseté ou l'inexactitude des noms inscrits dans son acte de naissance. C'est à cette dernière hypothèse que se réfère l'article 323, lorsqu'il s'occupe d'un enfant inscrit sous de faux noms.

459. En règle générale, on peut prouver par témoins tous les faits qu'on n'a pas eu la possibilité de faire constater par écrit (art. 1348). L'enfant qui recherche sa filiation, serait donc admis directement à la preuve testimoniale, si l'on n'avait pas cru « qu'il est dangereux de faire « dépendre la destinée d'une famille, son repos, sa sécurité, de l'igno- « rance ou de la malice d'un témoin passionné, surpris ou corrompu (¹). Cependant, comme on ne pouvait pas réduire les parties à l'impossibi- lité de prouver, l'ancienne jurisprudence, adoptant une sorte de moyen terme, décidait que la preuve testimoniale peut être admise, pourvu toutefois qu'elle ne le soit pas légèrement et sans adminicules (²). Cette jurisprudence est transformée en loi positive par le Code civil : il faut donc qu'à l'époque de la demande intentée, la filiation soit rendue vrai- semblable, ou par certaines écritures qui constituent spécialement le commencement de preuve par écrit, ou même par de simples faits, pourvu qu'ils soient dès lors constants ; car, ainsi que nous l'avons déjà dit, un fait qui a besoin lui-même d'être prouvé ne saurait remplir le but de la loi.

Les présomptions qui résultent de ces faits ne suffisent même pour faire autoriser la preuve testimoniale, qu'autant qu'elles ont un carac- tère de gravité incontestable. Du reste, cette gravité ne peut être ap- préciée que par les juges, et la loi a dû s'en rapporter sur ce point à leur sagesse et à leur expérience (³). Il en est autrement du commen- cement de preuve par écrit. Le Code appelle ainsi, dans les règles gé- nérales sur la preuve des conventions, tout écrit qui rend vraisembla- ble le fait allégué, pourvu que cet écrit émane du défendeur à l'enquête ou de ceux qu'il représente (art. 1347) ; mais ici la loi prend le commen- cement de preuve dans un sens plus large : elle le reconnaît dans les ti- tres de famille, les papiers domestiques des père et mère, et même dans tous les actes publics ou privés émanant d'une autre personne, pourvu qu'elle soit engagée dans la contestation ou qu'elle dût s'y trouver in- téressée si elle était vivante (art. 324). Sous la dénomination d'actes publics la loi comprend tous les actes authentiques, et sous la dénomi- nation d'actes privés, tout ce que les personnes dont nous venons de

(¹) D'Aguesseau, 2e plaidoyer.
(²) On s'est fondé à cet égard sur une loi romaine (*Alex., L. 2, C. de testib.*), qui ne s'applique pas à la filiation légitime, mais seulement à la qualité d'ingénu. D'Aguesseau lui-même cite des textes (*Diocl. et Max., L. 6, C. de fide instrum.*) d'après lesquels la preuve testimoniale suffit pour établir la filiation, et néanmoins il s'attache à la consti- tution d'Alexandre Sévère portant que les témoins seuls ne suffisent pas *ad probatio- nem ingenuitatis.*
(³) Arrêts de rejet des 16 novembre 1825, 11 avril 1826 et 6 août 1839.

parler ont pu écrire sans l'intervention d'un officier public, ce qui s'applique sans aucun doute à leur correspondance.

460. Cette règle générale qui subordonne l'admissibilité de la preuve testimoniale à l'existence de certains adminicules, cesse d'être applicable dans le cas où il n'existe point de registres de l'état civil, soit parce qu'il n'en a pas été tenu, soit parce que les registres ont été détruits ou perdus. Alors, en effet, les naissances, mariages et décès peuvent être prouvés par témoins (art. 46), indépendamment de tout écrit, de toute présomption. Cette disposition s'applique sans difficulté aux mariages et aux décès; mais lorsqu'il s'agit de suppléer au défaut d'actes de naissance, plusieurs auteurs font une distinction. Prenant l'article 46 à la lettre, ils admettent bien que la preuve testimoniale suffit pour établir le fait de la naissance considéré en lui-même, et abstraction faite de toute corrélation entre l'enfant et ses père et mère; mais ils soutiennent que cette même preuve n'est admissible, quant à la filiation, qu'en supposant l'accomplissement des conditions exigées par les articles 323 et 324. Ce système, s'il était fondé, restreindrait singulièrement l'application de l'article 46; car la preuve qu'il autorise ne servirait guère qu'à fixer la date de la naissance; mais quand le législateur croit devoir comprendre dans une seule et même disposition les naissances, mariages et décès, il indique suffisamment que, dans sa pensée, la preuve testimoniale supplée complétement aux registres. Cette preuve établit donc tout ce que constateraient les registres eux-mêmes, et puisque l'acte, quand il existe, prouve non-seulement la date de la naissance, mais encore la filiation, la preuve testimoniale, dans le cas prévu par l'article 46, ne doit pas avoir moins d'efficacité.

Ainsi l'article 323 suppose, selon nous, l'existence et la conservation des registres, soit que l'enfant n'ait pas été inscrit, soit qu'il l'ait été avec des énonciations incomplètes ou inexactes, ce qui, dans l'un et l'autre cas, autorise à penser qu'on a voulu cacher la naissance ou du moins la filiation. Nous verrons, en expliquant l'article 325, quelle peut être l'importance de cette observation.

461. Nous nous sommes demandé précédemment (339) si la célébration du mariage peut être prouvée par témoins en vertu de l'article 46, lorsque l'acte n'a pas été inscrit sur les registres de l'état civil. La même question n'a point été agitée devant les tribunaux relativement aux actes de naissance, sans doute parce que la loi ne se borne pas à pourvoir au cas de non-existence ou de perte des registres. Elle admet, suivant la nature des divers cas où l'acte de naissance devait être produit, des preuves subsidiaires, c'est-à-dire, lorsqu'il s'agit des justifications exigées pour la célébration du mariage, un acte de notoriété (art. 70), et lorsqu'un enfant veut établir sa filiation, la possession

d'état, ou la preuve directe par témoins, et à l'aide de certains adminicules (art. 325).

Si le système du Code peut, sous ce rapport, être considéré comme
suffisant, il n'en est plus de même en ce qui concerne le décès. Le législateur semble n'admettre, pour constater ce fait, que les actes de
l'état civil, ou, à leur défaut, les preuves autorisées par l'article 46. Cependant, quelle que soit l'exactitude avec laquelle sont tenus les registres, il pourra arriver qu'un décès n'y soit pas mentionné, parce qu'il
ne sera pas connu. Souvent aussi l'acte se trouvera inutile parce que
l'identité de la personne n'aura pas été suffisamment constatée. Un avis
du conseil d'État lève les obstacles que l'absence des actes de décès
peut apporter à la célébration du mariage des enfants après la mort des
père et mère (269); mais la même difficulté peut se présenter dans
beaucoup d'autres circonstances qui n'ont pas été prévues. Aussi a-t-on
cherché à élargir la disposition exceptionnelle de l'article 46, sur le
cas de non-existence ou de perte des registres, pour l'appliquer au
cas d'omission sur les registres existants. De nombreux arrêts ont
décidé que, dans le silence de ces registres, la preuve du décès
pourrait se faire par témoins ([1]). Ces décisions se justifient par cette
considération que le décès n'est pas toujours déclaré par les parties
intéressées, tandis que l'acte de mariage suppose toujours la présence
des parties contractantes.

325. — La preuve contraire pourra se faire par tous les moyens
propres à établir que le réclamant n'est pas l'enfant de la mère qu'il
prétend avoir, ou même, la maternité prouvée, qu'il n'est pas l'enfant du mari de la mère.

SOMMAIRE.

462. Preuve que doit faire le demandeur. Preuve contraire réservée aux défendeurs, tant sur la maternité même, que sur la non-paternité du mari.
463. Fausse interprétation donnée à l'article 325. Véritable caractère de cette disposition. Conséquences qui en résultent.

462. Celui qui intente l'action en réclamation d'état justifie sa prétention en prouvant la maternité; car, cette preuve une fois faite, la
paternité se déduit par voie de conséquence.

([1]) Arrêts de rejet des 12 mars 1807, 2 février 1809 et 1er juin 1830. Plusieurs arrêts de
cours royales (*Bordeaux*, 29 *août* 1811 *et* 9 *mars* 1812; *Montpellier*, 2 *mars* 1832) se
réfèrent à une époque et à des circonstances dans lesquelles les registres étaient tenus
avec la plus grande irrégularité.

La preuve de la maternité suppose : 1° la preuve de l'accouchement de la prétendue mère, 2° celle de l'identité du réclamant avec l'enfant que cette femme a mis au monde. Ce sont donc ces deux faits que le demandeur doit établir (V. art. 341). Mais tandis que le demandeur n'est admis à la preuve testimoniale de ces deux faits qu'à l'aide de certains adminicules, les défendeurs, au contraire, pourront, conformément aux règles générales de la procédure, faire la preuve contraire par tous les moyens possibles, même par de simples présomptions. Ils s'efforceront de démontrer ainsi que le réclamant n'est pas l'enfant de la femme qu'il prétend avoir pour mère, soit parce qu'elle n'est pas accouchée à l'époque où il est né, soit parce qu'il n'y a pas identité de personne. C'est en appréciant les preuves fournies de part et d'autre sur ces faits, notamment les dépositions des témoins produits par le demandeur ou par son adversaire, que le juge statuera sur la maternité.

Il semble même, au premier coup d'œil, qu'en cas de solution affirmative, il n'y ait plus rien à juger, puisque l'enfant conçu pendant le mariage a pour père le mari (art. 312) ; mais le Code autorise les défendeurs qui font la preuve contraire, à établir, d'une part, la non-maternité de la femme, et subsidiairement, d'autre part, la non-paternité du mari. Il y a donc ici deux questions distinctes à décider. Si le réclamant succombe sur la première, il succombe par cela même sur la seconde. Dans le cas contraire, les juges ont à examiner si, une fois reconnu comme enfant de la femme, il est aussi l'enfant du mari.

Sur cette question subsidiaire, comme sur la question principale, la loi admet *tous les moyens propres à établir* que le réclamant n'est pas l'enfant du mari de la mère, ce qui doit s'entendre, non plus des divers genres de preuves (point qui ne souffrait aucun doute), mais de tous les faits propres à établir la non-paternité : l'impossibilité physique de cohabitation entre les époux ne sera donc pas le seul fait admissible. Déjà nous avons vu, en expliquant l'article 313, que dans le cas du recel de la naissance, tous les faits contraires à la présomption de paternité peuvent être prouvés. La même idée se retrouve dans l'article 325, parce qu'il se réfère aux circonstances énumérées dans l'article 323, circonstances qui peuvent tendre à dissimuler la naissance de l'enfant ou du moins sa filiation. Les articles 313 et 325 sont, comme nous l'avons déjà prouvé, la conséquence d'un même principe. Dans le premier, comme dans le second, la paternité du mari est toujours présumée ; mais les circonstances qui ont accompagné la naissance affaiblissent la présomption légale, et la preuve contraire est admise avec la plus grande latitude. S'il existe une différence, elle n'est que dans la procédure : l'article 313 suppose que le mari ou ses représentants sont demandeurs, qu'ils agissent en désaveu contre un enfant dont le rôle est purement passif. Ici, au contraire, le mari ou ses héritiers sont défendeurs à l'action en réclamation d'état, et la loi ne parle pas de désaveu. En réalité, cependant, c'est un désaveu de paternité qu'ils forment par voie d'exception.

463. On a cherché à expliquer l'article 325 dans un tout autre sens. Il peut arriver (a-t-on dit, en reproduisant une observation du Tribunat) « que les parents de la femme, soit par négligence, soit par collu-
« sion, aient laissé accueillir une réclamation très-peu fondée, et que
« les parents du mari se trouvent lésés... par un jugement dont on pré-
« tend conclure que le réclamant est l'enfant du mari, quoiqu'il n'eût
« été question au procès que de savoir s'il était l'enfant de la femme.
« L'article... a pour but de remédier à cet inconvénient grave » ([1]).

Mais cette observation porte à faux ; car il est constant que le jugement rendu contre la femme ou contre ses représentants sera sans autorité contre le mari ou contre ses parents, s'ils n'ont pas été mis en cause. Non-seulement on ne doit pas en tirer contre eux cette conséquence que le réclamant est l'enfant du mari, mais il n'est même pas jugé, à leur égard, qu'il est l'enfant de la femme. D'ailleurs l'article 325 ne se place pas dans l'hypothèse d'un jugement déjà rendu sur la maternité ; il suppose seulement que le demandeur cherche à l'établir, et c'est dans la même instance qu'il autorise la preuve contraire sur la maternité, et subsidiairement sur la paternité du mari. Par qui sera faite cette dernière preuve ? Évidemment par le mari, contradicteur naturel de l'action en réclamation d'état, ou par ses héritiers, s'il est décédé ; quelle autre personne, en effet, aurait qualité pour combattre ici la présomption qui attribue la paternité au mari ? La femme elle-même ; mais elle ne sera jamais admise à invoquer sa propre turpitude pour rejeter dans la classe des enfants adultérins celui dont elle est reconnue la mère. Les héritiers de la femme ont un intérêt pécuniaire ; mais cet intérêt ne les autorise pas à intenter une action dirigée contre l'honneur de celle de qui ils tiennent leurs droits. Nous donnons donc à l'article 325 son véritable sens, en supposant une action en réclamation d'état intentée, en vertu de l'article 323, contre toutes les parties intéressées, c'est-à-dire tant contre la femme que contre le mari ou leurs héritiers, et en réservant au mari lui-même ou à ses représentants la faculté de prouver la non-paternité.

_____

([1]) Cette observation du Tribunat n'avait d'autre but qu'un changement de rédaction qui a été admis « pour ne rien laisser à désirer sur la clarté du sens et sur « la facilité de l'application. » Il est essentiel de le remarquer afin qu'il ne reste aucun doute sur le maintien du principe voté par le conseil d'État dans la séance du 16 brumaire an X, et par conséquent sur la corrélation qui existe entre les articles 313 et 325.

Si l'article 325 se réfère à l'article 323, s'il est vrai, comme nous croyons l'avoir démontré, que la faculté de prouver la non-paternité du mari par tous les moyens propres à établir ce fait négatif, ne constitue ici, comme dans l'article 313, qu'un désaveu fondé sur des circonstances qui peuvent rendre la légitimité douteuse, on ne saurait donner la même latitude au désaveu dans le cas où la filiation est prouvée par témoins en vertu de l'article 46; car la non-existence des registres, leur perte ou leur destruction sont des circonstances étrangères aux parties intéressées et dont on ne peut rien induire contre la légitimité du réclamant. Elles n'ont donc rien de commun avec les circonstances énumérées dans l'article 323.

326. — Les tribunaux civils seront seuls compétents pour statuer sur les réclamations d'état.

SOMMAIRE.

464. Dérogation aux règles générales sur la compétence. Cet article et les quatre suivants s'appliquent même aux enfants naturels.

464. Nous avons déjà vu que l'action civile résultant d'un délit peut être exercée en même temps et devant les mêmes juges que l'action publique (¹), en sorte qu'elle peut être portée devant les tribunaux criminels. C'est à ce principe que déroge le Code, en attribuant aux tribunaux civils une compétence exclusive sur l'action en réclamation d'état, lors même qu'elle est intentée à l'occasion d'un crime de suppression d'état.

Cette dérogation au droit commun, introduite par le Code civil, s'applique, non pas à toutes les réclamations qui concernent la condition des personnes, mais à la réclamation d'état proprement dite, à celle qui a pour objet la recherche de la filiation. On a voulu empêcher d'éluder les restrictions imposées par l'article 323 à ceux qui veulent prouver leur filiation par témoins.

Nous verrons, en expliquant l'article 327, quel peut être le mérite de cette innovation, et quelles en sont les conséquences. Remarquons seulement ici que les règles établies par l'article 326 et par les quatre articles suivants, sur la compétence des tribunaux en matière de réclamation d'état, sur la prescription et sur la transmission de l'action, doivent s'appliquer même aux enfants naturels, attendu qu'il n'existe aucune raison pour restreindre l'application de ces règles aux enfants

---

(¹) Code des délits et des peines du 3 brumaire an IV, art. 8; C. d'instr. cr., art. 3.

légitimes. Mais il en est tout autrement des règles sur la preuve de la filiation ; car, ainsi que nous l'avons déjà dit, les enfants légitimes et les enfants naturels n'établissent pas leur état par les mêmes moyens. Nous prendrons donc les articles 319 et suivants, jusques et y compris l'article 325, dans le sens restreint qui est indiqué par la rubrique du chapitre II, et nous les appliquerons seulement à la filiation des enfants légitimes (¹).

327. — L'action criminelle contre un délit de suppression d'état, ne pourra commencer qu'après le jugement définitif sur la question d'état.

DÉLIT DE SUPPRESSION D'ÉTAT. Nous avons déjà dit que, dans le Code civil, comme dans le Code des délits et des peines du 3 brum. an IV, le mot *Délit* est une expression générale, qui comprend tous les faits contre lesquels la loi établit une peine quelconque, et par conséquent les crimes aussi bien que les délits proprement dits.

JUGEMENT DÉFINITIF, c'est-à-dire, jugement en dernier ressort ou passé en force de chose jugée.

SOMMAIRE.

465. Pourquoi le civil, en cette matière, tient le criminel en état.
466. Inconvénients de ce système. Fausse doctrine sur laquelle il est fondé.
467. Contradiction qui en résulte.

465. Il y a suppression d'état, toutes les fois que, par une fausse déclaration faite à l'officier de l'état civil, ou par toute autre manœuvre frauduleuse, on dépouille un enfant de la filiation qui lui appartient ; par exemple, lorsqu'en le faisant inscrire sur les registres de l'état civil, on attribue la maternité à une femme qui n'est pas sa mère ; car, en lui donnant une filiation qui ne lui appartient pas, on change et par conséquent on supprime son véritable état. Les faits de cette nature constituent un crime puni de la réclusion par le Code pénal (art. 345).

En règle générale, l'action civile qui résulte d'un délit, peut être, ou soumise, en même temps que l'action publique, aux juges qui doivent statuer sur l'application de la peine, ou intentée séparément devant les tribunaux civils ; mais, dans ce dernier cas, l'exercice en est suspendu, tant qu'il n'a pas été définitivement statué sur l'action publique intentée avant ou pendant la poursuite de l'action civile (C. d'instr. cr., art. 3).

(¹) La disposition de l'article 322, sur l'enfant qui a titre et possession conformes, a été souvent, et mal à propos selon nous, opposée à la réclamation des enfants qui, d'après leur acte de naissance, seraient nés hors mariage. Cette application de l'article 322 aux enfants naturels a été repoussée par la cour de Montpellier (20 *mars* 1838) et par un arrêt de rejet (13 *février* 1839).

Tel est le sens de ce vieil adage, *le criminel tient le civil en état.* Ici, au contraire, c'est le civil qui tient le criminel en état : le législateur, après avoir interdit aux tribunaux criminels la connaissance de l'action civile en réclamation d'état, a compris que cette prohibition serait facilement éludée, si le ministère public pouvait encore exercer des poursuites. Il a senti que les juges criminels, en décidant qu'il y a eu ou qu'il n'y a pas eu suppression d'état, statueraient implicitement sur la filiation de la partie intéressée, en sorte que, suivant la théorie que nous établirons en expliquant l'article 1351, leur décision aurait force de chose jugée au civil, et que les tribunaux saisis de l'action en réclamation d'état, n'auraient plus qu'à appliquer cette décision (V. art. 198). C'est pour cela que la loi interdit toute poursuite criminelle, tant qu'il n'a pas été définitivement statué sur l'action civile. Les articles 326 et 327 ont donc une intime connexité ; le premier introduit un principe dont le second n'est que le corollaire [1].

466. Toutefois, on arrive ainsi aux résultats les plus fâcheux. Vouloir que l'action civile soit préalablement jugée, c'est vouloir que l'action du ministère public soit suspendue par la négligence ou par la collusion des parties intéressées ; bien plus, c'est assurer l'impunité aux coupables, dans tous les cas où l'exercice de l'action civile devient impossible, soit à raison de la mort des parties, soit parce qu'il existe une fin de non-recevoir invincible contre l'enfant qui a une possession d'état conforme à son acte de naissance (V. art. 322). Aussi, pour éviter de semblables conséquences, Merlin a-t-il été jusqu'à soutenir que l'article 327 n'a en vue que la plainte de la partie lésée, et n'empêche pas l'exercice de l'action publique [2] ; mais cette doctrine, évidemment contraire au texte et à l'esprit de la loi, a été repoussée par la Cour de cassation [3].

Il ne sera pas inutile de rechercher comment on est arrivé à de semblables résultats.

Dans les questions soumises aux tribunaux civils, il s'agit presque

---

[1] Merlin, *Répert.*, v° CHOSE JUGÉE, § 15.

[2] Merlin, *Répert.*, v° SUPPOSITION DE PART, § 2.

[3] Arrêts des 3 mars 1813, 24 juillet 1823, 21 juillet 1831 et 9 juin 1838. Cependant un arrêt de rejet (2 *juillet* 1819) a autorisé la poursuite du ministère public, après la mort des parties intéressées.

Remarquons ici que le crime de suppression d'état ne doit pas être confondu avec un autre crime, qui consiste dans l'enlèvement, le recélé ou la suppression de la personne même (C. pén., art. 345). La Cour de cassation a jugé plusieurs fois que la disposition exceptionnelle de l'article 326 ne s'étend point à ce dernier cas, et par conséquent ne s'oppose point aux poursuites du ministère public. Arrêts des 26 septembre et 12 décembre 1823, 8 avril 1826, 4 août et 1er octobre 1842.

toujours de conventions ; les tribunaux criminels, au contraire, s'attachent exclusivement à la recherche des délits ; et comme les conventions se prouvent rarement par témoins (art. 1341), tandis que la preuve testimoniale d'un délit est toujours admissible (art. 1348), il arrive, en fait, que cette preuve est d'un usage très-fréquent devant les juges criminels, et d'une application beaucoup plus rare devant les juges civils. De là est résulté un préjugé trop général. On a cru, et plusieurs jurisconsultes croient encore, que les principes sur la preuve varient suivant la juridiction, et que dès lors la preuve testimoniale est toujours admise devant les tribunaux criminels, quelle que soit la nature du fait allégué. Cette distinction ne repose sur aucun texte, et une jurisprudence constante ([1]) consacre aujourd'hui l'opinion qui veut que la preuve varie suivant la nature des faits, et non suivant la nature des juridictions. Si les délits se prouvent par témoins au criminel, ils se prouvent de la même manière au civil ; et réciproquement, lorsque l'on n'admet pas au civil la preuve testimoniale d'une convention, cette preuve n'est pas admise davantage devant les tribunaux criminels : ainsi, par exemple, le déposant qui se plaint d'un abus de confiance, n'est pas reçu, même en police correctionnelle, à prouver par témoins l'existence du dépôt.

467. Toutefois la partie qui, par cas fortuit ou par force majeure, a perdu le titre qui lui servait de preuve littérale, peut en règle générale recourir à la preuve par témoins (art. 1348, 4°), et ce principe s'applique, ainsi que nous l'avons vu, au cas où les registres de l'état civil sont perdus (art. 46). Peu importe, du reste, que cette perte provienne d'un cas fortuit ou soit le résultat de quelque fraude. On peut donc prouver par témoins, soit au civil, soit au criminel, la soustraction ou la destruction d'un acte de dépôt, d'un testament ou de tout autre titre.

La loi fait elle-même l'application de ce principe (art. 198 et 199), en permettant d'établir par témoins, devant un tribunal criminel comme devant un tribunal civil, la célébration d'un mariage dont la preuve littérale a été supprimée.

L'ancienne jurisprudence distinguait également entre la preuve de l'état considéré en lui-même, et celle du crime de suppression d'état. Sans doute, la preuve testimoniale ne suffisait pas pour établir la filiation ; mais on s'en est toujours servi pour constater le crime de suppression d'état, et la juridiction criminelle, compétente pour punir le coupable, l'était également pour accorder à la partie intéressée la réparation qui

---

([1]) Merlin, *Répert.*, v° CHOSE JUGÉE, § 15 ; *Questions de droit*, v° TRIBUNAL D'APPEL, § 5.

lui était due, c'est-à-dire pour lui rendre l'état dont le crime l'avait dépouillée.

S'il en est autrement dans l'article 327, c'est par suite de l'erreur que nous avons signalée, et de la confusion qui en est résultée. C'est là ce qui depuis longtemps avait fait révoquer en doute la compétence des tribunaux criminels en matière de filiation : on avait même été jusqu'à prétendre qu'ils devaient renvoyer aux tribunaux civils la connaissance de toutes les questions qui, par leur nature, excluaient l'emploi de la preuve testimoniale ; mais cette confusion de principes n'avait pas prévalu dans la jurisprudence, jusqu'à la promulgation du Code civil. Si les juges criminels se sont quelquefois dessaisis et ont renvoyé les parties devant la juridiction civile, c'est uniquement lorsqu'on ne leur signalait aucun coupable ou qu'on ne leur fournissait aucune preuve du délit (¹). Néanmoins le préjugé s'est maintenu, surtout en matière de filiation ; les rédacteurs du Code civil en étaient imbus, et ils l'ont fait prévaloir dans les articles 326 et 327, qui ont été admis sans discussion.

Le projet de Code civil ne suspendait pas l'action du ministère public : seulement, il en subordonnait l'exercice à l'existence des adminicules exigés par l'article 323. Le Code hollandais (art. 323) a consacré cette doctrine, qui concilie heureusement l'intérêt de la justice pénale avec la sécurité des familles. Du reste, nous croyons qu'il faudrait distinguer de quelle manière le crime a été commis : s'il y avait eu destruction ou altération des registres, le principe de l'article 46 deviendrait applicable, et la preuve testimoniale suffirait pour établir la filiation, parce que l'état de l'enfant ne doit pas dépendre d'un fait postérieur à la rédaction de son acte de naissance ; mais s'il y avait eu, dès l'origine, inscription sous de faux noms, on se trouverait placé dans l'hypothèse de l'article 323, et la preuve testimoniale, au criminel comme au civil, ne serait plus admissible sans adminicules.

328. — L'action en réclamation d'état est imprescriptible à l'égard de l'enfant.

468. Toutes les actions, tant réelles que personnelles, se prescrivent par trente ans (art. 2262). Cette règle générale s'appliquerait à l'action en réclamation d'état, si la loi n'établissait pas une exception toute spéciale.

_____

(¹) Merlin, *Questions de droit*, vᵒ TRIBUNAL D'APPEL, § 5.

Cette exception est fondée sur la nature même des droits qui constituent l'état des personnes, droits que la justice peut être appelée à reconnaître, mais dont personne ne saurait disposer, soit par une aliénation ou renonciation directe, soit par une transaction ou par un compromis (V. C. de pr., art. 1004). Il en résulte que la conservation de ces mêmes droits ne saurait dépendre du plus ou moins de diligence qu'on aurait mis à les revendiquer ; car la prescription serait un moyen indirect de les aliéner.

329. — L'action ne peut être intentée par les héritiers de l'enfant qui n'a pas réclamé, qu'autant qu'il est décédé mineur, ou dans les cinq années après sa majorité.

330. — Les héritiers peuvent suivre cette action lorsqu'elle a été commencée par l'enfant, à moins qu'il ne s'en fût désisté formellement, ou qu'il n'eût laissé passer trois années sans poursuites, à compter du dernier acte de la procédure.

SOMMAIRE.

469. La loi règle ici la transmission de l'action en réclamation d'état ; elle distingue si l'enfant meurt sans avoir exercé cette action ou si, au contraire, il meurt après avoir commencé l'instance.

Dans le premier cas, la transmission n'a lieu que par exception, lorsque la mort de l'enfant est arrivée dans un âge trop peu avancé pour que son silence pût être considéré, même à l'égard de ses héritiers, comme un abandon de son droit, c'est-à-dire lorsqu'il est décédé mineur ou moins de cinq ans après sa majorité (art. 529).

Dans le second cas, quel que soit l'âge auquel est décédé l'enfant qui avait lui-même commencé l'instance, la transmission devient la règle, et le Code n'établit d'exception qu'autant qu'il y a eu abandon exprès ou tacite.

A cet égard, le projet adopté par le conseil d'État posait d'abord en principe que les héritiers peuvent suivre l'action « lorsqu'elle a été intentée et non abandonnée par l'enfant » ; un article séparé expliquait ensuite le sens du mot *abandonnée*, dans les termes suivants : « l'abandon résulte ou du désistement formel ou de la cessation des poursuites pendant trois ans à compter du dernier acte de la procédure. » Lors de la communication officieuse, le Tribunat manifesta la crainte, qu'en définissant l'abandon par un article séparé, on ne laissât supposer que cet abandon peut être opposé à l'enfant lui-même, tandis qu'il ne doit l'être qu'à ses héritiers. C'est d'après cette observation que les deux articles ont été réunis en un seul. Ainsi, sans aucun doute, l'enfant peut renouveler l'instance, même après une renonciation formelle. Quant aux héritiers, la loi ne leur permet pas de reprendre l'instance abandonnée par leur auteur.

Mais comment faut-il entendre cet abandon? Suffit-il du simple fait de la discontinuation des poursuites pendant trois ans; ne faut-il pas une péremption proprement dite, qui, même après les trois ans, doit être demandée par la partie adverse? Sans doute, il faudrait observer ici les règles de la péremption, s'il s'agissait de l'extinction de l'instance commencée par l'enfant ; mais, comme nous l'avons déjà dit, il ne s'agit pas de l'abandon de l'instance, il s'agit d'une renonciation qui, sans dépouiller l'enfant lui-même, empêche la transmission de son droit. Or, le laps de trois ans qui, par lui seul, n'opérerait point la péremption, suffit, dans la pensée du législateur, pour faire présumer la renonciation.

470. La loi, qui ne veut pas éterniser les procès, n'étend point aux héritiers la faveur exceptionnelle qui, à l'égard de l'enfant, rend l'action en réclamation d'état imprescriptible. Les héritiers n'ont, pour fonder leur réclamation, qu'un intérêt pécuniaire ; leur action doit donc rentrer dans la règle générale, qui déclare prescriptibles toutes les actions tant réelles que personnelles (art. 2262). Elle s'éteindra dès lors par trente ans à compter de l'ouverture de la succession.

Lorsqu'on cherche à quels héritiers s'appliquent les articles 329 et 330, on aperçoit aisément qu'il ne peut être question de ceux qui auraient succédé à l'enfant en qualité d'ascendants ou de collatéraux, d'après la possession d'état qu'il avait au jour de sa mort ; car ils sont sans intérêt pour faire juger que le défunt appartient à une autre famille. Ils ont même un intérêt contraire, puisque la réclamation d'état, si elle était fondée, démontrerait que l'enfant n'était point leur parent, et que par conséquent ils ne sont pas ses héritiers. Il faut nécessairement supposer que ceux qui se présentent comme ascendants ou comme collatéraux, veulent se faire reconnaître pour tels en rattachant le défunt à leur famille, afin de recueillir sa succession.

Ces distinctions ne s'appliquent point aux descendants. Ils ont toujours intérêt à réclamer la filiation de leur auteur, ils peuvent donc sans difficulté, s'ils ont accepté sa succession, agir de son chef, en vertu des articles 329 et 330 ; mais ne faut-il pas décider en outre que la filiation de leur père est leur propre filiation, et qu'ils ont dès lors qualité pour revendiquer, en leur propre nom, la filiation qui les rattache à leurs grand-père et grand'mère? La loi elle-même tient compte de l'intérêt que peuvent avoir les petits-enfants à établir cette filiation, puisqu'elle admet, en leur faveur, la légitimation d'un enfant naturel décédé (art. 332). Il faut également admettre que les petits-enfants ont le droit d'agir en leur nom personnel; car, indépendamment des restrictions qu'apporte l'article 329 à la transmissibilité de l'action, les enfants ne peuvent agir comme héritiers qu'autant qu'ils acceptent la succession, et il serait trop dur que l'insolvabilité de leur père les privât du droit de réclamer leur état.

CHAPITRE III.

DES ENFANTS NATURELS.

SOMMAIRE.

471. Origine de la dénomination d'*enfant naturel*.

471. Le mot *enfant naturel* n'avait pas, en droit romain, le sens qu'il a en droit français. On distinguait à Rome des enfants légitimes, des enfants naturels et des *spurii*. Les premiers (*justi* ou *legitimi liberi*) naissaient dans la famille et sous la puissance du mari. Les seconds, nés du *concubinatus*, c'est-à-dire, d'une union qui était reconnue par les lois (¹), mais qui cependant ne produisait pas d'effets civils, avaient aussi une filiation certaine, même à l'égard du père : ce sont eux qu'on appelait, à proprement parler, *liberi naturales*. Aux *liberi legitimi*, et même aux *liberi naturales*, qui avaient un père certain, quoiqu'ils ne fussent ni dans sa famille ni sous sa puissance, on opposait les *spurii*, nés *ex vaga venere* ou *vulgo concepti*, c'est-à-dire en dehors des *justæ nuptiæ*, et même du *concubinatus*. La paternité à leur égard était nécessairement incertaine et ils étaient considérés comme n'ayant point de père, *quasi sine patre filii* (²).

Du reste, les enfants, quelle que fût leur position à l'égard du père, étaient tous simplement *naturales* à l'égard de la mère : d'une part, la mère n'avait jamais la puissance paternelle, et d'autre part, la maternité est toujours également certaine.

Nos lois ne reconnaissent qu'un seul mariage. On n'a jamais admis en France, ni le *concubinatus* romain, ni les mariages de la main gauche : aussi l'expression d'enfant naturel n'était-elle point usitée dans nos anciennes coutumes. Les enfants nés hors mariage se nommaient

---

(¹) « Concubinatus per leges nomen assumpsit » (*Marcian. L.* 3, § 1, *D. de concub.*).
(²) *Inst.*, § 12, *de nupt*.

bâtards; mais cette qualification, qui semblait humiliante, surtout à raison des incapacités qui s'y rattachaient, a été abandonnée par la législation intermédiaire. Les lois de cette époque parlaient presque constamment des enfants *nés hors mariage* (¹) : ces mots se retrouvaient encore dans le projet de Code civil, et même dans la première rédaction présentée au conseil d'État. C'est dans la seconde rédaction que l'expression d'enfants naturels est devenue la qualification légale des enfants nés hors mariage.

SECTION PREMIÈRE.

DE LA LÉGITIMATION DES ENFANTS NATURELS.

SOMMAIRE.

472. Origine de la légitimation par mariage subséquent. Constitution du Bas-Empire.
473. Droit canonique. Légitimation des enfants adultérins et incestueux.
474. Les coutumes et la jurisprudence se montrent plus sévères.

472. La légitimation *per matrimonium subsequens*, introduite par les constitutions du Bas-Empire, n'avait d'autre but que de faire passer sous la puissance paternelle les enfants qui ne s'y trouvaient pas soumis en naissant. Cette légitimation supposait donc une filiation certaine, même à l'égard du père. Aussi ne s'appliquait-elle point aux *spurii*, mais seulement aux enfants naturels, c'est-à-dire aux enfants nés du *concubinatus*. Ils étaient légitimés et passaient sous la puissance paternelle, lorsque le père et la mère devenaient *vir et uxor ;* et toutefois, comme les enfants légitimés cessaient d'être *sui juris*, ce changement ne s'opérait, ni malgré eux, ni sans le consentement exprès du père (²).

Constantin n'avait admis cette légitimation qu'en faveur des enfants qui étaient déjà nés à l'époque de sa constitution. C'était un moyen dont le législateur se servait pour engager les père et mère à sortir du *concubinatus ;* et c'est dans ce même but que Zénon (³) avait renouvelé la constitution de Constantin. Ce n'est que sous Justinien (⁴) que la légitimation fut définitivement admise comme un principe général, applicable même aux enfants à naître. Justinien favorisait ainsi le *concubinatus,* que Constantin et Zénon avaient voulu restreindre et que

---

(¹) V. Lois des 4 juin et 31 juillet 1793, 15 thermidor an IV et 2 ventôse an VI.
(²) *Justin., Nov.* 89, *cap.* 11.
(³) *L.* 5, *C. de natur. liber.*
(⁴) *L.* 10, *eod.*

Léon le Philosophe a fini par abolir ([¹]). Du reste, la légitimation, toujours limitée aux *liberi naturales,* ne s'appliquait en aucune manière aux *spurii,* ni à plus forte raison aux enfants adultérins ou incestueux ([²]), et les *liberi naturales* eux-mêmes n'étaient légitimés par le mariage de leurs père et mère, qu'autant que ceux-ci auraient pu, à l'époque de la conception, se marier ensemble sans aucun obstacle ([³]).

473. Le droit canonique s'est montré plus indulgent encore que Justinien. Non-seulement il a fait résulter la légitimation du fait même du mariage, indépendamment de la volonté soit des enfants, soit des parents; mais il l'a étendue à tous les enfants nés d'un commerce illicite.

A l'égard des enfants adultérins, la célèbre décrétale du pape Alexandre III, *tanta vis matrimonii,* décide qu'ils ne sont pas légitimés, parce que leurs père et mère sont incapables de se marier, *quoniam legitimum matrimonium inter se contrahere non potuerunt.* L'impossibilité de la légitimation n'était donc à leur égard qu'une conséquence de l'empêchement dirimant qui, au moyen âge, résultait du fait même de l'adultère, en sorte que le mariage était absolument impossible entre les père et mère d'un enfant adultérin; mais cet empêchement a fini par être levé, et alors la légitimation des enfants adultérins est devenue possible comme le mariage lui-même ([⁴]).

Cette interprétation, bien qu'elle soit la plus conforme au texte, n'a pas été admise en France. La décrétale *tanta vis* a été entendue en ce sens, que la légitimation était impossible dans le « cas où « les parties, lors de l'habitude charnelle qu'elles ont eue ensemble, « n'eussent pas été capables de contracter mariage.» ([⁵]).

Les textes du droit canonique ne s'occupent pas spécialement des enfants incestueux. Dans la rigueur des principes, le doute ne pouvait pas s'élever à leur égard, puisque leurs père et mère étaient incapables de se marier; mais comme on avait beaucoup étendu les prohibitions entre parents, on fut conduit à admettre, comme un correctif nécessaire, la faculté d'accorder des dispenses, et souvent le Pape les accordait avec clause expresse de légitimation pour les enfants qui étaient déjà nés.

Ces dispenses n'étaient jamais octroyées pour le mariage des parents en ligne directe, des frères et sœurs, ou même de la tante et du

----

([¹]) *Leo, Nov.* 91.

([²]) *Justin. Nov.* 89, *cap.* 15.

([³]) « Cujus matrimonium minime legibus interdictum fuerat » (*Inst.* § 13, *de nupt.*). « Eam tamen cum qua poterat habere conjugium » (§ 2, *de hered. quæ ab intest.*)

([⁴]) Bœhmer, *Dissert. de legitimatione ex damnato coitu natorum;* v. Merlin, *Répert.,* v° LÉGITIMATION, sect. 2, § 2, n° 8.

([⁵]) Pothier, *Contrat de mariage,* n° 411; Merlin, *loc. cit.,* n° 6.

neveu ; mais on était moins difficile pour le mariage de l'oncle avec la nièce. On se relâcha d'abord de la règle en faveur des souverains, par suite de considérations politiques, et plus tard on en dispensa même les particuliers. Les dispenses entre cousins germains n'étaient autorisées par le concile de Trente, que lorsqu'il s'agissait d'un prince et pour raisons d'État : dans la pratique il suffisait de les demander à la cour de Rome pour les obtenir. L'alliance en ligne directe était toujours un obstacle au mariage ; l'empêchement résultant de l'alliance collatérale pouvait être levé même entre beaux-frères et belles-sœurs (¹).

474. Nous avons déjà vu que l'interprétation la plus restrictive de la décrétale *tanta vis,* est celle qui a prévalu dans la pratique française : plusieurs coutumes admettaient expressément la légitimation, mais seulement pour les enfants nés *de soluto et soluta* (²), et les auteurs la déclaraient impossible, lorsqu'au temps du commerce illicite des père et mère, il avait existé entre eux un empêchement dirimant ; de là on arrivait à reconnaître l'impossibilité de légitimer les enfants adultérins (³).

Quant aux enfants incestueux dont les parents s'étaient mariés avec dispenses du Pape, la jurisprudence distinguait deux sortes de dispenses : elle attribuait un effet rétroactif à celles que la cour de Rome accordait *facilement,* c'est-à-dire par cela seul qu'on les demandait, et alors l'empêchement était levé comme s'il n'avait jamais existé. C'est ainsi que les enfants des cousins germains et des collatéraux plus éloignés étaient toujours légitimés (⁴). Entre l'oncle et la nièce, au contraire, les dispenses n'étaient accordées que difficilement ou *cognita causa ;* dès lors elles n'avaient d'effet que pour l'avenir, et le mariage, quoique valable, ne pouvait pas légitimer les enfants. Un arrêt du 11 décembre 1664, rendu sur l'appel comme d'abus d'un rescrit de la cour de Rome portant clause de légitimation, déclara ce rescrit « mal, « nullement et abusivement impétré et exécuté en ce qui concerne la « légitimation des enfants », et fit « défense aux banquiers de la « cour de Rome d'y obtenir pareilles dispenses » (⁵).

La jurisprudence s'est montrée plus sévère encore pour les beaux-frères et belles-sœurs : le Parlement de Paris a jugé, le 22 janvier 1685 et le 17 juin 1723, qu'il y avait abus, même dans la célébration du mariage contracté avec dispenses de Rome (⁶).

(¹) Merlin, *Répert.,* v° DISPENSE, § 1.
(²) Troyes, art. 108 ; Sens, art. 92 ; Auxerre, anc. cout., art. 37.
(³) Pothier, *Contrat de mariage,* n° 412 ; Merlin, *Répert.,* v° LÉGITIMATION, sect. 2, § 2, n° 6.
(⁴) Pothier, *Contrat de mariage,* n° 414. On cite quatre arrêts rendus en ce sens, les 11 mai 1665, 2 août 1711, 4 juin 1725 et 11 août 1738.
(⁵) Merlin, *loc. cit.,* n° 9.
(⁶) Merlin, *Répert.,* v° DISPENSE, § 1.

331. — Les enfants nés hors mariage, autres que ceux nés d'un commerce incestueux ou adultérin, pourront être légitimés par le mariage subséquent de leurs père et mère, lorsque ceux-ci les auront légalement reconnus avant leur mariage, ou qu'ils les reconnaîtront dans l'acte même de célébration.

475. Le bénéfice de la légitimation ne s'applique pas indistinctement à tous les enfants naturels. Le Code excepte formellement « ceux « qui sont nés d'un commerce incestueux ou adultérin ». On est d'accord sur l'impossibilité de légitimer les enfants adultérins ; mais à l'égard des enfants incestueux, il s'élève de vives controverses.

Remarquons d'abord que la légitimation suppose la possibilité du mariage entre le père et la mère. Or, de tous les empêchements établis par les rédacteurs du Code civil, un seul peut être levé par l'obtention de dispenses : c'est celui qui existe entre l'oncle et la nièce, la tante et le neveu. Les enfants de ces personnes étaient par conséquent les seuls à qui se serait appliquée, si elle eût été possible, la légitimation par mariage subséquent. C'est donc sur eux seulement que porte la prohibition, si l'on veut lui donner un sens.

On prétend, il est vrai, que, s'il est question des enfants incestueux dans l'article 331, c'est moins par l'effet d'une volonté réfléchie du législateur, que par suite de l'habitude qu'il a prise d'assimiler l'enfant incestueux à l'enfant adultérin, et d'appliquer au premier les prohibitions portées contre le second ; mais cette assertion n'est rien moins qu'exacte.

Le conseil d'État, reproduisant la disposition des anciennes coutumes qui autorisaient la légitimation des enfants nés *de soluto et soluta,* avait d'abord admis une rédaction qui appliquait ce bénéfice aux enfants « nés d'un père et d'une mère libres ». Cette rédaction, qui excluait évidemment les enfants adultérins, n'excluait pas aussi clairement les enfants incestueux. Aussi, « pour faire disparaître toute es- « pèce de doute relativement à l'intention formelle de la loi, de ne « point autoriser la légitimation des enfants incestueux », le Tribunat proposa-t-il de remplacer les mots, *d'un père et d'une mère libres,* par ceux-ci, *de personnes auxquelles il était libre de s'unir par mariage,* et

c'est pour faire droit à cette observation, que, dans la rédaction définitive, on a formellement interdit la légitimation des enfants... *nés d'un
commerce incestueux ou adultérin*. On ne peut donc pas dire que cette
rédaction soit le résultat d'une inadvertance du législateur.

Bien loin de là, elle est en parfaite harmonie avec l'ancienne jurisprudence. En effet, la législation actuelle, autorisant le mariage entre
cousins germains, n'admet plus les dispenses faciles qu'on ne demandait autrefois que pour la forme. Celles qui peuvent être accordées par
le Roi, pour le mariage entre l'oncle et la nièce, la tante et le neveu, ne
le sont que « pour des causes graves » (art. 164), et par conséquent *cognita causa*. Ce sont donc des dispenses *difficiles*, qui, aujourd'hui
comme autrefois, ne doivent avoir d'effet que pour l'avenir, parce que
les parties intéressées n'ont jamais dû supposer qu'il leur suffirait de
les demander.

On insiste en faisant observer que si, après le mariage, les époux
ont d'autres enfants, ceux-ci seront légitimes, tandis que leurs aînés
resteront incestueux et ne pourront pas même être reconnus : cet argument prouverait beaucoup trop, car il s'appliquerait même aux enfants adultérins, et conduirait ainsi à la légitimation de tous les enfants
nés hors mariage, sans distinction.

On se préoccupe uniquement du sort de l'enfant incestueux, mais ne
faut-il pas tenir compte aussi de l'intérêt des familles, pour qui l'inceste
est plus dangereux encore que l'adultère? Si les dispenses entre l'oncle
et la nièce étaient facilement accordées, si les parents étaient certains
de légitimer par la suite les fruits de relations prohibées, l'inceste n'aurait plus aucun frein ; mieux vaudrait supprimer la prohibition (¹).

Tout ce que nous avons dit sur le mariage autorisé avec dispenses,
entre l'oncle et la nièce, s'applique, depuis la loi du 16 avril 1832, au
mariage entre le beau-frère et la belle-sœur (²).

(¹) Par suite d'un préjugé déplorable, on prétend que les dispenses sont le plus
souvent accordées dans l'intérêt de l'enfant, et précisément pour donner à ses parents la possibilité de le légitimer. Ce n'est pas ainsi que la loi est entendue et appliquée à la chancellerie. « Trop souvent jusqu'à ce jour (dit une circulaire du garde
des sceaux insérée au Moniteur du 29 avril 1832) on a cru pouvoir invoquer comme
« un titre l'existence d'un commerce scandaleux. La faveur accordée à de pareils
« motifs serait un encouragement donné à la corruption. Il importe, au contraire,
« de maintenir dans l'exécution de la loi... une sévérité de principes qui, laissant
« au scandale sa flétrissure, conserve à la morale publique tous ses droits, et au bon
« ordre des familles toutes ses garanties. »

(²) La cour de Grenoble (8 *mars* 1838) a jugé que le mariage de l'oncle et de la nièce
légitime les enfants nés avant la célébration. La cour d'Orléans a décidé, au contraire (25 *avril* 1833), que la légitimation n'a pu résulter du mariage contracté entre
un beau-frère et sa belle-sœur.

476. L'enfant naturel est légitimé par le mariage de ses père et mère, lors même que l'un d'eux aurait été marié, depuis sa naissance, avec une personne étrangère. Il n'y a plus aucun doute à cet égard (¹), quoique l'existence d'un mariage intermédiaire augmente certainement les inconvénients d'une légitimation dont l'utilité a été contestée par de bons esprits (²).

Un mariage putatif suffit-il pour opérer la légitimation ? Cette question, si vivement controversée entre les canonistes, ne s'est présentée, sous l'ancienne jurisprudence, que relativement à des enfants adultérins, qui n'étaient pas susceptibles d'être légitimés par un mariage valable, et à plus forte raison par un mariage putatif. C'est dans une espèce de cette nature qu'a été rendu le célèbre arrêt du 15 mars 1674. Thibault de la Boissière avait épousé la femme Maillard, qui passait pour veuve, et il s'agissait de l'état d'un enfant né avant la célébration. L'arrêt a défendu à cet enfant de prendre la qualité de légitime, tandis que ses frères et sœurs, nés depuis la célébration, ont été maintenus dans tous les droits de la légitimité, à raison de la bonne foi des contractants (³).

Pothier applique la même décision à tous les enfants nés hors mariage, même dans un temps où le père et la mère étaient libres. Suivant lui, la légitimation ne peut résulter que d'un véritable mariage (⁴), et le projet de Code civil exigeait aussi un mariage *valablement contracté*. Si ces expressions restrictives se retrouvaient dans l'article 331, elles consacreraient l'opinion de Pothier ; mais puisqu'elles ont été retranchées, rien n'empêche d'appliquer ici le principe général des articles 202 et 203 ; et comme la légitimation est un effet civil du mariage, nous en concluons qu'elle résulte d'un mariage nul, lorsqu'il y a eu bonne foi des époux ou de l'un d'eux (⁵).

A la vérité, les effets civils que l'article 201 accorde aux enfants sans distinction, semblent n'exister, dans l'article 202, que pour les enfants *issus du mariage*. Nous ferons remarquer, à cet égard, que les mêmes expressions se trouvent dans l'article 198, suivant lequel il suffit que le jugement criminel, constatant qu'il y a eu célébration légale, soit transcrit sur les registres de l'état civil, pour assurer au mariage tous ses effets, *tant à l'égard des époux qu'à l'égard des enfants issus de ce mariage*. Or, il n'est pas douteux que le bénéfice de cette disposition ne

---

(¹) Pothier, *Contrat de mariage*, n° 421; Merlin, *Répert.*, v° LÉGITIMATION, sect. 2, § 2, n° 11.

(²) D'Aguesseau, 47ᵉ plaidoyer.

(³) Pothier, *ibid.*, n°ˢ 416 et 419 ; Merlin, *loc. cit.*, n° 10.

(⁴) Pothier, *ibid.*, n° 419.

(⁵) Ainsi jugé par la Cour de cassation, le 15 janvier 1816.

puisse être invoqué même par les enfants nés avant la célébration. Si l'article 198 s'exprime ainsi dans un sens purement énonciatif, *ex eo quod plerumque fit*, il est permis de croire que les mêmes expressions, dans l'article 202, n'ont rien d'exclusif, surtout quand on voit que, dans l'article 331, au siége de la matière, les rédacteurs ont supprimé les expressions beaucoup plus significatives, qui exigeaient un mariage *valablement contracté*. D'ailleurs, abstraction faite de l'intérêt des enfants, la légitimation intéresse personnellement le père et la mère ; le mariage putatif doit assurer aux époux, ou du moins à celui des deux qui a été de bonne foi (art. 201 et 202), tous les effets d'un mariage valable. Ce résultat ne serait pas complétement atteint, si les enfants nés antérieurement n'étaient pas légitimés ; car le conjoint de bonne foi ne pourrait ni leur transmettre sa succession, ni même leur succéder : il perdrait ainsi des avantages importants qui ont pu n'être pas sans influence sur sa détermination, lorsqu'il a contracté mariage.

477. La légitimation a lieu de plein droit, par le seul fait du mariage, en ce sens qu'elle est absolument indépendante de la volonté, soit des père et mère, soit des enfants eux-mêmes (¹). Le Code ne déroge point à cette règle du droit canonique, lorsque, à la différence de l'ancien droit, il exige une reconnaissance faite au plus tard dans l'acte de célébration ; « car, une fois que l'enfant a été reconnu avant le mariage, « il importe peu que cette reconnaissance soit renouvelée au moment « de la célébration. Ainsi le mariage opère, par sa seule force, et indé- « pendamment de toute autre circonstance, la légitimation des enfants « qui ont la preuve qu'ils appartiennent aux époux (²).

Toutefois l'obligation imposée aux père et mère de faire, avant la célébration ou dans l'acte même de célébration, une reconnaissance légale, c'est-à-dire authentique, a été, dans le conseil d'État, l'objet d'une vive discussion, surtout en ce qui concerne la mère. La question a été décidée par cette double considération que, d'une part, la reconnaissance peut être authentique sans être consignée sur les registres publics de l'état civil ; qu'elle peut être faite *secrètement* devant notaire (³), et que

---

(¹) L'enfant naturel n'est pas admis à dire qu'il veut rester dans la position où il se trouvait avant le mariage de ses père et mère ; mais comme la légitimation suppose une filiation constante, l'enfant reconnu par les deux époux peut soutenir qu'il n'est pas leur fils (art. 339) ; et s'il fait tomber la reconnaissance du mari ou celle de la femme, leur mariage sera sans effet à son égard. Ainsi jugé par la cour de Paris, le 28 décembre 1811.

(²) Boulay, discussion au C. d'État, séance du 14 brumaire an X.

(³) Il a été bien expliqué, dans le conseil d'État, qu'on entendait, « par reconnais- « sances secrètes, celles qui pourraient être faites chez un notaire *avant le mariage* » (même séance).

d'autre part, les reconnaissances tardives ne sont pas sans danger. Leur attribuer des effets, ce serait, dit le premier Consul, « laisser les fa- « milles dans l'incertitude et donner la faculté de créer des enfants « par consentement mutuel » ([1]).

Ces paroles ne s'appliquent pas moins à la femme qu'au mari; et si l'on exige du père une reconnaissance antérieure à la célébration, il n'est pas douteux qu'on ne doive l'exiger, à plus forte raison, de la mère, parce qu'elle n'a pas toujours, après le mariage, toute l'indépendance qu'elle avait auparavant. Il ne serait pas impossible que le mari, surtout lorsqu'il n'existe aucun enfant du mariage, abusât de son autorité pour contraindre sa femme à reconnaître l'enfant qu'il aurait eu d'une autre mère ([2]).

478. Les enfants qui, sans avoir été volontairement reconnus, ont recherché avec succès la maternité, ou même la paternité, dans les circonstances où cette recherche n'est pas interdite, sont indubitablement légitimés par le mariage subséquent de leurs père et mère, parce qu'ils ont, comme l'exigeait le conseil d'État, « la preuve qu'ils appartien- « nent aux deux époux ».

En serait-il de même, si la filiation ne se trouvait établie, par suite d'une recherche de paternité ou de maternité, qu'après la célébration du mariage? Sans doute, on ne peut suspecter la décision du juge qui statue *cognita causa*, comme on suspecte la reconnaissance que les parents font pour ainsi dire après coup. RES JUDICATA PRO VERITATE HABETUR ; et s'il est vrai, d'une part, que l'enfant dont il s'agit, est né des deux époux, d'autre part, que les enfants naturels sont légitimés par la seule force du mariage que contractent leurs parents, il n'existe aucune raison pour refuser ce bénéfice aux enfants dont la filiation est établie par une décision dont l'autorité est irréfragable. Il est certain, en fait, que les enfants naturels sont rarement reconnus par leur mère. Un préjugé trop général regarde l'indication de la mère dans l'acte de naissance comme une preuve suffisante de la maternité, et par suite on est porté à réputer superflue une reconnaissance formelle. Ne doit-on pas se féliciter en pareil cas de trouver, dans l'intervention du juge, le complément des énonciations contenues dans l'acte ?

Sans méconnaître la force de ces considérations, on peut dire qu'il faut, pour appliquer la loi, s'attacher à l'intention du législateur ? Or il paraît résulter de la discussion, que le conseil d'État, en exigeant une recon-

---

([1]) Ce double motif exprimé dans la discussion par le premier Consul, a été reproduit devant le Corps législatif, par Bigot-Préameneu, orateur du gouvernement.

([2]) Si la nécessité d'une reconnaissance formelle du mari est admise dans la pratique, les tribunaux se montrent beaucoup moins exigeants à l'égard de la femme, comme nous l'expliquerons sur l'article 336.

naissance antérieure au mariage, s'est proposé un double but. Il a voulu sans doute que la filiation fût constatée, mais il a voulu aussi que les familles ne fussent pas laissées *dans l'incertitude* ([1]); aussi a-t-on dit et répété que « l'enfant ne doit pas obtenir sa légitimation, si son état *n'a* « *pas été fixé avant le mariage»...* ([2]), qu'autrement, « dans le système « opposé, un individu pourrait, trente ans après le mariage, venir ré- « clamer la qualité d'enfant et changer l'état de la famille » ([3]).

C'est après ces observations que l'article a été adopté : c'est donc pour éviter la possibilité même du litige, que l'état des enfants doit avoir été fixé à l'époque même du mariage. Et cette disposition n'a rien d'extraordinaire : elle rentre dans le système général du Code, dont les auteurs sont souvent moins préoccupés des moyens de découvrir la vérité, que des moyens de prévenir les procès et le scandale qui peut en résulter, notamment en matière de filiation naturelle (V. art. 340 et 342).

332. — La légitimation peut avoir lieu, même en faveur des enfants décédés qui ont laissé des descendants ; et, dans ce cas, elle profite à ces descendants.

SOMMAIRE.

479. Dans quel intérêt peut être admise la légitimation d'un enfant décédé.

479. La légitimation d'un enfant naturel, décédé avant le mariage de ses père et mère, est admise dans l'intérêt des descendants qui peuvent le représenter (V. art. 759 et 740), c'est-à-dire de ses descendants légitimes ; les enfants naturels, étant complétement étrangers aux parents de leur père ou de leur mère, n'ont aucun droit à leur succession (art. 756). Lors donc qu'un enfant né hors mariage ne laisse lui-même que des enfants naturels, sa légitimation ne s'opère pas à leur profit, puisqu'ils n'y ont aucun intérêt.

333. — Les enfants légitimés par le mariage subséquent auront les mêmes droits que s'ils étaient nés de ce mariage.

SOMMAIRE.

480. La légitimation n'a point d'effet rétroactif.
481. Conséquences de ce principe.

([1]) Tronchet, séance du 14 brumaire an X.
([2]) Regnier, même séance.
([3]) Portalis, même séance.

480. Les anciens auteurs expliquaient les effets de la légitimation au moyen d'une fiction qui faisait remonter la célébration du mariage jusqu'à la conception de l'enfant légitimé. Pour être conséquent dans ce système, il faut admettre que le mariage et la légitimation rétroagissent, en sorte que, si l'enfant légitimé a des frères issus d'un mariage intermédiaire, il se trouve en droit, comme il l'est en fait, leur aîné; mais cette conséquence n'a pas été universellement admise [1]. Dumoulin [2] a soutenu que la rétroactivité ne doit pas enlever aux enfants du premier mariage une qualité qui leur est définitivement acquise; car, bien qu'ils soient nés après leur frère, ils l'ont cependant précédé dans la famille, et ils ont réuni avant lui les conditions constitutives de la légitimité. Dumoulin a même ajouté en termes formels que le mariage subséquent légitime les enfants naturels à compter de la célébration, et non pas à compter de leur naissance : *ut ex nunc, tempore scilicet contracti matrimonii, non autem retro sive in præteritum a tempore nativitatis.* Cette dernière idée a été consacrée dans la jurisprudence, par un arrêt du 25 mars 1606; lors de sa prononciation, le président Deforget déclara aux avocats que la cour avait jugé « que la « vraie naissance a un effet *rétroactif* au jour de la légitimation, et non « pas la légitimation au jour de la naissance naturelle suivant l'opinion « et erreur de quelques docteurs » [3]. Cette ancienne opinion avec toutes ses conséquences a cependant été reproduite par Lebrun [4], mais sans succès [5]. Pothier, adoptant la doctrine de l'arrêt de 1606, a considéré les enfants légitimés par le mariage subséquent « comme des « fruits anticipés *de ce mariage, et comme s'ils en étaient nés* » [6]. Cette fiction ayant été définitivement admise par le Code civil, on ne peut plus nier que les enfants du premier mariage ne soient les aînés de leurs frères légitimés.

Toutefois on peut se demander si ces derniers ne seront pas tous considérés comme nés en même temps, le jour où s'est opéré leur légitimation, en sorte qu'on ne doive plus faire entre eux aucune distinction de primogéniture? Nous pensons, avec Dumoulin [7], que donner à la fiction une extension aussi exagérée, ce serait dépasser le but en

---

[1] Merlin, *Répert.*, v° LÉGITIMATION, sect. 2, § 3, n₀ 5.
[2] Sur l'article 13 de la Coutume de Paris (art. 8 de l'ancienne coutume), glos. 1, n°ˢ 34 et 35.
[3] Brodeau sur Louet, lettre D, somm. 52, n° 7.
[4] Traité des successions, liv. I, chap. 2, dist. 1, n°ˢ 22 et 23; liv. 2, chap. 2, dist. 1, n° 15.
[5] D'Aguesseau, *Dissert. sur les bâtards.*
[6] Pothier, *Contrat de mariage*, n°ˢ 410 et 425.
[7] *Loc. cit.*, n° 37.

vue duquel elle a été établie. En admettant que les enfants légitimés par mariage subséquent seront considérés comme nés de ce mariage, on a voulu éviter le préjudice que la fiction contraire pourrait causer aux enfants d'un premier lit ; mais lorsque cet intérêt n'existe pas, lorsqu'il s'agit d'apprécier la position que les enfants légitimés doivent avoir entre eux, il n'y a plus aucune raison pour s'écarter de la vérité, et pour ne pas attribuer, en droit comme en fait, la qualité d'aîné à celui qui est né le premier.

481. Nous verrons, en parlant des majorats (art. 896), et des substitutions permises par la loi du 17 mai 1826, quel est encore aujourd'hui l'intérêt de ces distinctions.

Indépendamment des questions que peut soulever cette législation spéciale, le principe que la légitimation n'a pas d'effet rétroactif trouve son application dans le droit commun, à l'égard des successions ouvertes avant la célébration du mariage. Les successions dont il s'agit sont celles qu'un enfant légitimé peut recueillir du vivant de ses père et mère, c'est-à-dire celles de ses frères ou sœurs (art. 748 et 749), ou d'un parent plus éloigné, en cas de renonciation de la part de son père ou de sa mère. Puisque l'enfant légitimé n'a été jusqu'au mariage de ses parents qu'un enfant naturel, il ne peut évidemment prétendre aux droits antérieurement ouverts (V. art. 756).

SECTION II.
DE LA RECONNAISSANCE DES ENFANTS NATURELS.

SOMMAIRE.
482. Inexactitude de cette rubrique.

482. Cette rubrique n'est pas exacte ; car s'il est vrai que les six premiers articles de cette section s'occupent de la reconnaissance des enfants naturels, les trois articles suivants statuent sur la recherche soit de la paternité, soit de la maternité.

334. — La reconnaissance d'un enfant naturel sera faite par un acte authentique, lorsqu'elle ne l'aura pas été dans son acte de naissance.

SOMMAIRE.
483. Pourquoi la reconnaissance doit être authentique. Quels sont les officiers compétents pour la recevoir.
484. Insuffisance de l'acte de naissance comme preuve de la maternité naturelle.

483. La loi veut que la reconnaissance d'un enfant naturel soit faite

par un acte authentique (V. art. 1317), parce que la présence de l'officier public qui reçoit un pareil acte, garantit que la reconnaissance sera faite avec une pleine et entière liberté.

Les notaires ont, à cet égard, une compétence incontestable, puisqu'ils sont institués pour recevoir tous les actes auxquels les parties veulent donner l'authenticité ([1]). L'officier de l'état civil est également compétent pour recevoir et mentionner la déclaration faite par les père et mère, soit dans l'acte de naissance au moment de sa rédaction, soit postérieurement dans l'acte de mariage, lorsque les contractants veulent légitimer leurs enfants (art. 331), ou même pour recevoir un acte spécial portant reconnaissance de la filiation naturelle, comme nous l'avons démontré sur l'article 62.

Dans la pratique, on s'adresse quelquefois, pour de semblables actes, au juge de paix, mais à tort, selon nous; car le juge de paix n'a, même pour la juridiction volontaire, qu'une compétence exceptionnelle (V. art. 355, 363, 392, 398 et 477). Il est encore moins compétent pour constater, dans un procès-verbal de conciliation ([2]), un aveu de maternité; car on ne transige pas sur l'état des personnes ([3]).

Quant à l'aveu judiciaire proprement dit, il fait sans doute pleine foi (art. 1356); mais comme la recherche de la paternité est interdite (art. 341), ce serait inutilement, selon nous, qu'un homme, appelé en justice par son prétendu fils, avouerait sa paternité. La reconnaissance du père ne doit pas seulement être libre; il faut qu'elle soit spontanée ([4]). Si elle peut résulter d'un aveu judiciaire, ce n'est donc que dans une instance tout à fait étrangère à la recherche de la paternité, et lorsque le père demande lui-même acte de sa reconnaissance.

484. En décidant d'une manière générale que la reconnaissance peut être faite dans l'acte de naissance, la loi suppose évidemment que, même à l'égard de la mère (V. art. 356), cet acte ne prouve pas la filiation naturelle, comme il prouve la filiation légitime (art. 319). Pour justifier cette différence, il suffit de faire observer que la naissance d'un enfant légitime et celle d'un enfant naturel ne sont pas accompagnées des

---

([1]) Loi du 25 ventôse an XI, art. 1.

([2]) Bien que la loi dispense du préliminaire de conciliation les demandes qui ne peuvent faire l'objet d'une transaction (C. de pr., art. 48), il peut arriver en fait que les parties se soient présentées devant le juge de paix. La cour d'Amiens (2 *août* 1821) a déclaré valable une reconnaissance faite devant le greffier de la justice de paix, et la Cour de cassation (15 *juin* 1824) a rejeté le pourvoi en décidant que, après avoir choisi cet officier, les auteurs de la reconnaissance n'étaient pas fondés à invoquer la nullité.

([3]) Arrêts de cassation des 18 juin 1838 et 27 février 1839; arrêts de rejet du 21 avril 1840.

([4]) Merlin, *Répert.*, v° BATARD, sect. 2.

mêmes circonstances. La fille qui se trouve enceinte doit s'efforcer de
cacher sa grossesse. Elle accouche souvent hors de son domicile, chez
une sage-femme dont elle n'est pas connue, et à qui elle peut même ne
se présenter que sous un faux nom. En pareil cas, l'enfant pourra
n'être pas inscrit sous le véritable nom de sa mère. L'erreur est donc
trop facile à supposer de la part de ceux qui viennent déclarer une semblable naissance, pour qu'on puisse s'en rapporter à leur témoignage,
quant à la maternité naturelle. S'il en est autrement à l'égard des enfants légitimes, si la déclaration faite par le mari, ou, à son défaut, par
des étrangers, constate la filiation, c'est parce que personne n'est intéressé à dissimuler un fait honorable et souvent notoire, tandis qu'il
serait bien dangereux d'ajouter foi au témoignage de personnes étrangères, quand il s'agit d'un fait scandaleux, de nature à compromettre
la réputation de la femme à qui on l'impute.

335. — Cette reconnaissance ne pourra avoir lieu au profit des
enfants nés d'un commerce incestueux ou adultérin.

SOMMAIRE.

485. La qualité d'enfant adultérin ou incestueux se détermine d'après l'époque de
la conception.
486. Comment la filiation adultérine ou incestueuse peut-elle être légalement constatée ?
487. Nullité de la reconnaissance faite malgré la prohibition légale.

485. Frappé des inconvénients qu'entraîne la révélation des faits
scandaleux, le législateur prohibe la reconnaissance des enfants adultérins et incestueux. Voyons donc à quels enfants s'appliquent ces qua-
lifications.

La filiation est adultérine à raison du caractère illicite des relations
qui ont existé entre le père et la mère, et c'est dès lors à l'époque de
la conception qu'il faut se reporter pour savoir s'il y a eu adultère,
c'est-à-dire si le père ou la mère était engagé dans les liens du mariage.
On a soutenu, il est vrai, que, si le mariage n'existe plus au temps de la
naissance, sa dissolution doit profiter à l'enfant. On a cité, dans ce sens,
une loi romaine qui permet de s'attacher, dans l'intérêt de l'enfant
conçu, au moment de la gestation qui lui est le plus favorable ([1]) ; mais
cette décision ne s'applique pas à la question qui nous occupe. Le jurisconsulte examine si l'enfant naîtra libre ou esclave : or il est certain
que, pour favoriser la liberté, les jurisconsultes romains se sont souvent

---

([1]) *Inst., Pr. de ingen. ; Marcian. L. 5, D. de stat. homin.*

écartés du droit commun (¹). D'ailleurs, lorsqu'il s'agit de décider si l'enfant naîtra libre ou esclave, son état dépend de l'état de la mère, et quand celle-ci change de condition pendant sa grossesse, on comprend qu'il soit permis de s'attacher de préférence à l'époque de la gestation où elle se trouve libre ; mais dans la question que nous discutons, le caractère de la filiation dépend des rapports qui ont existé entre le père et la mère, rapports qu'on ne peut apprécier qu'en se reportant au moment même où ils ont existé, au moment de la conception (²).

Nous appliquons la même décision aux enfants de deux personnes parentes ou alliées au degré prohibé. Ils sont incestueux par cela seul que l'empêchement existait à l'époque de leur conception, sans qu'on ait à examiner s'il a été levé, pendant la grossesse de la mère, par des dispenses du Roi (art. 164).

La question de savoir si un enfant doit être considéré comme adultérin ou incestueux, lorsqu'il y a eu bonne foi de la part du père et de la mère ou de l'un d'eux, a été vivement débattue entre les canonistes. Notre ancienne jurisprudence a constamment repoussé toute distinction en cette matière, et rien, dans le Code civil, n'indique l'intention d'innover. En effet, si le législateur prend en considération la bonne fo des père et mère, c'est lorsqu'ils ont voulu contracter mariage (art. 201 et 202), et il n'y a aucune comparaison à établir entre ceux qui croyaient former une union légitime, et ceux dont les relations ne pouvaient être qu'immorales, en l'absence même du vice dont ils ignoraient l'existence (³).

486. Tout en prohibant la reconnaissance des enfants adultérins ou incestueux, la loi leur accorde des aliments (art. 762). Il faut donc admettre qu'il n'est pas impossible que leur filiation se trouve légalement constatée. C'est ainsi, par exemple, que l'enfant conçu pendant le mariage, lorsqu'il est désavoué, se trouve nécessairement rejeté dans la classe des enfants adultérins, du moins par rapport à sa mère. Il en est de même lorsque le mari, défendeur à une action en réclamation d'état, prouve qu'il n'est pas le père de l'enfant de sa femme (art. 325).

Mais si la maternité adultérine peut être ainsi établie, on conçoit plus difficilement la constatation d'une paternité adultérine, et il ne paraît pas moins difficile de constater l'existence d'une filiation incestueuse.

(¹) *Inst.*, § 4, *de donat.*

(²) Pothier, *Contrat de mariage*, n° 417 ; Merlin, *Répert.*, vº LÉGITIMATION, sect. 2, § 2, n° 7.

(³) Pothier, *Contrat de mariage*, n° 416 ; Merlin, *loc. cit.*, n° 10 ; D'Aguesseau, 47ᵉ plaidoyer.

Pour donner un sens à la disposition qui accorde des aliments aux enfants incestueux, on suppose un mariage contracté de mauvaise foi entre parents ou alliés au degré prohibé, et en étendant à ce prétendu mariage la présomption de paternité, on applique aux enfants la qualification d'incestueux. Cette solution n'est pas sans difficulté : elle consacre un effet civil du mariage, et cela précisément lorsque le mariage, à raison de la mauvaise foi des contractants, ne doit produire aucun effet. Néanmoins il faut donner un sens à la loi, et malgré des doutes dont nous ne voulons pas dissimuler la gravité, nous admettons que les enfants nés d'un mariage contracté de mauvaise foi, au mépris d'un empêchement dirimant, ont une filiation certaine, même à l'égard du mari : car, si la loi prohibe toute recherche d'une filiation incestueuse, c'est pour empêcher la révélation d'un scandale ignoré, et ce motif n'existe plus, lorsque le scandale est déjà consommé par le fait de la célébration du mariage. Il ne s'agit pas alors de rechercher la filiation, elle n'est que trop constante. Il n'existe donc aucun motif pour ne pas appliquer, en pareil cas, le texte qui suppose une filiation incestueuse légalement établie.

Nous admettons la même solution au cas d'un second mariage contracté de mauvaise foi avant la dissolution du premier, en observant toutefois qu'il serait impossible de déclarer adultérins, du moins sans aucune distinction, tous les enfants nés de ce second mariage. En effet, si c'est la femme qui s'est ainsi remariée, les enfants sont réputés appartenir au premier, ou, pour mieux dire, au véritable mari, par cela seul qu'ils ne sont pas désavoués. En cas de désaveu, au contraire, ils se trouvent rejetés au nombre des enfants adultérins. Si c'est le mari qui a contracté un second mariage, les enfants ne sont point attribués par la loi à un autre père, et dès lors il y a moins de raison pour refuser d'étendre à ce dernier cas la présomption de paternité.

487. Si, comme nous l'avons déjà dit, la disposition qui prohibe la reconnaissance des enfants incestueux ou adultérins, tend seulement à prévenir le scandale, la reconnaissance de ces enfants doit être absolument nulle.(1). Du reste, il peut arriver que cette nullité tourne à leur avantage ; car elle a souvent pour résultat de les soustraire à

_____

(1) La Cour de cassation a consacré le système de la nullité absolue par de nombreux arrêts de rejet (28 *juin* 1815, 11 *novembre* 1819, 1ᵉʳ *août* 1827, 18 *mars* 1828, et 8 *février* 1836) et de cassation (9 *mars* 1824 et 4 *décembre* 1837); mais les cours royales ont plusieurs fois admis que la reconnaissance des père et mère constate suffisamment le caractère adultérin ou incestueux de la filiation, et rend l'article 762 applicable, soit en faveur de l'enfant, soit contre lui (cour de Toulouse, 5 *mars* 1827, et arrêt de rejet, 4 *janvier* 1832; cours de Lyon, 25 *mars* 1832, de Paris, 14 *décembre* 1835, et de Bourges, 4 *janvier* 1839).

l'application des incapacités dont ils se trouveraient frappés. Ainsi, lorsqu'un enfant né hors mariage a été reconnu par un homme que la mère n'aurait pu épouser, soit parce qu'il était marié avec une autre femme, soit parce qu'il existait un empêchement fondé sur la parenté ou sur l'alliance, la reconnaissance ne produit aucun effet. On ne peut l'opposer à l'enfant, ni pour l'empêcher de réclamer ses droits d'enfant naturel dans la succession maternelle (V. art. 757 et 758), ni pour faire annuler les donations qu'il aurait reçues de sa mère, et surtout de son prétendu père (V. art. 908).

Réciproquement, il ne pourra se prévaloir de cette reconnaissance pour demander des aliments à celui qui l'a faite ou à ses héritiers; puisqu'elle est nulle, elle ne peut produire d'effet en faveur de personne. Cependant plusieurs auteurs admettent, pour expliquer l'article 742, que la reconnaissance des enfants adultérins ou incestueux suffit pour les autoriser à réclamer des aliments : nous examinerons de nouveau cette question sur l'article qui la fait naître.

336. — La reconnaissance du père, sans l'indication et l'aveu de la mère, n'a d'effet qu'à l'égard du père.

SOMMAIRE.

488. La reconnaissance du père n'a aucun effet à l'égard de la mère, et réciproquement.

488. Suivant le projet présenté au conseil d'État par la section de législation, « toute reconnaissance du père seul, non avouée par la « mère, était de nul effet tant à l'égard du père que de la mère ». L'enfant naturel, disaient les partisans de ce système, *n'appartient* qu'à sa mère; elle seule connaît le véritable père. Ils craignaient d'ailleurs que plusieurs individus ne reconnussent le même enfant, et ne se disputassent la paternité; ils pensaient que, dans un semblable conflit, la mère est le meilleur, et même le seul juge possible. Mais on fit observer qu'un aveu formel répugnerait souvent à la mère, qui d'ailleurs pourrait être antérieurement décédée, et alors le conseil adopta, sur la proposition du premier Consul, une rédaction ainsi conçue : « La re- « connaissance du père, si elle est désavouée par la mère, sera de nul « effet ». Dans ce système on exigeait toujours l'assentiment exprès ou tacite de la mère, parce que l'on ne concevait pas qu'une reconnaissance de paternité fût faite isolément sans indication de la mère. Cependant on finit par comprendre que la passion, la haine ou l'intérêt peuvent porter la mère à contredire la reconnaissance faite par le véritable père, et

l'on cessa d'attribuer au désaveu de la mère un effet péremptoire. D'autre part, le législateur sentit qu'il convenait de ne pas considérer toute reconnaissance, soit de paternité, soit de maternité, comme une preuve irréfragable de la filiation, et Portalis fit admettre par amendement (¹), que toute reconnaissance peut être contestée par les parties intéressées (art. 339). En conséquence une troisième rédaction fut adoptée en ces termes : « La reconnaissance d'un enfant naturel n'aura « d'effet qu'à l'égard de celui qui l'aura reconnu (²).

C'est dans ce sens que l'article a été définitivement rédigé, et cependant on y retrouve un vestige du système qu'avait soutenu la section de législation, puisque le texte fait encore allusion à l'indication et à l'aveu de la mère ; mais ce n'est là qu'une réminiscence dont il ne faut tenir aucun compte (³).

337. — La reconnaissance faite, pendant le mariage, par l'un des époux, au profit d'un enfant naturel qu'il aurait eu, avant son mariage, d'un autre que de son époux, ne pourra nuire ni à celui-ci, ni aux enfants nés de ce mariage.

Néanmoins elle produira son effet après la dissolution de ce mariage, s'il n'en reste pas d'enfants.

SOMMAIRE.

489. Quels effets peut avoir la reconnaissance faite par l'un des époux pendant le mariage.
490. Rédaction vicieuse de l'article 337.
491. Validité de la reconnaissance faite après la dissolution du mariage.
492. *Quid* si la filiation est judiciairement constatée pendant le mariage ?

489. Lorsque le père et la mère d'un enfant naturel se marient ensemble, c'est un devoir pour eux de légitimer cet enfant, et par conséquent de le reconnaître au plus tard lors de la célébration. Une reconnaissance postérieure serait sans effet, quant à la légitimation (V.

(¹) Discussion au C. d'État, séance du 26 brumaire an X.
(²) Séance du 29 fructidor an X.
(³) La jurisprudence, au contraire, s'attache à la lettre de cet article. Elle distingue entre la reconnaissance proprement dite, et *l'aveu* de la mère indiquée par le père. Cet aveu, suivant la Cour de cassation (26 *avril* 1824), se réfère à la reconnaissance du père et participe à son authenticité, tellement qu'il peut équivaloir à la reconnaissance exigée par l'article 331 pour la légitimation; et cependant il n'est besoin, pour constater cet aveu, d'aucune écriture ; il résulte des circonstances, notamment des soins donnés par la mère (cour de Bordeaux, 19 *janvier* 1831 et 15 *février* 1832 ; cour de Paris, 20 *avril* 1839 ; arrêt de rejet, 22 *janvier* 1839).

art. 531), mais elle vaudrait au moins comme simple reconnaissance.

Il en est autrement, lorsque l'un des époux reconnaît, pendant le mariage, un enfant naturel qu'il a eu antérieurement d'un autre que de son conjoint. Cette reconnaissance n'est pas absolument nulle, elle suffit pour constater la filiation; dès lors elle donne droit à des aliments ([1]) : car l'enfant naturel que l'un des époux reconnaît pendant le mariage, ne saurait être traité plus rigoureusement que les enfants adultérins ou incestueux (V. art. 762). Du reste, cette reconnaissance ne peut, aux termes de la loi, nuire ni au conjoint, ni aux enfants du mariage, c'est-à-dire qu'après la mort de celui qui a fait la reconnaissance, l'enfant n'aura point, soit vis-à-vis des enfants du mariage, soit vis-à-vis du conjoint survivant, les droits qui appartiennent aux enfants naturels légalement reconnus.

Ainsi il ne recueillera point, au préjudice des enfants du mariage, la portion de biens fixée par l'article 757. Il n'empêchera pas le conjoint survivant de profiter des donations et des autres avantages que lui attribuent les conventions matrimoniales ; enfin, il ne pourra pas, en l'absence de parents légitimes, écarter ce même conjoint de la succession (V. art. 757).

490. On a contesté cette dernière conséquence en s'attachant à la seconde partie de l'article 337, portant que la reconnaissance « produira son effet après la dissolution du mariage, *s'il n'en reste pas d'enfants* ». On convient que, d'après la première partie de l'article, cette reconnaissance ne doit pas nuire au conjoint plus qu'aux enfants, mais on propose de concilier ces dispositions contradictoires par une distinction entre les droits qui résultent du contrat de mariage et le droit de succéder ab intestat. En accordant que la reconnaissance ne porte aucune atteinte aux droits résultant du contrat, on soutient que l'enfant naturel doit toujours primer le conjoint dans une succession (V. art. 767) sur laquelle ce dernier n'a pas dû compter.

Cette distinction nous semble tout à fait arbitraire. Il faut nécessairement opter entre la première et la seconde partie de l'article 337; car les droits du conjoint, auxquels ne saurait nuire la reconnaissance faite par l'autre époux, ne s'ouvrent précisément qu'après la dissolution du mariage. Si donc il était vrai que la reconnaissance produit son effet à cette époque vis-à-vis du conjoint survivant, la seconde partie de l'article 337 détruirait complétement la première. Mais on peut expliquer la rédaction vicieuse de l'article 337, en se reportant aux procès-verbaux du conseil d'État.

---

[1] Arrêt de rejet (27 *août* 1811); cour de Rennes (22 *mars* 1810); cour d'Agen (13 *mars* 1817).

Le projet présenté par la section de législation, le 24 brumaire an X, contenait trois dispositions distinctes. D'après la première, la reconnaissance ne produisait son plein et entier effet, qu'autant qu'elle avait lieu avant la célébration du mariage. La seconde disposition, qui concernait la reconnaissance faite pendant le mariage, forme aujourd'hui le premier alinéa de l'article 337. Enfin, la troisième disposition permettait de faire la reconnaissance, *après la dissolution de ce mariage et s'il n'en reste pas d'enfants*. Dans cette dernière disposition, le père ou la mère de l'enfant naturel était supposé survivant, et alors on n'avait pas à s'occuper du conjoint prédécédé, puisqu'il ne pouvait avoir aucun droit.

Dans la rédaction définitive, on a supprimé tout ce qui concernait la reconnaissance antérieure au mariage ou postérieure à sa dissolution ; mais en conservant la disposition qui limitait les effets de la reconnaissance faite pendant le mariage, on a cru devoir ajouter : « Néanmoins « elle produira son effet *après la dissolution de ce mariage, s'il n'en reste* « *pas d'enfants.* » Cette phrase, évidemment empruntée à la dernière disposition du projet, a été purement et simplement transportée dans la seconde, et par cela même elle semble supposer le prédécès aussi bien que la survie du conjoint qui a fait la reconnaissance. Il semblerait en résulter que la reconnaissance faite, pendant le mariage, par le conjoint prédécédé, pourrait nuire au conjoint survivant : ce qui est inadmissible. L'historique de la rédaction démontre suffisamment que la dernière disposition de l'article 337 ne peut avoir aucun sens, d'autant plus qu'en prévoyant le cas où il ne reste pas d'enfants du mariage, elle n'ajoute réellement rien à la disposition précédente suivant laquelle la reconnaissance faite pendant le mariage, ne peut nuire aux enfants qui en sont issus. On ne peut donc tirer aucune conséquence sérieuse du silence que la loi garde sur le conjoint survivant.

491. Si la reconnaissance d'un enfant naturel n'est faite qu'après la dissolution du mariage par le survivant des époux, elle produit son plein et entier effet, quoiqu'il existe des enfants légitimes ([1]). Cela résulte évidemment de cette circonstance que la dernière des trois dispositions dont nous avons parlé, n'a pas été reproduite dans la rédaction définitive. D'ailleurs, comme nous l'avons déjà vu, l'existence d'enfants d'un premier lit n'empêche pas le conjoint survivant de légitimer, par un second mariage, les enfants naturels qu'il avait eus précédemment d'un autre que de son premier conjoint, et puisqu'il peut les légitimer, il faut nécessairement qu'il puisse les reconnaître. Ainsi, dans le système qui a prévalu, la prohibition de la loi, bien qu'elle

---

([1]) Cour de Pau (25 *prairial* an XIII), et arrêt de rejet (6 *janvier* 1808).

profite aux enfants du mariage, n'est pas uniquement fondée sur leur intérêt, puisque cet intérêt existe après la dissolution du mariage aussi bien que pendant sa durée, et que cependant il peut être compromis par une reconnaissance postérieure. Il faut donc croire que le législateur a été touché surtout de la désunion qu'une reconnaissance faite pendant le mariage pourrait faire naître entre les époux.

492. Lorsque la loi prohibe la reconnaissance, elle défend également de rechercher la filiation, comme nous le verrons pour les enfants adultérins ou incestueux (art. 335 et 342). Ici le Code, sans prohiber directement la reconnaissance, l'empêche de produire tous ses effets; peut-être aurait-il fallu, pour être conséquent, restreindre dans les mêmes limites les effets du jugement qui, pendant le mariage, attribuerait à la femme une maternité naturelle. Toutefois nous ne pouvons pas, dans le silence de la loi, établir une semblable restriction. Nous admettons donc que la constatation judiciaire de la filiation produit, quelle que soit l'époque où la demande a été formée, les effets que produirait une reconnaissance antérieure au mariage.

338. — L'enfant naturel reconnu ne pourra réclamer les droits d'enfant légitime. Les droits des enfants naturels seront réglés au titre *des Successions*.

SOMMAIRE.

493. Abrogation du droit intermédiaire sur les enfants naturels. Renvoi au titre *des Successions*.

493. La Convention avait fait entrer dans la famille les enfants nés hors mariage, en leur donnant le droit de succéder. Tous les enfants, légitimes ou naturels, se trouvaient ainsi placés sur la même ligne [1].

Les rédacteurs du Code, au contraire, partant d'une idée plus morale, ont décidé, au titre *des Successions* (art. 756), que les enfants naturels ne sont point *héritiers*. Ils n'ont même pas voulu attendre la promulgation de ce titre pour faire cesser toute incertitude à cet égard, et c'est dans ce but qu'ils se sont hâtés d'abroger implicitement les lois antérieures, en déclarant que la reconnaissance d'un enfant naturel ne lui donne pas les droits d'enfant légitime.

Mais en même temps, ne voulant pas reproduire les rigueurs de l'ancienne jurisprudence, ils renvoient au titre *des Successions* le règlement des droits de l'enfant naturel.

---

[1] Loi du 12 brumaire an II, art. 1 et 2.

339. — Toute reconnaissance de la part du père ou de la mère, de même que toute réclamation de la part de l'enfant, pourra être contestée par tous ceux qui y auront intérêt.

494. L'idée que la reconnaissance doit constater la filiation naturelle d'une manière irréfragable, a été, comme nous l'avons déjà vu, abandonnée par le législateur. De là le principe posé ici, que non-seulement l'enfant lui-même, mais toute partie intéressée est admise à contester la reconnaissance, principe applicable même à la reconnaissance faite par le père [1].

Indépendamment de tout intérêt pécuniaire, le père et la mère ont respectivement un intérêt personnel à empêcher que l'enfant ne soit attribué à d'autres qu'aux véritables auteurs de sa naissance. Le père peut donc contester la déclaration de la prétendue mère, et la mère surtout doit être admise à critiquer une reconnaissance de paternité, qui pourrait avoir, pour sa réputation, des conséquences extrêmement fâcheuses.

La reconnaissance contestée subsiste tant qu'elle n'a pas été annulée ; et si les tribunaux peuvent en prononcer la nullité, ce n'est qu'en appréciant les preuves apportées par les parties intéressées, à l'appui de leur prétention. Il ne suffirait donc pas, pour neutraliser une première reconnaissance, qu'une autre personne s'attribuât à son tour la paternité ou la maternité. Dans un pareil conflit, c'est au juge à démêler la vérité au milieu des allégations contradictoires. Dans le doute, la première reconnaissance a pour elle une sorte de possession, qui doit la faire maintenir tant que la fausseté n'en est pas démontrée, mais la seconde doit être admise, lorsqu'elle se trouve pleinement justifiée. C'est ainsi, en effet, que la cour royale de Paris a fait prévaloir, d'après les circonstances de la cause, et malgré les efforts de la mère, une seconde reconnaissance de paternité sur une reconnaissance antérieure, dont le maintien aurait assuré la légitimation des enfants [2].

340. — La recherche de la paternité est interdite. Dans le cas

---

[1] C'est ainsi, par exemple, qu'un donataire est admis à contester, comme frauduleuse, la reconnaissance et par suite la légitimation d'un enfant, dont le donateur a épousé la mère, pour reprendre, en vertu de l'article 960, les biens par lui donnés entre-vifs.

[2] Arrêt du 23 décembre 1844, et arrêt de rejet du 10 février 1847.

d'enlèvement, lorsque l'époque de cet enlèvement se rapportera à celle de la conception, le ravisseur pourra être, sur la demande des parties intéressées, déclaré père de l'enfant.

SOMMAIRE.

495. Recherche de la paternité, admise dans l'ancienne jurisprudence, interdite dans le droit intermédiaire.
496. Motifs de cette interdiction. Elle est absolue.
497. Circonstance exceptionnelle qui rend la recherche admissible.
498. Le viol doit-il être assimilé à l'enlèvement?
499. La possession d'état n'est pas une preuve de la paternité naturelle. Controverse.

495. L'ancienne jurisprudence admettait les enfants naturels à rechercher la paternité. Ils pouvaient établir leur filiation par tous les moyens possibles, et même par de simples présomptions, résultant, par exemple, des relations que le prétendu père avait entretenues avec la mère (1).

Cette jurisprudence donnait lieu à des abus trop graves pour ne pas soulever l'opinion publique. Aussi, la loi du 12 brumaire an II, toute favorable qu'elle était aux enfants naturels quant au droit de succession, se montra-t-elle fort sévère sur la preuve de leur filiation. Cette loi embrassait dans ses prévisions différentes époques : l'article 10, applicable au cas où les père et mère existaient encore, décidait que « l'état « et les droits de l'enfant né hors mariage seraient réglés par le Code « civil », c'est-à-dire par un Code qui, déjà rédigé, et sur le point d'être promulgué en partie, prohibait, comme le Code actuel, la recher-

---

(1) Merlin, *Répert.*, vᵒ FILIATION, nᵒ 2. Ainsi, on ne se contentait pas de la déclaration de la mère; et la jurisprudence, quelque facile qu'elle se montrât, n'admettait pas, comme on l'admet encore dans certains cantons suisses, la règle *creditur virgini*, règle célèbre, mais dont la teneur est cependant peu connue. Nous croyons devoir la donner ici, telle qu'elle résulte de deux arrêts rendus par le sénat de Chambéri, en 1589 et 1595, et consignés par le président Fabre dans son *Codex definitionum in sacro Sabaudiæ senatu tractatarum, lib. 4, tit. 14, def. 18, et tit. 15, def. 29.*

« Creditur virgini dicenti se ab aliquo agnitam et ex eo prægnantem esse, meretrici « non item. Quamquam, si constet habitasse meretricem cum eo a quo se dicit co-« gnitam, locus esse potest condemnationi fiduciæ, et, ut aiunt, provisionali, pen-« dente lite. Et quid, si ea quæ jam ante prægnans fuit, dicat se, a tempore quo pe-« perit, non ab alio cognitam quam ex quo se dicit nunc prægnantem, an ei jurare « licebit? Minime vero, quia turpis persona est. Ergo nec jusjurandum deferre rea « poterit, non illa solum ratione quod ipsi reus non possit, sed etiam, quia utrum « ab alio cognita mulier sit, nescire vir potest.

« Etsi virgini juranti se ex Titio prægnantem esse credi solet, non tamen id est « perpetuum. Quid enim si Titius uxorem habeat? Nulla ratio est cur virgini cre-« datur, ne alioquin et turbetur matrimonium, et adulterii accusatio unius mulier-« culæ testimonio, alioquin suspectissimo, perficiatur. »

che de la paternité. C'est dans le même esprit que l'article 11, prévoyant le cas où la mère viendrait à mourir avant la promulgation du Code, décidait que « la reconnaissance du père, faite devant un officier pu-« blic, suffirait pour assurer, à son égard, l'état de l'enfant ». Ces dispositions ont été considérées à juste titre comme défendant implicitement la recherche de la paternité (¹). Le Code civil n'a donc fait que confirmer une prohibition déjà établie.

496. Cette prohibition est fondée sur l'incertitude des preuves, ou plutôt sur l'impossibilité d'avoir, en pareille matière, de véritables preuves. Il faut donc appliquer la règle dans un sens absolu, soit pour empêcher l'enfant de rechercher lui-même sa filiation dans le but d'obtenir des droits successifs ou de simples aliments, soit pour mettre obstacle à une recherche de paternité dirigée contre l'enfant, par exemple, dans le but de faire réduire des libéralités excédant la quotité de biens qu'un enfant naturel peut recevoir de ses père et mère (V. art. 908). Bien qu'on ait soutenu, dans les premières années qui ont suivi la promulgation du Code civil, que la paternité peut être recherchée dans un intérêt opposé à celui de l'enfant naturel, la jurisprudence et la doctrine sont d'accord aujourd'hui pour repousser ce système (²).

497. Le principe qui prohibe la recherche de la paternité, reçoit exception dans le cas où la mère a été enlevée. Il y a enlèvement ou rapt, lorsque, pour abuser d'une femme, on la conduit ou fait conduire d'un lieu dans un autre, soit qu'on ait recours à la violence, soit qu'on la détermine, par des moyens frauduleux, à se laisser emmener sans résistance (³). Dans l'un et l'autre cas, le ravisseur d'une femme mineure encourt la réclusion ou les travaux forcés à temps, suivant que cette femme a plus ou moins de seize ans accomplis (C. pén., art. 354 et 355), tandis que la loi ne punit pas l'enlèvement d'une femme majeure. Cependant, il n'en faut pas conclure que la disposition de l'article 340 s'applique uniquement aux mineurs. La loi pénale et la loi civile n'ayant pas le même but, ne prennent pas toujours les mots dans la même acception; une femme peut donc avoir été enlevée dans le sens du Code civil, quoique le ravisseur ne se trouve soumis à aucune peine. Cela était évident lors de la rédaction du Code : à cette époque, la loi pénale ne s'appliquait qu'à l'enlèvement par violence d'une mineure qui n'avait pas encore 14 ans accomplis (⁴), et qui par conséquent n'é-

(¹) Merlin, *Répert.*, vᵒ FILIATION.
(²) Cours d'Aix (14 *juillet* 1808), de Paris (6 *juin* 1809), de Toulouse (15 *avril* 1834). Arrêt de cassation (14 *mai* 1810) et arrêt de rejet (14 *mai* 1811).
(³) Merlin, *Répert.*, vᵒ RAPT. Cour de Paris (28 *juillet* 1821).
(⁴) Code pénal du 6 octobre 1791, part. 2, sect. 1, art. 31.

tait pas nubile. Or, ce n'est pas d'un crime commis dans des circonstances où la maternité est impossible, que le législateur a pu se préoccuper en permettant de rechercher la paternité. Il a donc pris le mot *enlèvement* dans le sens le plus large, sans faire aucune distinction quant à l'âge de la personne enlevée. Si le Code pénal actuel est beaucoup plus sévère que le Code de 1791, en ce qui concerne l'enlèvement, ce n'est pas une raison pour ne pas continuer à interpréter le Code civil dans le sens qu'il avait à l'époque de sa rédaction. En effet, la disposition qui permet d'attribuer la paternité au ravisseur, n'a rien de pénal. C'est la conséquence d'un fait exceptionnel, de l'enlèvement, qui donne à la paternité un degré de certitude qu'elle n'a pas ordinairement.

Il faut, avant tout, que la maternité soit certaine; car tant que la mère restera inconnue, on n'aura pas à se préoccuper du fait de l'enlèvement. La mère une fois connue, il faut calculer si l'époque de l'enlèvement se rapporte à celle de la conception, et dans ce cas même, la loi ne présume point encore la paternité du ravisseur. Elle ne décide pas qu'il sera déclaré père de l'enfant, mais seulement qu'il pourra l'être; elle laisse donc au juge la faculté de statuer en fait, d'après les circonstances, qui sont abandonnées à son appréciation (¹).

498. La disposition de l'article 340 sur l'enlèvement semble devoir s'appliquer au viol, par les mêmes motifs, peut-être même à plus forte raison. Dans les discussions du conseil d'État, ces deux cas ont toujours été mis sur la même ligne (²), et jamais on n'a rien dit qui tendît à établir entre eux aucune distinction. Cependant leur assimilation est devenue douteuse par suite des changements qu'a subis la rédaction primitive. En effet, on ne parlait d'abord que de l'enlèvement. Dans une seconde rédaction, adoptée par le conseil d'État, et même dans l'amendement proposé par le Tribunat, le viol fut mentionné; mais il ne s'agissait pas alors de déroger au principe qui défend de rechercher la paternité; on n'accordait encore qu'une action en dommages-intérêts contre l'auteur du viol ou de l'enlèvement. C'est seulement dans la conférence qui a suivi la communication officieuse, qu'a été admise l'exception qui permet de rechercher la paternité : or, dans la nouvelle rédaction qu'a nécessitée ce changement de système, le viol ne se trouve plus mentionné. Il est vrai que les conseillers d'État de la section de législation n'ont point indiqué leurs motifs; mais en supprimant, lors de la troisième rédaction, un mot qu'ils avaient spontanément inséré dans la seconde, ils n'ont pu avoir qu'un seul but, celui de ne pas as-

---

(¹) Discussion au C. d'État, séance du 13 brumaire an XI.
(²) Séance du 26 brumaire an X.

similer le viol à l'enlèvement. Le Tribunat n'admettait aucune recherche de paternité : le conseil d'État a pu vouloir faire une concession à ce système en excluant la recherche pour le cas de viol, sans doute par ce motif que la preuve en est plus incertaine et plus scandaleuse. Quoi qu'il en soit, lorsque l'intention du législateur se trouve ainsi manifestée, nous croyons qu'il n'est pas permis à l'interprète d'étendre une exception admise à l'un des principes les plus importants du Code civil.

Il n'est pas douteux du reste que le viol, comme l'enlèvement, ne donne lieu à une action en dommages-intérêts.

499. Le Code garde sur la possession d'état, considérée comme preuve de la filiation naturelle, un silence qui a donné lieu à plusieurs systèmes opposés. Toullier rejette absolument ce genre de preuve, en sorte que suivant lui la possession d'état ne servirait pas même à constater la maternité [1]. Nous verrons, en expliquant l'article 341, que cette opinion trop absolue n'est pas conforme à l'intention du législateur ; mais faut-il admettre, avec plusieurs auteurs, que la possession d'état suffit pour constater la filiation naturelle, même à l'égard du père [2]? Les principaux arguments à l'appui de cette opinion sont : 1° que la constatation de la paternité par la possession d'état n'est pas incompatible avec le principe qui interdit la recherche de la paternité, puisque la loi du 12 brumaire an II, qui prohibait cette recherche, admettait cependant la possession d'état ; 2° que les faits d'où résulte cette possession, ne sont en réalité qu'une reconnaissance tacite ; 3° que c'est la meilleure et la plus complète de toutes les preuves ; 4° que l'enfant qui s'en prévaut, ne recherche pas la paternité, puisqu'on n'a pas d'action à intenter pour obtenir ce qu'on a, ce qu'on possède déjà, ce dont on jouit publiquement.

Il est vrai que tout en prohibant la recherche de la paternité, la loi du 12 brumaire an II (art. 8) admet, pour la paternité même, la preuve résultant de la possession d'état ; mais il faut observer que cet article est purement transitoire, il ne concerne que les enfants dont le père était mort avant la promulgation de la loi. Quant aux enfants qui avaient encore leur père, c'est dans les articles 10, 11 et 12 que la loi commence à s'en occuper, et alors elle exige une reconnaissance authentique. Aussi ces derniers articles ont-ils été considérés comme excluant tout autre genre de preuve, et par conséquent la possession d'état. Toute espèce de doute sur ce point disparaîtra, si l'on consulte un rapport du ministre de la justice inséré dans un arrêté du Directoire exécutif du 12 ventôse an V. Puisque sous la loi du 12 brumaire an II,

[1] Toullier, t. 2, n° 970.
[2] Revue étrangère et française de législation, t. 1, p. 427.

la possession d'état ne suffisait point pour constater la paternité naturelle, elle ne peut pas avoir plus de force sous le Code civil ; car il est certain que le Code n'a point innové. Il a voulu, comme la loi antérieure, supprimer toute recherche, toute espèce de débats sur la paternité non avouée, et c'est dans ce but qu'il exige une reconnaissance authentique (art. 334).

La possession d'état est, dit-on, la meilleure et la plus complète de toutes les preuves, et l'on cite à l'appui de cette proposition les paroles que Portalis a prononcées dans le conseil d'État. Nous les invoquerons nous-même en expliquant l'article 341, mais en leur donnant leur véritable interprétation, c'est-à-dire en les restreignant à la maternité. Nous concevons, en effet, que la possession d'état prouve la filiation, lorsque celle-ci peut être recherchée ; nous ne le concevons plus quand la recherche est interdite ; quand la loi n'admet d'autre preuve que la reconnaissance du père. S'il est vrai que la possession d'état soit une reconnaissance tacite, il est certain que la loi ne s'en contente pas, puisqu'elle exige une reconnaissance authentique (¹).

Nous convenons qu'on ne recherche pas ce que l'on possède, mais il s'agit précisément de savoir si le Code a supposé l'existence d'une possession d'état quant à la paternité naturelle. On dirait en vain, pour soutenir l'affirmative, que les règles ordinaires sont applicables, et que par conséquent on peut ici, comme en toute autre matière, prouver la possession d'état ; car le système des preuves, en ce qui concerne la filiation, a un caractère tout spécial, et dans l'esprit du Code la recherche de la paternité doit être prohibée d'une manière absolue. D'ailleurs la possession d'état peut être contestée, et elle le sera même presque toujours. Il ne faut pas se le dissimuler, il est bien rare que le père s'occupe de l'entretien et de l'éducation de ses enfants naturels ; s'il leur donne parfois quelques soins, il est plus rare encore qu'il les donne en qualité de père. Dans l'état d'incertitude où l'on est presque toujours sur la paternité naturelle, la possession d'état n'est réellement qu'une exception, et c'est l'abandon qui est la règle générale. C'est une triste vérité sans doute ; mais elle justifie le législateur, qui n'a pas dû statuer pour des cas exceptionnels.

341. — La recherche de la maternité est admise.

L'enfant qui réclamera sa mère, sera tenu de prouver qu'il est identiquement le même que l'enfant dont elle est accouchée.

Il ne sera reçu à faire cette preuve par témoins, que lorsqu'il aura déjà un commencement de preuve par écrit.

(¹) Cour de Limoges (27 *août* 1811).

500. En autorisant la recherche de la maternité, la loi permet aux enfants naturels, comme aux enfants légitimes, de prouver leur filiation par témoins, mais à des conditions plus rigoureuses ; car outre qu'elle n'admet pas, comme adminicules, les présomptions dont se contente l'article 323, elle exige un commencement de preuve par écrit. Du reste, elle n'explique pas de quels actes il pourra résulter, en sorte qu'il faut se référer à la définition générale de l'article 1347, qui est beaucoup moins large que celle de l'article 324 [1].

Si le commencement de preuve par écrit doit émaner de la mère elle-même, il est évident qu'on ne saurait le trouver dans l'acte de naissance qui est rédigé sur la déclaration d'un étranger. Aussi une disposition spéciale qui accordait à cet acte la force d'un commencement de preuve par écrit, a-t-elle été supprimée par suite de la discussion au conseil d'État [2].

La preuve de la filiation naturelle, comme celle de la filiation légitime, s'applique à deux circonstances distinctes, savoir, l'accouchement de la prétendue mère, et l'identité du réclamant avec l'enfant qu'elle a mis au monde. Ce sont ces deux faits que le demandeur doit établir ; toutefois on se demande si la nécessité d'un commencement de preuve par écrit se réfère à l'un et à l'autre fait, ou seulement à l'identité de l'enfant, comme semblerait l'indiquer le texte de la loi. Il est bien certain qu'on ne peut prouver l'identité sans prouver préalablement l'accouchement : aussi le législateur n'a-t-il pas exigé la preuve de deux faits distincts et séparés, mais celle d'un fait complexe, en soumettant *cette preuve,* lorsqu'elle est faite par témoins, à une condition restrictive. Cette condition est donc commune à toutes les circonstances que peut embrasser la preuve testimoniale.

501. La loi ne dit absolument rien de la possession d'état que peuvent avoir les enfants naturels, et quelques jurisconsultes, en s'attachant strictement à la lettre du Code, en concluent que, même à l'égard de la maternité, la possession d'état ne prouve absolument rien. Nous croyons, avec la plupart des auteurs, que la possession d'état suffit pour constater la maternité naturelle : en effet, combien de fois n'arrive-t-il pas que la mère élève publiquement son enfant naturel sans songer à le reconnaître par un acte authentique ! Si les soins qu'elle lui donne,

---

[1] Arrêt de cassation du 28 mai 1810.
[2] Séance du 26 brumaire an X ; même arrêt du 28 mai 1810.

ne prouvaient pas la maternité, la recherche judiciaire qui suppose un commencement de preuve par écrit serait trop souvent impossible ; car les femmes les plus exposées à la séduction sont ordinairement les plus illettrées. Cette opinion est confirmée par la discussion au conseil d'État : dans le projet présenté par la section de législation, la possession d'état avait été considérée comme équivalant à un commencement de preuve par écrit ; mais Portalis objecta que « la « possession d'état est elle-même une preuve complète. En général « (ajouta-t-il), toutes les fois qu'on jouit de son état constamment, pu-« bliquement et sans trouble, on a le plus puissant de tous les titres. Il « serait donc absurde de présenter la possession constante comme un « simple commencement de preuve, puisque cette sorte de possession « d'état est la plus complète de toutes les preuves » (¹).

Cette observation explique, suivant nous, le silence du législateur sur la possession d'état ; nous en concluons, d'une part, que la possession d'état suffit pour constater la maternité naturelle, et d'autre part, que les faits constitutifs de cette possession, lorsqu'ils sont contestés, peuvent être prouvés par témoins sans aucun adminicule. C'est mal à propos, en effet, qu'en invoquant l'article 341 on voudrait exiger un commencement de preuve par écrit, dans tous les cas où il s'agit de prouver la filiation naturelle : autre chose est la preuve testimoniale tendant à établir directement la maternité, autre chose est la preuve de la possession d'état ; cette seconde preuve, reposant sur la notoriété publique, est beaucoup moins suspecte que la première. C'est ainsi qu'en matière de filiation légitime, l'article 323, lorsqu'il subordonne l'emploi de la preuve testimoniale à l'existence de certains adminicules, suppose qu'il n'y a ni titre, ni possession d'état.

502. Nous avons déjà dit que les articles 329 et 330 s'appliquent à la filiation naturelle comme à la filiation légitime, et que par suite les héritiers d'un enfant né hors mariage peuvent rechercher la maternité du chef de leur auteur. C'est en vain que l'on voudrait considérer la recherche de la maternité naturelle comme une action exclusivement attachée à la personne (V. art. 1166), et par suite non transmissible aux héritiers (²) ; car la transmissibilité est une règle générale, dont nous ne devons nous écarter que dans les cas où la loi nous y autorise, et rien

---

(¹) Séance du 26 brumaire an X. La possession d'état a été admise comme preuve de la maternité par plusieurs cours royales (Paris, 27 *juin* 1812; Rouen, 20 *mai* 1829 et 19 *décembre* 1844; Bastia, 1ᵉʳ *décembre* 1834). La cour de Lyon (31 *décembre* 1835) a statué en sens contraire.

(²) La cour de Paris (13 *mars* 1806) a repoussé l'administration des hospices, qui avait succédé à un enfant naturel en vertu d'une loi spéciale (*loi du 15 pluviôse an XIII*). Cette décision ne tranche donc pas la question d'une manière générale.

ne démontre une pareille intention en ce qui concerne la recherche de la maternité. Bien loin de là, l'enfant naturel peut être représenté par ses enfants ou descendants (art. 759 et 760) dans la succession de ses père et mère; il a donc sur cette succession des droits éventuels qui ne meurent pas avec lui, et quand la loi autorise ses descendants à exercer tous ses droits, on ne voit pas pourquoi la faculté de rechercher la maternité ne serait pas elle-même transmissible.

342. — Un enfant ne sera jamais admis à la recherche soit de la paternité, soit de la maternité, dans les cas où, suivant l'article 335, la reconnaissance n'est pas admise.

503. Après avoir prohibé toute reconnaissance des enfants adultérins ou incestueux (art. 335), la loi, se fondant sur les mêmes motifs, leur interdit toute recherche, soit de la maternité, soit de la paternité, dans le cas exceptionnel où celle-ci peut être recherchée (V. art. 340).

Occupons-nous d'abord des enfants adultérins. A leur égard, la prohibition s'applique sans difficulté, lorsque la mère est mariée; car s'il ne survient pas de désaveu, la présomption qui attribue la paternité au mari, exclut par cela même la paternité d'un étranger; et, dans le cas contraire, les enfants ne peuvent, même en supposant que leur mère ait été enlevée, rechercher une paternité qui serait nécessairement adultérine.

Si nous supposons maintenant que la mère est libre, la maternité peut toujours être recherchée contre elle. A la vérité, si le père est marié, les enfants sont adultérins par rapport à lui; mais il ne peut alors les reconnaître valablement. La reconnaissance qu'il aurait faite serait nulle de droit, et par conséquent elle n'empêcherait pas les enfants de rechercher la maternité (¹).

Quant aux enfants incestueux, il faut nous rappeler d'abord la règle déjà posée pour les enfants adultérins, et reconnaître que, même en cas d'enlèvement, la paternité ne peut pas être attribuée au ravisseur, s'il est parent ou allié de leur mère au degré prohibé.

(¹) L'enfant reconnu par un père non marié ne peut pas rechercher comme enfant légitime la maternité d'une femme mariée (Cour de Rouen, 26 *juillet* 1838, et arrêt de rejet, 22 *janvier* 1840), si la reconnaissance faite par le soi-disant père naturel n'est pas contestée avec succès; mais il en est autrement lorsque cette même reconnaissance est écartée (Cour de Bordeaux, 12 *février* 1838, et arrêt de rejet, 13 *février* 1839).

En dehors de cette hypothèse, on se demande si le vice de la filiation incestueuse peut apparaître. La difficulté ne se présente qu'autant que les enfants ont été reconnus par le père : dans ce cas, la maternité ne peut être attribuée à une femme que celui-ci aurait été incapable d'épouser. Cependant, si les enfants faisaient annuler la reconnaissance de leur prétendu père, ils pourraient alors rechercher la maternité, parce qu'elle ne serait plus entachée du vice d'inceste.

TITRE HUITIÈME.

DE L'ADOPTION ET DE LA TUTELLE OFFICIEUSE.

Décrété le 2 germinal an XI (23 mars 1803). Promulgué le 12 germinal (2 avril).

INTRODUCTION.

SOMMAIRE.

504. Introduction du principe de l'adoption dans la législation française. Système primitivement admis par le conseil d'État.
505. Système consacré par le Code.
506. Conditions nécessaires soit de la part de l'adoptant, soit de la part de l'adopté.
507. Effets de l'adoption.
508. Ses formes.
509. Comment peuvent se pourvoir les héritiers de l'adoptant.
510. But de la tutelle officieuse. Formes du contrat qui la constitue.
511. Charges qu'elle impose au tuteur. Facilités qu'elle donne pour une adoption subséquente.

504. L'adoption, bien qu'on en trouve des exemples dans les premiers temps de notre histoire, est une institution étrangère aux mœurs et aux anciennes lois de la France : les coutumes, pour la plupart, n'en ont point parlé ; plusieurs même l'ont proscrite. C'est seulement en 1792 que le principe de l'adoption fut admis, peut-être parce qu'il avait existé dans les républiques de la Grèce et dans la république romaine : du reste, en autorisant l'adoption, on n'en détermina ni les conditions, ni la forme, ni les effets [1]. C'est donc le Code civil qui, pour la première fois, a réglé ces différents points, non toutefois sans de longues discussions; car il y avait une grande divergence dans les idées sur cette matière. Repoussée d'une manière absolue par plusieurs conseillers d'État, surtout par Tronchet et Bigot-Préameneu, l'adoption

_____

[1] Décret du 18 janvier 1792 ; décret du 25 janvier et constit. du 24 juin 1793 ; décret du 16 frimaire an III.

était admise par quelques-uns comme une récompense nationale que
devait décerner le Corps législatif, et par le plus grand nombre comme
une institution civile qu'il fallait introduire dans le droit privé.

Ce dernier système prévalut, et néanmoins l'adoption ne fut pas d'a-
bord envisagée comme elle l'a été depuis dans le Code civil. On s'at-
tacha strictement à cette idée, empruntée au droit romain, que l'adoption doit imiter la nature, et de conséquence en conséquence, on alla
jusqu'à déclarer que non-seulement l'adopté devait changer de famille, mais encore qu'il devait arriver chez l'adoptant *tout nu,* c'est-à-
dire, dépouillé de tous les biens qu'il pouvait avoir. Sa succession devait s'ouvrir comme celle d'un mort civilement ; on voulait même que
le père adoptif obtînt dans le cœur de l'adopté la préférence sur le père
naturel. « Les hommes (dit le premier Consul) ont les sentiments
« qu'on leur inculque, », et il ne craignait pas de citer, à l'appui de
cette proposition, le dévouement absolu des mameluks égyptiens envers leurs maîtres. Pour faire naître dans le cœur de l'adopté les sentiments qu'on voulait lui inspirer, pour l'attacher *sans partage* à sa nouvelle famille, on décida qu'il devait être en bas âge. Cambacérès proposa même de réformer l'acte de naissance.

505. Telles sont les idées qui avaient prévalu dans la séance du 4 nivôse an X, et d'après lesquelles avait été formulée la quatrième rédaction du projet ; mais la discussion du Code civil, interrompue pendant
près de onze mois, ne fut reprise que le 27 brumaire an XI, et dans
cet intervalle, le premier Consul était revenu sur ses premières impres-
sions. Le principe même de l'adoption fut remis en question, et la section de législation fit un rapport contraire à cette institution. Cependant l'adoption finit par être admise, mais avec un caractère tout
différent.

Il est vrai qu'on accorde à l'adopté le droit de joindre à son nom le
nom de l'adoptant, et de lui succéder comme un fils succède à son
père ; mais il demeure étranger à tous les parents de l'adoptant, parce
qu'il reste dans sa famille naturelle et y conserve tous ses droits. D'un
autre côté, l'adoption ne s'applique plus à des enfants en bas âge. Elle
ne peut avoir lieu avant la majorité de l'adopté, parce qu'elle doit être
irrévocable. C'est même ce principe d'irrévocabilité qui a fait échouer
le système primitif ; car nos mœurs ne permettaient pas de statuer définitivement sur l'état d'un mineur, et surtout de le faire passer dans
une autre famille. Aussi a-t-on renoncé, pour les mineurs, à l'adoption
proprement dite, sauf à établir en leur faveur une sorte d'adoption
préparatoire, qui a reçu le nom de tutelle officieuse : de là un dernier
système qui, dégagé, par suite des observations du Tribunat, de ce qu'il
avait de trop absolu, est passé dans le Code civil.

CHAPITRE PREMIER.

DE L'ADOPTION.

SECTION PREMIÈRE.

DE L'ADOPTION ET DE SES EFFETS.

506. La faculté d'adopter n'est accordée aux personnes de l'un ou de l'autre sexe, qu'à l'âge de cinquante ans, et lorsqu'elles n'ont ni enfants ni descendants légitimes (art. 343). Il faut de plus que l'adoption soit motivée par des rapports antérieurement établis entre les parties, à raison, soit de la bienfaisance de l'adoptant, soit du dévouement de l'adopté. Ainsi une personne peut être adoptée par celui qui a été son tuteur officieux, ou de qui elle a reçu, avant sa majorité et pendant six ans au moins, des soins non interrompus. En outre, une adoption dite rémunératoire est admise en faveur de ceux qui ont exposé leur vie pour sauver celle de l'adoptant (art. 345).

Dans ce cas exceptionnel, il suffit que l'adoptant soit majeur et plus âgé que l'adopté ; mais en règle générale l'adoptant doit avoir cinquante ans accomplis, et quinze ans au moins de plus que l'adopté.

Dans tous les cas, l'adopté doit être majeur, et s'il n'a pas vingt-cinq ans accomplis, il a besoin du consentement des père et mère ou de celui des deux qui survit (art. 346). L'adoptant lui-même doit, s'il est marié, obtenir le consentement de son conjoint, excepté dans l'adoption testamentaire (art. 344 et 346).

Les deux époux peuvent même adopter en commun la même personne, et c'est la seule exception au principe que nul ne peut être adopté par plusieurs (art. 344).

507. L'adopté prend le nom de l'adoptant, non toutefois pour le substituer, mais seulement pour l'ajouter au sien (art. 347) : en effet, il reste dans sa famille ; ses droits et ses obligations envers ses parents sont maintenus (art. 348 et 349).

Il n'entre donc pas dans la famille de l'adoptant; et néanmoins, à raison des rapports que l'adoption établit, l'adopté devient incapable de contracter mariage, soit avec l'adoptant lui-même ou avec son conjoint, soit avec les enfants qui pourraient survenir à l'adoptant ou avec une autre personne adoptée par lui. Réciproquement, le mariage est interdit entre l'adoptant et le conjoint ou les descendants de l'adopté. Ce dernier est considéré, mais seulement vis-à-vis de l'adoptant, comme enfant légitime, soit quant à la dette d'aliments, soit quant au droit de succéder même en concours avec les enfants qui seraient nés depuis l'adoption. L'adoptant, au contraire, n'acquiert point, en principe, le droit de succéder à l'adopté : seulement, si l'adopté décède sans postérité, les biens qui lui provenaient de l'adoptant peuvent être repris par celui-ci, s'il survit, ou par ses descendants (art. 351).

Si les descendants de l'adopté meurent eux-mêmes sans postérité, l'adoptant survivant succède également aux choses par lui données ; mais ce droit, inhérent à sa personne, ne se transmet pas même à ses enfants (art. 352).

Quant aux autres parents de l'adoptant, il n'existe aucun droit de succession entre eux et l'adopté (art. 350).

SECTION II.

DES FORMES DE L'ADOPTION.

508. Les formes de l'adoption consistent, 1° dans un acte dressé par le juge de paix pour constater le consentement des parties (art. 353) ; 2° dans l'homologation qui doit être donnée, en connaissance de cause, par le tribunal de première instance et par la cour royale (art. 354 et 357) ; 3° enfin, dans une inscription sur les registres de l'état civil, qui doit avoir lieu, à peine de nullité, dans les trois mois de l'arrêt autorisant l'adoption (art. 359). La compétence du juge de paix, des tribunaux et de l'officier de l'état civil est déterminée par le domicile de l'adoptant (art. 353, 354 et 359.)

Les tribunaux vérifient, 1° si les conditions exigées par la loi sont réunies ; 2° si l'adoptant jouit d'une bonne réputation (art. 355, 357). Pour éviter que cette dernière vérification ne porte atteinte à la considération de l'adoptant, la loi veut que l'instruction soit secrète. Il n'y a point de plaidoirie ; le ministère public seul est entendu ; le jugement et l'arrêt n'énoncent jamais aucun motif, et sont prononcés dans la chambre du conseil (art. 355, 356 et 357). On ne déroge à cette dernière règle que pour l'arrêt qui admet définitivement l'adoption, arrêt dont la publication ne peut être qu'avantageuse : aussi est-il prononcé à l'audience, et même affiché (art. 358).

509. L'instruction peut être continuée et l'adoption admise, même après le décès de l'adoptant. Il suffit pour cela que l'acte constatant le consentement des parties ait été reçu par le juge de paix ; mais alors le projet d'adoption peut être combattu par les héritiers de l'adoptant, dans un mémoire adressé au procureur du Roi (art. 360).

Lorsque l'adoption a été admise, et même inscrite sur les registres de l'état civil, sa validité peut être contestée par les parties elles-mêmes ou par leurs héritiers, notamment par les parents de l'adoptant qui, après son décès, veulent écarter l'adopté de sa succession ; mais quelle voie devront-ils prendre pour atteindre ce but ? L'adoption n'est qu'un contrat ; le tribunal et la cour royale qui l'homologuent, font une vérification, un acte de juridiction gracieuse, plutôt que contentieuse ; et malgré sa solennité, cette vérification, qui n'a rien de contradictoire, n'acquiert point force de chose jugée. La nullité de l'adoption peut donc être demandée, comme celle de tout autre contrat, par action principale devant le tribunal de première instance (¹).

CHAPITRE II.

DE LA TUTELLE OFFICIEUSE.

510. La principale condition de l'adoption, lorsqu'elle n'est pas rémunératoire, c'est que l'adopté, avant sa majorité, et pendant six années au moins, ait reçu de l'adoptant des soins non interrompus (art. 345). La loi suppose ici qu'une personne prend, à l'avance, l'engagement de donner à un mineur des soins de cette nature, et elle confère à celui qui contracte cette obligation, le titre de tuteur officieux (art. 361).

Pour que la tutelle officieuse puisse atteindre son but, le pupille doit avoir moins de quinze ans (art. 364). Quant au tuteur, la loi exige, comme s'il s'agissait d'adopter, qu'il ait déjà l'âge de cinquante ans accomplis. Elle veut d'ailleurs qu'il n'ait pas de descendants légitimes (art. 361), et qu'il obtienne, s'il est marié, le consentement de son conjoint (art. 362).

Comme il ne s'agit pas encore d'une adoption, mais d'une tutelle, c'est le juge de paix du domicile du mineur qui constate les conventions relatives à la tutelle officieuse (art. 363). Le mineur est représenté, dans ces conventions, par ses père et mère ou par le survivant d'entre eux, et à leur défaut, par le conseil de famille. Lorsqu'il n'a point de parents connus, il suffit d'obtenir le consentement, soit des administrateurs de l'hospice où il a été reçu, soit de la municipalité du lieu où il réside (art. 361).

511. Le tuteur officieux est un véritable tuteur : c'est lui qui, en cette qualité, doit prendre soin de la personne, et administrer les biens du mineur (art. 365), à la charge de rendre compte (art. 370), mais sans rien imputer pour frais d'éducation (art. 365) ; car la tutelle officieuse emporte par elle-même l'obligation de nourrir le pupille, de l'élever et de le mettre en état de gagner sa vie, indépendamment des autres engagements que le tuteur peut prendre par des conventions spéciales (art. 364).

(¹) Cours de Nancy (13 *juin* 1826), de Paris (26 *avril* 1830). Arrêts de rejet (22 *novembre* 1825 *et* 24 *août* 1831).

A la majorité du pupille, l'adoption peut succéder à la tutelle officieuse, moyennant l'accomplissement des formes et des conditions ordinaires (art. 368). Le tuteur officieux qui refuse de consentir à l'adoption, doit, si le pupille ne se trouve pas en état de gagner sa vie, lui fournir des secours propres à lui procurer un métier, sans préjudice des engagements particuliers qu'il a pu prendre dans la prévoyance de ce cas (art. 369).

Le tuteur officieux peut manifester, dans son testament, la volonté d'adopter son pupille. Cette disposition vaudra, pourvu qu'à l'époque du décès, la tutelle officieuse ait déjà duré cinq ans, et que le défunt ne laisse point d'enfants légitimes (art. 366).

S'il décède sans avoir manifesté légalement la volonté d'adopter, ses héritiers doivent fournir au mineur des moyens de subsistance jusqu'à sa majorité. La quotité de ces aliments est réglée par les tribunaux, quand elle ne l'a pas été, soit par une convention antérieure, soit même par une transaction amiable entre les héritiers du tuteur officieux et les représentants du pupille (art. 367).

CHAPITRE PREMIER.

DE L'ADOPTION.

SECTION PREMIÈRE.

DE L'ADOPTION ET DE SES EFFETS.

343. — L'adoption n'est permise qu'aux personnes de l'un ou de l'autre sexe, âgées de plus de cinquante ans, qui n'auront, à l'époque de l'adoption, ni enfants, ni descendants légitimes, et qui auront au moins quinze ans de plus que les individus qu'elles se proposent d'adopter.

SOMMAIRE.

512. Pourquoi on ne peut adopter qu'à un certain âge.

512. La faculté d'adopter est une consolation réservée à ceux qui n'ont ni enfants ni descendants légitimes, et qui ne peuvent plus même espérer d'en avoir. Cet espoir cesse, d'après la présomption de la loi, à l'âge de cinquante ans accomplis, tant pour l'homme que pour la femme. On aurait été plus près de la vérité si l'on avait fixé, pour chacun des deux sexes, un âge différent; car si l'on s'en tient aux lois de la nature, on ne peut mettre l'homme et la femme sur la même ligne.

Quant à la différence d'âge qui doit exister entre l'adoptant et l'adopté, c'est un vestige de l'ancienne maxime, *adoptio naturam imitatur* (¹).

Remarquons du reste que ces diverses conditions d'âge ne s'appliquent pas à l'adoption rémunératoire (art. 345).

344. — Nul ne peut être adopté par plusieurs, si ce n'est par deux époux.

Hors le cas de l'article 366, nul époux ne peut adopter qu'avec le consentement de l'autre conjoint.

SOMMAIRE.

513. Pourquoi l'adoptant doit obtenir le consentement de son conjoint.

513. Quoique l'adoption ne constitue, comme nous l'avons déjà dit, qu'une image très-imparfaite de la paternité, la loi se refuse à admettre qu'une même personne puisse être adoptée par plusieurs, si ce n'est par deux époux. Le système contraire aurait singulièrement affaibli l'importance de cette institution.

L'adoption faite par un seul des conjoints, sans l'assentiment de l'autre, serait souvent de nature à troubler la paix conjugale, surtout si l'adoptant et l'adopté n'étaient pas du même sexe. Aussi l'adoptant doit-il, dans ce cas, obtenir le consentement de son conjoint. On ne déroge à cette règle que dans l'adoption testamentaire, qui n'a son effet qu'à la dissolution du mariage (art. 356 ; V. art. 226).

345. — La faculté d'adopter ne pourra être exercée qu'envers l'individu à qui l'on aura, dans sa minorité et pendant six ans au moins, fourni des secours et donné des soins non interrompus, ou envers celui qui aurait sauvé la vie à l'adoptant, soit dans un combat, soit en le retirant des flammes ou des flots.

Il suffira, dans ce deuxième cas, que l'adoptant soit majeur, plus âgé que l'adopté, sans enfants ni descendants légitimes; et s'il est marié, que son conjoint consente à l'adoption.

SOMMAIRE.

514. Adoption rémunératoire. Les cas prévus par le Code ne sont pas les seuls admissibles.
515. Adoption des enfants naturels. Renvoi au titre *des Donations*.
516. Les ecclésiastiques peuvent-ils adopter ?

(¹) *Inst.* § 4, *de adopt.*

514. La loi autorise deux sortes d'adoptions.

La première suppose des soins ou des secours donnés à l'adopté avant sa majorité, sans interruption et pendant un temps assez long pour faire supposer, de la part de l'adoptant, une affection paternelle.

La seconde espèce d'adoption, qu'on appelle communément rémunératoire, suppose, au contraire, un acte de dévouement de la part de l'adopté. La loi exige qu'il ait sauvé la vie à l'adoptant, *soit dans un combat, soit en le retirant des flammes ou des flots*. On voit bien, d'après cette rédaction, qu'il ne suffit pas, pour être ainsi adopté, d'avoir sauvé la vie d'un autre, si l'on n'a pas exposé la sienne ; mais on s'est demandé si les cas prévus par le Code sont les seuls admissibles, ou si l'adoption peut avoir lieu dans d'autres cas semblables, par exemple, en faveur de celui qui s'est exposé à une maladie contagieuse pour sauver une autre personne. Cette question semble résolue par la discussion même. Dans la cinquième rédaction soumise au conseil d'État, l'adoption rémunératoire était admise en faveur de ceux qui auraient rendu à l'adoptant « d'importants services, tels que « de lui avoir sauvé la vie, l'honneur ou la fortune. » Treilhard, appuyant une observation de Tronchet, proposa « de réduire l'adoption « pour services rendus, à celui qui aurait sauvé la vie à l'adoptant dans « un combat. » L'article fut admis avec cet amendement, et dans la même séance, le rapporteur, Berlier, présenta et fit admettre sans discussion la rédaction qui se trouve dans le Code (¹). Évidemment, elle tend à élargir l'amendement de Treilhard, et fait perdre à la loi le caractère exclusif que présentait la rédaction précédente. Dès lors, s'il ne suffit pas d'avoir sauvé l'honneur ou la fortune de l'adoptant, s'il faut lui avoir sauvé la vie, on ne doit pas croire qu'en parlant d'un combat et d'une personne retirée des flammes ou des flots, la loi ait voulu exclure d'autres circonstances qui, pour être moins fréquentes, n'auraient pas moins de gravité.

515. Le Code ne s'est point expliqué sur l'adoption des enfants naturels, et le silence du législateur sur un point aussi important a donné lieu à de graves controverses.

Pour justifier l'adoption des enfants naturels on a invoqué les discussions du conseil d'État. Il est vrai qu'une disposition prohibant l'adoption des enfants naturels a été rejetée dans la séance du 16 frimaire an X, mais cette circonstance est loin d'être décisive, puisque l'adoption dont on s'occupait alors, n'est pas l'adoption du Code civil. Comme nous l'avons déjà dit, les discussions du conseil d'État sur cette matière se divisent en deux périodes qui ont été séparées par un long inter-

---

(¹) Séance du 11 frimaire an XI.

valle. Suivant le système qu'on avait admis en premier lieu l'adoption des enfants naturels ne souffrait aucune difficulté. Il n'en a plus été ainsi, lorsqu'on a discuté le système qui a prévalu dans le Code civil, et l'on ne trouve alors dans les procès-verbaux du conseil d'État, rien qui favorise l'adoption des enfants naturels reconnus.

La difficulté à cet égard naît de la disposition de l'article 908, qui empêche les enfants naturels de rien recevoir de leurs père et mère au delà d'une certaine portion de biens déterminée par la loi (art. 757-759) ; c'est donc au titre des *Donations* seulement que nous pourrons discuter la question.

346. Il y a moins de difficulté, selon nous, à décider qu'un prêtre a, comme toute autre personne, la faculté d'adopter, ou pour mieux dire, nous ne voyons pas où pourrait être la difficulté. En supposant même que le mariage soit, comme le décide la jurisprudence, interdit par la loi organique du Concordat, nous dirions encore que les ecclésiastiques ne sont pas incapables d'adopter.

On oppose que si le Code avait entendu permettre l'adoption aux prêtres, il la leur aurait permise à tout âge, en faisant exception pour eux à la nécessité d'attendre l'âge de cinquante ans. Cet argument aurait quelque force, si le conseil d'État, en discutant le titre *de l'Adoption,* avait songé aux ecclésiastiques ; mais rien dans les travaux préparatoires ne tend à faire supposer qu'il se soit jamais occupé d'une hypothèse aussi exceptionnelle.

On oppose également que la génération d'un enfant légitime est impossible aux prêtres ; or l'adoption est, dit-on, la génération fictive d'un enfant légitime. Mais qu'y a-t-il de commun entre l'union des sexes, qu'on interdit aux prêtres catholiques, et le contrat qui constitue l'adoption ? La filiation civile que ce contrat établit, ne saurait devenir un sujet de scandale, puisqu'un prêtre peut avoir été marié avant d'entrer dans les ordres, et par conséquent avoir chez lui des enfants légitimes [1].

346. — L'adoption ne pourra, en aucun cas, avoir lieu avant la majorité de l'adopté. Si l'adopté, ayant encore ses père et mère, ou l'un des deux, n'a point accompli sa vingt-cinquième année, il sera tenu de rapporter le consentement donné à l'adoption par ses père et mère, ou par le survivant ; et s'il est majeur de vingt-cinq ans, de requérir leur conseil.

---

[1] La cour de Paris (19 *juillet* 1842) avait admis en principe qu'un prêtre incapable de contracter mariage, est par cela même incapable d'adopter, et néanmoins elle avait déclaré l'adoption valable, en considération de cette circonstance que, antérieurement au Concordat, l'adoptant avait renoncé à toute fonction ecclésiastique. La Cour de cassation (26 *novembre* 1844) a rejeté le pourvoi par ce double motif,

517. Le majeur qui n'a pas encore vingt-cinq ans accomplis a besoin, pour être adopté, comme pour contracter mariage, du consentement de ses père et mère ou du survivant d'entre eux. Il faut évidemment assimiler au cas de décès, celui où l'un des père et mère est dans l'impossibilité de manifester sa volonté (V. art. 149 et 150). Enfin lorsque le consentement des père et mère n'est plus exigé, leur conseil doit toujours être demandé. Cependant on ne doit pas appliquer ici toutes les règles établies sur le consentement des parents en matière de mariage. La loi se montre plus sévère sous certains rapports, et plus facile sous d'autres.

Ainsi la limite de vingt-cinq ans est fixée pour tous les adoptés sans distinction de sexe ; et comme l'adoption est moins favorable que le mariage, la loi ne dit pas que s'il y a dissentiment entre le père et la mère, le consentement du père suffira. Il faut donc décider que le dissentiment rend l'adoption impossible. D'un autre côté, lorsque le conseil des père et mère a été demandé par un acte respectueux, la loi n'exige pas qu'il soit renouvelé.

Quant aux autres ascendants, on n'est jamais tenu de demander leur consentement ni même leur conseil.

347. — L'adoption conférera le nom de l'adoptant à l'adopté, en l'ajoutant au nom propre de ce dernier.

518. Cet article et les suivants, jusqu'à la section II, règlent les effets de l'adoption. Il importe donc de les étudier avec soin, pour apprécier, par l'examen des dispositions de la loi, la nature et la portée du principe d'où elles émanent.

La rédaction primitivement arrêtée par le conseil d'État, et officieu-

---

« 1° qu'on ne trouve, soit dans le Code civil, soit dans les lois organiques du Con-
« cordat, soit dans ceux des canons qui, reçus dans le royaume, ont force de loi,
« aucune disposition qui défende au prêtre catholique l'adoption, et le prive ainsi du
« droit que tout citoyen tient de la loi, lorsque d'ailleurs il réunit toutes les con-
« ditions voulues en pareil cas ; » 2° « que, par le *dispositif* de son arrêt, la cour
« royale s'est conformée à ces principes.»

sement communiquée au Tribunat, contenait les dispositions qui ont formé depuis les articles 347, 350, 351 et 352. Les articles 348, 349, et la disposition de l'article 350, relative aux parents de l'adoptant, ont été ajoutés par suite de la communication officieuse.

Remarquons que l'adopté conserve son nom, parce qu'il reste dans sa famille et y conserve tous ses droits (art. 348) : toutefois il ajoute à son nom le nom de l'adoptant. Le législateur cède ainsi à l'influence du mot adoption ; peut-être aussi a-t-il en vue cette adoption improprement dite qui existait dans l'ancienne jurisprudence, et qui n'était réellement qu'une transmission de biens, à la charge, par le donataire, de porter le nom et les armes du donateur (¹).

348. — L'adopté restera dans sa famille naturelle, et y conservera tous ses droits : néanmoins le mariage est prohibé :

Entre l'adoptant, l'adopté et ses descendants ;

Entre les enfants adoptifs du même individu ;

Entre l'adopté et les enfants qui pourraient survenir à l'adoptant ;

Entre l'adopté et le conjoint de l'adoptant, et réciproquement entre l'adoptant et le conjoint de l'adopté.

ENTRE LES ENFANTS ADOPTIFS DU MÊME INDIVIDU.. Le Code parle toujours de l'adoptant, en évitant les expressions de père et de fils adoptifs, qu'on avait employées dans les rédactions antérieures, et qui supposaient l'adoption d'un enfant en bas âge et même un changement de famille. L'expression d'*enfants adoptifs* se trouvait dans une disposition proposée par le Tribunat, disposition qui est passée dans le texte du Code, sans que la rédaction en ait été coordonnée avec celle des autres articles.

SOMMAIRE.

519. L'adopté ne change pas de famille. Motif et caractère des empêchements de mariage que produit l'adoption.

519. Le Code consacre ici le principe, fondamental en cette matière, que l'adopté reste dans sa famille, et par conséquent n'entre point dans celle de l'adoptant : aussi ne succède-t-il point aux parents de ce dernier (art. 350). On pourrait croire cependant qu'il existe une parenté civile entre eux et l'adopté, à raison des prohibitions de mariage que fait naître l'adoption ; mais ces prohibitions ne supposent pas nécessairement l'existence d'une famille civile ; elles constituent seulement une dérogation au droit commun, motivée surtout «par la circonstance d'une

(¹) V. Merlin, *Répert.*, v° ADOPTION, § 1.

I. 24

« habitation commune, et par la crainte de blesser non-seulement les
« convenances, mais encore les bonnes mœurs » (¹).

D'après le principe précédemment posé (515), ces empêchements
doivent être considérés comme dirimants, et on s'explique facilement
qu'ils n'aient point été relatés au chapitre *des Demandes en nullité de
mariage*, lorsqu'on se rappelle que les dispositions de l'article 348
n'ont été introduites dans le Code qu'après la communication officieuse, et par suite des observations du Tribunat sur le titre *de l'A-
doption*.

On avait proposé, dans ces mêmes observations, de décider que
« nul ne pourrait avoir plus d'un enfant adoptif ; » mais cette prohibition n'a pas été admise. Il est permis de faire successivement plusieurs adoptions, et ce droit se trouve implicitement reconnu par la
disposition qui prohibe le mariage *entre les enfants adoptifs du même
individu*.

349. — L'obligation naturelle, qui continuera d'exister entre
l'adopté et ses père et mère, de se fournir des aliments dans les cas
déterminés par la loi, sera considérée comme commune à l'adoptant et à l'adopté, l'un envers l'autre.

SOMMAIRE.

520. Effets de l'adoption quant à la dette d'aliments. L'adoptant n'a point l'autorité
paternelle.

520. L'adopté, restant dans sa famille, y conserve tous ses droits, et,
en même temps, il demeure tenu de toutes ses obligations, notamment
en ce qui concerne les aliments (art. 205 et suiv.). Toutefois l'adoptant
est assimilé sous ce rapport aux père et mère naturels.

Le Tribunat allait plus loin. Pour faire prévaloir plus complétement
l'idée d'une paternité adoptive, il demandait que l'on conférât « à l'a-
« doptant l'autorité des père et mère, telle qu'elle est réglée par les lois
« à l'égard des majeurs de 21 ans. » Dans ce système, l'adopté aurait
dû, pour contracter mariage, obtenir le consentement ou demander le
conseil de l'adoptant (V. art. 148-153) ; mais on ne voit rien de semblable dans le Code. Il faut en conclure que l'autorité des père et mère
naturels leur reste toute entière.

350. — L'adopté n'acquerra aucun droit de successibilité sur

(¹) Observations du Tribunat.

les biens des parents de l'adoptant ; mais il aura sur la succession de l'adoptant les mêmes droits que ceux qu'y aurait l'enfant né en mariage, même quand il y aurait d'autres enfants de cette dernière qualité nés depuis l'adoption.

SOMMAIRE.

521. L'adopté reste étranger aux parents de l'adoptant. Droits qu'il acquiert à la succession de ce dernier.

521. Par cela même que l'adopté reste dans sa famille naturelle, il demeure étranger aux parents de l'adoptant, et par suite il n'a aucun droit à leur succession. En lui fermant ainsi l'accès de l'hérédité, les rédacteurs du Code repoussent, comme nous l'avons déjà dit, l'idée d'une parenté civile entre l'adopté et les parents de l'adoptant [1].

En est-il autrement vis-à-vis de l'adoptant lui-même ? On pourrait en douter, si l'on s'en tenait au projet arrêté par le conseil d'État avant la communication officieuse, projet qui ne faisait résulter de l'adoption aucun empêchement de mariage, et n'admettait pas même l'obligation de fournir des aliments : aussi le premier Consul avait-il répété, à plusieurs reprises, que l'adoption d'un majeur n'est plus « qu'un con- « trat d'intérêt et une manière de déférer une succession [2]... qu'un « moyen légitime de transmettre son nom et sa fortune » [3]. Les observations du Tribunat ont sensiblement modifié ce système. L'adoptant, sans avoir tous les droits qui appartiennent aux ascendants, est assimilé aux père et mère, sous le rapport des aliments, et par cela même il est plus qu'un bienfaiteur, plus qu'un donateur ordinaire. « Sans jouir, « même fictivement des droits de la paternité complète, il en a cepen- « dant quelques-uns » [4], et ces droits suffisent pour faire reconnaître qu'il existe, entre l'adoptant et l'adopté, certains rapports de paternité et de filiation, qui sont mieux établis encore, depuis que le Code pénal (art. 299 ; V. aussi art. 312) a qualifié de parricide le meurtre des père et mère adoptifs [5].

---

[1] L'adopté est étranger à tous les parents, ascendants ou collatéraux, de l'adoptant, et par suite il ne peut arriver, même par représentation (V. art. 739 et 740), à la succession du père ou de la mère de l'adoptant prédécédé (Cour de Toulouse, 25 avril 1844); mais rien n'empêche l'adopté prédécédé d'être représenté par ses propres enfants dans la succession de l'adoptant (Cour de Paris, 26 mars 1839).

[2] Séance du 6 frimaire an X.

[3] Séance du 27 brumaire an XI.

[4] Berlier, Exposé des motifs.

[5] Par suite de ces rapports, la Cour de cassation a jugé que le mariage de l'a-

En admettant l'adopté à la succession de l'adoptant, le Code se rapproche beaucoup de cette adoption imparfaite, qui est résultée dans le Bas-Empire d'une distinction introduite par Justinien, et qui donnait à l'adopté le droit de succéder à l'adoptant, quoiqu'il n'entrât point dans sa famille. Remarquons toutefois qu'il succédait ab intestat seulement, sans pouvoir attaquer le testament de l'adoptant, même par la plainte d'inofficiosité (¹). Le Code civil, au contraire, accorde à l'adopté tous les droits que pourrait avoir un enfant légitime, et par conséquent le droit de faire réduire les libéralités qui excèdent la quotité disponible (V. art. 915).

351. — Si l'adopté meurt sans descendants légitimes, les choses données par l'adoptant, ou recueillies dans sa succession, et qui existeront en nature lors du décès de l'adopté, retourneront à l'adoptant ou à ses descendants, à la charge de contribuer aux dettes, et sans préjudice des droits des tiers.

Le surplus des biens de l'adopté appartiendra à ses propres parents ; et ceux-ci excluront toujours, pour les objets même spécifiés au présent article, tous héritiers de l'adoptant autres que ses descendants.

352. — Si, du vivant de l'adoptant, et après le décès de l'adopté, les enfants ou descendants laissés par celui-ci mouraient eux-mêmes sans postérité, l'adoptant succédera aux choses par lui données, comme il est dit en l'article précédent ; mais ce droit sera inhérent à la personne de l'adoptant, et non transmissible à ses héritiers, même en ligne descendante.

SOMMAIRE.

522. On a demandé si le droit que ces articles donnent à l'adoptant ou à ses enfants, est un droit de retour légal (V. art. 950 et 951), ou un droit de succession limité à certains biens. Cette question ne pourra être convenablement discutée que sur l'article 747.

---

dopté produit une alliance entre son conjoint et l'adoptant (*Arrêts des 20 novembre 1842 et 6 décembre 1844*).

(¹) *Inst., § 2, de adopt. ; § 14, de hered, quæ ab intestat.; Justin. L.* 10, § 1, *C. de adopt.*

SECTION II.

DES FORMES DE L'ADOPTION.

353. — La personne qui se proposera d'adopter, et celle qui voudra être adoptée, se présenteront devant le juge de paix du domicile de l'adoptant, pour y passer acte de leurs consentements respectifs.

SOMMAIRE.

523. Importance de l'acte passé devant le juge de paix.

523. Le juge de paix reçoit le consentement des parties, et c'est ce consentement qui constitue le contrat d'adoption (527), dont la validité néanmoins reste soumise à l'accomplissement de plusieurs conditions, c'est-à-dire à l'homologation des tribunaux, et à une inscription sur les registres de l'état civil (V. art. 359).

354. — Une expédition de cet acte sera remise, dans les dix jours suivants, par la partie la plus diligente, au procureur du Roi près le tribunal de première instance dans le ressort duquel se trouvera le domicile de l'adoptant, pour être soumis à l'homologation de ce tribunal.

SOMMAIRE.

524. La compétence est déterminée par le domicile de l'adoptant.

524. La compétence du juge de paix qui reçoit l'acte d'adoption, et celle des tribunaux qui homologuent cet acte, est déterminée par le domicile de l'adoptant, parce que les juges de ce domicile sont, plus que tous autres, en position de faire les vérifications ordonnées par la loi (V. art. 355).

355. — Le tribunal, réuni en la chambre du conseil, et après s'être procuré les renseignements convenables, vérifiera, 1° si toutes les conditions de la loi sont remplies; 2° si la personne qui se propose d'adopter, jouit d'une bonne réputation.

356. — Après avoir entendu le procureur du Roi, et sans aucune autre forme de procédure, le tribunal prononcera, sans énoncer de motifs, en ces termes : *Il y a lieu*, ou *Il n'y a pas lieu à l'adoption.*

525. Le tribunal ne prononce qu'après avoir entendu le procureur du Roi, parce que l'adoption intéresse l'ordre public (V. C. de pr., art. 85). Sa décision ne doit pas être motivée; car le refus d'homologation pourrait porter atteinte à la considération de l'adoptant, dans le cas, par exemple, où l'on jugerait qu'il ne jouit pas d'une bonne réputation.

C'est aussi pour éviter toute espèce de scandale, que le tribunal statue, non en audience publique, mais dans la chambre du conseil, après s'être procuré officieusement, et sans aucune forme de procédure, tous *les renseignements convenables*.

357. — Dans le mois qui suivra le jugement du tribunal de première instance, ce jugement sera, sur les poursuites de la partie la plus diligente, soumis à la cour royale, qui instruira dans les mêmes formes que le tribunal de première instance, et prononcera, sans énoncer de motifs : *Le jugement est confirmé*, ou *Le jugement est réformé; en conséquence, il y a lieu*, ou *il n'y a pas lieu à l'adoption*.

526. En décidant que le jugement du tribunal sera soumis à la cour royale, la loi ne distingue pas si ce jugement est favorable ou contraire à l'adoption. Il peut donc arriver que l'homologation accordée par le tribunal soit refusée par la cour, et réciproquement, que l'homologation refusée en première instance soit accordée par la juridiction supérieure.

C'est là tout ce que veut dire le législateur, lorsqu'en donnant une formule pour la prononciation de l'arrêt, il présente comme corrélative à la première partie de cette formule, *le jugement est confirmé* ou *le jugement est réformé*, cette seconde partie : *en conséquence, il y a lieu* ou *il n'y a pas lieu à l'adoption*. Les mots *il y a lieu* ne doivent pas s'appliquer exclusivement au cas de confirmation, et les mots *il n'y a pas lieu*, au cas d'infirmation du jugement, ce qui entraînerait pour conséquence que l'homologation refusée par les premiers juges ne pourrait pas être accordée par la cour, ou en d'autres termes, qu'il faudrait obtenir deux homologations successives dans deux juridictions différentes. Ce système, contraire aux principes de notre organisation judiciaire, est formellement repoussé par le texte de l'article 357, qui, sans faire aucune distinction, veut que le jugement soit soumis à la juridiction supérieure.

358. — Tout arrêt de la cour royale qui admettra une adoption sera prononcé à l'audience, et affiché en tels lieux et en tel nombre d'exemplaires que le tribunal jugera convenable.

EN TEL NOMBRE D'EXEMPLAIRES QUE LE TRIBUNAL JUGERA CONVENABLE. Dans le Code civil de 1804, la juridiction qui porte aujourd'hui le nom de Cour royale, s'appelait *tribunal d'appel*. Dans le Code Napoléon, cette même juridiction a été qualifiée *Cour d'appel*, et ses jugements ont reçu le nom d'*arrêts*. Plus tard, on a donné aux cours d'appel la dénomination de *Cours impériales*, qui a été remplacée en 1816, par celle de *Cours royales*. C'est donc mal à propos que le mot *tribunal* est resté dans l'article 358.

SOMMAIRE.

527. Publicité de l'arrêt en cas d'homologation.

527. Le tribunal de première instance statue toujours dans la chambre du conseil, parce que son jugement peut être réformé. La cour royale, au contraire, statuant en dernier ressort, son arrêt, lorsqu'il admet l'adoption, doit recevoir une grande publicité. Aussi est-il prononcé à l'audience et affiché dans les localités que la cour détermine.

359. — Dans les trois mois qui suivront ce jugement, l'adoption sera inscrite, à la réquisition de l'une ou de l'autre des parties, sur le registre de l'état civil du lieu où l'adoptant sera domicilié.

Cette inscription n'aura lieu que sur le vu d'une expédition, en forme, du jugement de la cour royale; et l'adoption restera sans effet si elle n'a été inscrite dans ce délai.

DU JUGEMENT *de la cour royale*. C'est mal à propos que le mot *jugement* est resté dans l'article 359, comme le mot *tribunal* dans l'article précédent. (V. la note de l'article 358.)

SOMMAIRE.

528. Conséquences de l'expiration des délais fixés par la loi.

528. A défaut d'inscription faite dans le délai légal sur les registres du domicile de l'adoptant ([1]), l'adoption est réputée non avenue, et dès lors elle ne peut plus être inscrite.

La loi n'est pas aussi explicite à l'égard des autres délais fixés par les articles 354 et 357 ; mais il paraît conforme à l'intention du législateur

---

([1]) Il ne suffit pas que l'inscription ait eu lieu dans les trois mois, si elle n'a pas eu lieu, comme l'exige la loi, dans la commune où est domicilié l'adoptant (Cour de Montpellier, 19 *avril* 1842).

de décider que ces délais emportent également déchéance. Ainsi, après les dix jours fixés par l'article 354, le procureur du Roi ne peut plus recevoir l'expédition de l'acte devant le juge de paix, et s'il s'écoule plus d'un mois après la décision du tribunal, le jugement ne peut plus être soumis à la cour royale ; mais si les parties persévèrent dans leur consentement, rien ne les empêche de se représenter devant le juge de paix, pour y passer un second acte, qui fera courir de nouveaux délais.

La même voie est ouverte aux parties qui ont laissé passer le délai de trois mois sans faire inscrire l'adoption sur les registres de l'état civil.

360. — Si l'adoptant venait à mourir après que l'acte constatant la volonté de former le contrat d'adoption a été reçu par le juge de paix et porté devant les tribunaux, et avant que ceux-ci eussent définitivement prononcé, l'instruction sera continuée et l'adoption admise, s'il y a lieu.

Les héritiers de l'adoptant pourront, s'ils croient l'adoption inadmissible, remettre au procureur du Roi tous mémoires et observations à ce sujet.

SOMMAIRE.

529. C'est devant le juge de paix que se forme le contrat d'adoption. Conséquences de ce principe.

529. L'adoption, suivant l'idée qui a prévalu dans le conseil d'État, doit *avoir son effet depuis la comparution des parties devant le juge de paix* ([1]), sans doute parce que sa formation dépend uniquement du consentement exprimé par les parties devant ce magistrat. Aussi est-ce à compter de ce moment que la partie la plus diligente, par conséquent l'une ou l'autre indistinctement, peut poursuivre l'homologation des tribunaux et requérir l'inscription sur les registres (art. 354, 357 et 359). En effet, puisque la loi n'exige le consentement des parties que devant le juge de paix, peu importe, ce consentement une fois donné, qu'il persévère ou non ([2]).

On s'explique ainsi comment la mort de l'adoptant n'empêche ni l'homologation judiciaire, ni l'inscription sur les registres. La loi, il est vrai, semble supposer que la vie de l'adoptant doit se prolonger jusqu'à la remise d'une expédition de l'acte au procureur du Roi ; mais nous ne pensons pas qu'on ait attaché une aussi grande importance à

([1]) Séance du 18 frimaire an XI.
([2]) Cour de Grenoble (*arrêt du 2 mars* 1842).

ce dernier fait. L'acte qui constate la volonté de l'adoptant et de l'adopté devant être porté devant les tribunaux dans les dix jours, c'est-à-dire, presque immédiatement, la loi devait difficilement supposer le décès de l'adoptant dans un si court délai. Elle s'est donc bornée à prévoir qu'il pourrait mourir dans le cours de l'instruction, dont la durée n'est pas limitée.

Le Code ne parle point du cas où l'adopté mourrait le premier. Évidemment l'adoption n'aurait plus d'objet ; il n'y aurait donc pas lieu d'en poursuivre l'homologation. Cependant, si l'adopté laissait des enfants, ceux-ci pouvant représenter leur père dans la succession de l'adoptant, l'adoption pourrait être homologuée et inscrite dans leur intérêt. C'est ainsi que l'enfant naturel peut être légitimé, même après son décès, dans l'intérêt de ses enfants (art. 333).

CHAPITRE II.

DE LA TUTELLE OFFICIEUSE.

361. — Tout individu âgé de plus de cinquante ans, et sans enfants ni descendants légitimes, qui voudra, durant la minorité d'un individu, se l'attacher par un titre légal, pourra devenir son tuteur officieux, en obtenant le consentement des père et mère de l'enfant, ou du survivant d'entre eux, ou, à leur défaut, d'un conseil de famille, ou enfin, si l'enfant n'a point de parents connus, en obtenant le consentement des administrateurs de l'hospice où il aura été recueilli, ou de la municipalité du lieu de sa résidence.

SOMMAIRE.

530. Quelles personnes doivent consentir à la tutelle officieuse.

530. Les obligations qu'impose le titre de tuteur officieux (V. art. 364, 365, 369 et 370), ne sont compensées par aucun avantage. La tutelle officieuse n'est pas même un préliminaire indispensable de l'adoption, puisqu'aux termes de l'article 345, il suffit, pour adopter une personne, de lui avoir donné pendant sa minorité des soins non interrompus. On comprend dès lors que cette adoption préparatoire soit fort rare dans la pratique.

Les personnes qui doivent consentir à la tutelle officieuse, sont d'abord les père et mère ou le survivant d'entre eux. La loi ne s'expliquant pas sur le dissentiment qui pourrait exister entre le père et la mère, nous croyons devoir en conclure que le consentement du père, quoiqu'il suffise pour le mariage (art. 149), est insuffisant pour la tutelle officieuse comme pour l'adoption (517).

A défaut du père et de la mère, il faut obtenir le consentement du conseil de famille, s'il existe des parents connus ; dans le cas contraire, la loi exige le consentement, soit des administrateurs de l'hospice où le mineur a été recueilli, soit des administrateurs de la municipalité du lieu de sa résidence, c'est-à-dire, du maire de la commune ou de son adjoint ; car les membres du conseil municipal n'administrent pas. Quant aux administrateurs de l'hospice où le mineur a été admis, on exige leur consentement, parce que c'est à eux qu'appartient la tutelle (').

362. — Un époux ne peut devenir tuteur officieux qu'avec le consentement de l'autre conjoint.

SOMMAIRE.

531. Pourquoi l'un des époux ne peut devenir tuteur officieux, sans le consentement de l'autre.

531. Dans le cas où la tutelle proprement dite peut être refusée (art. 427 et suiv.), celui à qui elle est déférée n'a jamais besoin, pour l'accepter, du consentement de son conjoint. S'il en est autrement pour la tutelle officieuse, si la loi exige, pour cette tutelle, comme pour l'adoption, le consentement des deux époux, c'est en considération des relations toutes personnelles qui vont s'établir entre le pupille et le tuteur. La loi a donc fait sagement de prévenir des dissentiments qui seraient de nature à troubler l'union conjugale.

363. — Le juge de paix du domicile de l'enfant dressera procès-verbal des demandes et consentements relatifs à la tutelle officieuse.

SOMMAIRE.

532. La compétence est déterminée ici par le domicile du pupille.

532. En cas d'adoption, les parties doivent se présenter devant le juge de paix du domicile de l'adoptant (art. 353). Ici, au contraire, la compétence est déterminée par le domicile de l'enfant, sans doute, parce que la tutelle officieuse n'est, après tout, qu'une véritable tutelle (V. art. 406).

(') Loi du 15 pluviôse an XIII, art. 1.

364. — Cette tutelle ne pourra avoir lieu qu'au profit d'enfants âgés de moins de quinze ans.

Elle emportera avec soi, sans préjudice de toutes stipulations particulières, l'obligation de nourrir le pupille, de l'élever, de le mettre en état de gagner sa vie.

365. — Si le pupille a quelque bien, et s'il était antérieurement en tutelle, l'administration de ses biens, comme celle de sa personne, passera au tuteur officieux, qui ne pourra néanmoins imputer les dépenses de l'éducation sur les revenus du pupille.

SOMMAIRE.

533. Transmission au tuteur officieux de l'administration des biens appartenant au pupille.
534. Obligations du tuteur.

533. En décidant que l'administration des biens passera au tuteur officieux, la loi suppose que le pupille a quelque bien, et qu'il était antérieurement *en tutelle*. Cette seconde condition, si on la prenait à la lettre, ne s'appliquerait qu'aux mineurs qui ont perdu leur père ou leur mère, puisque, pendant le mariage, les enfants qui ont encore leurs père et mère, ne sont pas en tutelle (art. 389 et 390). Le mari administre leurs biens, non comme tuteur, mais comme père, en vertu du droit que lui attribue la puissance paternelle. Toutefois il n'est pas probable que cette distinction fût présente à l'esprit du législateur, lorsqu'il a rédigé l'article 365. Il emploie ici le mot tutelle dans sa plus large acception, ce qui comprend tous les cas où les intérêts d'un mineur sont confiés à un administrateur comptable ; et, dans ces différents cas, l'administration, soit qu'elle appartienne à un tuteur proprement dit, soit qu'elle appartienne au père comme administrateur des biens de ses enfants, est transmise par la loi au tuteur officieux.

534. C'est à ce même tuteur que se trouve confiée la mission de veiller sur la personne du pupille et de pourvoir à son éducation, mais le droit de correction légale doit toujours appartenir aux père et mère ; car il est une conséquence de la puissance paternelle (V. art. 375-382).

Le tuteur officieux contracte l'obligation de nourrir et d'élever le pupille (art. 364). Dès lors il ne doit rien imputer sur les revenus de ce dernier pour les frais d'éducation (art. 365). Quant aux frais d'administration, ils restent imputables sur les revenus, conformément au droit commun (V. art. 454 et 455).

Le tuteur officieux s'engage aussi à mettre son pupille en état de gagner sa vie (art. 354). Nous verrons bientôt (art. 369) quelle est la sanction de cette obligation.

366. — Si le tuteur officieux, après cinq ans révolus depuis la tutelle, et dans la prévoyance de son décès avant la majorité du pupille, lui confère l'adoption par acte testamentaire, cette disposition sera valable, pourvu que le tuteur officieux ne laisse point d'enfants légitimes.

SOMMAIRE.

535. Adoption testamentaire. Effet qu'elle peut avoir.

535. Pour adopter par testament, le tuteur officieux n'a pas besoin, s'il est marié, d'obtenir le consentement de son conjoint, parce que cette adoption ne produit son effet qu'à la dissolution du mariage (V. art. 226). Il en est autrement, lorsque le tuteur officieux survit à la majorité du pupille, parce qu'alors l'adoption se fait dans les formes prescrites au chapitre précédent (V. art. 368).

Malgré les expressions de la loi, il ne faut pas croire que l'adoption soit directement *conférée* par le testament du tuteur officieux. La disposition de ce testament doit, comme un legs proprement dit, être acceptée par celui qui est appelé à en profiter. D'un autre côté, elle a d'importants effets : elle permet à l'adopté de joindre à son nom le nom du testateur (art. 347) ; elle produit plusieurs empêchements de mariage (art. 348) ; enfin l'adopté succède à l'adoptant comme enfant légitime (art. 350), et par suite il a droit à la réserve. Cette disposition est donc quelque chose de plus qu'un legs, c'est une véritable adoption qui modifie l'état du pupille : il paraît donc conforme à l'esprit du législateur que les conditions en soient vérifiées par l'autorité judiciaire, et que l'arrêt d'homologation soit inscrit sur les registres de l'état civil. Nous sommes ainsi amenés à conclure qu'il faut, en pareil cas, remplir toutes les formes indiquées au précédent chapitre, sauf cette différence que le pupille devenu majeur devra se présenter seul devant le juge de paix, pour y passer acte de son assentiment au projet formé par le tuteur officieux.

367. — Dans le cas où le tuteur officieux mourrait, soit avant les cinq ans, soit après ce temps, sans avoir adopté son pupille, il sera fourni à celui-ci, durant sa minorité, des moyens de subsister, dont la quotité et l'espèce, s'il n'y a été antérieurement pourvu par une convention formelle, seront réglées soit amiablement entre les représentants respectifs du tuteur et du pupille, soit judiciairement en cas de contestation.

SANS AVOIR ADOPTÉ, c'est-à-dire sans avoir manifesté la volonté d'adopter.

SOMMAIRE.

536. Règlement amiable ou judiciaire des aliments dus au pupille.

536. La quotité des aliments dus au pupille peut être réglée à l'amiable entre les héritiers du tuteur décédé et les représentants du pupille, qui, à raison de sa minorité, ne peut pas traiter lui-même (¹). Ces représentants sont ses père et mère ou ses parents convoqués en conseil de famille, et c'est le seul cas où, transigeant pour le mineur, ils puissent le faire *amiablement,* c'est-à-dire, sans recourir aux formes judiciaires (V. art. 467).

368. — Si, à la majorité du pupille, son tuteur officieux veut l'adopter, et que le premier y consente, il sera procédé à l'adoption selon les formes prescrites au chapitre précédent, et les effets en seront, en tous points, les mêmes.

SOMMAIRE.

537. L'adoption par le tuteur officieux demeure facultative.

537. Le tuteur officieux peut adopter le pupille devenu majeur ; mais il est toujours libre de se refuser à l'adoption, sauf l'indemnité dont il peut être tenu, faute d'avoir rempli ses obligations envers lui (V. art. 569).

369. — Si, dans les trois mois qui suivront la majorité du pupille, les réquisitions par lui faites à son tuteur officieux, à fin d'adoption, sont restées sans effet, et que le pupille ne se trouve point en état de gagner sa vie, le tuteur officieux pourra être condamné à indemniser le pupille de l'incapacité où celui-ci pourrait se trouver de pourvoir à sa subsistance.

Cette indemnité se résoudra en secours propres à lui procurer un métier ; le tout sans préjudice des stipulations qui auraient pu avoir lieu dans la prévoyance de ce cas.

SOMMAIRE.

538. Le délai de trois mois est-il fatal ?

538. Le tuteur officieux doit indemniser son pupille dans deux circonstances différentes : 1° lorsqu'il décède sans avoir manifesté la volonté d'adopter le pupille encore mineur ; 2° lorsqu'il refuse d'adopter

---

(¹) Les moyens de subsister qui doivent être fournis au pupille, sont l'objet d'une créance, dont il peut exiger le payement, indépendamment du legs que lui aurait fait le tuteur (V. art. 1023; arrêt de rejet, 24 *août* 1831).

le pupille devenu majeur. La première de ces deux hypothèses, qui a été admise sans difficulté, est réglée par l'article 367. Quant à la seconde, elle a été l'objet d'une discussion, que Cambacérès (¹) a résumée en ces termes : « On a pensé qu'alors il était dû à cet enfant, non un « état, mais un métier, et que si les parties ne s'accordent pas sur ce « point, les tribunaux deviendraient arbitres de l'indemnité. Il faut au « surplus que l'action résultant de cette obligation se prescrive par un « laps de temps fort court. »

C'est à la suite de cette observation que l'article 369 a été rédigé, séance tenante, tel qu'il est dans le Code. Il en résulte que le pupille n'a aucune indemnité à réclamer, s'il n'a pas requis l'adoption dans les trois mois qui suivent sa majorité.

Les auteurs qui n'admettent pas cette déchéance, entendent la loi en ce sens, que le pupille, devenu majeur, ne peut obtenir aucune condamnation avant l'expiration des trois mois. Le Code, disent-ils, a seulement voulu donner au tuteur un délai pour délibérer sur la convenance de l'adoption. Sans doute, la loi a fixé un délai pour délibérer, mais nous ne voyons pas pourquoi ce délai ne serait pas commun aux deux parties. Il importe, selon nous, que le tuteur, après les sacrifices qu'il a faits pendant la tutelle, ne reste pas dans une longue incertitude sur les intentions du pupille. Nous croyons donc que celui-ci doit s'expliquer dans les trois mois qui suivent sa majorité, et son silence doit faire présumer qu'il renonce à l'adoption, comme l'inaction du tuteur pendant le même délai fait présumer qu'il n'accède point au désir du pupille.

Si le tuteur se refuse à l'adoption, il *pourra être condamné,* mais il ne le sera pas nécessairement ; car si le pupille se trouve hors d'état de gagner sa vie, c'est assez souvent par sa propre faute, et en pareil cas le tuteur ne doit aucune indemnité.

Que doit-on décider si l'adoption est devenue impossible, soit par la naissance d'un enfant légitime, soit par la mort du tuteur officieux ? Nous pensons que l'indemnité est due au pupille dans tous les cas où il se trouve, sans qu'il y ait faute de sa part, hors d'état de se soutenir par son travail. En effet, celui qui prend la tutelle officieuse, s'engage à mettre le pupille en état de gagner sa vie. Cette obligation subsiste nécessairement, tant qu'elle n'est pas remplie, et, à la mort du débiteur, elle doit être acquittée par ses héritiers.

370. — Le tuteur officieux qui aurait eu l'administration

(¹) Séance du 18 frimaire an XI.

de quelques biens pupillaires, en devra rendre compte dans tous les cas.

539. Le tuteur officieux doit rendre compte *dans tous les cas*, c'est-à-dire lors même qu'il adopte le pupille.

TITRE NEUVIÈME.

DE LA PUISSANCE PATERNELLE.

(Décrété le 5 germinal an XI (24 mars 1803). Promulgué le 15 germinal (5 avril).

INTRODUCTION.

540. L'expression *puissance paternelle* rappelle naturellement l'idée de la puissance que le droit romain attribuait au père de famille, et qui, suivant les plus anciens témoignages, aurait été importée par la conquête dans les diverses parties de la Gaule (¹). Après les différentes invasions qui ont enlevé cette province à l'empire romain, plusieurs pays ont continué à suivre le droit romain, et cependant l'ancienne puissance du père de famille ne s'est pas conservée. La puissance paternelle des pays de droit écrit n'était pas, à proprement parler, celle de Rome, mais seulement celle du Bas-Empire, telle qu'elle existait dans la législation de Justinien, modifiée elle-même par les usages locaux. Ainsi, les

---

(¹) Merlin, *Répert.*, v° PUISSANCE PATERNELLE.

enfants, quel que fût leur âge, restaient fils de famille, jusqu'à la mort de leur père, lorsqu'ils n'étaient pas émancipés ; mais en Bourgogne, et dans tous les pays de droit écrit qui relevaient du Parlement de Paris, le mariage des fils de famille était considéré comme une émancipation tacite.

Le père de famille avait, en cette qualité, l'usufruit des biens appartenant aux enfants placés sous sa puissance. Cependant on exceptait les biens acquis à la guerre, au barreau ou dans l'état ecclésiastique, parce que ces acquisitions formaient un *peculium castrense* ou *quasi-castrense*, dont le fils de famille avait la pleine propriété et la libre disposition.

A Paris et dans la plupart des autres pays coutumiers, il n'existait point, à proprement parler, de puissance paternelle. Les père et mère n'avaient guère plus d'autorité que les tuteurs : ils dirigeaient l'éducation de leur enfant mineur, administraient ses biens sans en avoir l'usufruit, du moins en règle générale, et cette faible puissance finissait, dès que l'enfant devenait majeur, ou lorsqu'il était émancipé. Quelques coutumes, en petit nombre, par exemple, celles du Berry et du Bourbonnais, avaient admis la puissance paternelle des pays de droit écrit, mais elles en limitaient la durée à un certain âge, qui variait suivant les différentes coutumes (1). Enfin, une loi du 28 août 1792 a établi, pour toute la France, une règle générale, en décidant que les majeurs ne seraient plus soumis à la puissance paternelle.

541. Il a été bien convenu, lors de la discussion du Code civil, qu'en rédigeant un projet de loi sur la puissance paternelle, on n'entendait pas rétablir le système qui avait existé dans les pays de droit écrit. On voulait seulement donner au père, et même à la mère, un pouvoir protecteur, qui se restreindrait, quant à ses effets les plus importants, dans les limites de la minorité ; et pour mettre les expressions en harmonie avec les idées, on avait demandé que le projet de loi fût intitulé *de l'Autorité des père et mère* (2). Le mot *autorité* a été effectivement substitué dans les articles au mot *puissance*, mais on n'a point fait le même changement dans la rubrique du titre, sans doute par inadvertance.

L'autorité que le Code civil attribue aux père et mère, sans l'étendre aux autres ascendants, est exercée pendant le mariage par le père seul (art. 373), et ce n'est en général qu'après la dissolution du mariage qu'elle peut être exercée par la mère. Cette autorité cesse par l'émancipation du mineur, ou au plus tard par sa majorité (art. 372). Ainsi, l'enfant émancipé ou parvenu à sa majorité ne doit plus obéissance à

---

(1) V. Argou, *Institution au droit français*, liv. 1, chap. 4 ; Merlin, *Répert.*, v° PUISSANCE PATERNELLE, sect. 1, § 4.

(2) Discussion au C. d'État, séance du 26 frimaire an X.

ses père et mère ; mais il leur doit toujours honneur et respect (art. 371).

La puissance paternelle étend ses effets d'une part, sur la personne des enfants, et d'autre part, sur leurs biens.

§ Ier. — De l'autorité des père et mère sur la personne de leurs enfants.

542. L'enfant, par suite de l'autorité à laquelle il est soumis, ne peut quitter la maison paternelle sans le consentement de son père, si ce n'est pour enrôlement volontaire (art. 374) et à l'âge de vingt ans seulement (¹).

Le Code s'en rapporte à l'affection des père et mère pour l'éducation de l'enfant ; il leur en laisse la direction, et par suite abandonne à la discipline domestique un droit de correction nécessaire au maintien de leur autorité. Malheureusement la conduite d'un mineur donne quelquefois des sujets de mécontentement assez graves pour qu'il devienne nécessaire de recourir à l'autorité publique, afin d'obtenir des moyens de répression plus sévères.

L'étendue de ces moyens varie suivant l'âge des enfants, suivant le sexe et la position civile de la personne qui exerce l'autorité paternelle.

Le père peut, par sa seule volonté, faire détenir pendant un mois au plus les enfants qui n'ont pas commencé leur seizième année. Il lui suffit alors de demander au président du tribunal civil un ordre d'arrestation, que ce magistrat ne peut refuser (art. 376).

L'enfant qui a commencé sa seizième année ne peut être détenu, que par voie de réquisition : en d'autres termes, le père peut seulement requérir un ordre d'arrestation, que le président du tribunal accorde ou refuse, après avoir conféré avec le procureur du Roi. Dans ce cas, l'enfant peut être enfermé pendant six mois, et le président, tout en autorisant la détention requise, peut en abréger la durée (art. 377).

C'est encore par voie de réquisition seulement que les enfants, même au-dessous de seize ans commencés, peuvent être détenus, lorsqu'ils ont, soit des biens personnels, soit un état qui leur en tient lieu. Il en est de même, lorsque leur détention est demandée par le père remarié (art. 380, 382).

Quant à la mère survivante, elle ne peut jamais faire détenir ses enfants que par voie de réquisition, et avec le concours des deux plus proches parents paternels : encore est-elle privée de ce droit par un second mariage (art. 381).

543. Pour faire détenir un enfant en vertu des dispositions précédentes, il faut prendre l'engagement formel de payer tous les frais et de

_____

(¹) Loi du 17 avril 1832, art. 17.

I.

fournir les aliments convenables. Il n'y a du reste aucune formalité judiciaire, aucune écriture, si ce n'est l'engagement relatif aux aliments,
et l'ordre d'arrestation, dont les motifs ne sont pas énoncés (art. 378).

Celui qui a exigé ou requis la détention, reste toujours maître de la
faire cesser, sauf à exercer de nouveau son autorité, si l'enfant, après sa
sortie, tombe dans de nouveaux écarts (art. 383).

D'un autre côté, l'enfant détenu par voie de réquisition peut adres
ser un mémoire au procureur général. Ce magistrat demande compte
des faits au président du tribunal, et fait son rapport au président de
la cour royale, qui peut révoquer ou modifier l'ordre d'arrestation,
après en avoir prévenu le père ou la mère qui a requis cet ordre (art. 382).

Les père et mère qui ont reconnu leur enfant naturel, peuvent le
faire détenir conformément aux dispositions précédentes (art. 383).

§ II. — Des droits qui appartiennent aux père et mère sur les biens de leurs
enfants.

544. Les biens d'un enfant mineur sont gérés, pendant le mariage,
par le père, administrateur légal (art. 389), et après la dissolution du
mariage, par le survivant des père et mère, qui conserve ou prend l'administration en qualité de tuteur (art. 389 et 390).

Le père durant le mariage, et ensuite le survivant des père et mère,
ont en outre la jouissance de ces mêmes biens (art. 384).

Cette jouissance dérive en partie du droit écrit, qui donnait au père
de famille l'usufruit des biens appartenant aux enfants placés sous sa
puissance, et en partie des coutumes, qui généralement accordaient au
survivant des époux un droit de garde, et par suite, la jouissance des
immeubles recueillis par les enfants mineurs dans la succession du conjoint prédécédé (¹).

545. On distinguait la garde noble et la garde bourgeoise. La première tirait son origine de l'usage qui avait introduit l'hérédité des fiefs.
Il en était résulté que les biens grevés de l'obligation du service militaire passaient à des enfants trop jeunes pour porter les armes; et alors
le seigneur, au lieu de donner l'investiture aux héritiers, prenait possession du fief, pour en percevoir les revenus à son profit, en se chargeant
de l'éducation des enfants. La garde seigneuriale continuait ainsi jusqu'à l'âge où les garçons pouvaient s'acquitter du service militaire, et
les filles, prendre un mari, qui remplît la même obligation pour sa femme.

Plus tard, les seigneurs remirent leur droit de garde au père ou à un
parent mâle, à la charge par lui de rendre, pour le mineur, le service
militaire. Enfin, lorsque les seigneurs eurent cessé de se faire la guerre,

(¹) Pothier, *Garde noble et bourgeoise*, art. prélimin.

le droit de garde, loin de périr avec l'obligation qui l'avait fait naître, reçut, dans les coutumes, une notable extension : au lieu d'appartenir seulement au père ou aux parents mâles, il existait pour la mère survivante à l'exclusion de tous les autres parents. D'un autre côté, le droit de garde en faveur du survivant des père et mère, ne s'appliquait plus seulement aux fiefs, mais s'étendait à tous les biens recueillis dans la succession du prédécédé ([1]). Ce droit s'appelait garde noble, parce qu'il était essentiellement subordonné à cette condition que le mineur serait noble ainsi que son gardien ([2]).

Un droit analogue fut introduit, sous le nom de garde bourgeoise, par quelques coutumes, notamment par la Coutume de Paris, en faveur des bourgeois de cette ville.

La garde bourgeoise donnait au gardien les mêmes avantages que la garde noble, et lui imposait les mêmes charges, en l'astreignant de plus à donner caution ([3]). D'un autre côté, la garde bourgeoise finissait à la puberté des mineurs, c'est-à-dire, lorsque les filles avaient l'âge de douze ans, et les garçons l'âge de quatorze ans accomplis; tandis que la garde noble durait, du moins dans la Coutume de Paris, jusqu'à l'âge de quinze ans pour les filles, et jusqu'à l'âge de vingt ans accomplis pour les garçons ([4]).

546. L'usufruit que le Code civil accorde aux père et mère, n'existe pas seulement après la dissolution du mariage sur les biens que l'enfant a recueillis dans la succession paternelle ou maternelle; il a lieu, même pendant le mariage, sur tous les biens appartenant aux enfants mineurs, quelle qu'en soit l'origine. Cependant cette règle souffre exception, 1° pour les biens qu'un enfant acquiert par une industrie séparée; 2° pour ceux qui lui sont donnés à la condition expresse que les père et mère n'en jouiront pas (art. 387).

Les charges de cette jouissance sont :

1° Les charges auxquelles sont soumis les usufruitiers (art. 585), sauf l'obligation de fournir caution (art. 601);

2° La nourriture, l'entretien et l'éducation des enfants, selon leur fortune;

3° L'obligation de payer les arrérages ou les intérêts, qui ont couru jusqu'au décès de la personne dont l'enfant a recueilli les biens;

4° Enfin, l'obligation d'acquitter les frais de dernière maladie, et les frais funéraires occasionnés par le décès de cette même personne (art. 585).

([1]) Pothier, *ibid.*, art. prélimin.
([2]) Pothier, *ibid.*, sect. 1, § 2.
([3]) Pothier, *ibid.*, art. prélimin., § 3; sect. 1, § 3 et 4.
([4]) Pothier, *ibid.*, sect. 1, § 3 et 4.

L'usufruit légal finit, lorsque le mineur est émancipé, ou, au plus tard, lorsqu'il a dix-huit ans accomplis (art. 384). Il cesse, pour la mère survivante, lorsqu'elle se remarie (art. 386) ; il cesse encore, pour le père ou la mère, lorsqu'ils ont été condamnés comme ayant favorisé la débauche ou la corruption de leur enfant (C. pén., art. 335).

371. — L'enfant, à tout âge, doit honneur et respect à ses père et mère.

SOMMAIRE.

547. Origine de cette disposition. Sanction qu'elle peut avoir.

547. Cette disposition, qui reproduit évidemment le précepte du Deutéronome [1], a été conservée dans le Code civil comme un principe dont plusieurs autres articles ne font que développer les conséquences. En effet, c'est par suite du respect qui est dû aux père et mère, et même aux autres ascendants, quoiqu'ils ne soient pas mentionnés ici, que l'enfant, lors même qu'il n'a plus besoin de leur consentement pour contracter mariage, doit toujours demander leur conseil par un ou plusieurs actes respectueux (art. 151, 152 et 153). D'un autre côté, quoique la disposition de l'article 371 n'ait pas de sanction directe, on a pensé que, dans plusieurs occasions, il pourrait devenir un *point d'appui* pour les juges [2].

Sans doute, on n'ira pas jusqu'à en conclure qu'un enfant est non recevable à intenter, contre ses père et mère, les actions qui lui appartiennent ; mais, tout en exerçant ses droits, il devra au moins se maintenir dans la limite des convenances, et s'abstenir avec soin des expressions injurieuses dont se servent trop souvent les plaideurs.

La jurisprudence a été plus loin encore : elle s'est appuyée sur la disposition de l'article 371, pour refuser aux enfants l'exercice de la contrainte par corps contre leurs père et mère. Toute espèce de doute sur ce point a été tranché par la loi du 19 avril 1832 (art. 19), qui refuse l'emploi de la contrainte par corps, non-seulement contre les père et mère, mais aussi contre les autres ascendants, et même entre frères et sœurs ou entre époux.

372. — Il reste sous leur autorité jusqu'à sa majorité ou son émancipation.

SOMMAIRE.

548. Conséquences de l'autorité paternelle.

---

(1) *Honora patrem tuum et matrem, ut longo vivas tempore* (Chap. 5, vers. 16).
(2) Discussion au C. d'État, séance du 8 vendémiaire an XI.

548. La nécessité où les enfants sont, jusqu'à un certain âge, d'obtenir pour se marier le consentement de leurs père et mère, est une conséquence de l'autorité qui appartient à ces derniers. Il faut remarquer, à cet égard, que cette autorité subsiste même sur les enfants émancipés, et qu'elle se prolonge, du moins pour les fils, au delà du terme fixé pour la majorité ordinaire, c'est-à-dire jusqu'à l'âge de vingt-cinq ans accomplis (art. 148).

Remarquons en outre qu'à défaut des père et mère, leur autorité, quant au mariage des enfants, passe aux aïeux et aïeules, quel que soit l'âge de l'enfant (art. 150), tandis que le consentement du conseil de famille n'est jamais nécessaire aux majeurs de vingt et un an.

373. — Le père seul exerce cette autorité durant le mariage.

549. Cette disposition est une conséquence naturelle du principe qui subordonne la femme au mari (art. 213). Toutefois la volonté personnelle de la femme n'est pas sans influence relativement au mariage des enfants, puisque son conseil, lorsqu'elle ne donne pas son consentement, doit être demandé par un acte respectueux, comme nous l'avons dit précédemment (248).

Relativement à l'adoption, le dissentiment de la mère suffit même pour neutraliser le consentement du père (V. l'art. 346 et son explication).

374. — L'enfant ne peut quitter la maison paternelle sans la permission de son père, si ce n'est pour enrôlement volontaire, après l'âge de *dix-huit* ans révolus.

550. Si la loi ne parle ici que du père, c'est parce qu'elle suppose que le mariage existe encore. On ne saurait douter que la même autorité n'appartienne, après la dissolution du mariage, à la mère survivante
Si l'enfant, soumis à l'autorité de son père ou de sa mère, quitte, de son propre mouvement, la maison paternelle, nous ne pensons pas qu'on puisse refuser aux parents le concours de la force publique, pour le faire ramener, soit à leur domicile, soit dans l'établissement où il doit recevoir son éducation ou faire l'apprentissage d'un métier. On pourrait même croire, au premier abord, qu'il suffit, pour mettre la

force publique en mouvement, d'obtenir un ordre du président, sans qu'il soit nécessaire de recourir au tribunal; car si le président peut ordonner l'arrestation d'un mineur pour le faire détenir en vertu du droit de correction paternelle (art. 376 et 377), ce magistrat semble, à plus forte raison, compétent pour ordonner une arrestation qui tend simplement à ramener l'enfant chez ses père et mère. Mais il n'y a pas lieu de raisonner ici par voie d'assimilation. Le pouvoir exceptionnel que la loi attribue au président dans les articles 376 et 377, ne doit pas être étendu à d'autres cas. Ce pouvoir lui est conféré, en ce qui concerne le droit de correction, afin que l'exercice de ce droit ait moins de publicité : or, il n'y a pas les mêmes raisons pour sortir du droit commun, quand il s'agit simplement de ramener à la maison paternelle un enfant qui s'en est échappé. C'est donc au tribunal qu'il appartient de statuer en connaissance de cause; ou du moins, si le président peut être saisi, c'est seulement en cas d'urgence et par voie de référé, pour obtenir une décision provisoire (C. de pr., art. 806).

La disposition qui permettait l'enrôlement volontaire dès l'âge de dix-huit ans, était en harmonie avec l'esprit militaire du Consulat. On peut donc s'étonner qu'elle n'ait été modifiée qu'en 1832, après dix-sept ans de paix non interrompue.

375. — Le père qui aura des sujets de mécontentement très-graves sur la conduite d'un enfant, aura les moyens de correction suivants.

SOMMAIRE.

551. Système coercitif établi par le droit intermédiaire, et modifié par le Code.

551. Dans la législation intermédiaire, les père et mère, quelle que fût la gravité des sujets de mécontentement que leur donnait un enfant, ne pouvaient que porter plainte *au tribunal de la famille assemblée,* qui vérifiait les sujets de plainte, avant d'autoriser le père à requérir un ordre d'arrestation ([1]). Les rédacteurs du Code civil ont voulu prévenir, entre le père et ses enfants, tout ce qui pouvait avoir l'apparence d'un procès, même devant la famille. Ils ont pensé avec raison que les familles sont souvent divisées, et que, dans de semblables discussions, le père ne pourrait succomber sans que son autorité fût gravement compromise : aussi les dispositions qui suivent ont-elles rendu cette autorité plus indépendante.

([1]) Loi du 24 août 1790, sur l'organisation judiciaire, tit. 10, art. 15 et 16.

376. — Si l'enfant est âgé de moins de seize ans commencés, le père pourra le faire détenir pendant un temps qui ne pourra excéder un mois; et, à cet effet, le président du tribunal d'arrondissement devra, sur sa demande, délivrer l'ordre d'arrestation.

377. — Depuis l'âge de seize ans commencés jusqu'à la majorité ou l'émancipation, le père pourra seulement requérir la détention de son enfant pendant six mois au plus; il s'adressera au président dudit tribunal, qui, après en avoir conféré avec le procureur du Roi, délivrera l'ordre d'arrestation ou le refusera, et pourra, dans le premier cas, abréger le temps de la détention requis par le père.

MOINS DE SEIZE ANS COMMENCÉS. — PLUS DE SEIZE ANS COMMENCÉS. Le Code, d'accord avec l'usage, s'attache ordinairement, pour déterminer l'âge, à un nombre d'années révolues ou accomplies (V. art. 144, 148, 477, 478, 388 et 488). Il est évident que seize ans *commencés* équivalent à quinze ans *révolus.*

SOMMAIRE.

552. Comment le pouvoir du père varie suivant l'âge des enfants.
553. Quel doit être le lieu de détention.

552. Il suffit de comparer ces deux articles, pour bien distinguer la nature du pouvoir dont le père est investi, suivant que les enfants sont au-dessous ou au-dessus de quinze ans. La loi lui confère, dans le premier cas, un droit absolu, qui doit seulement recevoir la sanction de l'autorité publique; elle ne lui accorde, dans le second, qu'un droit de réquisition, subordonné à l'appréciation du président. Au surplus, l'intention du législateur ne saurait être douteuse; car la disposition de l'article 376 n'a pas été admise sans discussion. Dans les dernières délibérations du conseil d'État sur ce titre ('), le consul Lebrun demandait encore que l'on ne permît point au père de faire enfermer ses enfants de sa propre autorité; mais son opinion sur ce point n'a pas prévalu.

Le président ne peut donc pas, comme on l'a quelquefois soutenu, s'abstenir de déférer à la demande du père agissant par voie d'autorité.

553. Le consul demandait subsidiairement que du moins les enfants ne fussent pas envoyés dans une *maison de correction*, c'est-à-dire dans une prison publique. « Ce serait, disait-il, les envoyer au crime ». La section de législation convenait elle-même que le régime des maisons de détention existantes ne pouvait qu'augmenter la dépravation des enfants qui y seraient renfermés. C'est pour satisfaire à ces observations

('¹) Séance du 20 brumaire an XI.

qu'on a retranché des deux articles les mots, *dans une maison de correction*.

Il résulte de là que les enfants détenus sur la demande du père, doivent, d'après le vœu de la loi, être enfermés dans une maison spéciale, qui n'est pas une prison proprement dite. A Paris, la maison religieuse des dames de Saint-Michel reçoit les filles arrêtées en vertu de l'autorité paternelle (¹). Il n'existe aucune maison de ce genre pour les garçons. Ils sont renfermés dans la prison de la rue de la Roquette, mais là au moins le régime cellulaire les préserve de la contagion du vice.

378. — Il n'y aura, dans l'un et l'autre cas, aucune écriture ni formalité judiciaire, si ce n'est l'ordre même d'arrestation, dans lequel les motifs n'en seront pas énoncés.

Le père sera seulement tenu de souscrire une soumission de payer tous les frais, et de fournir les aliments convenables.

DANS L'UN ET L'AUTRE CAS. Il ne s'agit pas ici des deux cas prévus par l'article précédent, mais des deux cas plus importants qui ont été prévus, le premier par l'article 576, et le second par l'article 577.

SOMMAIRE.

554. Règles exceptionnelles prescrites dans l'intérêt de l'enfant détenu.

554. C'est par ménagement pour les enfants que la loi défend de motiver l'ordre d'arrestation. En permettant qu'ils soient détenus temporairement, elle voudrait que le fait même de la détention ne laissât, s'il était possible, aucune trace. C'est dans ce but qu'elle proscrit les formalités judiciaires. Il n'y aura donc point de requête ; le père n'aura pas besoin de recourir au ministère d'un avoué, et il pourra même former sa demande verbalement.

Quant à l'ordre d'arrestation, il doit être écrit ; mais cette écriture indispensable sera-t-elle vraiment la seule ? Il faut observer à cet égard que « nul gardien ne peut recevoir aucune personne sans transcrire sur « son registre l'ordre qui autorise la détention » (C. d'instr. cr., art. 609).

379. — Le père est toujours maître d'abréger la durée de la détention par lui ordonnée ou requise. Si, après sa sortie, l'enfant tombe dans de nouveaux écarts, la détention pourra être de nouveau ordonnée de la manière prescrite aux articles précédents.

_____

(¹) Décret impérial du 30 septembre 1807.

555. Cet article ne parle que du père. Il en est de même de l'article précédent, et cependant il n'est pas douteux que la mère ne soit également tenue de souscrire une soumission de payer tous les frais et de fournir les aliments convenables. Il faut donc appliquer aussi à la mère la disposition, toute favorable, qui permet d'abréger la durée de la détention. Nous irons même plus loin, nous accorderons le même droit au tuteur dans le cas prévu par l'article 468.

380. — Si le père est remarié, il sera tenu, pour faire détenir son enfant du premier lit, lors même qu'il serait âgé de moins de seize ans, de se conformer à l'article 377.

556. Après la dissolution du mariage, le père survivant et non remarié conserve, dans toute leur plénitude, les droits qui dérivent de la puissance paternelle. Il faut cependant remarquer, en fait, que les enfants, étant héritiers de leur mère, ont ordinairement des biens personnels, et se trouvent alors dans l'exception établie par l'article 382. Dans ce cas, leur détention, quel que soit leur âge, n'a jamais lieu par voie d'autorité, mais seulement par voie de réquisition.

Le père qui contracte un second mariage, perd dès lors le droit de faire détenir par voie d'autorité les enfants du premier lit : on peut craindre l'influence que la belle-mère pourrait exercer à leur détriment.

Si le père vient à perdre sa seconde femme, il semblerait devoir recouvrer la puissance paternelle dans toute son intégrité ; mais l'influence de la belle-mère peut avoir laissé des traces dans l'esprit du père, surtout s'il existe des enfants du second lit. Nous ne croyons donc pas que le père recouvre, en pareil cas, le droit que lui a fait perdre son second mariage.

381. — La mère survivante et non remariée ne pourra faire détenir un enfant qu'avec le concours des deux plus proches parents paternels, et par voie de réquisition, conformément à l'article 377.

557. A défaut de parents paternels, nous ne pensons pas qu'on puisse appliquer ici les règles établies, au titre *de la Minorité et de la Tutelle* (art. 407-410), sur la composition du conseil de famille, et par conséquent obliger la mère à obtenir le concours de deux amis du père. Suivant nous, la loi parle ici des deux plus proches parents dans un sens limitatif : elle n'admet donc pas des amis, dont le choix purement arbitraire n'offrirait aucune garantie sérieuse. Nous ne croyons pas même qu'on doive admettre les alliés. Il s'agit ici d'un pouvoir tout spécial, qu'on ne saurait étendre hors des termes de la loi : nous pensons donc qu'à défaut de parents paternels, la mère a par elle-même une autorité suffisante pour requérir la détention. On doit d'autant moins lui refuser cette faculté, que sa réquisition reste toujours subordonnée à l'appréciation du président.

La mère qui se remarie, peut être maintenue dans la tutelle par le conseil de famille, et dans ce cas, elle a, comme tutrice, à l'égard de ses enfants, un pouvoir, qui toutefois ne peut être exercé qu'avec l'autorisation du conseil de famille (art. 468). Si elle n'est pas maintenue, elle perd, avec la tutelle, toute l'autorité qu'elle avait pendant son veuvage.

558. La loi suppose le prédécès du père, et par conséquent la dissolution du mariage. Mais que faut-il décider, si le père se trouve, pour cause d'absence ou pour toute autre cause, dans l'impossibilité de manifester sa volonté ? La loi a prévu spécialement le cas de disparition, et a voulu que tous les droits du père, quant à l'éducation des enfants et à l'administration de leurs biens, fussent exercés par la mère (art. 141). Elle pourra donc faire détenir ses enfants, mais en se conformant aux conditions exigées par la loi, c'est-à-dire, avec le concours des deux plus proches parents paternels. Il y a même raison de décider dans tous les autres cas où le père se trouve dans l'impossibilité de manifester sa volonté (V. art. 149).

382. — Lorsque l'enfant aura des biens personnels, ou lorsqu'il exercera un état, sa détention ne pourra, même au-dessous de seize ans, avoir lieu que par voie de réquisition, en la forme prescrite par l'article 377.

L'enfant détenu pourra adresser un mémoire au procureur général près la cour royale. Celui-ci se fera rendre compte par le procureur du Roi près le tribunal de première instance, et fera son rapport au président de la cour royale, qui, après en avoir donné avis au père, et après avoir recueilli tous les renseignements, pourra révoquer ou modifier l'ordre délivré par le président du tribunal de première instance.

559. Si les enfants au-dessous de seize ans ont un état, ce qui arrive rarement, la détention les expose à le perdre. C'est pour ce motif que, dans ce cas, l'ordre d'arrestation ne doit pas être accordé sur la simple demande du père.

L'enfant qui a des biens propres est assimilé à celui qui exerce un état; mais cette seconde exception ne se justifie pas aussi facilement. On a supposé dans le conseil d'État qu'un père dissipateur chercherait souvent à dépouiller ses enfants, et à se venger de leurs refus, « que « peut-être il leur ferait acheter leur liberté » (¹). Cette crainte est-elle bien fondée? Le père, lors même qu'il n'a pas la jouissance légale (art. 387), administre tous les biens qui appartiennent à ses enfants mineurs, et en perçoit lui-même les revenus (art. 389) : il n'a donc pas besoin de s'adresser à eux pour obtenir des sommes dont il est nanti. Quant aux arrangements qu'il pourrait prendre avec ses enfants pour se dispenser de leur rendre compte, s'il est vrai, en droit, que leur incapacité les protége suffisamment contre toute tentative de spoliation, il pourrait arriver en fait, qu'un enfant, se crût lié par un engagement de cette nature, et c'est pour mieux prévenir de semblables transactions que le législateur enlève au père le droit de faire détenir, par sa seule autorité, l'enfant qui a des biens personnels.

560. En accordant à l'enfant détenu le droit de présenter un mémoire justificatif, le Code établit, pour l'exercice de ce droit, une procédure spéciale qui, tout en évitant la publicité de l'audience, permet de recourir à une juridiction supérieure. C'est une sorte d'appel qu'on ne pouvait pas refuser aux enfants détenus par ordre du président; car si le tribunal lui-même, lorsqu'il prononce la contrainte par corps, ne statue jamais qu'en premier ressort (²), comment le président seul pourrait-il prendre, relativement à la détention d'un mineur, une décision irrévocable? Qu'il en soit ainsi, lorsqu'il délivre l'ordre d'arrestation que le père a droit d'exiger, on peut le concevoir, parce qu'alors le magistrat ne décide rien; il obéit à une autorité souveraine, à celle dont la loi investit le père (art. 476). Mais il doit en être tout autrement, quand

(¹) Discussion au C. d'État, séance du 8 vendém. an XI.
(²) Loi du 17 avril 1832, art. 20.

l'ordre d'arrestation, au lieu d'être réclamé par voie d'autorité, est demandé seulement par voie de réquisition : car alors le président du tribunal délibère comme juge ; il a une décision à prendre, et il ne doit la prendre qu'en premier ressort.

Cela est indubitable, lorsqu'il s'agit d'un enfant ayant des biens personnels ou exerçant une profession ; la loi est formelle. Mais sa disposition ne doit-elle s'appliquer qu'à ce seul cas, ne doit-elle pas, au contraire, s'étendre à tous les enfants détenus par voie de réquisition en vertu des articles 377, 380, 381 et 468 ? Sur ce point, les auteurs sont divisés, et les travaux préparatoires n'offrent que des renseignements peu certains.

Cambacérès, se référant au cas où l'enfant aurait, soit des biens acquis par un travail ou une industrie séparée, soit des biens donnés ou légués sous la condition que les père et mère n'en jouiraient pas (V. art. 387), ajoutait que *dans ce cas* il faudrait encore *limiter davantage le pouvoir du père...* « Peut-être même (disait-il), serait-il juste d'au- « toriser cet enfant à se pourvoir, devant le président et le commis- « saire du tribunal d'appel, contre la décision du président du tribunal « de première instance. Cette décision serait cependant exécutée par « provision » (¹). Cet amendement fut admis, et cependant il ne fut pas exactement reproduit dans la rédaction présentée et adoptée séance tenante (²). Dans cette rédaction, la disposition correspondant à l'article 382 du Code, était ainsi conçue : « Dans le cas où l'enfant aurait des « biens personnels, sa détention ne pourra, quel que soit son âge, « avoir lieu que par voie de réquisition, *et l'enfant détenu pourra adres-* « *ser au commissaire du gouvernement près le tribunal d'appel, un mé-* « *moire contenant ses moyens de défense.* »

Le Tribunat proposa de supprimer la dernière partie de l'article, d'abord parce que la loi n'indiquait pas « ce qu'aurait à faire le com- « missaire du Gouvernement », et ensuite parce que « non-seulement « dans le cas prévu par cet article, mais dans tous les autres, rien ne « peut empêcher l'enfant détenu de présenter un mémoire... sans que « la loi s'en explique ». Mais le conseil d'État, au lieu de supprimer la disposition relative au mémoire de l'enfant détenu, la compléta, en expliquant ce qu'auraient à faire les magistrats à qui ce mémoire serait adressé ; et par une modification qui n'est pas sans importance, à nos yeux du moins, l'article, qui ne contenait d'abord qu'une phrase unique en deux parties réunies par une conjonction, a été divisé en deux alinéa, comme on le voit dans le Code. Ne doit-on pas en conclure,

(¹) Discussion au C. d'État, séance du 8 vendémiaire an XI.
(²) Même séance du 8 vendémiaire an XI.

qu'en isolant la seconde disposition, les rédacteurs ont voulu la généraliser? Sur ce point, les orateurs officiels ne sont pas moins divisés que les auteurs. Si la faculté de présenter un mémoire justificatif n'appartient, suivant l'orateur du Gouvernement, qu'aux enfants qui ont des biens personnels ou qui exercent un état (1), cette même faculté, suivant l'orateur du Tribunat, existe, pour l'enfant détenu par voie de réquisition, *dans tous les cas* (2), et le rapport fait au Tribunat, par suite de la communication officielle, donne le même sens à la loi. « Son « objet (dit le rapporteur) ne serait pas entièrement rempli, si elle n'a- « vait pas pourvu au moyen de réparer quelques injustices, les surpri- « ses même qui pourraient être faites aux présidents des tribunaux de « première instance. L'article 382 veut que *dans ce cas,* l'enfant détenu « puisse adresser un mémoire, etc. » (3) : *dans ce cas,* c'est-à-dire, en cas de surprise faite au président du tribunal, et non pas seulement dans les cas spécialement prévus par le premier alinéa de l'article.

Nous préférons l'interprétation la plus large. Il nous semble que le doute seul devrait suffire pour faire admettre une décision favorable à la liberté individuelle ; mais nous croyons de plus qu'il y a ici, comme nous l'avons déjà dit, un motif puisé dans les principes de l'organisation judiciaire. Observons d'ailleurs qu'il n'existe aucune raison pour refuser aux enfants qui n'ont point encore de biens, un recours que l'on accorde à des enfants plus riches. S'il fallait remonter à l'idée du premier auteur de cette disposition, on s'en tiendrait à une hypothèse plus restreinte encore, car Cambacérès n'avait en vue que le cas où l'enfant a des biens dont ses père et mère n'ont pas la jouissance légale ; mais cette hypothèse n'a été précisée dans aucune rédaction, et puisque la loi ne distingue pas si les père et mère ont ou n'ont pas la jouissance légale, nous ne voyons pas pourquoi on distinguerait encore, en ce qui concerne le recours à une juridiction supérieure, si l'enfant a des biens ou s'il n'en a pas.

383. — Les articles 376, 377, 378 et 379, seront communs aux pères et mères des enfants naturels légalement reconnus.

SOMMAIRE.

561. Exercice de l'autorité paternelle sur les enfants naturels.
562. *Quid* en cas de mariage du père ou de la mère?

561. Lorsqu'un enfant naturel n'a pas été reconnu par ses père et

---

(1) *Exposé des motifs,* par le conseiller d'État Réal.
(2) Discours du tribun Vesin au Corps législatif.
(3) Rapport du tribun Albisson.

mère, mais par l'un d'eux seulement, la disposition de l'article 383 s'applique sans difficulté à l'auteur de la reconnaissance.

Remarquons d'abord qu'il ne convient pas d'investir les père et mère naturels d'un pouvoir qui n'appartiendrait pas aux père et mère légitimes. C'est donc au père seulement que s'appliquera l'article 376, et la mère ne pourra faire détenir son enfant que par voie de réquisition, conformément aux articles 377 et 381. Toutefois on n'exigera pas ici le concours des deux plus proches parents paternels; car, lors même que la paternité est certaine, la loi n'établit aucun rapport de consanguinité entre l'enfant naturel et les parents de ses père et mère (art. 756); et quant aux amis qu'on voudrait appeler à défaut de parents, nous nous sommes déjà expliqués sur le peu d'efficacité de leur intervention.

S'il est vrai que le père naturel ne doive pas exercer un pouvoir qui n'appartiendrait point au père légitime, nous en conclurons, par application de l'article 382, que l'enfant naturel, lorsqu'il a une profession ou des biens personnels, ne peut être détenu que par voie de réquisition. On objecterait en vain que l'article 382 n'est pas compris dans l'énumération de l'article 383; il ne faut pas s'attacher littéralement aux articles énumérés, il faut chercher quelle a été l'intention des rédacteurs. Or, en changeant la rédaction primitive, qui appliquait aux père et mère naturels toutes les dispositions de ce titre sans distinction, ils ont voulu, non pas restreindre ou étendre leur pouvoir sur la personne des enfants, mais refuser aux parents naturels l'usufruit légal qui appartient aux père et mère légitimes (¹).

562. Si le père d'un enfant naturel épouse une autre femme que la mère, ou réciproquement, si la mère prend un autre mari que le père, appliquera-t-on les articles 380 et 381, ou, en d'autres termes, ne conservera-t-on au père que le droit de réquisition, et enlèvera-t-on ce même droit à la mère? Nous ne le pensons pas : les rapports qui ont existé entre les père et mère d'un enfant naturel, ne sauraient avoir les effets d'un premier mariage. Si donc l'un d'eux contracte mariage avec une autre personne, on ne peut pas le considérer comme marié en secondes noces; ce serait lui reprocher ou de n'être pas resté dans le célibat, ou de n'avoir pas légitimé son enfant par un mariage peut-être moralement impossible.

Puisque les effets civils que la loi attache au mariage, ne résultent pas des rapports qui ont existé entre les père et mère d'un enfant naturel, on ne peut pas appliquer entre eux le principe de l'autorité maritale. La reconnaissance du père ne saurait donc détruire l'indépendance de la mère, ni par conséquent faire obstacle à l'exercice du droit que lui at-

(¹) Discussion au conseil d'État, séance du 8 vendém. an IX.

tribue l'article 383. Quelque certaine que soit cette décision en principe, il peut arriver en fait que le père et la mère ne soient pas d'accord, et que l'un d'eux veuille faire détenir son enfant, tandis que l'autre s'y oppose. C'est au tribunal à faire cesser un pareil conflit ; et puisqu'on ne peut invoquer ici le principe de l'autorité maritale, il convient de décider comme on le ferait en cas de séparation de corps. On appliquera donc, entre les père et mère naturels, la disposition de l'article 302, qui autorise le juge à statuer d'après les circonstances, et en prenant pour base le plus grand avantage des enfants (¹).

384. — Le père, durant le mariage, et, après la dissolution du mariage, le survivant des père et mère, auront la jouissance des biens de leurs enfants jusqu'à l'âge de dix-huit ans accomplis, ou jusqu'à l'émancipation qui pourrait avoir lieu avant l'âge de dix-huit ans.

SOMMAIRE.

563. Usufruit légal accordé aux père et mère légitimes. Sa durée.

563. Dans le droit coutumier, la garde noble ne commençait qu'après la dissolution du mariage, et s'appliquait seulement aux biens du conjoint prédécédé. Dans le Code civil, au contraire, la jouissance légale s'étend sur tous les biens que les enfants ont pu acquérir même du vivant de leurs père et mère. Cette jouissance, plus étendue que ne l'était celle du gardien, se rapproche, sous ce rapport, de l'usufruit qui était réservé au père de famille par la législation de Justinien, et qui s'était perpétué dans les pays de droit écrit ; mais elle n'a, comme la jouissance du gardien, qu'une durée limitée. Le Code consacre ici un système nouveau, qui n'est ni celui du droit écrit, ni celui du droit coutumier : la jouissance légale est une conséquence de la puissance paternelle telle qu'elle existe chez nous. Cette jouissance appartient donc au père même pendant le mariage, et s'il vient à décéder, elle se transmet à la mère.

L'usufruit des père et mère étant une conséquence de leur autorité, cesse en même temps que la puissance paternelle, lorsque les enfants sont émancipés.

Cet usufruit finit aussi indépendamment de toute émancipation, lorsque les enfants ont l'âge de dix-huit ans accomplis, quoique la puissance paternelle subsiste jusqu'à la majorité, c'est-à-dire jusqu'à vingt

---

(¹) Les tribunaux ont souvent appliqué ce principe, en attribuant la garde de l'enfant naturel à la mère plutôt qu'au père (Cour d'Agen, 16 *frimaire* an XIV; de Pau, 13 *février* 1823; de Caen, 27 *août* 1822, et de Bruxelles, 23 *décembre* 1830).

et un ans accomplis (art. 372 et 488). Ainsi, dans l'intervalle de dix-
huit à vingt-un ans, le père ou la mère continue d'administrer les biens
dont l'usufruit ne lui appartient plus, et devient comptable des revenus
(art. 389). C'est une précaution que l'on a prise, dans la crainte
que le désir de prolonger leur jouissance ne portât les parents à refuser leur consentement, lorsqu'il peut devenir nécessaire d'émanciper
ou même de marier les enfants qui sont en âge de s'établir (¹).

En accordant l'usufruit légal au père durant le mariage, et après la
dissolution du mariage au survivant des père et mère, la loi s'occupe
uniquement des père et mère légitimes. Aucune disposition n'étend le
même avantage aux père et mère naturels, et la discussion du conseil
d'État prouve qu'on n'a pas voulu le leur accorder : en effet l'article 383
dans sa première rédaction appliquait *les dispositions du présent titre*
aux père et mère des enfants naturels légalement reconnus ; mais,
comme nous l'avons déjà vu, la rédaction définitive ne comprend plus
que les règles concernant l'exercice de la puissance paternelle sur la
personne des enfants.

385. — Les charges de cette jouissance seront,

1° Celles auxquelles sont tenus les usufruitiers ;

2° La nourriture, l'entretien et l'éducation des enfants, selon leur
fortune ;

3° Le payement des arrérages ou intérêts des capitaux ;

4° Les frais funéraires et ceux de dernière maladie.

564. La première disposition de cet article, qui soumet la jouissance
légale des père et mère aux charges dont *sont tenus les usufruitiers* est
modifiée, au titre *de l'Usufruit,* par une dispense de donner caution,
établie en faveur des père et mère (art. 601).

L'obligation, où sont en général les époux, de nourrir, d'entretenir
et d'élever leurs enfants (art. 203), n'est en principe qu'une dette d'a-
liments, dont l'étendue est toujours en proportion *des besoins de l'enfant*
et de la fortune des parents (art. 208). Cette obligation n'existera donc

---

(¹) Discussion au conseil d'État, séance du 8 vendém. an IX.

pour les père et mère que dans le cas où la fortune personnelle de l'enfant serait insuffisante. S'il a des biens propres, c'est sur le revenu de ces biens que doivent être imputés les frais de nourriture, d'entretien et d'éducation.

Ce n'est là que l'application des principes généraux ; mais on pouvait se demander, au cas où l'enfant aurait certains biens dont la jouissance n'appartiendrait pas à ses parents, s'il faudrait imputer sur les revenus de ces biens les dépenses dont il s'agit ? Le législateur, faisant des frais de nourriture, d'entretien et d'éducation une charge spéciale de l'usufruit légal, a entendu obliger les père et mère à prendre d'abord ces frais sur les revenus dont ils jouissent. Ce n'est que subsidiairement qu'ils peuvent affecter à cet usage le produit des autres biens. Il est d'ailleurs évident, qu'en cas d'insuffisance du patrimoine de l'enfant, ils demeurent tenus en proportion de leur fortune, d'après la règle générale de l'article 203.

565. On appelle arrérages les revenus annuels d'un capital constitué à titre de rente, c'est-à-dire d'un capital dont le créancier a renoncé à exiger le remboursement (art. 1969). Le capital prêté par un créancier qui n'a pas fait cette renonciation, produit, non des arrérages, mais des intérêts proprement dits.

Dans plusieurs coutumes, la garde noble attribuait au gardien l'usufruit des immeubles, outre la propriété des meubles que le conjoint prédécédé laissait dans sa succession, et par suite le gardien devait acquitter toutes les dettes mobilières. Cette obligation lui était également imposée, quoique moins rigoureusement, dans les coutumes qui ne lui accordaient pas la propriété des meubles, et dès lors il devait toujours acquitter les arrérages dont le défunt se trouvait débiteur à l'époque de sa mort (¹).

En attribuant au père ou à la mère la jouissance des biens de leurs enfants, le Code leur donne l'usufruit des meubles comme celui des immeubles, sans leur attribuer jamais la propriété ni des uns ni des autres : aussi ne met-il point à leur charge les dettes de capitaux mobiliers. On se demande donc aujourd'hui à quels arrérages et à quels intérêts s'applique la troisième disposition de l'article 385. Au premier coup d'œil, on serait porté à croire qu'il s'agit des arrérages et des intérêts qui ont couru depuis l'ouverture de la jouissance légale (²) : car cette jouissance constitue un usufruit universel, et emporte par conséquent l'obligation d'acquitter tout ce qu'un propriétaire acquitte ordinairement sur son revenu ; mais par cette raison même, l'obligation

---

(¹) Pothier, *Garde noble et bourgeoise, sect.* 3, *art.* 2, § 5.
(²) Jugé en ce sens par la cour de Lyon (6 *février* 1835).

dont il s'agit, est une des charges ordinaires de l'usufruit (V. art. 610 et 612), en sorte qu'elle se trouve déjà comprise dans la disposition qui assimile les père et mère aux usufruitiers.

Pour donner un sens à la disposition qui nous occupe, il faut donc la considérer comme une reproduction des anciennes coutumes, et décider en conséquence que le père ou la mère, indépendamment des arrérages et intérêts qui courent pendant la durée de sa jouissance, est tenu de ceux qui étaient dus par la personne dont les biens ont passé à l'enfant.

L'ancienne jurisprudence, qui n'admettait pas le prêt à intérêt, n'a jamais eu à s'occuper des intérêts des capitaux. C'est donc le Code qui les a mis sur la même ligne que les arrérages; et nous devons remarquer à cet égard qu'il impose aux parents une charge plus lourde qu'on ne le croirait au premier abord. En effet, on voit des propriétaires qui doivent quelquefois plus que la valeur de leurs biens, et qui trop souvent laissent accumuler plusieurs années d'intérêts : en pareil cas, les père et mère seront contraints de renoncer à la jouissance, légale pour ne pas supporter une charge trop pesante.

565. Les frais de maladie sont incontestablement une dette mobilière, et par suite le droit coutumier mettait à la charge du gardien les dépenses occasionnées par la dernière maladie du conjoint, dont le décès avait ouvert le droit de garde noble. Quant aux frais funéraires, il s'était élevé quelque doute, parce qu'ils ne sont pas précisément une dette du défunt, mais la jurisprudence avait assimilé les frais funéraires aux frais de dernière maladie ([1]).

Il paraît évident que le Code civil a voulu maintenir ces anciennes règles, et que dès lors il s'agit ici des frais de la dernière maladie, et des frais funéraires de la personne qui a transmis aux enfants les biens dont la jouissance appartient au père ou à la mère ([2]). On ne saurait, en effet, rapporter à l'enfant les frais funéraires et de dernière maladie dont parle le législateur; car si le mineur décède avant l'âge de dix-huit ans accomplis, les frais de sa dernière maladie devront être acquittés, comme frais de nourriture et d'entretien, par celui des père et mère qui a la jouissance légale; les frais funéraires, au contraire, sont une charge de la succession, qui doit être supportée par les héritiers, au nombre desquels peuvent se trouver d'autres personnes que les père et mère (V. art. 751 et 755).

386. — Cette jouissance n'aura pas lieu au profit de celui des

---

([1]) Pothier, *Garde noble et bourgeoise, sect. 3, art.* 2, § 6.
([2]) Cour de Caen (20 *décembre* 1840).

père et mère contre lequel le divorce aurait été prononcé; et elle cessera à l'égard de la mère dans le cas d'un second mariage.

567. La disposition qui prive de la jouissance légale celui des père et mère contre qui le divorce aurait été prononcé, ne doit pas nous occuper, puisque le divorce a été supprimé par la loi du 8 mai 1816.

La mère survivante perd cette jouissance lorsqu'elle se remarie, parce qu'alors elle passe dans une autre famille. On n'a pas voulu qu'elle y portât les revenus de biens appartenant aux enfants du premier lit, et qu'elle pût, en leur donnant un beau-père, attribuer à celui-ci la jouissance de ces mêmes revenus.

La même disposition ne s'applique pas au père qui se remarie, parce qu'il reste toujours chef de la famille (¹), en sorte que la jouissance des revenus ne passe point en des mains étrangères.

387. — Elle ne s'étendra pas aux biens que les enfants pourront acquérir par un travail et une industrie séparés, ni à ceux qui leur seront donnés ou légués sous la condition expresse que les père et mère n'en jouiront pas.

568. Dans les pays de droit écrit, les bénéfices résultant du travail d'un fils de famille constituaient un pécule adventice, dont l'usufruit appartenait au père (²). Le Code civil, au contraire, considère cette acquisition comme une sorte de pécule *quasi castrense*; et sans distinguer, comme on le faisait autrefois, si les mineurs sont ou ne sont pas à *leur pain* (³), il décide que les père et mère n'en jouiront pas.

Les effets d'une donation entre-vifs ou testamentaire sont déterminés par la volonté du donateur. Celui-ci peut décider que les père et mère du donataire ne jouiront pas des biens compris dans la donation. D'un autre côté, comme cette volonté ne se présume pas, il faut qu'elle soit exprimée.

(¹) Discussion au C. d'État, séance du 8 vendémiaire an XI.
(²) L. 6, C. de bon. quæ liber.
(³) Merlin, *Répert.*, vᵒ PUISSANCE PATERNELLE, *sect.* 4, § 7.

La Novelle 117 autorisait également cette condition, mais pour une partie seulement des biens du donateur, c'est-à-dire pour la portion dont il avait la libre disposition, et déduction faite de la quotité que le donataire, lorsqu'il était lui-même enfant ou descendant du donateur, devait avoir à titre de légitime. Le Code ne reproduit pas cette distinction ; nous aurons donc à examiner plus tard, si elle doit être admise par suite des règles établies, au titre des Donations, sur la réduction des libéralités qui excèdent la quotité disponible.

TITRE DIXIÈME.

DE LA MINORITÉ, DE LA TUTELLE ET DE L'ÉMANCIPATION.

Décrété le 5 germinal an XI (26 mars 1805). Promulgué le 15 germinal (5 avril).

INTRODUCTION.

SOMMAIRE.

CHAPITRE PREMIER.

DE LA MINORITÉ.

569. Les personnes se divisent, quant à l'exercice de leurs droits, en mineurs et majeurs. Les mineurs sont, à raison de la faiblesse de leur âge ou à raison de leur inexpérience, dans un état d'incapacité légale qui, en règle générale, les empêche d'agir par eux-mêmes, et la loi leur donne un protecteur, qui exerce leurs droits et qui les représente dans tous les actes de la vie civile. Il importe donc de déterminer l'âge qui met fin à cette incapacité, âge qui a varié suivant les temps et suivant les lieux. Il est fixé aujourd'hui, pour l'un et l'autre sexe, à vingt et un ans accomplis (art. 388 et 488).

La minorité, dont la loi s'occupe dans ce titre, n'est pas toujours régie par les mêmes principes. Tant que dure le mariage, l'enfant mineur trouve dans ses père et mère des protecteurs naturels qui lui suffisent ; ce n'est qu'après la dissolution du mariage qu'il est soumis à la tutelle.

Même avant d'être parvenu à sa majorité, il peut acquérir par l'émancipation une capacité exceptionnelle, mais restreinte ; ce qui sera l'objet d'un chapitre spécial.

CHAPITRE II.

DE LA TUTELLE.

SECTION PREMIÈRE.

DE LA TUTELLE DES PÈRE ET MÈRE.

570. La tutelle, même celle des père et mère, ne commence qu'après la dissolution du mariage. Jusque-là, le père exerce, comme administrateur légal, tous les droits de ses enfants mineurs ; il gère leurs biens personnels, et par suite il est comptable, sans toutefois que cette obligation s'étende aux revenus des biens dont il a l'usufruit (art. 389).

Le mariage une fois dissous par la mort naturelle ou civile de l'un des époux, l'enfant mineur est placé sous la protection d'un tuteur (art. 390).

La tutelle appartient au survivant des père et mère (*ibid.*). Cependant la position de la mère, en cas de survie, diffère beaucoup de celle du père. En effet, la mère peut être soumise à un conseil spécial, que le père a droit de nommer, soit pour tous les actes de la tutelle, soit pour certains actes seulement (art. 391). La volonté du père à cet égard ne peut être exprimée que par testament, ou par une déclaration faite soit devant le juge de paix, soit devant notaires (art. 392).

La mère n'est point forcée d'accepter la tutelle; cependant, lorsqu'elle la refuse, elle doit provoquer la nomination d'un autre tuteur, et administrer provisoirement jusqu'à cette nomination (art. 394).

571. Le père reste tuteur, lors même qu'il se remarie; mais la mère qui veut convoler en secondes noces, doit consulter le conseil de famille, pour qu'il décide si la tutelle lui sera conservée : sinon, elle perd de plein droit la qualité de tutrice. Le second mari, justement suspect aux yeux du législateur, devient solidairement responsable avec sa femme (art. 395).

Si la mère est maintenue dans la tutelle, son mari devient cotuteur, et à ce titre il encourt, à plus forte raison, la même responsabilité (art. 396).

Si le mari meurt sans laisser aucun enfant vivant, et que la femme se déclare enceinte, le conseil de famille nomme un curateur au ventre, qui doit veiller à ce qu'il n'y ait point supposition de part. A la naissance de l'enfant, la mère sera tutrice, et le curateur au ventre deviendra subrogé tuteur (art. 393).

SECTION II.

DE LA TUTELLE DÉFÉRÉE PAR LE PÈRE OU LA MÈRE.

572. Le dernier mourant des père et mère peut, soit dans son testament, soit dans une déclaration faite devant le juge de paix ou devant notaires, choisir un tuteur pour les enfants mineurs qu'il laissera à son décès (art. 397 et 398). Toutefois, cette faculté n'appartient à la mère remariée qu'autant qu'elle a été maintenue dans la tutelle; et dans ce cas même, la validité de son choix reste subordonnée, en ce qui concerne ses enfants du premier lit, à l'approbation du conseil de famille (art. 399 et 400).

SECTION III.

DE LA TUTELLE DES ASCENDANTS.

573. Lorsque le mineur reste sans père ni mère, ni tuteur élu par eux, la tutelle appartient de droit aux ascendants mâles (art. 402).

Elle leur est déférée par ordre de proximité, et, dans chaque degré, l'ascendant paternel l'emporte sur l'ascendant maternel (*ibid.*). Mais il peut arriver que le mineur ait deux bisaïeuls dans la même ligne : si ce concours se présente dans la ligne paternelle, c'est-à-dire entre l'aïeul paternel et l'aïeul maternel de son père, c'est au premier qu'appartient la préférence (art. 402 et 403), parce que c'est de lui que le mineur tient son nom de famille. Si le même concours existe dans la ligne maternelle, la loi n'ayant plus de motif qui détermine son choix, c'est au conseil de famille qu'est attribuée l'option.

SECTION IV.

DE LA TUTELLE DÉFÉRÉE PAR LE CONSEIL DE FAMILLE.

574. Le conseil de famille est chargé de nommer un tuteur, soit lorsque le mineur reste sans père ni mère, ni tuteur élu par le survivant, ni ascendant mâle, soit lorsque le tuteur appelé à l'un de ces titres se trouve exclu ou excusé (art. 405).

Quand les biens du mineur sont situés en partie sur le territoire de la France proprement dite, et en partie dans les colonies, l'administration se divise entre un tuteur et un protuteur. Ces deux administrateurs ne sont pas responsables l'un envers l'autre (art. 417) : on réserve le titre de tuteur à celui des deux à qui est confié, outre l'administration d'une partie des biens, le soin de la personne du mineur.

Le tuteur nommé par le conseil de famille doit agir et administrer en cette qualité du jour même de sa nomination, lorsqu'elle a lieu en sa présence; sinon, du jour où elle lui a été notifiée (art. 418).

575. Le conseil de famille se compose ordinairement de six parents ou alliés du mineur, savoir, trois du côté paternel, et trois du côté maternel, réunis sous la présidence du juge de paix (art. 407). Cependant les frères germains du mineur et les maris de ses sœurs germaines, quel que soit leur nombre, entrent tous dans la composition du conseil, conjointement avec les ascendants et les ascendantes veuves. Les autres collatéraux ne sont appelés que pour compléter le nombre normal de six parents ou alliés (art. 408).

L'ordre de préférence entre les parents et les alliés de la même ligne est réglé par la proximité de degré. Un parent est préféré à un allié du même degré, et entre parents ou entre alliés au même degré, la préférence appartient au plus âgé (art. 407).

Les membres du conseil de famille sont pris, soit dans la commune où la tutelle est ouverte, soit dans un rayon de deux myriamètres (*ibid.*); et cependant les parents et les alliés, domiciliés hors de ce rayon, peuvent être appelés de préférence, s'ils ne sont pas d'un degré plus éloigné (art. 410).

Si les parents ou alliés domiciliés dans le rayon de deux myriamètres ne sont pas en nombre suffisant, le conseil peut être complété, soit par des parents ou alliés domiciliés hors de ce rayon, soit par des amis du père ou de la mère demeurant dans la commune où la tutelle est ouverte (art. 409).

576. Les membres du conseil sont convoqués par une citation. L'intervalle entre la citation notifiée et le jour indiqué doit être de trois jours au moins, plus un jour par trois myriamètres de distance pour les membres qui demeurent hors du rayon déterminé par la loi (art. 411).

Les membres légalement convoqués doivent, à moins d'une excuse suffisante, comparaître en personne ou se faire représenter par un mandataire spécial (art. 412), sous peine d'une amende qui ne peut excéder cinquante francs (art. 413).

La présence des trois quarts au moins des membres convoqués est indispensable pour la validité des délibérations (art. 415).

Le juge de paix est, comme nous l'avons dit, membre et président nécessaire du conseil de famille (art. 407 et 416). Il a toujours voix délibérative, et en cas de partage, il a voix prépondérante (art. 416).

C'est lui qui, en appliquant les règles précédemment exposées, détermine la composition du conseil (art. 409 et 410). C'est à lui qu'il appartient de le convoquer d'office, ou d'ordonner sur la réquisition des parties intéressées, notamment des parents ou des créanciers du mineur, que la convocation aura lieu à leur diligence. Du reste toute personne peut dénoncer au juge de paix le fait qui donne lieu à la nomination d'un tuteur (art. 406).

C'est chez le juge de paix que se réunit l'assemblée, lorsqu'il n'a pas indiqué lui-même un autre local (art. 415). C'est lui qui fixe le jour de la réunion, et qui prononce sans appel une condamnation à l'amende contre les défaillants (art. 413). Enfin, la loi attribue au juge de paix un pouvoir discrétionnaire, qui lui permet d'ajourner ou de proroger l'assemblée, dans tous les cas où cette mesure lui semble utile aux intérêts du mineur, et spécialement lorsqu'il s'agit d'attendre ou de faire remplacer un membre absent ou valablement excusé (art. 414).

SECTION V.

DU SUBROGÉ TUTEUR.

577. Dans toute tutelle, il doit y avoir un subrogé tuteur (art. 420), dont les fonctions consistent en général à surveiller l'administration du tuteur, et spécialement à le remplacer toutes les fois que ses intérêts se trouvent en opposition avec ceux du pupille (art. 420), par exemple, s'il veut prendre à ferme un bien appartenant au mineur (art. 450).

Au surplus, il ne faut pas croire que le subrogé tuteur remplace de plein droit le tuteur décédé ou absent. Il doit seulement, sous peine de dommages-intérêts, provoquer la nomination d'un nouveau tuteur (art. 424).

Le subrogé tuteur est toujours choisi par le conseil de famille (art. 420; V. art. 421 et 422), et tant que ce choix n'a pas été fait, la loi considère tous les actes du tuteur comme suspects; elle lui défend de commencer la gestion, et s'il contrevient à cette défense, le conseil de famille peut, en cas de dol de sa part, lui retirer la tutelle, sans préjudice des indemnités auxquelles il pourrait être condamné (art. 424).

Le subrogé tuteur, étant appelé à contrôler la gestion du tuteur, doit être pris dans la ligne à laquelle ce dernier n'appartient pas. L'application de cette règle ne cesse que lorsqu'elle devient impossible, c'est-à-dire lorsque le tuteur est un frère germain ou autre parent appartenant aux deux lignes. Par la même raison, le tuteur n'a pas voix délibérative, lorsqu'il s'agit de la nomination du subrogé tuteur ou de sa destitution. Il n'a même pas qualité pour provoquer cette destitution (art. 425 et 426).

Au surplus les différentes causes de dispenses (V. section VI), d'incapacité ou de destitution (V. section VII) qui s'appliquent au tuteur, sont également applicables au subrogé tuteur (art. 426).

SECTION VI.

DES CAUSES QUI DISPENSENT DE LA TUTELLE.

578. Certaines personnes peuvent s'excuser de la tutelle à raison de leur dignité ou de leurs fonctions, savoir :

Les membres de la famille royale,

Les maréchaux de France,

Les pairs et les députés,

Les conseillers d'État ([1]),

Les conseillers, le procureur général et les avocats généraux à la cour de cassation,

Les militaires en activité de service,

Et tous ceux qui remplissent, soit une fonction publique dans un département autre que celui où la tutelle est déférée, soit une mission du Roi hors de France (art. 427 et 428).

Cette cause d'excuse cesse à l'égard des personnes qui ont accepté la tutelle postérieurement aux fonctions qui en dispensent (art. 430). Dans le cas, au contraire, où de semblables fonctions sont conférées au tuteur après son acceptation, il a le droit de se faire remplacer; mais à l'expiration de ces mêmes fonctions, le conseil pourra lui rendre la tutelle, s'il la demande, ou si le nouveau tuteur veut s'en faire décharger (art. 431).

([1]) Sénatus-consulte organique du 28 floréal an XII, tit. 3, 5, 6, 8, 9, 10 et 11.

L'âge est aussi un motif d'excuse pour ceux qui ont soixante-cinq ans accomplis. Le tuteur qui a été nommé avant cet âge, ne peut se faire décharger de la tutelle qu'à l'âge de soixante-dix ans (art. 433).

Une infirmité grave permet à celui qui en est atteint de refuser la tutelle, ou même de s'en faire décharger (art. 434).

Ceux qui ne sont ni parents ni alliés du mineur peuvent s'excuser, lorsqu'il y a, dans un rayon de quatre myriamètres, un parent ou un allié en état de gérer la tutelle (art. 432 ; V. art. 401).

Toute personne chargée de deux tutelles est dispensée d'en accepter une troisième. Le tuteur qui est époux ou père, peut refuser d'accepter une seconde tutelle, excepté celle de ses propres enfants (art. 435).

Ceux qui ont cinq enfants légitimes au moment où une tutelle leur est déférée, peuvent s'en dispenser, à moins que ce ne soit la tutelle de ces mêmes enfants. L'enfant prédécédé ne compte qu'autant qu'il a laissé des enfants, ou qu'il est mort en activité de service dans les armées françaises (art. 436 et 437).

579. Ceux qui ont un moyen d'excuse, sont présumés y renoncer, et deviennent non recevables dans toute réclamation ultérieure, s'ils n'ont pas proposé leur excuse en temps utile devant le conseil de famille. Ainsi le tuteur nommé par ce conseil doit réclamer immédiatement, s'il est présent. Dans le cas contraire, il doit provoquer la convocation du conseil dans un délai de trois jours, à partir de la notification qui lui est faite (art. 438 et 439).

Les excuses rejetées par le conseil de famille peuvent être admises par les tribunaux, et dans ce cas les membres dont l'opinion avait prévalu, peuvent être condamnés aux dépens (art. 440 et 441).

Enfin, le tuteur qui se pourvoit devant les tribunaux pour faire admettre ses excuses, est tenu d'administrer provisoirement (art. 440).

SECTION VII.

DE L'INCAPACITÉ, DES EXCLUSIONS ET DESTITUTIONS DE LA TUTELLE.

580. Sont incapables d'être tuteurs ou membres du conseil de famille,
1° Les mineurs, excepté le père et la mère ;
2° Les interdits ;
3° Les femmes, excepté la mère et les autres ascendantes ;
4° Ceux qui ont ou dont les père et mère ont avec le mineur un procès qui intéresse son état, sa fortune ou une partie notable de ses biens (art. 442).

Sont spécialement incapables d'être appelés dans aucun conseil de famille, ceux qui ont été exclus ou destitués d'une tutelle (art. 443).

Un tuteur est exclu, lorsque avant son entrée en fonctions, il est écarté de la tutelle qui lui était déférée par la loi ou par le dernier mourant des père et mère (V. art. 405). Celui qui est dépouillé de la tutelle pendant le cours de sa gestion, n'est pas exclu, mais destitué.

581. Les causes qui emportent exclusion ou destitution, sont : -

La condamnation à une peine afflictive ou infamante (art. 443) ;

Les condamnations correctionnelles, lorsqu'elles portent, dans les cas prévus par la loi, une peine accessoire qui consiste à priver le condamné des droits de famille (C. pén., art. 42 et 335) ;

Une inconduite notoire ;

L'incapacité ou l'infidélité démontrée par la gestion du tuteur (art. 444).

C'est le conseil de famille qui prononce l'exclusion ou la destitution ; et il est convoqué à cet effet par le juge de paix agissant d'office ou sur la réquisition, soit du subrogé tuteur, soit d'un parent ou d'un allié au degré de cousin germain ou à un degré plus proche (art. 446).

Le conseil ne prononce l'exclusion ou la destitution du tuteur qu'après que celui-ci a été entendu ou du moins appelé. La délibération doit être motivée (art. 447).

Si le tuteur exclu ou destitué adhère à la décision prise contre lui, le procès-verbal en fait mention, et alors le conseil procède immédiatement à la nomination d'un nouveau tuteur. En cas de réclamation, la décision du conseil de famille doit être soumise aux tribunaux, soit par le subrogé tuteur, qui en poursuit l'homologation, soit par le tuteur exclu ou destitué, qui veut la faire infirmer (art. 448).

Les parents ou alliés qui ont requis la convocation du conseil, peuvent intervenir devant le tribunal, et la cause doit être jugée comme affaire urgente (art. 449).

APPENDICE

SUR LA TUTELLE DES PRINCES, DES ENFANTS ADMIS DANS UN HOSPICE, ET DES ENFANTS NATURELS.

§ I.

582. D'après les statuts du 30 mars 1806, qui formaient la loi de la famille impériale, l'Empereur exerçait, sur la personne des princes mineurs, les droits qui résultent de la puissance paternelle. Ceux qui avaient perdu leur père, étaient pourvus, pour l'administration de leurs biens, d'un ou de plusieurs tuteurs nommés par l'Empereur.

Le compte de tutelle était rendu à une assemblée qui, sous le nom de conseil de famille, devait exercer, relativement aux actes de la tutelle, toutes les fonctions que le Code civil attribue, soit aux conseils de famille ordinaires, soit même au tribunal. Toutefois, dans tous les cas où les délibérations d'un conseil proprement dit doivent être homologuées, les décisions du conseil de famille impérial devaient être approuvées par l'Empereur [1].

Ces dispositions ont été modifiées, sous la Restauration, par l'ordonnance du 25 avril 1820, relative aux enfants mineurs du duc de Berry. En effet, dans cette ordonnance, la puissance paternelle est expressément réservée au Roi. La tutelle et, en cas d'émancipation, la curatelle, ont lieu, en ce qui touche l'administration des biens, d'après les règles du Code civil; mais la nomination des tuteurs, subrogés tuteurs et curateurs est faite par le Roi.

Ces administrateurs sont placés sous la surveillance d'un conseil qui reçoit les comptes de tutelle, et remplit en outre toutes les fonctions d'un conseil de famille ordinaire, sans avoir jamais les attributions d'un tribunal.

L'approbation du Roi remplace l'homologation du juge, dans tous les cas où cette homologation est exigée par le Code civil [2].

Le conseil se compose des princes de la famille royale, des princes du sang et des personnes que le Roi juge à propos d'y appeler. Il est présidé par le chancelier, qui remplit les fonctions de juge de paix; celles de greffier sont exercées par le secrétaire-archiviste de la Chambre des pairs [3].

C'est en exécution de cette ordonnance de Louis XVIII qu'a été réglée, après la mort du duc d'Orléans, la composition du conseil de famille donné aux enfants mineurs du prince défunt [4].

§ II.

585. Les enfants qui ont été reçus dans un hospice ont pour tuteurs les administrateurs de cet hospice. Cette tutelle, dont le premier exemple se trouve dans une constitution de Justinien [5], a été admise en France, pour l'hôpital de Lyon, par des lettres patentes de 1560, confirmées en 1643 et en 1672, et pour différents hôpitaux de Paris, tant par un

---

[1] Statuts du 30 mars 1806, art. 1, 9, 10 et 11.
[2] Ordonn. du 25 avril 1820, art. 1, 2, 3 et 6.
[3] *Ibid.*, art. 4 et 5.
[4] Ordonn. du 24 juillet 1842.
[5] *L.* 32, *C. de episc. et cleric.*

édit de Charles IX du mois de juillet 1566, que par plusieurs sentences du Châtelet et arrêts du Parlement ([1]). Du reste, il n'existait, à cet égard, aucune règle générale.

D'après le droit commun, la nourriture et l'entretien des enfants trouvés, exposés ou abandonnés, était, dans chaque localité, à la charge du seigneur justicier. Après l'abolition des droits féodaux, l'État prit à sa charge, d'abord les enfants trouvés, puis les enfants exposés ou abandonnés ([2]); mais on ne s'occupa point encore de leur tutelle, qui ne fut organisée que sous le Directoire. D'après la loi du 27 frimaire an V, les enfants abandonnés, nouvellement nés, furent reçus gratuitement dans tous les hospices civils; ils eurent pour tuteur, dans chaque canton, le président de l'administration municipale, et les autres membres de la même administration formèrent pour eux un *conseil de tutelle* ([3]). Sous le gouvernement consulaire, la loi du 28 pluviôse an VIII, en établissant une nouvelle division administrative, attribua au sous-préfet les fonctions antérieurement exercées dans chaque canton, par l'administration municipale ([4]). C'est donc au sous-préfet que devait, d'après cette loi, appartenir la tutelle; mais en réalité, cette fonction a toujours été remplie par les administrateurs des hospices ([5]). Le Code civil semble même consacrer cet état de choses, lorsqu'il exige, pour la tutelle officieuse des enfants recueillis dans un hospice, le consentement des administrateurs de cet établissement (art. 361). Enfin la loi du 15 pluviôse an XIII a définitivement organisé la tutelle des enfants reçus dans un hospice, à quelque titre et sous quelque dénomination que ce soit ([6]).

584. Ces enfants sont, comme nous l'avons déjà dit, sous la tutelle de la commission administrative de l'hospice, laquelle a, pour les émanciper, tous les droits que le Code civil accorde aux père et mère ([7]). Ainsi l'émancipation, dans ce cas, peut avoir lieu dès l'âge de quinze ans ([8]). La commission doit avoir aussi les mêmes pouvoirs pour consentir au mariage; mais il ne faut pas conclure de là que son consentement soit nécessaire aux enfants mâles jusqu'à l'âge de vingt-

---

([1]) Discours du tribun Duvidal, au Corps législatif, sur la loi du 15 pluviôse an XIII.

([2]) Lois du 29 nov. au 30 décembre 1790; loi du 20 avril 1791.

([3]) Loi du 27 frimaire an V, art. 4.

([4]) Loi du 28 pluviôse an VIII, art. 1 et 9.

([5]) Regnault de Saint-Jean d'Angely, *Exposé des motifs de la loi du 15 pluviôse an XIII.*

([6]) Loi du 15 pluviôse an XIII, art. 1.

([7]) Même loi, art. 4.

([8]) Exposé des motifs.

cinq ans (V. art. 148). Si l'autorité des père et mère subsiste encore, à certains égards, sur les enfants qui ont atteint leur majorité, il n'en est pas de même des pouvoirs attribués au conseil de famille, ils finissent nécessairement avec la minorité dont ils sont une conséquence (art. 160) : or, les pouvoirs conférés aux administrateurs de l'hospice sont pareillement une conséquence de la tutelle. La loi, il est vrai, leur attribue, quant à l'émancipation, le droit des père et mère ; mais c'est parce qu'il s'agit d'une classe de mineurs dont il faut, autant que possible, hâter l'établissement. Les mêmes motifs doivent également faire désirer que leur mariage ne soit pas retardé.

Si le mineur a des biens, ils sont administrés par le receveur de l'hospice, qui en perçoit les revenus, à titre d'indemnité de la nourriture et de l'entretien fournis par l'hospice. C'est aussi le receveur qui touche les capitaux pour les placer, lorsqu'ils atteignent 150 fr., soit dans un mont-de-piété, soit à la caisse d'amortissement. Au-dessous de cette somme, il en dispose d'après l'avis de la commission administrative. En cas d'émancipation, ce même receveur remplit les fonctions de curateur [1].

Les fonctions de tuteur, en dehors de celles qui sont ainsi confiées au receveur, sont exercées par la commission administrative, ou, si les circonstances l'exigent, et notamment lorsqu'il s'agit de comparaître devant le juge de paix pour l'émancipation du mineur, par un des membres de la commission formant le conseil de tutelle [2].

Remarquons toutefois que les biens des administrateurs des hospices ne sont point grevés d'une hypothèque légale. Sans doute, puisque c'est à eux qu'appartient la tutelle, ils sont responsables des fautes qu'ils auraient pu commettre ; mais la responsabilité pèse le plus ordinairement sur le receveur qui a la manutention des deniers et l'administration des biens, et c'est sur le cautionnement de ce comptable que porte spécialement la garantie du mineur [3].

§ III.

585. Les dispositions du Code civil, au titre de la Minorité, s'appliquent aux enfants légitimes. Quant aux enfants naturels, la loi n'en parle pas, et la discussion du conseil d'État prouve qu'on ne s'en est même pas occupé. Cependant la protection que la loi civile accorde aux mineurs est d'autant plus nécessaire aux enfants naturels,

[1] Loi du 15 pluviôse an XIII, art. 5, 6 et 7.
[2] Même loi, art. 1 et 4.
[3] Même loi, art. 5.

qu'ils sont privés des garanties que l'existence même du mariage procure aux enfants légitimes. Que le mineur né hors mariage doive avoir un tuteur, c'est ce qui ne peut souffrir aucun doute ; mais on se demande encore à quelle époque commencera la tutelle, et comment elle sera déférée.

Si la tutelle ne commence pour les enfants légitimes, qu'à la mort du père ou de la mère (art. 390), il n'en doit pas être de même pour les enfants naturels ; outre qu'il ne peut être question d'attendre la dissolution d'un mariage qui n'existe pas, il arrive trop souvent que ces enfants n'ont aucune filiation légalement établie, et dans le cas même où ils ont été reconnus par leurs parents, ceux-ci n'ont jamais l'administration légale, qui n'appartient qu'au père légitime (art. 389). Il y a donc lieu de reconnaître que les enfants naturels doivent être placés en tutelle dès l'instant même de leur naissance.

Si l'on examine quel sera leur tuteur, on aperçoit facilement que cette qualité ne peut, malgré quelques arrêts contraires ([1]), appartenir de droit ni au père ni à la mère, puisqu'elle ne leur est attribuée par aucune disposition du Code. Par la même raison, ils n'ont, ni l'un ni l'autre, le droit de choisir un tuteur en vertu de l'article 397, et quant à la tutelle légitime des ascendants, elle est légalement impossible, parce qu'il n'existe à leur égard aucune parenté civile (art. 756). Ainsi les enfants naturels, ne pouvant avoir ni tuteur légitime ni tuteur testamentaire, doivent nécessairement avoir un tuteur datif.

586. Mais à qui appartient la nomination de ce tuteur ?

Suivant le Code civil, c'est un conseil de famille qui pourvoit à la nomination du tuteur (art. 405) ; toutefois, nous l'avons déjà dit, le législateur ne s'est occupé dans ce titre, et par conséquent dans l'article 405, que des enfants légitimes, puisqu'eux seuls ont une famille. Dès lors comment organiser, à l'égard des enfants naturels, un conseil de famille, lorsque la famille n'existe pas ([2]), lorsque, suivant la jurisprudence elle-même, le mode ordinaire de composition du conseil (V. art. 407) est inapplicable ([3]) ? On se rattache à l'article 409, et à défaut de parents, on appelle des amis. C'est donner à l'article 409 une extension qu'il ne comporte pas : en effet, la faculté qu'il laisse au juge de paix, n'est qu'un expédient auquel on ne doit recourir que dans des cas rares, puisque les personnes appelées en qualité d'amis doivent être prises dans la commune même, et l'on abu-

---

([1]) La Cour de cassation a évité jusqu'à présent de se prononcer sur la question (arrêts de rejet, 31 *août* 1815 *et* 7 *juin* 1820).

([2]) Arrêts de rejet du 3 septembre 1806 et du 7 juin 1820.

([3]) Arrêt de rejet déjà cité du 3 septembre 1806.

serait évidemment de cette disposition, si on la transformait en une règle absolue, applicable aux enfants naturels, c'est-à-dire à une classe fort nombreuse. D'un autre côté, le conseil ne pourrait être composé que d'amis, et alors le juge de paix pourrait se trouver dans la nécessité d'exercer son choix hors de la commune (¹).

Si l'on peut concevoir que des personnes étrangères à la famille, mais connues pour avoir eu des relations d'amitié avec les deux conjoints et habitant la même commune, reportent, sur les enfants qu'elles ont vu naître ou élever, l'affection qui les attachait au père ou à la mère, il n'en est pas de même pour les enfants nés hors mariage. Sait-on bien, en pareil cas, ce que sont les amis de la mère? et d'ailleurs, si le père, et la mère sont inconnus, où trouvera-t-on leurs amis? faut-il laisser au juge de paix le soin de composer une assemblée telle quelle, une assemblée qu'on appellera comme on le voudra, mais qui, en réalité, ne sera rien moins qu'un conseil de famille?

Un conseil de famille n'est en principe qu'une assemblée de parents (²). La préférence entre eux appartient au plus proche, ou, s'il s'en trouve plusieurs au même degré, au plus âgé (art. 407). Ce sont là des règles dont l'application peut sans inconvénient être laissée au juge de paix, parce qu'elles sont simples et positives; mais à défaut de parents, la composition du conseil deviendrait purement arbitraire, et il serait impossible de comprendre que cet arbitraire fût abandonné, sans aucune responsabilité, au juge de paix.

Il suffit de se reporter aux dispositions établies au titre du Mariage, pour reconnaître que le législateur n'entend pas appliquer les mêmes règles aux enfants légitimes et aux enfants naturels. La différence qu'il établit entre eux, consiste, comme nous l'avons démontré précédemment, dans l'intervention du conseil de famille, que l'article 160 admet pour les premiers, tandis que l'article 159 l'exclut pour les seconds.

La même distinction se retrouve dans l'article 361, relativement aux personnes dont le consentement est nécessaire à la tutelle officieuse des enfants qui n'ont plus ni père ni mère. La loi exige en général le consentement d'un conseil de famille; mais si l'enfant *n'a point de parents connus* (et cette hypothèse s'applique à tous les enfants nés hors mariage), le conseil de famille est remplacé par la municipalité du lieu où l'enfant réside. Ainsi, lorsque le Code s'occupe des enfants naturels, il écarte toujours l'idée de famille; et ceci explique pourquoi, en réglant la composition d'une assemblée de parents et ses attributions, il n'a songé qu'aux enfants légitimes.

(¹) Dans l'espèce où est intervenu l'arrêt de rejet du 7 juin 1820, on avait appelé deux amis demeurant dans une autre commune.
(²) V. le Code de procédure, 2ᵉ part., liv. 1, tit. 10.

587. Partout où il y a tutelle, la loi subordonne le tuteur à un conseil, parce que l'application des règles sur l'administration du tuteur suppose nécessairement l'existence d'une assemblée, investie des attributions que la loi confère au conseil de famille ; mais cette assemblée n'est pas toujours composée de parents, et alors sa composition n'est pas abandonnée au juge de paix. La loi organise elle-même un *conseil de tutelle* pour les enfants admis dans les hospices ([1]). Peut-on dire qu'elle a établi un semblable conseil pour les enfants qui n'ont point de parents connus, quand elle a exigé, pour la tutelle officieuse, le consentement des administrateurs de la municipalité (art. 361) ? Nous ne le pensons pas ; car aujourd'hui, comme à l'époque de la promulgation du Code, les seuls administrateurs de la municipalité sont le maire ou ses adjoints. Ainsi d'une part, il n'existe point de conseil de famille pour les enfants nés hors mariage ; d'autre part, la loi n'a organisé pour eux aucun conseil de tutelle ; et comme le pouvoir de régler la composition d'une assemblée de cette nature n'a point été attribué au juge de paix, nous pensons que ce pouvoir appartient à la justice ordinaire, et par conséquent au tribunal civil.

CHAPITRE PREMIER.

DE LA MINORITÉ.

388. — Le mineur est l'individu de l'un et de l'autre sexe qui n'a point encore l'âge de vingt-un ans accomplis.

SOMMAIRE.

588. Distinction des mineurs en deux classes, proposée et ensuite abandonnée.

588. En définissant la minorité, le projet de loi présenté par la section de législation s'occupait de l'incapacité des mineurs. Il distinguait ceux qui n'ont pas encore dix-huit ans accomplis de ceux qui ont dépassé cet âge, et plaçait les premiers dans un état d'incapacité absolue, tandis qu'il admettait pour les seconds une émancipation de plein droit, qui leur donnait la faculté d'administrer leurs biens, et de faire, avec l'assistance d'un curateur, tous les autres actes ([2]). Ces dispositions ont été retranchées comme appartenant plus spécialement au chapitre III, où le système de l'émancipation de plein droit a été abandonné.

([1]) Loi du 15 pluviôse an XIII, art. 1 et 4.
([2]) Discussion au C. d'État, séances des 20 frimaire an X et 6 brumaire an XI.

CHAPITRE II.

DE LA TUTELLE.

SECTION PREMIÈRE.

DE LA TUTELLE DES PÈRE ET MÈRE.

389. — Le père est, durant le mariage, administrateur des biens personnels de ses enfants mineurs.

Il est comptable, quant à la propriété et aux revenus, des biens dont il n'a pas la jouissance ; et, quant à la propriété seulement, de ceux des biens dont la loi lui donne l'usufruit.

SOMMAIRE.

589. Administration légale du père, pendant le mariage. Compte qu'il doit rendre. Règles auxquelles son administration est soumise.

589. Le père est comptable de l'administration légale qui lui appartient pendant le mariage, comme de celle qui lui est confiée, en qualité de tuteur, après la mort de la mère. Cependant sa position, dans les deux cas, n'est pas exactement la même.

La tutelle n'existe point pendant le mariage, parce que l'enfant trouve, dans le lien qui unit ses père et mère, une garantie morale, qui dispense de recourir aux précautions établies pour la gestion du tuteur. Ainsi, les biens du père administrateur ne sont pas soumis à l'hypothèque légale qui existe au profit des pupilles (art. 2121), et le mineur, n'étant pas en tutelle, n'a pas de subrogé tuteur. Toutefois, s'il arrivait que ses intérêts se trouvassent en opposition avec ceux du père, il devrait être représenté par un tuteur *ad hoc*, comme la loi le prescrit en cas de désaveu (art. 318).

Du reste, on s'accorde à reconnaître que les règles établies, dans la section VIII, pour l'administration du tuteur, sont en général applicables à l'administration légale du père. Il est vrai que les travaux préparatoires du Code civil peuvent laisser quelque doute sur ce point ; car le conseil d'État, en admettant la rédaction de l'article 389, telle que la proposait le Tribunat, a supprimé un second alinéa ainsi conçu : « Tout ce qui intéresse la propriété des biens sera réglé par la disposition de la section VIII » ; mais on peut expliquer cette suppression en ce sens, que les règles sur l'administration du tuteur ne sont pas toutes applicables à l'administration légale.

390. — Après la dissolution du mariage arrivée par la mort naturelle ou civile de l'un des époux, la tutelle des enfants mineurs et non émancipés appartient de plein droit au survivant des père et mère.

SOMMAIRE.

590. Ouverture de la tutelle par la dissolution du mariage ou par la déclaration d'absence.

590. La tutelle proprement dite s'ouvre, dès que le mariage est dissous par la mort naturelle ou civile. Quant à la déclaration d'absence, elle donne lieu à une tutelle provisoire, comme nous l'avons expliqué précédemment (259).

391. — Pourra néanmoins le père nommer à la mère survivante et tutrice un conseil spécial, sans l'avis duquel elle ne pourra faire aucun acte relatif à la tutelle.

Si le père spécifie les actes pour lesquels le conseil sera nommé, la tutrice sera habile à faire les autres sans son assistance.

392. — Cette nomination de conseil ne pourra être faite que de l'une des manières suivantes :

1° Par acte de dernière volonté ;

2° Par une déclaration faite ou devant le juge de paix, assisté de son greffier, ou devant notaires.

Un conseil spécial, c'est-à-dire une personne de qui la mère tutrice devra prendre conseil. C'est en ce sens qu'un avocat, consulté par ses clients, devient leur conseil.

Devant notaires, c'est-à-dire, devant deux notaires, ou, ce qui revient au même, devant un notaire assisté de deux témoins (*Loi du 25 ventôse* an XI, art. 9).

SOMMAIRE.

591. La mère tutrice doit elle se conformer à l'avis du conseil ?

591. On a demandé si la mère tutrice est tenue de se conformer à l'avis du conseil, ou s'il lui suffit de le consulter, sauf à se décider ensuite comme elle le jugera convenable. Il est évident que la mère ne peut agir que conformément à l'opinion du conseil ; et en effet, ce n'est pas seulement son avis, mais bien son *assistance* qui est exigée par la loi. Or l'assistance d'une personne suppose son assentiment et son concours (V. art. 482, 499 et 515).

Si la mère tutrice fait seule un acte qu'elle ne devait faire qu'avec l'assistance du conseil, cet acte n'est aucunement opposable au pupille. Et peu importe, suivant nous, que ceux avec qui la mère a traité aient ou non ignoré la nomination du conseil : ils ont dû savoir qu'il pouvait en être nommé un, et dès lors c'était à eux à s'assurer de l'étendue des pouvoirs de la mère.

393. — Si, lors du décès du mari, la femme est enceinte, il sera nommé un curateur au ventre par le conseil de famille.

A la naissance de l'enfant, la mère en deviendra tutrice, et le curateur en sera de plein droit le subrogé tuteur.

SOMMAIRE.

592. Cas où l'on doit nommer un curateur au ventre. Fonctions qu'il doit remplir.

592. L'expression de *curateur au ventre* a passé du droit romain dans notre ancienne jurisprudence (¹), et le conseil d'État l'a maintenue malgré les observations du Tribunat, sans doute pour qu'il fût bien établi que ce curateur n'est pas un représentant de l'enfant à naître, mais plutôt un gardien, un surveillant constitué pour empêcher la supposition de part.

S'il est permis de craindre cette fraude, c'est surtout lorsqu'il n'existe aucun autre enfant du mariage, et tel est évidemment le cas auquel se réfère la loi lorsqu'elle ajoute qu'*à la naissance de l'enfant, le curateur au ventre sera de plein droit subrogé tuteur*. En effet, s'il y a des enfants mineurs, ils doivent être pourvus d'un subrogé tuteur, et alors nommer un curateur au ventre, ce serait s'exposer à avoir bientôt deux subrogés tuteurs dans une même tutelle, ce qui ne doit pas exister. Les fonctions de curateur au ventre seront donc remplies, en pareille circonstance, par le subrogé tuteur.

Ainsi le décidait formellement un article spécial du projet arrêté par le conseil d'État, article sur lequel le Tribunat n'a fait qu'une observation de pure rédaction, et cependant cette disposition ne se retrouve pas dans le Code. Peut-être a-t-elle été oubliée ; peut-être aussi a-t-on pensé qu'elle n'exprimait qu'une conséquence facile à déduire du texte.

S'il existe des enfants majeurs, ils veilleront eux-mêmes, dans leur propre intérêt, à ce qu'il n'y ait point de supposition de part.

Indépendamment des fonctions attribuées au curateur au ventre, il peut y avoir lieu de donner un représentant à l'enfant conçu, soit pour exercer ses droits (art. 725 et 906), soit du moins pour faire, dans son intérêt, des actes conservatoires. Dans ce cas, c'est la mère qui exerce,

---

(¹) Merlin, *Répert.*, v° CURATEUR, § 9.

par anticipation, les fonctions de tutrice, et le curateur au ventre doit exercer, par anticipation aussi, les fonctions de subrogé tuteur, s'il arrive que les intérêts de la mère soient en opposition avec ceux de l'enfant conçu.

394. — La mère n'est point tenue d'accepter la tutelle; néanmoins, et en cas qu'elle la refuse, elle devra en remplir les devoirs jusqu'à ce qu'elle ait fait nommer un tuteur.

SOMMAIRE.

593. Faculté laissée à la mère de refuser la tutelle. Devoir qu'elle doit remplir en cas de refus.

593. Il est possible que la tutelle soit, pour la mère, une charge trop pesante. Toutefois c'est à elle seule à en juger. On n'a pas voulu, dans une semblable question, admettre l'intervention du conseil de famille, ce qui aurait dénaturé, en quelque sorte, le caractère de la tutelle légitime déférée à la mère; il eût été plus simple et moins injurieux, comme l'a dit l'orateur du Gouvernement, de rendre la tutelle purement dative.

Si la mère refuse les fonctions de tutrice, elle doit faire nommer un autre tuteur. En le décidant ainsi, la loi indique assez que, dans ce cas, la tutelle n'appartient point aux ascendants (V. art. 402 et 403).

Du reste, le Code ne fixe point un délai dans lequel la mère doive prendre une détermination; mais il nous semble qu'on doit la considérer comme ayant accepté par cela seul qu'elle a fait nommer un subrogé tuteur: en effet, avant de procéder à cette nomination, il faut savoir à qui appartiendra la tutelle, puisque le subrogé tuteur doit être pris dans la ligne paternelle, si la mère reste tutrice, sinon, dans celle des deux lignes à laquelle n'appartient pas le tuteur nommé par le conseil de famille (art. 423).

395. — Si la mère tutrice veut se remarier, elle devra, avant l'acte de mariage, convoquer le conseil de famille, qui décidera si la tutelle doit lui être conservée.

A défaut de cette convocation, elle perdra la tutelle de plein droit; et son nouveau mari sera solidairement responsable de toutes les suites de la tutelle qu'elle aura indûment conservée.

SOMMAIRE.

594. Déchéance de la mère qui se remarie sans consulter la famille. Responsabilité du second mari.
595. Réfutation de l'opinion commune sur l'étendue de cette responsabilité.

594. Lorsque la mère se remarie sans avoir fait convoquer le conseil de famille, elle perd la tutelle de plein droit, c'est-à-dire sans qu'il soit besoin de prononcer sa destitution (¹).

Quant au nouveau mari, la loi le rend solidairement responsable *de toutes les suites de la tutelle qu'elle* (sa femme) *aura indûment conservée.* Cette phrase obscure est généralement entendue en ce sens que le mari répond même de la gestion antérieure au mariage. Cette responsabilité lui est imposée, dit-on, parce qu'il a participé à la faute de sa femme; mais ce raisonnement ne suffit pas pour nous convaincre. La mère qui contracte un second mariage avant d'avoir requis la convocation du conseil de famille, commet sans doute une faute grave, sans doute aussi son mari n'est pas exempt de reproches; mais quelle que soit la responsabilité qui en résulte, elle doit avoir des limites, et il ne faudrait rien moins qu'une disposition formelle pour nous forcer à reconnaître que, d'après l'intention du législateur, le mari doit répondre d'une gestion à laquelle il était complétement étranger.

Il est vrai que l'article 396 fournit un argument en faveur de l'opinion que nous combattons. Cet article prévoit le cas où la mère remariée a été maintenue dans la tutelle par le conseil de famille, et il décide que « le second mari devient solidairement responsable, avec « sa femme, de la gestion *postérieure au mariage* ». De là on conclut que, dans le cas inverse, c'est-à-dire, lorsque le conseil de famille n'a pas été convoqué, le second mari doit répondre de la gestion tout entière, sans qu'il y ait à distinguer si elle est antérieure ou postérieure au mariage. C'est d'ailleurs ce que Locré dit en termes formels dans les sommaires où il donne le résumé des travaux préparatoires du Code civil (²).

595. Mais l'argument *à contrario* tiré de l'article 396 est loin d'être irrésistible. Il vaut mieux, suivant nous, rechercher la véritable intention du législateur dans les travaux préparatoires, qu'il convient toutefois d'étudier en eux-mêmes, sans s'attacher exclusivement aux sommaires de Locré.

Dans le projet arrêté au conseil d'État et officieusement communiqué au Tribunat, le second alinéa de l'article 395 était ainsi rédigé : « A dé-« faut de cette convocation, elle perdra la tutelle de plein droit, et son « nouveau mari sera solidairement responsable de l'indue gestion qui « aura eu lieu *depuis le mariage.* »

(¹) Cette déchéance n'emporte aucune incapacité. Ainsi la mère peut être nommée tutrice par le conseil de famille (Cour de Pau, 30 *juillet* 1807; cour de Metz, 20 *avril* 1820).

(²) Jugé en ce sens par la cour de Nîmes, le 23 novembre 1831.

Le Tribunat fit observer que « l'expression littérale de la loi sem-
« blait autoriser le nouveau mari à prétendre qu'il n'est responsable
« que de la gestion qui aurait eu lieu depuis le nouveau mariage » ; et
pour prévenir toute espèce de doute sur le véritable esprit de la loi,
« qui est que le mari réponde *du défaut de gestion*, comme de l'indue
« gestion, » le Tribunat proposa la rédaction suivante : *et son nouveau*
mari sera solidairement responsable avec elle depuis le mariage.

Le conseil d'État, tout en faisant droit à cette observation, a cru devoir modifier à la fois sa rédaction primitive et celle du Tribunat.
Le texte du Code rend le mari *responsable de toutes les suites de la tu-*
telle indûment conservée : les mots *depuis le mariage* ne se retrouvent
plus dans cette rédaction, mais ce n'est pas à dessein qu'ils ont été supprimés. Rien ne l'indique dans la discussion, et l'expression employée
par le législateur, *suites de la tutelle indûment conservée,* prouve qu'on
était loin de songer à la tutelle antérieure au mariage qui, elle, a été
bien légitimement gérée.

Puisque la rédaction définitivement adoptée a eu pour but de rendre
la mère responsable du défaut de gestion, il faut reconnaître que, bien
que remariée et privée de la tutelle, la mère doit néanmoins continuer
de gérer, tant qu'elle n'a pas été remplacée. [1] Le Code civil n'admet,
en effet, aucune vacance dans l'administration de la tutelle : il veut que
la gestion soit provisoirement continuée, soit par la mère qui a refusé la
tutelle (art. 394), soit même par les héritiers du tuteur décédé (art. 419).

On a voulu pareillement qu'en l'absence d'un nouveau tuteur la solidarité du second mari s'étendît au défaut de gestion, comme à l'indue
gestion ; mais on n'a jamais songé à faire remonter cette solidarité à une
époque antérieure au mariage.

Tel est, selon nous, le sens de l'article 395.

On objectera peut-être que, dans le cas prévu par l'article 396, le mari
cotuteur doit aussi répondre du défaut de gestion, et que dès lors notre interprétation supprime toute différence entre deux cas diamétrale-
ment opposés. Nous répondrons que la rédaction du conseil d'État
n'établissait point de différence, et que le Tribunat n'a point voulu
en introduire [2]. Seulement il a cru devoir prévenir, à l'occasion de
l'article 395, un doute qui ne pouvait guère s'élever sur l'article sui-

---

[1] Plusieurs décisions judiciaires ont validé les actes que la mère remariée et
déchue de la tutelle a faits comme tutrice (Cour de Turin, 25 *juin* 1810 ; cour de
Limoges, 17 *juillet* 1822 ; arrêt de rejet, 28 *mai* 1823).

[2] Loin de là, c'est une similitude que l'orateur du Tribunat veut indiquer, lorsqu'il dit, en parlant du mari cotuteur, qu'il « sera *également* tenu de la gestion pos-
« térieure à son mariage, dans le cas où le conseil de famille conserverait la tutelle
« à la mère. »

vant. On devait craindre, en effet, que la mère, perdant la tutelle de
plein droit, ne se crût dispensée de continuer l'administration, tandis
qu'on n'a rien à supposer de semblable, lorsqu'elle a été maintenue
dans ses fonctions.

Ainsi le mari supporte toujours, mais à deux titres différents, la
même responsabilité.

396. — Lorsque le conseil de famille, dûment convoqué, conservera la tutelle à la mère, il lui donnera nécessairement pour cotuteur le second mari, qui deviendra solidairement responsable,
avec sa femme, de la gestion postérieure au mariage.

SOMMAIRE.

596. Association du second mari à la tutelle de la mère. Garantie qui en résulte pour
les mineurs.

596. Le conseil de famille, s'il maintient la mère dans la tutelle, est
obligé de lui donner son second mari pour cotuteur. Il eût été plus simple
de décider que ce dernier serait nécessairement cotuteur avec sa femme;
car en réalité ce n'est pas le conseil de famille, c'est la loi qui lui confère cette qualité.

On l'appelle *cotuteur*, pour indiquer qu'il est tuteur, non par lui-
même, mais conjointement avec la mère tutrice, et en raison de leur
mariage. Dès lors, si la mère décède avant son cotuteur, ce dernier ne
sera plus qu'un étranger, et la tutelle sera déférée à ceux qui doivent
ou peuvent l'obtenir à défaut du père et de la mère.

En donnant au second mari le titre de cotuteur, la loi a voulu accorder aux mineurs une nouvelle garantie : indépendamment de la responsabilité solidaire qui lui est imposée pour la gestion postérieure au
mariage, leur beau-père est associé à la tutelle et par cela même ses
biens sont grevés d'une hypothèque légale (art. 2121). Il est même à
remarquer que cette hypothèque prévaut sur celle que la loi donne à
la mère pour ses reprises matrimoniales ; car la mère tutrice étant
tenue solidairement avec son mari pour tous les faits de tutelle, ne peut
pas se prévaloir de son hypothèque légale au préjudice des enfants du
premier lit.

Remarquons ici que la mère, lorsqu'elle n'a pas consulté le conseil
de famille, cesse d'être tutrice, et que dès lors son mari n'est pas cotuteur. Il en résulte que, malgré la responsabilité solidaire dont il est
tenu (art. 395), ses biens ne sont pas grevés d'hypothèque légale (¹).

_____

(¹) Plusieurs cours royales (Poitiers, 6 *août* 1824 ; Nîmes, 30 *novembre* 1831, et Col-

SECTION II.

DE LA TUTELLE DÉFÉRÉE PAR LE PÈRE OU LA MÈRE.

397. — Le droit individuel de choisir un tuteur parent, ou même étranger, n'appartient qu'au dernier mourant des père et mère.

398. — Ce droit ne peut être exercé que dans les formes prescrites par l'article 392, et sous les exceptions et modifications ci-après.

SOMMAIRE.

597. Tutelle déférée par le dernier mourant des père et mère.

597. La loi accorde aux père et mère un droit qu'elle nomme individuel (art. 597), soit parce qu'il ne peut appartenir qu'à l'un d'eux, ou, pour mieux dire, au survivant, soit par opposition au droit collectif des parents assemblés en conseil de famille (V. art. 405).

Puisque ce droit individuel n'appartient qu'au dernier mourant, il importe peu que, pendant le mariage, l'un des époux se trouve dans l'impossibilité de manifester sa volonté (art. 149 et 150). Cette circonstance n'autoriserait pas l'autre conjoint à faire choix d'un tuteur.

Le tuteur que le dernier mourant des père et mère a choisi, soit par son testament, soit dans l'une des deux autres formes que la loi autorise, (art. 392 et 398), est toujours nommé par acte de dernière volonté; on peut donc sans trop d'inexactitude l'appeler tuteur testamentaire pour le distinguer du tuteur datif, qui est nommé par le conseil de famille.

399. — La mère remariée et non maintenue dans la tutelle des enfants de son premier mariage, ne peut leur choisir un tuteur.

SOMMAIRE.

598. Incapacité de la mère remariée et non maintenue dans la tutelle. *Quid* en cas de refus d'excuse ou de destitution du survivant ?

598. La déchéance que le Code prononce contre la mère remariée et non maintenue dans la tutelle, nous paraît devoir s'appliquer à la mère tutrice, soit que le conseil de famille ait refusé de la maintenir,

---

mar, 26 *novembre* 1833) et un arrêt de rejet (14 *décembre* 1846) ont admis l'existence d'une hypothèque légale sur les biens de ce second mari, par ce motif que, de fait, il administre comme s'il était tuteur.

soit même qu'elle ait perdu la tutelle, faute d'avoir requis la convocation du conseil (art. 595) ; car, dans ce cas encore, la mère est *remariée et non maintenue dans la tutelle.*

Il en est autrement, selon nous, de la mère qui a refusé la tutelle en
vertu de l'article 394. Évidemment, on ne doit pas la punir d'avoir
usé d'un droit que la loi lui accorde, ni par conséquent la priver pour
cette raison d'un autre droit.

Si la mère qui a refusé la tutelle, contracte plus tard un second mariage, perdra-t-elle par ce seul fait le droit de choisir un tuteur testamentaire ? Il faut observer que, si la mère peut être dépouillée de ce
droit, lorsqu'elle se remarie, ce n'est pas directement par suite du mariage ; c'est à raison de la faute qu'elle a commise en ne requérant pas
la convocation du conseil de famille, ou à raison de l'appréciation que
fait le conseil dûment convoqué, en refusant de lui conserver les fonctions de tutrice. Lorsque c'est elle, au contraire, qui n'a pas voulu accepter ces fonctions, le conseil n'a point à s'occuper du nouveau mariage
qu'elle contracte. Elle ne contrevient dans ce cas à aucune disposition
de la loi ; on ne peut donc prononcer contre elle aucune déchéance.

Nous sommes bien éloignés, comme on le voit, de subordonner à
l'exercice actuel de la tutelle, la validité du choix fait par le dernier
mourant des père et mère, et de généraliser la disposition toute spéciale de l'article 399. A la vérité, le tuteur destitué, étant incapable de
voter dans un conseil de famille (art. 445), perd ainsi le droit de concourir à la nomination d'un autre tuteur, et à plus forte raison celui
de faire seul la nomination ; mais on ne peut en dire autant du tuteur
excusé. Le père ou la mère qui se dispense de la tutelle, pour cause
de maladie ou pour toute autre cause légitime, n'est point en faute, et ne
doit pas être privé d'un droit que la loi attribue, sans distinction, au
survivant des père et mère.

400. — Lorsque la mère remariée, et maintenue dans la tutelle,
aura fait choix d'un tuteur aux enfants de son premier mariage, ce
choix ne sera valable qu'autant qu'il sera confirmé par le conseil de
famille.

SOMMAIRE.

599. Confirmation à laquelle est soumis le choix de la mère remariée et maintenue
dans la tutelle.

599. En soumettant à l'approbation du conseil de famille la validité
du choix fait par la mère remariée, la loi semble ne laisser à cette dernière qu'un droit illusoire ; car le conseil reste entièrement libre de ne

pas confirmer un choix qui ne lui paraît pas convenable. Néanmoins, lorsqu'il existe d'autres ascendants, la nomination faite par la mère n'est pas sans importance; car en approuvant son choix le conseil de famille exclut les aïeuls, qui, autrement, auraient la tutelle légitime (art. 402).

Quoiqu'il ne s'agisse, dans cet article, que de la mère remariée et maintenue dans la tutelle, nous appliquons, sans hésiter, la même règle à la mère qui s'est remariée après avoir refusé les fonctions de tutrice.

401. — Le tuteur élu par le père ou la mère n'est pas tenu d'accepter la tutelle, s'il n'est d'ailleurs dans la classe des personnes qu'à défaut de cette élection spéciale le conseil de famille eût pu en charger.

SOMMAIRE.

600. Renvoi à la section VI.

600. Cette disposition n'établit, à l'égard du tuteur testamentaire, aucune règle spéciale, et se confond dès lors avec la règle générale de l'article 452.

SECTION III.

DE LA TUTELLE DES ASCENDANTS.

SOMMAIRE.

601. Tutelle légitime des ascendants en pays de droit écrit et même en pays coutumier.

601. L'ancien droit français ne reconnaissait en principe que la tutelle dative; mais cette règle n'était pas sans exception. Ainsi, la tutelle légitime que le droit romain attribuait au père de famille, sur les enfants ou petits-enfants par lui émancipés, s'était conservée dans les pays de droit écrit; et lorsque le père était décédé intestat, la mère ou l'aïeule avait aussi la tutelle [1] en vertu de l'authentique *matri vel aviæ* [2].

La tutelle légitime n'était pas non plus inconnue aux pays coutumiers. Elle avait été attribuée, par quelques coutumes, par différents édits et arrêts de règlement, au père ou à la mère, et même aux ascendants mâles [3]. Telle est sans doute l'origine de la tutelle que le Code attribue à ces derniers.

---

[1] Boutaric sur les Institutes de Justinien, liv. 1, tit. 15, 18 et 20; Serres, *ibid.*

[2] Cette authentique, extraite de la novelle 118, chap. 5, se trouve au Code, dans le titre *Quando mulier tutel.*

[3] Merlin, *Répert.*, v° TUTELLE, sect. 2, § 2.

402. — Lorsqu'il n'a pas été choisi au mineur un tuteur par le dernier mourant de ses père et mère, la tutelle appartient de droit à son aïeul paternel ; à défaut de celui-ci, à son aïeul maternel, et ainsi en remontant, de manière que l'ascendant paternel soit toujours préféré à l'ascendant maternel du même degré.

403. — Si, à défaut de l'aïeul paternel et de l'aïeul maternel du mineur, la concurrence se trouvait établie entre deux ascendants du degré supérieur qui appartinssent tous deux à la ligne paternelle du mineur, la tutelle passera de droit à celui des deux qui se trouvera être l'aïeul paternel du père du mineur.

404. — Si la même concurrence a lieu entre deux bisaïeuls de la ligne maternelle, la nomination sera faite par le conseil de famille, qui ne pourra néanmoins que choisir l'un de ces deux ascendants.

602. Si l'aïeul paternel ou maternel et les ascendants d'un degré plus éloigné sont appelés à la tutelle, c'est *lorsqu'il n'a pas été choisi au mineur un tuteur par le dernier mourant de ses père et mère ;* et de là on tire la conséquence que le choix d'un tuteur testamentaire suffit pour écarter les ascendants, lors même que ce tuteur se trouve dans un cas d'exclusion ou valablement excusé. On doit supposer qu'en le choisissant, le père ou la mère a eu de justes motifs pour ne pas laisser l'administration aux ascendants.

La loi qui règle avec soin l'ordre de préférence entre les ascendants, ne dit pas s'il y aura dévolution de l'un à l'autre, par exemple, si la tutelle légitime que l'aïeul aura gérée jusqu'à son décès, passera à l'aïeul maternel ou à l'un des bisaïeux. Plusieurs auteurs admettent la négative ; le silence de la loi leur paraît devoir être interprété contre les ascendants, qu'ils écartent volontiers comme trop avancés en âge. Mettre en avant un semblable système, c'est faire le procès à la loi même, qui a consacré la tutelle légitime des ascendants. D'ailleurs l'article 405 semble admettre la dévolution, puisque, sauf le cas d'exclusion ou d'excuse, il n'autorise la nomination d'un tuteur par le conseil de famille qu'à *défaut d'ascendants mâles.*

L'orateur du Gouvernement semble appliquer aux ascendants le privilége qui permet à la mère de refuser la tutelle (art. 394). « L'excuse « déduite du sexe, dit l'exposé des motifs, celle offerte par l'âge vien- « dront à leur secours ; mais leur volonté seule règlera l'exercice ou

« l'abandon de leur droit » (¹). Nous ne pouvons accepter cette comparaison ; car le sexe est une condition perpétuelle, tandis qu'un aïeul peut n'avoir pas atteint l'âge de soixante-cinq ans (V. art. 433), et dès lors il est impossible de lui accorder, dans le silence de la loi, une faculté toute spéciale, qui n'est conférée qu'à la mère.

Les ascendantes ne sont pas appelées de droit à la tutelle ; mais le conseil de famille peut la leur conférer (art. 442), et alors, ce qui est une véritable anomalie, le sexe, qui est pour la mère un motif péremptoire de refuser la tutelle (art. 394), n'est pas même une cause d'excuse pour l'aïeule.

SECTION IV.

DE LA TUTELLE DÉFÉRÉE PAR LE CONSEIL DE FAMILLE.

405. — Lorsqu'un enfant mineur et non émancipé restera sans père ni mère, ni tuteur élu par ses père et mère, ni ascendants mâles, comme aussi lorsque le tuteur de l'une des qualités ci-dessus exprimées se trouvera ou dans le cas des exclusions dont il sera parlé ci-après, ou valablement excusé, il sera pourvu, par un conseil de famille, à la nomination d'un tuteur.

SOMMAIRE.

603. Tutelle dative. Double hypothèse où elle peut avoir lieu.

603. Le droit coutumier, comme nous l'avons dit (604), n'admettait en principe que la tutelle dative. Cependant le père ou la mère étaient ordinairement préférés à tous les autres parents, et l'on ne se refusait guère à admettre le tuteur que l'un d'eux avait désigné par testament (²). Si donc le Code a innové, ce n'est tout au plus que relativement à la tutelle légitime des ascendants, qui n'avait été admise que tardivement, et en quelque sorte par exception, dans la jurisprudence des pays coutumiers.

La nomination du tuteur doit être faite par le conseil de famille dans deux hypothèses qu'il importe de bien distinguer, savoir :

1º Lorsqu'il n'existe ni père ni mère, ni tuteur élu par eux, ni ascendant mâle ;

2º Lorsque le tuteur, quel qu'il soit, a été exclu ou valablement excusé.

C'est par application de cette seconde règle, que la mère, lorsqu'elle refuse la tutelle légitime (art. 394), doit faire *nommer* un tuteur. C'est

---

(¹) Exposé des motifs par le conseiller d'État, Berlier.
(²) Argou, *Institution au droit français*, liv. 1, chap. 8

ainsi encore que le conseil de famille, lorsqu'il a prononcé la destitution d'un tuteur, doit procéder à son remplacement. Dans ce cas, la nomination du nouveau tuteur doit avoir lieu immédiatement (V. art. 448); et il convient de suivre la même marche, lorsque le tuteur s'est fait excuser.

Ainsi, lorsque le tuteur testamentaire a été exclu ou excusé, les ascendants n'arrivent pas à la tutelle légitime. Il en serait de même, selon nous, si le père ou la mère avait choisi une personne incapable ; par exemple, une femme ou un mineur : car, ainsi que nous l'avons déjà dit, le testateur qui choisit un autre tuteur que les ascendants, manifeste suffisamment l'intention de les exclure.

406. — Ce conseil sera convoqué soit sur la réquisition et à la diligence des parents du mineur, de ses créanciers ou d'autres parties intéressées, soit même d'office et à la poursuite du juge de paix du domicile du mineur. Toute personne pourra dénoncer à ce juge de paix le fait qui donnera lieu à la nomination d'un tuteur.

SOMMAIRE.

604. Fixation définitive du domicile de la tutelle au lieu où elle s'est ouverte.
605. Par qui et sur la réquisition de qui est convoqué le conseil de famille.

604. La compétence du juge de paix est déterminée par le domicile du mineur. Cette règle s'applique sans difficulté à l'ouverture même de la tutelle, c'est-à-dire, à la mort du père ou de la mère, parce qu'alors l'enfant a nécessairement le domicile de ses parents ; mais comme le domicile du mineur se confond avec celui du tuteur (art. 108), on pourrait croire que le lieu où le conseil de famille doit être convoqué, change par cela seul que la tutelle passe à une personne domiciliée dans un autre canton, ou que le tuteur, quel qu'il soit, change de domicile. C'est ce qu'on ne saurait admettre ; car ces différentes mutations dans le domicile du mineur pourraient exercer une fâcheuse influence sur la composition du conseil. Le juge ne serait plus le même, et les membres convoqués seraient pris dans une autre circonscription : ce qui pourrait, d'une part, écarter les parents, et d'autre part, amener des choix arbitraires, comme nous le verrons bientôt (art. 409). Aussi la jurisprudence a-t-elle constamment décidé, dans l'intérêt des mineurs, que le droit de convoquer le conseil de famille appartient toujours au même juge de paix, à celui dans le ressort duquel la tutelle s'est ouverte (¹).

En admettant cette jurisprudence comme règle générale, nous croyons

---

(¹) Arrêt de rejet (29 *novembre* 1809), et arrêt de cassation (23 *mars* 1819).

toutefois devoir excepter le cas où la tutelle appartient au père ou à la mère (¹) ; car alors, si le domicile du mineur suit le domicile du tuteur, ce n'est pas seulement à cause de la tutelle ; c'est aussi à raison du lien tout spécial qui attache les enfants au domicile paternel, et le changement de ce domicile n'a pas pour eux l'inconvénient qu'il aurait dans toute autre tutelle. Partout où s'établira le survivant des père et mère, il pourra avoir, même à défaut de parents ou d'alliés, des amis dont l'affection s'étendra jusqu'à ses enfants ; tandis que, dans toute autre tutelle, les personnes qui seraient liées au tuteur, même par des rapports de parenté, ne sont pas admis, à ce titre, dans le conseil de famille.

605. Le conseil est toujours convoqué par le juge de paix ou par son ordre.

Il est convoqué par le juge de paix, d'office ou à sa poursuite, lorsque ce magistrat fait citer les membres de l'assemblée, soit qu'il ait par lui-même connaissance du fait qui nécessite la convocation, soit que ce fait lui ait été dénoncé, comme il peut l'être par une personne quelconque (art. 406).

Le droit de faire d'office la convocation appartient au juge de paix, toutes les fois qu'il y a lieu, soit de nommer, soit de destituer un tuteur (art. 421 et 446).

Nous pensons même, quoique la loi ne s'en soit pas expliquée, que le juge de paix a ce même droit de convocation, toutes les fois que l'intérêt du mineur l'exige (V. art. 414).

La convocation a lieu par ordre du juge de paix, lorsqu'elle a été requise par les personnes qui ont qualité à cet effet. Ces personnes sont :

1° Les parents du mineur. Ici la loi ne limite point le degré de parenté. Comme il s'agit de la nomination du tuteur, et qu'il n'existe aucune personne spécialement chargée de la provoquer, on n'a pas cru devoir restreindre aux parents les plus proches une faculté dont l'exercice ne peut être que favorable ; mais lorsqu'il existe un subrogé tuteur que la loi oblige à requérir la convocation, la réquisition des parents n'est plus admise que jusqu'au degré de cousin germain (art. 446 ; V. art. 479).

Dans ce dernier cas, la loi accorde expressément le droit de réquisition aux alliés qui ne sont pas mentionnés ici, par oubli sans doute, puisqu'ils entrent, comme les parents, dans la composition du conseil de famille (art. 407).

2° Les créanciers du mineur et autres parties intéressées, c'est-à-dire, pécuniairement intéressées. Il leur importe qu'il y ait un tuteur, afin d'exercer contre lui leurs actions.

(¹) Cette distinction a été repoussée par un arrêt de cassation du 11 mai 1842.

5° Le subrogé tuteur. Il peut et doit même requérir la convocation, lorsque la tutelle devient vacante (art. 424), ou lorsqu'il y a lieu de provoquer la destitution du tuteur (art. 446). Si le subrogé tuteur n'est pas mentionné dans l'article 406, c'est, comme nous l'avons déjà dit, parce qu'on suppose que la tutelle vient de s'ouvrir, et que le pupille n'a encore ni tuteur ni subrogé tuteur.

4° Le tuteur lui-même. Il a souvent besoin d'être autorisé par le conseil de famille (V. art. 454, 455, 457, 461, 463, 465 et 468). Il faut donc reconnaître qu'il a, pendant le cours de sa gestion, le droit de requérir la convocation.

407. — Le conseil de famille sera composé, non compris le juge de paix, de six parents ou alliés, pris tant dans la commune où la tutelle sera ouverte que dans la distance de deux myriamètres, moitié du côté paternel, moitié du côté maternel, et en suivant l'ordre de proximité dans chaque ligne.

Le parent sera préféré à l'allié du même degré ; et, parmi les parents de même degré, le plus âgé à celui qui le sera le moins.

SOMMAIRE.

606. Que doit-on entendre ici par alliés ?

606. On demande si, relativement à la composition du conseil de famille, l'alliance subsiste après la dissolution du mariage qui l'a fait naître. En ce qui concerne les seconds mariages, l'alliance, bien qu'elle ait cessé d'exister, a toujours constitué un empêchement (¹), fondé sur une considération morale qui conserve toute sa force. En toute autre matière il n'en est plus de même : en effet, les jurisconsultes romains ne reconnaissaient plus d'alliés après la dissolution du mariage qui avait formé l'alliance : *affinitates,* dit Ulpien (²), *non eas accipere debemus quæ quondam fuerunt, sed præsentes;* mais cette règle a été modifiée par notre ancienne jurisprudence, en ce sens que l'affinité était considérée comme subsistant malgré la dissolution du mariage, quand il existait des enfants de ce mariage (³). C'est même ainsi qu'on l'entendait en matière de tutelle : « Les affins, dit Pothier (⁴), sont ceux qui ont « épousé une parente du mineur, *laquelle est vivante ou dont ils ont* « *des enfants* ». Or, on ne peut pas supposer que le Code civil ait entendu

---

(¹) Inst. § 7, *de nuptiis.*
(²) L. 3, § 1, *D. de postul.*
(³) Rousseau de la Combe, v° *Affinité.*
(⁴) Coutume d'Orléans, art. 183.

l'alliance autrement que ne l'entendait Pothier, surtout lorsqu'on le voit confirmer l'ancienne jurisprudence par plusieurs dispositions formelles (art. 206 ; C. de pr., art. 283 et 378).

Il faut observer que l'alliance en ligne directe, et même au second degré en ligne collatérale, subsiste, du moins sous certains rapports, quoiqu'il n'existe aucun enfant du mariage dissous (¹). A la vérité, elle ne suffit pas pour que l'on puisse exiger des aliments (art. 206), mais elle permet de reprocher un témoin, et de récuser un juge (C. de pr., art. 283 et 578).

408. — Les frères germains du mineur et les maris des sœurs germaines sont seuls exceptés de la limitation de nombre posée en l'article précédent.

S'ils sont six, ou au delà, ils seront tous membres du conseil de famille, qu'ils composeront seuls, avec les veuves d'ascendants et les ascendants valablement excusés, s'il y en a.

S'ils sont en nombre inférieur, les autres parents ne seront appelés que pour compléter le conseil.

VEUVES D'ASCENDANTS, c'est-à-dire *ascendantes veuves ;* car la veuve d'un ascendant remarié n'est qu'une étrangère par rapport au mineur.

ASCENDANTS VALABLEMENT EXCUSÉS, c'est-à-dire *quoique valablement excusés;* on a voulu exprimer, d'après une observation faite par le Tribunat, qu'un ascendant excusé de la tutelle, n'est pas pour cela écarté du conseil de famille.

SOMMAIRE.

607. Après avoir établi, en faveur des frères germains (ou maris de sœurs germaines), une exception qui semble faite pour eux seuls, la loi distingue s'ils sont au nombre de six, ou s'ils sont en nombre inférieur. Dans le premier cas, les frères germains entrent tous au conseil de famille et le composent *seuls, avec* les ascendants. Dans le second cas, au contraire, il n'est plus question des ascendants. Le Code se borne à dire qu'il faudra compléter le nombre légal, en appelant *d'autres parents.*

(¹) L'existence des enfants suffit pour que l'alliance subsiste encore après la dissolution du mariage (arrêt de rejet, 16 *juillet* 1810). On a jugé, par application du Code de procédure (art. 283 et 378), que, si la sœur du mineur est décédée sans enfants, son mari n'en conserve pas moins la qualité d'allié, et peut siéger comme tel au conseil de famille (arrêt de rejet, 24 *février* 1825).

Pour expliquer ces dispositions, dont le sens n'apparaît pas bien clairement, plusieurs systèmes ont été proposés sur la position des ascendants dans le conseil de famille. On a prétendu que, s'ils entrent toujours dans le conseil de famille, ils ne comptent pas du moins dans la formation du nombre légal : on arrive ainsi à une application littérale du dernier alinéa de l'article, en décidant que, si les frères germains sont en nombre inférieur à six, par exemple, au nombre de quatre, il faut appeler deux autres parents, c'est-à-dire, dans ce système, deux collatéraux, quel que soit d'ailleurs le nombre des ascendants. Quelques auteurs vont encore plus loin. Ils soutiennent que les ascendants ne sont pas membres nécessaires du conseil, qu'ils n'y sont appelés que *par déférence,* que leur assistance est purement facultative, et que dès lors ils peuvent s'abstenir, sans encourir aucune amende pour défaut de comparution (V. art. 415).

Pourquoi les ascendants, qui sont appelés même à la tutelle légitime, seraient-ils donc exclus du nombre des parents qui, aux termes de l'article 407, entrent nécessairement dans la composition du conseil de famille? Loin de croire que les ascendants ne sont pas appelés, mais seulement tolérés par une sorte de déférence, qui en réalité tendrait à les écarter, nous pensons qu'on a voulu leur accorder, dans tous les cas, la même préférence qu'aux frères germains. En effet, la première disposition, qui déclare les frères germains *seuls exceptés de la limitation de nombre posée en l'article précédent,* ne doit pas être prise à la lettre. Pour bien comprendre la loi, il faut remonter à l'origine de la rédaction actuelle. Le projet arrêté au conseil d'État ne parlait point des ascendants : le Tribunat fit observer qu'on avait oublié de les comprendre dans la disposition relative aux frères germains, et la section de législation crut devoir réparer cette omission ; mais, au lieu de refondre la rédaction de l'article 408, elle se contenta d'ajouter au second alinéa les mots *avec les veuves d'ascendants,* etc., sans s'apercevoir qu'il aurait fallu modifier également le commencement et la fin de l'article. Toutefois l'intention du législateur n'est pas douteuse ; il faut donc la suivre, sans s'attacher à une rédaction inexacte. Ainsi, nous placerons les ascendants sur la même ligne que les frères germains, et nous les appellerons toujours dans le conseil de famille, comme membres nécessaires, par préférence aux autres collatéraux.

608. En parlant des ascendantes, la loi suppose leur veuvage, sans doute pour indiquer que, pendant la durée du mariage qui unit l'aïeul et l'aïeule, le mari seul est appelé au conseil de famille.

Mais que faut-il décider, si une ascendante veuve se remarie? La loi, qui exceptionnellement déclare la mère et les ascendantes capables de gérer la tutelle (art. 442), ne prononce aucune déchéance contre l'ascendante tutrice qui se remarie ; on ne saurait donc, sans arbitraire, l'écarter du conseil de famille, par ce seul motif qu'elle a convolé en secondes noces. Quant à la mère qui n'a pas été maintenue dans la tutelle, elle n'est, selon nous, ni exclue ni destituée (V. art. 445), et dès lors elle conserve le droit de siéger dans le conseil de famille.

409. — Lorsque les parents ou alliés de l'une ou de l'autre ligne se trouveront en nombre insuffisant sur les lieux, ou dans la distance désignée par l'article 407, le juge de paix appellera, soit des parents ou alliés domiciliés à de plus grandes distances, soit, dans la commune même, des citoyens connus pour avoir eu des relations habituelles d'amitié avec le père ou la mère du mineur.

410. — Le juge de paix pourra, lors même qu'il y aurait sur les lieux un nombre suffisant de parents ou alliés, permettre de citer, à quelque distance qu'ils soient domiciliés, des parents ou alliés plus proches en degrés ou de mêmes degrés que les parents ou alliés présents ; de manière toutefois que cela s'opère en retranchant quelques-uns de ces derniers, et sans excéder le nombre réglé par les précédents articles.

DES CITOYENS : expression très-inexacte, puisque la jouissance des droits civils est indépendante de la qualité de citoyen (art. 7 et 8).

SOMMAIRE.

609. Latitude accordée au juge de paix. Ses inconvénients.

609. Ces deux articles dispensent d'observer strictement les règles qui ont été posées dans l'article 407 pour la composition du conseil de famille.

La loi donne au juge de paix la liberté d'appeler, par préférence aux parents qui demeurent dans le rayon de deux myriamètres, d'autres parents domiciliés à une plus grande distance, lorsqu'ils sont plus proches ou même égaux en degré ; mais ce n'est pas tout. Si les parents et alliés demeurants dans ce même rayon ne sont pas en nombre suffisant, le juge a la plus entière latitude, soit pour choisir, même sans s'attacher à la proximité du degré, quelques-uns des parents ou alliés domiciliés à une plus grande distance, soit pour les exclure tous, en prenant dans la commune même des personnes connues pour avoir eu des relations d'amitié avec le père ou la mère du mineur. On conçoit tout ce qu'il y a de vague et d'incertain dans ces relations d'amitié, que rien ne constate. Les prétendus amis qu'on appelle dans le conseil de famille, n'y apportent le plus souvent qu'une grande indifférence pour les intérêts du mineur, et c'est ainsi qu'on forme des assemblées improvisées, qui ne délibèrent que pour la forme. De cette latitude laissée au juge de paix naissent, dans la pratique, de graves abus ; c'est par ce moyen qu'on a vu célébrer des mariages, que n'aurait pas autorisés un véritable conseil de famille (¹).

En expliquant l'article 407, qui attribue au juge de paix du domicile du mineur le droit de convoquer le conseil de famille, nous avons montré comment l'application de cette règle à toute convocation du conseil conduirait à décider que le domicile de la tutelle change avec celui du tuteur, et nous avons dit comment la jurisprudence a remédié à cet inconvénient, en décidant que le conseil de famille doit toujours être convoqué par le même juge. Cette jurisprudence tend à donner au conseil une fixité nécessaire ; mais peu importe que le lieu de la convocation reste le même, si les membres du conseil peuvent changer au gré du magistrat qui les convoque. Rien n'oblige le juge de paix à suivre, pour une nouvelle convocation, les règles qu'il a observées précédemment : ainsi le même conseil, convoqué par le même juge et dans le même canton, pourra n'être plus composé des mêmes personnes. C'est là, selon nous, un vice capital ; c'est un moyen infaillible de détruire la responsabilité morale, qui, à défaut de responsabilité légale, suffirait souvent pour forcer une assemblée plus stable dans sa composition à se respecter elle-même. Il faut donc regretter que la jurisprudence, en remédiant aux inconvénients qui devaient résulter du défaut de fixité du conseil, quant au lieu de sa convocation, n'ait pu apporter au mal qu'un remède partiel.

411. — Le délai pour comparaître sera réglé par le juge de paix à jour fixe, mais de manière qu'il y ait toujours, entre la citation

---

(¹) Rien n'est plus connu que le procès du sieur de Thémines, contre la demoiselle Philippeaux, mariée à l'âge de quinze ans et cinq mois, quelques jours seulement après la mort de sa mère, en vertu du consentement donné par un conseil de famille irrégulièrement composé. Non-seulement on n'avait pas appelé les parents les plus proches, mais l'assemblée, sauf le juge de paix et le tuteur, n'était composée que de femmes. La cour d'Agen (21 *juillet* 1806) a jugé que les dispositions de l'art. 407 ne sont pas établies à peine de nullité, et la Cour de cassation, section des requêtes, a rejeté le pourvoi (22 *juillet* 1807), en décidant, comme la cour d'Agen, « que les articles cités du « Code ne prononcent même pas textuellement la peine de nullité pour l'inobservation « des formes qu'ils indiquent. »

Du reste, la Cour de cassation décide constamment que l'inobservation des règles établies pour la composition du conseil de famille n'emporte pas nullité, lorsqu'il n'y a ni dol ni connivence, et que les intérêts du mineur n'ont point été lésés (arrêts de rejet, 30 *avril* 1834 et 3 *avril* 1838).

notifiée et le jour indiqué pour la réunion du conseil, un intervalle de trois jours au moins, quand toutes les parties citées résideront dans la commune, ou dans la distance de deux myriamètres.

Toutes les fois que, parmi les parties citées, il s'en trouvera de domiciliées au delà de cette distance, le délai sera augmenté d'un jour par trois myriamètres.

610. L'ajournement devant un tribunal ordinaire ne se donne pas à jour fixe. Le défendeur est assigné à comparaître dans un certain délai, par exemple, dans la huitaine : ce délai expiré, il est considéré comme défaillant, s'il n'a pas comparu en constituant un avoué. Devant les tribunaux où il n'y a pas d'avoué, et notamment devant la justice de paix, les parties, devant se présenter en personne ou par un mandataire spécial, sont toujours citées à jour fixe. Cette règle s'applique nécessairement à la convocation du conseil de famille, et l'intervalle entre la citation notifiée et le jour indiqué pour la réunion est de *trois jours au moins,* comme en matière de conciliation (C. de pr., art. 51), tandis qu'en matière contentieuse, le délai ordinaire des citations devant la justice de paix ne comporte qu'un jour d'intervalle (C. de pr., art. 5).

Ce délai de *trois jours au moins* doit être observé, quand on est forcé de faire citer, par huissier, un membre du conseil, qui refuse de se présenter volontairement ; mais, dans l'usage, on évite ordinairement les frais de citation. Les parents se réunissent sur un simple avertissement ('), au jour convenu, et alors il n'y a pas lieu d'observer le délai de trois jours.

412. — Les parents, alliés ou amis, ainsi convoqués, seront tenus de se rendre en personne, ou de se faire représenter par un mandataire spécial.

Le fondé de pouvoir ne peut représenter plus d'une personne.

___

() Aujourd'hui, d'après l'article 17 de la loi du 25 mai 1838, le juge de paix a, en règle générale, la faculté d'appeler sans frais les parties devant lui.

611. D'après l'article 407, les parents ou alliés qu'on appelle au conseil de famille, doivent être pris dans un rayon très-limité, sans doute pour qu'ils puissent comparaître en personne. Cela est désirable, en effet; car chacun des membres du conseil remplit une charge publique, qui se rapproche de la tutelle même, puisque ce conseil a une grande part dans l'administration. A la vérité, il faut éviter aux parents ou alliés qui habitent à une certaine distance, la nécessité de se déplacer, et par conséquent leur permettre de se faire représenter; mais, en donnant la même faculté à tous les parents ou alliés sans distinction, et même aux amis, qui sont toujours pris dans la commune (art. 409), le législateur semble perdre de vue le motif qui l'a déterminé à limiter la distance dans laquelle sont ordinairement pris les membres du conseil.

Du reste, le mandataire doit avoir, pour se décider, la même liberté d'appréciation qu'aurait le mandant lui-même, s'il comparaissait en personne; car le parti à prendre sur la nomination du tuteur ou sur toute autre question soumise au conseil, doit être le résultat de la délibération. On ne peut donc pas admettre un mandat impératif ([1]).

413. — Tout parent, allié ou ami, convoqué, et qui, sans excuse légitime, ne comparaîtra point, encourra une amende qui ne pourra excéder cinquante francs, et sera prononcée sans appel par le juge de paix.

414. — S'il y a excuse suffisante, et qu'il convienne, soit d'attendre le membre absent, soit de le remplacer; en ce cas, comme en tout autre où l'intérêt du mineur semblera l'exiger, le juge de paix pourra ajourner l'assemblée ou la proroger.

SOMMAIRE.

612. Amende encourue par les non-comparants. Différents partis que prendra le juge de paix.

612. L'amende encourue par ceux qui, sans excuse suffisante, n'ont point comparu, même par mandataire, suppose qu'il y a eu citation régulièrement notifiée (V. art. 414); mais en général, comme nous l'avons dit, on évite les frais de citation, et alors il ne peut être question d'aucune amende.

Au surplus, dans le cas d'absence d'un membre, comme en tout autre, le juge de paix a, dans l'intérêt du mineur, la faculté, soit de proroger l'assemblée, en indiquant de suite un autre jour de réunion, soit

---

([1]) Discussion au C. d'État, séance du 22 vendémiaire an XI.

de l'ajourner indéfiniment, jusqu'au jour qui sera indiqué par une nouvelle convocation.

Cependant la présence de tous les membres n'est pas absolument
nécessaire. On peut donc, sans attendre ceux qui ne se présentent pas,
délibérer en leur absence, si l'assemblée est encore assez nombreuse
(V. art. 445).

415. — Cette assemblée se tiendra de plein droit chez le juge de
paix, à moins qu'il ne désigne lui-même un autre local. La présence
des trois quarts au moins de ses membres convoqués sera nécessaire
pour qu'elle délibère.

SOMMAIRE.

613. Nombre de membres dont la présence est requise pour la validité de la délibération.

613. En exigeant les trois quarts des membres, la loi prend soin d'a-
vertir qu'il s'agit seulement des membres *convoqués*, pour faire entendre que le juge de paix n'est pas compris dans ce calcul, puisque c'est
lui qui fait la convocation. Ainsi, comme l'a dit le Tribunat, « le nombre
« des délibérants sera de cinq au moins, en n'y comprenant pas le juge
« de paix » (¹).

416. — Le conseil de famille sera présidé par le juge de paix,
qui y aura voix délibérative, et prépondérante en cas de partage.

SOMMAIRE.

614. Présidence, voix délibérative et prépondérante du juge de paix. Cas dans lequel
il faudra recourir au tribunal.
615. *Quid* lorsque le conseil n'a qu'un avis à donner ?

614. Dans l'ancienne jurisprudence, c'était le juge qui, sur l'avis des
parents, nommait le tuteur. Ordinairement, il se conformait à leur décision, lorsqu'elle était prise à l'unanimité ou à une grande majorité;
dans le cas contraire, le magistrat était libre de se décider suivant le
parti qui lui paraissait le plus sage (²).

Il n'en est plus ainsi. Ce n'est pas le juge de paix qui nomme, c'est
le conseil de famille, dont ce magistrat est membre nécessaire (art. 406).
En cette qualité, il prend part à la délibération ; sa voix compte comme

---

(¹) Il y a nullité, dès que le conseil, en y comprenant le juge de paix, ne se trouve
composé que de cinq personnes (cour d'Agen, 26 *mars* 1810).

(²) Merlin, *Répert.*, v° *Avis des parents.*

celle des autres membres, et c'est ce qu'on exprime en disant qu'il a voix *délibérative*.

Mais le juge de paix, membre du conseil de famille, en est en outre le président. Bien plus, sa voix devient prépondérante en cas de partage, c'est-à-dire, lorsque l'assemblée, délibérant en nombre pair, se divise en deux fractions égales, par exemple, trois contre trois.

Lorsque les suffrages se divisent en trois fractions dont aucune ne forme la majorité absolue (¹), il faut distinguer s'il existe, ou non, deux opinions qui aient chacune la majorité relative par rapport à la troisième. Dans le premier cas, les membres de la fraction la plus faible doivent se réunir à l'une des deux autres : nous croyons du moins qu'il faut le décider ainsi, en appliquant aux délibérations du conseil de famille la règle établie par le Code de procédure (art. 117) en matière de jugement. On obtiendra de cette manière une majorité absolue, si l'assemblée est en nombre impair, ou au moins, si elle est en nombre pair, un partage, qui sera vidé par la voix prépondérante du juge de paix.

Si, au contraire, les trois fractions sont égales, ou, ce qui revient au même, s'il y en a deux égales entre elles, mais inférieures à la troisième, on ne peut imposer à aucune fraction de l'assemblée le sacrifice de son opinion. Pour mettre fin à ce conflit, il semble au premier abord qu'il faudrait appeler un nouveau membre pour départager le conseil ; mais cette mesure n'est pas admissible : car, si l'on a donné voix prépondérante au juge de paix, c'est précisément pour éviter l'appel d'un nouveau membre (²). Il n'existe donc d'autre moyen, que de faire intervenir le tribunal. Nous pensons qu'on doit recourir à son autorité, par argument du Code de procédure (art. 883), qui permet d'attaquer les décisions du conseil, toutes les fois qu'elles n'ont pas été prises à l'unanimité. Il semble donc qu'il y a lieu de s'adresser au tribunal, lorsque le conseil de famille, bien loin d'être unanime, se divise de telle manière qu'on ne peut ni former une majorité, ni même arriver à un partage.

615. La voix prépondérante qu'on attribue ici au président du conseil de famille, semble, au premier abord, difficile à justifier, puisque le juge de paix n'est après tout qu'un étranger, et qu'ainsi l'opinion qu'il fait prévaloir, est en réalité l'opinion de la minorité des parents. Le projet soumis aux délibérations du conseil d'État ne contenait rien de semblable ; c'est dans la discussion seulement, et sur la demande de Tron-

---

(¹) Pour avoir la majorité absolue, il faut réunir plus de la moitié des suffrages exprimés.

La nomination qui n'a pas été faite à la majorité absolue, est nulle (cour de Metz, 16 *février* 1812; cour d'Aix, 10 *mars* 1840).

(²) Discussion au C. d'État, séance du 29 vendémiaire an XI.

chet, qu'on a chargé le juge de paix de départager le conseil, parce que « la nomination du tuteur serait trop retardée, si l'on s'en rappor- « tait à un autre départageant » (¹). On comprend qu'il en soit ainsi, dans tous les cas où le conseil doit prendre une décision ; mais il est quelquefois appelé à donner un avis sur des questions dont la solution appartient aux tribunaux. Dans ces différents cas, il s'agit moins de former une majorité que de connaître l'opinion des parents ; et alors il semble que, s'il y a partage, il doit suffire d'en faire mention, puisque après tout, l'opinion de chaque membre, le seul point qu'il importe de constater, doit être relatée au procès-verbal (C. de pr., art. 585).

417. — Quand le mineur, domicilié en France, possédera des biens dans les colonies, ou réciproquement, l'administration spé- ciale de ces biens sera donnée à un protuteur.

En ce cas, le tuteur et le protuteur seront indépendants, et non responsables l'un envers l'autre pour leur gestion respective.

Les colonies sont les pays qui, bien que dépendant de la France, sont régis par des lois particulières (Charte de 1830, art. 64). Ainsi, les îles qui font partie d'un département français, ne sont pas des colonies, non plus que la Corse, qui forme à elle seule un département. C'est pour éviter toute équivoque à cet égard, que, sur une observation du Tribunat, on a supprimé l'expression *biens d'outre-mer*, qui se trouvait à la fin du premier alinéa.

SOMMAIRE.

616. Où et par qui doit être nommé le protuteur.
617. Sa nomination n'est pas toujours nécessaire. Rapports qui peuvent exister entre le tuteur et le protuteur.

616. Le Code ne paraît pas admettre qu'il puisse exister deux tu- teurs pour une même tutelle. Ainsi, lorsque l'administration des biens se divise entre un tuteur proprement dit et un protuteur, il y a réelle- ment deux tutelles indépendantes l'une de l'autre. Ce principe était consacré, antérieurement au Code civil, par deux déclarations des 15 dé- cembre 1721 et 1ᵉʳ février 1743, qui s'appliquent au cas prévu par l'article 417. Elles décidaient que deux tuteurs seraient nommés, l'un au domicile du mineur, et l'autre au lieu de la situation des biens qu'il devait administrer.

Le Code civil ne dit pas où sera nommé le protuteur. Le projet dis- cuté dans le conseil d'État voulait, comme l'ordonnance, que cette no- mination fût faite au lieu de la situation des biens. Tronchet, ayant demandé que le protuteur fût toujours nommé au lieu de l'ouverture

---

(¹) Discussion au C. d'État, séance du 29 vendém. an XI.

de la succession, « parce qu'il peut arriver qu'un mineur, résidant en « France, n'ait point de parents dans les colonies... ou réciproquement », Cambacérès fit adopter un amendement portant que, si le mineur réside en France, le protuteur sera nommé par les parents de France ; mais que « s'il s'excuse, il sera pourvu sur les lieux à son remplace- « ment » (¹). Néanmoins, cette disposition ne fut pas insérée dans la rédaction définitive, et il fut décidé, dans une autre séance, que ces détails seraient renvoyés à une loi organique (²), loi qui n'a jamais été faite.

Tout ce qu'on peut induire de cette discussion, c'est que la nomination du protuteur doit être faite, comme celle du tuteur lui-même, par le conseil de famille convoqué au domicile du mineur. Le système des anciennes ordonnances, qui faisait opérer cette nomination au lieu de la situation des biens, est devenu d'une application plus difficile, depuis que la nomination n'est plus faite par le juge, mais par un conseil de famille. On ne peut guère supposer, dans le système du Code, l'existence de plusieurs conseils, et s'il n'en existe qu'un seul, c'est à lui qu'il appartient de prendre toutes les décisions relatives à la tutelle.

617. La déclaration de 1743 permettait de ne pas diviser la tutelle des père et mère. La disposition du Code civil prescrit impérativement la division, sans établir aucune exception : néanmoins on doit admettre que le survivant des père et mère, lorsqu'il a la jouissance légale des biens du mineur, a qualité pour les administrer tous ou les faire administrer à ses frais, et que dès lors il n'y a pas lieu de nommer un protuteur.

D'après la même déclaration, le tuteur qui était appelé à la gestion des biens, devait en verser les revenus entre les mains du tuteur à qui était confiée la personne du mineur, et, par suite, la mission de pourvoir à son entretien et à son éducation. Rien n'autorise à supposer que le Code ait voulu abroger une disposition aussi raisonnable : en adoptant les dénominations distinctes de tuteur et de protuteur, il semble plutôt établir, entre les deux administrations, une différence qui tendrait à confirmer l'ancien droit.

418. — Le tuteur agira et administrera, en cette qualité, du jour de sa nomination, si elle a lieu en sa présence ; sinon, du jour qu'elle lui aura été notifiée.

(¹) Discussion au C. d'État, séance du 29 vendémiaire an XI.
(²) *Ibid.*, séance du 18 frimaire an XI.

618. Le tuteur nommé par le conseil de famille doit administrer dès
qu'il a connaissance de sa nomination, parce qu'il est investi de la tutelle par la délibération même de ce conseil, sans qu'il y ait lieu de recourir à l'homologation du tribunal.

Lorsque la nomination du tuteur n'a pas eu lieu en sa présence, la
notification exigée par le Code doit être faite dans un délai de trois
jours, sans préjudice de l'augmentation à raison des distances. L'assemblée désigne un de ses membres, à la diligence duquel se fait la notification (C. de pr., art. 882).

419. —La tutelle est une charge personnelle qui ne passe point
aux héritiers du tuteur. Ceux-ci seront seulement responsables de
la gestion de leur auteur ; et, s'ils sont majeurs, ils seront tenus de
la continuer jusqu'à la nomination d'un nouveau tuteur.

619. Que la tutelle finisse à la mort du tuteur, et conséquemment
qu'elle ne passe point à ses héritiers ; que d'un autre côté, ces derniers
succèdent aux obligations de leur auteur, et subissent toutes les conséquences de sa gestion, ce sont là des règles admises de tout temps, et
qu'on avait à peine besoin d'exprimer.

Il en est autrement de la disposition qui enjoint aux héritiers de continuer la gestion du défunt, jusqu'à la nomination d'un nouveau tuteur.
En leur imposant ce devoir, le Code montre bien qu'il ne veut admettre
aucune vacance dans l'administration de la tutelle (V. art. 394 et 440).
Cependant, comme les héritiers du tuteur ne sont pas tuteurs eux-mêmes,
on ne peut pas supposer que le législateur ait voulu les charger de
faire tout ce que pouvait et devait faire le défunt. Il ne s'agit sans doute
que des choses qui n'admettent aucun retard, et auxquelles toute personne est en état de pourvoir, sinon comme tuteur, au moins comme
negotiorum gestor (V. art. 2010).

Remarquons, d'autre part, que ce devoir n'est imposé aux héritiers
qu'autant qu'ils sont majeurs, et conséquemment capables de s'obliger.
On peut conclure de là que cette exigence du Code n'atteint pas les
héritiers même majeurs qui se trouvent, par éloignement ou par toute
autre cause, dans l'impossibilité de veiller aux affaires du pupille.

SECTION V.

DU SUBROGÉ TUTEUR.

420. — Dans toute tutelle, il y aura un subrogé tuteur, nommé par le conseil de famille.

Ses fonctions consisteront à agir pour les intérêts du mineur, lorsqu'ils seront en opposition avec ceux du tuteur.

SOMMAIRE.

620. Nécessité d'un subrogé tuteur dans toute tutelle. Fonctions qu'il doit remplir.

620. Ce principe que, dans toute tutelle, il doit y avoir un subrogé tuteur, s'applique même à la tutelle officieuse : si elle peut avoir lieu du vivant des père et mère, elle n'en est pas moins une véritable tutelle, comme nous l'avons déjà vu. Il est évident du reste, que les tuteurs spéciaux qu'on appelle tuteurs *ad hoc*, ne sont pas, à proprement parler, investis d'une tutelle, et que par conséquent leur nomination n'entraîne pas celle d'un subrogé tuteur.

Le subrogé tuteur est le surveillant et le contradicteur légitime du tuteur. C'est en cette dernière qualité qu'il représente le mineur, toutes les fois que ses intérêts sont en opposition avec ceux du tuteur, par exemple, lorsqu'il existe un procès entre eux, ou lorsqu'ils contractent l'un avec l'autre (V. art. 450).

C'est aussi comme contradicteur légitime, que le subrogé tuteur assiste à certaines opérations de la tutelle (V. art. 451, 452, 453 et 459).

421. — Lorsque les fonctions de tuteur seront dévolues à une personne de l'une des qualités exprimées aux sections I, II et III du présent chapitre, ce tuteur devra, avant d'entrer en fonctions, faire convoquer, pour la nomination du subrogé tuteur, un conseil de famille composé comme il est dit dans la section IV.

S'il s'est ingéré dans la gestion avant d'avoir rempli cette formalité, le conseil de famille, convoqué, soit sur la réquisition des parents, créanciers ou autres parties intéressées, soit d'office par le juge de paix, pourra, s'il y a eu dol de la part du tuteur, lui retirer la tutelle, sans préjudice des indemnités dues au mineur.

422. — Dans les autres tutelles, la nomination du subrogé tuteur aura lieu immédiatement après celle du tuteur.

621. Le subrogé tuteur est toujours nommé par le conseil de famille. Urgence de sa nomination.

621. Le subrogé tuteur doit être choisi par le conseil de famille, et le plus tôt possible : aussi, dans la tutelle dative, sa nomination suit-elle immédiatement celle du tuteur.

Dans les autres tutelles, le premier devoir du tuteur légitime ou testamentaire est de provoquer la nomination d'un subrogé tuteur, en requérant, à cet effet, la convocation du conseil de famille. Toute gestion antérieure à cette nomination est considérée comme suspecte : le conseil doit alors être convoqué, tant pour choisir un subrogé tuteur, que pour examiner la conduite du tuteur. A la vérité, on ne lui retire la tutelle où, pour parler plus exactement, on ne le destitue que *s'il y a eu dol de sa part*, mais le conseil est appelé à se prononcer sur ce point. On voit qu'une sorte de prévention pèse déjà sur le tuteur, par cela seul qu'il a commencé à gérer sans provoquer la nomination du surveillant que lui donne la loi ([1]).

423. — En aucun cas le tuteur ne votera pour la nomination du subrogé tuteur, lequel sera pris, hors le cas de frères germains, dans celle des deux lignes à laquelle le tuteur n'appartiendra point.

622. Restrictions imposées au conseil pour le choix du subrogé tuteur.

622. En ordonnant que le subrogé tuteur soit pris dans celle des deux lignes à laquelle le tuteur n'appartient pas, la loi suppose qu'ils sont l'un et l'autre parents ou alliés du mineur. C'est bien là ce qui arrive le plus souvent; mais la tutelle appartient quelquefois à un étranger, et alors les parents paternels ou maternels sont également admissibles aux fonctions de subrogé tuteur. Dans le cas même où la tutelle appartient à un parent, le conseil de famille est également libre de choisir un étranger; car la règle qui prescrit de prendre le subrogé tuteur *dans celle des deux lignes à laquelle le tuteur n'appartient pas,* est prohibitive plutôt qu'impérative, et signifie simplement qu'il ne doit pas appartenir à la même ligne que le tuteur ([2]).

([1]) La nullité des actes faits par le tuteur avant la nomination d'un subrogé tuteur, est une nullité purement relative, qui ne peut être invoquée que par le mineur ou dans son intérêt (arrêt de rejet du 4 juin 1818).

([2]) Cour d'Aix (15 *novembre* 1843).

Cette règle ne s'applique pas aux *frères germains,* puisqu'ils appartiennent aux deux lignes : l'un d'eux pourra donc remplir les fonctions
de subrogé tuteur, pendant que l'autre gérera la tutelle. Si le mineur
n'a qu'un frère germain, et que ce frère soit chargé de la tutelle, on
pourra aussi prendre le subrogé tuteur dans l'une comme dans l'autre
ligne. Autrement, le conseil de famille serait forcé de choisir un étranger plutôt qu'un parent, ce qui ne serait pas conforme au vœu de la
loi (V. d'ailleurs art. 401 et 452).

Les maris de sœurs germaines sont compris ici, comme dans l'article 408, sous la dénomination de frères germains.

La règle qui défend de prendre le subrogé tuteur dans la ligne à laquelle appartient le tuteur, s'explique par la nature des fonctions que
le premier doit remplir comme surveillant du second. On s'explique
aussi de la même manière les dispositions qui défendent au tuteur de
voter en aucun cas, soit pour la nomination du subrogé tuteur, soit
pour sa destitution, qu'il ne doit pas même provoquer (art. 426).

424. — Le subrogé tuteur ne remplacera pas de plein droit le
tuteur, lorsque la tutelle deviendra vacante, ou qu'elle sera abandonnée par absence ; mais il devra, en ce cas, sous peine des dommages-intérêts qui pourraient en résulter pour le mineur, provoquer la nomination d'un nouveau tuteur.

425. — Les fonctions du subrogé tuteur cesseront à la même
époque que la tutelle.

SOMMAIRE.

623. Durée des fonctions du subrogé tuteur. Cas dans lesquels il peut ou doit être
remplacé pendant le cours de la tutelle.

623. La tutelle est vacante, lorsque le mineur, bien que toujours en
tutelle, n'a plus de tuteur. La tutelle cesse, soit au décès du mineur,
soit lorsqu'il est émancipé ou qu'il arrive à sa majorité. Les fonctions
du subrogé tuteur durent jusqu'à la fin de la tutelle, et ne cessent point
par cela seul qu'elle est vacante ou abandonnée, puisque, dans ces deux
cas, le subrogé tuteur reste chargé de provoquer la nomination d'un
nouveau tuteur.

Toutefois, si ce nouveau tuteur est pris dans celle des deux lignes à
laquelle appartient déjà le subrogé tuteur, il faudra nécessairement
remplacer ce dernier, pour remplir le vœu de l'article 423 ; et, même à
part cette circonstance, le conseil de famille doit toujours avoir une entière latitude pour choisir, s'il le juge convenable, un autre subrogé
tuteur. En effet, tel qui convenait parfaitement pour remplir cette fonc-

tion vis-à-vis de l'ancien tuteur, ne se trouve pas toujours dans les mêmes conditions à l'égard du nouveau. C'est une appréciation que le conseil de famille doit faire dans l'intérêt du mineur.

426. — Les dispositions contenues dans les sections VI et VII du présent chapitre, s'appliqueront aux subrogés tuteurs.

Néanmoins le tuteur ne pourra provoquer la destitution du subrogé tuteur, ni voter dans les conseils de famille qui seront convoqués pour cet objet.

SOMMAIRE.

624. Renvoi.

624. Les dispositions que cet article applique au subrogé tuteur, traitent *des causes qui dispensent de la tutelle* (art. 427-441), ainsi que *de l'incapacité, des exclusions et destitutions de la tutelle* (art. 442-449).

SECTION VI.

DES CAUSES QUI DISPENSENT DE LA TUTELLE.

427. — Sont dispensés de la tutelle,

Les personnes désignées dans les titres III, V, VI, VIII, IX, X et XI de l'acte du 18 mai 1804;

Les présidents et conseillers à la cour de cassation, le procureur général et les avocats généraux en la même cour;

Les préfets;

Tous citoyens exerçant une fonction publique dans un département autre que celui où la tutelle s'établit.

428. — Sont également dispensés de la tutelle,

Les militaires en activité de service, et tous autres citoyens qui remplissent, hors du territoire du royaume, une mission du Roi.

Tous Citoyens. Il s'agit ici de personnes qui remplissent une fonction publique; la qualité de *citoyens* peut donc leur être appliquée dans son acceptation légale (V. art. 7), et sous ce rapport l'article 427 s'exprime plus exactement que les art. 409 et 432.

La rédaction de cet article a subi plusieurs variations.

Le Code civil de 1804 dispensait *les membres des autorités établies par les tit.* II, III *et* IV *de l'acte constitutionnel du 22 frimaire an* VIII (13 décembre 1799).

Le Code Napoléon n'a plus mentionné l'acte constitutionnel de l'an VIII, mais *l'acte des constitutions du 18 mai 1804*, c'est-à-dire le sénatus-consulte organique du 28 floréal an XII, qui a fondé le régime impérial.

SOMMAIRE.

625. Assimilation des membres de la cour des comptes aux membres de la Cour de cassation, et des ecclésiastiques aux fonctionnaires publics.

625. Le Code civil de 1804 dispensait de la tutelle *les commissaires de la comptabilité nationale,* et le même privilége leur était conservé, dans le Code Napoléon, sous le titre de *commissaires de la comptabilité impériale;* mais cette disposition a été supprimée en 1816, sans doute parce que la *commission de comptabilité* n'existait plus. Elle était remplacée par la *cour des comptes* qui, d'après la loi du 16 septembre 1807 (art. 1 et 7), prend rang après la Cour de cassation, et jouit des mêmes prérogatives. Dès lors, les membres de la cour des comptes sont dispensés de la tutelle, comme ceux de la Cour de cassation. S'ils ne sont pas mentionnés dans l'article 427, il n'y a rien à en conclure contre l'existence de leur privilége ; car il est certain que les changements opérés dans le texte du Code Napoléon, en 1816, n'ont eu pour but que de substituer, aux dénominations usitées sous l'Empire, d'autres dénominations appropriées au nouveau régime.

Aux termes d'un avis du conseil d'État du 20 novembre 1806, les ecclésiastiques sont considérés, au point de vue de la tutelle, comme fonctionnaires publics.

429. — Si la mission est non authentique, et contestée, la dispense ne sera prononcée qu'après la représentation faite par le réclamant, du certificat du ministre dans le département duquel se placera la mission articulée comme excuse.

SOMMAIRE.

626. A qui incombe la preuve du fait qui motive l'excuse.

626. En cas de contestation sur l'existence du fait qui motive la dispense, la preuve en doit être fournie par celui qui veut se faire excuser de la tutelle. Cette règle s'applique à toutes les causes d'excuses.

430. — Les citoyens de la qualité exprimée aux articles précédents, qui ont accepté la tutelle postérieurement aux fonctions, services ou missions qui en dispensent, ne seront plus admis à s'en faire décharger pour cette cause.

431. — Ceux, au contraire, à qui lesdites fonctions, services ou missions, auront été conférés postérieurement à l'acceptation et gestion d'une tutelle, pourront, s'ils ne veulent la conserver, faire convoquer, dans le mois, un conseil de famille, pour y être procédé à leur remplacement.

Si, à l'expiration de ces fonctions, services ou missions, le nouveau tuteur réclame sa décharge, ou que l'ancien redemande la tutelle, elle pourra lui être rendue par le conseil de famille.

SOMMAIRE.

627. Renonciation aux excuses. Circonstances qui la font présumer. *Quid* si la cause de la dispense vient à cesser?

627. Les personnes que la loi dispense de la tutelle, ne sont point incapables de la gérer. Elles peuvent donc renoncer à leur privilége, et cette renonciation se présume à l'égard des personnes désignées dans les articles 427 et 428, par cela seul qu'elles ont accepté la tutelle (V. art. 450). Le silence gardé pendant un mois par le tuteur promu à une fonction publique, emporte également renonciation à l'excuse résultant de cette fonction.

Si la cause qui motivait la dispense vient à cesser avant la fin de la tutelle, le nouveau tuteur reste en fonctions, tant qu'il n'élève aucune réclamation pour obtenir sa décharge, ou que l'ancien tuteur ne redemande pas lui-même l'administration. Dans l'un et l'autre cas, le conseil de famille est appelé à délibérer : à la vérité, rien ne l'oblige de rendre la tutelle à celui qui la réclame ; mais les expressions du texte semblent indiquer que le nouveau doit toujours être déchargé, lorsqu'il le demande.

432. — Tout citoyen non parent ni allié ne peut être forcé d'accepter la tutelle, que dans le cas où il n'existerait pas, dans la distance de quatre myriamètres, des parents ou alliés en état de gérer la tutelle.

Tout citoyen, c'est-à-dire, toute personne... (V. la note de l'art. 409).

SOMMAIRE.

628. Excuse particulière aux tuteurs étrangers à la famille.

628. « La tutelle (suivant les observations du Tribunat) est une « charge de famille. Cette charge doit donc être naturellement dévo- « lue à un membre de la famille. Quand il ne s'en trouve aucun en état « de la remplir, il est indispensable de nommer un étranger...; mais « il n'est pas naturel qu'il soit contraint d'accepter, s'il indique un pa- « rent qui puisse gérer lui-même. » Cependant on n'a pas voulu que le fardeau de la tutelle retombât sur un parent domicilié à une trop grande distance. Le Tribunat lui-même reconnaissait la nécessité de tracer un cercle hors duquel les personnes étrangères à la famille ne seraient pas

autorisées à réclamer, et ses observations tendaient seulement à obtenir qu'on ne se renfermât point ici, comme pour la nomination du tuteur, dans le rayon de deux myriamètres (art. 407). C'est ainsi que, conformément aux observations du Tribunat, le conseil d'État a décidé qu'une personne étrangère, appelée par le conseil de famille à la tutelle, peut s'en dispenser, en désignant un parent domicilié dans un rayon de quatre myriamètres.

En permettant au tuteur nommé, soit par le survivant des père et mère (art. 401), soit par le conseil de famille, de désigner un parent ou un allié capable de gérer la tutelle, le Code n'établit pas un principe nouveau. Les tuteurs datifs pouvaient aussi, en droit romain, *potiorem nominare,* c'est-à-dire, s'excuser en désignant une personne qui devait leur être préférée, tant à raison du degré de parenté, qu'à raison des garanties que présentait sa fortune (¹). Cette faculté n'est accordée par le Code civil qu'à ceux qui ne sont ni parents ni alliés du mineur ; le droit romain, au contraire, la donnait même aux parents et aux alliés ; mais dans le troisième siècle, elle avait été restreinte à ceux qui étaient au delà du sixième degré (²).

433. — Tout individu âgé de soixante-cinq ans accomplis peut refuser d'être tuteur. Celui qui aura été nommé avant cet âge, pourra, à soixante-dix ans, se faire décharger de la tutelle.

434. — Tout individu atteint d'une infirmité grave et dûment justifiée, est dispensé de la tutelle.

Il pourra même s'en faire décharger, si cette infirmité est survenue depuis sa nomination.

SOMMAIRE.

629. Excuses fondées sur l'âge ou sur les infirmités.

629. Remarquons ici que la loi se montre plus facile pour dispenser de l'acceptation d'une tutelle que pour décharger un tuteur déjà en fonctions, sans doute parce qu'il faut éviter, autant que possible, le changement de tuteur.

En fixant l'âge qui permet de refuser la tutelle, la loi exige que les soixante-cinq ans soient accomplis ; mais elle ne dit pas si le tuteur qui veut se faire décharger de ses fonctions, doit avoir soixante-dix ans accomplis ou commencés. Nous croyons que les soixante-dix ans doivent être également révolus. S'il suffit de soixante-dix ans commen-

(¹) *Pauli Sentent., lib.* 2, *tit.* 28, § 2.
(²) *Fragm. vatic.,* § 158.

cés pour être affranchi de la contrainte par corps, c'est que la loi s'en explique formellement (art. 2066). Dans tout autre cas, il faut s'en tenir au sens naturel des mots.

Le texte du Code, pris à la lettre, n'autorise un tuteur septuagénaire à déposer ses fonctions qu'autant qu'il a été nommé avant l'âge de soixante-cinq ans, en sorte que les personnes qui ont atteint ce dernier âge, devraient refuser la tutelle, sous peine de ne pouvoir jamais s'en faire décharger. Nous ne pensons pas que telle ait été réellement l'intention du législateur : pourquoi, en effet, punir le zèle d'un parent ou d'un ami qui, malgré son âge avancé, accepte volontairement le fardeau de l'administration ? Le maintenir malgré lui dans une fonction devenue trop pénible à remplir, ce serait souvent agir contre l'intérêt même du mineur.

La même observation s'applique aux infirmités, bien que la loi semble ne décharger le tuteur qu'autant que l'infirmité est survenue depuis sa nomination.

Les expressions *nommé avant cet âge* et *depuis sa nomination,* si on s'y attachait strictement, conduiraient à distinguer entre les tuteurs légitimes et les tuteurs datifs ; mais il n'y a aucun motif pour refuser aux premiers la dispense que l'on accorde aux seconds.

L'âge fournit une excuse péremptoire. La gravité d'une infirmité, au contraire, est toujours soumise à l'appréciation du conseil de famille et des tribunaux.

435. — Deux tutelles sont, pour toutes personnes, une juste dispense d'en accepter une troisième.

Celui qui, époux ou père, sera déjà chargé d'une tutelle, ne pourra être tenu d'en accepter une seconde, excepté celle de ses enfants.

SOMMAIRE.

630. Excuse résultant du nombre des tutelles.

630. On a pensé de tout temps que la même personne ne peut être forcée de gérer simultanément un grand nombre de tutelles (¹). Aussi n'est-on pas tenu, en général, d'en accepter plus de deux. En outre, un privilége spécial est accordé à celui qui est déjà époux ou père. Cette dernière disposition est fondée sur la faveur que méritent, d'une part, le mariage, lors même qu'il n'a produit aucun enfant, et d'autre part,

---

(¹) Les fonctions de subrogé tuteur sont assimilées, sous ce rapport, à celles de tuteur (cour de Nimes, 17 *janvier* 1837).

la paternité légitime ; car évidemment il ne s'agit point ici de la paternité naturelle.

436. — Ceux qui ont cinq enfants légitimes, sont dispensés de toute tutelle autre que celle desdits enfants.

Les enfants morts en activité de service dans les armées du Roi seront toujours comptés pour opérer cette dispense.

Les autres enfants morts ne seront comptés qu'autant qu'ils auront eux-mêmes laissé des enfants actuellement existants.

437. — La survenance d'enfants pendant la tutelle ne pourra autoriser à l'abdiquer.

SOMMAIRE.

631. Excuse motivée par le nombre des enfants.

651. Le nombre des enfants légitimes a toujours été une cause d'excuse. Ici, comme en droit romain, on ne compte point les enfants conçus, mais seulement les enfants qui sont nés et encore vivants.

Les enfants décédés comptent par exception,

1° Lorsqu'ils ont laissé des enfants actuellement existants,

2° Lorsqu'ils sont morts en activité de service dans les armées françaises.

La première exception s'applique à la fille, comme au fils prédécédé. En droit romain, au contraire, les petits-enfants prenaient la place de leur père, et faisaient excuser leur aïeul paternel seulement : on n'admettait pas qu'ils pussent compter deux fois, pour faire excuser deux personnes différentes.

La seconde exception comprend tous les enfants qui ont péri *en activité de service,* par suite de leurs blessures ou de toute autre manière, pourvu qu'ils fussent au service de la France (¹). En droit romain, on a toujours compté les militaires qui étaient morts *in acie,* dans le combat (²) ; Ulpien voulait même compter tous ceux qui étaient morts *tempore belli* (³). Le Code civil est beaucoup plus large encore, puisque sa disposition s'applique, pendant la paix comme pendant la guerre, à tous les militaires en activité de service.

438. — Si le tuteur nommé est présent à la délibération qui lui défère la tutelle, il devra sur-le-champ, et sous peine d'être déclaré

(¹) Discussion au C. d'État, séance du 29 vendémiaire an XI.
(²) *Inst., Pr. de excusat.*
(³) *Ulp., Fragm. vatic.,* § 199.

non recevable dans toute réclamation ultérieure, proposer ses excuses, sur lesquelles le conseil de famille délibérera.

439. — Si le tuteur nommé n'a pas assisté à la délibération qui lui a déféré la tutelle, il pourra faire convoquer le conseil de famille pour délibérer sur ses excuses.

Ses diligences à ce sujet devront avoir lieu dans le délai de trois jours, à partir de la notification qui lui aura été faite de sa nomination ; lequel délai sera augmenté d'un jour par trois myriamètres de distance du lieu de son domicile à celui de l'ouverture de la tutelle : passé ce délai, il sera non recevable.

SOMMAIRE.

632. Nécessité de faire valoir les excuses dans un bref délai.

632. Ces deux articles s'appliquent à la tutelle déférée par le conseil de famille. Ainsi les fonctionnaires énumérés aux articles 427 et 428 devront, comme toute autre personne, présenter leurs excuses dans la séance même, s'ils ont assisté à la délibération, ou, s'ils n'y ont pas assisté, dans les trois jours fixés par la loi. Il est vrai que le Code (art. 430) semble leur accorder une plus grande latitude pour s'excuser, lorsqu'il décide simplement qu'ils perdront leur privilége en acceptant la tutelle ; mais cette décision, commune à toutes les tutelles, n'empêche pas l'application d'une règle spéciale pour la tutelle déférée par le conseil de famille.

L'acceptation, du reste, n'a pas besoin d'être expresse ; même pour la tutelle légitime ou testamentaire, il suffit d'une acceptation tacite résultant, par exemple, des démarches faites pour arriver à la nomination d'un subrogé tuteur. En ce qui concerne la tutelle dative, celui qui est nommé par le conseil de famille ne peut prétexter cause d'ignorance. Il y a donc acceptation tacite de sa part, par cela seul qu'il ne présente pas ses excuses dans la séance même, ou dans le délai fixé par l'article 430.

440. — Si ses excuses sont rejetées, il pourra se pourvoir devant les tribunaux pour les faire admettre ; mais il sera, pendant le litige, tenu d'administrer provisoirement.

441. — S'il parvient à se faire exempter de la tutelle, ceux qui auront rejeté l'excuse, pourront être condamnés aux frais de l'instance.

S'il succombe, il sera condamné lui-même.

633. Le conseil de famille n'est point un tribunal, et par conséquent ne forme pas un degré de juridiction. Dès-lors ce n'est point par appel qu'on se pourvoit contre ses décisions, et le tribunal civil devant qui on les attaque, ne statue lui-même qu'en premier ressort. On peut donc appeler de son jugement devant la cour royale, comme l'indique le Code civil en permettant de se pourvoir *devant les tribunaux* (art. 440), et comme le décide d'ailleurs le Code de procédure (art. 889).

Ainsi que nous l'avons dit, toute délibération du conseil de famille peut, lorsqu'elle n'a pas été unanime, être attaquée devant les tribunaux (C. de pr., art. 883) ; mais ici le Code civil établit, à l'égard de la délibération qui rejette les excuses, une règle toute spéciale. Le tuteur pourra donc se pourvoir contre cette délibération, lors même qu'elle aurait été prise à l'unanimité.

Si les excuses du tuteur ont été admises, ceux qui voudraient le faire maintenir dans la tutelle pourront aussi se pourvoir contre la délibération, en vertu du principe général établi par le Code de procédure, pour tous ces cas où la délibération n'aura pas été unanime.

Remarquons, au surplus, que pendant l'instance, le tuteur qui prétend être dispensé, doit néanmoins administrer provisoirement (V. art. 394 et 419).

La disposition qui met les frais de l'instance à la charge du tuteur dans le cas où il succombe, n'est qu'une application des règles générales de la procédure sur les dépens (C. de pr., art. 130). Quant aux membres du conseil, le tribunal peut, en reconnaissant qu'ils n'ont agi que dans l'intérêt du mineur, ne pas les condamner aux dépens.

SECTION VII.

DE L'INCAPACITÉ, DES EXCLUSIONS ET DESTITUTIONS DE LA TUTELLE.

442. — Ne peuvent être tuteurs, ni membres des conseils de famille,

1° Les mineurs, excepté le père ou la mère ;

2° Les interdits ;

3° Les femmes, autres que la mère et les ascendantes ;

4° Tous ceux qui ont ou dont les père ou mère ont avec le mineur un procès dans lequel l'état de ce mineur, sa fortune, ou une partie notable de ses biens, sont compromis.

634. Il faut remarquer ici que les personnes incapables de remplir les fonctions de tuteur, sont par cela même écartées du conseil de famille ; mais, en général, les causes d'exclusion ou de destitution n'écartent du conseil ceux contre qui elles existent, qu'autant que ces mêmes causes leur ont déjà fait retirer la tutelle (V. art. 445).

En prononçant l'incapacité des mineurs, la loi excepte le père et la mère. On a expliqué cette exception en faisant observer que les père et mère sont toujours émancipés par le mariage, et qu'ils approchent beaucoup de leur majorité, puisque le mariage n'est permis qu'à dix-huit ans. Cette observation est juste en ce qui touche le père ; mais la mère peut n'avoir que seize ans, et à cet âge, elle n'a encore aucune expérience des affaires. On a sans doute compté sur l'affection maternelle, peut-être aussi a-t-on voulu ne pas scinder la tutelle.

L'incapacité des femmes a été admise de tout temps, du moins comme règle générale. Quant à l'exception faite en faveur de la mère et des ascendantes, elle dérive de l'authentique *matri vel aviæ*, qui n'est elle-même qu'un extrait de la novelle 118, chap. 5. Remarquons cependant que, dans le Code civil, la mère est seule appelée à la tutelle légitime ; l'aïeule n'obtient la tutelle que lorsque le conseil de famille la lui donne.

443. — La condamnation à une peine afflictive ou infamante emporte de plein droit l'exclusion de la tutelle. Elle emporte de même la destitution, dans le cas où il s'agirait d'une tutelle antérieurement déférée.

444. — Sont aussi exclus de la tutelle, et même destituables, s'ils sont en exercice,

1° Les gens d'une inconduite notoire ;

2° Ceux dont la gestion attesterait l'incapacité ou l'infidélité.

635. Les mots *de plein droit* ont été ajoutés dans l'article 443 sur la demande du Tribunat, pour que l'on ne confondît pas le cas où il existe

une condamnation avec les autres causes d'exclusion et de destitution qui, n'étant pas judiciairement constatées, peuvent donner lieu à contestation (¹).

De là il faut conclure que le conseil de famille n'a pas besoin, avant de procéder à une nouvelle nomination, de prononcer l'exclusion ou la destitution du tuteur condamné à une peine afflictive ou infamante. Dans le cas, au contraire, où il s'agit de remplacer le tuteur à qui on reproche, soit une inconduite notoire, soit des faits d'incapacité ou d'infidélité, il faut préalablement l'exclure ou le destituer par une décision formelle.

Ce que nous avons dit de la condamnation à une peine infamante, s'applique aussi aux condamnations correctionnelles, lorsque le tribunal prononce une interdiction temporaire de certains droits de famille, et spécialement du droit d'être tuteur ou curateur (C. pén., art. 9, 2°; art. 42, 6°). Ajoutons que dans ce cas, et même en cas de condamnation à une peine infamante, le père ou la mère peut encore être nommé tuteur de ses enfants par le conseil de famille (C. pén., art. 28 et 42, 6°), s'il n'a pas été condamné pour avoir excité, favorisé ou facilité leur débauche ou leur prostitution (C. pén., art. 335).

445. — Tout individu qui aura été exclu ou destitué d'une tutelle, ne pourra être membre d'un conseil de famille.

SOMMAIRE.

636. Les causes d'exclusion de la tutelle n'emportent pas toujours exclusion du conseil de famille.

636. Le conseil de famille qui prononce l'exclusion ou la destitution du tuteur, soit pour inconduite notoire, soit pour incapacité ou infidélité, doit statuer contradictoirement (V. art. 447), et sa décision peut donner lieu à une contestation devant les tribunaux. De là bien des lenteurs et souvent de fâcheux débats, que toutefois le Code ne redoute pas, lorsqu'il s'agit d'enlever la tutelle à celui qui en est indigne. Mais il n'y a pas le même intérêt à écarter du conseil de famille un membre appelé à émettre un simple vote dans une assemblée de six ou sept personnes; et dès lors, pour éviter toute discussion sur la conduite, la capacité ou l'intégrité des membres du conseil, la loi n'admet contre eux que des causes d'exclusion antérieurement jugées. Ainsi, elle n'é-

___

(¹) L'exclusion ou la destitution ne peuvent être prononcées pour aucune autre cause que celles énumérées par la loi (arrêt de cassation, 13 *octobre* 1807; arrêt de rejet, 16 *décembre* 1829).

carte pas du conseil tous ceux qui seraient dans le cas d'être exclus ou destitués, mais seulement ceux dont la destitution ou l'exclusion a été réellement prononcée pour une des causes énumérées dans l'article 444.

Quant à ceux qui ont subi une condamnation infamante, ils sont aussi exclus du conseil de famille, par cela seul que le Code pénal (art. 28 et 34) leur inflige accessoirement la dégradation civique.

Nous considérons encore comme réellement destitué le tuteur à qui la tutelle a été retirée, dans le cas prévu par l'article 421, pour s'être ingéré dans la gestion avant de faire nommer un subrogé tuteur : en effet, on ne lui enlève l'administration qu'à raison de son dol. Or, si la loi autorise la destitution d'un tuteur par cela seul qu'il est incapable, aucun doute sérieux ne doit s'élever pour le cas de dol.

446. — Toutes les fois qu'il y aura lieu à une destitution de tuteur, elle sera prononcée par le conseil de famille, convoqué à la diligence du subrogé tuteur, ou d'office par le juge de paix.

Celui-ci ne pourra se dispenser de faire cette convocation, quand elle sera formellement requise par un ou plusieurs parents ou alliés du mineur, au degré de cousin germain ou à des degrés plus proches.

SOMMAIRE.

637. Par qui peut être provoquée la destitution du tuteur.

637. Les créanciers du pupille ont qualité pour requérir la convocation du conseil, lorsqu'il s'agit de nommer un tuteur (art. 406), contre qui pourront être exercées leurs actions ; mais lorsqu'il existe un tuteur, les créanciers du pupille ne peuvent pas avoir d'intérêt direct à sa destitution, et ils ne sont plus admis à requérir la convocation du conseil. C'est dans l'intérêt du mineur que la destitution doit être poursuivie ; on conçoit donc qu'elle ne puisse être provoquée que par le juge de paix, par le subrogé tuteur (¹), et par les parents ou alliés du mineur, ou plutôt par les plus proches. En expliquant l'article 406, nous avons dit pourquoi le droit de réquisition est limité ici à un certain degré de parenté ou d'alliance.

Quoique la loi ne parle que de la destitution, elle s'applique aussi à l'exclusion, comme le démontrent les articles suivants.

___

(¹) Quoique le tuteur ne puisse voter dans un conseil de famille convoqué pour la destitution du subrogé tuteur (art. 426), le juge de paix et le subrogé tuteur peuvent voter sur la destitution du tuteur, lors même qu'elle a été provoquée par eux (cour de Rennes, 14 février 1810 ; cour de Rouen, 17 novembre 1810).

447. — Toute délibération du conseil de famille qui prononcera l'exclusion ou la destitution du tuteur, sera motivée, et ne pourra être prise qu'après avoir entendu ou appelé le tuteur.

SOMMAIRE.

638. Pourquoi la décision du conseil doit être contradictoire et motivée.

638. La nécessité d'appeler celui dont la destitution, ou l'exclusion est provoquée, n'est qu'une application spéciale de ce principe fondamental, que nul ne doit être jugé sans avoir été entendu, ou du moins appelé pour se défendre.

La décision qui prononce l'exclusion ou la destitution doit être motivée, soit parce qu'il convient d'assurer au tuteur, attaqué dans sa considération, les garanties qu'il trouverait dans un véritable jugement, soit parce que cette décision peut être soumise aux tribunaux, qui doivent être mis en mesure de l'apprécier.

448. — Si le tuteur adhère à la délibération, il en sera fait mention, et le nouveau tuteur entrera aussitôt en fonctions.

S'il y a réclamation, le subrogé tuteur poursuivra l'homologation de la délibération devant le tribunal de première instance, qui prononcera sauf l'appel.

Le tuteur exclu ou destitué peut lui-même, en ce cas, assigner le subrogé tuteur pour se faire déclarer maintenu en la tutelle.

449. — Les parents ou alliés qui auront requis la convocation, pourront intervenir dans la cause, qui sera instruite et jugée comme affaire urgente.

SOMMAIRE.

639. Recours aux tribunaux contre la délibération.

639. Le recours aux tribunaux contre la décision du conseil de famille est autorisé, en cas d'exclusion ou de destitution, comme en cas d'excuse, lors même que le conseil a été unanime. Il ne faut donc pas confondre ce recours avec celui que le Code de procédure (art. 883) autorise dans le cas seulement où les opinions ont été divisées.

En cas de recours, l'instance est engagée entre le tuteur, dont la destitution ou l'exclusion a été prononcée, et le subrogé tuteur ; car ce dernier, lors même qu'il n'a pas provoqué la destitution, est toujours le contradicteur légitime du tuteur.

Les parents ou alliés qui ont requis la convocation du conseil, ne sont pas nécessairement en cause ; mais la loi les autorise à intervenir dans l'instance, s'ils le croient utile.

La décision par laquelle le conseil de famille maintient le tuteur, n'a pas besoin d'être homologuée : aucune instance n'étant alors engagée, ceux qui ont provoqué la destitution n'auront pas l'occasion d'intervenir. Ils ne peuvent donc se pourvoir devant les tribunaux qu'autant qu'ils ont été membres du conseil, et dans le cas seulement où les avis ont été partagés (C. de pr., art. 883).

SECTIONS VIII et IX.

DE L'ADMINISTRATION DU TUTEUR. — DES COMPTES DE TUTELLE.

INTRODUCTION.

SOMMAIRE.

640. Double mission du tuteur.
641. Inventaire préalable. Règlement approximatif de la dépense annuelle. Spéculations interdites au tuteur.
642. Vente du mobilier. Conservation des immeubles. Précautions exigées pour leur aliénation et pour plusieurs autres actes.
643. Règles spéciales pour la tutelle des père et mère.
644. Compte que doit rendre le tuteur. États de situation qu'il peut être tenu de présenter.
645. Comment courent les intérêts du reliquat. Prescription particulière au profit du tuteur. A quelles conditions il peut transiger avec le mineur devenu majeur.

SECTION VIII.

DE L'ADMINISTRATION DU TUTEUR.

640. Le tuteur est chargé d'une double mission :

Il doit d'abord prendre soin de la personne du mineur (art. 450), c'est-à-dire surveiller sa conduite, diriger son éducation, et pourvoir à son entretien. Il peut même, s'il a des sujets de mécontentement graves, provoquer, avec l'autorisation du conseil de famille, la détention du mineur (art. 468).

Le tuteur doit, en second lieu, veiller aux intérêts pécuniaires du mineur. Il le représente dans tous les actes civils, et est tenu d'administrer en bon père de famille (art. 450).

641. Avant même que le tuteur commence à gérer, il importe que l'état des affaires du pupille soit constaté aussitôt que possible, au moyen d'un inventaire dressé en présence du subrogé tuteur. Cet inventaire a cela de particulier, que le tuteur doit, sur la réquisition à lui

adressée par le notaire, déclarer, à peine de déchéance, ce qui peut lui être dû par le mineur (art. 451).

L'inventaire achevé, il appartient au conseil de famille de fixer approximativement, d'après la valeur des biens, à quelle somme pourront s'élever la dépense annuelle du mineur et les frais d'administration (art. 454). S'il y a un excédant de recette, il en sera fait emploi ; mais seulement lorsque cet excédant atteindra le chiffre déterminé à l'avance par le conseil de famille. A défaut de cette fixation, le tuteur payera l'intérêt de toutes sommes non employées, quelque modiques qu'elles soient (art. 455 et 456).

D'un autre côté, toute spéculation sur les affaires qu'il administre lui est rigoureusement interdite. A la vérité, il peut, avec l'autorisation du conseil de famille, prendre à bail les biens du pupille qui, dans ce cas, sera représenté par le subrogé tuteur ; mais il ne doit jamais se rendre adjudicataire des biens du mineur, ni se faire céder contre lui aucune créance, aucun droit quelconque (art. 450).

642. Lors de son entrée en gestion, le tuteur doit commencer par réaliser la valeur des meubles, en faisant vendre tous ceux dont le conseil de famille n'a pas autorisé la conservation (art. 452). Les immeubles, au contraire, ne doivent être aliénés ou hypothéqués que lorsqu'il y a nécessité absolue ou avantage évident, et dans ce cas même, il faut que le tuteur obtienne l'autorisation du conseil de famille et l'homologation du tribunal (art. 457 et 458). Du reste, les biens meubles ou immeubles ne sont jamais vendus qu'avec publicité et aux enchères (art. 452, 459 et 460).

Pour mieux assurer la conservation des droits immobiliers, la loi défend au tuteur d'intenter une action immobilière ou d'acquiescer à une action de même nature qui serait formée contre le mineur ; mais dans l'un et l'autre cas, l'autorisation du conseil de famille suffit pour habiliter le tuteur, tandis que, pour transiger valablement, même sur une action mobilière, il doit joindre à l'autorisation de la famille l'avis favorable de trois jurisconsultes désignés par le procureur du Roi, et obtenir l'homologation du tribunal (art. 467).

Les conditions requises pour l'aliénation d'un immeuble, le sont pareillement pour la validité d'un emprunt (art. 457) ; mais l'autorisation du conseil de famille suffit au tuteur pour accepter une donation (art. 463), pour répudier une succession, ou même pour l'accepter sous bénéfice d'inventaire, l'acceptation pure et simple, au nom du mineur, étant impossible (art. 461). Quant au partage, quoiqu'il doive toujours être fait en justice (art. 466), il ne peut être demandé, au nom du mineur, qu'avec l'autorisation du conseil de famille ; mais le tuteur n'a besoin d'aucune autorisation, soit pour procéder sur une demande en partage formée contre le mineur (art. 465), soit pour défendre à toute autre action.

643. Ces règles générales admettent quelques exceptions, lorsque la tutelle appartient au père ou à la mère : la loi s'en rapporte à eux pour déterminer la dépense annuelle du mineur, et dès lors il n'est pas besoin que cette dépense soit fixée par le conseil de famille (art. 454). D'un autre côté, le survivant des père et mère, lorsqu'il a la jouissance légale des biens appartenant à ses enfants, n'est pas obligé de vendre les meubles. Il lui suffit de les faire estimer, à ses frais, par un expert que désigne le subrogé tuteur (art. 455).

SECTION IX.

DES COMPTES DE TUTELLE.

644. Le tuteur est un administrateur comptable, et par suite responsable des dommages-intérêts qu'entraîne une mauvaise gestion (art. 450 et 454). Il doit rendre compte de son administration, lorsqu'elle finit (art. 469), c'est-à-dire, lorsque le mineur atteint sa majorité ou obtient son émancipation (art. 471), lorsqu'il vient à décéder, ou même lorsque le tuteur est excusé ou destitué. En cas de mort du tuteur, le compte est rendu par ses héritiers (art. 419).

Indépendamment du compte proprement dit, qu'il doit rendre à la fin de sa gestion, le tuteur peut être assujetti à fournir des états de situation qui sont remis au subrogé tuteur, sans frais et sans formalités de justice. Ces états de situation, qui ne sont exigés ni du père ni de la mère, doivent être présentés aux époques déterminées par le conseil de famille, sans que le tuteur puisse être forcé d'en fournir plus d'un chaque année (art. 470).

643. Les frais du compte sont à la charge du mineur ; mais le tuteur en fait l'avance : on doit lui allouer toute dépense utile et suffisamment justifiée (art. 471). Par une faveur spéciale pour le mineur, le reliquat qui peut lui être dû, porte intérêt, de plein droit, à partir de la clôture du compte ; mais la loi moins favorable au tuteur, lui permet seulement de faire courir, par une simple sommation, les intérêts du reliquat dû par le mineur (art. 474). D'un autre côté, elle accorde au tuteur une protection toute particulière, en décidant que toute action du mineur relativement aux faits de la tutelle, se prescrit par dix ans à compter de la majorité (art. 475).

Le mineur, lors même qu'il est devenu majeur, n'est soumis au droit commun, relativement aux transactions et aux traités qu'il voudrait faire avec son tuteur sur la gestion de ce dernier, que dix jours après la reddition d'un compte détaillé et la remise des pièces justificatives. La loi veut même que l'accomplissement de ces conditions soit constaté par écrit au moyen d'un *récépissé* donné par l'oyant compte (art. 472).

SECTION VIII.

DE L'ADMINISTRATION DU TUTEUR.

450. — Le tuteur prendra soin de la personne du mineur, et le représentera dans tous les actes civils.

Il administrera ses biens en bon père de famille, et répondra des dommages-intérêts qui pourraient résulter d'une mauvaise gestion.

Il ne peut ni acheter les biens du mineur, ni les prendre à ferme, à moins que le conseil de famille n'ait autorisé le subrogé tuteur à lui en passer bail, ni accepter la cession d'aucun droit ou créance contre son pupille.

BON PÈRE DE FAMILLE. En droit romain, les fils de famille n'avaient, dans l'origine, aucune propriété. Tout ce qu'ils acquéraient profitait à l'ascendant sous la puissance duquel ils se trouvaient, en sorte que le chef de la famille pouvait seul être propriétaire. PATER FAMILIAS, dit Ulpien. (L. 195, § 2, *De verb. signif*), APPELLATUR QUI IN DOMO DOMINIUM HABET. Aussi le mot père de famille a-t-il été souvent employé comme synonyme de propriétaire. Il a même conservé cette signification dans le Code civil (art. 601, 692, 1137, 1728 et 1880). Le bon père de famille est donc celui qui administre avec sagesse et intelligence.

BAIL A FERME. Le contrat de louage se nomme spécialement *bail à ferme*, lorsqu'il a pour objet des héritages ruraux, par opposition au bail à loyer, qui s'applique aux maisons (V. art. 1711). Néanmoins il ne faut pas croire que le tuteur pourrait, sans autorisation du conseil de famille, prendre à loyer la maison du mineur. Évidemment les rédacteurs de l'article 450 n'ont prévu que le cas le plus ordinaire.

SOMMAIRE.

646. Obligations du tuteur relativement à la personne du mineur. Distinction entre la tutelle proprement dite et la garde de la personne.
647. *Quid* si les père et mère ou le tuteur abusent de leur autorité ?
648. Représentation du pupille par le tuteur dans tous les actes civils. Exceptions à ce principe.
649. Acquisitions interdites au tuteur. Motifs et conséquences de cette prohibition.
650. Il peut payer avec subrogation la dette du pupille.

646. Le législateur pose, dans les deux premiers alinéa de cet article, les principes généraux qui doivent diriger l'administration du tuteur. Le troisième alinéa renferme des prohibitions spéciales, qui auraient été mieux placées dans un article à part.

En décidant que le tuteur prendra soin de la personne du mineur, le Code pose une règle qui s'applique sans difficulté, lorsque les père et mère sont décédés ou lorsque la tutelle appartient au survivant; mais il arrive quelquefois, par exception, que le survivant des père et mère ne soit pas investi de la tutelle; et alors un tuteur étranger ne saurait prétendre, en s'attachant littéralement au texte, que c'est à lui à prendre soin de la personne du mineur. Rien n'autorise à voir ici une dérogation aux règles de la puissance paternelle; car, puisque l'enfant reste toujours sous l'autorité de ses père et mère jusqu'à sa majorité ou son émancipation (art. 372), il doit toujours demeurer sous leur surveillance (art. 374). Ainsi le survivant des père et mère conserve la garde de ses enfants mineurs, c'est-à-dire le droit de veiller sur leur personne et de diriger leur éducation (¹), comme il a incontestablement le droit de consentir à leur mariage (art. 148 et 149).

647. Nous supposons ici que les parents n'abusent pas de leur autorité : autrement, le tribunal pourrait décider, sur la demande de la famille ou du ministère public, que le mineur cessera d'être confié à son père ou à sa mère (art. 302), et dans ce cas c'est au tuteur que reviendrait le soin de la personne.

Il peut arriver aussi que le tuteur abuse de son autorité, mais alors on n'a plus besoin de s'adresser au tribunal, parce qu'il ne s'agit pas de modifier l'exercice de la puissance paternelle ; il suffit de destituer le tuteur, et c'est au conseil de famille qu'il appartient de prononcer cette destitution.

648. Le tuteur est un mandataire légal, qui représente le pupille et agit au nom de ce dernier dans tous les actes civils, c'est-à-dire, dans toutes les instances où le mineur est engagé comme demandeur ou comme défendeur, et dans toutes les conventions qui l'intéressent. Ce principe qui fait du tuteur le représentant légal du mineur, est entièrement opposé au système du droit romain, qui faisait agir le pupille avec l'autorisation du tuteur. D'après le Code, le droit d'agir ou de contracter en son propre nom, avec ou sans l'assistance d'un protecteur légal, n'appartient au mineur que lorsqu'il est émancipé (art. 481 et suiv.). Quant au mineur en tutelle, il n'a pas l'exercice de ses propres droits, et ne peut en général agir par lui-même.

Si cette règle souffre exception, c'est uniquement dans les contrats qui engagent la liberté personnelle du mineur : ainsi, lorsqu'il entre en apprentissage, il contracte lui-même, avec le consentement des per-

---

(¹) Toutefois l'application de ce principe est subordonnée à l'intérêt des enfants (cour de Bastia, 31 août 1826.) On a jugé, en raison de ce même intérêt, que la mère survivante peut, en nommant un tuteur testamentaire, confier à une autre personne la garde de l'enfant, surtout lorsqu'il est en bas âge (cour de Rouen, 8 mai 1840).

sonnes sous l'autorité desquelles il se trouve (¹). Il en est de même à
plus forte raison lorsqu'il se marie (art. 75 et 148). Quant au contrat de
mariage, qui régit l'association conjugale relativement aux biens
(art. 1387), il s'applique à des intérêts purement pécuniaires ; le tuteur
devrait donc, d'après la règle générale, y intervenir au nom du mineur,
si la loi n'établissait pas, à cet égard, une exception remarquable : elle
décide que le mineur, habile à contracter mariage, est pareillement habile à consentir toutes conventions matrimoniales, avec l'assistance des
personnes dont le consentement est nécessaire au mariage (art. 1398).
On a dû admettre cette exception, dans la crainte que le tuteur ne fît
échouer, à l'occasion des conventions matrimoniales, un mariage que
voudrait conclure la famille.

649. La loi redoute les spéculations que le tuteur pourrait tenter,
dans son intérêt personnel, sur les affaires du mineur. Ainsi les biens
de ce dernier ne peuvent pas être achetés par son tuteur, lors même
qu'ils se vendent aux enchères (art. 1596). On a craint, en effet, qu'il
n'abusât des renseignements qu'il possède pour écarter les enchéris-
seurs, et pour se faire adjuger les biens à vil prix. Mais lorsqu'il s'agit
simplement de prendre à loyer ou à ferme un bien appartenant au
mineur, la loi ne repousse pas le tuteur d'une manière absolue : seulement, pour mieux garantir les intérêts du mineur, elle exige l'intervention du conseil de famille.

Le tuteur, qui ne doit pas acheter les biens du mineur, est, par la
même raison, dans l'impossibilité de se faire céder, contre celui-ci, aucune créance et même aucun droit, quelle qu'en soit la nature. De semblables cessions se font ordinairement pour un prix très-inférieur au
montant de la créance ou à la valeur réelle du droit cédé. Si donc une
occasion se présente de racheter avantageusement une créance ou un
droit litigieux, c'est au nom du pupille, et non pas en son propre nom,
que le tuteur doit l'acquérir.

En prohibant les cessions dont il s'agit, le Code semble renouveler une constitution de Justinien (²), qui, tout en déclarant l'opération
nulle et non avenue, décidait néanmoins qu'elle suffirait pour empêcher toute action contre le pupille, qui devait ainsi profiter de la contravention commise par son tuteur. Cette seconde disposition, qui n'était
pas admise dans les pays coutumiers (³), n'a pas été reproduite par le

---

(¹) Loi du 22 germinal an XI, art. 9.
Une jurisprudence constante valide les conventions par lesquelles le mineur prend,
avec l'assistance de ses parents ou de son tuteur, un engagement théâtral. Nous
croyons qu'il doit en être de même, lorsqu'il se loue comme serviteur à gages.
(²) *Nov.* 72, *cap.* 5.
(³) Toullier, t. 2, n° 1232.

Code, qui se borne à établir une prohibition pure et simple. De ce que la cession est interdite, faut-il en conclure qu'elle ne doit avoir aucun effet ? Il n'y a rien là, selon nous, qui intéresse directement l'ordre public, et nous croyons qu'il n'existe qu'une nullité relative, susceptible d'être invoquée par le mineur seul; mais suit-il de là que, cette nullité ne pouvant être opposée ni par le cédant, ni par le cessionnaire, le pupille se trouve libéré ? S'il est conforme au principe général de la loi que le mineur soit protégé, et, autant que possible, préservé de toute perte, il ne doit jamais s'enrichir aux dépens d'autrui. Quand le législateur a voulu établir quelque déchéance au profit du mineur, il s'en est expliqué formellement (V. art. 451); une semblable peine ne doit pas s'appliquer par extension d'un cas à un autre, et de ce que la prohibition du Code remonte par son origine à la novelle 72, il n'en résulte pas que le législateur ait adopté toutes les dispositions de cette novelle.

Sans doute, la nullité ne peut être invoquée par d'autres que par le mineur; mais lorsque le tuteur agira en qualité de cessionnaire, le pupille pourra, à son choix, faire prononcer la nullité, pour rester débiteur du cédant, ou considérer l'opération comme faite dans son intérêt, et tenir compte au tuteur de ses déboursés.

650. Il faut éviter de confondre le tuteur qui achète une créance, avec celui qui paye de ses propres deniers la dette du mineur, en se faisant subroger dans les droits du créancier. Nous verrons, en effet, que le cessionnaire peut exiger en totalité le montant de la dette, quel qu'ait été le prix de la cession, tandis que le subrogé n'a droit qu'au remboursement de ses avances. Par conséquent, le tuteur, subrogé dans les droits du créancier qu'il a payé, ne peut pas être accusé de spéculer sur les affaires du mineur. Remarquons d'ailleurs que, loin de mettre obstacle aux avances qu'un tuteur voudrait faire pour son pupille, il faudrait plutôt les encourager; car on se décide difficilement à payer la dette d'autrui, lorsqu'on ne peut pas être subrogé dans les droits du créancier. Le tuteur qui paye, en son propre nom, la dette du mineur, peut donc avoir le bénéfice de cette subrogation et nous ne pensons pas qu'il doive, comme autrefois, se faire autoriser par le conseil de famille. Dans l'ancien droit, la subrogation ne pouvait avoir lieu sans le consentement du débiteur, et alors un avis de parents suppléait au consentement du mineur ('); mais aujourd'hui la subrogation est indépendante de la volonté du débiteur, et l'on n'a plus besoin d'y suppléer par un avis de la famille.

---

(1) Renusson, *Traité de la subrogation, chap.* IX, n° 22.

451. — Dans les dix jours qui suivront celui de sa nomination, dûment connue de lui, le tuteur requerra la levée des scellés, s'ils ont été apposés, et fera procéder immédiatement à l'inventaire des biens du mineur, en présence du subrogé tuteur.

S'il lui est dû quelque chose par le mineur, il devra le déclarer dans l'inventaire, à peine de déchéance, et ce, sur la réquisition que l'officier public sera tenu de lui en faire, et dont mention sera faite au procès-verbal.

LE TUTEUR REQUERRA LA LEVÉE DES SCELLÉS, S'ILS ONT ÉTÉ APPOSÉS. Les scellés doivent être apposés d'office, lorsqu'un héritier mineur est sans tuteur (C. de pr., art. 911). Quand la tutelle s'ouvre par le prédécès du père ou de la mère, le survivant se trouve tuteur de plein droit, et alors il arrive souvent que l'on procède à l'inventaire sans apposition préalable de scellés.

SOMMAIRE.

651. But de l'inventaire. Déclaration des créances du tuteur. Déchéance qu'il peut encourir.

651. L'inventaire est un état descriptif et estimatif du mobilier, dans lequel on mentionne les titres de propriété ou de créance appartenant au mineur, ainsi que les dettes dont il est tenu, de manière à déterminer, aussi exactement que possible, quelle est la situation de ses affaires.

Cette détermination précise n'est pas toujours possible en ce qui concerne les dettes ; mais la loi l'exige au moins pour celles dont le pupille peut être tenu envers le tuteur. En conséquence, ce dernier doit être requis par l'officier public, c'est-à-dire, par le notaire qui dresse l'inventaire, de déclarer tout ce qui lui est dû ; et s'il ne satisfait pas à cette réquisition, il est déchu de sa créance. On peut craindre, en effet, que le tuteur, ayant entre ses mains tous les titres du mineur, ne supprime, dans son propre intérêt, des quittances ou d'autres pièces tendant à établir la libération du pupille. Cette déchéance est rigoureuse, sans doute ; mais il faut convenir que la réticence du tuteur, lorsqu'il a été dûment interpellé, peut difficilement s'expliquer : aussi le législateur conçoit-il, en pareil cas, une extrême défiance, puisqu'il établit contre le tuteur (1) une présomption de fraude, qui entraîne la nullité de sa créance. Cette présomption n'admet point, en général, la preuve contraire ; nous verrons cependant qu'elle peut être détruite par le serment décisoire ou par l'aveu (art. 1352).

(1) La même présomption ne s'applique pas au subrogé tuteur (Cour de Paris, 14 février 1817).

Si la réquisition exigée par la loi n'a pas été adressée au tuteur, ou, ce qui revient au même, si elle n'est pas mentionnée dans l'inventaire, il ne peut exister aucune déchéance. Mais l'officier public commet une faute, qui suffit pour l'obliger à indemniser le mineur, si toutefois il arrive que cette omission lui cause un préjudice réel (art. 1382); car il faut remarquer que le mineur n'est pas lésé par cela seul que son tuteur, à défaut de réquisition, conserve sa créance. Pour que la responsabilité de l'officier public se trouve engagée, il faut supposer, de la part du tuteur, une fraude préjudiciable au pupille. Tel serait le cas où le tuteur, après avoir supprimé une quittance pour faire revivre une créance éteinte, aurait reçu un nouveau payement, et serait ensuite devenu insolvable.

L'inventaire doit se faire en présence du subrogé tuteur, et être commencé dans un délai de dix jours; ce qui prouve que la nomination du subrogé tuteur doit avoir lieu, au plus tard, dans les dix jours. Du reste, ces délais sont purement comminatoires, puisque la loi n'établit aucune sanction.

452. — Dans le mois qui suivra la clôture de l'inventaire, le tuteur fera vendre, en présence du subrogé tuteur, aux enchères reçues par un officier public, et après des affiches ou publications dont le procès-verbal de vente fera mention, tous les meubles autres que ceux que le conseil de famille l'aurait autorisé à conserver en nature.

AFFICHES OU PUBLICATIONS. Les *affiches* sont placardées dans les lieux publics, pour avertir les passants qui savent lire. Les *publications* se font aussi dans les lieux publics, mais verbalement, au milieu d'un auditoire préalablement rassemblé à son de trompe ou de caisse. Un autre moyen de publicité, qui devient chaque jour plus général, est celui des *annonces* insérées dans les journaux.

Il semble, d'après le texte, que l'on pourrait opter entre les affiches et les publications; mais le Code de procédure exige toujours des affiches, et quelquefois des annonces ou même de simples publications (C. de pr., art. 617, 620, 623, 705 et 752; C. de comm., art. 202 et 207).

SOMMAIRE.

652. Les meubles corporels se détériorent promptement, soit qu'on en fasse usage, soit même qu'on ne s'en serve pas. Il importe donc de réaliser la valeur qu'ils représentent, en les vendant dans un bref délai.

Cette règle générale admet des exceptions, mais ce n'est pas au tuteur à prononcer sur ce point. C'est le conseil de famille qui est appelé à décider si certains meubles doivent être conservés en nature. Il est facile de concevoir, en effet, qu'on ne vende pas le linge et les habits dont le mineur a besoin pour son usage personnel, les instruments avec lesquels il exerce une industrie, des portraits de famille, ou d'autres objets dont la valeur vénale est à peu près nulle, enfin des objets rares qui, loin de se déprécier, peuvent, d'année en année, acquérir une plus grande valeur, comme des médailles.

655. Indépendamment des meubles proprement dits, ou meubles corporels, le mineur peut avoir des meubles incorporels, tels que des créances, et entre autres des rentes. On s'accorde à reconnaître que la vente n'en est pas obligatoire pour le tuteur, mais simplement facultative. Quelques auteurs ont même soutenu qu'elle peut avoir lieu de gré à gré, sans autorisation et sans formalités ([1]). Ils disent que le tuteur a, en règle générale, le droit de faire tout ce qui ne lui est pas défendu par la loi, et que le Code ne s'est point occupé des meubles incorporesl. Nous ne pouvons admettre cette dernière assertion.

Dans la pensée du législateur, les formes exigées pour la vente des meubles s'appliquaient même aux meubles incorporels: A la vérité, le tuteur n'était pas obligé de les vendre ; mais l'aliénation, lorsqu'il la jugeait nécessaire, n'en pouvait avoir lieu qu'aux enchères, devant un officier public, après affiches ou publications préalables. C'est ce que démontrent clairement la loi du 24 mars 1806 et l'exposé de motifs qui l'a précédée. Il a fallu une disposition exceptionnelle pour permettre d'aliéner, *sans qu'il soit besoin d'affiches ni de publications,* certains meubles incorporels, savoir, les inscriptions de rente 5 p. %₀ sur le grand-livre de la dette publique. On avait reconnu que, s'il fallait, pour vendre ces effets, observer les conditions prescrites par le Code, le capital serait souvent absorbé par les frais, que même la mise aux enchères publiques ne pourrait être que préjudiciable aux propriétaires, et on posa en principe que *ces inscriptions ne doivent jamais être vendues qu'au cours du jour* ([2]).

Toutefois, la loi de 1806 ne s'est pas bornée à substituer le cours public aux enchères et aux affiches ordonnées par l'article 452. Elle a exigé, du moins en règle générale, l'autorisation du conseil de famille, et le mineur a ainsi obtenu une garantie, qui n'existait pas dans le Code pour l'aliénation des meubles (V. art. 457). Néanmoins cette autori-

---

([1]) Jugé en ce sens par la cour de Paris (18 *février* 1826), et en sens opposé par les cours de Toulouse (14 *juillet* 1831) et de Douai (28 *juin* 1843).

([2]) Exposé des motifs.

sation cesse d'être nécessaire, lorsque le mineur n'a que 50 fr. de rente au plus ([1]), ce qui représente un capital de 1,000 fr. Dans ce cas, la vente au cours public est considérée, de la part du tuteur, comme un acte de simple administration.

La même distinction a été étendue, par un décret impérial aux actions de la Banque de France, qui représentent un capital de 1,000 fr. Le tuteur peut toujours les transférer avec l'autorisation du conseil de famille et suivant le cours public; mais il n'a besoin d'aucune autorisation, lorsque le mineur n'a qu'une seule action ([2]).

654. Il existe aujourd'hui un grand nombre de meubles incorporels qui ont un cours public, et les rentes 5 p. % ne sont plus les seules rentes sur l'État. La loi de 1806 doit s'appliquer sans difficulté aux autres fonds qui ont été successivement créés par le Gouvernement, et d'après les motifs du décret de 1813 sur les actions de la Banque de France, nous pensons que la même règle doit s'étendre à toutes les actions qui ont un cours public, par exemple, aux actions des canaux et des chemins de fer. Nous décidons, en conséquence, que 35 fr. de rente 5 p. %, ou deux actions au capital de 500 fr., équivalent à 50 fr. de rente 5 p. %; car il faut s'attacher ici au capital que l'action ou la rente représente au pair, indépendamment des variations que peut subir le cours.

Quant aux rentes sur particuliers, elles ne sont pas cotées publiquement. On ne peut donc pas leur appliquer la loi de 1806; mais il faut remarquer, d'une part, que les formes imposées au tuteur pour la vente des immeubles, et même des meubles (art. 452 et 457), sont précisément celles qui sont exigées pour la vente forcée des biens d'un débiteur, lorsqu'ils sont saisis par ses créanciers, et, d'autre part, que le Code de procédure a établi des formes spéciales pour la vente forcée des rentes sur particuliers. Nous sommes donc conduits à décider que ces rentes ne peuvent être vendues par le tuteur qu'aux enchères et avec publicité (C. de pr., art. 643 et suiv.). Ajoutons qu'il serait conforme à l'esprit de la loi du 24 mars 1806 d'exiger en outre l'autorisation du conseil de famille, lorsque les rentes du mineur représentent un capital au-dessus de 1,000 fr.

655. Les actions dont nous venons de parler, sont des fractions d'un capital social constitué par une compagnie de finance, de commerce ou d'industrie, dont les membres se nomment actionnaires, et ces actions représentent, pour chacun d'eux, la part qu'il a prise dans la compagnie ou la société. On appelle aussi action, dans un autre sens,

---

([1]) Loi du 24 mars 1806, art. 1.
([2]) Décret du 25 septembre 1813.

des droits qui ne diffèrent pas, en réalité, des droits proprement dits, mais qui reçoivent une dénomination particulière, soit parce qu'ils sont déjà litigieux, soit parce qu'on les considère comme devant faire naître un litige. Ces droits sont mobiliers ou immobiliers, non par eux-mêmes, mais par l'objet auquel ils s'appliquent, c'est-à-dire, suivant que leur objet est meuble ou immeuble (art. 526 et 529). Le tuteur est rarement dans le cas de vendre de semblables actions : cependant il n'est pas impossible que la vente en soit utile au pupille, et comme elles n'ont pas de cours public, on ne peut pas leur appliquer le principe établi par la loi de 1806. D'un autre côté, leur importance est telle, qu'on ne peut, même pour les actions mobilières, se contenter des précautions exigées par le Code. D'après la loi du 24 mars 1806, considérée comme raison écrite, nous croyons qu'elles ne peuvent être vendues sans l'autorisation du conseil de famille, que lorsque leur objet n'excède pas 1,000 fr. S'il s'agit d'une action immobilière, on ne pourra la vendre qu'avec l'autorisation du conseil de famille et l'homologation du tribunal (art. 457 et 458) ; mais, pour les formes à suivre, nous ne pouvons, dans le silence de la loi, que nous en référer à la prudence des tribunaux.

Quant aux créances même non litigieuses, il est impossible de leur appliquer les règles spéciales qui régissent l'aliénation des rentes. Il convient donc, dans le silence de la loi, de les assimiler aux actions dont nous venons de parler.

453. — Les père et mère, tant qu'ils ont la jouissance propre et légale des biens du mineur, sont dispensés de vendre les meubles, s'ils préfèrent de les garder pour les remettre en nature.

Dans ce cas, ils en feront faire, à leurs frais, une estimation à juste valeur, par un expert qui sera nommé par le subrogé tuteur et prêtera serment devant le juge de paix. Ils rendront la valeur estimative de ceux des meubles qu'ils ne pourraient représenter en nature.

SOMMAIRE.

656. Prérogative des père et mère relativement à la vente des meubles corporels.

656. Le survivant des père et mère peut avoir, en même temps que la tutelle, la jouissance légale des biens du mineur, et dans ce cas on décide, pour ne pas nuire à l'exercice de son droit, qu'il n'est pas obligé de vendre les meubles dont il a la jouissance. S'il préfère les garder, il continue d'en jouir, sauf à les rendre à la fin de l'usufruit, comme les rendrait tout autre usufruitier, c'est-à-dire dans l'état où ils

se trouveront, et sans être tenu de la détérioration qui ne proviendrait pas de son dol ou de sa faute (art. 589). On considère comme ayant été perdus ou aliénés les meubles que le père ou la mère ne représente pas en nature, et alors il devient comptable de leur valeur.

Cette valeur n'est pas celle qui est approximativement indiquée dans l'inventaire, mais la juste valeur qui a dû être appréciée, aux frais du tuteur, par un expert, dont le choix, dans ce cas particulier, appartient au subrogé tuteur.

Quant aux meubles que le père ou la mère ne voudra pas conserver en nature, ils seront vendus dans les formes et dans les délais fixés par l'article précédent, et alors le tuteur deviendra comptable, à la fin de sa jouissance, du prix qu'il aura touché, sans avoir à tenir compte d'aucun intérêt.

454. — Lors de l'entrée en exercice de toute tutelle, autre que celle des père et mère, le conseil de famille réglera par aperçu, et selon l'importance des biens régis, la somme à laquelle pourra s'élever la dépense annuelle du mineur, ainsi que celle d'administration de ses biens.

Le même acte spécifiera si le tuteur est autorisé à s'aider, dans sa gestion, d'un ou plusieurs administrateurs particuliers, salariés, et gérant sous sa responsabilité.

SOMMAIRE.

657. Latitude laissée aux père et mère relativement aux dépenses du mineur.
658. Ils ne peuvent pas prendre un agent salarié sans le consentement de la famille.

657. Un mineur en tutelle a ordinairement peu de dépense à faire, et ses revenus, lorsqu'il a quelque fortune, dépassent presque toujours le montant des frais nécessaires à son entretien, à son éducation et à l'administration de ses biens. Cet excédant, quel qu'il soit, doit être capitalisé; mais il importe avant tout d'apprécier, du moins approximativement, quelle sera la dépense annuelle du mineur. C'est au conseil de famille que cette appréciation est réservée, sauf l'exception admise dans la tutelle des père et mère : en effet, le survivant des conjoints a le plus souvent l'usufruit des biens qui appartiennent à ses enfants mineurs, et dans tous les cas, la loi s'en rapporte à lui pour tout ce qui concerne leur entretien et leur éducation.

658. En est-il de même, lorsque le père ou la mère croit devoir se faire aider dans sa gestion par un ou plusieurs agents salariés ? On pourrait le croire, d'après le contexte de la loi; car, lorsque le conseil de famille délibère sur cette question, il doit statuer *par le même acte,*

c'est-à-dire, dans la même séance où il évalue quelle sera la dépense annuelle du mineur. Or, il semble résulter de là que le second alinéa de l'article 454 ne s'applique pas plus que le premier à la tutelle des père et mère, en sorte que le conseil de famille qui, dans cette tutelle, n'a point à régler la dépense annuelle du mineur, n'a pas à s'occuper non plus des agents salariés.

Néanmoins nous ne pensons pas que le père ou la mère soit libre de faire, sans autorisation, une dépense qui pourrait augmenter de beaucoup les frais de gestion. Si la loi semble indiquer le contraire, c'est par suite d'un incident de rédaction.

Dans le projet officieusement communiqué au Tribunat, un article spécial déterminait le cas où le tuteur pourrait être autorisé à se faire aider par des agents salariés. Cette autorisation devait toujours être accordée par le conseil de famille, quelle que fût la qualité du tuteur, mais seulement pour certains biens, c'est-à-dire pour ceux qui se trouvaient trop éloignés. Le Tribunat combattit cette restriction comme nuisible aux intérêts du mineur. Il fit observer que le tuteur, malgré la proximité de son domicile, n'aurait pas toujours le temps ou les connaissances nécessaires pour diriger par lui-même une exploitation considérable ou une manufacture importante : en conséquence, il demanda qu'on supprimât l'article relatif aux administrateurs salariés, pour s'en tenir à la disposition qui forme aujourd'hui le premier alinéa de l'article 454, disposition qui, en donnant au conseil de famille le droit de régler les frais d'administration, semblait par cela même lui permettre d'allouer le salaire d'un administrateur.

Le conseil d'État n'admit ces observations qu'en partie. Il généralisa, d'une part, la disposition que le Tribunat voulait supprimer, et pour se conformer, d'autre part, aux intentions de ce corps, il crut devoir réunir en un seul article la disposition qui attribue au conseil de famille le droit de régler les dépenses, et celle qui permet l'adjonction d'un administrateur salarié ; mais, en réunissant ainsi deux dispositions primitivement séparées, il n'a pas aperçu que la première ne s'applique point à la tutelle des père et mère, tandis que la seconde doit s'appliquer à toutes les tutelles sans distinction.

455. — Ce conseil déterminera positivement la somme à laquelle commencera, pour le tuteur, l'obligation d'employer l'excédant des revenus sur la dépense : cet emploi devra être fait dans le délai de six mois, passé lequel le tuteur devra les intérêts à défaut d'emploi.

456. — Si le tuteur n'a pas fait déterminer par le conseil de famille la somme à laquelle doit commencer l'emploi, il devra, après le délai exprimé dans l'article précédent, les intérêts de toute somme non employée, quelque modique qu'elle soit.

659. Nous avons dit précédemment que l'excédant des revenus sur la dépense doit être capitalisé, ce qui signifie, qu'il faut non-seulement conserver cet excédant, mais encore en faire emploi, de manière à ce qu'il produise lui-même un revenu. Cet emploi peut avoir lieu, soit par l'achat d'un immeuble, soit par un placement à intérêts. On ne peut pas employer ainsi des valeurs minimes. Pour obtenir un bon emploi, il faudra donc attendre que le tuteur, en accumulant les économies qu'il fait pour son pupille, ait réuni une somme suffisante ; mais ici encore, c'est au conseil de famille qu'il appartient de déterminer cette somme, et l'obligation de faire emploi commence, dès que le capital fixé par le conseil a été complété.

L'obligation du tuteur est moins d'employer immédiatement ce capital, que de faire les démarches nécessaires pour trouver un bon placement, par exemple, une acquisition avantageuse, ou un emprunteur qui présente les garanties désirables. La loi accorde six mois pour ces démarches, et, à l'expiration de ce délai, elle présume que le tuteur, s'il n'a pas fait emploi, est coupable de négligence, ou qu'il a fait usage des deniers pour ses propres affaires. Dès lors, il devient débiteur des intérêts envers son pupille.

C'est le tuteur qui doit appeler le conseil de famille à déterminer la somme à laquelle commencera l'obligation de faire emploi, et s'il néglige ce devoir, il devient comptable des intérêts de toute somme non employée.

Les dispositions que nous venons d'expliquer, s'appliquent à tous les tuteurs, et par conséquent au survivant des père et mère, s'il n'a pas l'usufruit légal ; car la loi ne fait ici aucune distinction, et lorsque le Code croit devoir dispenser le père ou la mère des règles générales qu'il établit sur l'administration du tuteur, il s'en explique formellement (V. art. 453 et 454).

457. — Le tuteur, même le père ou la mère, ne peut emprunter pour le mineur, ni aliéner ou hypothéquer ses biens immeubles, sans y être autorisé par un conseil de famille.

Cette autorisation ne devra être accordée que pour cause d'une nécessité absolue, ou d'un avantage évident.

Dans le premier cas, le conseil de famille n'accordera son autorisation qu'après qu'il aura été constaté, par un compte sommaire présenté par le tuteur, que les deniers, effets mobiliers et revenus du mineur sont insuffisants.

Le conseil de famille indiquera, dans tous les cas, les immeubles qui devront être vendus de préférence, et toutes les conditions qu'il jugera utiles.

660. Le tuteur ne peut jamais faire aucun emprunt, ni aliéner ou hypothéquer les immeubles du mineur sans une autorisation du conseil de famille, qui ne doit être accordée que pour cause d'une nécessité absolue, ou d'un avantage évident.

Il y a nécessité absolue, comme l'indique la loi même, lorsque les revenus du mineur, les capitaux disponibles et les effets mobiliers ne présentent qu'une ressource insuffisante pour faire face aux engagements qui pèsent sur le mineur, ou à quelque dépense urgente. Remarquons, à cet égard, l'obligation imposée au tuteur de présenter au conseil de famille un compte sommaire, en l'absence duquel la nécessité ne serait pas légalement constatée.

Il y aurait avantage évident, si, par exemple, on trouvait l'occasion, soit d'emprunter à des conditions favorables, pour rembourser une dette onéreuse, soit de vendre un immeuble qui ne rapporte qu'un faible revenu, afin d'acheter un autre immeuble donnant, pour le même capital, un revenu plus élevé.

458. — Les délibérations du conseil de famille relatives à cet objet, ne seront exécutées qu'après que le tuteur en aura demandé et obtenu l'homologation devant le tribunal de première instance, qui y statuera en la chambre du conseil, et après avoir entendu le procureur du Roi.

661. Pour emprunter au nom du mineur, pour aliéner ou hypothéquer ses immeubles, le tuteur qui a obtenu l'autorisation du conseil de famille, doit la faire homologuer par le tribunal.

Cette homologation est accordée ou refusée sur le rapport d'un juge commissaire et sur les conclusions du ministère public ; mais ce n'est pas à l'audience, c'est dans la chambre du conseil que le rapport a lieu et que le jugement est prononcé. La loi prend cette précaution, pour que le secret des affaires du mineur ne soit pas divulgué, et dans ce cas, le procureur du Roi donne ses conclusions par écrit, au bas de l'ordonnance par laquelle le président commet un juge rapporteur et ordonne la communication au ministère public (C. de pr., art. 885).

459. — La vente se fera publiquement, en présence du subrogé tuteur, aux enchères qui seront reçues par un membre du tribunal de première instance, ou par un notaire à ce commis, et à la suite de trois affiches apposées, par trois dimanches consécutifs, aux lieux accoutumés dans le canton.

Chacune de ces affiches sera visée et certifiée par le maire des communes où elles auront été apposées.

SOMMAIRE.

662. Modifications introduites pour la vente des immeubles par la loi du 2 juin 1841.

662. Les formes établies par le Code civil et par le Code de procédure pour la vente des biens immeubles (art. 953 et suiv.), entraînaient des frais considérables. Aussi ont-elles été simplifiées par la loi du 2 juin 1841.

Les trois appositions de placards sont, en général, réduites à une seule; mais on a quelquefois recours à d'autres moyens de publicité, qui varient suivant l'importance des biens (V. C. de pr., art. 959, 960 et 961).

Le tribunal peut fixer lui-même la mise à prix, sans expertise préalable (C. de pr., art. 955). Ici, comme dans les ventes forcées, l'adjudication préparatoire est supprimée, et par conséquent il n'existe plus qu'une adjudication définitive (C. de pr., art. 963).

D'après le Code civil, on pourrait croire que le défaut de présence du subrogé tuteur rend l'adjudication impossible; mais toute question à cet égard est tranchée par la loi du 2 juin 1841, qui n'exige plus la présence du subrogé tuteur. Il suffit qu'on lui ait notifié le lieu, le jour et l'heure de l'adjudication, en déclarant qu'il y sera procédé tant en son absence qu'en sa présence (C. de pr., art. 962).

460. — Les formalités exigées par les articles 457 et 458, pour l'aliénation des biens du mineur, ne s'appliquent point au cas où un jugement aurait ordonné la licitation sur la provocation d'un copropriétaire par indivis.

Seulement, et en ce cas, la licitation ne pourra se faire que dans la forme prescrite par l'article précédent : les étrangers y seront nécessairement admis.

663. La licitation est la vente aux enchères d'une chose appartenant à plusieurs propriétaires. C'est un moyen qu'on emploie dans certains cas pour faire cesser l'indivision, surtout lorsqu'il est impossible de partager la chose commune (art. 1686). Comme nul n'est tenu de rester dans l'indivision (art. 815), c'est en vain que le conseil de famille voudrait empêcher qu'un immeuble, appartenant au mineur pour partie seulement, ne fût partagé ou licité sur la demande des copropriétaires. Aussi, en pareil cas, les articles 457 et 458 restent-ils sans application (V. art. 465); on observe seulement les formes exigées pour l'adjudication (V. art. 459).

Lorsque les copropriétaires sont tous majeurs, la chose commune peut être licitée entre eux seuls; mais, dans le cas contraire, les étrangers sont nécessairement admis à enchérir (art. 1686). On applique ici cette distinction, en décidant que les étrangers seront admis à la licitation.

461. — Le tuteur ne pourra accepter ni répudier une succession échue au mineur, sans une autorisation préalable du conseil de famille. L'acceptation n'aura lieu que sous bénéfice d'inventaire.

664. Une succession échue au mineur doit être acceptée ou répudiée, en son nom, par son tuteur.

L'acceptation est pure et simple, ou sous bénéfice d'inventaire. L'acceptation pure et simple confond les biens et les obligations du défunt avec les biens et les obligations de l'héritier, en sorte que ce dernier se trouve tenu de toutes les dettes, même lorsqu'elles dépassent l'actif. Cette acceptation est absolument interdite au tuteur ; il ne peut accepter que sous bénéfice d'inventaire, parce qu'alors l'héritier a le double avantage, 1° de n'être tenu des dettes que jusqu'à concurrence des biens, 2° de ne pas confondre son patrimoine avec celui du défunt (art. 802). Il ne faut pas croire toutefois que l'acceptation sous bénéfice d'inventaire soit toujours sans inconvénients; car, indépendamment du compte que l'héritier bénéficiaire doit rendre aux créanciers, il est

obligé de rapporter à ses cohéritiers les donations qu'il a reçues du
défunt (art. 843). Il peut donc arriver qu'une acceptation sous bénéfice
d'inventaire soit onéreuse pour le mineur, et alors il vaut mieux renoncer à la succession. L'option à faire entre ces deux partis est attribuée au conseil de famille.

462. — Dans le cas où la succession répudiée au nom du mineur n'aurait pas été acceptée par un autre, elle pourra être reprise
soit par le tuteur, autorisé à cet effet par une nouvelle délibération
du conseil de famille, soit par le mineur devenu majeur, mais dans
l'état où elle se trouvera lors de la reprise, et sans pouvoir attaquer
les ventes et autres actes qui auraient été légalement faits durant la
vacance.

SOMMAIRE.

665. Renvoi au titre *des Successions.*

665. Après la renonciation faite au nom du mineur, la loi lui permet
d'accepter encore la succession. Cette faculté, établie d'abord en considération de la minorité, a été accordée d'une manière générale à tous
les héritiers renonçants, ainsi que nous l'expliquerons au titre *des Successions* (art. 790).

463. — La donation faite au mineur ne pourra être acceptée par
le tuteur qu'avec l'autorisation du conseil de famille.

Elle aura, à l'égard du mineur, le même effet qu'à l'égard du
majeur.

SOMMAIRE.

666. Par qui peuvent être acceptées les donations.

666. La donation faite au mineur doit, en principe, être acceptée par
son tuteur (art. 450 et 935); mais il faut remarquer, à cet égard, que le
père, la mère et les autres ascendants, lors même qu'ils ne sont pas
investis de la tutelle, peuvent accepter aussi bien que le tuteur (art.
935). La loi semble même leur accorder plus de confiance, puisqu'ils
n'ont pas besoin d'être autorisés par le conseil de famille.

Nous croyons devoir renvoyer au titre *des Donations*, les questions
qui s'élèvent sur les effets de l'acceptation faite par le mineur lui-
même, ou par les personnes qui le représentent.

464. — Aucun tuteur ne pourra introduire en justice une action relative aux droits immobiliers du mineur, ni acquiescer à une demande relative aux mêmes droits, sans l'autorisation du conseil de famille.

667. C'est au tuteur qu'appartient l'exercice des droits du mineur, et spécialement de ses actions. Les actions sont mobilières ou immobilières, suivant qu'elles ont pour objet un meuble ou un immeuble (art. 526 et 529). La loi, à raison de la grande importance qu'elle attache à la conservation des immeubles, exige l'autorisation du conseil de famille en ce qui touche les actions immobilières. Il est à craindre, en effet, que les droits du mineur ne se trouvent compromis par une instance intempestivement introduite, lorsqu'on n'a pas réuni des preuves suffisantes.

Il peut y avoir aussi des actions exercées contre le mineur. A cet égard, il y a plusieurs partis à prendre : ou soutenir le procès en contestant la prétention du demandeur, ou acquiescer à la demande, lorsqu'elle est incontestable, ou enfin transiger, lorsqu'il y a doute. Nous parlerons de la transaction, en expliquant l'article 467. Quant à l'acquiescement, c'est un abandon formel de la défense, et cet abandon peut équivaloir à une aliénation. On conçoit donc que, lorsque l'action concerne un droit immobilier, le tuteur ne puisse acquiescer qu'avec l'autorisation du conseil de famille. Il en est autrement de la défense à une semblable action : le tuteur peut et doit même se porter défendeur au nom du pupille, quels que soient la nature et l'objet de l'action intentée contre lui.

465. — La même autorisation sera nécessaire au tuteur pour provoquer un partage ; mais il pourra, sans cette autorisation, répondre à une demande en partage dirigée contre le mineur.

466. — Pour obtenir à l'égard du mineur tout l'effet qu'il aurait entre majeurs, le partage devra être fait en justice, et précédé d'une estimation faite par experts nommés par le tribunal de première instance du lieu de l'ouverture de la succession.

Les experts, après avoir prêté, devant le président du même tribunal ou autre juge par lui délégué, le serment de bien et fidèlement remplir leur mission, procéderont à la division des héritages et à la formation des lots, qui seront tirés au sort, et en présence soit d'un membre du tribunal, soit d'un notaire par lui commis, lequel fera la délivrance des lots.

Tout autre partage ne sera considéré que comme provisionnel.

ESTIMATION FAITE PAR EXPERTS. Cette expertise n'est plus que facultative, depuis les modifications introduites dans les règles du partage judiciaire par la loi du 2 juin 1841 (C. de pr., art. 470).

SOMMAIRE.

668. Extension de la règle précédente à l'action en partage.

668. Le principe que le tuteur peut défendre sans autorisation à toutes les actions intentées contre le mineur, s'applique spécialement en [cette matière. Le tuteur doit être autorisé pour provoquer lui-même le partage, parce que l'indivision peut n'être pas contraire aux intérêts du mineur, ou même leur être favorable; mais lorsque le partage est demandé contre le mineur par ses cohéritiers ou par ses copropriétaires, cette demande ne peut pas être contestée utilement, puisque nul n'est tenu de demeurer dans l'indivision (art. 815). Il ne reste donc qu'un parti à prendre, celui de procéder au partage dans les formes légales; et dès lors le conseil de famille n'a point à délibérer.

Nous parlerons du partage judiciaire et de ses formes au titre *des Successions* (art. 819).

467. — Le tuteur ne pourra transiger au nom du mineur, qu'après y avoir été autorisé par le conseil de famille, et de l'avis de trois jurisconsultes désignés par le procureur du Roi près le tribunal de première instance.

La transaction ne sera valable qu'autant qu'elle aura été homologuée par le tribunal de première instance, après avoir entendu le procureur du Roi.

TROIS JURISCONSULTES. Quiconque a étudié ou prétend avoir étudié la science du droit, peut, sans avoir pris aucun grade, se dire jurisconsulte, parce que cette expression n'a pas de sens légal. Dès lors la garantie que la loi a voulu obtenir, réside tout entière dans le choix réservé au procureur du Roi. Dans l'usage, ce magistrat choisit toujours d'anciens avocats, c'est-à-dire, des avocats exerçant depuis dix ans au moins près la cour royale (V. C. de pr., art. 495). Il semble, en effet, que le Code civil ait voulu parler des avocats, en évitant toutefois de leur donner une qualification qui n'existait plus; car l'ordre des avocats, supprimé par la loi du 2 septembre 1790 (art. 10), n'était pas encore rétabli à l'époque où a été promulgué le titre *de la Minorité.* Cet ordre n'a été reconstitué qu'en vertu de la loi du 22 ventôse an XII (art. 29) et par le décret du 14 décembre 1810.

SOMMAIRE.

669. Précautions exigées en cas de transaction.
670. Prohibition absolue pour le compromis.

669. La transaction est un contrat qui termine une contestation née ou qui prévient une contestation à naître (art. 2044). Ce contrat suppose, en général, des concessions que les parties se font réciproquement, à raison de l'incertitude qui existe sur leurs droits respectifs, souvent aussi par crainte des procès et pour acheter leur tranquillité.

Pour transiger, il faut être capable d'aliéner les objets compris dans la transaction. C'est ainsi que l'ancienne jurisprudence, considérant le droit d'aliéner les meubles comme une conséquence de l'administration qui appartient au tuteur, lui reconnaissait le pouvoir de consentir, au nom des mineurs, toutes les transactions dont l'objet était purement mobilier (1). Aujourd'hui, au contraire, l'aliénation des meubles n'est plus considérée comme un simple acte d'administration, et le Code rejette la distinction admise par l'ancienne jurisprudence : bien plus, en permettant au tuteur de transiger pour le mineur, il prescrit, dans tous les cas, des garanties nouvelles. Outre l'autorisation du conseil de famille, il exige l'avis de trois jurisconsultes désignés par le procureur du Roi. Au moyen de ces précautions, le tuteur peut transiger, ou plutôt consentir un projet de transaction, qui ne devient définitif que par l'homologation du tribunal. Remarquons effectivement qu'on ne procède pas ici comme lorsqu'il s'agit d'aliéner ou d'hypothéquer les immeubles du mineur. Ce n'est pas la délibération du conseil de famille que le tribunal homologue ; c'est le projet de transaction déjà consenti par le tuteur, en vertu de cette délibération.

670. Le compromis est une convention qui, sans terminer ni prévenir un procès, le soustrait à la juridiction ordinaire, en attribuant le pouvoir de juger à des arbitres choisis par les parties. Le tuteur, qui peut, en remplissant les conditions précédemment exigées, transiger au nom du mineur, n'a jamais la faculté de consentir un compromis : d'une part, le pouvoir de transiger ne renferme pas celui de compromettre (art. 1989); d'autre part, le compromis est formellement interdit dans toutes les causes qui doivent être communiquées au procureur du Roi (C. de pr., art. 1004), et par conséquent dans celles qui intéressent les mineurs (C. de pr., art. 83, 6°), parce que le compromis serait un moyen d'éviter cette communication, et par suite la surveillance du ministère public.

468. — Le tuteur qui aura des sujets de mécontentement graves sur la conduite du mineur, pourra porter ses plaintes à un conseil de famille; et, s'il y est autorisé par ce conseil, provoquer la

---

(1) Merlin, *Répert.*, v° TRANSACTION, § 1.

réclusion du mineur, conformément à ce qui est statué à ce sujet au titre *de la Puissance paternelle.*

670 *bis.* Après la mort des père et mère, l'autorité paternelle est encore exercée, à certains égards, par les ascendants et même par le conseil de famille. En effet, c'est avec leur consentement que le mineur peut contracter mariage (art. 150 et 160), et c'est avec l'autorisation de la famille que le tuteur, s'il a des sujets de mécontentement graves sur la conduite du mineur, peut provoquer sa détention, conformément aux règles établies par l'article 377.

Remarquons ici que cette portion de l'autorité paternelle n'appartient point aux ascendants. Appartient-elle au tuteur, lorsque le survivant des père et mère existe encore ? Nous croyons qu'il faut distinguer chez qui le mineur est élevé, et n'accorder au tuteur le droit de provoquer l'arrestation que lorsque la garde de la personne lui appartient, ou lorsque la mère survivante a perdu son droit en contractant un second mariage (art. 381).

SECTION IX.

DES COMPTES DE TUTELLE.

469. — Tout tuteur est comptable de sa gestion lorsqu'elle finit.

671. Quiconque administre la chose d'autrui doit nécessairement rendre compte de sa gestion, lors même qu'il ne gère pas en qualité de tuteur. C'est ainsi que le père est comptable de l'administration légale qui lui appartient pendant le mariage (art. 389). Pareillement, la mère survivante qui a refusé la tutelle (art. 394), le tuteur dont les excuses, rejetées par le conseil de famille, ont été admises par le tribunal (art. 440), et les héritiers du tuteur décédé (art. 419), doivent rendre compte de l'administration dont ils ont été provisoirement chargés.

La gestion d'un tuteur peut finir pendant le cours de la tutelle, avant la majorité ou l'émancipation du pupille, et alors c'est le nouveau tuteur qui doit recevoir le compte de son prédécesseur ('). Le mineur ne

---

(¹) Il doit même l'exiger, sous sa propre responsabilité (Cour de Bordeaux, 1er *février* 1828 ; arrêt de rejet, 25 *juin* 1839).

reçoit lui-même le compte de tutelle qu'après avoir atteint sa majorité ou obtenu son émancipation (art. 471).

Le tuteur, en sa qualité de comptable, peut être contraint par corps, tant pour le payement du reliquat que pour toutes les restitutions à faire par suite du compte (1).

470. — Tout tuteur, autre que le père et la mère, peut être tenu, même durant la tutelle, de remettre au subrogé tuteur des états de situation de sa gestion, aux époques que le conseil de famille aurait jugé à propos de fixer, sans néanmoins que le tuteur puisse être astreint à en fournir plus d'un chaque année.

Ces états de situation seront rédigés et remis, sans frais, sur papier non timbré, et sans aucune formalité de justice.

SOMMAIRE.

672. Dérogation aux lois du timbre.

672. Remarquons ici la disposition exceptionnelle qui permet de rédiger les états de situation sur papier non timbré, et de les remettre au subrogé tuteur sans aucune formalité de justice, c'est-à-dire sans qu'il soit besoin de les faire enregistrer et de les faire signifier par huissier. On doit regretter que le législateur n'ait étendu cette exception à aucun des autres actes qui intéressent les mineurs. Il aurait par là notablement diminué les frais qu'entraînent de trop nombreuses formalités.

471. — Le compte définitif de tutelle sera rendu aux dépens du mineur, lorsqu'il aura atteint sa majorité ou obtenu son émancipation. Le tuteur en avancera les frais.

On y allouera au tuteur toutes dépenses suffisamment justifiées, et dont l'objet sera utile.

SOMMAIRE.

673. Que doit-on entendre par compte définitif ?
674. En quelle forme et aux frais de qui ce compte est rendu. Comment se justifient les dépenses.

673. Après avoir posé ce principe, que tous les tuteurs sans distinction sont comptables de leur gestion, lorsqu'elle finit (art. 469), le Code

---

(1) C. de pr., art. 126 ; V. ordonn. de 1667, tit. 29, art. 1 ; tit. 34, art. 3.

parle d'un compte *définitif* qui sera rendu au mineur lui-même après sa majorité ou son émancipation, c'est-à-dire lorsque la tutelle sera totalement finie. Au premier aperçu, on pourrait en conclure que les dispositions relatives aux frais du compte et aux dépenses qui doivent être allouées au tuteur, s'appliquent exclusivement à ce compte final. Il n'en est pas ainsi : la loi ne s'occupe ici du compte définitif que par opposition aux états de situation mentionnés dans l'article précédent, et non par opposition au compte qu'un premier tuteur rend à son successeur d'après l'article 469. Il suffit pour s'en convaincre de se reporter à l'historique de la rédaction.

Le projet de Code civil obligeait le tuteur à rendre, pendant sa gestion, des comptes *annuels,* puis à l'expiration de la tutelle, un compte *général.* Dans la première rédaction, soumise au conseil d'État par la section de législation, les comptes annuels ont pris le nom de comptes *sommaires et provisoires,* et le compte général celui de compte *définitif.* C'est dans une seconde rédaction que les comptes sommaires et provisoires ont été transformés en *états de situation* (art. 470), tandis que l'expression de compte définitif a été conservée. Il ne faut donc attacher à cette dernière expression aucun sens particulier.

674. A la différence des états de situation, qui sont rédigés sur papier libre et remis sans formalité de justice, le compte proprement dit peut entraîner des frais, surtout lorsqu'il est rendu dans les formes judiciaires (V. C. de pr., art. 527 et suiv.). Ces frais, comme tous ceux qui résultent de la tutelle, sont à la charge du mineur ; mais le tuteur doit en faire l'avance, parce que l'oyant n'a encore aucune somme à sa disposition. L'obligation de faire cette avance incombe même au tuteur d'une manière absolue, quoiqu'il existe un reliquat en sa faveur.

Le compte de tutelle doit présenter, d'une part, les *recettes,* et d'autre part, les *dépenses.* Par recettes, on ne doit entendre que des recettes effectives, et quant aux objets à recouvrer, ils formeront, s'il y a lieu, un chapitre particulier. Cette disposition du Code de procédure (art. 535) abroge l'usage antérieurement observé de diviser le compte de tutelle en trois parties : la recette, la dépense et les reprises (1). Autrefois, en effet, le tuteur portait d'abord en recette non-seulement tout ce qu'il avait reçu, mais aussi tout ce qu'il avait dû recevoir ; il faisait figurer ensuite au chapitre des reprises ce qu'il n'avait pu se faire payer, et il ajoutait les sommes ainsi *reprises* aux sommes dépensées, pour déduire le tout du montant des *recettes.* En restreignant le compte aux recettes et aux dépenses effectives, le Code de procédure a supprimé une complication inutile.

---

(1) Pigeau, *Procédure civile du Châtelet,* t. 2, p. 40 et suiv.

Le Code veut qu'on alloue au tuteur toute dépense utile ([1]) et suffisamment justifiée; cela ne signifie pas que pour justifier d'une dépense, le tuteur soit toujours tenu de produire une quittance ou une autre preuve écrite. La loi s'en rapporte pour cette justification à l'appréciation des tribunaux.

472. — Tout traité qui pourra intervenir entre le tuteur et le mineur devenu majeur, sera nul, s'il n'a été précédé de la reddition d'un compte détaillé, et de la remise des pièces justificatives; le tout constaté par un récépissé de l'oyant-compte, dix jours au moins avant le traité.

<small>OYANT-COMPTE, vieux mot qui désigne la personne à qui le compte est rendu.</small>

SOMMAIRE.

675. Incapacités particulières du mineur arrivé à sa majorité.

675. Le mineur qui est sorti de tutelle, ne peut pas, bien que majeur, dispenser son tuteur de rendre compte de sa gestion. Si les majeurs ont le plein et entier exercice de leurs droits, ils ne doivent agir, relativement au compte de tutelle, qu'en pleine connaissance de cause, parce que la loi redoute l'influence que le tuteur exerce souvent sur l'esprit du pupille, même après la cessation de la tutelle. Sans doute le mineur devenu majeur est libre d'abandonner, s'il le veut, le reliquat qui peut lui être dû, mais ce reliquat ne sera connu que par l'apurement du compte. Il faut donc que ce compte soit rendu préalablement. Il faut de plus que l'oyant ait eu le temps nécessaire pour l'examiner : aussi ne peut-il traiter avec son ancien tuteur que dix jours au moins après la reddition d'un compte détaillé et la remise des pièces justificatives. La loi exclut même toutes les conventions qui pourraient avoir lieu relativement à la gestion du tuteur et à la responsabilité qui en résulte (art. 2045). Sur tout autre objet, elle ne déroge point au droit commun; le mineur devenu majeur peut donc contracter avec son ancien tuteur, comme avec toute autre personne, sur tout ce qui est étranger au compte de tutelle ([2]).

Pour constater que le compte a été rendu et que les pièces justificatives ont été remises dix jours au moins avant le traité, le Code exige

---

([1]) Une dépense qui excède les revenus du mineur peut être utile, et dans ce cas, elle doit être allouée au tuteur, lors même qu'elle n'a pas été autorisée par le conseil de famille (Cour de Paris, 19 *avril* 1823).

([2]) Arrêt de rejet (22 *mai* 1822).

un *récépissé* de l'oyant-compte. On s'est demandé si les dix jours cour-raient de la date écrite par le signataire, ou bien du jour où l'acte aurait reçu date certaine, notamment par l'enregistrement (art. 1328). Il faut décider qu'il en est de ce *récépissé* comme de tout autre acte sous seing privé, que par conséquent il fait pleine foi de sa date contre celui qui l'a souscrit (art. 1322). D'après le droit commun, une date certaine n'est exigée qu'à l'égard des tiers (art. 1328), et il n'y a aucune raison pour se montrer ici plus rigoureux, surtout si l'on considère que la loi sort déjà du droit commun, en exigeant des précautions qu'on ne prend pas ordinairement à l'égard des majeurs.

Les règles applicables au pupille devenu majeur, ne s'appliquent point à ses héritiers, parce qu'ils ne sont pas soumis à l'influence dont le législateur s'est préoccupé (¹).

Cette même influence peut être exercée sur le mineur émancipé; mais le traité qu'il aurait consenti, ayant le caractère d'une transac-tion (art. 2045), ne pourrait valoir sans l'observation des formes pres-crites à tout mineur (V. art. 467 et 484), et dès lors aucune forme spéciale n'était nécessaire.

Les mêmes motifs qui ont fait restreindre la faculté de transiger sur le compte de tutelle, ont porté le législateur à décider que le pupille devenu majeur ne peut disposer, soit par testament, soit par donation entre-vifs, au profit de son tuteur, tant que le compte de tutelle n'a pas été rendu et apuré; mais cette prohibition ne s'applique point aux as-cendants du mineur (art. 907).

473. — Si le compte donne lieu à des contestations, elles seront poursuivies et jugées comme les autres contestations en matière civile.

SOMMAIRE.

676. But de cette disposition.

676. Suivant le projet discuté au conseil d'État, le compte de tutelle devait être rendu en présence du conseil de famille, et les difficultés relatives à ce compte ne devaient être portées devant les tribunaux que dans le cas où le conseil n'aurait pu réussir à concilier les parties. En cas de conciliation, la famille devait nommer un conseil spécial, et autant que faire se pouvait, un jurisconsulte, pour examiner le compte, et alors le traité que les parties concluaient de l'avis de ce conseil était valable, comme toute autre convention entre majeurs. Ce système a été re-

_____

(¹) Cours de Rennes (25 *janvier* 1826) et de Bourges (7 *avril* 1830).

poussé, parce qu'il blessait le droit désormais acquis au majeur de régler par lui-même ses affaires ([1]), et la rédaction définitive a eu précisément pour but de constater qu'on ne voulait pas déroger, en cette matière, au droit commun.

474. — La somme à laquelle s'élèvera le reliquat dû par le tuteur, portera intérêt, sans demande, à compter de la clôture du compte.

Les intérêts de ce qui sera dû au tuteur par le mineur, ne courront que du jour de la sommation de payer qui aura suivi la clôture du compte.

SOMMAIRE.

677. Règles spéciales sur les intérêts du reliquat.

677. En règle générale, les intérêts qui n'ont pas été fixés par une convention, ne courent pas à compter du jour où le débiteur a été mis en demeure par une simple sommation. Il faut une demande judiciaire (art. 1153); mais en ce qui concerne les intérêts du reliquat fixé par le compte de tutelle, on admet deux exceptions, l'une en faveur du pupille et l'autre en faveur du tuteur. Les intérêts courent de plein droit au profit du premier, parce qu'on n'a pas voulu le forcer à intenter une action contre le tuteur dont le compte vient d'être liquidé. La loi se montre moins facile pour le tuteur : elle lui permet seulement de faire courir les intérêts par une simple sommation.

Ce qui précède suppose un compte rendu à l'amiable. Quant au compte judiciaire, il est évident que les intérêts du reliquat sont dus, conformément à la règle générale, à partir de la demande ([2]). Il faut cependant excepter le cas où l'oyant aurait fait défaut; car alors le rendant, s'il est reliquataire, garde les fonds sans intérêts (C. de pr., art. 542).

475. — Toute action du mineur contre son tuteur, relativement aux faits de la tutelle, se prescrit par dix ans, à compter de la majorité.

SOMMAIRE.

678. Prescription particulière pour l'action du mineur contre son tuteur.

678. Les actions ne se prescrivent ordinairement que par trente ans (art. 2262); mais, par exception, le Code accorde au tuteur une pres-

---

([1]) Discussion du C. d'État, séance du 29 vendémiaire an XI.
([2]) Cour de Montpellier (20 *janvier* 1830).

cription de dix ans contre toute action qui pourrait être exercée par le mineur ou de son chef, relativement aux faits de tutelle. En effet, les détails de la gestion peuvent ne pas se conserver longtemps dans la mémoire du tuteur ; les pièces de comptabilité sont susceptibles de se perdre, et l'on a pensé avec raison, qu'après avoir supporté, dans l'intérêt du mineur, une charge onéreuse, le tuteur ne devait pas attendre aussi longtemps que tout autre débiteur, la sécurité qui résulte de la prescription.

La prescription ne court point en général contre les mineurs (art. 2252), et sous ce rapport la loi n'établit ici aucune exception, puisque la prescription décennale ne commence à courir qu'à la majorité du pupille (¹). Il en résulte que les tuteurs dont la gestion finit à l'époque de l'émancipation ou même auparavant, ne jouissent pas pleinement du bénéfice de la loi.

L'action que le mineur exerce relativement aux faits de tutelle, c'est-à-dire, pour se faire rendre compte, ne doit pas être confondue avec l'action qu'il pourrait exercer pour obtenir la révision d'un compte précédemment rendu (C. de pr., art. 549). Cette dernière action reste soumise à la règle générale, et par conséquent à la prescription trentenaire, parce que le compte de tutelle une fois rendu, les motifs de la prescription décennale cessent d'être applicables.

Les considérations qui ont fait accorder au tuteur une prescription spéciale, ne militent pas également en faveur du pupille. C'est pour le tuteur seulement que le Code établit une exception. Ainsi l'action que le tuteur peut exercer relativement aux faits de tutelle, par exemple, pour l'apurement d'un compte dont le reliquat est en sa faveur, reste dans la règle générale, et ne se prescrit que par trente ans.

CHAPITRE III.

DE L'ÉMANCIPATION.

INTRODUCTION.

SOMMAIRE.

679. Effets différents de l'émancipation en Droit romain et en Droit français.
680. Comment et à quel âge s'opère l'émancipation.
681. Capacité limitée du mineur émancipé.

679. En Droit romain, la puissance paternelle ne cessait ni par le

---

(¹) Lorsque la tutelle finit par le décès du mineur, la prescription décennale commence de suite à courir contre les héritiers (Cour de Bourges, 1ᵉʳ *février* 1827).

mariage des fils de famille, ni par ce seul fait qu'ils étaient parvenus à un certain âge. L'émancipation seule pouvait faire cesser la puissance du père; mais cette émancipation, qui pouvait avoir lieu, quel que fût l'âge des fils de famille, avant comme après la puberté, ne leur conférait pas une capacité particulière. Ils devenaient *sui juris*, sans que leur capacité fût aucunement modifiée; car le fils de famille pubère s'obligeait valablement (¹), tandis que l'impubère *sui juris* ne pouvait s'obliger qu'avec l'autorisation de son tuteur (²).

De toutes les institutions romaines, aucune n'a été plus profondément modifiée, en Droit français, que la puissance paternelle. Elle n'a été admise dans les Coutumes que comme une autorité protectrice, à laquelle les enfants étaient soumis, moins comme fils de famille qu'à raison de la faiblesse de leur âge. En un mot, cette puissance n'était, pour ainsi dire, qu'une première tutelle.

L'émancipation n'a donc pas, en Droit français, le même but qu'en Droit romain. À Rome, elle faisait cesser la puissance paternelle, et par cela même elle faisait souvent commencer la tutelle; chez nous, elle met fin à la tutelle aussi bien qu'à la puissance des père et mère; et comme l'une et l'autre autorité finit de plein droit à l'époque de la majorité, on n'émancipe plus que les mineurs. L'émancipé ne change pas de famille, mais il acquiert, quoique mineur, la capacité nécessaire pour exercer ses droits par lui-même. Cette capacité supposant quelque intelligence, il en résulte que les mineurs ne peuvent être émancipés avant un certain âge.

680. D'après les dispositions du Code civil, l'émancipation a lieu, ou de plein droit par le mariage du mineur (art. 476), ou par la volonté de ses parents. Dans ce dernier cas, elle résulte d'une déclaration faite devant le juge de paix par le père ou, à son défaut, par la mère (art. 477). Quant au mineur qui n'a plus ni père ni mère, il peut être émancipé par une délibération du conseil de famille, et alors c'est le juge de paix lui-même qui déclare, comme président du conseil, que le mineur est émancipé (art. 478).

Le juge de paix doit convoquer le conseil de famille pour délibérer sur l'émancipation, lorsqu'il en est requis, soit par le tuteur, soit par un parent ou allié du mineur au degré de cousin germain ou à un degré plus proche (art. 479).

Le mineur peut être émancipé par son père ou par sa mère dès l'âge de quinze ans; mais il ne peut l'être par le conseil de famille qu'à dix-huit ans accomplis (art. 477 et 478).

(¹) *Inst.*, § 6, *de inutil. stipul.*; *Gaius*, L. 39, *D. de oblig. et act.*
(²) *Inst.*, § 9, *de inutil. stipul.*; *Pr., de auct. tut.*

681. Le mineur émancipé, n'ayant plus de tuteur, gère lui-même ses affaires. Il agit seul, sans assistance de curateur, dans tous les actes de pure administration. C'est ainsi qu'il peut toucher ses revenus et louer ses biens, pourvu toutefois que la durée du bail n'excède pas neuf ans (art. 481).

Les autres actes se divisent en deux classes. Le mineur émancipé peut, avec la simple assistance d'un curateur qui lui est donné par le conseil de famille, recevoir les comptes de son tuteur (art. 480), accepter une donation entre-vifs (art. 935), intenter une action immobilière et recevoir le remboursement d'un capital mobilier (art. 482). Hors ces cas spéciaux, le principe est que le mineur émancipé, quoiqu'il agisse par lui-même, doit observer les formes prescrites au mineur en tutelle (art. 484), ou, pour parler plus exactement, à son tuteur.

Le mineur émancipé qui agit dans les limites de sa capacité, soit seul, soit avec l'assistance de son curateur, lorsqu'elle est requise, est considéré comme majeur et contracte valablement : en conséquence, il n'est plus restituable que pour les causes et dans les cas où un majeur le serait lui-même (art. 481, 487 et 1305).

Toutefois cette règle ne s'applique pas sans modification aux obligations que le mineur émancipé doit nécessairement contracter afin de subvenir à ses besoins journaliers, par exemple, pour son entretien, son logement, etc. En contractant ainsi, il agit certainement dans les limites de sa capacité, et cependant, en cas d'excès, ses engagements sont réductibles. Pour décider s'il y a excès, le tribunal prend en considération la fortune du mineur, l'utilité ou l'inutilité des dépenses, et la bonne ou la mauvaise foi des personnes qui ont traité avec lui (art. 484).

Le mineur dont les engagements ont été ainsi réduits, est exposé à perdre le bénéfice de l'émancipation. Ce bénéfice peut lui être retiré dans les mêmes formes qui ont été observées pour le conférer, et alors le mineur rentre en tutelle pour y rester jusqu'à sa majorité (art. 485).

476. — Le mineur est émancipé de plein droit par le mariage.

SOMMAIRE.

682. Émancipation tacite résultant du mariage.

682. L'émancipation tacite qui résulte du mariage, était généralement admise dans les pays coutumiers, et dans les pays de droit écrit qui ressortissaient au Parlement de Paris ([1]). En généralisant le prin-

---

([1]) Merlin, *Répert.*, v⁰ ÉMANCIPATION.

cipe de l'émancipation par mariage (¹), le Code établit une règle commune à toute la France. Remarquons d'ailleurs que cette émancipation est la seule qui s'opère de plein droit : ainsi le service militaire, un établissement distinct ou un domicile séparé de celui du père, ne suffisent plus pour mettre fin à la puissance paternelle.

Dans le droit coutumier, la tutelle cessait à l'époque de la puberté, c'est-à-dire, d'après plusieurs coutumes, qui suivaient à cet égard la loi romaine, à l'âge de douze ans pour les filles, et à l'âge de quatorze ans pour les garçons; mais, suivant la plupart des coutumes, à l'âge de dix-huit ans sans distinction de sexe. Ce dernier système, reproduit par le projet de Code civil, a été rejeté dans la discussion, parce que la majorité, dans le droit nouveau, ne se trouvait plus fixée à vingt-cinq ans, mais seulement à vingt et un ans. On a pensé avec raison que la minorité n'était plus assez prolongée pour se diviser en deux périodes dont la seconde ne pourrait avoir qu'une durée de trois ans (²). Ainsi, tout en rendant l'émancipation possible, la puberté ne l'opère jamais de plein droit, comme le mariage.

477. — Le mineur, même non marié, pourra être émancipé par son père, ou, à défaut de père, par sa mère, lorsqu'il aura atteint l'âge de quinze ans révolus.

Cette émancipation s'opérera par la seule déclaration du père ou de la mère, reçue par le juge de paix assisté de son greffier.

478. — Le mineur resté sans père ni mère pourra aussi, mais seulement à l'âge de dix-huit ans accomplis, être émancipé, si le conseil de famille l'en juge capable.

En ce cas, l'émancipation résultera de la délibération qui l'aura autorisée et de la déclaration que le juge de paix, comme président du conseil de famille, aura faite dans le même acte, *que le mineur est émancipé.*

SOMMAIRE.

683. A quel âge et par qui peut être émancipé le mineur.
684. Devant qui doit avoir lieu l'émancipation.

683. Le mineur qui a encore ses père et mère ou l'un d'eux, peut être émancipé dès l'âge de quinze ans, parce qu'il vit ordinairement

---

(¹) Une femme mariée avec dispense d'âge se trouve ainsi émancipée avant l'âge de quinze ans (V. arrêt de cassation, 21 *février* 1821).
(²) Opinion de Cambacérès, séances du 20 frim. an X et du 6 brum. an XI.

chez ses parents qui sont mieux placés que personne pour apprécier le développement de son intelligence et l'opportunité d'une émancipation précoce.

Le droit d'émancipation n'appartient à la mère qu'*à défaut du père*, c'est-à-dire lorsque le père est mort naturellement ou civilement ; car ce droit est une conséquence de la puissance paternelle (¹), et dès lors ne peut appartenir à la mère, qui n'est pas encore investie de cette puissance. Résulte-t-il de là que, pendant toute la vie du père, l'émancipation des enfants par la volonté maternelle soit absolument impossible ? Nous pensons que la mère, quoiqu'elle ne soit pas directement investie de l'autorité paternelle, peut cependant exercer, à l'égard des enfants, les droits qui appartiennent au père, toutes les fois que ce dernier se trouve dans l'impossibilité de manifester sa volonté. Par conséquent, les enfants dont le père est absent peuvent être émancipés par leur mère ; autrement, ils ne pourraient l'être par personne, même après l'âge de dix-huit ans ; car le conseil de famille n'a le droit d'émanciper les mineurs que lorsqu'ils n'ont plus ni père ni mère (art. 478).

Nous n'invoquons pas à cet égard les dispositions de l'article 149, qui, lorsque l'un des père et mère se trouve dans l'impossibilité de manifester sa volonté, se contente du consentement de l'autre pour le mariage du mineur. L'argument qu'on tirerait de cet article porterait à faux ; car le consentement des ascendants suffit aussi pour le mariage de leurs petits-enfants, lorsque les père et mère se trouvent l'un et l'autre dans la même impossibilité (art. 150), et cependant ces ascendants n'ont en aucun cas le droit d'émancipation.

Nous fondons notre opinion sur la disposition qui autorise la mère à exercer les droits du père, lorsque ce dernier a disparu (art. 141). Nous n'hésitons pas à décider qu'il doit en être de même, lorsque le père se trouve dans un état de démence qui le met dans l'impossibilité de manifester sa volonté : quelle que soit la cause d'une telle impossibilité, il y a toujours disparition, sinon de l'être physique, au moins de l'être moral.

Il est vrai que l'article 141 ne parle pas de l'émancipation ; mais il veut que la mère exerce tous les droits du père quant à *l'éducation des enfants et à l'administration de leurs biens*. Cette éducation et cette administration dérivent directement de la puissance paternelle, et nous ne croyons pas qu'en les indiquant spécialement, le Code ait entendu

---

(¹) Le droit d'émanciper appartient aux père et mère naturels, comme aux père et mère légitimes (Cour de Limoges, 2 *janvier* 1821). Il appartient à la mère remariée, lors même qu'elle n'est plus tutrice (Cour de Colmar, 17 *juin* 1807 ; de Bordeaux, 14 *juillet* 1838).

faire une énumération restrictive. Il est probable qu'il a voulu attribuer à la mère l'exercice de tous les droits que la puissance paternelle donne au père, sans en exclure l'émancipation des enfants; et il a dû le vouloir ainsi pour ne pas rendre absolument impossible un acte d'où peut dépendre un établissement avantageux. En effet, lorsqu'il s'agit d'autoriser un mineur à embrasser une profession commerciale, l'article 2 du Code de commerce se contente de l'autorisation de la mère, après la mort du père ou même lorsque le père est interdit ou absent. A la vérité, la loi dans cet article suppose que le mineur est déjà émancipé; mais l'autorisation dont il s'agit, est le complément nécessaire d'une émancipation qui sans cela manquerait son principal effet, et d'ailleurs le législateur manifeste suffisamment l'intention de conférer à la mère l'exercice des droits que le père ne peut pas exercer lui-même.

684. Dans les pays de droit écrit, l'émancipation, conformément au Droit romain, devait se faire devant le juge. Cependant plusieurs auteurs soutenaient qu'elle pouvait aussi avoir lieu devant notaires [1], et leur opinion avait été adoptée dans la rédaction primitive [2]; mais ensuite la section de législation supprima la disposition relative aux notaires : les juges de paix ont ainsi obtenu une compétence exclusive.

Ici, comme dans tous les actes relatifs à la tutelle, le juge de paix auquel on doit s'adresser est celui du domicile du mineur. Ainsi les personnes intéressées pourront toujours s'assurer de la capacité d'un mineur en consultant les actes de la justice de paix, pour savoir s'il est ou s'il n'est pas émancipé.

479. — Lorsque le tuteur n'aura fait aucune diligence pour l'émancipation du mineur dont il est parlé dans l'article précédent, et qu'un ou plusieurs parents ou alliés de ce mineur, au degré de cousin germain ou à des degrés plus proches, le jugeront capable d'être émancipé, ils pourront requérir le juge de paix de convoquer le conseil de famille pour délibérer à ce sujet.

Le juge de paix devra déférer à cette réquisition.

685. Par qui peut être provoquée l'émancipation du mineur resté sans père ni mère.

685. La faculté accordée à certains parents ou alliés de provoquer

[1] Merlin, *Répert.*, vº ÉMANCIPATION.
[2] V. le projet présenté au C. d'État, le 20 frim. an X.

l'émancipation du mineur, suppose évidemment qu'il n'a plus ni père ni mère; car autrement le conseil de famille serait sans qualité. La loi ne se réfère donc point ici aux deux articles précédents, mais seulement à l'article 478. Quant au mineur qui a encore son père ou sa mère, il n'est pas seulement en tutelle; il est en outre soumis à l'autorité paternelle, et cette autorité ne peut cesser avant la majorité que par la volonté des père et mère.

On a demandé si le mineur pourrait requérir par lui-même la convocation du conseil de famille. En fait, rien ne l'empêche d'exprimer son vœu au juge de paix, mais aussi rien n'oblige ce magistrat de déférer à une semblable réquisition. En réalité, il n'existe aucune voie légale qui soit ouverte au mineur; et c'est précisément parce qu'il ne peut pas agir, que le droit de requérir la convocation du conseil de famille est accordé au tuteur, et même à plusieurs parents ou alliés. C'est donc à eux que le mineur doit s'adresser officieusement pour les engager à user de leur initiative, et alors, si aucun d'eux ne provoque l'émancipation, le législateur présume qu'elle n'est pas nécessaire.

480. — Le compte de tutelle sera rendu au mineur émancipé, assisté d'un curateur qui lui sera nommé par le conseil de famille.

SOMMAIRE.

686. Validité du compte reçu avec l'assistance du curateur.
687. Curatelle légitime du mari. Aptitude de l'ancien tuteur aux fonctions de curateur.

686. La réception du compte de tutelle dépasse évidemment les bornes d'une simple administration, et cependant l'assistance d'un curateur suffit, dans ce cas, au mineur émancipé [1]. Loin de se montrer aussi facile, le projet primitivement adopté par le conseil d'État différait la reddition du compte jusqu'à la majorité, et les procès-verbaux n'indiquent pas comment cette disposition a été changée. Il est certain cependant que le changement a précédé la communication officieuse, puisque ce sont les observations du Tribunat qui ont fait attribuer au conseil de famille la nomination du curateur [2].

---

[1] Il n'est pas nécessaire que le compte soit rendu en justice; l'assistance du curateur suffit au mineur émancipé pour la réception d'un compte amiable (arrêts de rejet, 16 mai 1831 et 23 août 1837).

[2] Le curateur ne peut pas être nommé par le père ou par la mère qui émancipe un enfant mineur (Cours de Limoges, 2 janvier 1821; de Caen, 12 juin 1821).

494

687. Cette attribution ne souffre aucune difficulté lorsque le mineur est émancipé par la volonté de ses parents ou du conseil de famille ; mais il en est autrement, lorsqu'une femme se trouve émancipée par son mariage. Dans ce cas, le mari, pourvu qu'il soit majeur, est investi de plein droit des fonctions de curateur (¹), qui se cumulent dans ses mains avec la puissance maritale, en sorte qu'il assiste sa femme comme curateur, en même temps qu'il lui donne son autorisation comme mari. Si la femme mineure a besoin qu'on lui nomme un curateur (²) pour défendre aux poursuites dirigées contre elle, c'est uniquement lorsque le mari est mineur, ou lorsque le mari majeur refuse de procéder avec elle (art. 2208).

Suivant le projet discuté au conseil d'État, les fonctions de curateur devaient être nécessairement remplies par l'ancien tuteur ; mais cette disposition a été supprimée, parce qu'il est quelquefois utile de nommer un autre curateur, ne fût-ce, disait Cambacérès, que pour *préparer* l'action en reddition de compte (³). Comment voudrait-on, en effet, que le tuteur, devenu curateur, pût assister le mineur dans l'examen de son propre compte ? D'un autre côté, ne convient-il pas souvent de confier la curatelle à l'ancien tuteur , par exemple, au père qui émancipe ses enfants ? La disposition de l'article 480 n'y met point obstacle ; elle conduit seulement à cette conséquence que, dans ce cas, il faudra nommer, pour la reddition du compte de tutelle, un curateur spécial. Nous pensons qu'il doit en être de même dans toutes les affaires où les intérêts du curateur se trouvent en opposition avec ceux du mineur.

481. — Le mineur émancipé passera les baux dont la durée n'excédera point neuf ans, il recevra ses revenus, en donnera décharge, et fera tous les actes qui ne sont que de pure administration, sans être restituable contre ces actes dans tous les cas où le majeur ne le serait pas lui-même.

DONNER DÉCHARGE, c'est-à-dire, donner quittance des fermages, loyers, intérêts ou arrérages payés par un fermier, par un locataire ou par tout autre débiteur. Cette quittance ou décharge n'est qu'une reconnaissance du payement fait au mineur ; et puisqu'il est capable de recevoir le payement, il est nécessairement capable de reconnaître qu'il l'a reçu. Il était donc inutile, après avoir décidé qu'il pourra toucher ses revenus, d'ajouter qu'il pourra en donner décharge. Cette addition superflue s'explique par une erreur trop répandue dans la pratique, qui confond l'acte, c'est-à-dire, l'écrit servant à constater une convention, avec la convention même. C'est ainsi qu'on semble exiger ici une capacité spéciale pour donner la quittance ou la décharge, qui n'est que la preuve écrite du payement, et qui par conséquent

---

(¹) Cour de Pau (11 *mars* 1811).

(²) Le texte de l'article 2208 porte *un tuteur* ; mais cette expression, appliquée à un mineur émancipé, n'est évidemment qu'un *lapsus calami.*

(³) Discussion au C. d'État, séance du 6 brum. an XI.

ne devait pas, sous le rapport de la capacité, être séparée du payement lui-même. La même idée se reproduira dans l'article 482.

Tous les actes, etc. Le mot acte a plusieurs significations. Le plus souvent il s'applique à un écrit authentique ou privé, qui constate un fait, par exemple, une convention (V. art. 1317 et suiv.). Ici on entend, par le mot acte, le fait même, *id quod actum est*, c'est-à-dire la convention. Il est clair, en effet, qu'il ne s'agit pas de valider l'écrit qui prouve l'existence du contrat, mais le contrat lui-même. C'est dans le même sens que le mot acte est employé dans les articles 484, 502, 503 et 504.

SOMMAIRE.

688. Effets de l'émancipation quant à l'exercice des droits du mineur.
689. Quelle force ont ses différents actes.

688. L'émancipation, en faisant cesser l'autorité des père et mère et celle du tuteur, permet au mineur de se gouverner par sa propre volonté, et par conséquent de se choisir un domicile distinct de celui qu'il a eu précédemment chez ses père et mère ou chez son tuteur.

Le mineur émancipé n'ayant plus de représentant légal, exerce par lui-même tous ses droits, et lors même qu'il doit être assisté par son curateur, ou qu'il doit observer les formes prescrites au mineur non émancipé (art. 484), c'est toujours lui qui contracte et qui agit en son propre nom (¹), tandis que précédemment, pendant le cours de la tutelle, ses droits étaient exercés en son nom par son tuteur.

689. L'émancipation donne au mineur le droit d'administrer ses biens; mais l'étendue d'un pareil droit varie suivant la qualité des personnes qui en sont investies. Ainsi, par exemple, l'administration de la femme séparée de biens (art. 1449 et 1556), celle du tuteur (art. 450), celle du père pendant le mariage (art. 389), ont chacune leurs limites particulières. Quant au mineur émancipé, son droit est le moins étendu de tous; car c'est dans un sens restrictif qu'on lui permet de faire les actes de pure administration.

Ces actes qu'on oppose aux actes d'aliénation sont ceux que le mineur a besoin de faire pour jouir de ses biens, par exemple, en touchant ses revenus. C'est aussi pour lui laisser les moyens de jouir de ses biens, qu'on lui permet de les donner à bail, mais seulement pour neuf ans; car, en règle générale, un plus long bail est considéré comme une sorte d'aliénation.

Le mineur émancipé a, pour les actes dont il s'agit, toute la capacité d'un majeur. Cette règle, écrite dans la loi, n'existe pas seulement pour les actes de pure administration, elle s'applique aussi à tous les actes faits par le mineur émancipé, lorsqu'il a observé les formes requises : en un mot, il est considéré comme majeur pour tous les engagements qu'il prend sans excéder les limites de sa capacité, telles qu'elles sont

(¹) Une signification faite au curateur est nulle (arrêt de cassat. du 24 *juin* 1810).

établies par l'article 484 et par les articles suivants (V. art. 1305). Il en résulte que les engagements ainsi contractés sont valables, et ne peuvent pas être rescindés pour simple lésion, mais seulement pour erreur, violence ou dol, comme nous l'expliquerons plus loin (V. art. 1117 et 1305).

482. — Il ne pourra intenter une action immobilière, ni y défendre, même recevoir et donner décharge d'un capital mobilier, sans l'assistance de son curateur, qui, au dernier cas, surveillera l'emploi du capital reçu.

690. En règle générale, le droit d'administration autorise suffisamment ceux qui en sont investis à intenter les actions mobilières, comme à y défendre ; et en effet, si le tuteur a besoin d'obtenir l'autorisation du conseil de famille, soit pour exercer les actions du mineur, soit pour défendre ou acquiescer aux demandes dirigées contre lui, c'est seulement lorsqu'il s'agit d'actions immobilières (art. 464). La même distinction s'applique au mineur émancipé, sauf cette différence qu'il n'a pas besoin de l'autorisation du conseil de famille, mais simplement de l'assistance de son curateur. Doit-il avoir la même facilité pour acquiescer ? Nous ne le pensons pas. La disposition relative aux actions immobilières n'est qu'une dérogation à la règle générale posée dans l'article 484, pour tous les actes qui ne sont pas de pure administration. En permettant au mineur émancipé d'intenter une action immobilière ou d'y défendre avec la seule assistance de son curateur, la loi établit ici une exception qui ne paraît pas devoir s'étendre. D'ailleurs l'acquiescement n'est pas une défense, mais un abandon du droit, et sous ce point de vue, il se rapproche de la transaction. Il faut donc lui appliquer la règle générale qui exige l'observation de toutes les formes prescrites au tuteur (art. 484). Ainsi le mineur émancipé n'acquiescera valablement qu'avec l'autorisation du conseil de famille (art. 464).

691. Le droit d'administration ne permet pas seulement d'exercer les actions mobilières ; il donne aussi la libre disposition du mobilier. Tel est le principe général, qui s'applique notamment aux femmes séparées de biens (art. 1549 et 1538) ; mais le mineur émancipé n'a qu'une administration restreinte ; il ne dispose, comme nous l'avons déjà dit, que de ses revenus. Quant aux capitaux, même mobiliers, il ne peut

les recevoir qu'avec l'assistance de son curateur, qui dans ce cas spécial est chargé de surveiller l'emploi du capital reçu, afin que les fonds soient placés d'une manière utile. Pour cela il faut que les deniers payés au mineur ne restent point à sa disposition. Il convient donc que le curateur refuse son assistance jusqu'au moment où les fonds auront un emploi immédiat, parce qu'alors ils ne feront que passer par les mains du mineur, qui ne les encaissera même pas. Le retard ainsi apporté au payement par le curateur, pourra, si le débiteur est en droit de se libérer malgré le refus du créancier, donner lieu à des offres réelles, et même à une consignation (V. art. 1257 et 1258). C'est un inconvénient sans doute; mais cette marche a du moins l'avantage de ne pas exposer le mineur à perdre ses capitaux par inexpérience ou par légèreté.

Du reste, en parlant des capitaux, le législateur a eu en vue des sommes qui, relativement à la fortune du mineur, peuvent avoir une certaine importance. Une créance minime ne sera donc pas considérée ici comme un capital. Les juges devront se livrer, à cet égard, à une appréciation qui dépendra beaucoup des circonstances.

Les meubles corporels ne sont pas, comme les capitaux, soustraits au droit d'administration qui appartient au mineur émancipé. Il pourra donc en disposer librement.

692. Quant aux meubles incorporels, il n'existe de décision législative que pour les rentes sur l'État et pour les actions de la Banque de France. Aux termes de cette décision ([1]), le mineur émancipé, lorsqu'il n'a qu'une seule inscription de cinquante francs en rentes cinq pour cent, ou qu'une seule action de la Banque, peut la vendre au cours public, avec la simple assistance de son curateur; mais, lorsqu'il possède, soit une ou plusieurs inscriptions dépassant cinquante francs de rente, soit plusieurs actions de la Banque de France, il ne peut les vendre qu'avec l'autorisation du conseil de famille.

Si l'on prend cette décision comme raison écrite, ainsi que nous l'avons fait précédemment, tout ce que nous avons dit sur l'article 452 pour la vente des meubles incorporels appartenant à un mineur en tutelle, s'appliquera au mineur émancipé, en ce sens qu'il pourra faire, avec la simple assistance de son curateur, tout ce que le tuteur pourrait faire seul et sans l'autorisation de la famille, tandis que, dans tous les autres cas, le mineur émancipé devra observer les formes auxquelles le tuteur serait lui-même soumis ([2]).

___

([1]) Loi du 24 mars 1806, art. 3 ; décret du 25 sept. 1813.

([2]) On a jugé que le mineur émancipé peut céder seul une créance mobilière (arrêt de rejet, 15 décembre 1832).

I.   32

483. — Le mineur émancipé ne pourra faire d'emprunts, sous aucun prétexte, sans une délibération du conseil de famille, homologuée par le tribunal de première instance, après avoir entendu le procureur du Roi.

484. — Il ne pourra non plus vendre ni aliéner ses immeubles, ni faire aucun acte autre que ceux de pure administration, sans observer les formes prescrites au mineur non émancipé.

A l'égard des obligations qu'il aurait contractées par voie d'achats ou autrement, elles seront réductibles en cas d'excès : les tribunaux prendront, à ce sujet, en considération la fortune du mineur, la bonne ou mauvaise foi des personnes qui auront contracté avec lui, l'utilité ou l'inutilité des dépenses.

SOMMAIRE.

693. Règle générale sur la capacité du mineur émancipé.
694. Peut-il hypothéquer ses immeubles pour sûreté des engagements qu'il a valablement contractés ?
695. Dans quel cas ses engagements sont réductibles.

693. La disposition qui défend au mineur émancipé de faire aucun emprunt sans observer les formes établies pour le mineur non émancipé, n'était primitivement qu'une règle spéciale au cas d'emprunt, et de là on aurait pu conclure qu'en règle générale, l'assistance d'un curateur suffisait au mineur émancipé pour les actes les plus importants, conformément au principe qui semblait posé dans les articles 480 et 482. En effet, ce n'est qu'après la communication officieuse et sur la demande du Tribunat, qu'on a introduit une tout autre règle, savoir : que le mineur émancipé est incapable de *faire aucun acte autre que ceux de pure administration, sans observer les formes prescrites au mineur non émancipé.* Dès lors, la disposition de l'article 483 n'a plus été qu'une application directe du principe posé dans l'article suivant. Cela est tellement vrai, qu'on aurait pu, sans rien changer au sens, supprimer le premier de ces articles, en insérant le mot *emprunter* dans le premier alinéa du second, sauf à former du second alinéa un article distinct.

Quelques auteurs ont pensé que le mineur émancipé peut emprunter jusqu'à concurrence de ses revenus ; mais cette distinction est évidemment repoussée par le Code, qui défend d'emprunter *sous aucun prétexte*. Elle n'est pas moins contraire aux motifs du législateur. *Les prêts, fléau de l'inexpérience, ne doivent pas,* dit l'orateur du Gouvernement, *exister pour un mineur même émancipé* (1).

_____
(1) Les billets souscrits par un mineur émancipé sont présumés avoir pour cause un emprunt (Cour de Bourges, 13 *août* 1838 ; cour de Paris, 25 *juillet* 1843).

694. La prohibition d'hypothéquer les immeubles d'un mineur en tutelle (art. 457) n'est pas expressément reproduite à l'égard du mineur émancipé. Faut-il donc décider que, lorsqu'il contracte dans les limites de sa capacité, il peut donner, pour garantie de ses engagements, une hypothèque sur ses immeubles? On prétend fonder l'affirmative sur ce principe que, par l'effet de l'obligation qu'il contracte, le débiteur engage tous ses biens, meubles et immeubles, présents et à venir (art. 2092) ; qu'en constituant une hypothèque il ne se fait point tort à lui-même puisque tous ses biens sont déjà le gage commun de tous ses créanciers ; qu'une hypothèque donnée à l'un d'eux améliore sans doute sa condition en lui assurant un droit de préférence (art. 2093), fort utile vis-à-vis des autres créanciers, mais qui n'aggrave en rien la position du débiteur ; et de là on conclut que, lorsque la loi permet au mineur émancipé de prendre certains engagements, il n'y a aucun motif pour lui défendre de les garantir par une hypothèque.

Nous répondons que le débiteur, en hypothéquant ses biens, diminue son crédit. D'ailleurs l'hypothèque facilite beaucoup les engagements qu'une personne cherche à contracter, et on conçoit que le législateur n'ait pas voulu accorder au mineur émancipé une aussi dangereuse facilité. La constitution d'hypothèque n'est jamais un acte d'administration, et le droit de la consentir suppose la capacité nécessaire pour aliéner les immeubles que l'on veut hypothéquer (art. 2114). Dès lors, en défendant au mineur émancipé d'aliéner ses immeubles, on lui défend, par cela même, de les hypothéquer par sa seule volonté. Remarquons d'ailleurs que le Code n'admet d'hypothèque *sur les biens des mineurs que pour les causes et dans les formes établies par la loi* (art. 2126), ce qui se réfère évidemment aux formes prescrites par l'article 457. Il est vrai que le mineur émancipé et autorisé à faire le commerce a le droit d'hypothéquer ses immeubles, quoiqu'il ne puisse pas les aliéner (C. de comm., art. 6 et 7) ; mais la disposition qui lui donne cette faculté est une exception motivée par les exigences du commerce, et que le législateur a eu besoin d'exprimer formellement.

695. En parlant des obligations contractées *par voie d'achats ou autrement,* le Code emploie une expression beaucoup trop vague. On comprend néanmoins qu'il s'agit principalement des achats que le mineur est dans le cas de faire pour se procurer les denrées, les vêtements dont il a besoin, et, en général, les objets nécessaires à son entretien ainsi qu'à l'exercice de sa profession, s'il en a une (¹). Ces objets, indis-

---

(¹) Le mineur émancipé peut aussi acheter des immeubles, et dans ce cas même, il peut y avoir excès, et par suite réduction des engagements contractés (Cour de Colmar, 31 *janvier* 1826 ; arrêt de rejet, 15 *décembre* 1832).

pensables dans une certaine mesure, deviendraient inutiles, si le mineur en achetait une trop grande quantité, surtout s'il achetait à crédit pour satisfaire ses fantaisies. Du reste, ce n'est pas seulement par voie d'achat que le mineur émancipé a besoin de contracter; il faut aussi qu'il loue un appartement pour se loger, et, dans ce cas même, il y aura excès, s'il prend un état de maison hors de proportion avec ses revenus. Ces exemples expliquent suffisamment ce que le Code entend par excès dans les engagements contractés *par voie d'achat ou autrement,* excès qui exposent le mineur à perdre le bénéfice d'une émancipation dont il abuse.

485. — Tout mineur émancipé dont les engagements auraient été réduits en vertu de l'article précédent, pourra être privé du bénéfice de l'émancipation, laquelle lui sera retirée en suivant les mêmes formes que celles qui auront eu lieu pour la lui conférer.

SOMMAIRE.

696. Cette disposition ne s'applique point au mineur marié.

696. Malgré la généralité des termes qu'emploie le législateur, nous pensons que le bénéfice de l'émancipation ne peut pas être retiré au mineur marié. Quoique la protection des lois lui soit peut-être plus nécessaire qu'à tout autre, les droits et les devoirs qui résultent du mariage, la puissance paternelle, ou la tutelle légitime qui appartient aux père et mère, ne permettent pas que l'un d'eux se trouve lui-même en tutelle. D'ailleurs la loi indique suffisamment qu'il ne s'agit pas ici de l'émancipation par mariage, mais de celle qui est accordée par les père et mère ou par le conseil de famille, lorsqu'elle décide que la révocation en aura lieu dans les mêmes formes qui ont servi à la conférer (V. art. 477 et 478).

Toutefois ce bénéfice ne sera pas toujours retiré par ceux mêmes qui l'avaient accordé; il le sera par ceux qui auraient qualité pour émanciper actuellement le mineur, en supposant qu'il fût resté en tutelle. Ainsi l'émancipation conférée par le père pourra être retirée par la mère survivante, ou, après le décès de la mère, par le conseil de famille.

486. — Dès le jour où l'émancipation aura été révoquée, le mineur rentrera en tutelle, et y restera jusqu'à sa majorité accomplie.

SOMMAIRE.

697. Conséquences du rétablissement de la tutelle.

697. Le mineur qui est retombé en tutelle, devant, aux termes du Code, y rester jusqu'à sa majorité, ne pourra pas être émancipé de nouveau par ses père et mère ou par le conseil de famille ; mais, en cas de mariage, l'émancipation aura toujours lieu de plein droit.

La tutelle qui recommence, est légitime ou dative, comme si elle s'ouvrait pour la première fois. Par conséquent, l'ascendant qui était tuteur légitime rentrera dans ses anciennes fonctions ; mais le tuteur nommé par testament, ou par le conseil de famille, ne reprendra l'administration qu'autant qu'il sera nommé de nouveau.

Le droit de jouissance légale que les père et mère ont sur les biens de leurs enfants mineurs, finit en cas d'émancipation (art. 384), et ce droit, une fois éteint, n'est pas susceptible de renaître avec la tutelle, lorsque l'émancipation est révoquée ; car si le mineur est alors replacé en tutelle, c'est dans son propre intérêt, et nullement dans l'intérêt de ses parents. Ceux-ci ne doivent donc pas avoir de nouveau un droit qu'ils ont volontairement abandonné, en émancipant le mineur.

487. — Le mineur émancipé qui fait un commerce est réputé majeur pour les faits relatifs à ce commerce.

SOMMAIRE.

698. Capacité spéciale du mineur émancipé qui fait un commerce. Autorisation qui lui confère cette capacité.

698. Le commerce ne vit que par le crédit, et personne ne voudrait traiter avec un négociant qui pourrait se faire restituer pour lésion. La qualité de commerçant est donc incompatible avec le privilége que le droit civil assure aux mineurs : ainsi le mineur émancipé ne sera pas restituable pour cause de lésion contre les engagements relatifs à son commerce. C'est en ce sens qu'il est réputé majeur.

Cependant l'émancipation ne suffit pas pour habiliter le mineur à faire le commerce. Il faut de plus qu'il ait dix-huit ans révolus, et qu'il obtienne une autorisation spéciale, qui doit être donnée par son père; en cas de décès, interdiction ou absence du père, par sa mère, ou enfin, s'il n'a plus ni père ni mère, par une délibération du conseil de famille revêtue de l'homologation du tribunal civil. Enfin l'autorisation ainsi accordée doit recevoir une certaine publicité, et dans ce but, l'acte qui la constate, doit être enregistré au greffe et affiché dans l'auditoire du tribunal de commerce du lieu où le mineur veut établir son domicile (C. de comm., art. 2).

C'est après l'accomplissement de ces formalités qu'il est réputé majeur, mais seulement pour son commerce. Il peut emprunter ou recevoir, sans assistance de curateur, les capitaux mobiliers qu'il croit devoir engager dans ses opérations, et alors il n'a pas le droit de faire rescinder ses engagements, sous prétexte qu'ils excèdent la capacité ordinaire d'un mineur émancipé. Cependant, comme la capacité qui lui est ainsi attribuée n'existe que pour ses opérations commerciales, ceux qui ont traité avec lui, doivent prouver qu'il a contracté pour les besoins de son commerce. Nous exceptons toutefois les actes qui sont réputés avoir pour cause des engagements commerciaux (C. de comm., art. 632, 653 et 638), parce qu'il existe, à leur égard, une présomption légale qui dispense de fournir aucune preuve (V. art. 1352).

Quant à ses immeubles, le mineur commerçant demeure incapable de les aliéner, si ce n'est en observant les formes prescrites par l'article 457 ; mais on lui permet de les hypothéquer (C. de comm., art. 2, 6 et 7), pour faciliter les emprunts dont il peut avoir besoin.

TITRE ONZIÈME.

DE LA MAJORITÉ, DE L'INTERDICTION ET DU CONSEIL JUDICIAIRE.

Décrété le 8 germinal an XI (29 mars 1803). Promulgué le 18 germinal (8 avril).

INTRODUCTION.

SOMMAIRE.

699. Capacité des majeurs. Incapacité exceptionnelle en cas d'interdiction ou de conseil judiciaire.
700. De l'interdiction en Droit romain. Causes et but de l'interdiction en Droit français.
701. Par qui, et devant quel tribunal elle doit être demandée. Comment la cause est instruite et jugée. Publicité du jugement d'interdiction.
702. Effet de ce jugement relativement aux actes de l'interdit.
703. Assimilation de l'interdit au mineur. Exceptions que souffre ce principe.
704. Comment cesse l'incapacité de l'interdit.
705. Ce qu'il faut entendre par le conseil judiciaire. Pour quelles causes il est donné. Incapacité qui en résulte.
706. Incapacité des personnes placées dans un établissement d'aliénés.
707. Condamnations qui produisent l'interdiction légale.
708. Effets de la dégradation civique et de plusieurs condamnations correctionnelles.

CHAPITRE PREMIER.

DE LA MAJORITÉ.

699. A la minorité, qui dure jusqu'à l'âge de vingt et un ans accomplis, succède la majorité. Les majeurs ont une capacité générale, qui

s'étend à tous les actes de la vie civile. Cependant les personnes du sexe masculin ne peuvent contracter mariage, avant l'âge de vingt-cinq ans révolus, sans le consentement de leurs ascendants (art. 148, 150 et 488).

Cette capacité que donne la majorité, cesse, pour toute espèce d'actes, par l'interdiction, et pour certains actes seulement, par la nomination d'un conseil-judiciaire.

CHAPITRE II.

DE L'INTERDICTION.

700. Interdire une personne, ou, plus exactement, lui interdire l'exercice de ses droits, c'est lui défendre, comme le mot l'indique, d'exercer les droits dont elle pourrait abuser. C'est ainsi qu'à Rome on prononçait, contre les prodigues, une interdiction générale dont la formule est parvenue jusqu'à nous (¹), tandis qu'on ne prononçait aucune interdiction pour cause d'aliénation mentale. En effet, les personnes atteintes de folie, n'ayant aucune volonté raisonnable, étaient privées, par cela même, de toute capacité. Le prodigue, au contraire, conservant l'exercice de ses facultés intellectuelles, il fallait lui enlever, par une interdiction, sa capacité naturelle. Les dispositions du Code civil semblent conçues dans un autre esprit : l'interdiction du prodigue n'est plus admise, et les personnes qu'on interdit, sont celles qui se trouvent dans un état habituel d'imbécillité, de démence ou de fureur. Toutefois le changement n'est pas aussi complet qu'on pourrait le supposer. Si l'on n'interdit point les prodigues, on leur défend de faire, autrement qu'avec l'assistance d'un conseil, les actes qui seraient de nature à compromettre leurs intérêts (art. 513), et cette défense n'est, à proprement parler, que l'interdiction du Droit romain spécialement appliquée à certains actes. Quant aux personnes atteintes d'aliénation mentale, si la loi veut qu'elles soient interdites, ce n'est pas assurément pour les dépouiller d'une capacité qu'elles n'ont pas; c'est pour constater l'incapacité habituelle dont elles sont frappées, incapacité qui s'étend, par l'effet même de l'interdiction, jusqu'aux intervalles lucides. Le législateur prévient ainsi les nombreuses contestations qui s'élèveraient plus tard sur l'état mental de la personne au moment où elle a fait tel ou tel acte.

701. Sont recevables à provoquer l'interdiction d'une personne tous ses parents, son conjoint (art. 490), et même le procureur du Roi. Tou-

_____

(¹) « Quando tua bona, paterna avitaque, nequitia tua disperdis, liberosque tuos ad « egestatem perducis, ob eam rem tibi ea re commercioque interdico » (*Paul.*, *Sent.*, *lib.* 2, *tit.* 4, § 4).

tefois l'action de ce magistrat n'est que subsidiaire; car s'il est obligé
de poursuivre l'interdiction d'un furieux, c'est lorsqu'elle n'est pas demandée par les parents ou par le conjoint; et s'il peut faire interdire
une personne en état d'imbécillité ou de démence, c'est lorsqu'il n'existe
ni conjoint ni parents connus (art. 491).

La demande en interdiction est portée au tribunal civil du domicile
du défendeur (art. 492). Elle est formée par une requête contenant l'indication des faits et des témoins (art. 493). Le conseil de famille est
consulté (art. 494); le défendeur est interrogé une fois au moins, et
c'est alors seulement que les témoins peuvent être entendus (art. 496;
C. de pr., art. 893).

Après le premier interrogatoire, le tribunal peut nommer un administrateur provisoire, pour prendre soin de la personne et des biens
du défendeur (art. 497).

Jusqu'à cette nomination inclusivement, le tribunal statue en la
chambre du conseil; mais le jugement qui prononce l'interdiction doit
être rendu à l'audience, après que les parties et le ministère public ont
été entendus (art. 498). En cas d'appel, la cour royale procède de la
même manière, et peut employer les mêmes voies d'instruction
(art. 500 et 515).

Tout jugement ou arrêt portant interdiction doit être signifié dans la
forme ordinaire, et inscrit, dans les dix jours de sa date, sur des tableaux affichés dans l'auditoire du tribunal et dans les études des notaires de l'arrondissement (art. 501).

702. L'interdiction a son effet du jour où elle a été prononcée. Tous
actes passés postérieurement par l'interdit sont nuls de droit (art. 502),
en ce sens que l'interdit ou ses représentants pourront en demander la
nullité, sans être tenus, comme le mineur, d'alléguer aucune lésion
(V. art. 1305).

Les actes même antérieurs à l'interdiction sont annulables, s'ils ont
été faits à une époque où la cause de l'interdiction était déjà notoire
(art. 503). Cette règle s'applique lors même que l'interdiction n'a pu
être prononcée, parce que le défendeur est décédé pendant l'instance.
Quant aux actes d'une personne dont l'interdiction n'a été ni prononcée, ni même provoquée, ils ne peuvent être annulés, après sa mort,
qu'autant que la preuve de la démence résulte de ces actes mêmes
(art. 504).

Celui contre qui l'interdiction est prononcée, se trouve placé en tutelle. Il doit par conséquent avoir un tuteur et un subrogé tuteur. L'administrateur provisoire cesse dès lors ses fonctions, et, à moins que la
tutelle ne lui soit déférée, il est tenu de rendre compte au tuteur qui le
remplace (art. 505).

703. L'interdit est assimilé au mineur, tant pour les soins à prendre de sa personne, que pour l'administration de ses biens. Conséquemment, les lois établies sur la tutelle des mineurs s'appliquent à la tutelle des interdits (art. 509), sauf toutefois les modifications suivantes :

1° Le mari est tuteur légitime de sa femme interdite (art. 506). Quant à la femme, elle peut seulement être nommée tutrice par le conseil de famille, qui, dans ce cas particulier, règle la forme et les conditions de l'administration, sauf recours aux tribunaux, si la femme croit devoir réclamer (art. 507).

2° En règle générale, les fonctions du tuteur durent autant que la tutelle. Cette règle est appliquée par le Code au conjoint de l'interdit et à ses ascendants ou descendants ; mais tout autre tuteur peut obtenir sa décharge après dix années de gestion (art. 508).

3° Les revenus d'un interdit n'ont pas toujours la même destination que ceux d'un mineur. Ils doivent être essentiellement employés à la guérison de l'interdit, si le mal n'est pas incurable, et dans tous les cas à l'adoucissement de son sort. Suivant le caractère de la maladie et suivant la fortune du malade, le conseil de famille décide s'il doit être traité chez lui ou placé, soit dans une maison de santé, soit dans un hospice (art. 510).

4° Si l'interdit a des enfants auxquels il importe de procurer un établissement par mariage, il peut leur être constitué une dot sur les biens de l'interdit, et alors les conventions matrimoniales sont réglées par une délibération du conseil de famille homologuée par le tribunal (art. 511).

704. L'interdiction ne cesse pas de droit avec les causes qui l'ont fait établir. Elle doit être levée par les tribunaux comme elle a été prononcée par eux, et dans les mêmes formes. Enfin, c'est après la mainlevée seulement que l'interdit reprend l'exercice de ses droits (art. 512).

CHAPITRE III.

DU CONSEIL JUDICIAIRE.

705. Le mot conseil désigne le plus souvent une assemblée dont les membres se réunissent pour délibérer sur certaines affaires, par exemple, le conseil d'État, le conseil de famille, etc. Quelquefois, au contraire, le conseil est une personne qui doit être consultée par une autre. C'est une espèce de curateur donné à ceux qui n'ont pas une aptitude suffisante pour les affaires (V. art. 391). Tel est notamment le *conseil judiciaire,* ainsi appelé parce qu'il est toujours nommé par les tribunaux.

Il peut être donné, soit aux prodigues (art. 513), soit aux personnes dont la raison n'est ni assez dérangée pour justifier une interdiction, ni assez sûre pour qu'on puisse leur laisser le libre exercice de tous leurs droits (art. 499).

Le jugement qui donne un conseil judiciaire à une personne, lui défend de plaider, de transiger, d'emprunter, de recevoir un capital mobilier, d'aliéner ses immeubles ou de les hypothéquer sans l'assistance de ce conseil. Cette défense produit, relativement aux actes qui viennent d'être énumérés, une incapacité semblable à celle qui résulte de l'interdiction. Par conséquent, ces actes sont nuls de droit, par cela seul qu'ils ont été faits après le jugement, et sans l'assistance du conseil désigné (art. 502).

La nomination du conseil judiciaire peut être provoquée par les mêmes personnes que l'interdiction, et la demande doit être instruite et jugée de la même manière (art. 514). Le jugement portant nomination d'un conseil doit être publié, comme celui qui prononce une interdiction (art. 501), et ses effets subsistent, tant que la défense n'a pas été levée par suite d'une instance introduite dans les mêmes formes (art. 514).

APPENDICE

SUR L'INCAPACITÉ DES PERSONNES PLACÉES DANS UN ÉTABLISSEMENT D'ALIÉNÉS, ET SUR LES INCAPACITÉS RÉSULTANT DE CERTAINES CONDAMNATIONS PÉNALES.

§ I.

706. La loi du 30 juin 1838, en organisant les établissements publics et privés où les aliénés peuvent être reçus, indépendamment de toute interdiction, pour recevoir un traitement conforme aux règles de l'art médical, a frappé d'une incapacité spéciale les personnes reçues dans ces établissements. Leurs actes, sans être nuls de droit, comme ceux des interdits, sont seulement annulables pour cause de démence (1).

§ II.

707. Nous avons parlé précédemment de la mort civile, qui enlève au condamné l'exercice et même la jouissance des droits qui ne sont pas indispensables à son existence. La condamnation à une peine afflictive temporaire ou à une peine infamante, a des effets moins étendus ; elle

(1) Loi du 30 juin 1838, art. 39.

enlève tantôt l'exercice des droits civils, tantôt la jouissance de quelques-uns de ces droits.

Ceux qui, par une condamnation contradictoire, ont encouru la peine des travaux forcés à temps, de la détention ou de la réclusion, sont par cela seul en état d'interdiction légale pendant la durée de leur peine. Ils sont dès lors en tutelle, comme les mineurs non émancipés et les majeurs judiciairement interdits. Toutefois il est expressément défendu de remettre au condamné aucune somme, aucune portion de ses revenus (C. pén., art. 29 et 51). Nous examinerons, en expliquant l'article 1125, si cette interdiction produit une incapacité de même nature que l'incapacité résultant de l'interdiction judiciaire.

708. L'interdiction légale est une peine accessoire, qui n'enlève au condamné que l'exercice de ses droits. Elle ne peut donc se confondre avec la dégradation civique, peine infamante, tantôt principale (V. C. pén., art. 121, 122 et 177), et tantôt accessoire (C. pén., art. 28), qui enlève au condamné la jouissance même de plusieurs droits d'une grande importance.

Cette peine, qui originairement ne produisait que des incapacités politiques, a commencé, dans le Code, à produire des incapacités civiles (V. art. 221, 443 et 445), dont le Code pénal a ensuite augmenté le nombre. Ainsi le condamné perd le droit d'être expert, de déposer en justice autrement que pour y donner de simples renseignements, de faire partie d'aucun conseil de famille, et de remplir les fonctions de tuteur, de subrogé tuteur ou de curateur, si ce n'est pour ses propres enfants, et dans le cas seulement où ces fonctions lui seraient conférées par le conseil de famille (C. pén., art. 34).

Les tribunaux, jugeant correctionnellement, peuvent, dans les cas spécialement déterminés (C. pén., art. 43; V. art. 109, 112, 115, 123 et 171), prononcer l'interdiction totale ou partielle de la plupart des droits que fait perdre la dégradation civique (V. C. pén., art. 42).

CHAPITRE PREMIER.

DE LA MAJORITÉ.

488. — La majorité est fixée à vingt-un ans accomplis; à cet âge on est capable de tous les actes de la vie civile, sauf la restriction portée au titre *du Mariage*.

SOMMAIRE.

709. La minorité, suivant le droit écrit et suivant la plupart des Coutumes, ne finissait qu'à l'âge de vingt-cinq ans accomplis. C'est seulement sous l'Assemblée législative que la majorité a été fixée à vingt et un ans révolus, par la loi du 20 septembre 1792. Cette loi, relative aux actes de l'état civil, semblait n'avoir établi cette majorité que pour le mariage (¹); mais une loi interprétative déclara la majorité ainsi fixée à vingt et un ans, *parfaite à l'égard de tous les droits civils* (²).

Remarquons que c'est pour le mariage, ou du moins à son occasion, que l'Assemblée législative a fixé la majorité à vingt et un ans, tandis que les auteurs du Code civil, en s'arrêtant à ce dernier âge *pour tous les actes de la vie civile* en général, admettent, pour le mariage, une majorité exceptionnelle, qu'ils reportent à vingt-cinq ans, du moins pour les personnes du sexe masculin.

710. Les jurisconsultes romains calculaient la majorité *de momento ad momentum*, et la faisaient commencer dans la journée du vingt-cinquième anniversaire, lorsque arrivait l'heure correspondant à celle de la naissance (³). En appliquant ce système à l'âge actuellement fixé pour la majorité, Merlin décide que « un enfant né le 1ᵉʳ janvier « 1809, à midi, aura acquis, le 1ᵉʳ janvier 1830, à midi, sa pleine « majorité ». Le même auteur ajoute que, si cet enfant « a fait, pen- « dant sa minorité, quelque acte qui le lèse, le 1ᵉʳ janvier 1840, à « midi, les dix ans qu'il aura eus pour se pourvoir en rescision, seront « écoulés » (⁴).

D'après le même principe, on déciderait que la prescription de l'action du mineur contre son tuteur, prescription dont la majorité forme le point de départ (art. 475), doit se compter par heures. D'un autre côté, comme la prescription est en général suspendue par la minorité (art. 2252), on serait amené à introduire, dans la matière de la suspension, et par suite dans celle de la prescription, un calcul par heures, qui est formellement repoussé par le Code (art. 2260). On ferait ainsi renaître les contestations qui se sont élevées autrefois sur la question de savoir si l'heure expire au premier ou au dernier coup de l'horloge (⁵); on plaiderait sur la différence du temps vrai au temps moyen, sur l'exactitude des horloges publiques, et sur la manière dont elles sont réglées. Il y a plus, l'heure varie suivant la longitude; et combien de calculs ne faudrait-il pas entreprendre, pour faire concorder l'heure du lieu de la naissance avec celle du lieu où les actes sont passés !

(¹) Loi du 20 sept. 1792, tit. 4, sect. 1, art. 2.
(²) Loi du 31 janv. 1793.
(³) *Ulp.*, L. 3, § 3, *D. de minor.*
(⁴) Merlin, *Répert.*, vᵒ PRESCRIPTION, sect. 2, § 1, nᵒ 2.
(⁵) Merlin, *ibid.*

Si l'on veut observer que les officiers de l'état civil sont seuls tenus d'indiquer l'heure où chacun de leurs actes a été reçu (art. 54); que la date des actes notariés, des exploits d'huissier et même des jugements, ne contient point d'autre mention que celle de l'année, du mois et du quantième, on concevra qu'un système d'après lequel la capacité des personnes pourrait changer d'un instant à l'autre, dans la même journée, serait totalement inconciliable avec l'usage universellement observé sur la date des actes.

Remarquons d'ailleurs que cet usage satisfait aux exigences du Code civil, qui fixe toujours les délais en indiquant un certain nombre d'années, de mois et de jours. Il y a trop de difficulté, trop d'incertitude dans le calcul d'heure à heure pour qu'il n'entraîne pas beaucoup d'arbitraire; on ne peut éviter ce danger qu'en établissant une règle uniforme pour la majorité des enfants qui sont nés le même jour, et pour la validité de leurs actes. Nous pensons qu'ils acquièrent en même temps la capacité que donne la majorité, au moment où finit la journée de leur vingt et unième anniversaire.

On objecte que l'heure de la naissance doit être déclarée à l'officier de l'état civil (art. 57); mais l'indication précise du moment où un enfant vient au monde peut avoir une utilité indépendante de la question qui nous occupe, lorsqu'il s'agit de savoir quel est le premier né de deux frères jumeaux.

CHAPITRE II.

DE L'INTERDICTION.

489. — Le majeur qui est dans un état habituel d'imbécillité, de démence ou de fureur, doit être interdit, même lorsque cet état présente des intervalles lucides.

SOMMAIRE.

711. Nécessité de l'interdiction à l'égard des majeurs. Utilité qu'elle peut avoir à l'égard des mineurs.
712. Motifs de l'interdiction quand il existe des intervalles lucides.

711. Suivant le projet de Code civil ([1]) communiqué aux tribunaux, ce n'est pas seulement *le majeur* qui devait être interdit pour cause d'aliénation mentale, mais en général celui qui était en état d'imbécillité, de démence ou de fureur. Toutefois, dans un autre article ([2]), ce

---

([1]) Tit. 10, art. 4.
([2]) *Ibid.*, art. 39.

même projet défendait l'interdiction des mineurs en tutelle, tout en permettant celle des mineurs émancipés. Le tribunal de cassation fit observer qu'il pourrait être utile d'interdire un mineur, même non émancipé, dans la dernière année de sa minorité, pour éviter qu'à l'époque de sa majorité, et dans l'intervalle de la demande au jugement, il ne vînt à ratifier des actes passés en minorité ([1]). Le Tribunat proposa même une rédaction conforme à cette observation ; mais au conseil d'État, la section de législation supprima l'article relatif à l'interdiction des mineurs, et modifia la disposition qui depuis a formé l'article 489 du Code civil, en appliquant *au majeur* seulement la nécessité de l'interdiction pour cause d'aliénation mentale : ainsi le majeur seul *doit être interdit,* tandis que le mineur ne doit pas, mais peut l'être, si son intérêt l'exige ([2]). On pourrait aussi interdire les mineurs, dans un intérêt de famille et dès l'âge de seize ans, pour les empêcher de disposer de la moitié de leurs biens par testament (V. art. 904).

712. L'état d'imbécillité, de démence ou de fureur rend l'interdiction nécessaire lorsqu'il est habituel, quoiqu'il existe d'ailleurs des intervalles lucides, et peut-être même parce qu'il en existe. En effet, dans l'état d'imbécillité, qui ordinairement n'a point d'intermittence, le défaut d'interdiction a peu d'inconvénients ; il en a d'autant moins que le mal est plus grave et plus notoire, parce qu'alors l'incapacité de la personne ne saurait être douteuse ; mais en cas de démence ou de fureur, la capacité naturelle qui renaît par intervalle, pourrait être la source de nombreuses difficultés, puisque, pour apprécier les actes d'une personne en démence, il faudrait toujours examiner, comme on le faisait en Droit romain, s'ils ont eu lieu dans un intervalle lucide. Pour trancher ces questions de fait, la loi veut que les personnes en état d'aliénation mentale soient interdites, c'est-à-dire placées dans un état d'incapacité civile qui n'a point d'intermittence.

490. — Tout parent est recevable à provoquer l'interdiction de son parent. Il en est de même de l'un des époux à l'égard de l'autre.

SOMMAIRE.

713. Action accordée à tous les parents et refusée aux alliés. Une personne peut demander sa propre interdiction.

713. En mentionnant seulement les parents, le Code exclut les alliés ([3]). A la vérité, les alliés pourront être appelés dans le conseil de

---

([1]) V. Locré, *Esprit du Code civil.*
([2]) Cour de Metz (30 *août* 1823) et cour de Dijon (24 *avril* 1830).
([3]) Cour de Paris (25 *mai* 1835) et cour de Paris (14 *mars* 1843).

famille, qui sera nécessairement consulté (art. 494) ; mais, dans ce cas même, ils n'auront qu'un avis à émettre. Leur condition, en matière d'interdiction, reste donc parfaitement distincte de celle des parents.

La loi admet les parents sans faire aucune distinction, et par conséquent tous les parents. Remarquons toutefois qu'au delà du douzième degré, la parenté ne produit plus aucun effet légal (V. art. 755).

On conçoit qu'une personne, n'ayant point perdu totalement l'usage de ses facultés intellectuelles, ait cependant conscience de leur affaiblissement, et demande elle-même sa propre interdiction ou la nomination d'un conseil judiciaire, dans la crainte des surprises dont elle pourrait être victime. Aussi le projet de Code civil avait-il admis qu'en pareil cas les tribunaux pourraient donner un conseil *volontaire*. Cette disposition ne se retrouve pas dans la loi, et le Code de procédure, en traçant la marche à suivre pour obtenir l'interdiction, n'a rien prévu de semblable ; mais rien n'indique non plus de la part du législateur, l'intention d'empêcher un majeur de provoquer lui-même son interdiction, et puisque les personnes frappées d'aliénation mentale, peuvent, dans un moment de calme et de lucidité, avoir conscience de leurs aberrations, pourquoi refuserait-on de faire, dans leur intérêt et sur leur propre demande, ce que l'on ferait sur la demande d'un collatéral éloigné? Nous ne voyons rien qui s'y oppose.

491. — Dans le cas de fureur, si l'interdiction n'est provoquée ni par l'époux ni par les parents, elle doit l'être par le procureur du Roi, qui, dans le cas d'imbécillité ou de démence, peut aussi la provoquer contre un individu qui n'a ni époux, ni épouse, ni parents connus.

SOMMAIRE.

714. Ancienne définition des différents cas d'aliénation mentale. Définitions et classification de la science actuelle.
715. Nécessité de l'action du ministère public en cas de manie ou de monomanie.

714. Les trois causes d'interdiction admises par le Code civil ont été définies de la manière suivante :

« L'imbécillité est une faiblesse d'esprit causée par l'absence ou l'oblitération des idées.—La démence est une aliénation qui ôte à celui qui en est atteint l'usage de sa raison. — La fureur n'est qu'une démence portée à un plus haut degré, qui pousse le furieux à des mouvements dangereux pour lui-même et pour les autres » (1).

_____

(1) Discours du tribun Tarrible, au Corps législatif.

Ces définitions vagues montrent suffisamment que les rédacteurs du Code civil ne connaissaient point les progrès qu'avait faits l'étude des affections mentales, par suite de l'impulsion qu'elle avait reçue du docteur Pinel. Esquirol, dont la théorie est encore admise aujourd'hui, réduit les différentes variétés d'aliénation mentale à quatre formes générales, qui sont : « L'imbécillité ou l'idiotisme, dans lequel les orga-
« nes n'ont jamais été assez bien conformés pour que les idiots puissent
« raisonner juste.— La monomanie ou mélancolie, dans laquelle le dé-
« lire est borné à un seul objet ou à un petit nombre d'objets.—La ma-
« nie, dans laquelle le délire s'étend sur toute sorte d'objets, et s'ac-
« compagne d'excitations. — La démence, dans laquelle les insensés
« déraisonnent, parce que les organes de la pensée ont perdu leur
« énergie, et la force nécessaire pour remplir leurs fonctions » (¹).

715. Ces distinctions scientifiques ne sont pas sans intérêt pour le jurisconsulte, qui doit examiner jusqu'à quel point elles se concilient avec les idées admises par le législateur, pour savoir dans quels cas l'interdiction doit être prononcée par le juge, et dans quel cas surtout elle doit être provoquée par le ministère public.

La première de ces deux questions est facile à résoudre. Il est bien évident qu'en parlant de l'imbécillité, de la démence et de la fureur, la loi a voulu comprendre tous les genres d'aliénation mentale, et que dès lors il importe peu qu'on en distingue trois ou quatre espèces; mais comment appliquer à la nomenclature de la science actuelle, ce que la loi décide pour le cas de fureur? Ce que le tribun Tarrible a dit du furieux, que son délire *pousse à des mouvements dangereux pour lui-même et pour les autres,* prouve suffisamment que l'action du ministère public est nécessaire toutes les fois que l'aliénation mentale peut devenir dangereuse pour la sûreté des personnes ; or ce caractère se rencontre éminemment dans la manie et dans la monomanie, à cause des idées de suicide et d'homicide que l'une et l'autre suggère, tandis qu'on n'a pas, à beaucoup près, autant à craindre des personnes en état de démence, et surtout des idiots. Ainsi le ministère public ne pourra provoquer l'interdiction de ces personnes qu'autant qu'elles n'auraient ni conjoint

---

(¹) Esquirol, *Dictionnaire des Sciences médicales*, v° FOLIE, t. 16, p. 163. L'auteur énumère ces quatre formes d'aliénation mentale dans l'ordre suivant : 1° La monomanie ou mélancolie, 2° la manie, 3° la démence, 4° l'imbécillité ou idiotisme. Nous croyons qu'il vaut mieux placer l'idiotisme en première ligne et rejeter la démence à la quatrième et dernière place : en effet, Esquirol nous apprend dans le même article (p. 169 et 201), que « toutes les folies dégénèrent en dé-
« mence après un temps plus ou moins long, » et que sous le rapport des âges l'imbécillité appartient plus spécialement à l'enfance, la manie à la jeunesse, la mélancolie à l'âge viril et la démence à la vieillesse.

ni parents connus, tandis que, au contraire, il devra faire interdire les maniaques et les monomaniaques.

492. — Toute demande en interdiction sera portée devant le tribunal de première instance.

SOMMAIRE.

716. Par quel tribunal doit être prononcée l'interdiction.

716. Aucun doute ne pouvait s'élever, en cette matière, sur la compétence du tribunal civil, et il est à peine besoin d'ajouter qu'il faudra s'adresser, conformément à la règle générale (C. de pr., art. 59), au tribunal du domicile du défendeur.

493. — Les faits d'imbécillité, de démence ou de fureur, seront articulés par écrit. Ceux qui poursuivront l'interdiction, présenteront les témoins et les pièces.

SOMMAIRE.

717. Procédure spéciale en matière d'interdiction.

717. En règle générale, le tribunal est saisi d'une demande par un exploit d'ajournement signifié au défendeur (C. de pr., art. 59, 61 et 68) ; mais, en matière d'interdiction, le législateur veut que, avant de mettre en cause la personne qu'il est question d'interdire, le tribunal puisse consulter le conseil de famille et interroger cette personne même. C'est dans ce but qu'on a établi une procédure spéciale. La demande est formée par une requête, dans laquelle les faits d'imbécillité, de démence ou de fureur sont articulés et les témoins indiqués (1). Cette requête est présentée, avec les pièces justificatives, au président du tribunal qui ordonne la communication au ministère public, et commet un juge pour faire un rapport au jour indiqué (C. de pr., art. 890 et 891).

494. — Le tribunal ordonnera que le conseil de famille, formé selon le mode déterminé à la section IV du chapitre II du titre *de la Minorité, de la Tutelle et de l'Émancipation*, donne son avis sur l'état de la personne dont l'interdiction est demandée.

SOMMAIRE.

718. Le tribunal peut-il rejeter purement et simplement la demande ?

---

(1) La requête est nulle, lorsqu'elle n'indique pas les faits et les témoins (cour de Rennes, 15 *août* 1838).

718. La convocation du conseil est ordonnée sur le rapport du juge-commissaire (C. de pr., art. 892), du moins lorsque le tribunal croit devoir donner suite à la demande. Autrement, si les faits articulés lui paraissaient non pertinents, il pourrait rejeter la requête *de plano* (¹).

495. — Ceux qui auront provoqué l'interdiction, ne pourront faire partie du conseil de famille : cependant l'époux ou l'épouse, et les enfants de la personne dont l'interdiction sera provoquée, pourront y être admis sans y avoir voix délibérative.

719. Suivant le projet adopté d'abord par le conseil d'État, ceux qui avaient provoqué l'interdiction devaient être *admis* dans le conseil *pour donner des renseignements* sans y avoir voix délibérative; mais sur les observations du Tribunat, on a décidé qu'*ils ne pourront faire partie du conseil,* pour mieux faire comprendre qu'il faut convoquer, à leur place, les parents ou alliés qui viennent après eux dans l'ordre de proximité. Du reste, ceux qui ont provoqué l'interdiction, peuvent être appelés à la séance afin d'expliquer leurs motifs; autrement le conseil pourrait n'être pas suffisamment éclairé. Par la même raison, on peut aussi entendre la personne qu'il s'agit d'interdire, si son état le permet. Au surplus, il n'est pas douteux qu'après avoir donné leurs explications, le demandeur et le défendeur ne doivent se retirer, afin que le conseil puisse délibérer librement.

Ce que nous disons ici du demandeur, c'est-à-dire de la personne qui provoque l'interdiction, ne s'applique ni aux enfants, ni au conjoint du défendeur. S'ils n'ont pas voix délibérative, du moins ils sont *admis au conseil,* et par conséquent peuvent rester présents à la délibération.

720. Néanmoins cette disposition, qui admet le conjoint et les enfants sans leur accorder voix délibérative, ne présente pas un sens parfaitement clair. Suivant plusieurs auteurs, ce n'est là qu'une exception à l'exclusion prononcée, en règle générale, contre tous ceux qui ont demandé l'interdiction. Dans ce système, on dit que le conjoint est le premier de tous les alliés, et que les enfants sont les parents les plus proches; que dès lors, d'après le principe posé dans l'article 407, au-

(¹) Arrêt de rejet (6 *janvier* 1838). Suivant la cour d'Orléans (26 *février* 1819), les juges ne peuvent rejeter la demande qu'après avoir interrogé le défendeur.

quel se réfère l'article 494, le conjoint et les enfants majeurs sont membres nécessaires du conseil de famille; que, s'ils perdent une partie de leur droit, c'est seulement lorsqu'ils ont provoqué l'interdiction ; mais que, dans ce cas même, la loi autorise encore l'admission du conjoint et des enfants, sans toutefois leur accorder voix délibérative (¹).

Pour nous, malgré le sens exceptionnel que paraît offrir le mot *cependant,* nous croyons qu'il ne s'agit pas uniquement du cas où l'interdiction a été provoquée par le conjoint ou par les enfants. Nous prenons la seconde disposition de l'article 495 dans un sens général, sans distinguer par qui l'interdiction a été demandée : en effet, telle était la pensée du Tribunat, lorsqu'il disait, en proposant cette disposition : « Il « a paru moral que l'époux et les enfants de celui qu'il est question « d'interdire, ne puissent *jamais* être obligés de délibérer sur cette ma-« tière.» L'orateur du Gouvernement ne s'est pas exprimé d'une manière moins formelle : « Si l'interdiction (dit-il) est provoquée par d'autres « parents, l'époux, l'épouse ou les enfants sont intéressés à contredire « une démarche qui réfléchirait désagréablement sur eux... S'ils avaient « eux-mêmes formé la demande, ils ne voudraient pas toujours asso-« cier le public aux révélations qu'ils seraient disposés à faire à la fa-« mille, dont l'avis donné en pleine connaissance de cause serait en-« suite d'un plus grand poids. »

Suivant cette dernière opinion, le conjoint et les enfants sont adjoints au conseil de famille, sans en être membres : mais ils ne se trouvent dans cette position toute spéciale que lorsque la famille est consultée sur une interdiction qui n'est pas encore prononcée. Lorsqu'il s'agira de veiller aux intérêts d'une personne définitivement interdite, son conjoint et ses enfants reprendront, dans le conseil de famille, la place qui appartient aux parents et aux alliés les plus proches (V. art. 407).

Ce que nous disons ici du conjoint s'applique au mari de la femme interdite, mais sans réciprocité, puisque les femmes ne peuvent point faire partie du conseil de famille (art. 442).

496. — Après avoir reçu l'avis du conseil de famille, le tribunal interrogera le défendeur à la chambre du conseil : s'il ne peut s'y présenter, il sera interrogé dans sa demeure, par l'un des juges à ce commis, assisté du greffier. Dans tous les cas, le procureur du Roi sera présent à l'interrogatoire.

497. — Après le premier interrogatoire, le tribunal commettra,

_____

(¹) Cette interprétation a été admise par la Cour de cassation (arrêt de rejet, 13 *mars* 1833), et par la cour de Rouen (10 *novembre* 1836).

s'il y a lieu, un administrateur provisoire, pour prendre soin de la personne et des biens du défendeur.

721. La demande étant formée par une requête présentée au président du tribunal, il est évident que, jusqu'à la délibération du conseil de famille inclusivement, la personne qu'il s'agit d'interdire demeure étrangère à la procédure ; mais, avant qu'on l'interroge, il faut nécessairement lui faire connaître ce qui a été fait, et dans ce but lui signifier la requête du demandeur et l'avis du conseil de famille (C. de pr., art. 893).

Le défendeur est interrogé dans la chambre du conseil, ou même en sa demeure, si son état l'exige. Il serait à craindre, en effet, que la publicité de l'audience n'empêchât la personne interrogée de s'expliquer. Dans tous les cas, le procureur du Roi doit assister à l'interrogatoire; sa présence garantit au défendeur l'indépendance dont il a besoin, pour répondre avec calme et liberté, aux magistrats qui l'interrogent.

L'interrogatoire peut être renouvelé, même en cause d'appel (art. 500); mais il suffit que le défendeur ait été interrogé une première fois, pour que le tribunal puisse nommer un administrateur provisoire.

Les témoins déposent, dans la forme ordinaire des enquêtes, en présence du défendeur, ou même, si les circonstances l'exigent, en son absence. L'enquête ne peut être ordonnée qu'après l'interrogatoire, et seulement lorsque cet interrogatoire et les pièces produites en exécution de l'article 495 ne fournissent pas de preuves suffisantes (C. de pr., art. 893).

493. — Le jugement sur une demande en interdiction, ne pourra être rendu qu'à l'audience publique, les parties entendues ou appelées.

722. Le jugement qui nomme un administrateur provisoire, peut être prononcé dans la chambre du conseil; mais le jugement qui statue sur l'interdiction doit, conformément à la règle générale, être rendu à l'audience publique, *les parties entendues ou appelées.* Ces expressions signifient que l'interdiction sera prononcée ou rejetée, soit contradictoirement, si le défendeur a été entendu, soit par défaut, si, après avoir été appelé, il n'a point comparu. Il faut donc toujours le mettre en cause en lui faisant signifier un exploit d'ajournement. Dans l'usage, cet ajournement est joint à la signification qui doit précéder l'interrogatoire.

499. — En rejetant la demande en interdiction, le tribunal pourra néanmoins, si les circonstances l'exigent, ordonner que le défendeur ne pourra désormais plaider, transiger, emprunter, recevoir un capital mobilier, ni en donner décharge, aliéner, ni grever ses biens d'hypothèques, sans l'assistance d'un conseil qui lui sera nommé par le même jugement.

SOMMAIRE.

723. Faculté de provoquer directement la nomination d'un conseil.

723. Les tribunaux ne doivent jamais accorder ce qu'on ne leur demande pas, ni par conséquent plus qu'on ne leur demande ; mais ils peuvent toujours ne pas accorder tout ce qui a été demandé. Il est donc tout simple que le juge devant qui l'interdiction est poursuivie, puisse se borner à donner un conseil au défendeur, *si les circonstances l'exigent,* c'est-à-dire lorsqu'il existe une faiblesse d'esprit, une insuffisance de facultés intellectuelles, qui ne constitue ni l'imbécillité, ni la démence, ni la fureur, et conséquemment ne permet pas de prononcer une interdiction proprement dite.

Si le tribunal peut ainsi nommer un conseil, c'est, d'après les expressions du Code, *en rejetant la demande en interdiction.* Devons-nous en conclure que la nomination du conseil ne peut pas être directement provoquée ; qu'il faut demander l'interdiction, sinon pour que le tribunal la prononce, du moins pour lui donner occasion de la rejeter, et, en la rejetant, d'appliquer littéralement la disposition de la loi? Nous ne voyons pas quelle serait l'utilité d'un semblable détour.

Il est facile de s'expliquer, par l'historique de la rédaction, pourquoi la loi suppose une demande en interdiction, et non la nomination d'un conseil. L'interdiction des prodigues était supprimée depuis 1793, et ce fut pour la rétablir indirectement que la section de législation proposa la disposition qui autorise le tribunal à nommer subsidiairement un conseil ; mais on reconnut, dans la discussion ('), que ce but ne serait pas atteint. En effet l'interdiction ne peut être demandée que

---

(¹) Séance du 13 brumaire an XI.

pour l'une des trois causes énumérées dans l'article 491 ; or, la prodigalité et l'aliénation mentale, quelque voisines qu'elles soient, ne doivent pas se confondre, et dès lors il est impossible d'appliquer aux prodigues la disposition de l'article 499. Il a donc fallu autoriser, par une disposition spéciale, la nomination d'un conseil aux prodigues (V. art. 513). Le moyen détourné que voulait prendre la section de législation, se trouvant ainsi abandonné, l'article 499, qui n'avait plus rien de commun avec les prodigues, est resté spécialement applicable aux personnes faibles d'esprit. Ces personnes peuvent donc, comme les prodigues, recevoir un conseil, et il n'existe aucun motif pour qu'elles ne le reçoivent pas de la même manière.

500. — En cas d'appel du jugement rendu en première instance, la cour royale pourra, si elle le juge nécessaire, interroger de nouveau, ou faire interroger par un commissaire, la personne dont l'interdiction est demandée.

SOMMAIRE.

724. Appel que peuvent interjeter les membres du conseil.

724. L'appel dont il est ici question, peut avoir été interjeté, conformément à la règle générale, par les parties qui se trouvaient en cause, c'est-à-dire par le défendeur, si son interdiction a été prononcée, et, dans le cas contraire, par le demandeur ; mais il faut remarquer de plus que, dans ce dernier cas, l'appel peut aussi être interjeté par les membres du conseil de famille, lors même qu'ils n'ont pas été partie en première instance (C. de pr., art. 894).

501. — Tout arrêt ou jugement portant interdiction, ou nomination d'un conseil, sera, à la diligence des demandeurs, levé, signifié à partie, et inscrit, dans les dix jours, sur les tableaux qui doivent être affichés dans la salle de l'auditoire et dans les études des notaires de l'arrondissement.

SOMMAIRE.

725. Publication du jugement d'interdiction nonobstant l'appel du défendeur.

725. Quoique l'on ait conservé au défendeur la faculté d'appeler du jugement qui prononce son interdiction, il a été bien entendu dans la discussion, que l'appel, qui en règle générale a un effet suspensif (C. de pr., art. 457), n'empêcherait pas le jugement de première instance

d'être publié dans le délai et suivant les formes prescrites. C'est en ce sens que la loi s'applique à *tout jugement portant interdiction* (¹).

La publication du jugement a pour but de prévenir l'erreur des personnes qui pourraient contracter avec l'interdit, en lui supposant une capacité qu'il n'a plus ; mais en prenant, sous ce rapport, une sage précaution, le Code n'avait établi aucune sanction contre les officiers ministériels qui négligeraient les inscriptions prescrites. Cette omission a été réparée, à l'égard des notaires seulement, par la loi du 25 ventôse an XI (art. 25), qui, en renouvelant la disposition du Code, ordonne qu'elle sera exécutée, à peine de dommages-intérêts *envers les parties lésées* (V. 727). Les notaires de l'arrondissement doivent se conformer à cette injonction immédiatement après la notification du jugement faite par la simple remise d'un extrait à la chambre des notaires (²).

502. — L'interdiction, ou la nomination d'un conseil, aura son effet du jour du jugement. Tous actes passés postérieurement par l'interdit, ou sans l'assistance du conseil, seront nuls de droit.

SOMMAIRE.

726. A quelle époque remonte l'incapacité de l'interdit. Nullité des actes postérieurs au jugement.
727. Cette nullité est-elle subordonnée à la publication du jugement ?

726. Le jugement dont il est ici question est bien évidemment le jugement rendu en première instance ; car, lorsqu'il intervient un arrêt confirmatif, cet arrêt déclare simplement que le tribunal de première instance a bien jugé, et reconnaît dès lors que la cause de l'interdiction existait à l'époque où il a statué. C'est donc à la date de ce jugement que commence l'incapacité du défendeur, et à cet égard, il faut encore reconnaître que l'appel n'a pas d'effet suspensif (³).

Les actes de l'interdit postérieurs au jugement qui a prononcé l'interdiction, sont nuls de droit, en ce sens que la nullité en doit être prononcée par cela seul qu'il y a eu interdiction, sans que l'interdit ait besoin, comme le mineur, d'alléguer aucune lésion (V. art. 1305). Remarquons du reste que l'incapacité de l'interdit n'est, comme celle du mineur, qu'une incapacité relative. La nullité qui en résulte ne peut donc être demandée que par l'interdit ou par ses héritiers (art. 1125),

---

(¹) Discussion au C. d'État, séance du 20 brumaire an XI.
(²) Tarif civil, art. 175.
(³) Cour de Riom (14 *février* 1842).

et elle peut se couvrir par une ratification expresse ou tacite (art. 1115 et 1338).

Ainsi, lorsque les actes postérieurs au jugement sont déclarés *nuls de droit,* ce n'est pas en ce sens qu'ils sont dépourvus d'existence légale; cela signifie seulement qu'ils sont vicieux, et par cela même annulables. On pourrait s'étonner de l'adoption de ce système, si le jugement qui prononce l'interdiction, ne faisait jamais que constater un état permanent d'aliénation mentale : un pareil état exclut tout exercice de l'intelligence, et les actes d'un homme qui n'a pas sa raison, sont nécessairement frappés d'une nullité absolue; mais il ne faut pas oublier que l'interdit a quelquefois des intervalles lucides. Or la loi, qui établit une règle uniforme pour tous les actes postérieurs à l'interdiction, n'a pas voulu frapper d'une nullité radicale ceux que l'interdit pourrait faire dans un moment de raison.

727. La nullité des actes postérieurs au jugement d'interdiction n'existe, suivant plusieurs arrêts ([1]), qu'autant que ce jugement a été publié dans les formes prescrites par l'article 501, et dans ce système, les dommages-intérêts dont les notaires sont passibles *envers les parties lésées* (725), seraient dus à l'interdit ou à ses héritiers, parce que le défaut de publication, en les empêchant de faire annuler les actes postérieurs au jugement, leur enlève le bénéfice de l'interdiction.

Dans le système contraire, on dit que l'incapacité de l'interdit est indépendante des moyens de publicité prescrits par l'article 501 ; que, d'après la disposition formelle du Code, le jugement qui prononce l'interdiction, ou qui nomme un conseil, doit avoir son effet *du jour du jugement,* et par conséquent dans les dix jours mêmes, qui, d'après l'article 501, précéderont la signification et la publication du jugement. On peut en conclure que, si le législateur a pris, dans l'intérêt des tiers, une sage précaution, il n'en a pas fait une condition nécessaire, dont l'inobservation laisserait le jugement sans effet. D'après cette dernière opinion, qui nous paraît la plus conforme au texte ([2]), les actes postérieurs au jugement sont toujours annulables, et les dommages-intérêts sont dus aux tiers qui, ayant traité avec l'interdit sans connaître son incapacité, se trouvent lésés par l'annulation des actes qu'ils ont consentis.

503. — Les actes antérieurs à l'interdiction pourront être annulés si la cause de l'interdiction existait notoirement à l'époque où ces actes ont été faits.

([1]) Arrêt de rejet (16 *juin* 1810 et 27 *avril* 1842); arrêt de cassation (29 *juin* 1819).

([2]) V. Cour de Montpellier (1er *juillet* 1840).

728. L'interdiction, comme nous l'avons déjà vu, ne fait que constater un état préexistant. Il est bien rare, en effet, que la cause de l'interdiction n'ait pas précédé d'assez loin l'interdiction même. De là vient que les actes antérieurs au jugement qui la prononce, sans être nuls de droit comme les actes postérieurs, *pourront être annulés* par suite de la démence dont l'interdit était déjà frappé. Remarquons que, dans ce cas, l'annulation n'est pas nécessaire, mais seulement laissée à l'appréciation du juge.

Il y a cependant une limite à cette faculté d'appréciation. Pour que les actes antérieurs au jugement puissent être annulés, il ne suffit pas que la cause de l'interdiction ait existé à l'époque où ils ont eu lieu ; il faut de plus qu'elle ait existé *notoirement*. En l'absence de cette notoriété, ceux qui traitent avec une personne qui n'est pas encore interdite, peuvent être de bonne foi. Quand il y a notoriété, au contraire, leur mauvaise foi doit se présumer, et c'est alors seulement que l'acte peut être annulé ([1]).

Il n'est question ici que des actes antérieurs à l'interdiction, tandis que la disposition de l'article précédent sur les actes postérieurs, est commune aux deux cas d'interdiction et de conseil judiciaire. Cette différence de rédaction n'est que l'expression d'une idée bien arrêtée dans l'esprit des auteurs du Code civil. Ils ont voulu que les actes antérieurs à la nomination du conseil judiciaire fussent toujours inattaquables ([2]), et leur décision est facile à justifier, même dans le cas où ce conseil est donné pour faiblesse d'esprit : les circonstances qui, d'après la disposition de l'article 499, autorisent sa nomination, sont trop variées, trop délicates, pour que le public puisse en apprécier les nuances, et par conséquent pour qu'elles puissent avoir une notoriété véritable.

504. — Après la mort d'un individu, les actes par lui faits ne pourront être attaqués pour cause de démence, qu'autant que son interdiction aurait été prononcée ou provoquée avant son décès ; à moins que la preuve de la démence ne résulte de l'acte même qui est attaqué.

([1]) Exposé des motifs par le conseiller d'État Emmery.

([2]) Exposé des motifs, et observations du Tribunat sur les articles 502 et 503. V. cour d'Orléans (25 *août* 1837).

729. L'orateur du Tribunat a cherché à expliquer cette disposition, en disant qu'après la mort d'une personne il est impossible de savoir quel a été son état mental; mais ce prétendu motif n'est pas admissible, puisque les actes du défunt peuvent être attaqués pour cause de démence, par cela seul que l'interdiction aurait été provoquée de son vivant.

La disposition de cet article s'explique, selon nous, par ce motif que le législateur a voulu punir les parents qui, en ne provoquant pas l'interdiction, ont manqué au devoir que leur imposaient les articles 489 et 490. Si l'on objecte que les héritiers mineurs seraient injustement punis, puisqu'ils étaient dans l'impossibilité de provoquer l'interdiction, il sera facile de répondre que la loi statue sur le cas le plus ordinaire, sans tenir compte des cas exceptionnels.

Si le motif qui repousse l'action des héritiers est celui que nous avons assigné, nous devons en conclure que la loi suppose le cas où le défunt devait être interdit, parce que l'aliénation mentale était chez lui un état habituel (V. art. 489); mais il peut arriver qu'un homme, habituellement sain d'esprit, tombe dans un accès de démence ou de fureur passagère, dont la loi ne s'est point occupée dans l'article qui oblige les parents à provoquer l'interdiction, et alors, comme le défaut d'interdiction n'est imputable à personne, nous pensons que les héritiers seront recevables à demander, pour cause de démence, la nullité des actes faits par le défunt : on ne leur appliquera point l'article 504, attendu que le législateur ne saurait exiger l'impossible.

730. Quant à la personne qui se trouvait dans le cas d'être interdite, aucune disposition ne limite le droit qui lui appartient d'attaquer elle-même ses propres actes. Elle est donc recevable à en demander la nullité pour cause de démence (¹), mais ce droit ne passe à ses héritiers que dans les cas et suivant les distinctions prévues par la loi, savoir :

1º Lorsqu'il y a eu interdiction. Alors les héritiers ont, pour attaquer les actes antérieurs ou postérieurs, tous les droits que le défunt aurait pu exercer lui-même, en vertu des articles 502 et 503, s'il avait obtenu main-levée de l'interdiction.

2º Lorsqu'une personne non interdite a été placée dans un établis-

---

(¹) Cour de Lyon (24 août 1831).

sement d'aliénés, ses héritiers peuvent faire annuler les actes qu'elle a faits pendant le temps où elle était retenue dans cet établissement (¹).

3° Lorsque l'interdiction d'une personne a été non pas prononcée, mais *provoquée de son vivant,* ce qui doit s'entendre du cas où le défendeur est décédé pendant l'instance ; car une demande rejetée par les tribunaux ne préjugerait rien sur son état mental. Le défunt n'ayant pas été interdit, l'article 502 ne peut recevoir aucune application : ainsi les héritiers sont recevables, d'après le droit commun, à prouver la démence de leur auteur.

4° Si l'interdiction n'a pas été provoquée et que le défunt n'ait pas été placé dans un établissement d'aliénés. Alors ses héritiers ne peuvent arguer de sa démence, pour faire annuler un de ses actes, qu'autant que la preuve résulte de l'acte même.

Nous ne parlons ici que des actes à titre onéreux. Nous examinerons sur l'article 901, si les mêmes règles doivent s'appliquer aux libéralités que le défunt a faites par donations entre-vifs ou par testament.

505. — S'il n'y a pas d'appel du jugement d'interdiction rendu en première instance, ou s'il est confirmé sur l'appel, il sera pourvu à la nomination d'un tuteur et d'un subrogé tuteur à l'interdit, suivant les règles prescrites au titre de la *Minorité, de la Tutelle et de l'Émancipation.* L'administrateur provisoire cessera ses fonctions, et rendra compte au tuteur s'il ne l'est pas lui-même.

SOMMAIRE.

731. Effet suspensif de l'appel en ce qui concerne l'organisation de la tutelle.

731. Nous avons vu que l'appel n'empêche pas le jugement de première instance de produire son effet en ce qui concerne l'incapacité dont est frappé le défendeur. Il en est autrement pour l'organisation de la tutelle, qui doit remplacer l'administration provisoire établie en vertu de l'article 497. A cet égard, l'appel reprend son effet suspensif.

506. — Le mari est, de droit, le tuteur de sa femme interdite.
507. — La femme pourra être nommée tutrice de son mari. En ce cas, le conseil de famille réglera la forme et les conditions de l'administration, sauf le recours devant les tribunaux de la part de la femme qui se croirait lésée par l'arrêté de la famille.

___
(¹) Loi du 30 juin 1838, art. 39.

732. La tutelle légitime du mari sur sa femme interdite est une conséquence nécessaire de la protection qu'il lui doit, tant que le mariage et la puissance maritale subsistent (art. 213).

La femme, au contraire, n'a aucune puissance sur son mari; mais l'affection conjugale est une considération assez puissante pour qu'on n'applique pas, en matière d'interdiction, la règle qui exclut de la tutelle toute autre femme que la mère et les ascendantes (art. 442). Ainsi la femme de l'interdit, sans être appelée de droit à la tutelle (¹), peut du moins être nommée tutrice.

Dans ce cas, c'est le conseil de famille qui règle la forme et les conditions de l'administration, sauf recours aux tribunaux, si la femme se croit *lésée* par l'arrêté du conseil. On comprend aisément qu'en permettant de placer le mari sous la tutelle de sa femme, la loi n'ait pas voulu que cette dernière eût nécessairement tous les pouvoirs d'un tuteur, et que dès lors le conseil de famille puisse n'accorder à la femme que des pouvoirs limités. Toutefois on se demande quel recours elle peut avoir à exercer devant les tribunaux, elle qu'on aurait pu ne pas nommer tutrice. Comment d'ailleurs peut-elle se prétendre lésée, c'est-à-dire blessée dans sa fortune, dans ses intérêts pécuniaires?

Cette lésion et le recours aux tribunaux qui en est la conséquence, se comprennent, lorsqu'on remonte au projet de Code civil (liv. 1, tit. 10, art. 29), qui portait :

«En ce cas le conseil de famille règle la forme et les conditions sous « lesquelles l'administration doit être déférée à la femme, le tout con- « formément aux conventions matrimoniales qui règlent les droits res- « pectifs des deux conjoints ». — « La femme qui serait lésée par le « règlement du conseil de famille, peut se pourvoir », etc.

Il faut remarquer, à cet égard, que le mari administre ses propres biens, et, en général, tout ou partie des biens de sa femme (art. 1428, 1531 et 1549), et que celle-ci, en recevant la tutelle, aura tout à la fois la gestion de ses propres biens, et la gestion des biens de l'interdit. Dès

---

(¹) Le tuteur des interdits est toujours nommé par le conseil de famille. Cette règle ne souffre exception qu'à l'égard du mari : ainsi la tutelle n'appartient de droit ni à la femme de l'interdit, ni à son père, et ce dernier n'a pas le droit de nommer un tuteur testamentaire (cour de Poitiers, 23 *février* 1825; arrêts de cassation, 11 *mars* 1812 et 27 *novembre* 1816).

lors, comme l'interdiction du mari ne lui enlève pas le droit de jouissance qu'il peut avoir sur les biens de sa femme, ce droit devra être
exercé en son nom par la femme tutrice. La nature compliquée de
cette administration peut faire naître des difficultés, et c'est pour les
prévenir que le projet de Code civil prescrivait au conseil de famille de
régler à l'avance les droits du mari sur les biens de sa femme. C'est aussi
à l'occasion de ce règlement que la femme tutrice pouvait se trouver
lésée, et par conséquent recourir aux tribunaux.

733. Ce recours est expressément conservé à la femme dans la rédaction définitive, qui cependant ne parle plus des conventions matrimoniales. Dans quel but a donc été faite cette suppression ? Pour répondre
à cette question, il nous suffira d'invoquer le témoignage d'un auteur
qui devait être bien informé, puisqu'il assistait aux séances de la section de législation.

« Le conseil de famille a deux opérations à faire : il doit, d'un côté,
déterminer quels droits les conventions matrimoniales donnent... à la
femme ; quels elles laissent au mari. Le recours ouvert à la femme qui se
croit lésée par le règlement, prouve que l'intention du législateur a
été de donner cette attribution à la famille. »

« Le conseil doit ensuite expliquer comment et dans quelle étendue
les droits reconnus appartenir au mari seront exercés par la femme ;
car il pourrait n'être pas prudent de lui donner tout le pouvoir qu'a
le tuteur. Il est possible aussi que suivant la forme qu'a le patrimoine
du mari, il faille établir des règles particulières d'administration,
comme lorsque ce patrimoine se compose, en tout ou en partie, de
manufactures, d'établissements de commerce, etc. »

« Or, la rédaction de la commission semblait borner le ministère du
conseil de famille à la première de ces deux opérations. On l'a généralisée dans l'article 507, de manière qu'il devienne évident que le conseil de famille demeure autorisé à régler toutes les difficultés que l'interdiction du mari peut faire naître » (¹).

508. — Nul, à l'exception des époux, des ascendants et descendants, ne sera tenu de conserver la tutelle d'un interdit au delà de
dix ans. A l'expiration de ce délai, le tuteur pourra demander et
devra obtenir son remplacement.

SOMMAIRE.

734. Faculté accordée au tuteur de demander sa décharge après dix ans.

734. La tutelle des mineurs a un terme fixe, la majorité. La tutelle

---

(¹) Locré, *Esprit du Code civil.*

des interdits n'en a pas d'autre que la durée incertaine de leur état
mental ou de leur vie. On n'a donc pas voulu qu'un étranger, ou même
un collatéral, restât trop longtemps chargé d'une semblable tutelle ;
mais il est facile de concevoir qu'il devait en être autrement pour le
conjoint, les enfants ou les ascendants, auxquels leur position impose
des devoirs tout particuliers.

509. — L'interdit est assimilé au mineur, pour sa personne et
pour ses biens : les lois sur la tutelle des mineurs s'appliqueront à
la tutelle des interdits.

SOMMAIRE.

735. Cette assimilation est incomplète.

735. Cette assimilation de l'interdit au mineur non émancipé n'est
pas aussi complète qu'on semble le dire ; car la disposition de l'article 502 ne s'applique point aux actes des mineurs. L'assimilation sera
plus exacte, si on la restreint aux lois qui concernent l'administration
du tuteur ; et cependant, sous ce rapport même, les lois sur la tutelle
des mineurs ne s'appliquent à la tutelle des interdits que sauf plusieurs
exceptions. Indépendamment de celle qui permet au conseil de famille
de modifier les formes de l'administration confiée à la femme (art. 507),
nous en trouverons plusieurs dans les articles suivants.

510. — Les revenus d'un interdit doivent être essentiellement
employés à adoucir son sort et à accélérer sa guérison. Selon les caractères de sa maladie et l'état de sa fortune, le conseil de famille
pourra arrêter qu'il sera traité dans son domicile, ou qu'il sera
placé dans une maison de santé, et même dans un hospice.

SOMMAIRE.

736. Séquestration des aliénés même non interdits avant le Code. Répugnance des
familles pour l'interdiction. Loi du 30 juin 1838.

736. La loi du 22 août 1791 (tit. 1, art. 15), aujourd'hui remplacée
par le Code pénal (art. 475, n° 7, et 479, n° 2), défendait de laisser di-
vaguer les insensés et les furieux, et soumettait les contrevenants à des
peines de simple police. En vertu de cette loi, on pouvait, on devait
même détenir les aliénés, bien que leur interdiction n'eût pas été prononcée, parce qu'il n'existait aucune disposition qui prescrivît de les
interdire, comme l'a fait le Code civil (art. 489) ; mais depuis la promulgation du Code, les jurisconsultes ont considéré l'interdiction ju-

diciaire comme une condition préalable, qui pouvait seule concilier le principe de la liberté individuelle avec les nécessités d'ordre public qui exigent souvent la séquestration des aliénés. Toutefois la publicité de l'interdiction répugnait aux familles, et le plus souvent on s'est contenté de placer les aliénés dans une maison de santé, où ils étaient soignés, mais par cela même retenus, sans que leur interdiction eût été prononcée, et par conséquent d'une manière irrégulière.

La loi du 30 juin 1838 est venue consacrer un état de choses dont l'expérience avait démontré l'utilité. Elle a autorisé de semblables placements, en accordant, d'une part, de grandes facilités pour qu'ils puissent être régulièrement opérés, mais en prenant, d'autre part, des précautions nombreuses pour empêcher que l'aliénation mentale ne servît de prétexte à une détention arbitraire. Si donc l'ordre du préfet ou le certificat d'un médecin suffisent pour faire recevoir une personne dans un établissement d'aliénés, le fait doit être immédiatement déclaré à l'autorité municipale, qui est elle-même tenue d'avertir l'autorité judiciaire par un avis transmis au procureur du Roi. Enfin des magistrats désignés par la loi sont chargés de visiter l'établissement dans chaque semestre, et même dans chaque trimestre, quand il s'agit d'un établissement privé, pour recevoir les réclamations des personnes qui s'y trouvent placées, et vérifier leur position.

511. — Lorsqu'il sera question du mariage de l'enfant d'un interdit, la dot, ou l'avancement d'hoirie, et les autres conventions matrimoniales, seront réglés par un avis du conseil de famille, homologué par le tribunal, sur les conclusions du procureur du Roi.

AVANCEMENT D'HOIRIE. On appelait ainsi, dans l'ancienne jurisprudence, les donations faites, par anticipation sur l'hérédité ou l'hoirie du donateur, à un héritier présomptif. Dans les coutumes qui n'admettaient pas le rapport, les choses données en avancement d'hoirie devaient être rapportées à la succession du donateur (Merlin, *Répert.*, v° AVANCEMENT D'HOIRIE; v° RAPPORT A SUCCESSION, § 1er). L'article 511 est le seul où il soit question d'avancement d'hoirie. Cette expression ne se retrouve pas dans les autres articles du Code, sans doute parce que la nécessité du rapport s'applique aujourd'hui à toutes les donations, et dès lors le donateur n'a pas besoin de l'imposer; il lui suffit de ne pas en dispenser le donataire (art. 845 et 846).

SOMMAIRE.

737. Établissement des enfants de l'interdit. Précautions exigées en pareil cas.

737. Le Code prévoit ici le cas où il s'agit du mariage des enfants de l'interdit, sans doute parce que le mariage est le genre d'établissement le plus ordinaire, surtout pour les filles. Du reste, il n'existe aucun motif pour interpréter ce texte dans un sens restrictif; il faudra donc l'appliquer aux différents établissements qui peuvent convenir aux en-

fants de l'interdit, par exemple, à l'acquisition d'un fonds de commerce ou d'une charge de notaire (¹).

Les enfants qu'il s'agit de marier, peuvent être mineurs et n'avoir pas d'autre ascendant que l'interdit. Dans ce cas les conventions matrimoniales doivent être consenties, non-seulement par le mineur avec l'assistance des personnes dont le consentement est requis pour la validité du mariage (art. 1398), c'est-à-dire avec l'assistance d'un conseil composé des plus proches parents paternels et maternels du mineur (art. 406 et 407) ; mais encore par un autre conseil composé des plus proches parents paternels et maternels de l'interdit. L'avis de ce dernier conseil doit même être homologué par le tribunal, parce qu'il convient de s'assurer que les sacrifices imposés à l'interdit sont en rapport avec sa fortune et ses besoins.

512. — L'interdiction cesse avec les causes qui l'ont déterminée : néanmoins la main-levée ne sera prononcée qu'en observant les formalités prescrites pour parvenir à l'interdiction, et l'interdit ne pourra reprendre l'exercice de ses droits qu'après le jugement de main-levée.

SOMMAIRE.

738. Main-levée de l'interdiction. Par qui et contre qui elle doit être demandée.

738. L'action tendant à obtenir une interdiction est dirigée contre celui même qu'il s'agit d'interdire, en sorte qu'il devient défendeur dans l'instance. Réciproquement, après l'interdiction prononcée, c'est à lui qu'il appartient d'en poursuivre la main-levée. S'il est certain qu'il doit alors se porter demandeur, on ne voit pas aussi clairement contre quelle personne sera dirigée sa demande. Le conjoint ou les parents qui ont provoqué l'interdiction sont naturellement intéressés à la faire maintenir : on pourrait donc croire, au premier aperçu, qu'ils ont seuls qualité pour défendre à la demande en main-levée ; mais d'abord ils peuvent ne plus exister, et ensuite, comme l'interdiction a créé un état de choses et par conséquent des intérêts nouveaux, qui ont été placés sous la surveillance d'un tuteur, c'est lui qui doit les défendre. Ajoutons que l'interdit, lorsqu'il demande la main-levée, veut reprendre l'exercice de ses droits ; il veut faire cesser les pouvoirs de son tuteur ; c'est donc contre ce dernier qu'il doit agir (²).

(¹) Cour d'Amiens (6 *août* 1824) ; cour de Bordeaux (6 *juin* 1842).
(²) Cour de Riom (2 *décembre* 1830). La Cour de cassation a jugé (12 *février* 1816) que l'interdit n'a besoin de mettre en cause aucun contradicteur.

CHAPITRE III.

DU CONSEIL JUDICIAIRE.

SOMMAIRE.

739. S Système de l'ancienne jurisprudence sur la prodigalité et la faiblesse d'esprit.
740. S Suppression de l'interdiction des prodigues dans le droit intermédiaire. Système du Code civil.

739. La prodigalité était, dans l'ancienne jurisprudence, comme en droit romain, une cause d'interdiction. Cependant il arrivait souvent, dans les pays coutumiers, qu'au lieu d'une interdiction absolue, on ne prononçât, pour cause de prodigalité ou de faiblesse d'esprit, qu'une interdiction partielle, spécialement limitée à certains actes. « Les uns, « dit Cochin (¹) sont absolument interdits, les autres ne le sont que par « rapport à l'aliénation des fonds ; aux autres on donne un simple con- « seil sans l'avis duquel ils ne peuvent contracter. Il y en a qui ne « sont gênés que dans un genre d'action, par exemple, à qui on dé- « fend d'entreprendre aucun procès sans l'avis par écrit d'un avocat « qui leur est nommé. Le remède change suivant les circonstances, et « c'est la nature de chaque affaire qui règle la manière dont on doit « pourvoir aux besoins de ceux à qui ces secours sont nécessaires.

740. L'interdiction pour cause de prodigalité a été supprimée par la Constitution de l'an III (art. 13), qui, en suspendant l'exercice des droits de citoyen au cas d'interdiction, limitait cette incapacité à l'interdic- tion prononcée pour cause de démence, de fureur ou d'imbécillité (²).

Le Code civil, au contraire, considère la prodigalité (art. 513) et la faiblesse d'esprit (art. 499) comme des causes qui, sans autoriser l'in- terdiction proprement dite, justifient la nomination d'un conseil ; mais en même temps il énumère les actes qui ne pourront plus être faits qu'avec l'assistance de ce conseil : ainsi la loi ne rend point aux juges

---

(¹) Plaidoyer pour les enfants Vandebergue, contre leur mère.

(²) Merlin, *Répert.*, v° Prodigue, § 7. Le tribunal de cassation a jugé (24 *nivôse an* X) que « depuis la Constitution de l'an III, l'on n'a plus reconnu que trois causes « d'interdiction, la fureur, la démence et l'imbécillité. » En conséquence un juge- ment portant nomination d'un conseil à une personne qui ne se trouvait dans au- cun de ces trois cas, a été cassé pour excès de pouvoir. Il en résulte qu'on ne pou- vait plus interdire les prodigues, ni même prononcer, en nommant un conseil, « ces « demi-interdictions par lesquelles, en affectant de laisser à un individu la jouissance « de sa liberté civile, on le prive d'une des prérogatives les plus sacrées de cette li- « berté. » La suppression de ces demi-interdictions résulte aussi d'un autre arrêt (6 *juin* 1810), qui cependant décide que « aucune loi antérieure au Code... n'a aboli « l'interdiction pour cause de prodigalité. »

I.   34

toute la latitude qu'ils avaient dans l'ancienne jurisprudence, où, n'é-
tant liés par aucun texte, ils pouvaient, en donnant un conseil, déterminer, suivant les circonstances, pour quels actes son concours serait
nécessaire.

513. — Il peut être défendu aux prodigues de plaider, de transiger, d'emprunter, de recevoir un capital mobilier et d'en donner
décharge, d'aliéner, ni de grever leurs biens d'hypothèques, sans
l'assistance d'un conseil qui leur est nommé par le tribunal.

SOMMAIRE.

741. Définition de la prodigalité. En quoi le majeur pourvu d'un conseil diffère d'un mineur émancipé.
742. Il conserve la disposition de ses biens meubles. Restriction pour les capitaux mobiliers.
743. Il peut tester et contracter mariage sans l'assistance de son conseil.

741. La loi ne définit pas le mot prodigalité ; mais il est certain qu'en
s'occupant des prodigues, les rédacteurs du Code ont pris cette expression dans l'acception générale que lui avaient donnée les jurisconsultes
romains et notre ancienne jurisprudence. Ainsi, la prodigalité n'est pas
seulement un excès de générosité et de munificence ; c'est aussi l'esprit de désordre et de dissipation qui ne recule devant aucune dépense,
qui neque tempus neque finem expensarum habet (').
La position des personnes qui ont un conseil judiciaire, se rapproche beaucoup de la position du mineur émancipé. Cependant on ne
leur applique pas la règle qui empêche ce dernier de faire par sa seule
volonté les actes qui ne sont pas de pure administration (art. 484). Le
majeur qui a reçu un conseil conserve sa capacité pour tous les actes
qui ne lui ont pas été défendus en vertu des articles 499 et 513 ; et
pour les actes qu'il ne peut plus faire seul, l'assistance du conseil
lui suffit toujours, sans qu'il ait besoin d'obtenir l'autorisation du
conseil de famille, même pour transiger. Enfin, comme on lui défend
de plaider, sans faire aucune distinction, il doit être assisté de son
conseil, même pour intenter une action mobilière ou pour y défendre. Sous ce rapport, sa capacité se trouve moins étendue que celle
du mineur émancipé.
722. On lui défend aussi d'aliéner ses *biens* et de les hypothéquer ;
ce qui, d'après la signification du mot *biens*, semblerait s'appliquer aux
meubles comme aux immeubles (V. art. 516) ; mais il faut reconnaître

---

(¹) *Ulp. L. 1, D. de curat. fur.*

qu'on n'a voulu lui interdire ici que l'aliénation des biens immeubles. La disposition spéciale qui lui défend de recevoir un capital mobilier, prouve suffisamment que, relativement aux meubles, il n'existe pas de prohibition générale. Il n'est donc pas douteux que les personnes pourvues d'un conseil judiciaire ne conservent la libre disposition de leur mobilier, en tant du moins qu'il s'agit de meubles corporels.

Quant aux meubles incorporels, il faut remarquer que la prohibition relative au capital mobilier a été proposée par le Tribunat, par ce motif que « l'interdit devait être assimilé à un mineur en tutelle, et... celui à qui on donne un conseil... à un émancipé. » Cette observation ayant été admise, les précautions prescrites par l'article 482 ont été appliquées par le législateur aux personnes qui reçoivent un conseil. Nous croyons devoir en tirer cette conséquence, que les distinctions précédemment faites pour la vente des rentes sur l'État, des actions de la Banque de France et des autres meubles incorporels appartenant à un mineur émancipé, sont applicables aux personnes à qui on a donné un conseil (voyez l'explication des articles 482 et 452).

743. Puisque les personnes à qui l'on a donné un conseil conservent le droit de faire tout ce qui ne leur est pas expressément défendu, rien ne les empêche de tester ni de se marier (¹), et leur mariage doit produire, quant aux biens, tous les effets qui dérivent directement de la loi. Ainsi, quoique le futur mari ait un conseil, ses immeubles seront hypothéqués pour sûreté de la dot et des reprises de sa femme ; car cette hypothèque est établie par la loi même, indépendamment de la volonté du mari (art. 2116 et 2121).

514. — La défense de procéder sans l'assistance d'un conseil peut être provoquée par ceux qui ont droit de demander l'interdiction ; leur demande doit être instruite et jugée de la même manière.

Cette défense ne peut être levée qu'en observant les mêmes formalités.

Procéder. Dans son acception ordinaire, ce mot se réfère à la procédure et devient synonyme de *plaider, ester en jugement ;* mais ici le mot procéder prend un sens plus général, et se réfère à tous les actes énumérés dans les articles 499 et 515.

SOMMAIRE.

744. La nomination d'un conseil peut être provoquée par le procureur du Roi.

744. La nomination d'un conseil aux prodigues peut être provoquée,

_____
(¹) Cour de Caen (19 *mars* 1839); mais en cas d'opposition, il ne pourra en demander la main-levée qu'avec l'assistance de son conseil (cour de Toulouse, 2 *décembre* 1829).

par ceux qui ont droit de demander l'interdiction, ce qui, à défaut de conjoint et de parents connus, comprend le ministère public (art. 491). Il faut même ajouter, dans ce sens, qu'une rédaction proposée par le Tribunat pour exclure l'action du procureur du Roi, n'a pas été admise.

515. — Aucun jugement, en matière d'interdiction, ou de nomination de conseil, ne pourra être rendu, soit en première instance, soit en cause d'appel, que sur les conclusions du ministère public.

SOMMAIRE.

745. Nécessité de la communication au ministère public d'après le droit commun.

745. Lors même que le procureur du Roi ne poursuit pas comme partie principale, soit l'interdiction, soit la nomination d'un conseil judiciaire, il est toujours partie jointe, et doit en conséquence donner ses conclusions. Du reste, la nécessité imposée aux tribunaux de ne pas statuer sans avoir entendu le ministère public, n'est que l'application d'une règle générale pour toutes les causes qui intéressent l'état des personnes (C. de pr., art. 83, n° 2).

FIN DU PREMIER LIVRE.

TABLE

DES TITRES ET DE LEURS SUBDIVISIONS.

FIN DE LA TABLE.